Anna Ullrich

Von „jüdischem Optimismus“ und „unausbleiblicher Enttäuschung“

Quellen und Darstellungen zur Zeitgeschichte

Herausgegeben vom Institut für Zeitgeschichte

Band 120

Anna Ullrich

Von „jüdischem Optimismus" und „unausbleiblicher Enttäuschung"

Erwartungsmanagement deutsch-jüdischer Vereine und gesellschaftlicher Antisemitismus 1914–1938

DE GRUYTER
OLDENBOURG

MIX
Papier aus verantwortungsvollen Quellen
FSC® C016439
www.fsc.org

ISBN 978-3-11-052913-5
E-ISBN (PDF) 978-3-11-053160-2
E-ISBN (EPUB) 978-3-11-052923-4
ISSN 0481-3545

Library of Congress Control Number: 2018955638

Bibliografische Information der Deutschen Nationalbibliothek
Die Deutsche Nationalbibliothek verzeichnet diese Publikation in der Deutschen Nationalbibliografie; detaillierte bibliografische Daten sind im Internet über http://dnb.dnb.de abrufbar.

© 2019 Walter de Gruyter GmbH, Berlin/Boston
Titelbild: Herbert Sonnenfeld, Werbefoto der C.V.- Zeitung, Berlin 22.10.1936; Jüdisches Museum Berlin, Ankauf aus Mitteln der Stiftung Deutsche Klassenlotterie Berlin

Satz: Typodata GmbH, Pfaffenhofen
Druck und Bindung: Hubert & Co. GmbH und KG, Göttingen

www.degruyter.com

Inhalt

Editorial

Die Leibniz Graduate School „Enttäuschung im 20. Jahrhundert. Utopieverlust – Verweigerung – Neuverhandlung" führte zwischen 2012 und 2015 das Institut für Zeitgeschichte München-Berlin und das Historische Seminar der Ludwig-Maximilians-Universität München in einem innovativen zeithistorischen Verbundprojekt zusammen. Sein erfolgreicher Abschluss belegt den wissenschaftlichen Mehrwert einer systematischen Kooperation von universitärer und außeruniversitärer Forschung. Unter der Leitung von Andreas Wirsching und Margit Szöllösi-Janze bot die Graduate School exzellente Rahmenbedingungen, um mit einer komplexen Untersuchungsperspektive geschichtswissenschaftliches Neuland zu betreten. Das Format wies einen vielversprechenden Weg, wie sich die oftmals beklagte Versäulung der deutschen Forschungslandschaft, aber auch die Tendenzen zur Vereinzelung von Promovierenden zum allseitigen Nutzen fruchtbar überwinden lässt.

Die vorliegende Reihe stellt mit dem Konzept der Enttäuschung die für die Zeitgeschichte zwar konstitutive, aber kaum systematisch untersuchte Spannung zwischen pluralisierten Erwartungshorizonten und komplexen Willensbildungs- und Entscheidungsprozessen ins Zentrum. Ziel ist, individuelle und kollektive Erfahrungen von Enttäuschung, ihre Wirkung und Bewältigung mittels eines systematischen Zugriffs exemplarisch zu erforschen. Die Studien fragen danach, welche Muster individueller oder kollektiver Enttäuschung sich in einer gegebenen historischen Konstellation aufbauten und auf die zeitgenössischen Deutungs- und Zuschreibungsmuster in Politik, Gesellschaft und Kultur rückwirkten. Ihr jeweils spezifisch konturierter analytischer Begriff von Enttäuschung eröffnet neue Zugänge zur Analyse politischer, soziokultureller, kommunikativer und emotiver Dissonanzen in modernen Massengesellschaften.

Die Ergebnisse der Studien zeigen, dass Enttäuschung eine eigenständige Kategorie historischer Erfahrung darstellt. Sie unterstreichen nachdrücklich, dass kollektive Erwartungen und der Umgang mit Enttäuschungen – bereits erfahrenen oder zukünftig antizipierten – während des gesamten 20. Jahrhunderts die politische Kultur maßgeblich bestimmten. Damit richtet sich der zeithistorische Blick darauf, wie Individuen und Kollektive Enttäuschungen emotional bewältigen, ihre Erwartungshaltungen modifizieren, ihre Ziele anpassen oder neue Wege beschreiten.

Andreas Wirsching
Margit Szöllösi-Janze

Vorwort

Bei dem vorliegenden Buch handelt es sich um die leicht überarbeitete Fassung meiner Dissertation, die im April 2016 von der Ludwig-Maximilians-Universität München angenommen wurde. Von den ersten Ideen bis zur Veröffentlichung haben mich zahlreiche Personen und Institutionen unterstützt, denen ich im Folgenden meinen aufrichtigen Dank aussprechen möchte.

Meinem Doktorvater Andreas Wirsching gilt besonderer Dank für die wissenschaftliche Unterstützung und das Vertrauen, das er in mich und die Arbeit gesetzt hat. Michael Brenner, der das Zweitgutachten übernahm, danke ich für wichtige Anmerkungen und Überlegungen, die das Projekt entscheidend mitgeprägt haben. Gedankt sei ebenso Hans-Bernd Brosius, der sich meiner Arbeit mit Interesse widmete und als Drittprüfer fungierte. Ebenfalls danken möchte ich an dieser Stelle Margit Szöllösi-Janze, die mit ihrem Engagement und kritischem Blick zum Gelingen der Arbeit beigetragen hat. Für die Aufnahme in die Schriftenreihe „Quellen und Darstellungen“ danke ich dem wissenschaftlichen Beirat des Instituts für Zeitgeschichte (IfZ); Gabriele Jaroschka vom Verlag DeGruyter Oldenbourg und Christian Hartmann für die professionelle und konziliante Betreuung auf dem Weg zur Publikation. Besonderer Dank gilt in diesem Zusammenhang Angelika Reizle, die sich mit unermüdlicher Akribie der Überprüfung des Manuskripts annahm.

Gedankt sei ferner der Leibniz-Gemeinschaft, deren großzügige Finanzierung es erlaubte, sich gänzlich der Dissertation zu widmen. Darüber hinaus danke ich den Gerald D. Feldman-Reisebeihilfen der Max Weber Stiftung, die Archivaufenthalte in London, Washington, D.C. und New York City ermöglichten. Wer in Archiven forscht, weiß, wie wichtig der Austausch mit fachkundigen wie hilfsbereiten MitarbeiterInnen vor Ort ist. Ich hatte das Vergnügen, diese Erfahrung bei sämtlichen meiner Archivreisen machen zu dürfen. Besonderer Dank gilt Sabine Hank (Stiftung Neue Synagoge Berlin – Centrum Judaicum), Howard Falksohn (Wiener Library) und Michael Simonson (Leo Baeck Institute).

Für die Möglichkeit, verschiedene Aspekte der Arbeit zu präsentieren und zu diskutieren, danke ich dem Stipendiatenkolloquium des DHI London, sowie den OrganisatorInnen und TeilnehmerInnen des Workshops „Der Centralverein als Teil des deutsch-jüdischen Kultursystems?“ an der Goethe-Universität Frankfurt am Main und des Kolloquiums „Deutschsprachige Zionismen“ am Zentrum für Jüdische Studien Berlin-Brandenburg. Dank gilt ebenfalls den WissenschaftlerInnen, die auf den Tagungen unserer Graduate School zunächst die Thesen, später die Ergebnisse unserer Projekte diskutiert haben. Jenseits dieses „organisierten“ Austauschs boten die Gespräche mit David Jünger, Christoph Kreutzmüller, Jürgen Matthäus und Daniel Siemens wichtige Anregungen für die Arbeit.

Ein besonderer Dank gilt dem Institut für Zeitgeschichte, das mir in den vergangenen Jahren viel mehr bot als einen Arbeitsplatz. Für die wissenschaftliche Expertise und die mentale wie praktische Unterstützung danke ich ehemaligen, alten und neuen InstitutskollegInnen. Insbesondere genannt seien hier Annemone

Christians, Ute Elbracht, Gaëlle Fisher, Dominique Hipp, Michael Mayer, Sylvia Necker, Christian Packheiser, Sandra Schmitt, Christian Schmittwilken, Anna-Raphaela Schmitz, Rick Tazelaar, Sebastian Voigt, Thomas Vordermayer, Franziska Walter, Kim Wünschmann, sowie Giles Bennett und Annette Wöhrmann. Besonders danken möchte ich Frank Bajohr und Andrea Löw, die meine Mitarbeit an den neuen, vielfältigen und spannenden Aufgaben am Zentrum für Holocaust-Studien ermöglichen.

Neben dem IfZ gewährte das Historische Seminar der LMU Raum für einen beständigen wissenschaftlichen und freundschaftlichen Austausch, der insbesondere durch das Promotionsprogramm ProMoHist der Neueren und Neuesten Geschichte befördert wurde. Für anregende Diskussionen, inner- wie außerhalb des universitären Betriebs, danke ich Johannes Gramlich, Desiderius Meier, Raphael Rauch, Mathias Schütz, Kerstin Schwenke, Maximilian Strnad, Felix de Taillez und Florian Wimmer (†).

Ein ganz besonderer Dank gilt den übrigen „Enttäuschten“ der Graduate School: Carla Aßmann, Bernhard Gotto, Matthias Kuhnert, Sebastian Rojek und Konrad Sziedat. Eine geeignetere Gruppe von KollegInnen hätte man sich schwerlich vorstellen können, um gemeinsam den Höhen und Tiefen einer Promotion zu begegnen. Gedankt sei ebenso Anna Greithanner und Konstantin Eder, die sich als studentische Hilfskräfte in der Promotions- beziehungsweise Publikationsphase maßgeblich für die Arbeit einsetzten.

Alte und neue Freundschaften haben mich während der vergangenen Jahre auf unterschiedliche Weise unterstützt und begleitet. Genannt seien hier Maximilian Kober, Patrick Koch, Josefine Kraft, Ann-Sophie Kürbs, Caroline Preidel, Ted und Dale Rosengarten, Martin Schoder, Robert Spiller, Larissa Weber, Felix Winkler und Robert Zimmermann. Für die Lektüre des Manuskripts, ihre hilfreichen Hinweise und (nicht zu unterschätzen!) ihren Zuspruch danke ich Stefanie Liebig und Julia Lucas. Besonderer Dank gilt Sarah Bechtold – und Juna. Sie waren während der gesamten Promotion, aber insbesondere in den letzten Monaten vor der Manuskriptabgabe, eine unersetzliche Stütze.

Von Herzen danke ich meiner Familie, die regelmäßig am großelterlichen Küchentisch oder im elterlichen Garten zusammenkommt. Ihr Rückhalt und Vertrauen sind unermesslich – und waren unerlässlich für diese Arbeit. Der größte Dank gilt freilich meiner Mutter, Steffi Walther, die mich seit jeher bei all meinen Entscheidungen mit Liebe, Humor und kritischem Stolz unterstützt. Ihr ist dieses Buch gewidmet.

München, Oktober 2018 Anna Ullrich

Einleitung

> „Die Judenheit hat auch heute das rechte seelische Gleichgewicht noch nicht finden können und ist in ihren Hoffnungen ebenso maßlos wie in ihren Befürchtungen. Jeder Schimmer einer Besserung in der jüdischen Lage wächst sich in jüdischer Phantasie zur Morgenröte einer neuen Zeit aus, [...] und jeder Rückschlag wird zu einem Beweise, daß alles Hoffen und Arbeiten umsonst, und daß das Judentum dem Untergang geweiht ist."[1]

Mit diesen Worten erklärte und kritisierte Felix Goldmann, liberaler Rabbiner und Vorstandsmitglied des *Centralvereins deutscher Staatsbürger jüdischen Glaubens* (CV), im Sommer 1917 die emotionalen Reaktionen, welche die „Judenzählung" innerhalb des deutschen Judentums ausgelöst hatte. Insbesondere sorgte er sich darum, dass die Enttäuschung der „hochgespannten Erwartungen" zu Kriegsbeginn zu „Resignation" und „Pessimismus" – und damit potenziell zur Hinwendung zum Zionismus oder gar zu einem völligen Rückzug aus der jüdischen Gemeinschaft – führen würden.

Damit konstruierte Goldmann einen Zusammenhang von Zukunftsvorstellungen, kollektiven Gefühlen und Handlungsentscheidungen, welche die Historiographie weitgehend unreflektiert als Argument übernommen hat. In der Forschung wird nach wie vor der Topos der „großen Erwartungen" und „großen Enttäuschungen" herangezogen, um die widersprüchlichen Entwicklungen zu charakterisieren, die jüdisches Leben gerade in den ersten Jahrzehnten des 20. Jahrhunderts in Deutschland prägten.[2] Im Gegensatz dazu lassen sich Goldmanns warnende Worte auch als Beispiel dafür lesen, wie auf emotionale Einstellungen und die daran geknüpften sozialen Verhaltensnormen Einfluss zu nehmen versucht wurde. In diesem Licht wird deutlich, dass gerade jene Vereine, deren erklärtes Ziel die gesellschaftliche und rechtliche Gleichstellung war und die sich dementsprechend beständig mit den Gefahren des Antisemitismus auseinandersetzen mussten, auch besonders anfällig für Enttäuschungen waren.

Der hier knapp skizzierte Perspektivwechsel wird in der vorliegenden Studie systematisch vertieft: Statt den Zusammenhang von Erwartung, Erfahrung und Enttäuschung als Explanans zu akzeptieren, macht sie ihn als Explanandum zum Gegenstand der Analyse. Dabei wird angenommen, dass Erwartungshorizonte und emotional codierte kollektive Erfahrungsdeutungen nicht voraussetzungslos existieren, sondern in sozialen Kommunikationsräumen geformt werden. Wichtige Akteure und zugleich Scharnierstellen in diesem sozialen Kommunikations-

1 Felix Goldmann, Zukunftsarbeit, Im deutschen Reich (IdR), Nr. 7/8, Juli 1917.

2 Vgl. Hannah Ahlheim, „Deutsche, kauft nicht bei Juden!". Antisemitismus und politischer Boykott in Deutschland 1924 bis 1935, Göttingen 2011, S. 107; Cornelia Hecht, Deutsche Juden und Antisemitismus in der Weimarer Republik, Bonn 2003, S. 55–57, 72; Paul Mendes-Flohr, Im Schatten des Weltkrieges, in: Michael A. Meyer (Hrsg.), Deutsch-jüdische Geschichte in der Neuzeit, Bd. 4: Aufbruch und Zerstörung 1918–1945, München 1997, S. 15–36, hier S. 16.

raum waren jene jüdischen Vereine, in denen das Verhältnis von „deutsch" und „jüdisch" von zentraler Bedeutung war. Die Vereinsstrukturen ermöglichten Diskussionen über Fragen der Gleichberechtigung der jüdischen Minderheit in Deutschland, ebenso wie Debatten über das Ausmaß des deutschen Antisemitismus sowie Möglichkeiten seiner Überwindung. Folglich lassen sich über Veröffentlichungen, vereinsinterne Korrespondenzen und Protokolle die Aushandlungsprozesse rekonstruieren, welche die Erwartungen der jüdischen Minderheit an das Leben in Deutschland begleiteten und mitprägten.

Im Mittelpunkt der Arbeit steht dabei der CV, für den das Beharren auf der Vereinbarkeit von „Deutschtum und Judentum" einen ideologischen Grundpfeiler darstellte.[3] Darüber hinaus handelte es sich beim CV um die größte jüdische Organisation, die sich für die wirtschaftliche, politische und gesellschaftliche Gleichberechtigung der deutschen Juden einsetzte und sich insbesondere publizistisch und juristisch mit dem Antisemitismus in Deutschland auseinandersetzte. Auch in anderen Organisationen kam der Frage nach dem Verhältnis zur deutschen Mehrheitsgesellschaft eine – wenn auch in der Intensität zeitlich variierende – Bedeutung zu. Dementsprechend wird der *Verband der deutschen Juden* (VdJ)[4], der *Reichsbund jüdischer Frontsoldaten* (RjF)[5] und der *Jüdische Frauenbund* (JFB)[6] in die Analyse mit einbezogen. Ebenfalls berücksichtigt werden jene

3 Während der Weimarer Republik schwankte die Mitgliederzahl des CV zwischen 45 000 und 72 000 Mitgliedern. 1933 verfügte er über etwa 64 000 eingeschriebene Mitglieder, die in rund 550 Ortsgruppen organisiert waren. Allerdings dürfte die tatsächliche Zahl bei Einbeziehung der angeschlossenen Verbände und aufgrund der Tatsache, dass häufig nur das Familienoberhaupt als Mitglied eingetragen war, noch deutlich höher gelegen haben. Die Schätzungen gehen dementsprechend davon aus, dass bis zu zwei Drittel der deutschen Juden mit dem CV affiliiert waren, vgl. Jehuda Reinharz, Deutschtum and Judentum in the Ideology of the Centralverein deutscher Staatsbürger jüdischen Glaubens, in: Jewish Social Studies 36 (1974), S. 19–39, hier S. 21f.

4 Der 1904 gegründete VdJ bezweckte die „Vertretung aller den Juden im deutschen Reich gemeinsamen Interessen". Bis zu seiner Auflösung 1922 unterhielt er besonders enge Kontakte zum CV, was sich auch durch zahlreiche personelle Überschneidungen verdeutlichte. Vgl. Verband der deutschen Juden (Hrsg.), Satzung des Verbandes deutscher Juden, Frankfurt am Main 1910; Walter Breslauer, Der Verband der deutschen Juden 1904–1922, in: Bulletin des Leo-Baeck-Instituts (BLBI) 7 (1964), S. 345–379, hier S. 345–350; Reinharz, Deutschtum, S. 23.

5 1919 auf Initiative des ehemaligen Frontkämpfers Leo Löwensteins gegründet, war der RjF ein Veteranenverband, der sich in seiner Abwehrarbeit gegen den Antisemitismus vor allem auf die 12 000, im Weltkrieg gefallenen deutschen Juden bezog. Während der Weimarer Republik hatte er etwa 30 000 Mitglieder, nach 1933 stieg die Zahl auf rund 50 000, Ulrich Dunker, Der Reichsbund jüdischer Frontsoldaten 1919–1938. Geschichte eines jüdischen Abwehrvereins, Düsseldorf 1977, S. 7.

6 Im 1904 gegründeten JFB schlossen sich zahlreiche jüdische Einzelverbände zusammen. Ende der 1920er Jahre verfügte er über etwa 50 000 Mitglieder, in 32 Ortsgruppen, 1932 gehörten 52 000 Frauen dem JFB an. Er widmete sich vor allem kulturellen und sozialen Aufgaben und setzte sich für das Frauenwahlrecht in der jüdischen Gemeinde ein. Ein Schwerpunkt seiner Arbeit war seit seiner Gründung der Kampf gegen den Mädchenhandel, vgl. Eintrag „Jüdischer Frauenbund", in: Georg Herlitz/Bruno Kirschner, Jüdisches Lexikon. Ein enzyklopädisches Handbuch des jüdischen Wissens in vier Bänden, Berlin 1927; Marion Kaplan, Die jüdische Frauenbewegung in Deutschland. Organisation und Ziele des jüdischen Frauenbundes 1904–1938, Hamburg 1981, S. 207–228.

Organisationen, in denen aufgrund ihrer religiösen und ideologischen inhaltlichen Ausrichtung das Verhältnis zur gesamtdeutschen Gesellschaft und die Auseinandersetzung mit dem Antisemitismus keine oder eine oftmals nachgeordnete Rolle spielte. Gerade der punktuell vergleichende Blick auf die *Zionistische Vereinigung für Deutschland* (ZVfD)[7] kann deutlich machen, welchen Einfluss die ideologischen Überzeugungen auf die Bewertung von Erfahrungen und den sich daraus speisenden Erwartungen nehmen konnte.

Einen zentralen Ort für die Aushandlung einer geeigneten Reaktion auf antisemitische Erfahrungen bildete die Korrespondenz, die insbesondere der CV mit seinen Mitgliedern und den Vertretern anderer Organisationen unterhielt, ebenso wie Veröffentlichungen in den Vereinsorganen *Im deutschen Reich* (IdR) und der *Central-Vereins-Zeitung* (CV-Zeitung).[8] Die vorliegende Studie fokussiert dabei auf die Funktion des CV als Auskunfts-, Beratungs- und Beschwerdestelle, an die sich jüdische Deutsche wandten, um über antisemitische Erfahrungen zu berichten, Rat zu suchen – oder an der Arbeit des CV Kritik zu üben. Aus diesen Schreiben lassen sich nicht nur die Erfahrungen rekonstruieren, die zu einer Hinwendung an den Verein führten, sondern auch, welche Erwartungen sich mit einer Intervention des Vereins verknüpften. Welche Reaktions- und Verhaltensempfehlungen sowie Deutungsmuster offerierte der CV im Umgang mit antisemitischen Erfahrungen? Inwieweit lässt sich feststellen, ob diese Reaktionen und Empfehlungen den Erwartungen der Einsender entsprachen? Dabei werden nicht nur die unterschiedlichen Erwartungshorizonte sichtbar, sondern auch, wie sich der Verein darum bemühte, diese zu beeinflussen. Der im Titel der Arbeit verwendete Begriff des „gesellschaftlichen Antisemitismus" ist dabei bewusst weit gewählt, um das Spektrum unterschiedlicher Erfahrungen fassen zu können, die bei den Betroffenen zu einer Kontaktaufnahme mit dem CV führten.

Den vereinsinternen Austausch mit den öffentlichen Darstellungen der Vereine in die Analyse zu integrieren und nach Gegensätzlichkeiten in der Außendarstellung und vereinsinternen Einschätzung hin zu untersuchen, ist für die Analyse der Verhaltens- und Bewältigungsangebote hilfreich, die jüdische Vereine beim Umgang mit antisemitischen Erfahrungen weitergaben. Dadurch können auch die Unterschiede in den Einschätzungen über das Verhalten der nichtjüdischen Bevölkerung deutlich gemacht werden. So soll der, in der deutsch-jüdischen Publizistik vor 1933 häufig genutzte Verweis auf den „anständigen", „gerecht fühlenden" nichtjüdischen Deutschen in der Arbeit auf seine argumentative Funktion

7 Während die ZVfD in der gesamten Weimarer Republik etwa 10 000 Mitglieder zählte, erhöhte sich die Zahl nach 1933 zwischenzeitlich auf fast 30 000. Durch die Auswanderung stagnierte die Mitgliederzahl ab Ende 1935 bei etwa 22 000, vgl. Carsten Teichert, Chasak! Zionismus im nationalsozialistischen Deutschland. 1933–1938, Köln 2000, S. 116.

8 Die Zeitung IdR erschien bis Mai 1922 monatlich, bevor sie in die wöchentlich erscheinende CVZ überging. Vgl. zur IdR: Dominic Bitzer, Im deutschen Reich. Das publizistische Organ des Centralvereins deutscher Staatsbürger jüdischen Glaubens, Aachen 2013, S. 13 f.; zur CVZ nach wie vor grundlegend: Rainer Bernstein, Zwischen Emanzipation und Antisemitismus. Die Publizistik der deutschen Juden am Beispiel der C.V.-Zeitung. Organ des Centralvereins deutscher Staatsbürger jüdischen Glaubens 1924–1933, Berlin 1969, S. 32.

hin untersucht werden. In diesem Zusammenhang stellt die Studie auch die Frage, welche Erwartungen sich bei der Auseinandersetzung mit Antisemitismus an die nichtjüdische Bevölkerung knüpften. So ist am Beispiel der Aufklärungsveranstaltungen vor nichtjüdischem Publikum danach zu fragen, wie sehr deren proklamierter Erfolg von den zuvor gehegten Erwartungen abhängig war – und vom Kommunikationsraum, in dem er geäußert wurde.

Der Untersuchungszeitraum der Arbeit, der den Ersten Weltkrieg und die ersten Jahre der nationalsozialistischen Herrschaft umfasst, beinhaltet tiefgreifende Zäsuren, die Neuausrichtungen und Umdenken erforderten. Da sich Erwartungen jedoch notwendigerweise an gemachten Erfahrungen ausrichten, fragt die Arbeit auch explizit nach den Kontinuitäten in den Deutungs- und Bewältigungsangeboten deutsch-jüdischer Vereine. Ermöglicht wird dies durch die Verschränkung von Erfahrungsraum und Erwartungshorizont, aus dem sich eine vergangene „Zukunft" konstruieren lässt, die gleichsam davor bewahrt, Geschichte aus dem Fluchtpunkt ihrer vermeintlichen Zwangsläufigkeit heraus zu betrachten.

Methodisches Vorgehen und Quellenauswahl

Für das hier aufgespannte Erkenntnisinteresse ist es fundamental, die Kategorien von Erfahrung und Enttäuschung methodisch reflektiert zu operationalisieren. Reinhart Koselleck hat mit „Erfahrungsraum" und „Erwartungshorizont" zwei analytische Begriffe geprägt, um die Wahrnehmung von Zeitlichkeit für die historische Analyse dienstbar zu machen.[9] Deutlich wird dabei, dass sich Zukunftsvorstellungen und Vergangenheitsdeutungen wechselseitig beeinflussen. Erwartungen und Erfahrungen werden demzufolge nicht als etwas Gegebenes betrachtet, sondern als dynamische und relationale Größen analysiert. Enttäuschung lässt sich als spezifische Variante des Spannungsverhältnisses zwischen positiven Erwartungen und negativen Erfahrungen begreifen, in dem sich Perzeptionen von Vergangenheit, Gegenwart und Zukunft verschränken.

Allerdings erfassen Kosellecks Begrifflichkeiten noch nicht adäquat die Praktiken, um solche Perzeptionen zu modellieren. Für die Beschreibung von Verhaltens-, Bewältigungs- und Gefühlsempfehlungen deutsch-jüdischer Vereine bedarf es eines zusätzlichen analytischen Instrumentariums. Im Rahmen der vorliegenden Studie wird dafür der Begriff des *Erwartungsmanagements* gewählt. Er richtet sich am Konzept des Gefühlsmanagements aus, das eine der zentralen Innovationen der Emotionsgeschichte darstellt.[10] Die vorliegende Studie fasst Emotionen

[9] Reinhart Koselleck, „Erfahrungsraum" und „Erwartungshorizont" – zwei historische Kategorien, in: ders., Vergangene Zukunft. Zur Semantik geschichtlicher Zeiten, Frankfurt am Main 1989, S. 349–375.

[10] Den Begriff des „Gefühlsmanagements" bzw. „emotion work" hat die Soziologien Ariel Hochschild in die Diskussion eingeführt, vgl. Ariel Hochschild, Emotion Work, Feeling Rules, and Social Structure, in: American Journal of Sociology 85/3 (1979), S. 551–575. Das Vermeiden von bestimmten Emotionen bildete bei Rosenwein ein zentrales Element von „emotional communities", vgl. Barbara Rosenwein, Problems and Methods in the History of Emotions,

als „Bestandteil gesellschaftlicher Handlungs- und Deutungszusammenhänge" auf.[11] Konkret auf den Gegenstand dieser Arbeit angewendet, richtet sich der Fokus darauf, welche Gefühle beim Umgang mit antisemitischen Erfahrungen seitens der Vereine gefördert, welche gedämpft wurden – und welche es unbedingt zu vermeiden galt.[12] Im Begriff des Erwartungsmanagements lassen sich jedoch nicht nur Gefühlsempfehlungen, sondern sämtliche Praktiken zusammenfassen, die von den Vereinen genutzt wurden, um Zukunftsvorstellungen und deren Bewertung zu beeinflussen. Diese Versuche der Einflussnahme können als Fremdführungstechnik gelesen werden, mit denen der CV sich gleichsam bemühte, sein Erwartungsmanagement auf die Mitglieder zu übertragen.[13] Dass diese Form der Fremdführung nicht notwendigerweise verfing, die Mitglieder vielmehr über den Weg der Einsendungen versuchten, ihrer eigenen Techniken der Selbstführung gegenüber dem CV zu verteidigen und durchzusetzen, soll in der vorliegenden Analyse aufgezeigt werden. Vor diesem Hintergrund wird es möglich, die veröffentlichten Appelle und Mahnungen des Vereins als Teil eines Aushandlungsprozesses über das angemessene Erwartungsmanagement zu betrachten. Beim Herausarbeiten dieser Aushandlungspraktiken und Mechanismen der Selbst- und Fremdführungstechniken müssen ebenfalls die Kommunikationsräume berücksichtigt werden, in denen dieser Austausch stattfand. In diesen, so die implizite Annahme, variierte nicht nur der Grad des Sagbaren[14] – sondern auch der Grad des *Erwart*baren, der zum Ausdruck gebracht werden konnte.

Neben den Veröffentlichungen in der jüdischen Presse und dem Austausch mit den Mitgliedern und anderen Organisationen sind dafür vor allem die Arbeitsberichte, Ausschussprotokolle und Rundschreiben von besonderer Bedeutung. Gerade für den CV stellte sich dabei die Überlieferungslage seit den 1990er Jahren wesentlich günstiger dar, nachdem im Moskauer Sonderarchiv (*Osobyi Archiw*) große Teile seines bis dahin verschollen geglaubten Hauptarchivs des CV für die Jahre 1919 bis 1938 wieder aufgetaucht sind.[15] Kopien des CV-Archivs befinden sich mittlerweile in Yad Vashem (Jerusalem), dem United States Holocaust

in: Passions in Context. Journal of the History and Philosophy of Emotions 1 (2010), S. 1–32, hier S. 17.

11 Daniela Saxer, Mit Gefühlen handeln. Ansätze der Emotionsgeschichte, in: traverse 14 (2007), S. 15–29, hier S. 15.

12 „‚Emotion work' refers more broadly to the act of evoking or shaping as well as suppressing, feelings, [it] can be done by the self upon the self, by the self upon others, and by others upon the oneself." Vgl. Hochschild, Emotion, S. 561 f.

13 Eitler und Eberfeld haben jüngst das Potenzial des bei Foucault entlehnten Begriffspaars „Selbst- und Fremdführung" für die Zeitgeschichte ausgelotet, vgl. Pascal Eitler/Jens Elberfeld (Hrsg.), Zeitgeschichte des Selbst. Therapeutisierung – Politisierung – Emotionalisierung, Bielefeld 2015, S. 7–31, hier S. 19; vgl. auch Michel Foucault, Subjekt und Macht, in: ders., Dits et Ecrits, Bd. 4, Frankfurt am Main 2005, S. 269–294.

14 Vgl. Willibald Steinmetz, Das Sagbare und das Machbare in der Politik. Zum Wandel politischer Handlungsspielräume. England 1780–1867, Stuttgart 1993, S. 24–30; Achim Landwehr, Geschichte des Sagbaren. Einführung in die Historische Diskursanalyse, Tübingen 2001, S. 92 f.

15 Vgl. hierzu Avraham Barkai, The C.V. and Its Archives. A Reassessment, in: LBYB 45 (2000), S. 173–182; allgemein zur Geschichte des Archivs vgl. Sebastian Panwitz, Die Geschichte des Sonderarchivs Moskau, in: Bulletin. Deutsches Historisches Institut Moskau 2 (2008), S. 11–20.

Memorial Museum (Washington, D.C.) und der Wiener Library (London).[16] Zumindest für die Zeit der Weimarer Republik wird vermutet, dass die Aufzeichnungen weitgehend vollständig erhalten sind. Für die Jahre nach 1933 ist dagegen anzunehmen, dass zahlreiche Korrespondenzen, nicht zuletzt aus Sorge vor dem Zugriff der nationalsozialistischen Machthaber, zerstört wurden. Für die Zeit des Ersten Weltkrieges lassen sich darüber hinaus Akten aus dem Archiv *Neue Synagoge Berlin – Centrum Judaicum*, ebenso wie aus den Beständen des *Heidelberger Zentralarchivs der Geschichte der Juden in Deutschland* heranziehen. Auch die vereinzelten, zeitgenössischen Privataufzeichnungen von Mitarbeitern und führenden Persönlichkeiten des CV fließen mit in die Untersuchung ein. Gerade für die Jahre nach 1933 ist es aufgrund der lückenhaften zeitgenössischen Überlieferung notwendig, auch Erinnerungen punktuell mit in die Analyse einzubeziehen. Hierbei sollten immer auch Michael A. Meyers Worte berücksichtigt werden, nach dem sich erst durch den „Blick von der Shoah, dem Holocaust, diesem gewaltigen Berg“ die vermeintliche Geradlinigkeit deutsch-jüdischer Geschichte ergeben habe.[17] Der „gewaltige Berg“ war und ist nicht nur dazu angetan, den Blick der nachfolgenden (Historiker-)Generationen auf die Geschichte zu verstellen, sondern beeinflusste auch maßgeblich das „Erlebte und Erinnerte“ der Zeitgenossen.[18] Gerade die ehemaligen Funktionäre des CV sahen sich nach 1945 unter einem beträchtlichen Legitimationsdruck, der sich vor allem in ihren veröffentlichten Erinnerungen widerspiegelt. Dies sollen im Folgenden zwei Beispiele belegen. Hans Reichmann, ein langjähriger, führender Mitarbeiter, beschloss seine Erinnerungen an seine Tätigkeit im CV Mitte der 1960er Jahre mit den Worten:

> „Auf den Männern des Centralvereins ruht eine tragische Schuld. Sie glaubten, weil sie Juden waren an ewige unverletzbare Werte. […] Der Centralverein und das deutsche Judentum zahlten diesen Glauben mit ihrem Untergang. Aber seine Führer unterwerfen sich dem Urteil der Geschichte, ob es vermessen war, in solchem Vertrauen auf dem Posten auszuharren, auf den das Schicksal sie gestellt hatte.“[19]

Auch Friedrich Brodnitz, langjähriger CV-Mitarbeiter und Sohn des vorletzten CV-Vorsitzenden Julius Brodnitz, hob in seinen Erinnerungen Situationen hervor, die erklären sollten, „[why] it took us much longer to realise that everything was lost“.[20]

[16] Für diese Arbeit wurden sämtliche Unterlagen aus dem CV-Archiv in der Wiener Library eingesehen.

[17] Michael A. Meyer, Juden – Deutsche – Juden. Wandlungen des Judentums in der Neuzeit, in: ders./Michael Brenner, Deutsch-Jüdische Geschichte in der Neuzeit. Zwei Vorträge, in: Leo Baeck Institut Information-Sonderheft 1998, S. 5–16, hier S. 5.

[18] Vgl. Jürgen Matthäus, „Pillen gegen Erdbeben“ – Antisemitismusabwehr des Centralvereins deutscher Staatsbürger jüdischen Glaubens vor 1933 (Besprechungsessay), in: Jahrbuch für Antisemitismusforschung 12 (2003), S. 307–327, hier S. 318; David Jünger, Jahre der Ungewissheit. Emigrationspläne deutscher Juden 1933–1938, Göttingen 2016, S. 22–24.

[19] Hans Reichmann, Der Centralverein deutscher Staatsbürger jüdischen Glaubens, in: Eva Reichmann (Hrsg.), Festschrift zum 80. Geburtstag von Rabbiner Leo Baeck am 23. Mai 1953, London 1953, S. 63–75, hier S. 71, 75.

[20] Friedrich Brodnitz, Memories of the Reichsvertretung: A Personal Report, in: LBYB 31 (1986), S. 267–277, hier S. 277.

Reichmanns und Brodnitz' nachträgliche Aufzeichnungen, in denen sie letztlich um Verständnis werben, dass sie eine gleichsam präzedenzlose, vergangene Zukunft nicht vorhergesehen hätten, zeigt, dass die Rekonstruktion des Erfahrungsraums der Jahre vor 1945 aufgrund von Erinnerungen nahezu unmöglich ist. Sie deuten darüber hinaus auch die Tendenz an, die jahrzehntelang in der Historiographie gerade über den CV vorherrschte. Diese spiegelt sich beispielsweise in der häufig implizierten Notwendigkeit, erklären zu müssen, wie sich deutsche Juden derart lang der „Illusion" einer Zukunft in Deutschland hingeben konnten.[21] Die vorliegende Studie, die vor allem auf zeitgenössischen Quellen basiert, soll es stattdessen erlauben, die situationsbezogenen Einschätzungen und Strategien der jüdischen Minderheit herauszuarbeiten. Dieses Vorgehen verhindert es, den in der Historiographie unumstrittenen Zäsurcharakter insbesondere des Jahres 1933 auf die Wahrnehmung der Zeitgenossen zurückzuprojizieren[22] – und erlaubt es, die Kontinuitäten während des Untersuchungszeitraums herauszuarbeiten.

Forschungsstand und Verortung der Untersuchung

Die vorliegende Arbeit fokussiert auf den vereinsinternen Austausch deutsch-jüdischer Vereine – insbesondere des CV – über antisemitische Erfahrungen, deren Wahrnehmung, Bewertung und Bewältigung. Sie bildet damit einen Beitrag zur

[21] Exemplarisch hierfür auch die von Arnold Paucker aufgeworfene Frage: „Was everything really done to counter the looming menace of National-Socialism?". Arnold Paucker, The Jewish Defense against Antisemitism in Germany, 1893–1933, in: Jehuda Reinharz, Living with Antisemitism. Modern Jewish Responses, Hannover 1987, S. 104–132, hier S. 108. Siehe auch: John Dippel, Die große Illusion. Warum deutsche Juden ihre Heimat nicht verlassen wollten, Berlin 1997, S. 30–34; vgl. auch Barkai, Etappen der Ausgrenzung und Verfolgung, in: Meyer (Hrsg.), Deutsch-jüdische Geschichte, Bd. 4, S. 193–218, hier S. 200; Trude Maurer, Vom Alltag zum Ausnahmezustand: Juden in der Weimarer Republik und im Nationalsozialismus, 1918–1945, in: Marion Kaplan (Hrsg.), Geschichte des jüdischen Alltags. Vom 17. Jahrhundert bis 1945, München 2003, S. 348–470, hier S. 438 f.; Francis R. Nicosia, Zionismus und Antisemitismus im Dritten Reich, Göttingen 2012, S. 219. Gerade die ehemaligen Mitglieder jüdischer Organisationen setzten sich nachträglich immer wieder mit dieser Frage auseinander, vgl. Brodnitz, Memories, S. 276 f.; Robert Weltsch, An der Wende des modernen Judentums. Betrachtungen aus fünf Jahrzehnten, Tübingen 1972, S. 29 f.

[22] Jünger, Ungewissheit, S. 45. Als Beispiel für ältere Arbeiten, die 1933 zum Ende der Emanzipation und der jüdischen in Deutschland erklärten, vgl. Reinhard Rürup, Das Ende der Emanzipation: Die antijüdische Politik in Deutschland von der „Machtergreifung" bis zum Zweiten Weltkrieg, in: Arnold Paucker (Hrsg.), Juden im nationalsozialistischen Deutschland, Hamburg 1986, S. 97–114, hier S. 98. Als Beleg für die Hellsichtigkeit einzelner Zeitgenossen ist häufig das Beispiel Leo Baecks angeführt worden, der bereits im Frühjahr 1933 festgestellt habe: „Die tausendjährige Geschichte des deutschen Judentums ist zu Ende." Jünger hat in seiner Studie nachgewiesen, dass sämtliche Studien das Zitat ohne verifizierbaren Quellenbeleg nutzen, und vermutet, dass eine Aussage Baecks aus dem Jahre 1945 auf 1933 vordatiert wurde, vgl. Jünger, Ungewissheit, S. 44 f.; vgl. auch Arnold Paucker, Responses of German Jewry to Nazi Persecution 1933–1943, in: Edward Timms/Andrea Hammel (Hrsg.), The German-Jewish Dilemma. From the Enlightenment to the Shoah, Lewiston 1999, S. 211–227, hier S. 211–213.

Geschichte deutsch-jüdischer Verbände, zu jüdischer Erfahrungsgeschichte und zur Geschichte des Antisemitismus.

Bis in die 1990er Jahre hinein standen in der Organisationsgeschichte des CV zwei Aspekte im Mittelpunkt: seine Abwehrarbeit gegen Antisemitismus und Nationalsozialismus auf der einen, seine ideologischen Prämissen auf der anderen Seite. Während gerade die Abwehrbestrebungen des Vereins frühzeitig mehrheitlich positiv hervorgehoben wurden[23], war das Beharren auf der Vereinbarkeit von „Deutschtum und Judentum" wiederholt Gegenstand von Forschungskontroversen. Dabei ging es letztlich immer um die Frage, inwiefern ein Beharren auf „Deutschtum" dazu geführt hätte, dass sich die Mitglieder einer „Illusion" über ihre unverbrüchliche Zugehörigkeit zur deutschen Gesellschaft hingegeben hätten.[24] Diese teleologische Sichtweise auf den CV kann als eine Variante der Auseinandersetzung um das Für und Wider einer „deutsch-jüdischen Symbiose" gele-

[23] Dies ist nicht zuletzt der regen wissenschaftlichen und publizistischen Tätigkeit Arnold Pauckers zuzuschreiben, der sich ausgiebig mit der Abwehrarbeit des CV, insbesondere in der Spätphase der Weimarer Republik, auseinandergesetzt hat. Vgl. zu einem Überblick zu den Arbeiten Pauckers: ders. (Hrsg.), Deutsche Juden im Kampf um Recht und Freiheit. Studien zur Abwehr, Selbstbehauptung und Widerstand der deutschen Juden seit dem Ende des 19. Jahrhunderts, Berlin 2003; ebenso wie sein grundlegendes Werk: ders., Der jüdische Abwehrkampf gegen Antisemitismus und Nationalsozialismus in den letzten Jahren der Weimarer Republik, Hamburg 1968. Zu frühen Arbeiten mit einem Schwerpunkt auf der Abwehrarbeit während des Kaiserreichs siehe Ismar Schorch, Jewish Reactions to German Anti-Semitism, 1870–1914, New York 1972; Marjorie Lamberti, Jewish Activism in Imperial Germany, New Haven 1978. Eine Kontroverse über die Abwehrtätigkeit des CV während des Ersten Weltkrieges entspann sich dagegen zwischen David Engel und Jürgen Matthäus, vgl. David Engel, Patriotism as a Shield. The Liberal Jewish Defence against Antisemitism in Germany during The First World War, in: LBYB 31 (1986), S. 147–171, und Jürgen Matthäus, Deutschtum und Judentum under Fire. The Impact of the First World War on the Strategies of the Centralverein and the Zionistische Vereinigung, in: LBYB 33 (1988), S. 129–148.

[24] So löste Evyatar Friesel noch 1986 mit der These, dass sich der CV in seiner Vereinstätigkeit bereits vor dem Ersten Weltkrieg vermehrt jüdischen Aspekten zugewandt hätte, heftige Gegenreaktionen hervor. Nach Chaim Schatzer waren die Mitglieder des CV vor allem „[d]eluded by their innermost wishes [and] refused to recognise the realities of their time". Vgl. Evyatar Friesel, The Political and Ideological Development of the Centralverein before 1914, in: LBYB 31 (1986), S. 121–146; Chaim Schatzker, Comments on Evyatar Friesel's Essay in Year Book XXXI, in: LBYB 33 (1988), S. 97–99, hier S. 93. Dass bei diesen Diskussionen auch immer die eigene Erfahrungsgeschichte und ideologische Überzeugung eine Rolle spielen, bemerkte Trude Maurer, vgl. Die Entwicklung der jüdischen Minderheit in Deutschland (1780–1933). Neuere Forschungen und offene Fragen. 4. Sonderheft. Internationales Archiv für Sozialgeschichte der deutschen Literatur, S. 141 f. Exemplarisch für die teleologische Sichtweise auch Jakob Toury, Gab es ein Krisenbewusstsein unter Juden während der „Guten Jahre" der Weimarer Republik 1924–1929, in: Tel Aviver Jahrbuch 17 (1988), S. 145–168, und die Antwort: Martin Liepach, Das Krisenbewusstsein des jüdischen Bürgertums in den Goldenen Zwanzigern, in: Andreas Gotzmann u. a. (Hrsg.), Juden, Bürger, Deutsche. Zur Geschichte von Vielfalt und Differenz 1800–1933, Tübingen 2001, S. 395–417. Auch für die Jahre nach 1933 entspannten sich Diskussionen um die Frage nach dem Grad an Illusion, den das Leben deutscher Juden zu diesem Zeitpunkt geprägt habe, vgl. Jacob Boas, German-Jewish Internal Politics under Hitler. 1933–1938, in: LBYB 29 (1984), S. 3–25; Marjorie Lamberti, The Jewish Defence in Germany after the National-Socialist Seizure of Power, in: LBYB 42 (1997), S. 135–147; Donald Niewyk, Self-Defence and German-Jewish Identities: Comments on the Papers by Michael Berkowitz, Francis Nicosia and Marjorie Lamberti, in: ebd., S. 149–153.

sen werden.[25] In den vergangenen Jahren sind diese Frontstellungen zwischen „Liberal approach" und „Zionist approach" zunehmend einem differenzierten Blick auf die Beziehungen zwischen deutschen Juden und Nichtjuden gewichen.[26]

Von nicht zu unterschätzender Bedeutung für die Forschung über den CV war zweifellos die Öffnung des Moskauer Sonderarchivs. Wenngleich die dort entdeckten Unterlagen aus dem CV-Archiv keinen Anspruch auf Vollständigkeit stellen können, erweiterten sie die Kenntnis- und Forschungsgrundlage über den CV enorm, insbesondere beim vereinsinternen Austausch und den Arbeitsabläufen. Einer der ersten, der diese neuen Quellen in seine Forschung mit einfließen ließ, war Avrahm Barkai, der 2002 eine erste, ideengeschichtlich ausgerichtete Geschichte des Vereins veröffentlichte.[27] Er kommt dabei zu einem ähnlichen Ergebnis wie Evyatar Friesel, demzufolge sich der CV frühzeitig vom „Abwehr- zum Gesinnungsverein" entwickelt hätte.[28] Gerade die jüngste Forschung orientiert sich an dieser Feststellung und fragt vermehrt nach Aspekten der jüdischen Identität der CV-Mitarbeiter und -mitglieder.[29]

Die vorliegende Studie will zeigen, dass sich beide Zuschreibungen – die Auseinandersetzung mit dem Antisemitismus ebenso wie die Förderung und Bewahrung jüdischen Lebens in Deutschland – nicht ausschlossen, sondern Zeit seines Bestehens inhärente Bestandteile des CV waren. Für diesen Nachweis sollen weniger die Leitartikel der Vereinspublikationen und Abwehrschriften im Zentrum der Arbeit stehen, die lange Zeit, zusammen mit den Memoiren ehemaliger Mitglieder, die ausschließliche Quellenbasis für Arbeiten über den CV bildeten. In

[25] Ausgelöst hatte die Debatte Gershom Scholem mit seiner Absage an den „Mythos vom deutsch-jüdischen Gespräch". Vgl. ders., Wider dem Mythos vom deutsch-jüdischen Gespräch, in: Bulletin des Leo Baeck Instituts 7 (1964), S. 278–281. Zu den unterschiedlichen, lebensgeschichtlichen und gesellschaftlichen Motiven in der Debatte vgl. Michael Brenner, Symbiose oder Selbsttäuschung. Rückblicke auf das deutsche Judentum, in: Nicolas Berg u. a. (Hrsg.), Konstellationen. Über Geschichte, Erfahrung, Erkenntnis, Göttingen 2011, S. 143–156, hier S. 156

[26] Shulamit Volkov, Reflections on German-Jewish Historiography. A Dead End or a New Beginning?, in: LBYB 41 (1996), S. 309–320, hier S. 309; vgl. auch im selben Band Samuel Moyn, German Jewry and the Question of Identity: Historiography and Theory, S. 291–308; Johannes Heil, Deutsch-jüdische Geschichte, ihre Grenzen, und die Grenzen ihrer Synthesen, in: Historische Zeitschrift 263/1 (1999), S. 653–680; Nicola Wenge, Integration und Ausgrenzung in der städtischen Gesellschaft. Eine jüdisch-nichtjüdische Beziehungsgeschichte Kölns 1918–1933, Mainz 2005, S. 1–3. Till van Rahden, Juden und andere Breslauer. Die Beziehungen zwischen Juden, Protestanten und Katholiken in einer deutschen Großstadt von 1860 bis 1925, Göttingen 2000, S. 13–36.

[27] Avraham Barkai, Wehr Dich! Der Centralverein deutscher Staatsbürger jüdischen Glauben 1893–1938, München 2002, S. 43.

[28] Friesel, Political and Ideological Development, S. 144; vgl. auch ders., From Self-Defence to Self-Affirmation. The Transformation of the German-Jewish Centralverein, in: Andrea Hoffmann/Utz Jeggle/Reinhard Johler/Martin Ulmer (Hrsg.), Die kulturelle Seite des Antisemitismus. Zwischen Aufklärung und Shoah, Tübingen 2006, S. 277–290.

[29] Vgl. Rebekka Denz, Bürgerlich, jüdisch, weiblich. Frauen im Centralverein deutscher Staatsbürger jüdischen Glaubens (1918–1938) (geplant Dezember 2018); Eva Rohland, Nachwuchsworkshop „Der Centralverein als Teil des deutsch-jüdischen Kultursystems?" (Tagungsbericht), in: PaRDeS. Zeitschrift der Vereinigung für jüdische Studien 27 (2017), S. 201–206.

den Mittelpunkt rücken dagegen Austausch und Auseinandersetzungen, die hinter den Kulissen der veröffentlichten Meinung, in Mitgliederkorrespondenzen, internen Besprechungen und vertraulichen Schreiben zum Ausdruck kamen.

In einer Reihe von Studien wurde bereits auf die Korrespondenzen aus dem CV-Archiv zurückgegriffen. Vereinzelt finden sich dabei auch Beobachtungen, die auf Aspekte des Erwartungsmanagements des Vereins hindeuten. So stellt Ahlheim in ihrer Studie über die Boykottbewegung beinah überrascht fest, dass der CV offenbar darum bemüht gewesen sei, „Panik“[30] zu vermeiden. Cornelia Hecht beobachtet in ihrer Studie zum Antisemitismus in der Weimarer Republik, dass die Berichterstattung über antisemitische Vorfälle eine „schwierige Gratwanderung“[31] dargestellt hätte. Wieweit sich diese Zuschreibungen verbinden, vertiefen und für den gesamten Untersuchungszeitraum in einen Erklärungszusammenhang stellen lassen, soll im Folgenden dargelegt werden. Die vorliegende Untersuchung, die eine ausschließlich jüdische Perspektive wiedergibt, fokussiert dabei insbesondere auf die Art und Weise, wie Antisemitismus ebenso wie die Reaktion der nichtjüdischen Bevölkerung wahrgenommen wurden. Sie ist damit ebenfalls als ein Beitrag zur Geschichte des Antisemitismus zu verstehen, bei der, so Marion Kaplan, notwendigerweise „die Erfahrungen und das Bewusstsein der Jüdinnen und Juden“ miteinbezogen werden müssen, um so „Erfahrung und Bewusstsein der durchschnittlichen Deutschen [zu] rekonstruieren“.[32]

Aufbau der Arbeit

Die Arbeit ist in drei chronologische Großkapitel unterteilt, deren Unterkapitel in der Mehrzahl ebenfalls chronologisch, zum Teil aber auch systematisch gegliedert sind. Im ersten Kapitel stehen zunächst die Erwartungen im Mittelpunkt, die zu Beginn des Ersten Weltkrieges von jüdischen Vereinen gegenüber ihren Mitgliedern artikuliert wurden. Wenngleich vereinsintern frühzeitig Maßnahmen zur Dämpfung positiver Erwartungen einsetzten, wurde dies nicht, oder nur in geringem Umfang, in der Öffentlichkeit kommuniziert. Die emotionale Reaktion der jüdischen Bevölkerung auf die „Judenzählung“ wirkte sich dagegen dauerhaft auf das Erwartungsmanagement jüdischer Vereine aus. Das Nebeneinander von Aufforderungen zu optimistischer Grundeinstellung bei gleichzeitiger Erwartungsminderung entwickelte sich hierbei zu einem festen Bestandteil des Erwartungsmanagements, das bis in die 1930er Jahre hinein die öffentliche Darstellung insbesondere des CV und seines Vereinsorgans kennzeichnete.

Im zweiten Kapitel, das sich den Jahren der Weimarer Republik zuwendet, wird zunächst der Austausch mit Mitgliedern fokussiert, die sich an den CV ebenso wie an den *Reichsbund* und *Jüdischen Frauenbund* mit antisemitischen Alltagserfahrungen wandten. Hierbei sind die Erfahrungen herauszuarbeiten, die zu einer

[30] Ahlheim, Deutsche, S. 44.
[31] Hecht, Weimarer Republik, S. 406.
[32] Marion Kaplan, Der Mut zum Überleben. Jüdische Frauen und ihre Familien in Nazideutschland, Berlin 2003, S. 21.

Hinwendung an die Vereine führten, und aufzuzeigen, welche unterschiedlichen Erwartungen sich mit der Kontaktaufnahme verbanden. Es werden die unterschiedlichen Verhaltens-, Gefühls- und Bewältigungsmöglichkeiten deutlich, welche die Vereine ihren Mitgliedern empfahlen. Daran anschließend gilt es, am Beispiel der umfänglichen Vorbereitungen bei Begegnungen mit der nichtjüdischen Bevölkerung bei Aufklärungsveranstaltungen zu rekonstruieren, welche Erwartungen sich nicht nur mit den Versammlungen, sondern auch an eine generelle Verständigung mit der nichtjüdischen Bevölkerung verbanden.

Der sich in unterschiedlicher Geschwindigkeit vollziehende Erfahrungseinbruch während des Nationalsozialismus steht im Mittelpunkt des dritten Kapitels. Hier gilt es am Beispiel der antisemitischen Erfahrungen, die bereits vor 1933 an die Vereine herangetragen wurden, zu rekonstruieren, inwieweit gerade der CV seine konkrete Beratungsfunktion einbüßte, während er im vereinsinternen Austausch seine Funktion als Beschwerde- und Betreuungsinstanz längerfristig erhielt. Abschließend soll gezeigt werden, welche Erklärungsansätze sich für das Verhalten der nichtjüdischen Bevölkerung vereinsintern zusammentragen ließen – und welche argumentative Funktion der Verweis auf den „anständigen" Deutschen in den ersten Jahren des Nationalsozialismus noch besaß.

I. Antisemitische Erfahrungen im Ersten Weltkrieg

1. Erwartungsdämpfung *und* Kriegseuphorie? Die Ambivalenz der ersten Kriegsmonate

1.1 Der August-Mythos und die jüdische Presse

In der Forschung zum Ersten Weltkrieg herrscht heute weitgehend Einigkeit darüber, dass es sich bei der vermeintlich allumfassenden Kriegsbegeisterung, die Deutschland im August 1914 erfasst habe, um einen Mythos handelt.[1] Ungleich länger herrschte in der Erforschung des Kriegserlebnisses deutscher Juden das Paradigma einer Minderheit vor, die, auf die Versprechungen des „Kaiserwortes" rekurrierend, voller Euphorie und in der Hoffnung auf gesellschaftliche Gleichberechtigung in großer Zahl zu den Fahnen geeilt sei.[2] Erst in jüngster Zeit ist dieses Narrativ zunehmend kritisch in Frage gestellt und durch eine differenzierte Analyse ersetzt worden.[3] Als einer der Ersten hinterfragte Ulrich Sieg am Beispiel jüdischer Intellektueller die möglichen Intentionen der „Allianz der Kriegsbefürworter", zu denen Schriftsteller, Rabbiner, jugendliche Zionisten und ehrwürdige orthodoxe Religionsphilosophen zählten. Ihre, vor allem öffentlich demonstrierte Kriegsbegeisterung lässt sich nach Sieg auf die besonderen Umstände zurückführen, mit denen sich Minoritäten in Ausnahmesituationen generell konfrontiert sehen. So bot der Beginn des Weltkrieges für die jüdische Minderheit nicht nur

1 Vgl. Eintrag zu „Augusterlebnis", in; Gerhard Hirschfeld/Gerd Krumreich/Irina Renz (Hrsg.), Enzyklopädie Erster Weltkrieg, Paderborn 2009; Herfried Münkler, Der große Krieg – Die Welt 1914–1918, Berlin 2013, S. 222f.; Jeffrey Verhey, Der „Geist von 1914" und die Erfindung der Volksgemeinschaft, Hamburg 2000, insb. S. 190–192; Andreas Wirsching, „Augusterlebnis" 1914 und „Dolchstoß 1918" – zwei Versionen derselben Legende?, in: Volker Dotterweich (Hrsg.), Mythen und Legenden in der Geschichte, München 2004, S. 187–202, insb. S. 187–194.

2 Vgl. Elisabeth Albanis, German-Jewish Cultural Identity from 1900 to the Aftermath of the First World War, Tübingen 2002, S. 34f.; Roger Chickering, Das Deutsche Reich und der Erste Weltkrieg, München 2002, S. 158–160, hier S. 89–104; Christoph Schlick, Lage und Verhalten der deutschen Juden im Ersten Weltkrieg, in: Sachor. Zeitschrift für Antisemitismusforschung, jüdische Geschichte und Gegenwart 11 (2001), S. 21–41, hier S. 38f.; Albert Bruer, Aufstieg und Untergang. Eine Geschichte der Juden in Deutschland 1750–1918, Köln 2006, S. 317f.; Wolfgang Benz, Die Legende von der deutsch-jüdischen Symbiose und die Konstruktion des neuen Mythos der christlich-jüdischen Tradition des Abendlandes, in: Norbert Honsza/Przemyslaw Sznurkowski (Hrsg.), Deutsch-jüdische Identität. Mythos und Wirklichkeit, Frankfurt am Main 2013, S. 9–17, hier S. 15; Arnold Paucker, Zur Problematik einer jüdischen Abwehrstrategie in der deutschen Gesellschaft, in: ders., Deutsche Juden im Kampf um Recht und Freiheit, S. 3–90, hier S. 69f.

3 Vgl. Sarah Panter, Jüdische Erfahrungen und Loyalitätskonflikte im Ersten Weltkrieg, Göttingen 2014, S. 39; Clemens Picht, Zwischen Vaterland und Volk. Die deutschen Juden im Ersten Weltkrieg, in: Wolfgang Michalka (Hrsg.), Der Erste Weltkrieg. Wirkung, Wahrnehmung, Analyse, München 1994, S. 736–756, hier S. 737; Ulrich Sieg, On the Integration of a Minority in a Society at War, in: Rainer Liedtke/Rechter, David (Hrsg.), Towards Normality? Acculturation and Modern German Jewry, Tübingen 2003, S. 201–216, hier S. 203–205.

die Gelegenheit, ihre unbedingte nationale Loyalität zu demonstrieren, er verstärkte ebenso das Bewusstsein, unter besonderer Beobachtung der Mehrheitsgesellschaft zu stehen.[4]

Dieses Bewusstsein lässt sich in den Aufrufen nachweisen, die in den Zeitungen *Im deutschen Reich* (IdR) und in der *Jüdischen Rundschau* (JR) erschienen und die in der Forschung immer wieder als Kronzeugen des jüdischen Augusterlebnisses zitiert wurden.[5] In der vom CV herausgegebenen Zeitschrift IdR fand sich in der Septemberausgabe[6] der Aufruf „An die deutschen Juden". Er forderte die „Glaubensgenossen" dazu auf, „über das Maß der Pflicht hinaus Eure Kräfte dem Vaterlande zu widmen!"[7] Ton und Inhalt spiegelten die Positionen der beiden Organisationen wider, die den Aufruf veröffentlicht hatten. Sowohl der *Verband der deutschen Juden* (VdJ) als auch der CV vertraten die liberalen Ansichten jener deutschen Juden, die sich primär als Deutsche verstanden und die ihr Judentum vor allem als religiösen oder stammesgeschichtlichen Aspekt ihrer Identität wahrnahmen. Dass es VdJ und CV für notwendig befanden, einen derartigen Appell zu veröffentlichen, deutet zum einen auf den „enorme[n] Loyalitätsdruck" hin, dessen sich die deutschen Juden – wie die übrigen Minderheiten der am Krieg beteiligten Länder – durchaus bewusst waren.[8] Zum anderen bildet der Aufruf ein Beispiel für die Selbstwahrnehmung jüdischer Vereine, die nicht nur bei ihrer jeweiligen Mitglieder- und Leserschaft, sondern auch gegenüber dem gesamten deutschen Judentum als handlungsleitende Instanzen auftraten. Ihre Publikationen dienten folglich nicht allein der Informationsvermittlung, sondern enthielten häufig Beiträge, die eine konkrete Verhaltensweise empfahlen – oder vorschrieben. Allerdings dürfte für die Mehrzahl der Leser auch vor Lektüre der Zeitung eine wie auch immer geartete Unterstützung des Feldzuges außer Frage gestanden haben. Der Aufruf stellte dementsprechend weniger eine direkte Handlungsanweisung als vielmehr eine Bestätigung zwischen Vereinen/Zeitschrift und ihren Mitgliedern/Lesern über die generelle Kriegseinstellung dar.[9]

4 Vor diesem Hintergrund hat Sieg überzeugend dafür appelliert, die Aufrufe jüdischer Vereine nicht zum „Hyperpatriotismus" zu stilisieren. Vgl. Ulrich Sieg, Jüdische Intellektuelle im Ersten Weltkrieg, Berlin 2001, S. 57f., 68; ders., Jüdische Intellektuelle und die Krise der bürgerlichen Welt im Ersten Weltkrieg, Stuttgart 2000, S. 15f.

5 Vgl. bspw. Christhard Hoffmann, Between Integration and Rejection: the Jewish Community in Germany, 1914–1918, in: John Horne (Hrsg.), State, Society and Mobilization in Europe during the First World War, Cambridge 1997, hier S. 92f.; Jacob Rosenthal, „Die Ehre des jüdischen Soldaten". Die Judenzählung im Ersten Weltkrieg und ihre Folgen, Frankfurt am Main 2007, S. 42f.; Jim Tobias/Nicola Schlichting, „… nichts als hingebungsvolle Liebe zum so schwerbedrohten Deutschtume". Das erste Kriegsjahr im Spiegel jüdischer Zeitungen, in: Nurinst. Beiträge zur deutschen und jüdischen Geschichte 7 (2014), S. 31–45, hier S. 31f.

6 Im August war die Zeitschrift nicht erschienen.

7 An die deutschen Juden, IdR, Nr. 9, Sept. 1914. Der Aufruf fand sich bereits in: Allgemeine Zeitschrift des Judentums (AZJ), Nr. 32, 7. 8. 1914, Herv. i. O.

8 Vgl. Sieg, Intellektuelle, S. 61.

9 Dass der Aufruf innerhalb der Organisationen nicht nur auf Zustimmung stieß, belegt indirekt ein Schreiben des VdJ-Mitglieds Max Elb. Als 1916 erneut ein Aufruf, diesmal als Reaktion auf die Judenzählung erlassen werden sollte, bejahte dies Elb. Die Tatsache „dass der Aufruf zu Beginn des Krieges nicht allseitigen Beifall bei jüdischen Politikern gefunden hat,

Die zweite Quelle, die in diesem Zusammenhang ebenfalls als Beleg für die umfassende Kriegseuphorie und -beteiligung deutscher Juden angeführt wird, ist der Appell, den die *Zionistische Vereinigung für Deutschland* (ZVfD) in ihrer Zeitschrift *Jüdische Rundschau* (JR) veröffentlichte. Am 7. August 1914 forderte das Organ seine Leser dazu auf, „[sich] im Sinne des alten jüdischen Pflichtgebotes mit ganzem Herzen, ganzer Seele und ganzem Vermögen [...] dem Dienste des Vaterlandes hinzugeben".[10] Die Mehrzahl deutscher Zionisten erwog zu diesem Zeitpunkt keineswegs die eigene Emigration nach Palästina. Ihr Ziel war es, über einen sicheren Ort zu verfügen, an den sich verfolgte Jüdinnen und Juden, allen voran aus den osteuropäischen Ländern und dem russischen Zarenreich, retten konnten.[11] Die Aufforderung zur Hingabe an das deutsche Vaterland bedeutete folglich keinen ideologischen Interessenkonflikt. Dass Deutschland im August 1914 darüber hinaus zuerst Russland den Krieg erklärt hatte, galt für überzeugte Zionisten als weiterer Grund, sich am Kriegsgeschehen zu beteiligen – oder die deutschen Kriegsanstrengungen zumindest zu unterstützen. Die zaristische Politik gegenüber der jüdischen Minderheit galt den deutschen Juden, unabhängig von ihrer sonstigen ideologischen Einstellung und Vereinszugehörigkeit, als Inbegriff antisemitisch motivierter Verfolgung, Ausbeutung und Unterdrückung.[12]

macht mich darin nicht irre, man kann es nicht allen recht machen. Ich glaube aber, dass der großen Mehrzahl der Juden damit aus der Seele gesprochen wurde und dass es auch in weiteren Kreisen des Volkes sehr günstig aufgenommen worden ist." Stiftung „Neue Synagoge Berlin – Centrum Judaicum" Archiv (CJA), 1, 75, Nr. 227, Bl. 47. Darüber hinaus kann der Aufruf auch in Bezug auf die nichtjüdische Öffentlichkeit als „Ausdruck eines strategischen Verortungsversuchs" gelesen werden. Panter, Erfahrungen, S. 41.

10 JR, Nr. 32, 7. 8. 1914.

11 Vgl. Eloni Yehuda, Zionismus in Deutschland. Von den Anfängen bis 1914, Gerlingen 1987, S. 76f. Siehe hierzu auch das von Max Bodenheimer bei Kriegsausbruch initiierte *Komitee zur Befreiung der russischen Juden* (später *Komitee für den Osten*), das sich vor allem der Verbesserung der Lebenssituation der Juden in den von Deutschland und Österreich-Ungarn besetzten, russischen Gebieten annahm. Vgl. Egmont Zechlin, Die deutsche Politik und die Juden im Ersten Weltkrieg, Göttingen 1969, S. 118–122; Ulrich Sieg, Die Macht gewohnter Deutungsmuster. Zionistische Intellektuelle in Deutschland und der Erste Weltkrieg, in: Carlos Collado Seidel (Hrsg.), Geheimdienste, Diplomatie, Krieg. Das Räderwerk der Internationalen Beziehungen, Berlin 2013, S. 351–364, hier S. 354–356. Dabei wird der Erste Weltkrieg auch als Generationenwechsel innerhalb der zionistischen Bewegung in Deutschland, der zu einer Abkehr von einem politisch-philanthropischen hin zu einem praktischen Konzept des Zionismus führte, vgl. Stefan Vogt, The First World War. German Nationalism, and the Transformation of German Zionism, in: LBYB 57 (2012), S. 267–291, hier S. 267.

12 Vgl. bspw. Neue Judenverfolgungen in Russland, AZJ, Nr. 42, 16. 10. 1914; Die Woche, AZJ, Nr. 45, 6. 11. 1914. Siehe auch Steven Aschheim, Brothers and Strangers. The East European Jew in German and Jewish German Consciousness, 1800–1923, Madison 1982, S. 139–184, insb. S. 157–160; Wilhelm Terlau/Beate Wunsch, Die Ostjudenfrage im Spiegel der deutschsprachigen jüdischen Presse, in: Achim Jaeger u. a. (Hrsg.), Positionierung und Selbstbehauptung. Debatten über den ersten Zionistenkongress, die „Ostjudenfrage" und den Ersten Weltkrieg in der deutsch-jüdischen Presse, Tübingen 2003, S. 67–110, hier S. 95–107; zu den antisemitischen Verfolgungen in Russland und deren Folgen für die jüdische Bevölkerung siehe auch John D. Klier, Russians, Jews and the Pogroms of 1881–1882, Cambridge 2011, insb. S. 255–296; Shlomo Lambroza, The Pogroms of 1903–1906, in: John D. Klier/Shlomo Lambroza (Hrsg.), Pogroms: Anti-Jewish Violence in Modern Russian History, Cambridge 1992, S. 195–248; Michael Brenner, Geschichte des Zionismus, München 2002, S. 55–58.

Beide Aufrufe sind folglich weniger als Beispiele für euphorische – oder gar: blinde – Kriegsbegeisterung zu lesen. Die Appelle spiegelten vielmehr die politischen Schwerpunkte derjenigen Organisationen wider, die sie veröffentlicht hatten. Gleichzeitig erfüllten sie die Erwartungshaltung ihrer Leserschaft, für die der Appell zur Teilnahme am Kriegsgeschehen eher eine Rückversicherung über die Positionierung der Vereine als eine konkrete Aufforderung bedeutete. Bedingt trifft diese Feststellung auch auf den Aufruf zu, den die *Jüdisch-nationale Frauenvereinigung* anlässlich des Kriegsausbruchs veröffentlichte.[13] Dort hieß es:

> „Stellt Euch in Scharen allen Hilfsorganisationen zur Verfügung [...] Auf den Bahnhöfen, in den Volksspeisehallen werden Helferinnen verlangt. Nehmt Euch auch der Frauen und Kinder an, deren Ernährer als [...] Soldaten ins Feld gezogen sind, dem deutschen Vaterland zu helfen."[14]

Anders als in den allgemein gehaltenen Aufrufen von VdJ, CV und ZVfD artikulierte der Jüdisch-nationale Frauenbund deutlich, welche kriegsfreiwilligen Aktivitäten für jüdische Frauen adäquat seien. Diese Bestimmtheit lässt sich möglicherweise auf den Umstand zurückführen, dass es jüdischen Frauen kaum möglich gewesen war, sich über das individuelle Engagement hinausgehend, an der Kriegsfürsorge im 19. Jahrhundert zu beteiligen. Folglich konnten sie auf weniger Erfahrungswerte aus Kriegszeiten zurückgreifen als jüdische Männer[15], die seit den „Befreiungskriegen" in deutschen Armeen kämpften. Insgesamt zeigt sich auch bei dem Appell an die jüdische Frau deutlich, dass dem Krieg das Potenzial zugesprochen wurde, die Loyalität und den Patriotismus deutscher Juden und Jüdinnen nachweisen.

All diesen prominent platzierten Aufrufen schlossen sich auf den hinteren Zeitungs- und Zeitschriftenseiten weitere, weniger offensichtliche Appelle an. Aus ihnen lassen sich die Erwartungshaltungen innerhalb der jüdischen Organisationen deutlicher rekonstruieren als aus den häufig zitierten Aufrufen zur Kriegsteilnahme. In der zweiten Ausgabe der *Jüdischen Rundschau* nach Kriegsbeginn fand sich in der Rubrik *Nachrichten* eine kurze Notiz, die „unsere Freunde" aufforderte, „genaue Mitteilungen darüber zu machen, welche Gesinnungsgenossen eingezogen worden sind und welche sich freiwillig gemeldet haben".[16] Am selben Tag informierte der *Verein zur Abwehr des Antisemitismus* (VAA) in der *Allgemeinen Zeitung des Judentums* (AZJ) über eine geplante Statistik, um „speziell den Um-

[13] Der Aufruf „Jüdische Frauen!" wurde u.a. in der JR veröffentlicht. Vgl. JR, Nr. 32; Regina Reißer, Die Pflichten unserer Frauen und Jungfrauen gegen das Vaterland, AZJ, Nr. 34, 21. 8. 1914.

[14] Ebd.

[15] So gründete sich der erste Verein jüdischer Krankenpflegerinnen 1893 in Frankfurt am Main. Vgl. Hilde Steppe, „... Den Kranken zum Troste und dem Judentum zur Ehre ..." Zur Geschichte der jüdischen Krankenpflege in Deutschland, Frankfurt am Main 1997, S. 102. Generell zur Entwicklung organisierter jüdischer Frauenarbeit während des Weltkrieges vgl. Martina Steer, „Wir wollen sein ein einig Volk von Schwestern, vor keiner Not uns fürchten und Gefahr!" Der Jüdische Frauenbund im Ersten Weltkrieg, in: Margarete Grandner/Edith Saurer (Hrsg.), Geschlecht, Religion und Engagement. Die jüdischen Frauenbewegungen im deutschsprachigen Raum. 19. und frühes 20. Jahrhundert, Wien 2005, S. 103–122.

[16] Nachrichten, JR, Nr. 33, 14. 8. 1914, Herv. i. O.

fang der Beteiligung unserer jüdischen Mitbürger an den großen Liebeswerken aller Art festzustellen". Die örtlichen Vertrauensmänner des Vereins sollten zu diesem Zweck die in den regionalen Zeitungen veröffentlichten Listen über Spendensammlungen einsenden „und die jüdischen Spender besonders kenntlich machen".[17] Noch ausführlichere Informationen forderte der Vorstand des CV. In derselben IdR-Ausgabe, in der sich der Appell „An die deutschen Juden" fand, wandte er sich an seine Ortsgruppen und Mitglieder und forderte sie auf „alles auf die Beteiligung der Juden am Kriege Bezügliche mitzuteilen".[18] Eine Auswahl der eingesendeten Berichte und Feldpostbriefe wurde schon während des Krieges in der Zeitschrift veröffentlicht, um den Lesern Einblicke in den Alltag jüdischer Soldaten zu ermöglichen. Die Antwort auf die Frage, warum der Vorstand so großen Wert auf die möglichst vollständige Materialbeschaffung legte, beschränkte sich auf die Bemerkung, dass „der Umfang der Beteiligung deutscher Juden an dem Feldzuge für spätere Zeiten festgestellt werden muss". Tatsächlich hatte mit Beginn des Krieges im Deutschen Reich, wie in den übrigen kriegführenden Nationen, eine Begeisterung für das Sammeln jedweder Kriegsmemorabilia eingesetzt.[19] Diese Sammelwut beruhte allerdings vornehmlich auf dem Bedürfnis, das zunächst positiv konnotierte Erlebnis des Krieges nach Möglichkeit zu konservieren und – zeitlich und räumlich unabhängig – erfahrbar zu machen. Die Aufrufe der jüdischen Organisationen wiesen dagegen einen Imperativ auf, der über dieses allgemeine Anliegen hinausreichte. In ihrem Fall ging das Ziel, möglichst umfassende Informationen über die Beteiligung deutscher Juden am Krieg zusammenzutragen, auf eine historische Erfahrung zurück – und auf die Erwartungshaltung, die daraus resultierte.

Denn die jüdischen Soldaten, die 1914 eingezogen wurden oder sich freiwillig meldeten, setzten eine Tradition fort, die mit den Befreiungskriegen 1813 begonnen hatte. Im Vor- und Nachgang kriegerischer Auseinandersetzungen während des 19. Jahrhunderts war es stets zu Verbesserungen der rechtlichen Lage der jüdischen Minderheit gekommen. Diese blieben jedoch häufig zeitlich und räumlich begrenzt und führten dementsprechend immer wieder zu Rückschlägen, wie etwa infolge des Wiener Kongresses.[20] So war während der Feldzüge gegen das napoleo-

17 An unsere Vertrauensmänner, AZJ, Nr. 33, 14. 8. 1914. Im Jahr 1890 hatten ausschließlich nichtjüdische Vertreter des liberalen Bürgertums den *Verein zur Abwehr des Antisemitismus* gegründet. Vgl. Auguste Zeiss-Horbach, Der Verein zur Abwehr des Antisemitismus. Zum Verhältnis von Protestantismus und Judentum im Kaiserreich und in der Weimarer Republik, Leipzig 2008, S. 49–59; zu seiner Position während des Ersten Weltkriegs: Barbara Suchy, The Verein Zur Abwehr des Antisemitismus (II): From the First World War to Its Dissolution in 1933, in: LBYB 30 (1985), S. 67–103, hier S. 70–72.

18 Alle Zitate: An die Ortsgruppen, CVZ, Nr. 9, September 1914, Herv. i. O.

19 Vgl. Eintrag zu „Kriegssammlungen", in: Hirschfeld/Krumreich/Renz (Hrsg.), Enzyklopädie; Bernd Ulrich, Die Augenzeugen. Deutsche Feldpostbriefe in Kriegs- und Nachkriegszeit 1914–1933, Essen 1997, S. 107–128.

20 Vgl. Michael Berger, Eisernes Kreuz – Doppeladler – Davidstern. Juden in deutschen und österreichisch-ungarischen Armeen. Der Militärdienst jüdischer Soldaten durch zwei Jahrhunderte, Berlin 2010, S. 45.

nische Heer 1813 in Preußen eine Verordnung ergangen, nach der sämtlichen Kriegsfreiwilligen der Zugang zu höheren Staatsämtern erleichtert werden sollte. Doch bereits im August 1818 schränkte ein staatsministerieller Beschluss diese Order wieder ein: Juden, egal ob kriegsfreiwillig oder nicht, blieben vom Staatsdienst ausgeschlossen. Zwar erfolgte 1827 die Abmilderung einer Militärkabinettsorder, die jede Beförderung von jüdischen Soldaten kategorisch ausgeschlossen hatte, doch blieben jüdischen Soldaten in der Praxis höhere militärische Positionen in der preußischen Armee bis auf wenige Ausnahmen dauerhaft verschlossen.[21] Während des deutsch-französischen Krieges 1870/71 wurden schließlich häufiger – insbesondere im bayerischen Heer – jüdische Soldaten in den Rang von Sanitäts- und Reserveoffizieren erhoben. Diese Praxis setzte sich jedoch nach Kriegsende nicht fort, der Aufstieg in den Reserveoffiziers- oder gar Offiziersrang blieb weiterhin abhängig von der Konfessionszugehörigkeit und der sozialen Stellung, nicht von der Eignung der Aspiranten.[22]

Der Militärdienst blieb also ein Bereich, in dem sich die restriktive Politik gegenüber den deutschen Juden fortsetzte. Er stand damit beispielhaft für eine „Politik der Ungewissheit", die, zumindest bis zur Reichsgründung 1871, von Preußen wie der Mehrzahl der deutschen Staaten praktiziert wurde. Bei der jüdischen Bevölkerung musste dies, trotz der zunehmenden wirtschaftlichen Erfolge und ihrer weitgehend ungehinderten Teilnahme am öffentlichen Leben, zu der Erkenntnis führen, dass bereits der nächste Gesetzeserlass das Erreichte wieder in Frage stellen könnte. Aufgrund des gesellschaftlichen Prestiges des kaiserlichen Militärs galten die dortige Stellung und Aufstiegsmöglichkeiten als Indikator der gesamtgesellschaftlich erreichten Anerkennung und Gleichstellung deutscher Juden. Diese Indikatorfunktion trug dazu bei, dass jüdische Vereine und Privatpersonen seit den 1890er Jahren ein besonderes Interesse an der genauen Anzahl jüdischer Soldaten hatten. Dies traf insbesondere auf neugegründete Organisationen zu, die sich aktiv für die vollständige Gleichstellung der deutschen Juden einsetzten und die den, in den 1880er Jahren zunehmenden antisemitischen Strömungen entgegentraten.[23] 1894 initiierten das *Comitee zur Abwehr antisemitischer Angriffe in Berlin* und das Frankfurter Büro des *Vereins zur Abwehr des Antisemitismus* die erste innerjüdische Militärstatistik. Beide Organisationen versandten unter anderem 1100 Fragebögen an jüdische Gemeinden in Deutschland, um

[21] Vgl. Berger, Kreuz, S. 45; Manfred Messerschmidt, Juden im preußisch-deutschen Heer, in: Forschungsamt Potsdam (Hrsg,), Deutsche Jüdische Soldaten. Von der Epoche der Emanzipation bis zum Zeitalter der Weltkrieg. Eine Ausstellung des Militärgeschichtlichen Forschungsamts in Zusammenarbeit mit dem Moses Mendelssohn Zentrum, Potsdam und dem Centrum Judaicum, Berlin, Potsdam 1996, S. 39–62, hier S. 40 f.

[22] Vgl. Messerschmidt, Heer, S. 46; Rolf Vogel (Hrsg.), Ein Stück von uns. Deutsche Juden in deutschen Armeen 1813–1976. Eine Dokumentation, Mainz 1977, S. 45–48. Zu einem positiveren Urteil gelangt dagegen Christine Krüger, die durch den Eintritt deutscher Juden ins Militär „deutliche Impulse" für eine Verbesserung der Rechtslage ableitet. Vgl. Christine Krüger, Kriege und Integration – Deutsche und Französische Juden im Vergleich, in: Yearbook of the Simon Dubnow Institute 7 (2013), S. 173–193, hier S. 193.

[23] Barkai, Wehr Dich!, S. 19–24.

Namen, Gefechtsstellungen und Beförderungen jüdischer Soldaten während des deutsch-französischen Krieges 1870-1871 zu ermitteln.[24] Dass sich die Verantwortlichen trotz dieses zeitlichen Abstands zu der Erhebung entschlossen, unterstreicht, wie sehr ihnen an gesicherten Zahlen gelegen war. Die Organisatoren wandten sich vor allem an die jüdischen Gemeinden, da ein Rückgriff auf militärische Unterlagen – so er denn überhaupt gestattet wurde – nur ungenaue Daten versprach. Sowohl in den Befreiungs- wie in den Einigungskriegen waren Stammrollen, die üblicherweise Angaben zum religiösen Bekenntnis beinhalteten, nur unregelmäßig angelegt worden oder nach Kriegsende verloren gegangen. Allerdings hielt dieser Umstand die Militärbehörden ihrerseits nicht davon ab, die Daten zu veröffentlichen und die niedrige Anzahl jüdischer Kriegsteilnehmer als Bestätigung für die These einer mangelnden Eignung von Juden für den Soldatenberuf – und damit indirekt auch als Staatsbürger – zu nutzen.[25]

Diese Vorstellung hatte auch zu Beginn des 20. Jahrhunderts ihre Wirkmächtigkeit nicht eingebüßt. Deswegen griffen um die Jahrhundertwende verschiedene von jüdischer Seite angefertigte Aufsätze und Broschüren die Frage nach der Zahl und Bedeutung jüdischer Soldaten immer wieder auf.[26] Die Statistiker nutzten dabei stets eine ähnliche Argumentation. Zunächst erläuterten sie die Probleme, die einer aussagekräftigen Statistik aufgrund mangelnder Dokumentation entgegenstanden.[27] Aufgrund der Unterstützung durch die jüdischen Gemeinden war es ihnen trotzdem gelungen, valides Zahlenmaterial zusammenzutragen. Durch diese nachträglichen statistischen Arbeiten war es möglich, nicht nur stichhaltigere, sondern, im Vergleich zu den Veröffentlichungen von militärischer Seite, auch höhere Zahlen zu präsentieren. Die Verfasser hoben insbesondere die Zahl jener Juden hervor, die sich freiwillig zum Dienst gemeldet hatten. Die Autoren ergänzten diese Angaben durch qualitative Daten, vor allem Aussagen nichtjüdischer Vorgesetzter und zeitgenössischer Beobachter, die den Mut und Opferwillen der jüdischen Soldaten unterstrichen. Zusammenfassend ergaben diese statistischen Auswertungen, dass sich die Leistung jüdischer Soldaten nicht nur quantitativ – gemessen am jüdischen Bevölkerungsanteil –, sondern auch qualitativ nachwei-

[24] Comite zur Abwehr antisemitischer Angriffe in Berlin (Hrsg.), Die Juden als Soldaten, Berlin 1897, S. II. Einen früheren Sammlungsversuch hatte Ludwig Philippson unternommen, der seine fragmentarischen Ergebnisse im „Gedenkbuch an den deutsch-französischen Krieg 1870/71" herausgegeben hatte. Vgl. ebd., S. I.

[25] So gab beispielsweise das preußische Kriegsministerium 1843 eine Statistik über die Beteiligung jüdischer Soldaten an den Freiheitskriegen heraus, in welcher der Verfasser die zusammengetragenen Zahlen als „eher zu hoch als zu niedrig" bezeichnete. Zit. n. Messerschmidt, Heer, S. 40.

[26] Z. B. Comite, Soldaten; o. V., Die Juden als Soldaten, IdR, Nr. 4, April 1904, S. 189–200; Martin Philippson, Der Anteil der jüdischen Freiwilligen an dem Befreiungskriege 1813 und 1814, in: Monatsschrift für Geschichte und Wissenschaft des Judentums (MGWJ), Nr. 1, 1906, S. 1–24; Verein zur Abwehr des Antisemitismus (Hrsg.), Die Juden im Heer, Berlin 1910.

[27] Eine Ausnahme bildete Martin Philippson, deutscher Historiker und Sohn Ludwig Philippsons, der während des deutsch-französischen Krieges versucht hatte, so viele Daten wie möglich über jüdische Kriegsteilnehmer auf deutscher Seite zu sammeln. Seine Aufzeichnungen blieben allerdings fragmentarisch, vgl. Comite, Soldaten, S. III.

sen ließ. Dass jüdische Soldaten trotzdem in zahlreichen Teilen des Deutschen Reichs, allen voran in Preußen, nach wie vor kategorisch von Beförderungen in höhere militärische Ränge ausgeschlossen waren und ihre Leistungen in der deutschen Bevölkerung nicht anerkannt wurden, bildete den Kern der abschließenden Kritik.

Mit dem im August 1914 begonnenen Krieg ergab sich für Vereine wie VdJ und CV, die sich für die soziale wie politische Gleichberechtigung deutscher Juden einsetzten, nun die Möglichkeit, unmittelbare Kenntnisse über Zahl und Rang jüdischer Soldaten einzuholen. War es bisher nur möglich gewesen, diese Informationen in mühevollen Befragungen nachträglich zu erhalten, sollten durch die umfänglichen Sammlungsbestrebungen frühzeitig genaue Auskünfte über die jüdische Beteiligung am Kriegsgeschehen vorliegen.

Dieses Vorgehen blieb innerhalb der Vereine nicht unumstritten. Am 12. August wandte sich der Frankfurter Justizrat Dr. Ernst Auerbach an den Vorstand des *Verbandes der deutschen Juden*. Ausführlich verwies er auf die mannigfache Teilnahme ihm bekannter Familien „an allen möglichen Kriegsvorbereitungen" und, damit zusammenhängend, auf die Unmöglichkeit der exakten Datensammlung. Überhaupt erschien sie ihm „zwecklos und unnötig, [denn] wenn auch vielleicht trotz allem augenblicklichen Anschein der Antisemitismus später wieder sein Haupt erheben mag und kann", so würde doch in Zukunft kein Zweifel daran bestehen, „dass die deutschen Juden in ungeheurer Zahl sich in jeder Hinsicht am Kriege beteiligt haben".[28] Allein die Aneinanderreihung einschränkender Formulierungen wie „wenn auch vielleicht trotz allem" impliziert, dass Auerbach ein Wiedererstarken des Antisemitismus – der zu Beginn des Krieges durch Zensur und die Burgfriedenspolitik scheinbar eingeschränkt worden war[29] – für realistischer hielt, als er es in seinem Schreiben zugab. Ihm erschien es trotzdem unzulässig, für Dinge, welche „die Zukunft lehren" würde – beispielsweise die Frage nach der Beförderung jüdischer Soldaten –, schon jetzt Nachforschungen anzustellen, die „in die augenblickliche einheitliche Stimmung wieder ein[en] Misston unnötiger Unterscheidung hineintragen" würden.[30] Auerbachs Schreiben verdeutlicht, wie schnell sich selbst Organisationen wie der VdJ dem Vorwurf ausgesetzt sahen, mit „Misstönen" und Pessimismus die vermeintliche Eintracht in Deutschland zu stören.[31] In seinem Antwortschreiben stimmte der Verband Auerbach insofern zu, als das Zahlenmaterial ausschließlich über jüdische Einzelpersonen, Behörden und Gemeindeverwaltungen eingeholt werden sollte. Zumindest schien Konsens darin zu bestehen, keine nichtjüdischen Instanzen mit der Informationssammlung zu behelligen. Allerdings widersprach der VdJ Auerbachs „Optimismus für die Zukunft" mit der Begründung, dass „[w]ir es zu peinlich

[28] CJA, 1, 75, C Ve 1, Nr. 224, Bl. 88.

[29] Vgl. Werner Angress, Das deutsche Militär und die Juden im Ersten Weltkrieg, in: Militärgeschichtliche Mitteilungen (MGM) 19 (1976), S. 77–146, hier S. 79, vgl. hierzu auch Kap. I.1.2.

[30] CJA, 1, 75, C Ve 1, Nr. 224, Bl. 88/II.

[31] Vgl. ebd.

erfahren [haben], wie notwendig eine erschöpfende Statistik für frühere Kriege gewesen wäre und wie unmöglich ihre Beschaffung nachträglich geworden ist".[32] Hier wird transparent, dass die historische Erfahrung nicht nur die Intention der Informationssammlung mitprägte, sondern auch die Erwartungshaltung für die Zukunft des deutschen Judentums während und nach dem Weltkrieg.

Einen ähnlichen, die Erwartungen dämpfenden Ton kennzeichnete auch einen Brief, den der *Verein zur Abwehr des Antisemitismus* innerhalb der ersten Kriegswochen erhalten hatte und den der Verein in seinen *Mitteilungen* in Auszügen wiedergab. Der Verfasser des Briefes, „ein höherer richterlicher Beamter aus dem Westen", begrüßte, dass der Verein auch nach Kriegsbeginn den Kampf um die Gleichberechtigung der deutschen Juden nicht eingestellt habe. Zu seinem Befremden hatte er „von manchen politisch sonst urteilsfähigen Juden die Ansicht gehört, die Judenfrage würde jetzt mit Blut und Eisen gelöst werden; die tatsächliche Durchführung der Gleichberechtigung auf dem Verwaltungswege sei nur noch eine Frage der Zeit". Der Verfasser des Briefes hatte zwar davon abgesehen, dieser Einschätzung direkt zu widersprechen, da es in der gegenwärtigen Situation „unpassend oder nicht opportun [wäre], öffentlich vor diesem Optimismus zu warnen [...]".[33] Der VAA nutzte den Leserbrief, um den auch während des Krieges fortzusetzenden Kampf gegen den Antisemitismus zu legitimieren und auf jene Zuschriften zu reagieren, die ein „patriotisches" und gleichsam unkritisches Auftreten des Vereins forderten.

Beide Briefe lassen sich als Belege dafür werten, dass einzelne Akteure bereits in den ersten Kriegswochen und -monaten die Erwartungen an eine generelle – und dauerhafte – Verbesserung der politischen und gesellschaftlichen Stellung der Juden in Deutschland hinterfragten. Sie zeigen auch, warum derartige Äußerungen nur selten, und wenn dann anonymisiert, in die Öffentlichkeit gelangten: In Anbetracht der Zeitumstände erschien es schlicht nicht angemessen, die mit Kriegsbeginn erwartete Überwindung des Antisemitismus anzuzweifeln. Trotzdem konnte selbst mit einem Verweis auf die „augenblickliche einheitliche Stimmung" die Persistenz antisemitischer Einstellungen nicht ausgeschlossen werden. Doch selbst wer diese Möglichkeit anerkannte, konnte – wie Justizrat Auerbach – eine damit einhergehende Auseinandersetzung in die Zeit nach Kriegsende verschieben.

Der Widerwillen des Justizrats, sich auf potenzielle Zukunftsszenarien einzulassen, deckte sich mit der Vorsicht jüdischer Organisationen, an den Krieg konkrete Hoffnungen, Erwartungen oder gar Forderungen der jüdischen Minderheit zu knüpfen. Exemplarisch hierfür steht eine erste Einschätzung aus der IdR-Septemberausgabe 1914:

„Ein in der Weltgeschichte beispielloser Krieg einigt unser bedrängtes Vaterland, schafft mit einem erlösendem Schlage für alle seine Bürger gleiches Recht, zwischen allen Schichten den

32 Ebd., Bl. 89.
33 Burgfrieden und Zensur, Mitteilungen des Vereins zur Abwehr des Antisemitismus (MVAA), Nr. 17, 24. 10. 1914.

Gottesfrieden. Da ist selbstverständlich auch unser Kampf um das bisher verkümmerte Recht eingestellt. Hoffentlich für alle Zeit. [...] Hoffentlich! --- Die Geschichte des Judentums ist nicht dazu angetan, Optimisten zu schaffen. In allen Kämpfen um den Fortschritt der Menschen haben wir mitgefochten; wann aber sind die höchsten bürgerlichen Rechte verteilt worden unter die Streiter? – ‚Dieses Mal!' antwortet unsere Sehnsucht. Wir warten auf ihre Erfüllung."[34]

Dass „mit erlösendem Schlage" nun „gleiches Recht" für alle Bürger Deutschlands eingetreten sei, leitete der Verfasser aus dem Ausspruch Kaiser Wilhelms II. ab, er kenne „keine Parteien mehr, nur noch Deutsche". Bedeutung und Gehalt des sogenannten Kaiserwortes ist in Kapitel 1.2 Gegenstand der Analyse. Hier soll der Fokus auf der Zurückhaltung liegen, mit der es der Mitarbeiter der Zeitung *Im deutschen Reich* vermied, eine konkrete Erwartung zu äußern. Was sich hinter dem Begriff des gleichen Rechtes verbarg, an wem es sich orientierte und was es beinhalten sollte, blieb offen. Stattdessen dämpfte der Verfasser gleich im Anschluss die Hoffnung auf die vage angedeutete Rechtsgleichheit mit einem Verweis auf die historischen Erfahrungen des Judentums.

Analog vermied auch der Herausgeber der AZJ, Ludwig Geiger, präzise zu formulieren, was das deutsche Judentum rechtlich und gesellschaftlich von seiner Beteiligung am Weltkrieg erwarten dürfe. Vielmehr machte er deutlich, dass die jeweilige Erwartungshaltung keinen Einfluss auf den persönlichen Einsatz für das Vaterland haben solle:

„Wir Juden verlangen keine Sonderrechte für uns, keine Belohnung für die großartigen Spenden an Gut und Geld, für die Bereitwilligkeit, mit der wir unser Blut opfern. Wir kämpfen fürs Vaterland, aber wir erwarten von ihm, wie wir es immer gefordert, Gerechtigkeit."[35]

„Gleiche Rechte" und „Gerechtigkeit" waren demnach die allgemein gehaltenen Forderungen, welche die beiden großen Zeitungen des liberalen Judentum ausgaben – und aus denen die Forschung bisher die weitreichende Hoffnungen und Erwartungen deutscher Juden zu Beginn des Weltkrieges abgeleitet hat. Dieser These ist im Licht der oben zitierten Quellen entgegenzuhalten, dass die Redaktionen liberaler jüdischer Zeitungen und Zeitschriften ihre Leser wiederholt, direkt wie indirekt, dazu anhielten, ihre Erwartungen zu dämpfen und diese nicht von den eigenen Leistungen während des Krieges abhängig zu machen.

Die zionistische JR wiederum formulierte gar nicht erst eine neue Hoffnung für die Zukunft, sondern spekulierte auf eine Rückkehr zu ihren – vorübergehend zugunsten des Kampfs für Deutschland zurückgestellten – Zielen. Dabei zog sie bereits im September 1914 Bilanz:

„[...] gerade wir Zionisten, die wir fast unsere gesamte Jugend bei den Fahnen haben, [werden] weit mehr Verluste aufweisen, als die älteren Gruppen [...]. Aber Friede wird uns nicht verzagt finden. Unsere jüdisch-ideale Gesinnung, die uns anspornt, für das Vaterland alle Opfer zu bringen, [...] wird nach dem Kriege ihren alten Zielen sich zuwenden, getreu unserer alten Losung: in deutschen Dingen deutsch, in jüdischen jüdisch."[36]

34 Unter den Waffen, IdR, Nr. 9, September 1914, S. 341-343, hier S. 343.
35 Ludwig Geiger, Der Krieg und die Juden, AZJ, Nr. 34, 21. 8. 1914, S. 397 f., hier S. 398.
36 Die Juden im Kriege, JR, Nr. 36, 4. 9. 1914.

Die vorangegangenen Auszüge sollen nicht als repräsentative Beispiele für die tatsächlichen Erwartungshaltungen der unterschiedlichen Strömungen im Judentum verstanden werden. Dafür waren die in den jüdischen Publikationen vorgebrachten Einstellungen zu divers und immer auch abhängig von Verfasser und zeitlichen Umständen. Sie weisen aber auf das Erwartungsmanagement hin, das die unterschiedlichen Publikationen ihren Lesern offerierten. So formulierten die CV-Zeitung und AZJ eine, wenn auch sehr vage, positive Erwartung für die Zukunft, während sie zur gleichen Zeit darum bemüht waren, die Hoffnungen ihrer Leser auf eine tatsächliche Verwirklichung selbiger zu dämpfen und so einer potenziellen Enttäuschung entgegenzuwirken. Anders lag die Sache bei der zionistischen JR. Sie verzichtete gänzlich auf die Formulierung neuer Erwartungen und richtete stattdessen ihre Aufmerksamkeit auf eine Verbesserung der Situation der russischen und osteuropäischen Juden. Als Ziel für ihre deutschen Leser gab sie lediglich eine Rückkehr zu „unseren jüdischen Pflichten"[37] nach Kriegsende aus. Dieses Bestreben wiederum bedurfte keiner Abmilderung, da es unabhängig von der Einstellung der nichtjüdischen Gesellschaft Bestand hatte. Gemeinsam war dagegen allen drei Aufsätzen die konsequente Verwendung der Ersten Person Plural. Hierbei handelt es sich um eine Eigenschaft, die sich in zahlreichen Aufsätzen jüdischer Zeitungen nachweisen lässt, egal welcher politischen, sozialen oder religiösen Strömung sie angehörten. Dieses Gemeinsamkeit stiftende „wir" erfüllte zwei Funktionen. So konnten die Autoren nach innen, ohne mahnenden Imperativ, die Erwartungen verdeutlichen, welche sie gegenüber ihren Lesern hegten – inklusive Verhaltensempfehlungen und Handlungsstrategien. Nach außen dagegen demonstrierten sie eine Einigkeit, die so weder für das gesamte Judentum noch für seine unterschiedlichen Strömungen zutraf.

Die besondere Notwendigkeit zur Erwartungsdämpfung sahen vor allem jene Zeitungen, Zeitschriften und Verbände, die sich bereits vor Kriegsbeginn für die Gleichberechtigung deutscher Juden eingesetzt hatten. Anzunehmen ist, dass es sich bei dieser Form des Erwartungsmanagements um eine bewährte Strategie handelte, die an die jeweiligen Umstände angepasst werden konnte. Dessen ungeachtet gab es in der ersten Kriegshälfte immer wieder Ereignisse, die jüdische Verbände wie Einzelpersonen als Indikatoren für die Lage der jüdischen Minderheit während wie auch nach Beendigung des Krieges werteten. Vier dieser Indikatoren – das weiter oben bereits erwähnte „Kaiserwort", die Ernennung von Feldrabbinern, die Beförderung jüdischer Soldaten in den Offiziersstand und die Zensur antisemitischer Publikationen – werden im Folgenden analysiert. Der Schwerpunkt liegt hierbei auf der Frage, welche Bedeutungen jüdische Organisationen und Einzelpersonen diesen Erfahrungen zuschrieben und welchen Einfluss sie auf unterschiedliche Erwartungshaltungen innerhalb des deutschen Judentums nahmen.

[37] Ebd.

1.2 Doppelbödige Erfolge

„Kaiserwort" und „Burgfrieden"

„Ich kenne keine Parteien und auch keine Konfessionen mehr; wir sind heute alle deutsche Brüder und nur noch deutsche Brüder."[38] Diese Worte rief Kaiser Wilhelm II. am 1. August 1914 der Menge zu, die sich anlässlich der deutschen Kriegserklärung an Russland vor dem Berliner Stadtschloss versammelt hatte. Drei Tage später wandte sich der Monarch in seiner Thronrede mit der bekannten Abwandlung des Satzes an die Vertreter der Parteien im Reichstag: „Ich kenne keine Parteien mehr, ich kenne nur noch Deutsche."[39] Dieser Ausspruch, der auch heute noch für das Gemeinschaftsgefühl steht, das vermeintlich ganz Deutschland in jenen Augusttagen ergriffen hatte, markierte den Beginn des „Burgfriedens".[40] In seiner Reichstagsrede forderte der Kaiser die Parteienvertreter dazu auf, „ohne Parteiunterschied, ohne Stammesunterschied, ohne Konfessionsunterschied durchzuhalten, mit mir durch dick und dünn, durch Not und Tod zu gehen".[41] Dass er den Konfessionsunterschied nun erst an dritter Stelle nannte, deutet auf die bereits in zeitgenössischen Analysen verbreitete Interpretation hin, dass es dem Kaiser in der Thronrede insbesondere um eine Aussöhnung mit der Sozialdemokratischen Partei gegangen war.[42]

Für jüdische Verbände wie Einzelpersonen war dieser Umstand nicht von Belang. Gerade in der ersten Kriegshälfte erlangte das „Kaiserwort" zentrale Bedeutung für die jüdische Minderheit. So hatte bereits die erste IdR-Ausgabe, die nach Kriegsausbruch erschienen war, das kaiserliche Wort zum „Panier"[43] der deutschen Juden erklärt. Trotzdem wäre es verkürzt, das „Kaiserwort" lediglich als Kumulationspunkt der Hoffnungen deutscher Juden auf politische und soziale Gleichberechtigung zu interpretieren – oder als Motiv für die jüdischen Männer, die sich freiwillig zum Kriegsdienst meldeten.[44] Das „Kaiserwort" eignete sich vor

[38] Zweite Balkonrede Wilhelms II., http://www.dhm.de/lemo/html/dokumente/wilhelm142/, eingesehen am 30. 1. 2014.

[39] Eintrag „Kaiserwort", in: Hirschfeld/Krumreich/Renz (Hrsg.), Enzyklopädie.

[40] Vgl. Einträge zu „Augusterlebnis" und „Burgfrieden", in: ebd.

[41] Verhandlungen des Reichstags. Dreizehnte Legislaturperiode. Zweite Session. 1914. Eröffnungssitzung am Dienstag den 4. 8. 1914, in: Verhandlungen des Reichstags. Stenographische Berichte, 1914/16, Bd. 306, S. 1 f., http://www.reichstagsprotokolle.de/Blatt_k13_bsb00003402_00012.html, eingesehen am 6. 10. 2014, 11:30.

[42] Vgl. bspw. die Reaktion im Vorwärts am 31. 7. 1914: „Wenn die verhängnisvolle Stunde schlägt, werden die vaterlandslosen Gesellen ihre Pflicht erfüllen und sich darin von den Patrioten in keiner Weise übertreffen lassen"; zit. n. Susanne Miller, Die SPD vor und nach Godesberg, in: dies./Heinrich Potthoff: Kleine Geschichte der SPD. Darstellung und Dokumentation 1848–1983, Bonn 1983, S. 73. Deutlicher hatte der Kaiser sich in seiner Balkonrede vom 1. 8. 1914 ausgedrückt, als er verkündete, „Es gibt unter uns nur noch Deutsche, und welche von den Parteien auch im Laufe des Meinungskampfes sich gegen mich gewendet haben sollte, ich verzeihe ihnen allen." Kaiser Wilhelm II., Ansprache zum Ausbruch des Ersten Weltkrieges [Balkonrede], 31. Juli und 1. August 1914, http://www.1000dokumente.de/pdf/dok_0203_bal_de.pdf, eingesehen am 6. 10. 2014, 12:00.

[43] Unter den Waffen, IdR, Nr. 9, September 1914, S. 341–343, hier S. 342.

[44] Vgl. Eintrag zu „Judenzählung", in: Hirschfeld/Krumreich/Renz (Hrsg.), Enzyklopädie.

allem als Universalargument und konnte von Vereinen wie Privatpersonen je nach Intention mit unterschiedlichen Bedeutungen gefüllt werden.[45]

Frühzeitig bemühte sich beispielsweise der Rabbiner Felix Goldmann darum, die potenziellen Erwartungen an das „Kaiserwort" zu dämpfen. In einem Beitrag für die *Kartell Convent-Blätter* (K.C.-Blätter) im Januar 1915 widersprach er der allgemeinen Annahme, dass „der Krieg mit dem bekannten Kaiserwort anscheinend einen vollen Sieg" für die jüdische Gleichberechtigung bedeute. Zwar sah er durch die Beteiligung jüdischer Soldaten am Kriegsgeschehen den Beweis erbracht, dass das deutsche Judentum „seinem innersten Wesen nach deutschnational" sei. Dass sich jedoch hieraus oder aus den Äußerungen Wilhelms II. faktisch die jüdische Gleichberechtigung im Deutschen Reich ergeben hätte – oder noch ergeben würde –, verneinte er entschieden: „Nur oberflächliche und unhistorische Betrachtungsweise kann vermeinen, daß [...] die Gleichberechtigung der deutschen Juden, im günstigen Sinne endlich gelöst sei [...]. Sie [ist] es – leider, leider – noch lange nicht."[46] Bemerkenswert an diesem Aufsatz ist nicht allein das deutliche Hinterfragen der gleichberechtigenden Implikationen des „Kaiserwortes", sondern auch, dass dies in einer Zeitschrift geschah, die ein Zusammenschluss jüdischer Studentenverbindungen herausgab, der sich fest „auf dem Boden deutschväterlicher Gesinnung" verortete.[47] Selbst Vertreter der deutschnationalen Juden zweifelten folglich bereits im Frühjahr 1915 die Bedeutung des „Kaiserwortes" an und dämpften die hieran geknüpften Hoffnungen. Trotz oder gerade wegen dieses Befundes blieb die Forderung nach einer Einlösung des „Kaiserwortes" zentraler Bestandteil in einer Vielzahl von Aufsätzen, Büchern, Briefen – und Beschwerden.

Im Frühjahr 1916 begann der Leipziger Galanterie- und Lederwarenhändler Hugo Cohn damit, zunächst dem CV, später dann dem VdJ die Briefe seines Neffen Paul Feilmann weiterzuleiten. Feilmann hatte sich bis dahin vergeblich um eine Beförderung in den Offiziersstand bemüht. In einem der ersten Briefe, die der Neffe seinem Onkel sandte, listete er verschiedene Argumente auf, welche die Ungerechtigkeit seiner ausbleibenden Beförderung belegten. Dem „Kaiserwort" maß er dabei besondere Bedeutung bei:

> „Ich glaube nicht, dass es [Feilmanns ausbleibende Beförderung] im Sinnes unseres Oberst ist, der stets rechtlich denkt und fühlt. Dass so der derzeitige Erlass Seiner Majestät ‚Ich kenne keine Parteien etc., ich kenne nur Deutsche' umgangen wird. [...] man missachtet des Kaisers klare Worte und ich bin machtlos dagegen."[48]

[45] Über die Diversität der Auslegungsmöglichkeiten des „Burgfriedens" vgl. Verhey, Geist, S. 266f.

[46] Alle Zitate: Felix Goldmann, Der Krieg und der K.C., Kartell Convent-Blätter: Monatsschrift der im Kartell-Convent vereinigten Korporationen (KC-Blätter), Nr. 3, Januar 1915; zum Selbstverständnis des KC, als Verbindung, die das jüdische Selbstbewusstsein hebt und aktiv gegen Antisemitismus eingriff, vgl. Miriam Rürup, Ehrensache. Jüdische Studentenverbindungen an den deutschen Universitäten, Göttingen 2008, S. 87f.

[47] Felix Goldmann, Der Krieg und der K.C., KC-Blätter, Nr. 3.

[48] CJA, 1, 75, C Ve 1, Nr. 246, Bl. 79.

Feilmann erhob hier nicht nur die Thronrede Wilhelms II. zu einem gesetzmäßigen Erlass. Er verwies ebenso auf die Geringschätzung, mit der Armeevertreter offenbar die kaiserlichen Worte abtaten – und konstruierte damit eine Diskrepanz zwischen Kaiser und Offizierskorps, in der er selbst kaisertreuer erschien als seine Vorgesetzten.

Allerdings blieb es nicht allein Einzelpersonen vorbehalten, das „Kaiserwort" zu nutzen, um die Rechtmäßigkeit ihrer Forderungen zu unterstreichen. Auch CV und VdJ rekurrierten immer wieder auf die Thronrede Wilhelms II. – egal ob in direkter Korrespondenz mit militärischen und gerichtlichen Instanzen oder indirekt, auf den Seiten der Vereinspublikationen. So wandte sich im Februar 1916 der CV an das stellvertretende Generalkommando in Breslau und legte Beschwerde gegen eine Anzahl von Offizieren ein, die sich antisemitisch geäußert hätten. Sein Vorgehen begründete der Verein mit dem „Widerspruch", in dem derartige Aussagen „zu der von seiner Majestät dem Kaiser als höchste Errungenschaft des großen Krieges gepriesenen Einigkeit des deutschen Volkes" stünden.[49] Kommentierte die IdR derartige Fälle meist mit Verweis auf die jeweiligen rechtlichen Konsequenzen, so fehlte fast nie der Hinweis auf die Bedeutung des „Kaiserwortes". Im Oktober 1915 trug ein Mitglied dem CV die judenfeindlichen Äußerungen eines Lehrers zu. Der Verfasser des entsprechenden IdR-Beitrags „Antisemitismus in den Schulen" wunderte sich, dass es „[n]ach dem bekannten ‚Kaiserwort' und dem von so vielen Seiten geleisteten Versprechen, während der Kriegszeit den Burgfrieden zu wahren", zu derartigen Ausfällen kommen konnte, „die geeignet sind, das Gift der Verhetzung der Glaubensgemeinschaften bereits in die jugendlichen Gemüter zu legen".[50]

Kurzum: der Verweis auf die Missachtung des „Kaiserwortes" avancierte zu einem Hauptargument für beinah jede – direkt wie indirekt vorgebrachte – Beschwerde über Zurücksetzungen, ebenso wie bei Auseinandersetzungen mit judenfeindlichen Personen, Publikationen und grundsätzlich jeglichen Ereignissen antisemitischen Charakters.[51] Die Folge davon war, dass eine Vereinheitlichung des Ausdrucks von Empörung, Kritik und Enttäuschung zustande kam, in deren Zusammenhängen mit der Verletzung der kaiserlichen Forderung argumentiert wurde. Diese Standardisierung lässt die Grenzen zwischen den verschiedenen Intentionen verschwimmen, mit denen der Verweis auf das „Kaiserwort" erfolgte. Die Häufigkeit, mit der Einzelpersonen wie Vereine Verstöße gegen das „Kaiserwort" betonten, ist darum weniger als Beleg für den Glauben an die tatsächliche Durchführung desselben zu lesen. Vielmehr handelte es sich bei dem Verweis auf das „Kaiserwort" um das strapazierfähigste Argument, das bei den verschiedentlichen Auseinandersetzungen mit Antisemitismus während des Weltkrieges zur Verfügung stand.

[49] Zentralarchiv zur Erforschung der Geschichte der Juden in Deutschland (ZA), B3/52, Nr. 3, Bl. 20.

[50] Antisemitismus in der Schule, IdR, Nr. 10–11, Oktober 1915.

[51] Vgl. bspw. ZA, B3/52, Nr. 3, Bl. 142; Nachrichten, IdR, Nr. 10–12, Oktober 1914; Nachrichten, IdR, Nr. 5–7, Mai 1915; Die Woche, AZJ, Nr. 39, 25. 9. 1914.

Die Thronrede des Monarchen war allerdings nicht das einzige Ereignis zu Kriegsbeginn, das als Indiz für eine bevorstehende Gleichberechtigung der deutschen Juden sowohl aus zeitgenössischer wie heutiger Perspektive gedeutet werden konnte. Im Folgenden soll gezeigt werden, welche Bedeutung liberale jüdische Vereine der erstmaligen Ernennung von Feldrabbinern in der deutschen Armee beimaßen.

Zur Bedeutung der Feldrabbiner

Am 6. August 1914, zwei Tage nach der vielzitierten Thronrede, sandte der Verband der deutschen Juden eine Eingabe an den Chef des Geheimen Kabinetts für Militärangelegenheiten. Der Verband verwies auf die evangelischen und katholischen Geistlichen, welche die Soldaten ins Feld begleiten würden, und zeigte sich zuversichtlich, „dass Euer Exzellenz würdigen werden, wie wünschenswert und von welcher Bedeutung es ist, dass auch jüdische Angehörige des Heeres im Felde [...] die Gelegenheit vergönnt werde, ihrem Glaubensbedürfnis zu genügen".[52] Bereits am 4. August hatte sich der Verband schriftlich an die Rabbinate in Deutschland gewandt, um in Erfahrung zu bringen, welche Rabbiner die Aufgaben eines Feldgeistlichen übernehmen könnten. Dass sich bei dieser ersten Rundfrage gleich 73 Rabbiner zur Verfügung stellten, unterstreicht ihre Bereitschaft, im Krieg die gleichen Aufgaben wie die Vertreter der übrigen Konfessionen zu übernehmen. Die Verhandlungen mit dem preußischen Kriegsministerium über die Organisation der Feldrabbinate übernahm eine Kommission mit Vertretern des VdJ und der *Freien Vereinigung für die Interessen des orthodoxen Judentums*.[53] Bereits in der Oktober-Ausgabe wurde im IdR bekannt gegeben, dass sechs Rabbiner ins Feld entsandt worden waren, um sich der Seelsorge jüdischer Soldaten anzunehmen. Der Verfasser der Notiz hob hervor, dass die Ausstattung der jüdischen Feldgeistlichen durch die Militärbehörden jener der christlichen in Nichts nachstehe. Sie erhielten „nicht nur freie Eisenbahnbeförderung und Quartier, sondern [...] auch je ein Wagen mit zwei Pferden sowie ein Zweitfahrer zur Verfügung" gestellt.[54] Die Berichterstattung über die Feldrabbiner war jedoch gering, verglichen mit der über die Beförderung von jüdischen Soldaten oder über das Vorgehen gegen antisemitische Publikationen. Trotzdem handelte es sich, zumindest in der Wahrnehmung jener Vereine, deren erklärtes Ziel die Gleichberechtigung deutscher Juden war, um einen bedeutenden Fortschritt gegenüber den im 19. Jahrhundert geführten Kriegen.[55]

52 CJA, 1, 77, C Ve 1, Nr. 367, Bl. 22f. (Auszüge aus den im Folgenden zitierten Beständen finden sich zum Teil auch in Sabine Hank/Hermann Simon/Uwe Hank (Hrsg.), Feldrabbiner in den deutschen Streitkräften des Ersten Weltkrieges, Berlin 2013.)

53 Vgl. Hank/Simon/Hank (Hrsg.), Feldrabbiner, S. 7f.

54 Jüdische Feldgeistliche, IdR, Nr. 10–12, Oktober 1914.

55 Vgl. Arnold Vogt, Religion im Militär. Seelsorge zwischen Kriegsverherrlichung und Humanität, Frankfurt am Main 1984, S. 599f.; Michael Berger, Jüdische Militärseelsorge. Davidstern und Feldgrau, in: ders./Gideon Römer-Hillbrecht (Hrsg.), Juden und Militär in Deutschland: Zwischen Integration, Assimilation, Ausgrenzung und Vernichtung, Baden-Baden 2009,

Auch mit Blick auf die historischen Kriegserfahrungen herrschte innerhalb des Verbandes, der für die Feldrabbiner als Hauptansprechpartner fungierte, Einigkeit darüber, dass ein kriegsministerieller Erlass noch keine gleichwertige Behandlung der evangelischen, katholischen und jüdischen Feldgeistlichen gewährleiste. Diese Ungewissheit war sicherlich einer der Gründe für die umfängliche Korrespondenz, die der VdJ mit den Feldrabbinern unterhielt. Darin schätzten die Feldgeistlichen nicht nur ihre eigene Stellung im Vergleich zu den christlichen Würdenträgern ein. Die Briefe erlauben auch Einblicke in den komplexen Alltag der Feldrabbiner, der geprägt war von der Organisation von Gottesdiensten und Vorträgen, vom Besuch von Lazaretten, von Gesprächen mit – jüdischen wie nichtjüdischen – Soldaten und Vorgesetzten, vom Verteilen von religiösen Schriften, jüdischen Zeitungen und Liebesgaben. Mit ihren Einschätzungen zur Religiosität und zu den Beförderungschancen jüdischer Soldaten, zur Bedeutung des Antisemitismus an der Front und in der Etappe sowie durch ihr Verhältnis zu Vorgesetzten und christlichen Kollegen fungierten sie als wichtiger Außenposten für den VdJ. Anders als an VdJ und CV gerichtete Feldpostbriefe jüdischer Soldaten, die häufig nicht über die Beschreibung individueller Belange hinausgingen, dienten die Berichte der Feldrabbiner den Vereinen als Stimmungsbarometer für die Lage jüdischer Soldaten vor wie hinter den Kampflinien.

Im Folgenden geht es um die oben aufgeworfene Frage nach der Behandlung der Feldrabbiner. Innerhalb weniger Tage nachdem die ersten sechs Rabbiner – Leo Baeck, Georg Wilde, Emil Levy, Arthur Levy, Georg Salzberger und Bruno Italiener – die ihnen zugeteilten Posten angetreten hatten, erreichten den VdJ ausführliche Berichte über die ersten Erlebnisse und Eindrücke aus ihrem neuem Aufgabenbereich. Diese beinhalteten, neben einer oft detaillierten Beschreibung der jeweiligen Anreiseumstände, eine erste Einschätzung darüber, wie sich regelmäßige Zusammenkünfte mit jüdischen Soldaten sowie Gottesdienste bewerkstelligen ließen. Die Urteile fielen dabei zunächst ernüchternd aus. Der Darmstädter Rabbi Bruno Italiener sandte seinen ersten Bericht aus Brüssel, wo er darauf wartete, zum Truppenteil ins nordfranzösische Valenciennes zu gelangen. In seinem Schreiben vom 24. September 1914 berichtete er dem Verband davon, wie er für die Jom Kippur Feier einen Gottesdienst für die Mannschaften zu veranstalten versuchte. Der Major, dem Italiener seine Bitte vorgetragen hatte, erwiderte mit Verweis auf die Kriegslage: „Ich habe ähnliche Bitten des evangel[ischen] und kathol[ischen] Geistlichen auch abschlagen müssen […]. Wenn Antwerpen gefallen ist, habe ich nichts dagegen.“[56] Ähnlich erging es Arthur Levy, der sein Berliner Rabbinat verlassen hatte, um zunächst bei der 9. Armee an der Ostfront seinen Dienst zu verrichten. Auch ihm machte der vorgesetzte General wenig

S. 90–100, hier S. 90. Über die Praxis vereinzelter jüdischer Gottesdienste während der Reichseinigungskriege vgl. Erinnerungen aus dem Kriegsjahr 1870. Gottesdienst bei Metz am Versöhnungsfest, Liberales Judentum – Monatsschrift für die religiösen Interessen des Judentums (LJM), Nr. 9, November 1914.

56 CJA, 1, 75, C Ve 1, Nr. 385, Bl. 1–11.

Hoffnungen darauf, dass er anlässlich Jom Kippurs einen Gottesdienst würde veranstalten können. Arthur Levy wandte sich daraufhin an die christlichen Geistlichen, um sich „Informationen aus deren Erfahrungen" geben zu lassen. Sie bestätigten ihm wiederum die eingeschränkten Möglichkeiten eines regelmäßigen Gottesdienstes. Levy betonte in seinem Brief, dass auch „die Herren [der christlichen Religion] in den verflossenen 7 Wochen nicht mehr als drei Ansprachen" hätten abhalten können.[57] Der Magdeburger Rabbiner Georg Wilde orientierte sich ebenfalls an seinen christlichen Kollegen. Dem 4. Armee Oberkommando (AOK) in Belgien zugeteilt, informierte er bereits in seinem zweiten Brief am 20. Oktober 1914 den VdJ darüber, „dass ich mir selbst mein Tätigkeitsgebiet schaffen muss". Die sich hieraus ergebenden Schwierigkeiten relativierte Wilde mit der Bemerkung, dass es „den christlichen Geistlichen auch nicht anders" ergehe.[58] Dass die Feldrabbiner vor allem in den ersten Berichten immer wieder auf ihre christlichen Kollegen zu sprechen kamen, hatte unterschiedliche Gründe. Obwohl ihre evangelischen und katholischen Kollegen vermutlich ebenfalls zum ersten Mal die Arbeit eines Feldgeistlichen übernahmen, konnten sie auf eine längere historische Erfahrung in der christlichen Militärseelsorge zurückgreifen, als jene sechs Feldrabbiner, die erst wenige Tage zuvor begonnen hatten, sich mit diesem Aufgabenbereich auseinanderzusetzen und keine historische -Referenzmöglichkeit hatten. Dementsprechend kann es nicht überraschen, dass sich die jüdischen Feldgeistlichen, vor allem in Bezug auf die Frage nach dem genauen Aufgabenspektrum der Militärseelsorge, an ihren christlichen Kollegen orientierten. Der häufig angeführte Hinweis, dass es den übrigen Feldgeistlichen „auch nicht anders" erging, verdeutlicht, wie sehr die Feldrabbiner darauf achteten, dass die drei Konfessionsvertreter die gleiche Behandlung durch ihre militärischen Vorgesetzten erfuhren. Für die Anfangszeit des Krieges sind keine Briefe überliefert, die der VdJ an die Feldrabbiner sandte. Anzunehmen ist jedoch, dass die Frage nach der Gleichstellung mit den christlichen Feldgeistlichen auch seitens des Vereins einer der Hauptgründe für die umfängliche Korrespondenz mit den Feldrabbinern war. Häufig brachten die Feldrabbiner in ihren Schreiben deshalb zum Ausdruck, dass es sich bei den eingeschränkten Möglichkeiten, einen Gottesdienst im Feld abzuhalten, um ein Problem *aller* Feldgeistlichen handelte.

In diesem Zusammenhang sind auch die zahlreichen Berichte über die positiven Erfahrungen mit christlichen Kollegen und militärischen Vorgesetzten zu lesen, die neben den Schilderungen über die Begegnung mit jüdischen Soldaten die Berichte der Feldrabbiner dominierten. Reinhold Lewin war erst seit einem Jahr im Rabbinat der Stadt Leipzig angestellt, als er sich im August 1914 als Feldrabbiner zur Verfügung stellte. Er wurde dem 3. AOK im Westen zugeteilt und berichtete dem VdJ aus der nordfranzösischen Stadt Rethel von einem Gottesdienst, den er in einer Kirche veranstaltet hatte und an dem neben den jüdischen Soldaten

[57] Ebd., Nr. 376, Bl. 14–16, hier Bl. 14.
[58] Ebd., Bl. 35 f., hier Bl. 36.

auch „eine ganze Kompanie Landwehr“ teilgenommen hatte, die dort Quartier bezogen hatte. Lewin „wandte gegen ihre Anwesenheit nichts ein u[nd] konnte feststellen, dass der Eindruck unserer Feier offensichtlich ungeheuer war“. Als weiteren Beleg für die positive Wirkung seiner Tätigkeit paraphrasierte er eine Unterredung mit einem Adjutanten, der ihm eröffnete, dass sich der kommandierende General sehr für Lewins Tätigkeit interessiere, er „frage des öfteren nach ihr u[nd] wolle alles tun, um sie zu fördern“.[59] Italiener hatte eine ähnliche Begegnung im Dezember 1914, als ihn der Divisionskommandeur darum bat, an seinem Feldgottesdienst teilzunehmen zu dürfen. Nachdem ihn Italiener nicht nur zum Gottesdienst eingeladen, sondern ihm auch das vom VdJ herausgegebene Soldatengebetbuch überreicht hatte, erklärte ihm der Kommandeur anschließend, dass „er hoffe, an der nächsten Andacht in 14 Tagen wieder teilnehmen zu können“.[60]

Die jüdischen Gottesdienste waren nicht die einzigen Gelegenheiten, zu denen Feldrabbiner mit ihren militärischen Vorgesetzten zusammenkamen. Wie die übrigen Militärgeistlichen hatten die Feldrabbiner den Rang eines Hauptmannes, wurden entsprechend entlohnt[61], bezogen Quartier in den Offiziersunterkünften und konnten ihre Mahlzeiten im Offizierskasino einnehmen.[62] Hieraus ergaben sich diverse Interaktionsmöglichkeiten mit militärischen Persönlichkeiten. Dass die Feldrabbiner derartigen Kontakten eine besondere Bedeutung beimaßen, zeigt sich am Bericht des Rabbiners Jacob Sonderlings, welcher der an der Ostfront stationierten 8. Armee angehörte. Im November 1914 nahm er während einer Einladung zum Mittagessen die Gelegenheit wahr, die Anwesenden über das Judentum aufzuklären:

> „Mittags wartet meiner eine Überraschung. Der Offizier für Verpflegung kam vor Tisch zu mir & entschuldigte sich, es gebe zufällig nur Schweinefleisch, was ich sonst wünschte. Ich dankte ihm herzlich & aß am gemeinsamen Tisch von meinen Vorräten. Da heute Ruhe ist blieben wir 3 Stunden zusammen. Es gab nur 1 Thema: Judentum. Excellenz, der Generaloberarzt, der Major u[nd] andere – Alle hatten zu fragen: Jargon, Russische Juden, Ceremonialen, Politik. Ich ließ mir die Gelegenheit natürlich nicht nehmen & klärte auf. Natürlich mit Takt, Diskretion u[nd] unaufdringlich. Ich glaube aber, daß diese Art der Tätigkeit für die Zukunft nicht unwichtig ist.
>
> Die Herren schlugen mir vor noch zu bleiben, um ein Gefecht aus der Nähe anzusehen. Da mir schien, man wolle feststellen, ob wir jüdischen Feldgeistlichen denselben Mut hätten wie die christlichen Kollegen, sagt ich natürlich dankend zu u. bleibe noch 1–2 Tage hier.“[63]

Zum einen wird hier erneut deutlich, wie sehr das Verhältnis zu den übrigen Militärgeistlichen als Vergleichsgrundlage diente. Zum anderen zeigt der Briefauszug, dass die Bedeutung des Feldrabbiners weit über die religiöse Betreuung jüdischer Soldaten hinausreichte. Als religiöse Vertreter leisteten sie ihren Beitrag zur Außenrepräsentation des Judentums. Dass der VDJ Berichte über Begegnungen und Gespräche der Feldrabbiner mit ranghohen Persönlichkeiten aktiv einforder-

[59] Ebd., Nr. 381, Bl. 33–35.
[60] Ebd., Nr. 385, Bl. 52–55.
[61] Vgl. ebd., Bl. 1–11.
[62] Vgl. ebd., Nr. 397, Bl. 38–58, Nr. 376, Bl. 3f.
[63] Ebd., Nr. 387, Bl. 8–11.

te, lässt sich durch ein Schreiben Lewins an den Verband belegen. In seinem Brief vom 1. Dezember 1914 berichtete er von einer zuvor unerwähnten Begegnung mit Prinz Max von Sachsen, da ihm nicht bewusst gewesen war „dass man es für wünschenswert hält mit hervorragenden Persönlichkeiten Fühlung zu gewinnen".[64] Trotz dieser Anspielung auf das Bemühen des VdJ, über die Feldrabbiner Kontakte zu gesellschaftlich angesehenen Personen zu knüpfen, lässt sich nicht eindeutig feststellen, ob beispielsweise Sonderlings Interesse, die militärischen Würdenträger über seine Religion aufzuklären, auf eine direkte Handlungsanweisung des VdJ zurückzuführen war, oder ob er sich zu diesem Gespräch aus eigener Überzeugung heraus entschlossen hatte. Unmissverständlich ist jedoch, dass solche Unterhaltungen sowohl seinen eigenen Vorstellungen als auch denen des Vereins über die aufklärende Funktion des Feldrabbiners entsprachen. Dies lässt sich auch daran erkennen, dass Sonderling sein Auftreten gegenüber den Militärs dem VdJ als Verhaltensempfehlung für die übrigen Rabbiner weitergab. Allerdings handelte es sich bei der von ihm beschworenen taktvollen, diskreten und unaufdringlichen Verhaltensweise um einen Habitus, den VDJ und CV der jüdischen Bevölkerung generell – und vor allem im direkten Umgang mit Nichtjuden – nahelegten.[65] Die Bemerkung, dass die Art der diskreten Aufklärung „für die Zukunft nicht unwichtig sei", unterstreicht die während des Krieges sich bietende Gelegenheit, auch in jenen Bereichen bei der Beseitigung von Vorurteilen mitzuwirken, zu denen Juden nur in Ausnahmefällen Zugang erhielten – wie etwa in häufig antisemitischen Offizierskreisen.

Ein weiterer Ort, der in den Schreiben der Feldrabbiner immer wieder Erwähnung findet und der sie veranlasste, ihre Kompatibilität mit den übrigen Feldgeistlichen unter Beweis zu stellen, war das Lazarett. Neben der Organisation von Gottesdiensten gehörte der Besuch Verwundeter zum Aufgabenbereich der Feldrabbiner. Dabei kamen sie nicht nur mit Gesprächen und Gebeten ihrer seelsorgerischen Tätigkeit nach, sondern übernahmen auch andere Tätigkeiten, wie den Versand von Briefen und die Verteilung von Liebesgaben aus der Heimat. Die Rabbiner stellten unabhängig voneinander fest, dass sich ihre seelsorgerische Tätigkeit nicht allein auf den Kreis jüdischer Verwundeter beschränkte. Für den Feldgeistlichen Arnold Tänzer, zuvor Rabbiner in Göppingen und seit Sommer 1915 bei der Bugarmee im Osten stationiert, war es das Zurücktreten des „konfessionellen Moment[s]"[66], dass der Arbeit im Lazarett ihre außerordentliche Bedeutung verlieh. Die oftmals erstaunten Feststellungen der Feldrabbiner, dass nichtjüdische Soldaten trotz sichtbaren Tragens des Rabbinerabzeichens ihnen „mit größter Herzlichkeit und Dankbarkeit"[67] entgegenkamen oder „zum Abschied die Hand entgegenstreckten"[68], deuten allerdings darauf hin, dass es sich

64 Ebd., Nr. 381, Bl. 23–25.
65 Vgl. hierzu auch Kap. I.2.2 zum Umgang mit Antisemitismus vor und hinter der Front.
66 CJA, 1, 75, D Ta 1, Nr. 5, Bl. 23–25.
67 Ebd.
68 CJA, 1, 75, C Ve 1, Nr. 385, Bl. 52–55.

bei den Momenten, in denen die Konfession tatsächlich in den Hintergrund trat, um Ausnahmen handelte. Die Hoffnungen, die sich an die geschilderte Art der Lazarettarbeit knüpften, fielen dabei unterschiedlich aus. Wilde erblickte im Lazarettdienst eine weitere praktikable Möglichkeit, den christlichen Geistlichen in Erinnerung zu rufen, dass „auch die jüdische Religion [...] ihre Vertreter im Felde" hätten.[69] Italiener leitet darüber hinaus von den Begegnungen an den Krankenbetten die Hoffnung ab, dass sich das Wissen, „dass Christen und Juden in diesem Kriege nicht nur zusammen gekämpft, sondern auch zusammen gebetet haben", in die Nachkriegszeit würde retten lassen.[70]

Insgesamt lässt die isolierte Betrachtung der persönlichen Erfahrungen der Feldrabbiner auf eine durchaus gelungene Integration der jüdischen Militärgeistlichen schließen. Ihre Anwesenheit in Feldlagern und Hauptquartieren evozierte offenbar insbesondere bei ranghohen Militärs eher Neugier und Entgegenkommen statt Ablehnung oder gar Behinderung der seelsorgerischen Tätigkeiten. Allerdings bemühten sich die Feldrabbiner in ihren Darstellungen offenbar, jede potenzielle Zurücksetzung zu relativieren, indem sie auf die Lage der übrigen Feldgeistlichen oder auf den Ausnahmecharakter negativer Begebenheit verwiesen.

Neben Berichten über ihre eigenen Erfahrungen im Felde war der VdJ insbesondere an den Einschätzungen der Feldrabbiner zur Lage der jüdischen Soldaten im Heer interessiert. Im Gegensatz zu den Urteilen, die ihre eigene Position betrafen und die immer auch von den jeweiligen persönlichen Empfindsamkeiten abhängig waren, lag der Einschätzung über die Gleichberechtigung jüdischer Soldaten ein vermeintlich unabhängiger Gradmesser zugrunde: Die Beförderung jüdischer Soldaten in den Offiziersstand.

Der Weg in den Offiziersstand – ein Problem

Wie oben dargelegt, reichte das Interesse an einem genauen Nachweis über die Teilnahme jüdischer Soldaten am Feldzug über weltanschauliche Grenzen der unterschiedlichen jüdischen Vereine hinaus. Besonders interessierte sie eine möglichst exakte Erfassung aller Beförderungen. Während die zionistische JR sich damit begnügte, auf die Vielzahl zionistischer Kriegsteilnehmer zu verweisen, richtete die Zeitschrift IdR eine eigene Rubrik ein, in der regelmäßig über die Beförderungen von CV-Mitgliedern informiert wurde.[71] Noch detaillierter berichteten die *KC-Blätter* über den Verbleib ihrer Mitglieder im Feld. Mindestens ein Drittel ihrer Seiten nutzten die Redakteure, um aufzulisten, welche Mitglieder sich jüngst zum Militärdienst gemeldet, das Eiserne Kreuz oder eine Beförderung erhalten hatten oder gefallen waren.[72] Während die Auflistungen eine ganze Fülle

[69] Ebd., Nr. 376, Bl. 21–23.
[70] Ebd., Nr. 385, Bl. 52–55.
[71] Vgl. Die Auflistung von Beförderungen in IdR, Nr. 1–2, Januar 1915; Nr. 5–7, Mai 1915; Nr. 8–9, August 1915; Nr. 3–4, März 1916.
[72] Vgl. bspw. Unsere Kriegsteilnehmer, KC-Blätter, Nr. 1, September 1914; Nr. 2, November 1914.

von militärischen Rängen aufwiesen, die deutschen Juden zugänglich waren[73], blieb gerade jener außen vor, der mit Befehlsgewalt verbunden und dementsprechend besonders prestigeträchtig war: der (Reserve-)Offiziersgrad.[74]

Die Nachfrage nach Offizieren in den Armeen zu Kriegsbeginn war so groß gewesen, dass das Kriegskabinett schon am 29. August 1914 eine Verordnung erlassen hatte, welche die Beförderungen in den Reserveoffiziersgrad erleichtern sollte.[75] In seiner Studie *Jewish Integration in the German Army in the First World War* versucht David Fine nachzuweisen, dass es während des Weltkrieges zu keiner Diskriminierung jüdischer Soldaten gekommen sei. Fragmentarische Statistiken weisen für ihn darauf hin, dass es durchaus zu einer repräsentativen Zahl an Beförderungen jüdischer Soldaten in den Offiziersstand gekommen sei. Er leitet daraus die These ab, dass es sich beim Antisemitismus im Feld lediglich um eine nachgeordnete Erfahrung jüdischer Soldaten gehandelt habe.[76] Allerdings muss auch er einräumen, dass die Möglichkeiten für jüdische Wehrdienstleistende, diesen Rang zu erreichen, nicht nur vom jeweiligen Regiment abhängig waren, sondern auch von der Einstellung der vorgesetzten Offiziere. Letztlich waren sie es, welche die Wahl der Reserveoffiziere verantworteten.[77]

Mit diesen Aspekten beschäftigte sich auch Feldrabbiner Emil Levy in einem Brief vom Dezember 1914, in welchem er die Frage nach der Beförderung jüdischer Soldaten zur Chiffre – dem hebräischen „Schiboleth" – für die erfolgreiche Emanzipation deutscher Juden erklärte.[78] Dass ihm zu diesem Zeitpunkt noch kein jüdischer Offizier bekannt war, ließ Levy folgern, „dass es nach dem Kriege zu einem prinzipiellen Bruch mit dem alten Modus nicht kommen wird". Er bemühte sich dabei zu unterstreichen, dass nach seiner Einschätzung dies nichts mit antisemitischen Strömungen zu tun hatte, und betonte, dass Offiziere „des Lobes voll über den jüdischen Soldaten" seien. Hierin zeichnete sich nach Levy aber gerade das Dilemma ab, denn „gerade weil sachliche Gründe nicht vorhanden sind, wird sich schwer [dagegen] ankämpfen lassen".[79] Der VdJ konterte Levys negative Einschätzung und die daraus abgeleitete Zukunftsprognose mit der Mitteilung über die Ernennung von zwanzig jüdischen Reserveoffizieren, die mittlerweile ihren Dienst im deutschen Heer versahen.[80] Diese Information ließ der VdJ vermutlich allen Feldrabbinern zukommen, denn auf sie bezog sich beispielsweise

[73] Wie bspw. KC-Blätter, Nr. 2, November 1914.

[74] In den folgenden Quellenzitaten wird immer wieder von der ausbleibenden „Offiziersbeförderung" die Rede sein. Gemeint war der Grad des Reserveoffiziers. Vgl. Max Loewenthal, Das jüdische Bekenntnis als Hinderungsgrund bei der Beförderung zum preußischen Reserveoffizier, Frankfurt am Main 1911.

[75] Rosenthal, Ehre, S. 41.

[76] David Fine, Jewish Integration in the German Army in the First World War, Berlin 2012, S. 122–127.

[77] Fine beschränkte seine Untersuchung ausschließlich auf die bayerische Armee, vgl. Fine, Integration, S. 111.

[78] CJA, 1, 75, C Ve 1, Nr. 380, Bl. 46 f.

[79] Ebd., Bl. 46 f.

[80] Ebd., Bl. 48.

auch der Frankfurter Rabbiner Georg Salzberger, der im September 1914 seinen Dienst als Feldgeistlicher beim 5. AOK angetreten hatte. Auch wenn Salzberger zu diesem Zeitpunkt noch keine jüdischen Offiziere begegnet waren, beglückwünschte er den Verband zu dem Sieg, der damit „im Kampfe um das Recht unserer Glaubensgenossen errungen“ worden sei.[81] Bemerkenswert ist, dass die Feldrabbiner Levy und Salzberger trotz der unterschiedlichen Einschätzungen über die Beförderungsmöglichkeiten jüdischer Soldaten ähnliche Schlüsse für die generellen Zukunftserwartungen der deutschen Juden zogen. So vermied es Salzberger ungeachtet seiner Befriedigung über die Ernennung jüdischer Reserveoffiziere, eine allzu positive Prognose abzugeben. Stattdessen hielt er es für angemessen, dass „wir unsere Erwartungen für die kommende Zeit des Friedens [...] nicht zu hoch spannen wollen“. Seiner Ansicht nach sollte das Wissen um jüdische Offiziere ausschließlich dazu dienen, „uns [...] über die Unbill, die unseren Soldaten so lange zugefügt wurde und trotz Auszeichnungen und Beförderungen hin und wieder zugefügt wird, wohl [zu] trösten“. In seine Genugtuung über die Offiziersernennungen mischte sich deutlich die Feststellung, dass damit die Gleichstellung der jüdischen Soldaten noch keineswegs besiegelt war. Eine ähnliche Strategie kam auch im Antwortschreiben des VdJ an Levy zum Einsatz. Der Verband informierte den Feldrabbiner zwar über die Existenz jüdischer Reserveoffiziere und bemerkte, dass – „auch ohne Optimismus“ – damit ein wichtiges Argument in der Auseinandersetzung um die Gleichberechtigung deutscher Juden gewonnen war. Allerdings blieb der Verbandsvertreter skeptisch, ob sich hieraus „ein grundsätzliche[r] Umschwung auch für später“ ableiten lasse, da es nach seiner Kenntnis weder in der Heimat noch an der Front an „antisemitischen Äußerungen“ mangele.[82] Bemerkenswert ist, dass sich auch Levys Einstellung gegenüber dem Feldzug, trotz seiner Überzeugung, dass sich weder an der Lage der jüdischen Soldaten noch an der der deutschen Juden grundlegend etwas ändern würde, nicht von jener Salzbergers oder des VdJ unterschied. Statt Resignation ob seiner Beobachtungen betonte er, dass der Ausschluss von Beförderungen nicht zu einem Bruch der „patriotische[n] Hingabe“ der deutschen Juden führen dürfe. Er begründete dies mit der Paraphrase eines Talmudzitats: „Und wir wollen nicht wie Knechte sein, die da dienen, in der Absicht, Lohn zu empfangen.“[83] Während Salzberger und der VdJ sich bemühten, aus positiven Ereignissen möglichst keine – oder nur sehr vorsichtige – Prognosen für die Zukunft abzuleiten, entkoppelte Levy mit Hilfe des talmudischen Gleichnisses die Forderung nach Gleichberechtigung gänzlich von den Leistungen jüdischer Soldaten.

Zweifellos prägten jüdische Soldaten, die von ausgebliebenen Beförderungen berichteten, die Einschätzungen der Feldrabbiner und des VdJ. Die Soldaten konnten sich direkt an die Feldgeistlichen oder den VdJ und CV wenden, häufig leiteten aber auch Angehörige jüdischer Soldaten die Briefe an die jüdischen Or-

[81] Hier und im Folgenden: ebd., Nr. 376, Bl. 68–70.
[82] Alle Zitate: CJA, 1, 75, C Ve 1, Nr. 380, Bl. 48.
[83] Ebd.

ganisationen weiter. Die Intentionen für die Kontaktaufnahmen differierten dabei stark. So schilderte der oben bereits erwähnte Soldat Paul Feilmann seinem Onkel Hugo Cohn die Hintergründe seiner Nichtbeförderung, weil er sich von ihm Hilfe und Unterstützung in dieser Angelegenheit erhoffte. Der Grund dafür, dass ihm ein Offiziersposten verweigert blieb, stand für Feilmann außer Frage: „Nur weil ich Israelit bin, wagt man, mich zu beleidigen." Als Argumente für seine Beförderung nannte er neben „des Kaisers klare[r] Worte" seine Herkunft aus geachteter Familie, seine deutsch-nationale Gesinnung und das Lob seiner Vorgesetzten. Neben den Verweis auf verletzte Ehre und auf untergrabene Stellung hob Feilmann insbesondere die Scham und Demütigung hervor, die er durch die Offiziere seines Regiments und die Mitglieder seiner Hamburger Kooperation fürchtete.[84] Weiteren potenziell erniedrigenden Erfahrungen ausgesetzt, ließ Feilmann nichts unversucht, um in den Offiziersstand zu gelangen. Doch auch sein neues Regiment, in das er sich schließlich hatte versetzen lassen, lehnte, auf Bitten seiner vorherigen Kommandostelle, seine Beförderung ebenfalls ab. Die überlieferte Korrespondenz endet im November 1917, als der VdJ Cohn mitteilte, dass das Kriegsministerium eine Zurücksetzung Feilmanns aus antisemitischen Gründen konsequent ausschloss.[85]

Anders als Feilmann reagierte Leo Lahnstein, der im Januar 1917 seinen Onkel Julius Blau über seine abgelehnte Beförderung unterrichtete. Auch für Lahnstein gab es keinen Zweifel daran, dass sie an seiner jüdischen Herkunft gescheitert war, da sein Regimentskommandeur „auch jetzt im Kriege von seinem Prinzip [...], einen Juden nicht zum Offizier zu befördern, nicht Abstand" nehme. Obwohl auch Lahnstein formelhaft seine Enttäuschung äußerte – „Dank habe ich nie verlangt und werde ihn nie verlangen, doch Gerechtigkeit habe ich erhofft." – führte er verschiedene Gründe an, warum er trotz dieser Erfahrung „der Alte geblieben" sei. Vor allem das Wissen um die Anerkennung seiner Vorgesetzten und seiner Untergebenen erleichterte ihm die Akzeptanz des Entschlusses, von dem er wusste, dass er ausschließlich auf „die Handlungsweise eines ostpreußischen Regimentskommandeur[s]" zurückzuführen war. Auch auf seine soldatischen Leistungen sollte die ausgebliebene Beförderung keinen Einfluss haben, denn Lahnstein kämpfte „auch ohne die Achselstücke bis zum endgültigen Siege weiter für sein liebes Vaterland". Allein seine Erwartungen und Vorsätze für die Zukunft hatten eine Revision erfahren. Lahnstein hoffte, „heute mehr wie früher nach Frieden gesund zurück[zu]kehren [...], um dann an den großen, durch den Krieg bedingten Fragen mitzuarbeiten".[86] Obwohl beide Männer aus der Erfahrung der Zurücksetzung unterschiedliche Konsequenzen zogen, – Feilmann, der nichts unversucht ließ, seine Beförderung zu erreichen, und Lahnstein, der sich frühzeitig von diesem Ziel abwandte –, führten beide ähnliche Argumente für die Ungerechtig-

84 Ebd., Nr. 147, Bl. 78f.

85 Alle Zitate: CJA, 1, 75, C Ve 1, Nr. 147, Bl. 87–107. Über Feilmanns weitere Bemühungen ist nichts bekannt.

86 Ebd., Bl. 3f.

keit der Nichtbeförderung an: persönliche Ehrverletzung, Verstoß gegen das „Kaiserwort" und die Anerkennung ihrer Leistungen durch Kameraden und Vorgesetzte.

So lauteten auch die Kernargumente, mit denen sich die jüdischen Verbände an das Kriegsministerium wandten, um die ausbleibenden Beförderungen jüdischer Soldaten zu beanstanden. Dabei besprachen die Vereine intern immer wieder alternative Strategien und deren potenzielle Praktikabilität. Auf einer Sitzung der Israelitischen Religionsgemeinde in Dresden erörterten die Anwesenden im September 1916 Möglichkeiten, eine Ernennung jüdischer Offiziere im sächsischen Heer zu erreichen. Beim sächsischen König Friedrich August III. vorzusprechen, schlossen sie als wenig erfolgversprechend aus, ebenso die öffentliche Anhörung „unter Ausführung von Einzelfällen" im Landtag. Als deren Resultat wäre zu befürchten, dass die „betreffenden Soldaten darunter zu leiden haben könnten". Allein die Fälle, in denen es den Vätern zurückgesetzter Soldaten gelungen war, mit ihrer persönlichen Beschwerde doch noch die Beförderung des Sohnes zu erreichen, schienen für sie eine Alternative zu sein. Um das Potenzial dieser „Väter-Strategie" auszuloten, setzte die Israelitische Religionsgemeinschaft in Dresden eine Kommission ein und plante, das eigene Vorgehen mit dem des VdJ zu koordinieren.[87] Konkrete Ergebnisse dieser Aktivitäten sind nicht bekannt. Vermutlich verfolgten die Verantwortlichen die Arbeit im Zuge der Auseinandersetzung über eine passende Reaktion auf die „Judenzählung" nicht weiter.[88] Bemerkenswert bleibt trotzdem die Überlegung, statt der Soldaten ausschließlich die Väter bei einer Nichtbeförderung vorsprechen zu lassen. Offensichtlich maßen die Vereinsmitglieder der älteren Generation als Beschwerdeführern eine erhöhte moralische – und emotionale – Integrität bei.

Im März 1915 suchten VdJ und CV nach Gelegenheiten für jüdische Soldaten, Dienstgrade zu erreichen, die auch zu Friedenszeiten gültig blieben. In einer Anfrage des CV an den VdJ, welche die Möglichkeiten der Ernennung jüdischer Soldaten zu Fahnenjunkern behandelte, herrschte Einigkeit darüber, dass für ein solches Ansinnen „ein gewisser Grad von Opferwilligkeit erforderlich ist, da mit der Möglichkeit gerechnet werden muss, hier und da bei Vorgesetzten und Kameraden dem alten Vorurteil zu begegnen".[89] Zu diesem Zeitpunkt hatten beide Vereine bereits zahlreiche Belge zusammengetragen, die der Vorstellung von der Gleichberechtigung jüdischer Soldaten im Heer zuwiderliefen. Dementsprechend dürfte Enttäuschungsresistenz bei der Zurücksetzung zu den Merkmalen dieser „Opferwilligkeit" gezählt haben.

Im Herbst 1915 teilte der Vorsitzende des VdJ, Maximilian Horwitz, den Feldrabbinern in einem Rundschreiben immerhin mit, dass der stellvertretende Kriegsminister, „angeregt durch die Eingabe des Verbandes", erneut alle Kom-

[87] Alle Zitate: CJA, 1, 75, C Ve 1, Nr. 147, Bl. 123.
[88] Siehe hierzu auch Kap. I.2.3 zur Bedeutung der „Judenzählung".
[89] CJA, 1, 75, C Ve 1, Nr. 148, Bl. 5f. Der Plan zerschlug sich kurze Zeit darauf, da sich verschiedene Anstalten weigerten, jüdische Anwärter aufzunehmen. Vgl. ebd., Nr. 147, Bl. 39–46.

mandostellen darauf hingewiesen habe, dass der Ausschluss jüdischer Heeresangehöriger von der Beförderung zum Offizier gegen eine Kabinettsorder verstoße. Horwitz beendete das Rundschreiben mit der

„zuversichtlichen Hoffnung, dass die unendlich mühe- und opfervolle Tätigkeit, der Sie sich im Dienst des Vaterlandes und unserer Glaubensgenossen da draußen widmen, [...] auch die Anerkennung unserer Religion und der Achtung ihrer Anhänger in unserm Vaterlande zugutekommen wird".[90]

Dieser vorsichtig-optimistische Schluss, in dem erneut auch die Hoffnung auf Gleichberechtigung anklang, belegt, welche Bedeutung die liberalen Organisationen formalen Erlassen und Zugeständnissen von staatlicher Seite beimaßen. Der Hinweis des Kriegsministers gegenüber den Kommandostellen war kein Garant dafür, dass sich an dem Verhalten gegenüber jüdischen Offiziersanwärtern in den jeweiligen Regimentern grundlegend etwas ändern würde. Der VdJ nutzte die Bestätigung aus dem Kriegsministerium, um sich erneut an die Erwartung der Gleichbehandlung jüdischer Soldaten anzunähern, die von den Feldrabbinern zunehmend in Frage gestellt worden war. Darüber hinaus diente er dem Verband vor allem als zusätzliches Argument in den Eingaben und Beschwerden gegen die Zurücksetzung jüdischer Soldaten. Diese konnten jedoch von den betreffenden Kommandostellen mit der nicht überprüfbaren Feststellung ausgehebelt werden, dass antisemitische Motive bei den Beförderungen keine Rolle spielten.

Durch die fragmentarische Überlieferung lässt sich nicht abschließend klären, wie viele jüdische Soldaten in den Rang des (Reserve-)Offiziers befördert wurden. Die überlieferten Schreiben an Familienmitglieder, Vereine oder militärische Stellen legen jedoch nahe, dass jüdische Soldaten genügend Grund zu der Annahme hatten, dass nach wie vor ihre Religion der zentrale Grund für ihre ausbleibenden Beförderungen war. Wer also den Aufstieg jüdischer Soldaten in den Offiziersstand als wichtigen Indikator für die tatsächliche Gleichberechtigung deutscher Juden insgesamt wertete, dem musste bereits in der ersten Kriegshälfte bewusst werden, dass das „Schiboleth" des jüdischen Offiziers keinerlei Anlass für Optimismus gab.

Zensur antisemitischer Publikationen

Die zu Beginn des Krieges verstärkte behördliche Zensur antisemitischer Publikationen wird in der Forschung häufig als Beispiel für den kurzfristigen Erfolg des „Kaiserwortes" und der Burgfriedenspolitik gewertet.[91] Im Folgenden soll untersucht werden, inwiefern die Zensurbehörden tatsächlich gegen antisemitische Publikationen vorgingen und welche Rolle dabei die jüdischen Verbände spielten. Aufschlussreich ist in diesem Zusammenhang ein Beitrag in der Oktober-Ausgabe der Zeitschrift IdR im Jahre 1914. Unter der Überschrift „Burgfriede" erfuhr der Leser, dass das mit „Bestimmtheit erwartet[e]", deutliche Vorgehen der Behörden

[90] Ebd., Nr. 380, Bl. 15f.

[91] Barkai, Wehr Dich!, S. 56f.; Schlick, Lage, S. 38; Tobias/Schlichting, Spiegel, S. 32f.; Picht, Zwischen Vaterland und Volk, in: Michalka (Hrsg.), Der Erste Weltkrieg, S. 736–756, hier S. 739.

gegen antisemitische Organe zunächst ausgeblieben sei.[92] Schließlich habe sich der CV an die verantwortlichen Stellen gewandt, um auf das Ausmaß antisemitischer Agitation in diversen Zeitschriften – allen voran in der *Staatsbürger-Zeitung*[93] und im *Hammer*[94] – aufmerksam zu machen. Immerhin konnte der Autor dieses Artikels auf die positiven Folgen verweisen, welche die Intervention des CV bei den Zensurbehörden gezeitigt habe. Er führte prominent die vermeintliche Selbstgeißelung in der *Staatsbürger-Zeitung* an, die in ihrer Ausgabe vom 4. Oktober angekündigt habe, dass sie „ihren Charakter als antisemitisches Blatt aufgibt, und zwar nicht nur für den Krieg, sondern auch für den Frieden".[95] In Bezug auf den von Theodor Fritsch herausgegebenen, vulgär-antisemitischen *Hammer* konnte die Zeitschrift IdR jedoch lediglich darauf verweisen, dass das zuständige stellvertretende Generalkommando Fritsch nicht nur „ernstlich verwarnt" habe, sondern seine antisemitischen Äußerungen „auf schärfste mißbilligt".[96] Der Beitrag „Burgfriede" steht nur bedingt repräsentativ für eine Vielzahl von Artikeln in der IdR und den *Mitteilungen*, welche die Fülle antisemitischer Publikationen während des Krieges thematisierten.[97] In der Mehrzahl dieser Aufsätze und kurzen Notizen über antisemitische Publikationen verzichtete die Zeitung auf einen Hinweis darauf, ob eine Weiterleitung der Informationen an die zuständige Zensurstelle überhaupt erfolgt war. Die überlieferten Korrespondenzen zwischen dem CV und den jeweiligen Zensurbehörden legen jedoch nahe, dass im Fall von Verwarnungen oder Verboten antisemitischer Publikation die Initiative hierzu ausschließlich von jüdischen Organisationen ausging.[98] Dass die Initiative zur Verwarnung, Beschlagnahmung oder dem Verbot antisemitischer Publikationen vor allem vom CV, und nicht von den verantwortlichen Zensurbehörden ausging, lässt sich darauf zurückführen, dass die Pressezensur während des gesamten Krieges lückenhaft und von den Einstellungen der Militärs in den stellvertretenden Generalkommandos abhängig blieb.[99] Zumindest kann konstatiert werden, dass

92 Vgl. Burgfriede, IdR, Nr. 10–12, Oktober 1914.

93 Vgl. Christoph Jahr, „Das Zentralorgan des Antisemitismus": Die *Staatsbürger-Zeitung* 1890–1914, in: Michael Nagel/Moshe Zimmermann (Hrsg.), Judenfeindschaft und Antisemitismus in der deutschen Presse über fünf Jahrhunderte, Bd. 1, Bremen 2013, S. 317–330.

94 Vgl. Arndt Kremer, Deutsche, Juden – deutsche Sprache. Jüdische und judenfeindliche Sprachkonzepte und -konflikte 1893–1933, Berlin 2007, S. 90–98.

95 Burgfriede, IdR, Nr. 10–12. Die Zusicherung, auf antisemitische Ausfälle zu verzichten, hielt nicht an. Im Dezember 1914 wurde die *Staatsbürger-Zeitung* verboten. Vgl. Christoph Jahr, Antisemitismus vor Gericht. Debatten über die juristische Ahndung judenfeindlicher Agitation in Deutschland (1879–1960), Frankfurt am Main 2011, S. 247.

96 Ebd.

97 Vgl. bspw. die kurzen Nachrichten in IdR, Nr. 1–2, Januar 1915, S. 32 f., 39–41; Nr. 5–7, Mai 1915, S. 126–129; Nr. 8–9, August 1915, S. 178, 183; Nr. 10–11, Oktober 1915, S. 224–227, 228 f.

98 Vgl. Jahr, Antisemitismus vor Gericht, S. 249–251.

99 Vgl. Elke Kimmel, Methoden antisemitischer Propaganda im Ersten Weltkrieg. Die Presse des Bundes der Landwirte, Berlin 2001, S. 82–87; Christoph Cornelißen, Militärzensur der Presse im Deutschen Kaiserreich während des Ersten Weltkriegs, in: Michal Anděl/Alfons Labisch/Jiří Pešek/Thomas Ruzickam (Hrsg.), Propaganda, (Selbst-)Zensur, Sensation. Grenzen von Presse- und Wissenschaftsfreiheit in Deutschland und Tschechien seit 1871, Düsseldorf 2005, S. 33–50.

die Zensurbehörden Fälle antisemitischer Propaganda in Schrift und Bild generell eher nachlässig behandelten. Das erklärt die enorme Diskrepanz, die zwischen der großen Anzahl der in den jüdischen Zeitungen angeprangerten antisemitischen Publikationen und den wenigen von den Zensurbehörden erlassenen Verboten bestand.[100] Wenn die Zensurbehörden Sanktionen gegen judenfeindliche Veröffentlichungen ergriffen, druckte die IdR diese kommentarlos ab. Gelegentlich wies die Redaktion aber auf die zuvor stattgefundenen und offenbar erfolgreichen Beschwerden hin.

Erfolglos blieben dagegen die Interventionen der jüdischen Verbände gegen den Versand von Schriften, die beispielsweise antisemitische Zukunftspläne kolportierten. Im Frühjahr 1915 versandte der Spree-Verlag, in dem bis zu ihrem Verbot im Dezember 1914 die *Staatsbürgerzeitung* erschienen war, ein Schreiben an den ehemaligen Abonnentenkreis und vor allem an Offiziere im Heer. Der Verlag bat um Spenden, um nach dem Krieg erneut das „führende antisemitische Organ der Reichshauptstadt" herausgeben zu können und gerierte sich als Opfer jüdischer Organisationen sowie der „Willfährigkeit der Behörden, die ja seit Ausbruch des Krieges bemüht sind, jeden Wunsch zu erfüllen, den sie den Juden von den Augen ablesen können".[101] Der CV, von seinen Mitgliedern über dieses Schreiben informiert, beantragte beim Oberkommando in den Marken, einen weiteren Versand der Druckschrift zu verbieten, und bat, die vorhandenen Exemplare zu beschlagnahmen. Der Antrag wies dabei sämtliche Argumente auf, die der CV stets gegen antisemitische Publikationen anführte. So wurde betont, dass es sich bei dem Aufruf des Spree-Verlags nicht allein um eine schwere Beleidigung „gegen die Juden in ihrer Gesamtheit" handelte, sondern auch um eine „Achtungsverletzung gegen die Behörden". Die Hervorhebung, dass auch Nicht-Juden von den Angriffen der Antisemiten betroffen seien, erschien dem CV ein förderliches und häufig genutztes Argument bei jeglicher Form von Beschwerde. In diesem Zusammenhang wurde auch erwähnt, dass derartige Rundschreiben geeignet erschienen, „den Burgfrieden zu gefährden und die Gegensätze zu verschärfen". Ein Antwortschreiben des Oberkommandos ist nicht überliefert. Allerdings wurde die *Staatsbürgerzeitung* mit der Erlaubnis zur öffentlichen Debatte der Kriegsziele im Januar 1917 wieder zugelassen.[102] Dies legt nahe, dass ihr Verbot auch ursprünglich nichts mit den antisemitischen Einstellungen ihrer Mitarbeiter zu tun hatte.

Solche Erfahrungen waren wohl dafür verantwortlich, dass der CV die Intervention bei den Behörden nur selten beziehungsweise nur dann nutzte, wenn alle anderen Handlungsoptionen ausgeschöpft waren.[103] Wesentlich häufiger bemühte sich der Verein darum, die antisemitischen Anschuldigungen zu widerlegen oder wandte sich direkt an die jeweiligen Redaktionen, um die Auseinandersetzung zu suchen. Wenn die Redaktionen hierauf nicht eingingen, galt dies dem CV

100 Vgl. Jahr, Antisemitismus vor Gericht, S. 246f.
101 ZA, B 3/52, Nr. 1, Bl. 53–56, hier S. 53.
102 Vgl. Jahr, Antisemitismus vor Gericht, S. 247.
103 Vgl. bspw. Angress, Militär, S. 79.

als Eingeständnis, dass die Unterstellungen gegenüber den Juden jeglicher Grundlage entbehrten.[104]

Auch die ZVfD konnte eine Auseinandersetzung mit den antisemitischen Umtrieben in Deutschland nicht gänzlich vermeiden und beteiligte sich, unter anderem, an der Gründung des „Ausschusses für die Kriegsstatistik". Hier sollten ab Januar 1915 die bei den unterschiedlichen jüdischen Organisationen eingegangenen Informationen über die Beteiligung jüdischer Soldaten am Kriegsgeschehen zentralisiert werden. Während sich in der IdR lediglich eine Notiz über dessen Gründung und die Zentralisierungsbestrebungen fand[105], veröffentlichte die JR den gesamten Aufruf des Ausschusses. Dieser begründete seine Einrichtung damit, „dass alle Feinde und Neider der Judenschaft" bereits Material gegen die Juden zusammentrügen, um „sofort nach dem Kriege eine alles Dagewesene überbietende Agitation gegen uns" zu initiieren. Dementsprechend müssten auch von jüdischer Seite „[b]is in die letzten Details" reichende Nachweise über das Engagement im Krieg zusammengetragen werden.[106]

Es ist bemerkenswert, dass die ZVfD dieses Anliegen unterstützte, handelte es sich doch um die Vorbereitung einer aktiven Abwehr gegen antisemitische Beschuldigungen. Als sich die JR ein halbes Jahr später erneut dem Antisemitismus in Deutschland zuwandte, geschah dies ausschließlich, um die von „weiten jüdischen Kreisen" unternommenen Maßnahmen zur Abwehr von Antisemitismus als opportunistisch und erfolglos zu kritisieren. Die zionistische Überzeugung versetzte die JR in die komfortable Lage, einzelne Projekte bei der Abwehr zu unterstützen, während sie sich im Falle eines Scheiterns der Initiativen jederzeit auf den Standpunkt zurückziehen konnte, dass dem Antisemitismus lediglich durch selbstbewusstes, vom Judentum überzeugtes Auftreten beizukommen sei.

Der von der JR derart offen geäußerte Zweifel hinsichtlich der Möglichkeiten und Grenzen der Antisemitismusabwehr fand sich implizit auch auf den Seiten der IdR-Zeitschrift wieder. Die Fülle der dort abgedruckten Beispiele judenfeindlicher Zeitungen, Zeitschriften, Briefstempel, Postkarten und Bücher sensibilisierten den Leser dafür, dass an einem Weiterbestehen antisemitischer Publikationen und Agitation während des Krieges kein Zweifel bestehen konnte. Hinzu kommt, dass die überwiegende Mehrzahl der Beanstandungen, welche der CV an die verschiedenen Zensurstellen weiterleitete, ohne Konsequenzen blieb. Welche Gründe sich für diese behördliche Untätigkeit anführen ließen – ob Indifferenz, Unterschätzung, oder Zustimmung gegenüber den antisemitischen Veröffentlichungen –, war für den CV meist unklar und ließ Raum für Spekulationen. Für die jüdische Minderheit stellte sich daher die zentrale Frage, inwiefern sie sich überhaupt auf den Schutz durch staatliche wie militärische Stellen vor Diskriminierung und Verleumdung verlassen konnte. Eine der bestimmenden Charakteristika der Behörden war dabei

[104] Vgl. bspw. kurze Nachrichten in IdR, Nr. 10–12, Oktober 1914, S. 385–387, 401, 407; Nr. 3–4, März 1915, S. 81–83, 88.

[105] Vgl. Kriegsstatistik, IdR, Nr. 3, März 1915.

[106] Aufruf des „Jüdischen Kriegsarchivs, JR, Nr. 2, 8. 1. 1915.

die „eigentümlich doppeldeutige Haltung", mit der sie den Antisemitismus als eine, gerade in Kriegszeiten widersinnige Verhetzung verurteilten, seinen Vertretern aber gleichzeitig ein durchaus hehres Bestreben unterstellten.[107]

Die vier genannten Beispiele, die sowohl zeitgenössisch als auch in der historischen Retrospektive als Indikatoren für eine verbesserte Stellung der jüdischen Deutschen – zumindest in den ersten Kriegsmonaten – dienten, sind hinterfragt worden. Dabei ist deutlich geworden, dass bei einer kritischen Analyse der Bedeutung des „Kaiserwortes", der Ernennung von Feldrabbinern, der Beförderung jüdischer Soldaten und der Zensur antisemitischer Publikationen die „Erfolge" höchstens von kurzfristiger Dauer waren. Gegenüber der Forschung gilt es hervorzuheben, dass auch die zeitgenössischen Akteure die Doppelbödigkeit dieser vermeintlichen Erfolge frühzeitig wahrnahmen, sie kommunizierten und reflektierten. Zentrale Begriffe wie „Kaiserwort" und „Burgfrieden" wurden schon wenige Tage nach Kriegsbeginn vor allem dafür genutzt, um auf die Rechte der eigenen Minderheit zu pochen; jüdische Soldaten wie Feldrabbiner zeigten insbesondere in ihren Briefen an CV und VdJ die Grenzen tatsächlicher Integration und Gleichberechtigung auf; und es blieb ausschließlich den Initiativen jüdischer Vereine und Privatpersonen überlassen, antisemitische Publikationen bei den jeweils verantwortlichen Stellen zur Anzeige zu bringen – deren Reaktion sich vor allem durch Indifferenz auszeichnete. Vor diesem Hintergrund muss bereits für die ersten Wochen und Monate nach Kriegsbeginn festgehalten werden, dass es sich statt einer *tatsächlichen* eher um eine *argumentative* Kriegs- und Zukunftseuphorie deutscher Juden handelte, der immer auch ein deutliches Maß an Erwartungsdämpfung innewohnte.

2. Zur Auseinandersetzung mit Antisemitismus im Feld und in der Heimat

2.1 Wahrnehmung und Bewertung von Antisemitismus durch Soldaten und Feldrabbiner

Mitte Dezember 1914 war dem VdJ der oben zitierte Brief des Feldrabbiners Bruno Italiener zugegangen, der mit der Hoffnung endete, dass die Erfahrung des Kriegserlebnisses zu einer über den Krieg hinaus andauernden Annäherung zwischen Juden und Nichtjuden führen würde.[108]

107 So gestand das Generalkommando Theodor Fritsch, dem Herausgeber des *Hammers* zu, dass er sich „nur von der guten Absicht, gegen unlautere Elemente des Judentums vorzugehen, leiten läßt". Zit. n. Jahr, Antisemitismus vor Gericht, S. 249. Werner Jochmann kommt zu dem Schluss, dass „die Militärbehörden die Zensur oft zugunsten der Antisemiten" handhabte, Jochmann, Werner, Die Ausbreitung des Antisemitismus, in: Werner Mosse (Hrsg.), Deutsches Judentum in Krieg und Revolution 1916–1923, S. 409–510, hier S. 420.

108 CJA, 1, 75, C Ve 1, Nr. 385, Bl. 52–55.

Nur knapp zweieinhalb Monate später schrieb Italiener erneut einen Brief an den VdJ auf. Nun berichtete er stichwortartig:

„Trotz allem sind meine Erwartungen betr[effend] Besserung unserer Stellung als Juden unserer christlichen Umgebung gegenüber für die Zeit nach dem Kriege sehr gering. Je näher dem Feinde, umso weniger Vorurteile, hinter der Front dagegen scheint sich, nach den Berichten verschiedener jüdischer Mannschaften zu schließen, [...] gegenüber der Friedenszeit nicht viel geändert haben."[109]

Diese Schlussfolgerungen blieben allerdings ausschließlich dem VdJ vorbehalten. Als Italiener am 19. April 1915 einen Bericht an seine Gemeinde in Frankfurt am Main sandte, merkte er an, dass er „[h]ier und da [...] Klagen über vermeintliche Zwecksetzungen aus antisemitischen Gründen" erhalten hätte. Allerdings hatte die Erklärung, die er für diesen Umstand vorbrachte, nichts mehr mit seiner resignierenden Haltung zu tun, die er gegenüber dem VdJ zum Ausdruck gebracht hatte. Stattdessen relativierte er die Klagen über Zurücksetzungen und verwies darauf, dass sie „wohl auch oft dem Bedürfnis, sich dem Rabbiner gegenüber einmal auszusprechen" entsprangen.[110]

Zwei Aspekte sind an Italieners divergierenden Berichten hervorzuheben. Zum einen hing seine jeweilige Einschätzung der Virulenz und Bedeutung der Anfeindungen jüdischer Soldaten von der jeweils adressierten Öffentlichkeit ab. Während Italiener gegenüber dem VdJ offen über judenfeindliche Vorgänge im Feld berichtete und mit einer Einschätzung über das Fortbestehen antisemitischer Vorurteile versah, erklärte er gegenüber seiner Gemeinde die Beschwerden jüdischer Soldaten zur Marginalie. Der Bericht an die Frankfurter Gemeinde findet sich in den Unterlagen des VdJ wieder. Es deutet entweder darauf hin, dass Italiener dem VdJ seine Darstellung hatte zukommen lassen und sie von dort an die Gemeinde weitergeleitet wurden, oder dass umgekehrt die Gemeinde selbst dem VdJ eine Abschrift zugesandt hatte. In beiden Fällen war der VdJ über Italieners deutlich voneinander abweichenden Berichte informiert und sah offenbar keinen Anlass, seine beschönigende Darstellung zu beanstanden. Dies bestätigt die Vermutung, dass der VdJ, obwohl von zahlreichen Seiten über den Antisemitismus im Feld unterrichtet, es vorzog, zumindest in Bezug auf das Verhältnis zwischen Juden und Nichtjuden im Feld in der jüdischen Öffentlichkeit die Idealvorstellung des „Burgfriedens" aufrechtzuerhalten. Beide Briefe fungieren als einschlägige Beispiele dafür, wie unterschiedlich Antisemitismus im Feld wahrgenommen und bewertet wurde – und wie eng diese Wahrnehmung mit der grundsätzlichen Frage verknüpft war, wo für den einzelnen jüdischen Soldaten Antisemitismus begann.

Einen Anhaltspunkt hierfür bieten die Schreiben, die jüdische Soldaten oder deren Verwandte während des Krieges an den CV richteten. Im November 1915 schrieb ein Soldat, der im nordfranzösischen Wahagnies stationiert war, über seine bisherigen Erfahrungen: „Das Ärgste ist der Antisemitismus. Da hört man

[109] Ebd., Bl. 70f.
[110] Ebd.

weiter nichts wie ‚Jud' und ‚Stinkjud'. Hier, wo […] jeder denselben Gefahren ausgesetzt ist, muss man sich solche Beleidigungen an den Kopf werfen lassen."[111] Ein anderer Soldat schrieb an seinen Vater:

„Ich bin der einzige Jude bei der Kompagnie. ‚Verfluchter Judenjunge' muss ich mir von den Vorgesetzten sagen lassen. Auch von den Herren Kameraden muss ich mir derartiges sagen lassen, da darf ich aber auch nicht ein Wort widerreden, da heißt es bald [‚I]ch schlag dich tot, verfluchter Jude.'"[112]

Die Beschimpfungen konnten begleitet werden von körperlicher Gewalt[113], verweigerten Urlaubsgesuchen und Lazarettaufenthalten[114], ständiger Heranziehung zu Zusatzaufgaben[115] sowie dem Fronteinsatz ohne vorherige Waffenausbildung.[116] Die Verfasser argumentierten immer wieder, dass derartige Attacken ausschließlich mit der antisemitischen Einstellung der Vorgesetzten und Kameraden zusammenhingen. Die Mehrzahl der Betroffenen hielt eine Verbesserung der eigenen Situation mit dem Hinweis auf antisemitische Vorgesetzte oder mangelnde Beweismöglichkeiten der Vorkommnisse nicht für möglich. Stattdessen waren es vor allem die Empfänger – Familienangehörige, Freunde –, die sich dazu entschlossen, dem CV Abschriften der Briefe zu überlassen. Was sie jeweils zu diesem Schritt bewegte – ob sie hofften, doch eine Möglichkeit zu finden, dem Betroffenen zu helfen oder ihren Beitrag zu einem möglichst umfassenden Bild zur Situation jüdischer Soldaten leisten wollten –, lässt sich nicht mehr rekonstruieren. In der Regel sind nur die Abschriften der Briefe ohne Anschreiben oder sonstige Korrespondenz überliefert. Weder aus den Beobachtungen der Feldrabbiner noch aus der Sammlung dieser Abschriften lassen sich verallgemeinernde Schlüsse darüber ziehen, in welchem Maße sich jüdische Soldaten mit Antisemitismus konfrontiert sahen.[117] Dort wo diese Erfahrungen kommuniziert wurden, belegen sie die vielfältigen Formen, in denen Antisemitismus in Erscheinung treten konnte. Zweifellos gehören auch die Zurücksetzungen jüdischer Soldaten bei den Offiziersbeförderungen zu den Ereignissen, welche die Juden auf die antisemitischen Einstellungen ihrer Vorgesetzten zurückführten. Im Unterschied zu den verbalen Angriffen auf jüdische Soldaten in niederen Rängen blieben direkte antisemitische Beleidigungen gegenüber jüdischen Offiziersanwärtern aber offenbar die Ausnah-

111 ZA B3/52, Nr. 3, Bl. 200.
112 Ebd., Bl. 28.
113 Ebd., Bl. 28, 116.
114 Ebd., Bl. 20, 154.
115 Ebd., Bl. 3.
116 Ebd., Bl. 176.
117 Zur generellen Problematik von „Sprechen und Schreiben" in der Feldpost vgl. Aribert Reimann, Die heile Welt in Stahlgewittern: Deutsche und englische Feldpost aus dem Ersten Weltkrieg, in: Gerhard Hirschfeld/Gerd Krumreich/Dieter Langewiesche/Hans-Peter Ullmann (Hrsg.), Kriegserfahrungen. Studien zur Sozial- und Mentalitätsgeschichte des Ersten Weltkriegs, Essen 1997, S. 129–145, hier S. 131 f.; Martin Humburg, „Jedes Wort ist falsch und wahr – das ist das Wesen des Worts." Vom Schreiben und Schweigen in der Feldpost, in: Veit Didczuneit/Jens Eber/Thomas Jander (Hrsg.), Schreiben im Krieg – Schreiben vom Krieg. Feldpost im Zeitalter der Weltkriege, Essen 2011, S. 75–87, hier S. 77–80.

me. Dies änderte weder etwas an der Nichtbeförderung noch an dem Bewusstsein der Zurückgesetzten, dass ausschließlich ihre Zugehörigkeit zum Judentum der Grund hiefür war. Bevor der Soldat Fritz Mayer von seinem Kompanieführer zur Offiziersausbildung entsandt wurde, hatte Mayer ihm – eine Zurücksetzung antizipierend – erklärt, dass für ihn „eine Ablehnung aus konfessionellen Gesichtspunkten doppelt unangenehm sei, da man selbstverständlich eine Nichtbeförderung im Kriege nicht meiner Eigenschaft als Jude, sondern mangelnder Tüchtigkeit zuschreiben würde". Sein Vorgesetzter schickte Mayer trotzdem zur Offiziersausbildung nach Munster in die Lüneburger Heide. Dort sah er sich im Juni 1916 mit den „Schranken, die völkischer Hass [...] aufgerichtet hatte", konfrontiert. Er betonte, dass es in den Kreisen, in denen er verkehrte, zu keinen öffentlichen antisemitischen Äußerungen oder Zwischenfällen gekommen sei. Aber „allein die ganzen Umstände rechtfertigen [den] Verdacht, und zu allem Überfluss bemerkte kürzlich einer unserer Vizefeldwebel über einen anderen jüdischen Kameraden ‚der kann nicht befördert werden, der ist Jude'".[118] Zwar führen die meisten Beschwerdebriefe eine solche Begebenheit oder zumindest einen nichtjüdischen Vorgesetzten an, der den antisemitischen Hintergrund der Nichtbeförderung bescheinigt, jedoch ergingen diese Geständnisse zumeist nur in mündlicher Form und konnten daher nicht als Beweis gegenüber den Behörden dienen. Der Antisemitismus war für jüdische Soldaten erfahr- aber nicht nachweisbar.

Feldrabbiner Emil Levy erklärte sich den Widerspruch zwischen der Tatsache, dass die Offiziere „des Lobes voll über den jüdischen Soldaten" seien und ihnen gleichzeitig die offizielle Anerkennung verweigerten, als eine „‚verborgene Artilleriestellung' [...] im Unterirdischen des Gefühlsfeldes", um die sich „eine unsichtbare Mauer [türmte], welche auch durch 42 cm Mörser nicht gebrochen werden kann".[119] Mit diesem Bild versuchte der Feldrabbiner dem VdJ zu verdeutlichen, dass die Bemühungen um eine vollständige Gleichberechtigung jüdischer Soldaten aussichtslos bleiben mussten. Die Bedeutung, die der CV und VdJ der Ernennung jüdischer Offiziere für die Gleichberechtigung der gesamtjüdischen Bevölkerung Deutschlands beimaßen, erklärt allerdings, warum sie während des gesamten Krieges immer wieder Klagen über Nichtbeförderung bei den Militärbehörden einreichten.

Über alle diese Vorgänge im Feld erfuhren die Leser jüdischer Zeitungen – wie die Mitglieder von Italieners Synagogengemeinde – wenig. Mit Verweis auf die „Burgfriedenspolitik" publizierten sie keine Berichte über die Einschätzungen der Feldrabbiner oder über die gehäuft auftretenden Zurücksetzungen jüdischer Soldaten bei Beförderungsvorgängen. Da der Erfahrungsraum jüdischer Soldaten, im Vergleich zu dem der Feldrabbiner, sowohl geographisch wie militärgesellschaftlich beschränkt blieb, konnten sie durchaus annehmen, dass es sich bei der Judenfeindlichkeit in der eigenen Kompanie um eine Ausnahmeerscheinung handelte. Das Gleiche galt für Familienangehörige und Freunde, die mit den Briefen

[118] Alle Zitate: ZA B3/52, Bl. 9.
[119] CJA, 1, 75, C Ve 1, Nr. 380, Bl. 46f.

aus dem Felde auch Schilderungen über antisemitische Erlebnisse erhielten. Während jüdische Vereine derartige Berichte unermüdlich zusammentrugen, vermieden sie es gleichzeitig, gegenüber der jüdischen Öffentlichkeit – im Feld wie in der Heimat – das Ausmaß von Antisemitismus transparent zu machen.

2.2 Verhaltensempfehlungen und Vermeidungsstrategien

Im Feld

Bereits in einem frühen Stadium des Krieges hatten CV und VdJ auf den Seiten von IdR die Leserschaft dazu aufgefordert, sich bei jeglichen Beschwerdeanlässen zunächst mit den Verbänden ins Einvernehmen zu setzen.[120] Hierfür gab es verschiedene Gründe: das Ziel war zunächst, einen gewissen Überblick über individuelle Eingaben zu erhalten. Gleichzeitig sollte so verhindert werden, dass die staatlichen und militärischen Behörden zu viele Gesuche von jüdischer Seite erreichten. Darüber hinaus bot sich so die Möglichkeit, eine Vorauswahl zu treffen und sich der Fälle anzunehmen, die eine erhöhte Aussicht auf Erfolg hatten und die Schaffung von Präzedenzfällen versprachen.

Im Juni 1918 wandte sich der CV an Kriegsminister Hermann von Stein, um darzulegen, dass der Rechtsanwalt Jablonsky ausschließlich aufgrund seiner jüdischen Religionszugehörigkeit nicht zum Offizier befördert worden sei. Der Brief verwies gleich zu Beginn darauf, dass der CV „mehr als 200 000 deutsche Juden" vertrete, um diese „in der tatkräftigen Wahrung ihrer staatsbürgerlichen und gesellschaftlichen Gleichstellung [...] zu bestärken".[121] Die Mehrzahl der Schreiben, die der CV während des Krieges an die jeweiligen Behörden versandte, begann mit dieser Selbstlegitimation, welche die Bedeutung und Repräsentanz des Vereins unterstrich. Anschließend folgte eine kurze Beschreibung des militärischen Werdegangs Jablonskys. Sein Vorgesetzter hatte ihn ein Jahr zuvor zum „Offiziers-Kursus" kommandiert, wo er sich seitdem in sämtlichen Aufgaben bewährt habe. Trotzdem sei er bei der Offizierswahl im Januar 1918 „von einigen Offizieren [...], die ihn überhaupt nicht kannten, abgelehnt worden". Der CV führte im Folgenden Belege dafür an, dass Jablonsky „nur aus dem Grunde, weil er jüdischen Glaubens ist" nicht gewählt worden sei. So hatte einer der ablehnenden Offiziere im Gespräch mit den übrigen an der Wahl Beteiligten zugegeben, dass er Jablonsky aufgrund seines Judentums ablehne. Der CV ergänzte, dass das betreffende Regiment „auch Schüler, Seminaristen, kleine Landwirte und Lehrer" in den Offiziersstand erhoben habe, die Zurücksetzung also keine Frage des Standes war. Hinzu kam der Verweis auf ein Lob des Kompanieführers, der Jablonsky für den besten Zugführer hielt, „den er überhaupt gehabt habe". Variationen solcher Belege Dritter bildeten stets die argumentative Grundlage, die der CV in allen Schreiben an die Behörden anwandte, um Zurücksetzungen und Diskriminierungen zu

[120] Vgl. IdR, Nr. 10–12, Oktober 1914, S. 396.
[121] Hier und im Folgenden: ZA B3/52, Nr. 2, Bl. 32.

beanstanden. Dem Lob nichtjüdischer Vorgesetzter und Kameraden kam dabei besondere Bedeutung zu. An diese Auflistung *objektiver* Gründe schloss sich eine Beschreibung der *emotionalen* Implikationen an, welche die Zurücksetzungserfahrungen für die Betroffenen bedeuteten. Der CV verwies auf das „Gefühl schmerzlicher Zurücksetzung" und die Sorge um die gesellschaftliche Schädigung, die bei Jablonsky zurückbleibe, sowie auf die Tatsache, dass diese Vorgänge geeignet schienen „Missstimmung unter den deutschen Juden hervorzurufen".[122] Auf Grundlage der objektiven wie emotionalen Argumente ersuchte der CV den Kriegsminister, dem „Zurückgesetzten Genugtuung zu verschaffen". Im gesamten Schreiben tauchte der Begriff des Antisemitismus nicht auf, auch in der Schlussfloskel benannte der CV lediglich allgemein die „unsachlichen Beweggründe einzelner Beteiligter". Die Antwort aus dem Kriegsministerium erfolgte gut einen Monat später und informierte den CV darüber, dass das Offizierskorps lediglich „von einem Recht Gebrauch gemacht [hatte], das ihm von seiner Majestät dem Kaiser und König verliehen worden" war.[123]

Ein ähnliches Resultat wie die bestätigte Ablehnung Jablonskys zeitigte die Intervention des CV beim Kommandeur der 3. Landsturm-Infanterie, deren Ersatzbataillon in Karlsruhe stationiert war. Einer der Gefreiten des Bataillons hatte seinem Bruder einen Brief zukommen lassen, auf dessen Verschlussmarken die Sprüche „‚Der eigentliche Gott der Juden ist das Geld und das goldene Kalb.' Prof. Warmund" [sic] und „Ich gönne den Juden alle Rechte, nur nicht das, in einem christlichen Staate ein obrigkeitliches Amt zu bekleiden. Bismarck" gedruckt waren.[124] Der CV bat den Kommandeur, den Gefreiten aufzufordern, „derartige, tausende deutsche Juden verletzende Kundgebungen" zu unterlassen. Gerade in dem Moment, „in dem jetzt Juden und Christen in gleicher Weise für das bedrohte Vaterland kämpfen", erschien diese „geschmacklose Hetze" besonders unpassend. Nachdem der Gefreite zu den Anschuldigungen befragt worden war, erreichte den CV ein Schreiben des Kompanieführers. Hierin setzte er den Verein darüber in Kenntnis, dass der Befragte keinerlei Absicht besessen habe, die „Angehörigen jüdischen Glaubens" zu beleidigen. Der Kompanieführer stellte fest, dass gegen den Gefreiten kein „verfolgbares Vergehen" vorliege.

Die Beispiele veranschaulichen, dass CV und VdJ den verantwortlichen Behörden vor allem Fälle vortrugen, in denen es – zumindest aus der Perspektive der Betroffenen – eindeutige Beweise für Ausgrenzung und Diffamierung gab. Besonders geeignet erschien daher jegliche judenfeindliche Publizistik, ob Buch oder Briefverschluss[125] sowie die Leistungsbestätigung durch Nichtjuden. Da Letztere selten schriftlich verbürgt waren, kam es insbesondere bei der Nichtbeförderung

122 Hier und im Folgenden: ebd., Bl. 33.

123 Ebd., Bl. 34.

124 Hier und im Folgenden: ebd., Bl. 23.

125 Vgl. hierzu Werner Bergmann, Vom Zitat zur Parole. Das Weltbild völkisch-antisemitischer Spruchmarken, in: Isabel Enzenbach/Wolfgang Haney, Antisemitismus im Kleinformat. Alltagspropaganda seit 1893 – Vignetten, Marken und Klebezettel aus der Sammlung Wolfgang Haney, Berlin 2012, S. 86–123, hier S. 86–95.

von jüdischen Soldaten in den Offiziersstand auf das Verständnis der Verantwortlichen im Kriegsministerium an, welche die Gesuche bearbeiteten. Ob jene aus eigener Überzeugung den „unsachlichen Gründen" zustimmten oder tatsächlich keinerlei Anzeichen für antisemitische Einstellungen feststellen konnten, änderte an dem Ergebnis für den jüdischen Aspiranten und die Vereine, die ihn vertraten, nichts: Das Kriegsministerium bestätigte die Ablehnung in einer Vielzahl der vorgebrachten Fälle.

Die Vereine machten also die Erfahrung, dass die zu Beginn des Krieges erlassenen Zugeständnisse, wie der Erlass zur Wahl jüdischer Offiziere, in der Praxis lediglich in den ersten Kriegswochen und in bestimmten Regimentern, beispielsweise in Bayern, überhaupt Anwendung fanden. In der Funktion von Interessenvertretung, deren erklärtes Ziel die Gleichberechtigung deutscher Juden war, blieb ihnen auch aus Gründen der Selbstlegitimation, nichts anderes übrig, als weiterhin auf bestehendes Recht zu beharren. Der regelmäßige Austausch mit Feldrabbinern und Soldaten muss dabei frühzeitig zu der Erkenntnis beigetragen haben, dass die gesetzlich festgeschriebene Gleichberechtigung jüdischer wie nichtjüdischer Soldaten sich nicht ohne weiteres in die Realität übertragen ließ. Die daraus resultierende Erwartungsrelativierung erlaubte es den Vereinen dennoch, ihre Eingabe-Taktik während der gesamten Kriegszeit aufrechtzuerhalten. Dies galt aber ausschließlich für Interventionen, von denen sich die Vereine erhöhte Außenwirkung versprachen, wie etwa im Falle der Offiziersbeförderung. Vereinseingaben, die sich auf die zahlreichen, weiter oben geschilderten antisemitischen Verbalangriffe bezogen, sind praktisch nicht überliefert. Den Betroffenen stand offen, sich individuell bei der nächst höheren Instanz zu beschweren. Ob sie dadurch eine Verbesserung der Situation erreichten, war allerdings fraglich.[126] Dies war eine Option, die auch den abgelehnten Offiziersaspiranten zur Verfügung stand. Jedoch musste sich jeder Soldat, der diese Möglichkeit erwog, darauf einstellen, dass er bei seinem neuen Regiment den gleichen Vorurteilen und Angriffen ausgesetzt war. Darüber hinaus konnten jüdische Soldaten den vor Ort anwesenden Feldrabbinern von ihren Erfahrungen mit Ausgrenzung und Zurücksetzung berichten. Ob der Feldgeistliche im Anschluss an diese Schilderungen bei den militärischen Instanzen intervenierte, blieb seiner individuellen Einschätzung vorbehalten. Emil Kronheim, der im Juni 1918 zum Feldrabbiner bei der 18. Armee im Westen ernannt worden war, begrüßte beinah täglich Soldaten in seiner Unterkunft. Bei diesen Zusammentreffen besprachen die Versammelten alles, „was die Kameraden bewegt", also auch die „Zurücksetzungen der Juden im Heere". Kronheim fertigte über diese Gespräche Aufzeichnungen an und empfahl den Soldaten, dies ebenfalls zu tun. Zu einer persönlichen Intervention hatte er nach

126 Als sich Julius Marx an seinen Kompanieführer wandte, um sich über die antisemitischen Äußerungen eines Hauptmanns seiner Truppe zu beschweren, empfahl jener ihm, sich zu einem anderen Regiment versetzen zu lassen. Marx sah hiervon ab, da er sein Regiment nicht verlassen wollte und nicht davon ausging, dass der Antisemitismus in anderen Armeeabteilungen weniger virulent war. Vgl. Julius Marx, Kriegstagebuch, Frankfurt am Main 1964, S. 73.

eigener Aussage „nicht Gelegenheit".[127] Anders ging Emil Levy vor, der in einem Brief vom August 1915 dem VdJ über seinen Umgang mit den antisemitischen Erfahrungen berichtete, die ihm jüdische Soldaten mitgeteilt hatten. Er verwies darauf, dass „[e]inzelne Fälle von Beschwerden jüdischer Soldaten über Antisemitismus [...] von mir auf schriftlichem Wege mit Erfolg erledigt" wurden. Konkrete Beispiele führte er nicht an, bemerkte aber, dass er die Pflicht zur Intervention nur bei „besonders groben Verstößen" wahrnehme. Generell sprach er sich gegenüber den jüdischen Soldaten dafür aus, bei antisemitischen Vorfällen „keine übermäßige Empfindsamkeit zu zeigen".[128] Diese Empfehlung zum kontrollierten Emotionseinsatz verfolgte er selbst. Im Januar 1916 fasste Levy seine bisherigen Erfahrungen als Feldrabbiner, insbesondere mit Blick auf seine Interventionen bei den Kommandostellen, zusammen:

„Überhaupt habe ich längst die Erfahrung gemacht, dass auch für den jüdischen Feldgeistlichen – und für ihn ganz besonders – Leisetreterei in der amtlichen Tätigkeit nicht am Platze ist und, bei aller Wahrung der Form, energische Töne mitunter notwendig sind und auch Eindruck machen."[129]

Als jüngsten Erfolg führte er sein energisches Einschreiten gegen eine „antisemitisch angehauchte Novelle in unserer ‚Armeezeitung'" an.[130]

Die persönliche oder zumindest in unmittelbarer Nähe erfahrene Diskriminierung, die in den Aufzeichnungen häufig mit dem Gefühl von Enttäuschung und verletztem Ehrgefühl zum Ausdruck gebracht wurde, trug dazu bei, die Erwartung an die Möglichkeiten und Grenzen der eigenen Integration in die Mehrheitsgesellschaft zu hinterfragen und – abhängig von der individuellen Einschätzung – zu relativieren. Dies musste nicht zwingend zu einer vollständigen Abkehr vom Ideal der Gleichberechtigung führen, so wie auch eine antisemitische Erfahrung nur in seltenen Fällen dazu führte, dass jüdische Soldaten ihre nichtjüdischen Kameraden insgesamt für Antisemiten hielten. Vielmehr blieben die zahlreichen positiven Erfahrungen mit Nichtjuden nicht nur in der offiziellen Argumentation gegen Zurücksetzungen und ausgebliebene Beförderungen ein zentraler Aspekt, sondern waren auch in Privataufzeichnungen und der Erinnerungskultur jüdischer Veteranen von hervorgehobener Bedeutung. Dass es aber selbst unter den Gegebenheiten eines Weltkrieges zu antisemitischen Diskriminierungen kam, musste für die Zeitgenossen zumindest die praktische Durchführbarkeit der Gleichberechtigung fraglich erscheinen lassen und zu einer Abkehr von der Erwartung führen, dass sich der Antisemitismus – ganz abgesehen von seinen radikalsten Vertretern – in absehbarer Zukunft überleben würde. Inwiefern diese Aspekte individueller Erwartungsdämpfung auch zu dem Erfahrungsraum der daheimgebliebenen Juden und Jüdinnen gehörte, und wie sich

[127] Ebd., Nr. 390, Bl. 8 f.
[128] Alle Zitate: ebd., Nr. 380, Bl. 129–131.
[129] Ebd.
[130] Ebd., Bl. 184.

deren Erfahrungen von jenen der Soldaten unterschieden, soll im Folgenden analysiert werden.

In der Heimat

In der IdR-Ausgabe vom September 1914, in der sich sowohl der „Aufruf an die deutschen Juden“ als auch der erwartungsdämpfende Artikel „Unter den Waffen“ findet, erschien auch der Beitrag „Abwehr und Einkehr“. Auf den Umstand rekurrierend, dass für die Handlung des Einzelnen „die Gesamtheit seiner Glaubensgenossen zur Rechenschaft“ gezogen werden könne, mahnte der Verfasser, sich dem Ernst der Lage entsprechend zu verhalten. Konkrete Empfehlungen sprach er dabei für die Kindererziehung aus: „Insbesondere ist mit Strenge darauf zu halten, dass die Kinder in diesem Sinne erzogen werden, dass jede Dreistigkeit, vorlaute Unehrerbietigkeit, jede Spott- und Witzrede gerügt oder bestraft werde.“[131] Er begründete diesen pädagogischen Ratschlag mit einer Abwandlung des „Stiefkinder“-Arguments, nachdem sich die deutschen Juden als Minderheit in Deutschland „doppelt artig“ verhalten müssten.[132] An die Frauen und Mütter in der Heimat richtete sich auch seine Aufforderung, „[t]örichtes Geschwätz“ unbedingt zu vermeiden.[133] Derartige Verhaltensmaßregeln, die ausschließlich an jüdische Frauen gerichtet waren, blieben im weiteren Kriegsverlauf jedoch eine Ausnahme in jüdischen Zeitungen.[134] Stattdessen wurde dort immer wieder lobend hervorgehoben, wie stark sich jüdische Frauen in der Krankenpflege, der Familienhilfe, in den Volksküchen und bei der Kinderfürsorge engagierten. Die Verfasser solcher Artikel betonten, dass die jüdischen Frauen lediglich ihre vaterländische Pflicht erfüllten, wie die übrigen deutschen Frauen auch. Jedoch – und das machten die Beiträge ebenfalls deutlich – mussten die jüdischen Frauen trotzdem damit rechnen, dass ihr Engagement ebenfalls zum Ziel antisemitischer Verhöhnung und Angriffe werden konnte. Ihre Erfahrungen konnten dabei durchaus denen der jüdischen Soldaten ähneln, wenn auch mit variierender Intensität. In einem Beitrag für die Zeitschrift *Liberales Judentum* veröffentlichte die Frauenrechtlerin

131 Abwehr und Einkehr, IdR, Nr. 9, September 1914, S. 358f.

132 Das Zitat geht ursprünglich auf einen Ausspruch Maximilian Horwitz', des ersten Vorsitzenden des CV, in den 1880ern zurück, wurde allerdings während und nach dem Ersten Weltkrieg von anderen CV-Vertretern, wie Ludwig Holländer, immer wieder genutzt. Vgl. Arnold Paucker, Die Problematik einer jüdischen Abwehrstrategie in der deutschen Gesellschaft, in: Werner Mosse (Hrsg.), Juden im Wilhelminischen Deutschland 1890–1914, Tübingen 1976, S. 479–548 hier S. 529; Peter Gay, The Berlin-Jewish Spirit. A Dogma Search of Some Doubts, New York 1972, S. 13, 311; ders., Begegnung mit der Moderne – Deutsche Juden in der deutschen Kultur, in: Mosse (Hrsg.), Juden, S. 241–312, hier S. 311.

133 Abwehr und Einkehr, IdR, Nr. 9, September 1914, S. 358.

134 An Vorschriften für das Verhalten von Frauen während des Krieges bestand trotzdem kein Mangel, vgl. etwa Angelika Tramitz: Vom Umgang mit Helden. Kriegs(vor)schriften und Benimmregeln für deutsche Frauen im Ersten Weltkrieg, in: Peter Knoch (Hrsg.), Kriegsalltag: die Rekonstruktion des Kriegsalltags als Aufgabe der historischen Forschung und der Friedenserziehung, Stuttgart 1989, S. 84–113.

Henriette Fürth[135] im Januar den Aufsatz „Der Krieg und die jüdischen Frauen".[136] Darin merkte sie an, dass „auch ein noch so gut gemeintes Kaiserwort nicht all den offenen und noch weniger den [...] versteckten Antisemitismus beseitigen kann". Für diese Wirkungslosigkeit des „Kaiserwortes" gab es in der Wahrnehmung Fürths nur eine Möglichkeit, wie dem Antisemitismus zu begegnen sei: „da, wo die anderen aufhören, da wo sie zu erlahmen beginnen, da wollen wir jüdischen Frauen erst recht anfangen zu leisten, uns hinzugeben, uns aufzuopfern." Allerdings sollten die Leserinnen dieses Engagement keinesfalls mit übermäßigem Ehrgeiz oder dem Bedürfnis des Hervortuns verwechseln. Die Verhaltensempfehlungen, wie sie beispielsweise in Fürths Beitrag zum Ausdruck kamen, blieben weitgehend konsistent. Sie enthielten ein klares emotionales Regulativ, das jede Form aggressiver Selbstbehauptung ausschloss. Die geforderte Hingabe und Leistungsbereitschaft sollte sich durch Freundlichkeit, Bescheidenheit und Unauffälligkeit äußern. Der Ausdruck von Zorn, Empörung oder Enttäuschung war mit diesen Empfehlungen unvereinbar. Die Notwendigkeit, sich weiter gegen den Antisemitismus zu behaupten, sollte gleichsam als besonderer Ansporn gelten. Impliziert in diesen Verhaltensempfehlungen war, dass ausschließlich eine Anstrengung auf jüdischer Seite ausschlaggebend für eine Überwindung des Antisemitismus sein könnte. Die Verantwortung lastete folglich auf den jüdischen Soldaten ebenso wie auf den „Daheimgebliebenen".

Wann aber trafen jüdische Frauen und daheim gebliebene Männer auf Antisemitismus in der Heimat – und welche Reaktionsmöglichkeiten standen ihnen zur Verfügung? Neben den *Mitteilungen* des *Vereins zur Abwehr des Antisemitismus* informierte die IdR-Zeitschrift ihre Leser regelmäßig über antisemitische Publikationen und Ereignisse hinter der Front. Das Zusammentragen dieser Informationen blieb nicht den Redakteuren und sonstigen Mitarbeitern vorbehalten. Sie waren vielmehr auf Berichte aus der jüdischen Bevölkerung angewiesen, die Mitteilungen über den (Weiter-)Vertrieb judenfeindlicher Druckschriften machten oder Begegnungen mit Antisemiten schilderten. Die Redaktion behielt es sich dabei vor, Briefe kommentiert oder unkommentiert zu veröffentlichen, zu paraphrasieren oder zu beantworten. Unter dem Titel „Antisemitische Pamphlete" druckte die IdR-Zeitschrift im Oktober 1914 einen Brief aus Köln ab. Der Verfasser berichtete von einem Bekannten, der in der Postkartenauslage einer „Deutschvölkischen Buchhandlung" auf den Abdruck eines antisemitischen Liedes aufmerksam geworden war. Das Argument des „Kaiserwortes" überzeugte den Besitzer nicht, aber die Drohung, den Kölner Gouverneur zur informieren, hatte zur Folge, dass die antisemitische Karte aus der Auslage verschwand und sich nun

135 Vgl. Monika Graulich, Streifzüge durch das Land eines Lebens. Autobiographie einer deutsch-jüdischen Soziologin, Sozialpolitikerin und Frauenrechtlerin, Wiesbaden 2010; Helga Krohn, Frauenrechtlerin, Sozialarbeiterin, Publizistin: Henriette Fürth (1861–1938), in: Sabine Hering (Hrsg.), Jüdische Wohlfahrt im Spiegel von Biographien, Frankfurt am Main, 2006, S. 160–175.

136 Alle Zitate: Henriette Fürth, Der Krieg und die jüdischen Frauen, LJM, Nr. 1–2, Januar 1915.

„dort nur Literatur allgemeinen Inhalts" findet.[137] Der Brief stand unkommentiert, konnte aber von der Leserschaft als – durchaus nachahmungswürdiges – Beispiel für eine erfolgreiche Intervention gegen antisemitische Umtriebe auf lokaler Ebene interpretiert werden. In der gleichen Ausgabe beantwortete die Redaktion den Brief einer „Staatsbürgerin jüdischen Glaubens in Baden-Baden".[138] Aus der Antwort ging hervor, dass die Verfasserin in ihrem Schreiben an den CV auf die Anzeige einer „christlich-vaterländische[n] Kriegsfeier" des *Komitees für Soldatenheimarbeit* aufmerksam gemacht hatte, die in der *Frankfurter Zeitung* (FZ) angekündigt worden war. Der CV stimmte ihr dahingehend zu, dass auch er eine Feier unter einem solchen Titel „für durchaus ungehörig" erachtete. Allerdings konnte er in diesem Zusammenhang auf die „energische Kritik" verweisen, die in der FZ erschienen war. Die FZ habe bestätigt, dass die „Feier auch keinen antisemitischen Charakter" aufgewiesen habe. Die zwei Argumente, die in diesem Beispiel gegen eine Anzeige seitens des Komitees sprachen, scheinen sich auf den ersten Blick zu widersprechen. Obwohl die Veranstaltung angeblich keinen antisemitischen Charakter aufwies, erschien es dem CV erwähnenswert, dass sie bereits von dritter – nichtjüdischer – Seite kritisiert worden sei. Hier zeigte sich, ähnlich wie bei den Begründungen ausbleibender Beförderungen, dass jüdische Organisationen wie Einzelpersonen in der Frage dessen, was als antisemitisch zu gelten habe, von den Einschätzungen der nichtjüdischen Mehrheitsbevölkerung abhängig blieben. Umso bedeutender und erwähnenswerter war es, wenn nichtjüdische Publikationen die Beurteilungen der Minderheit teilten. Die Antwort des CV lässt aber auch die Deutungs- und Handlungshoheit erkennen, die der Verein innerjüdisch in sämtlichen Fragen und Anschauungen, den Antisemitismus betreffend, beanspruchte. Dies zeigt sich auch am Bestreben des CV, zu Beginn des Jahres 1916 ein Aufführungsverbot des Films „Die Klabriaspartie" zu erreichen. Bei dem Werk handelte es sich um die Adaption einer Komödie der *Budapester Orpheumgesellschaft*, in der sich jüdische Kleinhändler und Hausierer in einem Kaffeehaus zusammenfinden.[139] Nicht nur der Autor, sondern auch der Regisseur und die Hauptdarsteller waren Juden. Nach Einschätzung des CV bestand durch den Film – wie das Theaterstück – die Gefahr, „Antisemitismus zu entfachen und auch den Burgfrieden zu gefährden".[140] Unter diesem Hinweis hatte die CV-Ortsgruppe in Düsseldorf nach erfolgreicher Intervention bei der Direktion der *Union-Theater-Lichtspiele* ein Ende der Vorführungen, die Berliner Gruppe immerhin eine Einstellung der Bewerbung des Films erreicht. Die Lichtspiel-Direktion hatte es sich dabei nicht nehmen lassen, darauf zu verweisen, dass die meisten Besucher dieser Vorstellungen Juden seien. Der CV sah sich dementsprechend genötigt, „unsere[n] Glaubensgenossen" anzuraten, „den Darstellungen antisemitischer Filme, sowie

137 Antisemitische Pamphlete, IdR, Nr. 12, Oktober 1914.
138 Hier und im Folgenden: Briefkasten, IdR, Nr. 12, Oktober 1914.
139 Vgl. Georg Wachs, Die Budapester Orpheumsgesellschaft. Ein Varieté in Wien 1889–1919, Holzhausen 2002, S. 56–61.
140 Alle Zitate: Die Klabriaspartie im Film, IdR, Nr. 3–4, März 1916; vgl. auch: Briefkasten, IdR, Nr. 9–10, September 1916.

den Aufführungen judenfeindlicher Theaterstücke fern zu bleiben". Dass jüdische Künstler sich vonseiten jüdischer Vereine den Vorwurf des Antisemitismus einhandelten, war nicht neu[141], mit Kriegsbeginn bemühten sich jüdische Verbände jedoch deutlich stärker, die Reproduktion altgedienter Stereotype – wie die „Klabriaspartie" mit ihrer Persiflage auf das kleinbürgerlich-jüdische Milieu – zu unterbinden.

Ähnlich wie die Frage nach dem angemessenen Umgang mit potenziell antisemitischen Filmen und Kabarettstücken blieb die Auseinandersetzung mit Kur- und Erholungsorten, die jüdische Gäste ausschlossen, für jüdische Verbände wie Einzelpersonen von Bedeutung. In der IdR-Ausgabe vom Mai 1915 erschien die aus dem Vorjahr stammende Liste von Urlaubsorten, die sich in die drei Kategorien „1. Erholungsorte, die antisemitischen Charakter haben", „2. Hotels und Pensionen, die antisemitischen Charakter haben" und „3. Hotels und Pensionen, die sich als christlich bezeichnen" unterteilte. Allein in der ersten Kategorie fanden sich mit Borkum, Heiligenhafen und Langeoog Ortschaften, die bereits seit Jahrzehnten als Zentren des Bäderantisemitismus galten.[142] Trotzdem brachte die IdR in ihrer Erläuterung die Hoffnung zum Ausdruck, „gerade in den jetzigen Zeiten bald in die Lage versetzt zu [sein], fast alle diese Orte und Gasthöfe zu streichen". Nur wenige Zeilen weiter erfolgte mit Verweis auf ein nach wie vor antisemitisches Kurhaus im Harz bereits die Relativierung dieser Hoffnung. Den größten Unsicherheitsfaktor bildete der Umgang mit den „christlichen" Pensionen und Hotels aus der dritten Kategorie. Im Oktober 1915 berichtete die IdR über den Kurort Schreiberhau im Riesengebirge. Offenbar hatte der dortige Sanatoriumsleiter Dr. Wilhelm seine jüdischen Gäste häufiger in Häusern untergebracht, die auf ihren christlichen Charakter bestanden. Auf Anfrage wies Wilhelm jegliche Schuld oder Absicht bei der Vermittlung von sich, sodass der Beitrag mit der Empfehlung des CV endete, dass die jüdischen Gäste dem Arzt bereits im Voraus mitteilen sollten, „daß es sich mit ihrer Selbstachtung nicht verträgt, in Häusern zu wohnen, die sonst Juden nicht aufnehmen".[143] Ein halbes Jahr später berichtete die IdR erneut über Schreiberhau. Wieder war eine jüdische Familie einem Quartier zugewiesen worden, das sich „durch eine Tafel als ‚christlich'" auswies. Der Familie, die das Schild übersehen hatte, erklärte schließlich die Hausdame, dass sie „Israeliten nicht im Hause behalten" könne und verwies sie der Pension. Die IdR bescheinigte Dr. Wilhelm zwar, „von antisemitischen Vorurteilen völlig frei zu sein", allerdings war er offenkundig nicht in der Lage, diese Einstellungen auf sein Personal oder die Besitzer der umliegenden Gästehäuser auszudehnen. Im Zuge dieser Erkenntnis schrieb die IdR nicht länger von christlichen, sondern „antisemitischen Pensionen" und empfahl ihren Lesern nun „das Sanatorium dieses Arztes überhaupt [zu] meiden".[144]

141 Vgl. bspw. Die antisemitischen Gebrüder Herrnfeld, JR, Nr. 35, 28. 8. 1908.

142 Vgl. Frank Bajohr, „Unser Hotel ist judenfrei". Bäder-Antisemitismus im 19. und 20. Jahrhundert, Frankfurt am Main 2003, S. 16–21.

143 Korrespondenzen, IdR, Nr. 10–11, Oktober 1915.

144 Korrespondenzen, IdR, Nr. 3–4, Mai 1916.

Die Beispiele verdeutlichen, dass sich im Vergleich zur Friedenszeit die Räume und Formen, in denen hinter der Front eine Auseinandersetzung mit Antisemitismus stattfand, nicht grundlegend änderten. Hinzu kamen aber nun verstärkt Stereotype, welche die Auseinandersetzungen in den Räumen der Heimat deutlich verschärften. Schon in den ersten Kriegswochen kam das Schlagwort des (am Krieg gewinnenden) „jüdischen Drückebergers" auf. Die unmittelbar mit Kriegsbeginn einsetzende Forderung, möglichst genau über jegliche Beteiligung und Unterstützung von jüdischer Seite am Kriegswerk informiert zu werden, kann als Indiz dafür gelesen werden, dass jüdische Vereine das Aufkommen dieses Stereotyps zumindest antizipierten.

Bereits im Oktober 1914 erreichte den CV die Abschrift eines Strafantrags, der beim Amtsgericht im schlesischen Landkreis Militsch eingereicht worden war.[145] Anlass war der in großer Runde geäußerte Satz eines Militscher Bürgers, der befand: „Außer meinem Nachbar Seidel drücken sich alle plattfüßigen Juden vor dem Krieg." Drei jüdische Einwohner Militschs, die „dem ungedienten Landsturm" beziehungsweise der Infanterie angehörten, hatten den Strafantrag eingereicht. Der Antrag nannte gewissenhaft eine Vielzahl von Zeugen und wies die Ehrverletzung ausführlich nach. Die Anzeige kann zum einen als Beleg für die zu Kriegsbeginn von Einzelpersonen gehegte Erwartung gelesen werden, nun mit einer rechtlichen Handhabe gegen jede Form der Diskriminierung und Beleidigung vorgehen zu können. Zum anderen stellte das Erstatten der Anzeige auch einen performativen Akt dar, der – unabhängig vom weiteren Fortgang – demonstrieren sollte, dass derartige Diskriminierungen nicht länger hingenommen wurden und sich die Betroffenen auch öffentlich dagegen zur Wehr setzten. Welchen Fortgang die Ereignisse im Militscher Fall nahmen, ist aus den Unterlagen des CV nicht rekonstruierbar. Grundsätzlich bemühte sich der Verein aber darum, über den Verlauf derartiger Beschwerden im Bilde zu bleiben, wie im Fall des Kaufmanns Pikarsky.[146] Dieser wurde im September 1915 zusammen mit einer Gruppe Bekannter in einem Hotel in Heinrichswalde von einem Sanitätsfeldwebel mit folgenden Worten attackiert: „Schämt euch, dass ihr nicht im Felde steht, ich möchte am liebsten meinen Säbel ziehen wenn ich euch sehe. Ich werde schon besorgen, dass ihr eingezogen werdet." Nachdem ihn die Gruppe darauf hingewiesen hatte, dass es sich bei ihnen um angehende Soldaten handele, erwiderte der Feldwebel „in verächtlichem Ton [...]: ‚Ach was, Juden sind überhaupt keine Soldaten.'" Pikarsky hatte den Vorfall beim Landwehr-Regiment Heinrichswalde im November 1915 zur Beschwerde gebracht. Ein Jahr später, im Oktober 1916, teilte er dem CV auf dessen Anfrage hin mit, dass ihm vom Regiment keine Antwort zugegangen sei.

Das Vorurteil der „Drückebergerei" traf allerdings nicht nur die ausgemusterten, bisher nicht eingezogenen oder in Ersatzbataillonen stationierten Juden, sondern auch die jüdischen Soldaten im Feld. Da es dort, wie weiter oben erörtert,

145 Hier und im Folgenden: ZA B3/52, Nr. 3, Bl. 52.
146 Hier und im Folgenden: ebd., Bl. 26.

häufig noch schwieriger als in der Heimat war, gegen verbale Angriffe vorzugehen, blieb den Soldaten oft nur die Möglichkeit, in Briefen an Familie und Freunde oder in Gesprächen mit jüdischen Kameraden und Feldrabbinern von ihren Erfahrungen zu berichten. So schilderte Frau Friesen dem CV, dass ihr Mann, ein bei Ypern stationierter Unteroffizier, „im Felde seitens Vorgesetzter [unter] starke[m] Antisemitismus zu leiden hat".[147] Als sie für ihn ein Urlaubsgesuch einreichte, lehnte dies der Hauptmann gegenüber ihrem Mann mit den Worten „‚Ihr verdammten Juden wollt immer heim!' und dergleichen Liebenswürdigkeiten" ab. „[A]us Angst" unterließ Friesen eine Meldung derartiger Vorfälle bei den zuständigen Militärinstanzen. Allerdings schilderte er seine Erfahrungen offenbar wiederholt seiner Frau, die sie wiederum an den CV weiterleitete. Das Beispiel der Friesens macht deutlich, wie durch die Schilderungen in der Feldpost die Erfahrung des Antisemitismus im Feld in das Bewusstsein der Daheimgebliebenen gelangte. Diese persönlichen Erfahrungen ergänzten die Artikel in jüdischen Zeitungen und Zeitschriften, die zumindest bis zum Beginn der „Judenzählung" Berichte über Judenfeindschaft im Heer aussparten und Antisemitismus vor allem als Problem für die Daheimgebliebenen darstellten.

Selbst wenn sich jüdische Soldaten in ihren Kompanien nicht mit der ein oder anderen judenfeindlichen Bemerkung seitens der Vorgesetzten oder Kameraden konfrontiert sahen, konnte bereits der Heimaturlaub herangezogen werden, um als Feigling zu gelten. Simon Schocken, der Vorsteher der jüdischen Gemeinde in Zwickau berichtete im Juli 1916 von dem weitverbreiteten Gerücht, dass man in Berlin „nur deutsche Krüppel und Judenjungens" sähe.[148] Schocken hatte dieses Gerücht zum Anlass genommen, sich selbst einen Eindruck von der Situation in der Hauptstadt zu verschaffen, und traf dort tatsächlich „einen auffallend hohen Prozentsatz von jüdischen jungen Leuten in Civil".[149] Seine Nachfragen ergaben allerdings, dass sich ein Großteil der jungen Männer auf Heimaturlaub befand. Sie zogen die Zivilbekleidung vor, da sie nicht „als gemeine Soldaten und niedrige Chargen und in schlechten Uniformen" ausgehen wollten. Ob sich das Argument der „schlechten Uniform" auf ausbleibende Beförderungen oder ein gewisses Maß an Eitelkeit bezog, hatte Schocken dabei nicht festgestellt. Er ersuchte den Berliner Vorstand lediglich darum, Maßnahmen zu ergreifen, „diesen für die allgemeine Judenheit schädlichen Zustand" zu beseitigen. Der VdJ, dem eine Abschrift der Ausführungen Schockens zugegangen war, wandte sich mit dessen Beobachtungen an die Feldrabbiner. Georg Wilde, von September 1914 bis Dezember 1918 Feldrabbiner beim 4. Oberkommando, bestätigte Schockens Beobachtungen und versicherte dem VdJ „bei allen Gotteshäusern die Soldaten darauf aufmerksam [zu] machen, trotz der Unbequemlichkeit aus den besagten Gründen bei Heimaturlaub in Großstädten nur in Uniform auszugehen". Zusätzlich

[147] Hier und im Folgenden: ebd., Bl. 20.
[148] Hier und im Folgenden: CJA, 1, 75, C Ve 1, Nr. 381, Bl. 147f.
[149] Unklar bleibt dabei, wie genau er die „jüdischen jungen Leute" identifizierte.

empfahl er, „auch in der Heimat dauernd befindliche Zivilärzte, Beamte, Garnisonsdienstfähige“ dazu anzuhalten, öffentlich Uniform zu tragen.[150]

Interessanterweise spielten in diesen Debatten potenzielle Maßnahmen gegen die beleidigenden Bemerkungen und Vorwürfe keine Rolle. Möglicherweise sedimentierte sich hier die Erfahrung des CV mit einem früheren Versuch, in dieser Hinsicht aktiv zu werden. Im April 1915 hatte der CV beim stellvertretenden Generalkommando des Garde du Korps Beschwerde gegen einen gewissen Hauptmann von Scheffer eingereicht, der sich judenfeindlich geäußert hatte.[151] Der CV bat, unter Hinweis auf den „Burgfrieden“ und die kränkenden Folgen der „laut vernehmliche[n]“ Aussage darum, „das Erforderliche“ gegen von Scheffer zu veranlassen. Mit dieser bürokratisch-standardisierten Formulierung unterstrich der Verein seine Forderung an die Behörden, bei derartigen Vorkommnissen aktiv zu werden – und damit gleichsam anzuerkennen, dass es sich bei judenfeindlichen Äußerungen um eine Störung des öffentlichen Lebens handelte, die sanktionsfähig war. Tatsächlich wurde der Hauptmann diesbezüglich befragt, wie der CV im Juni 1915 erfuhr. Er bestritt auch nicht den Vorwurf, sich judenfeindlich geäußert zu haben. Allerdings wies er darauf hin, dass er die Bemerkung an seinen Begleiter gerichtet habe, ohne dass sie von jemandem „gehört werden sollte und nur durch Zufall ohne sein Wissen gehört worden ist“. Für das Generalkommando folgte daraus, dass ihm die „Absicht einer Beleidigung [...] vollkommen ferngelegen“ habe. Die Behörden unternahmen somit keine weiteren Schritte gegen von Scheffer. Auf Seiten des CV mussten Vorfälle wie dieser zu der Erkenntnis führen, dass jedermann seinen Vorurteilen freien Lauf lassen konnte, wenn sie im – nicht genauer definierten – „privaten“ Rahmen blieben. Erfahrungen dieser Art dürften entscheidend dazu beigetragen haben, die Erwartungen an die Behörden abzusenken. Stattdessen richtete sich der CV in seinen Verhaltensempfehlungen direkt an die jüdischen Soldaten, in der Hoffnung, ihre Wahrnehmung in der deutschen Zivilgesellschaft zu erhöhen. Vor diesem Hintergrund können die Bitten, jüdische Soldaten mögen in der Öffentlichkeit in Uniform auftreten, als Maßnahmen gewertet werden, um die verbreitete Vorstellung vom „jüdischen Drückeberger“ zu widerlegen. Aufforderungen, die Personen festzustellen, die sich beleidigend über Juden in Zivil äußerten, blieben dagegen aus.

Die Ermahnung zur „Einkehr“ bildete neben den Bemühungen um eine praktikable „Abwehr“ das bestimmende Element im Umgang mit Judenfeindlichkeit. Dabei lässt sich nicht im Einzelnen nachweisen, ob die oftmals erfolglos an die Behörden gerichteten Eingaben bei den Vereinen und ihren Mitgliedern zu einer erhöhten Strenge gegenüber ihren Glaubensgenossen führte. Zu konstatieren ist zumindest eine gesteigerte innerjüdische Wachsamkeit, die selbst vor Instanzen

150 Ebd., Nr. 382, Bl. 44 f.

151 Bei einem Spaziergang durch Berlin hatte der Hauptmann nach der Begegnung mit CV-Mitgliedern zu seinem Begleiter gesagt: „Man kann auf dem Kurfürstendamm nicht mehr spazieren gehen, soviel Judenpack treibt sich hier herum.“, ZA B3/52, Nr. 3, Bl. 30 f. (auch im Folgenden).

wie den Feldrabbinern nicht haltmachte. Jacob Sonderling hatte zu Beginn des Jahres 1915 seinen Heimaturlaub dazu genutzt, in Königsberg und Hamburg Vorträge über seine bisherigen Kriegserfahrungen sowie über Lage und Leben jüdischer Soldaten an der Front und in der Etappe zu halten. In seiner Ausgabe vom 9. Januar 1915 veröffentlichte das *Königsberger Tageblatt* Auszüge aus Sonderlings Vortrag, in dem offenbar auch der Satz fiel: „Die Tatsache ist nicht zu leugnen, dass sich die jüdischen Soldaten wider Erwarten gehalten haben." Knapp zwei Wochen später erschien dieser Satz in einer Briefkastennotiz der *Deutschvölkischen Blätter*, versehen mit dem Hinweis, dass den *Blättern* zahlreiche Berichte vorlägen, die Sonderlings Einschätzung widerlegten. Die Redaktion riet Sonderling dementsprechend an, „abzuwarten und [...] und den Grundsatz ‚Gleiches Recht für Alle' [zu] berücksichtigen".[152] Diese launige Bemerkung nahm wiederum ein „sehr ernsthaftes Mitglied unseres Vereins" zum Anlass, sich an den CV zu wenden und sich über Sonderlings Auftritte zu beschweren. Er vermutete zwar, dass Sonderling den von den *Deutschvölkischen Blättern* zitierten Satz so nicht vorgebracht habe, seine Kritik richtete sich aber generell gegen das Verhalten Sonderlings, der seiner Ansicht nach als „Feldrabbiner ins Feld" gehörte und nicht – „noch dazu in Uniform" – auf Vortragsreise durch Deutschland. Auch die Tatsache, dass Sonderling wiederholt nach Hamburg reiste, um sein neugeborenes Kind zu sehen, kritisierte das Hamburger CV-Mitglied unter Verweis auf den vormaligen Kronprinzen Friedrich, dem „[18]66 zu Hause zwei blühende Söhne" starben und der trotzdem im Feld geblieben sei.[153] Er kam zu dem Schluss, dass „das Ansehen der deutschen Juden unter derartigen Geschehnissen" wie der Vortragsreise und den Heimatbesuchen Sonderlings leide. Der Autor bediente sich also derselben Argumente, die auch der CV immer wieder verwandte. In dieser Perspektive konnten falsche Handlungen Einzelner stets Konsequenzen für das gesamte Judentum haben. Der Brief kann symptomatisch dafür gelesen werden, dass sich Verhaltenserwartungen, -aufforderungen und -empfehlungen ausschließlich an die deutschen Juden richteten, während sich an eine mögliche Veränderung der nichtjüdischen Sichtweise keinerlei Erwartungen knüpften. Nicht nur der CV, sondern auch der VdJ, der eine Abschrift des Schreibens erhielt, nahm die Bedenken des Hamburgers ernst. In einem Briefentwurf setzte der VdJ Sonderling über die Briefkastennotiz in den *Deutschvölkischen Blättern* in Kenntnis und führte sie gleichermaßen als Beleg dafür an, wie schnell sich unbedachte öffentliche Bemerkungen negativ auf die Interessen des deutschen Judentums auswirken könnten. Der Verband hielt den Feldrabbiner daher zu „außerordentliche[r] Vorsicht und Zurückhaltung in Bezug auf öffentliche Äußerungen" an.[154]

152 CJA, 1, 75, C Ve 1, Nr. 387, Bl. 35.

153 Friedrichs Sohn Sigismund war im Juni 1866 an Meningitis verstorben, 1879 erlag ein weiterer Sohn, Waldemar, der Diphtherie. Zu den vielfältigen zeitgenössischen wie retrospektiven Zuschreibungsmöglichkeiten an die Person des Kronprinzen und späteren Kaisers, das auch in diesem Vergleich zum Ausdruck kommt, vgl. Lorenz Müller, Der 99-Tage-Kaiser. Friedrich III. von Preußen. Prinz, Monarch, Mythos, München 2013, S. 57, 312–353.

154 CJA, 1, 75, C Ve 1, Nr. 387, Bl. 36.

Der Kritisierte wiederum konterte diese Bedenken mit der allgemeinen Feststellung, dass es „immer böswillige [sic] geben [wird], die jedes Wort entstellen, damit muss man sich abfinden". In seinem konkreten Fall konnte er zusätzlich auf einen Oberbefehlshaber verweisen, der sich über seine Äußerungen „sehr gefreut" habe.[155]

Auch wenn es den in der Heimat verbliebenen jüdischen Deutschen möglich war, individuell, oder vertreten durch den CV oder VdJ, Beschwerde gegen Diskriminierungen und Beleidigungen einzureichen, bedeutete dies nicht, dass zwangsläufige Konsequenzen folgten. Dies führte zu einer Zunahme innerjüdischer Verhaltensempfehlungen, die sowohl zur Prävention antisemitischer Stereotype dienen als auch den angemessenen Umgang mit einmal erfahrenen Beleidigungen darstellen sollten. Zudem verfestigten sich bei Verbänden wie Einzelpersonen vor wie hinter der Front zwei Argumentationsstrategien: Erstens werteten die Betroffenen judenfeindliche Äußerungen und Handlungen prinzipiell als Angriff auf das gesamte Judentum und konstruierten daraus einen Verstoß gegen die „Burgfriedenspolitik". Zweitens hoben die Verbände die Aussagen nichtjüdischer Personen hervor, die sich schützend und lobend vor einzelne Juden stellten.

Bis zum Oktober 1916 blieben antisemitisch motivierte Zurücksetzungen und Diskriminierungen – abgesehen von Anschuldigungen gegen das Judentum in radikalantisemitischen Publikationen – ausschließlich individuelle Erlebnisse. Hierzu trug auch die Tatsache bei, dass jüdische Vereine es bewusst vermieden, die Berichte, die ihnen über die antisemitischen Erfahrungen im Feld zugingen, in der Öffentlichkeit zur kolportieren. Die Hinweise auf judenfeindliche Publikationen, Äußerungen und Veranstaltungen in der Heimat wurden dagegen in jeder Ausgabe auf den hinteren Seiten des Vereinsorgans als kurze Nachrichten gelistet. So wurde zwar auf die fortdauernde Existenz des Antisemitismus beständig hingewiesen, gleichzeitig ermöglichte es diese Darstellung den Lesern auch, die in der IdR geschilderten Vorfälle als Einzelfälle zu werten.

Diese Lesart entfiel mit der Anordnung des Kriegsministeriums vom 11. Oktober 1916. Der Erlass zur „Judenzählung" verlieh dem Antisemitismus einen systematischen, staatlich wie militärisch legitimierten Charakter.[156] Wie im Folgenden gezeigt wird, war es nicht so sehr der Erlass selbst, durch den sich die deutsch-jüdischen Vereine zu einem Umdenken bezüglich der öffentlichen Kommunikation über Antisemitismus, ebenso wie zu einer Reevaluierung der zu Kriegsbeginn vorsichtig geweckten Erwartungen an Integration und Gleichberechtigung, veranlasst sahen. Es war vielmehr die emotionale Reaktion innerhalb des deutschen Judentums, die diese Neuausrichtung notwendig machte.

[155] Ebd., Bl. 42 f.
[156] Vgl. Panter, Erfahrungen, S. 183.

2.3 Vom individuellen Erlebnis zur Kollektiverfahrung – die Bedeutung der „Judenzählung(en)" als innerjüdische Erfahrung

Antisemitismus oder „bedauerliche Nachlässigkeit"? Hintergründe und Intentionsdeutung

Im Frühjahr des Jahres 1915 gründeten neun jüdische Organisationen – darunter VdJ, CV, ZVfD, VAA und KC – den „Ausschuss für Kriegsstatistik", der dem „Bureau für Statistik der Juden" angegliedert war. Die Funktion des Ausschusses beschränkte sich dabei nicht auf die Zentralisierung der Informationen, die den verschiedenen Organisationen aus der Bevölkerung zugingen, sondern führte mit Hilfe der Vereinsmitglieder in den jeweiligen jüdischen Gemeinden wiederholt Befragungen zu Zahl und Stellung jüdischer Kriegsteilnehmer durch.[157] Auch die Feldrabbiner spannte der VdJ zunächst für diese Arbeit ein,[158] stellte diese Kooperation aber aus Sorge um ein Zuwiderhandeln gegen Anordnungen der Militärbehörden im Juli 1915 ein.[159] Dass die Akkumulierung des Zahlenmaterials bereits 1915 einen derartigen Professionalisierungsgrad erreichte, lässt sich nicht allein aus der Erfahrung zu spät initiierter Datensammlungen aus früheren Kriegen erklären. Vielmehr war es das Wissen um die Bestrebungen im antisemitischen Lager, die ebenfalls bereits zu Kriegsbeginn eingesetzt hatten und deren erklärtes Ziel es war, die deutschen Juden als „Drückeberger" und „Kriegsgewinnler" zu „enttarnen". Statt hierbei aber – wie die jüdischen Organisationen – möglichst unauffällig und gewissenhaft vorzugehen, forderten die antisemitischen Organe ihre Leser dazu auf, jegliche Hinweise auf Juden, die versuchten dem Kriegsdienst zu entgehen, sofort bei den zuständigen Militärbehörden zu melden.[160] Welche Wirkungen diese Bestrebungen von radikal-antisemitischer Seite hatten, belegt der Satz, der den Erlass zur „Judenzählung" am 11. Oktober 1916 einleitete:

> „Fortgesetzt laufen beim Kriegsministerium aus der Bevölkerung Klagen darüber ein, daß eine unverhältnismäßig große Anzahl wehrpflichtiger Angehöriger des israelitischen Glaubens vom Heeresdienst befreit sei oder sich von diesem unter allen nur möglichen Vorwänden drücke."[161]

Die möglichen Motive der die „Judenzählung" initiierenden Persönlichkeiten – allen voran der den Erlass ausgebende Kriegsminister Adolf Wild von Hohenborn – sind in der Forschung bereits häufig diskutiert worden.[162] Strittig ist ebenfalls

157 Vgl. Rosenthal, Ehre, S. 53f.
158 Vgl. CJA, 1, 75, C Ve 1, Nr. 411, Bl. 73f.; Nr. 376, Bl. 68–70.
159 CJA, 1, 75, C Ve 1, Nr. 385, #13008, Bl. 97.
160 Vgl. Jochmann, Ausbreitung, S. 411.
161 CJA, 1, 75, C Ve 1, Nr. 227, Bl. 16.
162 Die Bedeutung antisemitischer Einstellungen und Vorurteile innerhalb des deutschen Militärs ist dabei unbestritten. Während einige Historiker in diesem Zusammenhang auf die situativen Umstände – wie den Rücktritt des gemäßigt liberalen Kriegsministers Franz Gustav von Wandel und die zunehmende Totalisierung des Krieges – verweisen, betonen andere die lange Tradition und zunehmende Radikalisierung des Antisemitismus, gerade im preußi-

die Frage, welche Bedeutung der „Judenzählung" für den weiteren Verlauf der deutsch-jüdischen Geschichte zukommt. Die Forschung gelangt dabei zu durchaus unterschiedlichen Gewichtungen: während etwa Werner Angress pointiert schlussfolgert, es habe sich hierbei um „just another manifestation of *Risches*[163]" gehandelt[164], erkennt Jacob Rosenthal hierin bereits ein „Menetekel" jenes Antisemitismus, der die Politik Deutschlands ab 1933 bestimmt habe.[165] In der jüngeren Forschung werden dagegen die ausgrenzende Wirkung der „Judenzählung" zugunsten einer Hervorhebung des integrativen Kriegserlebnisses zurückgestellt.[166]

Im Folgenden wird die Frage im Mittelpunkt stehen, welche Bedeutung jüdische Vereine und Einzelpersonen der Zählung beimaßen, welche Reaktionsmöglichkeiten sie sahen und welchen Einfluss diese Erfahrung auf die Erwartungen deutscher Juden – und demgemäß auf das Erwartungsmanagement ihrer Vereine nahmen. Zunächst wird auf den Aufbau und die geplante Durchführung des Erlasses eingegangen, um die inhaltlichen wie technischen Kritikpunkte an der Zählung nachvollziehen zu können.

Bereits die Formulierung des Erlasses gab Anlass dazu, die Intention der Zählung zu hinterfragen. Das Kriegsministerium schloss sich zwar den „Klagen" der Bevölkerung nicht explizit an, allerdings ließ die Tatsache, dass vornehmlich anonym vorgebrachte Beschuldigungen genügten, um eine Untersuchung von derart großem logistisch-organisatorischen Aufwand auszulösen, Zweifel an der Objektivität des Kriegsministeriums aufkommen. Diesen Eindruck verstärkte die Formulierung, die Anschuldigungen „nachzuprüfen und ihnen gegebenenfalls entgegenzutreten".[167] Der Zusatz „gegebenenfalls" implizierte, dass es zunächst einer eindeutigen Falsifizierung der Vorwürfe bedurfte. So verschob das Kriegsministerium die Beweislast von den anonymen Anklägern auf die jüdischen Angeklagten.

Dem Erlass schlossen sich zwei Mustertabellen an, nach denen die Zählung vorzunehmen war. „Muster 2" sollte von den Bezirkskommandos ausgefüllt werden, die, zusammen mit örtlichen Behörden, für die Musterung der wehrfähigen

schen Militär. Vgl. zur situativen Deutung Angress, Militär, S. 79–82; Zechlin, Deutsche Politik, S. 529–533; Hans-Ulrich Wehler, Vom Beginn des Ersten Weltkriegs bis zur Gründung der beiden deutschen Staaten. 1914–1949, Bonn 2008, S. 129–134; zur These der Tradition und Radikalisierung des Antisemitismus vgl. Volker Ullrich, „Dafür hält man für sein Land den Schädel hin!", Die Zeit, Nr. 42, 11. 10. 1996; Wolfram Wette, Die Wehrmacht. Feindbilder, Vernichtungskrieg, Legenden, Frankfurt am Main 2002, S. 47–51.

163 Das jiddische Wort *Risches* steht für Bosheit, Schlechtigkeit, insb. Judenfeindschaft, vgl. Ronald Lötzsch, Jiddisches Wörterbuch, Mannheim 1992.

164 Werner Angress, The German Army's „Judenzählung" of 1916. Genesis – Consequences – Significance, in: LBIYB 23 (1978), S. 117–138, hier S. 136.

165 Rosenthal, Ehre, S. 210.

166 Vgl. Fine, Integration, S. 14–16; Tim Grady, The German-Jewish Soldiers of the First World War in History and Memory, Liverpool 2011, S. 32–38; Greg Caplan, Wicked Sons, German Heros. Jewish Soldiers, Veterans and Memories of World War I in Germany, S. 82–86. Diese Entwicklung hat zuletzt Panter – zu Recht – kritisch kommentiert, vgl. Panter, Erfahrungen, S. 185.

167 CJA, 1, 75, C Ve 1, Nr. 227, #12850, Bl. 16

Männer verantwortlich waren. Unter dem Titel „Nachweisung über noch nicht zur Einstellung gelangte, auf Reklamation zurückgestellte und als kr. u. [kriegsuntauglich] befundene Juden“[168] verzeichnete es die Namen derjenigen, die am 1. November 1916 noch nicht in das Deutsche Heer eingezogen worden waren – zusammen mit einem Vermerk, ob sie als „kriegsverwendungsfähig“ vom Wehrdienst zurückgestellt waren oder als dauerhaft „kriegsuntauglich“ galten. Diese Mustertabelle bezog sich vermutlich auf die Anschuldigung, Juden würden trotz „Kriegstauglichkeit“ nicht eingezogen und bediente indirekt die antisemitische Verschwörungstheorie, dass insbesondere jüdische Ärzte ihren Glaubensgenossen die „Kriegsuntauglichkeit“ *en masse* bescheinigten. Dass dieser Vorwurf auch unter Militärangehörigen verbreitet war, zeigt ein Vorfall, den der CV im August 1917 dem Vorstand der Ärztekammer meldete. Im April desselben Jahres hatte ein Soldat das Attest eines Berliner Arztes seinem Oberleutnant übergeben. Dieser stellte daraufhin „vor versammelter Kompagnie“ fest: „[…] das Attest habe keinen Wert. Da gehe man in Berlin zu irgendeinem jüdischen Arzt, der schreibe einen für 10,– Mark 14 Tage krank, jeder jüdische Arzt verschreibe für 10,– Mark jeder Kokotte einen Liter Milch täglich, wo bliebe denn sonst die Milch in Berlin.“[169] Für Personen wie jenen Oberleutnant musste allein der Erlass der „Konfessionsstatistik“ eine Bestätigung seiner antisemitischen Vorurteile bedeuten.

Im Gegensatz zu den in „Muster 2“ angeforderten Informationen darüber, wie viele Juden nicht für den Kriegsdienst eingezogen worden waren, sollte in „Muster 1“ eine detaillierte Aufschlüsselung gegeben werden über die im Feld stehenden jüdischen Soldaten, unterteilt nach den Kategorien Feldheer, Etappe und Besatzungsheer. Für alle drei Bereiche sollte festgehalten werden, wie viele Juden jeweils als Offiziere, Unteroffiziere, Ärzte, Veterinäre und in der Mannschaft dienten, ob sie freiwillig ins Heer eingetreten waren und das Eiserne Kreuz Erster oder Zweiter Klasse erhalten hatten. Allein die weiter oben analysierten Mechanismen bei der Zurücksetzung von jüdischen Aspiranten bei der Offizierswahl belegen die Unzulänglichkeit und mangelnde Aussagekraft der statistischen Erfassung im Vergleich zu den tatsächlichen Umständen im Heer. Die Frage nach der Anzahl von Juden, die als Soldaten in der Etappe oder als Ärzte und Tiermediziner ihren Dienst im Heer versahen, sollte womöglich darauf abzielen, ihnen zu unterstellen, dass sie Posten wählten, mit denen sie sich dem aktiven Kampfgeschehen entziehen konnten.[170] Dahingehend lässt sich auch die in „Muster 1“ geforderte Angabe lesen, zu welchem Anteil jüdische Kriegsteilnehmer „nicht mit der Waffe in der

168 Ebd., Bl. 18.

169 ZA, B3/52, Nr. 3, Bl. 162.

170 Dieser Verdächtigung waren freilich nicht nur jüdische Soldaten ausgesetzt. Vor dem Hintergrund von Hitlers Kriegsdienst hat jüngst Thomas Weber auf die Diskrepanz zwischen den Kriegserfahrungen an der Front und der Etappe aufmerksam gemacht – und auf die Abneigung, die zahlreiche Frontsoldaten für die „Etappenschweine“ empfanden, vgl. Thomas Weber, Hitlers Erster Krieg. Der Gefreite Hitler im Weltkrieg – Mythos und Wahrheit, Berlin 2011, S. 134, 142.

Hand (im Verwaltungs-, Sanitäts- usw. Dienst) verwendet“[171] wurden. Derartige Unterstellungen, die in der Erhebung angeblich rational nachgeprüft werden sollten, ließen folglich nicht nur die „kriegsuntauglichen“ Juden aus „Muster 2“ als potenzielle „Drückeberger“ verdächtig erscheinen.[172] Vielmehr weichte schon das Formular den Begriff potenziell derart auf, dass jeder Soldat, der seinen Dienst nicht an der Waffe tat, in die Nähe eines sich vor der Front drückenden Feiglings gerückt werden konnte. Dieser Eindruck verstärkt sich zusätzlich bei einem Blick auf die Kategorien, anhand derer die in der Etappe Aktiven erfasst werden sollten. In der hierfür vorgesehen Tabelle sollte verzeichnet werden, wie viele Soldaten sich bereits seit mehr als drei Monaten in der Etappe befanden. Folgte man diesem Erhebungsmuster, so ließ sich jeder Soldat, der sich nicht freiwillig zum Militär gemeldet hatte, nicht an einer Waffe diente oder in einem zweieinhalb Jahre andauernden Krieg seit drei Monaten nicht mehr an der Front gekämpft hatte, zum „Drückeberger“ stempeln.

Dass das Kriegsministerium nicht der einzige Ort war, an dem eine statistische Erfassung der jüdischen Beteiligung am Kriegsgeschehen zumindest angedacht wurde, belegt ein am 19. Oktober 1916 in den Haushaltsausschuss des Reichstags eingebrachter Antrag des Zentrumspolitikers Matthias Erzberger.[173] Nur acht Tage nachdem von Hohenborn den Erlass zur „Judenzählung“ herausgegeben hatte – und noch bevor dieser in die Öffentlichkeit gelangte –, forderte Erzberger, das gesamte Personal der unterschiedlichen Kriegsgesellschaften aufgeschlüsselt „nach Geschlecht, militärpflichtigem Alter, Bezügen, Konfession“ zu zählen. In der sich anschließenden Debatte gab Erzberger zu, dass die Frage nach der Konfession auf den in der Öffentlichkeit geäußerten Vorwurf zurückgehe, Juden sicherten sich Positionen in der Kriegswirtschaft und drückten sich so vor der Front. Erzbergers Antrag scheiterte letztlich an den Gegenstimmen der Sozialdemokraten und Abgeordneten der Fortschrittspartei. Allein die Antragstellung und die anschließende Diskussion im Reichstag unterstreichen aber, wieweit das Stereotyp vom „jüdischen Drückeberger“ politisch salonfähig geworden war.[174]

Das zeitliche Zusammenfallen der von Erzberger intendierten und der vom Kriegsministerium tatsächlich erlassenen Zählung spiegelte sich auch in den ers-

[171] CJA, 1, 75, C Ve 1, Nr. 227, #12850, Bl. 17.

[172] Mit der zunehmenden Totalisierung des Krieges nahmen die Verdächtigungen über Feigheit jüdischer Soldaten weiter zu. Dies galt bald auch für Soldaten, die sich aufgrund ihrer Verletzungen längerfristig in Lazaretten aufhielten, vgl. Alina Enzensberger, „Nicht nur Menschen, sondern auch viel Zeit muß gegenwärtig totgeschlagen werden.“ Müßiggang und Mußemomente im deutschen Lazarett des Ersten Weltkriegs, 1914–1918, in: Muße. Ein Magazin 1 (2015), S. 1–6, http://mussemagazin.de/?p=910, 1. 8. 2018.

[173] Blaschke sieht hierin einen Beleg für die Kontinuität des Antisemitismus im katholischen Milieu, vgl. Olaf Blaschke, Katholizismus und Antisemitismus im Deutschen Kaiserreich, Göttingen 1997, S. 152.

[174] Vgl. Zechlin, Deutsche Politik, S. 525 f.. Auch im Zusammenhang mit der wenige Tage später stattfindenden Debatte über die „Judenzählung“ im Reichstag fand Erzbergers Antrag erneut Erwähnung. Vgl. 73. Sitzung des Reichstages, 3. 11. 1916, S. 2025, http://www.reichstagsprotokolle.de/Blatt_k13_bsb00003404_00479.html, 8. 2. 2014, 18:00.

ten Reaktionen der jüdischen Presse. Der Verfasser des IdR-Beitrags „Die Glaubens-Statistik im Heer" zeigte sich insbesondere darauf bedacht, seinen Lesern zu versichern, dass keine der beiden Statistiken auf einer antisemitischen Intention beruhe.[175] Er betonte, dass sowohl die Zentrumspartei Erzbergers als auch die Nationalliberale Partei – die beiden Hauptunterstützer der Kriegsgesellschaftsstatistik – „nichts mit dem Antisemitismus zu tun" hätten. Genausowenig sei „[a]ber auch der Erlaß des Kriegsministeriums [...] gehässigen Absichten entsprungen". Für Organisationen wie der CV und VdJ war es von herausragender Bedeutung, den Eindruck zu erwecken, dass weder im Reichstag noch im Kriegsministerium Antisemiten säßen. Ein solches Eingeständnis gegenüber Mitgliedern und Lesern, hätte nicht zuletzt die gesamte bisherige Eingabe- und Beschwerdepolitik ad absurdum geführt. Deshalb bemühte sich der Verfasser, die „Wogen der Erregung" zu glätten. In diesem Zusammenhang verwies er auf einen kurz vor der Veröffentlichung stehenden Ergänzungserlass, ebenso wie auf die Tatsache, dass sich auch „weite nicht-jüdische Kreise" von dem Erlass „stark befremdet" zeigten.[176] Der Beitrag machte deutlich, dass der CV nicht nur eine Interpretationshoheit bezüglich der „Judenzählung" für sich beanspruchte, sondern auch die angemessenen Verhaltens- und Gefühlsreaktionen in dieser Frage vorgeben wollte. So schien es dem Verfasser durchaus verständlich, dass sich die deutschen Juden ob der „Judenzählung" befremdet und alarmiert fühlten – nicht-jüdische Deutsche seien es ja auch. Gleichzeitig war es sein Ziel, dem „Verdacht der Unfreundlichkeit" zu begegnen, um zu einer Beruhigung der innerjüdischen Debatte beizutragen.

Die *Jüdische Rundschau* lehnte diese Beruhigungsversuche ab. In ihrem Beitrag „Judenzählung" vom 27. Oktober ging sie – wie auch in den folgenden Ausgaben – nicht auf die vom Kriegsministerium initiierte Zählung ein, sondern beschränkte sich auf einen Kommentar zu der von Erzberger im Haushaltsausschuss geforderten Zählung. Allein die Tatsache, dass der Antrag, von SPD und Fortschrittspartei abgesehen, aus sämtlichen Parteien Zustimmung erhalten hatte, war für die JR Anlass genug, zu dem Schluss zu kommen, „daß der deutsche Antisemitismus während des Krieges nicht abgenommen habe und daß die Hoffnungen auf eine Besserung der politischen Stellung der deutschen Juden nach dem Kriege verfrüht seien".[177] Die unterschiedlichen Folgerungen, welche die JR und IdR aus dem Erlass der „Judenzählung" zogen, entsprachen nicht zuletzt dem Selbstverständnis der jeweiligen Organisation und, damit zusammenhängend, den jeweiligen Erwartungen an eine Überwindung des Antisemitismus.[178] Der Blick hinter die öffentlichen Stellungnahmen von VdJ und CV, aber auch von ZVfD zeigt jedoch, dass sowohl die Einschätzung als auch die angestrebte Reaktionsweise bezüglich der „Judenzählung" innerhalb dieser Vereine höchst umstritten war.

175 Hier und im Folgenden: Die Glaubensstatistik im Heer, IdR, Nr. 11–12, November 1916.
176 Ebd., S. 243.
177 Judenzählung, JR, Nr. 43, 27. 10. 1916, S. 351.
178 Panter, Erfahrungen, S. 185–188.

Strategien und Überlegungen zur Enttäuschungsvermeidung

Der Verfasser von „Die Glaubens-Statistik im Heer" hatte in der Novemberausgabe der IdR bereits angedeutet, dass die Veröffentlichung eines Ergänzungserlasses zur Anordnung der „Judenzählung" unmittelbar bevorstehe. Es ist wahrscheinlich, dass dieser Erlass ausschließlich auf das Wirken des Vorsitzenden des VdJ, des Geheimen Justizrats Oscar Cassel, zurückging. Cassel war derjenige, der stellvertretend für die deutsch-jüdischen Vereine am 4. November 1916 im Kriegsministerium vorstellig wurde und sich bemühte, die Verantwortlichen über die Folgen der Zählung für die deutschen Juden, allen voran die jüdischen Soldaten, ins Bild zu setzen.[179] In einem Schreiben an Ulrich Hoffmann, den stellvertretenden Direktor des Zentraldepartments des Preußischen Kriegsministeriums, erinnerte Cassel drei Tage später daran. Insbesondere verwies er auf die Zusage des Kriegsministers, „so schnell als möglich" einen neuen Erlass herauszugeben, der bestätigen sollte, „dass der bekannten Statistik jedwede antisemitische Absicht fehle, sie vielmehr einen Schritt zur Abwehr solcher Bestrebungen bedeuten sollte, und keinesfalls zur Folge haben dürfe, dass Leute aus [ihren] Stellungen beseitigt werden".[180] Der zweiten Forderung kam der Ergänzungserlass vom 11. November 1916 insoweit nach, als dass er sich der Kriegsminister hierin gegen eine Versetzung von jüdischen Soldaten aufgrund der angeordneten Zählung aussprach. Dies sollte weiterhin nur aus „sachliche[n] Gründe" geschehen.[181] Die konkreten Folgen, die dieser Erlass für die jüdischen Soldaten hatte, sind Gegenstand des folgenden Kapitels. Hier ist vorerst von Bedeutung, dass das Kriegsministerium der Bitte Cassels, eine antisemitische Intention zurückzuweisen, kommentarlos überging. Sowohl Kriegsminister Wild von Hohenborn, der die Zählung veranlasst hatte, als auch sein Nachfolger, Hermann von Stein, verweigerten sich der Forderung, eine eindeutige Stellungnahme zugunsten der jüdischen Soldaten öffentlich zu machen.[182] Ein derartiges Bekenntnis war allerdings von zentraler Bedeutung für die deutsch-jüdischen Vereine, da vonseiten deutscher Juden zunehmend der Vorwurf laut wurde, dass die Vereine nicht energisch genug gegen den Erlass und seine Folgen intervenierten. Genährt wurde der Vorwurf durch die Strategie des VdJ-Vorsitzenden Cassel. Schon im November 1916 hatte er das Kriegsministerium darüber informiert, dass der VdJ „im Interesse des Vaterlandes und seines Ansehens im neutralen Auslande und zur Vermeidung aller Misshelligkeiten und Unzuträglichkeiten *von jeder öffentlichen Erörterung der Sache*"

[179] Auch auf lokaler Ebene war es zu Versuchen gekommen, gegen die Zählung zu intervenieren. So hatte die israelitische Oberkirchenbehörde in Stuttgart beim Ministerium für Kirchen- und Schulwesen gegen die Anordnung protestiert und unter Verweis auf „Erregung" und „Schmerz" der deutschen Juden um eine Intervention beim württembergischen Kriegsministerium erbeten. Vgl. Israelitische Oberkirchenbehörde an Ministerium für Kirchen- und Schulwesen, 4. 12. 1916, zit. n. Vogel (Hrsg.), Ein Stück von uns. Deutsche Juden in deutschen Armeen 1813–1976, S. 165–167.

[180] Cassel an Hoffmann, 7. 11. 1916, zit. n. Angress, Militär, S. 99.

[181] Ergänzungserlass, 11. 11. 1916, zit. n. Angress, Militär, S. 103.

[182] Wild von Hohenborn war am 29. 10. 1916 zurückgetreten.

absah.[183] Dieses frühe Zugeständnis an den Kriegsminister belegt, dass Cassel die emotionale Reaktion deutscher Jüdinnen und Juden auf die Zählung durchaus antizipiert – ihr tatsächliches Ausmaß aber offenbar unterschätzt hatte. Dass Cassel seine Bemühungen beim Kriegsministerium mit Besuchen und Eingaben fortsetzte, lag somit auch in der Tatsache begründet, dass CV und VdJ ihren Anspruch, die Interessen des deutschen Judentums zu vertreten, legitimieren mussten. Um die jüdischen Kreise, deren Entrüstung größer war als „in den schlimmsten Zeiten des Antisemitismus“[184], zu beruhigen, und gleichzeitig die aus der Zählung resultierenden antisemitischen Anschuldigungen zu unterbinden, verfolgte Cassel die bereits erprobte Strategie, Stellungnahmen möglichst hochrangiger Nichtjuden als Argument für die Leistungen jüdischer Soldaten zu nutzen. Cassel und Maximilian Horwitz, der Vorsitzende des CV, baten in einem Schreiben vom 29. Dezember 1916 erneut um eine „Äußerung der Anerkennung“ für die pflichtbewussten jüdischen Soldaten durch den Kriegsminister.

Während von Stein Cassels Bitte um eine Bestätigung, dass der Zählung keine antisemitischen Intentionen zugrunde lagen, ignoriert hatte, beantwortete er das Ansuchen Cassels und Horwitz’ am 3. Januar 1917 ausführlich. Er betonte, dass er bei „berechtigten Beschwerden“, in Fällen also, in denen ein Zusammenhang zwischen „Judenzählung“ und Zurücksetzung eindeutig nachgewiesen werden könne, durchaus eingreifen werde. Einer öffentlichen Anerkennung der Leistungen jüdischer Soldaten stand er dagegen „sehr abgeneigt gegenüber“, da jedem, der „seine Pflicht aus Vaterlandsliebe und Pflichtgefühl tut [...] an einer äußeren Anerkennung nichts besonderes liegen“ könne. Generell erklärte sich der Kriegsminister als unzuständig für alles, was sich jenseits des Kriegsschauplatzes ereignete. Nach seiner Einschätzung allerdings schoss „die Erregung unter Ihren Glaubensgenossen über das Ziel“ hinaus.[185] Diese Einschätzung von Steins verdeutlicht einen zentralen Aspekt in der zeitgenössischen Auseinandersetzung um die Bedeutung der „Judenzählung“: Das Ausmaß an Emotionalität, das der konkrete Erlass bei einem Teil der jüdischen Soldaten und der Daheimgebliebenen generierte, überraschte nicht nur die jüdischen Organisationen wie CV und VdJ, sondern auch die verantwortlichen Militärinstanzen standen ihr mit Unverständnis gegenüber. Am 2. Februar 1917 übermittelte von Stein eine Stellungnahme, die er den Vereinen zur Veröffentlichung überließ: „Jedenfalls habe ich festgestellt, dass das Verhalten der jüdischen Soldaten und Mitbürger während des Krieges keine Veranlassung zu der Anordnung meiner Herrn Vorgänger [Verweis auf Wild von Hohenborn, der die Zählung in Auftrag gab] gegeben hat [...].“[186]

Mit dem expliziten Verweis auf seinen Vorgänger wies von Stein jegliche Verantwortung für die Zählung von sich. Darüber hinaus gestand er – wenn auch nur vorsichtig angedeutet – ein, dass mit der Zählung beabsichtigt gewesen sei, das

[183] Cassel an Hoffmann, 7. 11. 1916, zit. n. Angress, Militär, S. 102.
[184] Hier und im Folgenden: Eingabe des VdJ, 29. 12. 1916, zit. n. Angress, Militär, S. 115.
[185] von Stein an Cassel, 3. 1. 1917, zit. n. Angress, Militär, S. 117.
[186] Ebd., S. 121.

„Verhalten" der jüdischen Bevölkerung zu überprüfen. Dass hierfür letztlich kein Anlass bestanden habe, sollte vermutlich als positives Zeichen gegenüber den jüdischen Vereinen gelten, unterstrich aber vor allem die Vorurteile gegen jüdische Soldaten und Zivilisten, welche die Zählung überhaupt ermöglicht hatten. Es ist anzunehmen, dass sich von Stein nicht allein durch Gesuche von VdJ und CV zu dieser Stellungnahme veranlasst sah. Auch der Hamburger Bankier und Politiker Max Warburg hatte energisch gegen die Zählung interveniert, während die jüdische Gemeinde in Frankfurt angedroht hatte, aufgrund der Zählung die sechste Kriegsanleihe nicht zu zeichnen. Inwiefern auch diese Entwicklungen von Stein in seinen Äußerungen beeinflussten, lässt sich jedoch nicht eindeutig nachweisen.[187]

Neben diesen Interventionen, die vor allem auf eine Beendigung der Zählung und eine offizielle Anerkennung der Leistungen jüdischer Soldaten drängten, trugen auch andere Organisationen und Einzelpersonen praktische Überlegungen zusammen, wie gegen die Zählung und die daraus resultierenden antisemitischen Beschuldigungen vorzugehen sei. Der *Ausschuss für die Kriegsstatistik* beriet darüber, ob es zweckdienlich sei, beim Kriegsministerium auf eine „allgemein konfessionelle Statistik" zu drängen.[188] Der Statistiker Heinrich Silbergleit sprach sich deutlich gegen diese Idee aus. Sollte eine derartige Statistik durchgeführt werden, wäre es fraglich, „ob die jüdische Feldzugsteilnehmerstatistik im Vergleich zu jenen der anderen Konfessionen so günstig ausfallen werde", da sich die jüdischen Soldaten im Vergleich zu den christlichen seltener in „exponierter Stellung" befanden. Das Ausschussmitglied Caspary schlug eine weitere Strategie vor. Statt sich darauf zu beschränken, Daten zusammenzutragen, die belegen, in welcher Zahl sich die deutschen Juden vor wie hinter der Front für ihr Vaterland einsetzten, sollte sich der Ausschuss „viel intensiver mit dem unschönen Verhalten der Nichtjuden beschäftigen". Zweifellos würde es auch weiterhin „jüdische Drückeberger, Wucherer u.a.m" geben, die von antisemitischer Seite herangezogen werden würden, um das gesamte Judentum an den Pranger zu stellen. „[D]en Beweis zu erbringen, dass Nichtjuden vielleicht sogar in stärkerem Maße an den bekannten verschiedenen Missständen beteiligt sind", erachtete Caspary – und mit ihm die Mehrzahl der Ausschussmitglieder – als erfolgversprechende Strategie, die allerdings dem VdJ oder dem Abwehrverein überlassen werden solle. Bemerkenswert an diesem strategischen Ansatz war die Tatsache, dass er nicht – wie bisher – ausschließlich auf das Verhalten der jüdischen Bevölkerung ausgerichtet war, sondern explizit das Verhalten von Nichtjuden in den Mittelpunkt des Interesses rücken sollte. Darüber hinaus wurde zumindest ein Vorteil in der vom Kriegsministerium angeordneten „Judenzählung" gesehen: Sie bot eine „außerordentlich günstig[e]" Gelegenheit, um Spenden für die jüdische Kriegsstatistik einzuwerben.

Aber auch CV und VdJ setzten nicht allein auf die Intervention gegen die „Judenzählung" bei politischen und militärischen Instanzen. Vor allem als sich

187 Vgl. Angress, Militär, S. 85–87, 119.
188 Hier und im Folgenden: CJA, 1, 75, C Ve 1, Nr. 222, Bl. 98–100.

abzeichnete, dass eine Verurteilung von nichtjüdischer Seite ausblieb, plante der VdJ mit der Unterstützung des CV einen eigenen Aufruf in der jüdischen Presse. Zu diesem Zwecke hatte der Vorstand des VdJ den Mitgliedern einer politischen Kommission innerhalb des Verbandes einen Entwurf mit der Bitte um Kommentierung zugesandt. Ihre Meinung sollte bei der Entscheidung helfen, ob die Proklamation in der folgenden Form veröffentlicht werden konnte:

„Vorkommnisse der neusten Zeit haben bei deutschen Juden berechtigten Unmut erregt. Wir bitten unsere Glaubensgenossen, hierdurch unbeirrt, das Vaterland über alles zu stellen und, wie bisher, auch künftig ihm mit voller Kraft und über das gesetzlich bestimmte Maß hinaus zu dienen.
Bei alledem aber wahre auch während des Krieges ein jeder, zwar in der Form bescheiden, aber sachlich fest seinen Anspruch auf volle staatliche und gesellschaftliche Gleichberechtigung. Wird dieser Anspruch verkümmert [sic], so fällt nicht auf uns, sondern auf die, welche die Verkümmerung ausüben oder zulassen, Behörden oder Private, die Verantwortung für die Folgen dieser den Staat in seinem inneren Zusammenhalt und im Urteil auch des Auslandes schädigenden Haltung.“[189]

Die „Vorkommnisse der neusten Zeit“ waren für jeden Leser leicht als „Judenzählung“ zu dechiffrieren. Der Aufruf forderte die deutschen Juden, wie die Appelle zu Kriegsbeginn, weiterhin dazu auf, „über das gesetzlich bestimmte Maß hinaus“ dem Vaterland zu dienen. Gleichzeitig lastete er die Schuld an der ausbleibenden Gleichberechtigung und an dem Zerbrechen des „Burgfriedens“ ausdrücklich den – nichtjüdischen – „Behörden und Private[n]“ an.

Das Spektrum an Reaktionen, das dem VdJ infolge dieser Rundfrage zuging, bietet einen Einblick in die Vielfalt an Meinungen und Einstellungen, die sich allein innerhalb des VdJ bezüglich einer angemessenen Reaktion auf die „Judenzählung“ fanden. Rudolf Mosse beispielsweise war sich sicher, dass die Zensurbehörden eine Veröffentlichung des Aufrufs verhindern würden. Er empfahl stattdessen, ihn an einen Abgeordneten des Reichstages weiterzugeben, um ihn als Teil des Parlamentsberichtes ohne Zensur in die Zeitungen zu bringen.[190] Max Elb aus Dresden schlug vor, deutliche Formulierungen zu verwenden und statt von „Vorkommnissen“ gleich von der „Judenzählung“ zu schreiben.[191] Das VdJ-Mitglied Bachmann aus Leipzig war von dem Nutzen einer Veröffentlichung überzeugt, allerdings meldete auch er Verbesserungsvorschläge an und empfahl „den Aufruf etwas schwunghafter und etwas mehr mit vaterländischen Phrasen zu gestalten. Der Aufruf muss erwärmen, dann wirkt er auch in der Öffentlichkeit.“ Die Frage nach der Öffentlichkeitswirksamkeit stellte sich auch für jene Mitglieder, die sich kritisch über eine Veröffentlichung äußerten. Julius Lippmann aus Hamburg zweifelte daran, dass dem „jüdische[n] Publikum hier nach einem öffentlichen Aufruf Verlangen trägt“. Noch wichtiger erschien ihm aber die Frage, wie er wohl auf Nichtjuden („Unbeteiligte“) wirken musste, „wenn die Juden in dieser Zeit der deutschen Not die Allgemeinheit für ihre eigenen Nöte interessie-

189 CJA, 1, 75, C Ve 1, Nr. 227, Bl. 24f.
190 Ebd., Bl. 40.
191 Ebd., Bl. 47.

ren wollen".[192] Eine weitere Perspektive eröffnete Alfred Apfel, seines Zeichens erster Vorsitzender des *Verbandes der jüdischen Jugendvereine in Deutschland*. Er sprach sich entschieden gegen eine Veröffentlichung aus und verstand sich dabei als „Dolmetscher der Gefühle zahlreicher deutscher Juden und Mitglieder des Centralvereins". Zu Beginn der Auseinandersetzung um die „Judenzählung" wäre „ein spontaner einmütiger flammender Protest der gesamten deutschen Judenheit" durchaus angemessen gewesen. Nun lag dieser geeignete Moment bereits mehr als drei Monate zurück, währenddessen, nach Apfels Einschätzung, bei großen Teilen der christlichen Bevölkerung „ganz zweifellos ein gewisser Katzenjammer, ja Reue über das bewusste Vorgehen" eingesetzt habe. Zumindest für die Kriegszeit hielt er es daher für angemessen, auf ein nochmaliges Beanstanden der „Judenzählung" zu verzichten und stattdessen im „internen Kreise den deutschen Juden das Rückgrat zu stärken".[193]

Auffällig an allen Einschätzungen des Aufrufs ist, dass weniger die potenzielle Wirkung auf die deutschen Juden im Mittelpunkt stand, sondern vielmehr die Frage, welcher Eindruck bei der nichtjüdischen Bevölkerung hervorgerufen werde. Dieser Aspekt war letztendlich auch ausschlaggebend für die Entscheidung des geschäftsführenden Ausschusses des VdJ, auf die Publikation zu verzichten. Für Justizrat Eugen Fuchs, der führende Positionen in VdJ und CV innehatte, war der zukünftige Kampf gegen den Antisemitismus von größerer Bedeutung als ein öffentliches Anprangern der „Judenzählung". Seiner Einschätzung nach sei

> „der Kampf gegen den ~~Radau-~~Antisemitismus nur möglich [...], wenn man die Regierung hinter sich habe. Deshalb müsse man die Taktik ändern und der Regierung zeigen, dass man national gesinnt sei und dass es in ihrem Interesse liege, tatkräftig Widerstand gegen den Antisemitismus zu leisten."[194]

Voraussetzung für diese Taktik sei es, jede weitere innerjüdisch geführte emotionale Debatte über die Intentionen und Implikationen der Judenzählung zu vermeiden. Ferner wurde in einem Protokoll des geschäftsführenden Ausschusses des VdJ vom 27. Januar 1917 festgehalten, dass man „im Einzelfall [...] berechtigten Beschwerden nachgehen" könne. Bei derartigen Schritten müsse allerdings „immer wieder betont werden, dass die einmal festgewurzelten Urteile sich nicht mit einem Schlage beseitigen lassen".[195] Die vereinsinterne Strategie für den weiteren Umgang mit den Implikationen der Zählung war damit zusammengefasst: Der VdJ nahm sich weiterhin der Beschwerden der betroffenen Soldaten an. Gleichzeitig sollten die jeweiligen Bearbeiter der Eingaben die Erwartungen der Soldaten dahingehend dämpfen, dass sich die Zurücksetzungen und Diskriminierungen, die sich aus dem Erlass ergaben, beheben ließen.

Am 4. Februar 1917 versandte der VdJ an die Redaktionen sämtlicher jüdischer Zeitungen eine kurze Mitteilung über die neusten Entwicklungen bezüglich der

192 Ebd., Bl. 62.
193 Ebd., Bl. 61.
194 Ebd., Bl. 7 f.
195 Ebd., Bl. 19.

Zählung. Unter Verweis auf seine Kontakte zum Kriegsministerium betonte der VdJ-Vorsitzende Cassel, dass seine Organisation sämtlichen Aspekten der Zählung „seine besondere Aufmerksamkeit" gewidmet habe. Diese einführende Bemerkung kann als Antwort auf die Beschwerde gewertet werden, dass VdJ und CV nicht energisch genug gegen die „Judenzählung" aufgetreten seien. Konkrete Angaben zu den eingeleiteten Maßnahmen verschob Cassel auf einen späteren Zeitpunkt. Obwohl der Ergänzungserlass des Kriegsministeriums vom 11. November 1916 jegliche gesonderte Behandlung jüdischer Soldaten – wie das Abkommandieren an die Front oder die wiederholte Überprüfung auf Kriegsverwendungsfähigkeit – ausschloss, musste Cassel zugeben, dass die „Judenzählung" bereits derartige Praktiken ausgelöst habe. Diese Erfahrungen erklärte er jedoch zu Ausnahmen, „von denen übrigens nur wenige bewiesen sind".[196] Die Mitteilung endete mit der Stellungnahme, die Kriegsminister von Stein dem VdJ zur Veröffentlichung überlassen hatte. Insgesamt repräsentierte sie den, vom geschäftsführenden Ausschuss des VdJ gefassten Entschluss, jede weitere Diskussion über die „Judenzählung" in der jüdischen Öffentlichkeit zu vermeiden.[197] Die resignierenden Prognosen für ein Vorgehen gegen die im Zuge der statistischen Erfassung aufgetretenen „Nach-Zählungen" und Diskriminierungen jüdischer Soldaten blieben außen vor.

Im Zeichen dieser Vermeidungsstrategie, die nach Möglichkeit eine weitere, innerjüdische Auseinandersetzung über die „Judenzählung" verhindern sollte, stand auch Cassels Auftritt auf der Hauptversammlung des CV im Februar 1917, auf der er nochmals die vermeintlich erfolgreichen Interventionen des VdJ gegen die „Judenzählung" referierte. Neben Cassel nutzte auch der Münchner Rabbiner Cosman Werner die Möglichkeit zu betonen, dass die Reaktion auf die Zählung bei den bayerischen Juden „noch erregter" ausgefallen sei, da sie bisher „bei den höchsten Behörden in Bayern immer Schutz gefunden" habe. Allerdings konnte Werner die Versammelten darüber versichern, dass der bayerische Kriegsminister sich gegen alles, „was die Ehre der jüdischen Soldaten berührte", einsetzen würde. Dieser Verweis auf Verständnis und Unterstützung der bayerischen Militärbehörde verdeutlicht, dass es auch auf regionaler Ebene Bemühungen gab, die negativen Implikationen, die sich durch die Zählung ergaben, von den vermeintlich positiven Intentionen der Heeresführung zu entkoppeln. Dementsprechend hielt auch Cassel mit Verweis auf fast 1500 jüdische Offiziere im deutschen Heer an der Vorurteilslosigkeit der militärischen Befehlshaber – allen voran „unsere[m] Obersten Kriegsherrn" – fest. Wer den Bericht las, den die IdR über die Hauptversammlung verfasst hatte, musste zu dem Ergebnis kommen, dass die positive Lesart der Zählung und die Übereinkunft, fortan ausschließlich hinter den

[196] Ebd., Bl. 114f.; vgl. auch Hauptversammlung des Centralvereins deutscher Staatsbürger jüdischen Glaubens, IdR, Nr. 2, Februar 1917.

[197] Während der Hauptversammlung des CV am 4. Februar 1917 ging Cassel in seinen Behauptungen so weit, dass er jegliche Vorurteile gegen Juden in einen „ausgesprochene[n] Widerspruch zu dem Willen unserer Heerführer" stellte. Hauptversammlung, IdR, Nr. 2, Februar 1917.

Kulissen gegen eventuelle „Nach-Zählungen“ vorzugehen, bei den Mitgliedern auf einhellige Zustimmung gestoßen sei. Dies legt zumindest die Wiedergabe zustimmender Zwischenrufe und der Abdruck von Diskussionsbeiträgen nahe, in denen sich die CV-Mitglieder bei den Verantwortlichen für ihr Engagement bedankten und bestätigten, dass sich alle „Befürchtungen“, von jüdischer Seite habe keine angemessene Reaktion auf die Zählung stattgefunden, zerstreut hätten.[198] Der Bericht suggerierte den Lesern, dass innerhalb des CV Einigkeit über die nüchterne Einschätzung und das sachliche Vorgehen gegen die Zählung herrschte. Das Wortlautprotokoll der Versammlung zeichnet jedoch ein anderes Bild. Hier finden sich neben einer heftigen Debatte um die Vor- und Nachteile einer öffentlichen Resolution gegen die Zählung auch scharfe Angriffe auf die Strategie der betonten Emotionslosigkeit, mit der CV und VdJ verschiedene Aspekte der Zählung handhabten. Dem Danziger Rabbiner Robert Kaelter war es unverständlich,

> „warum die flammende Entrüstung [...] nicht durch diejenige Institution, in der wir als Sprachrohr, all unserer innersten Gefühle zu sehen gewöhnt waren, durch den Centralverein, einen angemessenen Ausdruck gefunden hat. Diese Resignation [bedeutet] ein schweres, schweres Opfer für uns [...].“[199]

Dem Bericht über die Hauptversammlung in der IdR fehlt jeglicher Hinweis auf die harsche Kritik, die einzelne Mitglieder an dem Vorgehen des CV geübt und die vor allem gegen die angeblich gefühllose Art und Weise aufbegehrt hatten, mit welcher der Verein aus ihrer Sicht agierte. Schlussendlich konnten sich diese kritischen Stimmen, die eine öffentliche und scharfe Verurteilung der Zählung aufgrund ihrer emotionalen Folgen für die Juden befürworteten, nicht durchsetzen. Dies mag daran gelegen haben, dass es sich hierbei um die Kritik einer Minderheit handelte. Darüber hinaus hatte sich Eugen Fuchs, der Vorsitzende des CV und Mitglied der politischen Kommission des VdJ, wenige Tage zuvor bei der schriftlichen Befragung gegen jede öffentliche Proklamation ausgesprochen. Tatsächlich handelte es sich bei der CV-Hauptversammlung um die letzte Veranstaltung in derartigem Umfang, auf der die Implikationen und angemessenen Reaktionen auf die *konkrete* Zählung thematisiert wurden.

Die betont nüchterne und beschwichtigende Haltung, welche die Vorsitzenden in CV wie VdJ als angemessen für den Umgang im Zusammenhang mit der Zählung ansahen, stieß nicht nur vereinsintern auf Kritik. Der Lübecker B’nai B’rith-Loge setzte den VdJ Mitte März 1917 darüber in Kenntnis, „dass die Stellungnahme der großen jüdischen Organisation zu dieser, der gesamten deutschen Judenheit angetanen Schmach, bittere Enttäuschung bei uns hervorgerufen hat“.[200]

Trotz oder gerade wegen derartiger Vorwürfe hielten VdJ und CV an ihrer Strategie fest, jegliche öffentliche Auseinandersetzung mit den konkreten Folgen der Zählung zu vermeiden. Im August 1917 erreichte den CV eine Reihe von Be-

[198] Alle Zitate: IdR, Nr. 2, Februar 1917, S. 52–55.

[199] Stenographischer Bericht über die Hauptversammlung des Centralvereins deutscher Staatsbürger jüdischen Glaubens vom 4. Februar 1917, Berlin 1917, zit. n. Barkai, Wehr Dich!, S. 62.

[200] CJA, 1, 75, C Ve 1, Nr. 227, Bl. 100f.

schwerden aus den Divisionsstädten Stettin und Bromberg, aus denen hervorging, dass im gesamten 2. Armeekorps jüdische Männer erneut untersucht worden waren, obwohl sie bereits als versehrt oder dauerhaft kriegsuntauglich ausgemustert worden waren.[201] Der CV leitete die Berichte an den VdJ weiter und mahnte in seinem Begleitschreiben mehrmals möglichst schnelles und „energisch[es]" Handeln an, um so auf die Beschwerdeführer „beruhigend zu wirken". Hier wird erneut das Bedürfnis einer Vielzahl einfacher CV- und VdJ-Mitglieder nach einer „energischen" Reaktion auf die als „Schlag ins Gesicht" empfundene „Judenzählung" und die daraus resultierenden Nachuntersuchungen deutlich. Sie selbst wollten dabei aber nach Möglichkeit nicht in Erscheinung treten.[202] Während der CV neben dem VdJ auch die jüdischen Reichstagsabgeordneten Georg Davidsohn, Ludwig Haas, Felix Waldstein und Jakob Riesser über die Vorgänge beim 2. Armeekorps verständigte, entschied sich Cassel, stellvertretend für den VdJ, für eine neuerliche Intervention beim Kriegsminister. Er begründete diesen Schritt mit der Erfahrung, die er ein Dreivierteljahr zuvor im Zuge der ursprünglichen „Judenzählung" gemacht hatte. Hierbei habe sich nämlich gezeigt, „dass er [der Kriegsminister] auf begründete Beschwerden, die von jüdischen Körperschaften kommen, besonderen Wert lege".[203] Im Vergleich zu den vorsichtig formulierten Ausführungen des Vorjahres, die den Begriff des Antisemitismus nach Möglichkeit ausgespart hatten, machte Cassel in seinem Schreiben an von Stein am 7. September 1917 ausdrücklich auf die Folgen der wiederholten Zählung aufmerksam, die nicht „zum Schutze der Juden vor unbegründeten antisemitischen Angriffen [beitrugen], sondern zur Erstarkung des Antisemitismus, zur Herabsetzung der jüdischen Mitbürger" führen musste.[204] Ein Verweis auf die Tatsache, dass die neuerliche Zählung nicht nur jüdische, sondern „auch christliche Mitbürger [...] aufs stärkste empör[te]"[205], fehlte auch in diesem Schreiben nicht. Auch an der innerjüdischen Kommunikationsstrategie, die bisher für alle Aspekte die Judenzählung betreffend galt, hielt der VdJ nach kurzer Debatte fest. In der Sitzung des geschäftsführenden Ausschusses vom 8. September 1917 hatten die Mitglieder darüber beraten, ob die jüdischen Zeitungen über die neuen Zählungen informiert werden sollten. Nach Meinung von Alfred Klee sollte eine Zeitungsnachricht belegen, dass CV und VdJ über die Vorgänge der „Nach-Zählung" informiert waren und die entsprechenden Schritte eingeleitet hatte. Diesem Vorgehen standen die Ausschussmitglieder Cassel und Türk ablehnend gegenüber. Letzterer hielt eine Veröffentlichung nur für möglich, wenn ebenfalls sämtliche „Schritte erwähnt werden, die unternommen sind". Dies wollte offenbar auch Cassel vermeiden, der sich erst zu den Vorkommnissen äußern wollte, wenn die Presse von selbst mit

201 Vgl. ebd., Bl. 134–136.

202 Die Beschwerde über die „Nach-Zählung" im Bezirk Bromberg war mit dem Vermerk versehen „Da ich mich erst gar nicht um derartige Dinge kümmere [...], so bitte [ich], wenn möglich, meinen Namen vorerst nicht zu erwähnen." Ebd., Bl. 136.

203 Ebd., Bl. 26.

204 Ebd., Bl. 22.

205 Vgl. ebd.

der Berichterstattung beginne. So beschlossen die Anwesenden, „[v]orläufig nichts in die Presse gelangen zu lassen".[206]

Die Vermeidungsstrategie, die maßgeblich vom VdJ – allen voran seinem Vorsitzenden Oscar Cassel – ausging, die der CV aber mittrug, war ein bestimmendes Kennzeichen der liberalen jüdischen Berichterstattung über die „Judenzählung" und ihre „Nach-Zählungen".[207] Um gegenüber den militärischen wie politischen Instanzen die Loyalität möglichst des gesamten deutschen Judentums zu demonstrieren, bemühten sie sich darum, allzu negative emotionale Reaktionen ihrer Mitglieder zu unterdrücken. Dies konnte auf unterschiedlichen Wegen ermöglicht werden: durch Ermahnung zu Objektivität, der Beschwörung der – wenn auch einseitigen – Erhaltung des „Burgfriedens", dem Verschieben einer Auseinandersetzung auf die Zeit nach dem Krieg oder einer selektiven Informationsweitergabe. Teile dieser Strategie fanden sich auch bei der ZVfD wieder. Bereits im November 1916 hatte das Zentralkomitee während einer Plenarsitzung die Devise für den zionistischen Umgang mit der Zählung ausgegeben.[208] Offenbar hatten auch ihre Mitglieder immer wieder eine deutliche Verurteilung des Erlasses gefordert. Zumindest brachte der Vorsitzende sein Verständnis für „den Wunsch, schärfsten Protest zu erheben", zum Ausdruck. Nichtsdestotrotz verzichteten die Mitglieder auf einen Protest beim Kriegsministerium, da aus Gründen der (Selbst-)Zensur lediglich eine „schwächliche Erklärung" möglich gewesen wäre. Hierin lag sowohl eine Absage an potenzielle Versuche anderer jüdischer Organisationen, eine gemeinsame Stellungnahme zu initiieren, als auch ein Werben um Verständnis für das Schweigen der ZVfD. Für die Zeit nach dem Kriege stellte die ZVfD dagegen eine intensivierte Propaganda für die zionistischen Ideale in Aussicht, die „auch unseren Standpunkt gegenüber der Frage des Antisemitismus klar und deutlich" zum Ausdruck bringen sollte. Somit war die ZVfD, wenn auch deutlich schneller, zu ganz ähnlichen Ergebnissen gekommen wie VdJ und CV.[209] Nach Möglichkeit wurden weitere Berichte über die Zählung unterdrückt und eine Auseinandersetzung auf die Zeit nach Kriegsende verschoben.

Diese Vermeidungsstrategie kennzeichnete das kurzfristige Vorgehen jüdischer Vereine gegen die *konkrete* „Judenzählung" und deren Folgen. Paradoxerweise

206 Ebd., Bl. 27. An diesem Beschluss wurde offenbar auch festgehalten, nachdem der Kriegsminister Cassel bestätigt hatte, dass derartige Nachuntersuchungen nicht auf Veranlassung des Kriegsministeriums stattfanden und nach Möglichkeit unterbunden wurden. Vgl. ebd.

207 Vgl. Engel, Patriotism, insb. S. 155–157.

208 Hier und im Folgenden: Der Zionistische Standpunkt zur Judenzählung, Bericht über die Plenar-Sitzung des Zentralkomitees vom 12. 11. 1916, in: Jehuda Reinharz (Hrsg.), Dokumente zur Geschichte des deutschen Zionismus 1882–1933, S. 189f.

209 Dementsprechend beschränkte sich der JR-Beitrag über die CV-Hauptversammlung auf die Kritik an den dort geäußerten, ablehnenden Haltungen gegenüber dem Zionismus. Die Reaktion und Haltung des CV gegenüber der „Judenzählung" erfuhr dagegen keinerlei Kritik, was beispielsweise Stephen Magill verwunderte. Widersprochen werden muss dagegen David Engel, der in der Vermeidungsstrategie von CV und VdJ eine Abgrenzungsmöglichkeit zur Zionistischen Vereinigung erkannte. Vgl. Stephen Magill, Defense and Introspection. The First World War as a Pivotal Crisis in the German Jewish Experience, Los Angeles 1977, S. 270; Engel, Patriotism, S. 164; Im Zentralverein, JR, Nr. 6, 9. 2. 1917.

trugen solche Strategien langfristig zu einer zusätzlichen *emotionalen* Aufladung ihrer Bedeutung bei.

Formalisiertes Gefühl? Verständigungsmöglichkeiten über die Zählung im Feld

In einem Rundschreiben vom 12. Dezember 1916 bat der VdJ die Feldrabbiner um eine Einschätzung darüber, ob die „Judenzählung" in ihrem Tätigkeitsbereich „irgendwelche schädlichen Folgen" gezeitigt habe.[210] Siegfried Klein, der seit August 1916 als Feldrabbiner bei der 5. Armee an der Westfront stationiert war, berichtete dem VdJ im Januar 1917, „dass die Entrüstung und Erbitterung unter den jüdischen Soldaten allgemein sehr groß" sei.[211] Ähnlich wie Klein nahm Leopold Rosenak die Lage wahr. Zum Zeitpunkt des Erlasses versah dieser seinen Dienst im Hauptquartier des Oberbefehlshabers Herrmann von Eichhorn bei der 10. Armee im Osten. Er bemerkte eine „tiefgehende Erregung", die sich der von ihm betreuten Soldaten ermächtigt habe, da sie sich durch den Erlass um das „erworbene Gefühl der Genugtuung, ihrem Vaterlande […] gedient zu haben, jetzt betrogen" sahen.[212] Eine differenziertere Einschätzung nahm der Feldrabbiner Sali Levi vor, der ebenfalls bei der 10. Armee seiner seelsorgerischen Tätigkeit nachging. In einem Schreiben an den VdJ vom 10. Februar 1917 unterschied er zwischen den Reaktionen der Frontkämpfer und den in der Etappe stationierten jüdischen Soldaten. Während Erstere, „den Erlass meist ruhig und gelassen hingenommen haben", wurde er von denen, die nicht in unmittelbarer Frontnähe ihren Dienst versahen, „sehr schwer und bitter empfunden, da sie dadurch […] als Drückeberger hingestellt werden, ohne Rücksicht darauf, dass sie zum größten Teil früher auch vorn waren".[213] Hier bestätigt sich die These, dass bereits die Vorgaben für die Durchführung der Zählung in der Etappe den Vorwurf der Feigheit jüdischer Soldaten kolportierten. Im Gegensatz zu Klein, Rosenak und Levi konnte Jakob Sonderling dem VdJ am 29. Dezember 1916 berichten, dass in seinem „Bereich keine Unannehmlichkeiten vorgekommen" seien. Jüdische Soldaten hatten ihm zudem berichtet, „dass der Erlass häufig von christlicher Seite ebenfalls mit Befremden aufgenommen worden sei".[214] Bei der individuellen Bewertung der „Judenzählung" und ihrer Folgen konnte somit auch die nichtjüdische Reaktion herangezogen werden, um ihre negative Wirkung zu bestätigen – und zu bewältigen.

Die Berichte der Feldrabbiner verdeutlichen, wie ambivalent die Einschätzung und Reaktion auf die Zählung auf Seiten jüdischer Soldaten ausfallen konnte. Dies lag nicht allein an der persönlichen Befindlichkeit und der jeweiligen Position innerhalb des Heeres[215], sondern auch daran, wie umfänglich die verschiedenen

[210] CJA, 1, 75, C Ve 1, Nr. 381, Bl. 153.
[211] CJA, 1, 75, C Ve 1, Nr. 227, Bl. 42.
[212] CJA, 1, 75, C Ve 1, Nr. 397, Bl. 220.
[213] CJA, 1, 75, C Ve 1, Nr. 227, Bl. 123.
[214] Ebd., Bl. 31.
[215] Grady, Soldiers, S. 13.

Kommandostellen die Zählung durchführten. Der ehemalige Kriegsteilnehmer Friedrich Solon bemerkte in seinen Memoiren, aus den späten 1930er Jahren, dass er von der Zählung „seinerzeit überhaupt nichts erfahren hatte".[216] Moritz Rosenberg erinnerte sich in einem Bericht im *Schild* vom Mai 1926, dass er nur durch Zufall überhaupt von der statistischen Erfassung der jüdischen Soldaten gehört hatte.[217] So wie die Aufzeichnungen Solons und Rosenbergs stammen die meisten bekannten Kommentare zur Bewertung der „Judenzählung" aus der Zeit nach dem Weltkrieg. Ernst Simons Beitrag, in der er die „Judenzählung" zum Höhepunkt „traumhafter Selbsttäuschung" und zentralen Moment seiner Hinwendung zum Zionismus erklärte, erschien 1919.[218] Julius Marx hatte, die Zählung betreffend, notiert: „Will man uns zu Soldaten zweiten Ranges degradieren, uns vor der ganzen Armee lächerlich machen? [...] Pfui Teufel! Dafür hält man also für sein Land den Schädel hin."[219] Wie zeitgenössisch dieser Gefühlsausbruch tatsächlich war, lässt sich nicht eindeutig nachweisen. Marx' „Kriegstagebuch eines Juden" erschien erst 1939 in der Schweiz. Nicht nur der belletristische Charakter des Tagebuchs, sondern der zeitliche Abstand und die Tatsache, dass der Antisemitismus mittlerweile einen zentralen Bestandteil deutscher Politik und Gesellschaft ausmachte, lassen die Vermutung zu, dass Marx sein Tagebuch vor der Veröffentlichung einer eingehenden Bearbeitung unterzog.

Eine unmittelbare, private Einschätzung der Zählung und die daraus gezogene, individuelle Konsequenz zeigen dagegen die Aufzeichnungen des Hauptmanns Georg Meyer. In seinem Tagebuch notierte er am 29. Oktober 1916, dass der Erlass zur „Judenzählung" ihm wie „eine furchtbare Ohrfeige" erschien, die er nach „2 Jahren großer Zeit und völlige[r] Hingabe an unsere Heimat" erhalten habe. Der Vorstand der Siemens-Schuckertwerke, bei denen Meyer im Zivilberuf als Oberingenieur arbeitete, hatte ihm mehrfach angeboten, einen Reklamationsantrag zu stellen, um ihm eine vorzeitige Rückkehr in die Heimat zu ermöglichen. In Meyers Wahrnehmung machte die Zählung jede weitere Überlegung, das Angebot anzunehmen, überflüssig, denn nun musste er „natürlich erst recht aushalten".[220] Er fiel zwei Monate später bei Verdun. Sein ältester Bruder, der Justizrat Siegmund Meyer, wandte sich daraufhin an verschiedene Politiker und Militärs, unter ihnen Paul von Hindenburg. In seinem Schreiben, dem er die Todesanzeige seines Bruders beilegte, betonte Meyer, dass sein Bruder „bis in den Todeskampf hinein unter den infamierenden Umständen der formularmäßigen Nachforschung nach seinem Glauben" gelitten und mit „vaterländischer Sorge wegen der Folgen solcher Unstimmigkeit in die Zukunft gesehen" habe. Was Meyer von den Angeschriebenen forderte, war die Anerkennung der „verbittern-

216 Zit. n. Rosenthal, Ehre, S. 81
217 Moritz Rosenberg, Nochmals – Judenzählung!, Schild, Nr. 20, 17. 5. 1926.
218 Ernst Simon, Unser Kriegserlebnis, in: ders., Brücken. Gesammelte Aufsätze, Heidelberg 1965, S. 17–23, hier S. 21.
219 Marx, Kriegstagebuch, S. 138.
220 Georg Meyer Collection, LBI, AR 506, Bl. 2. Seiner Frau schrieb er: „Ich werde die Statistik nun nicht mehr verschlechtern und bleibe also im Feld." Ebd., Bl. 1.

de[n] und niederdrückende[n] Wirkung“, die sowohl die „Judenzählung“ im Heer als auch die geplante Statistik in den Kriegsgesellschaften auf die deutschen Juden hatte.[221] In einem Antwortschreiben verwies Hindenburg darauf, dass er von dem Erlass „nur aus den Zeitungen“ erfahren habe und er nicht in seinen Zuständigkeitsbereich falle. Er betonte jedoch, dass die Statistik „nicht einen Schuldbeweis, sondern eine Rechtfertigung herbeiführen“ sollte, und wunderte sich deshalb über die „Erbitterung Ihrer Glaubensgenossen“. Er wünschte sich, dass Meyer nun in der Lage sei, „die fragliche Maßregel objektiver zu beurteilen“.[222] Diese Objektivitätsempfehlung des Generalfeldmarschalls vertrat auch der Kriegsminister, der befand, dass die deutschen Juden in ihrer Erregung über die Zählung „über das Ziel“ hinausschossen. Diese abwiegelnde Haltung der Spitzenmilitärs, ebenso wie die der Politiker und Reichsinstitutionen, verhinderte ihrerseits jegliches Zeichen, dass die Leistungen der jüdischen Minderheit anerkannt wurden.

Gerade jüdische Soldaten bedienten sich in ihrer Reaktion militärischer Begrifflichkeiten, um die Erfahrung und Wirkung der Zählung zu verdeutlichen. Die furchtbare Ohrfeige, die Georg Meyer erfahren hatte, steht repräsentativ für die in Privataufzeichnungen und Beschwerdeschreiben gewählten Formulierungen, um die Ehrverletzung durch die „Judenzählung“ zu demonstrieren. Begriffe wie „Ohrfeige“, „Schlag“ und „Ehrverletzung“, die häufig auch in den Beschwerden über ausbleibende Beförderungen auftauchen, lassen sich semantisch alle im Spektrum der Duellkultur verorten.[223] Die Ehrverletzung verlangte nach zeitgenössischer Auffassung unbedingt Genugtuung des Beleidigten, wenn dieser nicht „ehrlos“, also in seinem sozialen Status zurückgesetzt, dastehen wollte. Es fehlte aber ein konkreter Adressat, an den sich die – wenngleich metaphorische – Forderung nach Genugtuung hätte richten können. Dies verdeutlicht auch der Briefwechsel zwischen Siegmund Meyer und Hindenburg, in dem der Generalfeldmarschall jegliche Nähe zu den Initiatoren der Zählung abstritt, und angab, erst aus der Zeitung von den Vorgängen erfahren zu haben. Hierbei lässt sich eine Parallele zu der Argumentation Kriegsministers von Stein ziehen, der wiederholt gegenüber jüdischen Verbänden sämtliche Verantwortung für den Erlass der „Judenzählung“, einschließlich ihrer Folgewirkungen, seinem Vorgänger Adolf Wild von Hohenborn anlastete.

Im Vergleich zu Beschwerden über ausbleibende Offiziersbeförderungen oder judenfeindliche Ausfälle von Vorgesetzten oder Kameraden, gab es im Falle der „Judenzählung“ niemanden, der namentlich zur Verantwortung gezogen werden konnte. Proteste bei den Vorgesetzten führten zwar durchaus zu Sympathiebekundungen für den individuellen jüdischen Soldaten und einem Ausdruck des

221 Schreiben Dr. Meyers an M.d.R. Dr. Peter Spahn, 21.12.1916, zit. n. Angress, Militär, S. 112.

222 Schreiben Paul v. Hindenburgs an Dr. Meyer bezüglich dessen Beschwerde über die Judenstatistik, 28.12.1916, zit. n. Angress, Militär, S. 112f., hier S. 113.

223 Vgl. Ute Frevert, Ehrenmänner, Das Duell in der bürgerlichen Gesellschaft, München 1991, S. 234–240; zur Bedeutung des Duells bei der Verarbeitung negativer Gefühle: Winfried Speitkamp, Ohrfeige, Duell, Ehrenmord. Eine Geschichte der Ehre, Stuttgart 2010, S. 142.

Unverständnisses über die angeordnete Zählung – aber auch immer zu dem Verweis auf den militärischen Befehlscharakter des Erlasses, den es auszuführen galt. Nicht selten verbanden sich diese Äußerungen mit der generellen Annahme, dass insgesamt die jüdische Beteiligung am Kriegsgeschehen durchaus einer Überprüfung bedürfe.[224] Dieser Umstand minimierte das Reaktionsspektrum jüdischer Soldaten im Vergleich zu den Beschwerden über ausbleibende Offiziersbeförderungen oder über die judenfeindlichen Äußerungen von Vorgesetzten und Kameraden, die sie immerhin gegen konkrete Personen vorbringen konnten. Darüber hinaus hielten sich, wie weiter oben gezeigt, auch die jüdischen Vereine, die sonst als Ansprechpartner und Beratungsinstanzen bei der Auseinandersetzung mit antisemitischen Erfahrungen zur Verfügung standen, bedeckt. Um sich über die Erfahrungen mit der „Judenzählung" zu verständigen, blieb den jüdischen Soldaten vor allem der Austausch mit jüdischen Kameraden und Feldrabbinern.[225]

In den Berichten der Feldrabbiner über die „Judenzählung" hatte es durchaus divergierende Einschätzungen über die Wirkung des Erlasses auf die jüdischen Soldaten gegeben. Allerdings waren die Feldrabbiner bereits am 5. Dezember 1916 – also nur knapp einen Monat, nachdem der Erlass ergangen war – auf der Feldrabbiner-Konferenz in Brüssel zu einem gemeinsamen Urteil über die Zählung gelangt. Die anwesenden Rabbiner – Leo Baerwald, Hermann Chone, Bruno Italiener, Siegfried Klein, Reinhold Lewin, Martin Salomonski, Georg Salzberger und Georg Wilde – hatten hier nach „eingehende[r] Aussprache [...] festgestellt, dass sowohl der Erlass wie auch seine Durchführung eine schwer kränkende Wirkung auf die Seelsorge uns anvertrauter Kameraden ausgeübt und bedauerliche Folgen gezeitigt hat".[226] Zumindest im Protokoll der Feldrabbiner-Konferenz war damit das Thema beendet, es findet sich keinerlei Verweis auf gemeinsame Strategien, wie jüdischen Soldaten zu begegnen sei, die sich über die Zählung beklagten oder welche Folgen sich hieraus für die Arbeit der Feldseelsorger ergäben. Jedoch lassen sich durchaus individuelle Konsequenzen nachweisen, die die Feldrabbiner für sich zogen.

Georg Salzberger hatte während seiner Tätigkeit als Feldrabbiner fortgesetzt Berichte unter dem Titel „Aus meinem Kriegstagebuch" in der Zeitschrift *Liberales Judentum – Monatsschrift für die religiösen Interessen des Judentums* (LJM) veröffentlicht.[227] Bis zur „Judenzählung" lagen die Schwerpunkte der Berichte auf seiner Tätigkeit in Lazaretten, bei Feldgottesdiensten und den Feldrabbiner-Konferenzen. Den letzten Beitrag der Reihe, der in der März-Ausgabe 1917 erschienen war, hatte Salzberger mit dem Zwischentitel „Umlernen" versehen. Die „Judenzählung" hatte nach Salzbergers Beobachtung manifestiert, was sich bereits in den vorherigen Kriegsmonaten abgezeichnet hatte. Die „Kluft" zwischen Juden und

224 Exemplarisch: Martin May, The First Blitz, LBI, ME 427. MM 53, S. 7f.
225 Beispielhaft zur Bedeutung des Kontakts mit anderen jüdischen Soldaten: Marx, Kriegstagebuch, S. 170; May, Blitz, LBI, ME 427. MM 53, S. 5f.
226 CJA, 1, 75, C Ve 1, Nr. 377, Bl. 85.
227 Die Beiträge erschienen noch während des Krieges auch in einer gebundenen Ausgabe: Georg Salzberger, Aus meinem Kriegstagebuch, Frankfurt am Main 1916.

Christen, die Salzberger zu Beginn des Krieges mit dem Kaiserwort überbrückt sah, habe sich erneut – für „viele gänzlich unerwartet" – aufgetan. Auch er vermied es, den Verantwortlichen für den Erlass eine antisemitische Intention zu unterstellen, wenngleich er betonte, dass die Order bei den zuständigen Militärbehörden, Missverständnisse hervorrufen *musste*. Die negativen Gefühle jedenfalls, welche die Zählung bei den Betroffenen generierte, waren seiner Ansicht nach berechtigt:

> „Der Jude fühlt sich als Gezeichneter. Er weiß wohl, dass es unter seinen jüdischen Kameraden Drückeberger gibt [...]. Aber er ist mit Recht entrüstet, dass man das Vergehen eines Einzelnen allen zur Last legt, [...] fühlt sich in seiner Ehre tief gekränkt. Er hat seine Pflicht als deutscher Mann erfüllt. [...] Dank oder Lohn hat er nicht verlangt, aber doch auch nicht solchen Undank erwartet."[228]

Hier finden sich zahlreiche sprachliche Motive wieder, die bereits vor der „Judenzählung" Bestandteile des Gefühlsvokabulars beim Sprechen über Zurücksetzung und Ausgrenzung waren. Zahlreiche jüdische Soldaten hatten gegenüber den Feldrabbinern angegeben, durch die Zählung nun „gezeichnet", also dauerhaft in ihren Kompanien als jüdisch erkennbar zu sein – und sich so potenziellen weiteren Zurücksetzungen und „Nach-Zählungen" ausgesetzt zu sehen. Auch dass für die jüdische Minderheit das Vergehen Einzelner genügte, um sämtliche Juden an den Pranger zu stellen, wurde in Privatkorrespondenzen hervorgehoben und vereinsintern weiterhin thematisiert.[229] Schließlich war auch das Motiv des Nichts-Erwartenden, der trotzdem eine Enttäuschung erfährt, häufig – wie beispielsweise bei ausgebliebenen Offiziersbeförderungen – als Erklärungsmodell für die empfundene Zurücksetzung und Ausgrenzung herangezogen worden.[230] Salzbergers Zusammenschau der emotionalen Implikationen der Zählung steht repräsentativ für die Art und Weise, wie die Wirkung der „Judenzählung" in Briefen und Zeitungsbeiträgen verschriftlicht wurde. Es ist augenfällig, dass für die Verbalisierung der Wirkung der „Judenzählung" dasselbe Set an Gefühlswörtern zur Verfügung stand wie für den Umgang mit Zurücksetzungen im Heer oder die Auseinandersetzung mit antisemitischen Anfeindungen. Der signifikante Unterschied zwischen persönlichen Zurücksetzungserfahrungen und der „Judenzählung" war aber, dass sich Letztere als eine Ehrverletzung *sämtlicher* jüdischer Heeresangehöriger lesen ließ, also auch für jene, die sich bisher nach eigener Aussage noch mit keiner Form von Antisemitismus im Heer konfrontiert sahen. Für die Betroffenen gab es wenige Möglichkeiten, die Signifikanz dieser generellen Unterstellung auszudrücken. Stattdessen mussten sie auf die bis dahin gängigen Reaktionen – Entrüstung, Ehrverletzung und Kränkung – zurückgreifen.

In der Forschung sind diese Äußerungen häufig als Beleg für die umfassende Enttäuschung jüdischer Soldaten über die „Judenzählung" gewertet worden: Die großen, zu Beginn des Krieges gehegten Erwartungen auf Gleichberechtigung

228 Georg Salzberger, Aus meinem Kriegstagebuch, LJM, Nr. 3–4, März 1917.
229 Im Ausschuss für die Kriegsstatistik gab es Diskussionen über die Möglichkeit, auch deutsche Nichtjuden auf diese Art anzuprangern, vgl. CJA, 1, 75, C Ve 1, Nr. 222, Bl. 98–100.
230 Vgl. auch den Fall Leo Lahnstein.

und Leistungsanerkennung seien durch die Erfahrung der Zählung endgültig enttäuscht worden. Allerdings hat die obige Analyse bereits gezeigt, wie divers die Erwartungen deutscher Juden zu Kriegsbeginn ausgefallen waren. Dementsprechend sollte auch bei der Reaktion auf die „Judenzählung" weniger von einer kollektiven Enttäuschungserfahrung ausgegangen werden. Vielmehr handelte es sich bei den wiederkehrenden, ritualisierten Formulierungen um die einzige Möglichkeit, Empörung und Protest gegenüber der Zählung zum Ausdruck zu bringen. Dies lag nicht allein an den abwiegelnden Reaktionen von Militärs und Politikern – auch jüdischen Vereinen war letztlich daran gelegen, die öffentliche wie vereinsinterne Diskussion um die Implikationen der Zählung zu beschränken. Die schiere Zahl der von dem Erlass Betroffenen ließ das Ausbleiben jeglicher Reaktion jedoch illusorisch erscheinen. So fuhr Salzberger, nachdem er die emotionalen Folgen der Zählung konstatiert hatte, mit einer Beschreibung der Bewältigungsmuster fort, die er bei den jüdischen Soldaten beobachtet habe. Er stellte zunächst heraus, dass niemand davon ausgehen könne, dass „diese bittere Erfahrung die Freude der Juden am Dienst für's Vaterland erhöht" habe. Dieses Zugeständnis hatte sich nur in wenigen veröffentlichten Reaktionen auf die Zählung gefunden. Wie der Austausch zwischen den VdJ-Mitgliedern über eine mögliche Reaktion auf die Zählung weiter oben gezeigt hat, waren sich CV und VdJ nach kurzer Diskussion einig, dass der Eindruck vermieden werden musste, die Zählung hätte die Motivation jüdischer Soldaten beeinträchtigt. Auch Salzberger formulierte diesen Punkt sehr vorsichtig, trotzdem ist deutlich, dass er einer Resignation – oder immerhin einer Stagnation des Enthusiasmus – jüdischer Soldaten Verständnis entgegenbrachte. Entscheidender war aber die positive Konsequenz, die er der Zählung unterstellte: „sie hat die Juden zusammengeschweißt. [...] Von unseren heimkehrenden Söhnen und Brüdern wird [...] ein neuer fester Wille zum Judentum ausgehen, [...] ein Wille, der die Erneuerung des Judentums verbürgt."[231] So belege die Reaktion jüdischer Soldaten auf die „Judenzählung" nicht nur ein gewisses Maß an Resignation, sondern vor allem auch eine Rückbesinnung auf und Neuverhandlung der Bedeutung des Judentums. Dieser Prozess ist in der Forschung häufig betont worden.[232] Dabei sollten Texte wie die Aufzeichnungen Salzbergers weniger als Beschreibung der *tatsächlichen* Reaktion jüdischer Soldaten auf die „Judenzählung" gelesen werden. Vielmehr handelte es sich bei den Appellen an den eigenen Stolz und die Aufrufe zur Selbstvergewisserung um *idealisierte* Reaktionen, die den jüdischen Soldaten als Gefühls- und Verhaltensempfehlung unterbreitet wurden.

[231] Salzberger, Kriegstagebuch, LJM, März 1917.

[232] Fast ausnahmslos wird dabei auf den, von Eva Reichmann geprägten Begriff des „Bewusstseinswandels der deutschen Juden" verwiesen, auch wenn sie in dem betreffenden Beitrag mehrfach quellenkritisch anmerkt, dass sich dieser Wandel schwerlich derart verallgemeinern lasse, vgl. Eva Reichmann, Der Bewusstseinswandel der deutschen Juden, in: Mosse (Hrsg.), Deutsches Judentum, S. 511–612, hier S. 512 f.; Shulamit Volkov, Die Juden in Deutschland, 1870–1918, München 2000, S. 128 f.; Mendes-Flohr, Im Schatten, S. 15; Paucker, Problematik, S. 41; Panter, Erfahrungen, S. 272; Barkai, Wehr Dich!, S. 66; Hoffmann, Between Integration and Rejection, S. 104.

Als weitere Beispiele für eine Beförderung der Auseinandersetzung mit der jüdischen Identität werden die Begegnung mit Ostjuden in den besetzten Gebieten Polens und Russlands und die Veröffentlichung der Balfour-Deklaration angeführt.[233] Das Attraktivitätspotenzial dieser Neuausrichtungen und alternativen Orientierungsmöglichkeiten lag für die Zeitgenossen nicht zuletzt darin, dass sie ein wesentlich positiveres Set an Gefühlen anboten, als es die fortgesetzte Auseinandersetzung mit einem mehr oder weniger sichtbaren Antisemitismus tat. So war auch Salzbergers Interpretation der „Judenzählung" von dem Bedürfnis nach einer positiven Lesart der Ereignisse gekennzeichnet. Dabei sprach er dem Antisemitismus mephistophelische Kraft zu, „die stets das Böse will und stets das Gute schafft".[234] Ähnlich sah es auch Feldrabbiner Leo Baerwald, der im Januar 1917 in Nürnberg „Von der Tätigkeit der Feldrabbiner" referierte. Im Gegensatz zu Salzberger, der in seinem Aufsatz die „Judenzählung" dezidiert erwähnte, vermied Baerwald deren explizite Erwähnung. Allerdings dürfte es im Publikum wenig Zweifel daran gegeben haben, um welche „unerfreulichen Erscheinungen" es sich handelte, „die in letzter Zeit auf die Gemüter der Kameraden wie auf uns alle verbitternd eingewirkt" hatten. Immerhin konnte Baerwald vermelden, dass sich bei „fast allen" der ihm bekannten Soldaten eine „entschiedene Hebung des jüdischen Selbstbewusstseins" beobachten lasse, die er mit der Formel „Druck von außen erzeugt Festigung im Inneren" auf die „Judenzählung" zurückführte.[235] Indem die als positiv gewertete religiöse Neuausrichtung der jüdischen Soldaten als direkte Folge der negativen Erfahrung der „Judenzählung" dargestellt wurde, gelang es, ihre Intention und Bedeutung argumentativ herunterzuspielen. Ein eindeutiger Nachweis darüber, wie sehr die „Judenzählung" tatsächlich zu einer Neuausrichtung oder Rückbesinnung auf das Judentum bei den betroffenen Soldaten führte, lässt sich weder aus den vereinzelten Bemerkungen in Feldpostbriefen und Kriegstagebüchern noch aus den Reden und Aufsätzen der Feldrabbiner rekonstruieren. Allerdings wird deutlich, wie das Bedürfnis nach einer positiven Auslegung der Ereignisse die Wertung der „Judenzählung" beeinflusste. Hierzu gehörte es, eine ursprüngliche antisemitische Tendenz der Zählung abzustreiten wie auch der Verweis auf die vermeintlich positiven Implikationen, welche die Zählung auf die jüdischen Soldaten hatte. Beide Aspekte der Zählung sollten darum nicht zwangsläufig als belegte historische Gegebenheiten angenommen, sondern vor allem als argumentative Hilfestellungen interpretiert werden, um dem entehrenden und kränkenden Charakter der Zählung eine positive Auslegung entgegenzusetzen. Die positive Auslegung offerierten die Feldrabbiner nicht nur den jüdischen Soldaten, auch die jüdischen Organisationen nahmen dieses Interpretationsangebot an, um den – allen voran jüdischen – Kritikern ihrer Vermeidungsstrategie zu begegnen.

233 Vgl. Barkai, Wehr Dich!, S. 70f.; Mendes-Flohr, Im Schatten, S. 23–25.
234 LJM, März 1917, S. 42
235 CJA, 1, 75, C Ve 1, Nr. 384, Bl. 154.

„Judenzählung" als Chiffre

Im Frühjahr 1917 einigten sich CV und VdJ darauf, auf eine offizielle Verurteilung der „Judenzählung" zu verzichten. Dieser Entschluss ging auf die strategische Entscheidung zurück, eine Auseinandersetzung über die Zählung – zumindest während der Dauer des Krieges – zu vermeiden. Der Erlass wurde zunächst als eine kriegsministerielle Unüberlegtheit eingeordnet, die temporär auf den als Stichtag ausgegebenen 1. November 1916 beschränkt bleiben würde. Allerdings gingen, wie oben erwähnt, während der gesamten Restdauer des Krieges immer wieder Berichte über angekündigte oder tatsächlich durchgeführte „Nach-Zählungen" bei den Vereinen ein. Von diesen barg jede die Möglichkeit, die Entrüstung in der jüdischen Bevölkerung erneut zu schüren und den Druck auf die jüdischen Vereine zu verstärken, endlich wirkungsvoll bei den Behörden zu intervenieren. Mit Verweis auf die einzelnen Zugeständnisse des Kriegsministers betonten die Vertreter von VdJ und CV gegenüber ihren Mitgliedern und Beschwerdeführern wiederholt den Nutzen ihrer Einsprüche. Bei den Eingaben an die zuständigen Behörden – sowie bei deren Antwortschreiben – hatte sich bald ein standardisierter Schriftverkehr etabliert. Exemplarisch hierfür ist der Austausch zwischen Feldrabbiner Georg Wilde und Ludwig von Schröder, Admiral des Marinekorps. Am 13. März 1918 – anderthalb Jahre nach dem ursprünglichen „Judenzähl"-Erlass – orderte von Schröder an, die Anzahl jüdischer Marinesoldaten festzustellen und nach „Muster 2" der ursprünglichen Zählung aufzuschlüsseln.[236] Obwohl die Order als „streng vertraulich" galt, gelangte sie in den Besitz Georg Wildes, der sie an den VdJ weiterleitete. Der kurze Austausch zwischen Wilde und von Schröder verdeutlicht die Formelhaftigkeit, die den Austausch über die „Judenzählung" zwischen jüdischen Instanzen und Militärangehörigen von Beginn an gekennzeichnet hatte und der sich bei den „Nach-Zählungen" weiter verfestigte. Wilde verwies auf die Nutzlosigkeit einer Zählung, die lediglich jüdische Heeresangehörige berücksichtigte und die „niederdrückend[e]" Wirkung, die ein Erlass auf die jüdischen Soldaten haben müsse, der so „irreführend und leicht missverständlich" sei. Hier offenbarte sich erneut die Scheu von jüdischer Seite, den militärischen Stellen eine judenfeindliche Einstellung zu unterstellen. In seinem Antwortschreiben wies von Schröder die Bitte Wildes, die Zählung einzustellen, mit dem Verweis auf den militärischen Charakter der Anordnung zurück. Allerdings paraphrasierte er am Ende seines kurz gehaltenen Schreibens die Aussage des Kriegsministers, nach der die „Angehörigen jüd. Glaubens am Feinde ihre Pflicht getan haben und dementsprechend ausgezeichnet sind".[237] Wie bei von Stein sollte die Aussage offenbar zur Beruhigung dienen und vor allem weitere Nachfragen bezüglich der Zählungen unterbinden.

Die jüdische Presse verzichtete konsequent auf Berichte über die „Nachzählungen" und die standardisierte, weitgehend wirkungslose Eingabepolitik. Nichtsdestotrotz offenbarten sich frühzeitig die Grenzen der Vermeidungsstrategie. In der

[236] Vgl. CJA, 1, 75, C Ve 1, Nr. 227, Bl. 186.
[237] Ebd.

Literatur wird die „Judenzählung", neben der Begegnung und Auseinandersetzung mit dem Ostjudentum wie der Balfour-Deklaration und ihrer antizipierten Folgen, als jene Erfahrung gewertet, die maßgeblich zu einem „Bewusstseinswandel" im deutschen Judentum beigetragen hat.[238] Die Konsequenzen aus der „Judenzählung" werden dabei vor allem im Privaten verortet.[239] Für die liberalen Vereine gilt nach wie vor das Verdikt, trotz einer Reihe dunkler Vorahnungen und intensivierter Debatten um das Verhältnis von „Deutschtum" und „Judentum", prinzipiell an der Aussicht auf eine Überwindung des Antisemitismus festgehalten zu haben.[240] Im Folgenden soll dagegen gezeigt werden, dass die „Judenzählung" insbesondere bei den liberalen Vereinen die Kommunikationsstrukturen wie auch die Modifikation von Verhaltens- und Erwartungsempfehlungen langfristig beeinflusste. Im Mittelpunkt stand dabei nicht mehr die *konkrete* Erfahrung der Zählung. Vielmehr fungierte der Begriff zunehmend als Chiffre, in dem sich sämtliche negative Erfahrungen des Krieges bündeln ließen.

Gerade für die nicht unmittelbar am Kriegsgeschehen beteiligten, zivilen deutschen Juden fungierte die „Judenzählung" frühzeitig als Schlagwort. Ging es beispielsweise darum, die Bedeutung und Notwendigkeit der Abwehrarbeit zu unterstreichen, benannten auch die jüdischen Verbände offen die negativen Folgen der Zählung. In der IdR-Ausgabe im März 1917 berichtete die Schriftstellerin Else Dormitzer von den „Erfahrungen aus meiner Werbetätigkeit" für den CV. Interessierten Lesern sollte der Beitrag als „Fingerzeig" dienen, wie eine erfolgreiche Anwerbung neuer CV-Mitglieder gelingen könne. Neben allgemeinen Hinweisen, wie den Vorteilen des gesprochenen Wortes gegenüber Broschüren, wies sie explizit auf die Bedeutung der „Judenzählung" für das Gewinnen neuer Mitglieder hin:

> „Uns Werbern für den Centralverein ist es in diesem Moment besonderes leicht gemacht, unter unseren Glaubensgenossen Anhänger und Freunde für unsere Sache zu finden. Wir brauchen nur das Wort ‚Judenzählung', dieses böse Wort, das uns noch tief am Herzen frisst, auszusprechen, um sofort Verständnis und Zustimmung zu erlangen. Jedem Juden treibt die Entrüstung über diese unselige Statistik das Blut in die Wangen und alle, die im Feld und die in der Heimat, werden noch lange an dieser bitteren Pille zu schlucken haben."[241]

Bereits im März 1917 war die „Judenzählung" derart in das kollektive Gedächtnis deutscher Jüdinnen und Juden übergegangen, dass sich nicht einmal mehr die Notwendigkeit ergab, nochmals ihre Hintergründe zu umreißen. Dem Begriff kam zunehmend *metaphorische* Bedeutung zu, die es erlaubte, hierin sämtliche negative Erfahrungen des Krieges – Zurücksetzungen, Beschimpfungen und Ehrverletzungen jeglicher Art – zusammenzufassen. Die emotionale Reaktion, welche die Zählung ausgelöst hatte, galt ferner bereits als kollektiviertes Gefühl, das durch eine Reihe sprachlicher Bilder einen performativen Charakter gewann.[242] Die vermeintlich alternativlose Passivität, zu der sich die Betroffenen gedrängt

238 Grundlegend: Reichmann, Bewusstseinswandel, S. 516–523.

239 Barkai, Wehr Dich!, S. 65f.

240 Picht, Vaterland, S. 749; differenzierter bei Panter, Erfahrungen, S. 186.

241 Erfahrungen aus meiner Werbetätigkeit, IdR, Nr. 3, März 1917, S. 121–123, hier S. 123.

242 Vgl. Monique Scheer/Pascal Eitler, Emotionsgeschichte als Körpergeschichte, in: Geschichte und Gesellschaft 35 (2009), S. 282–313, hier S. 293f., 310–313.

sahen, unterstreicht Dormitzers Metaphorik, bei der die „Judenzählung“ „tief am Herzen frisst“, einem das „Blut in die Wangen“ schießen lässt und „bitteren Pillen“ gleichkommt, die geschluckt werden müssten. Lediglich eine Möglichkeit stand zur Verfügung, um aus dieser derart zusetzenden, körperlich erfahrbaren Passivität auszubrechen: die Mitgliedschaft im CV.[243] Ging es um die Anwerbung neuer Mitglieder – nicht um fortgesetzte Interventionen bei Behörden oder um die Besänftigung der Vereinsmitglieder –, konnte demzufolge sehr deutlich auf die negativen Implikationen und Folgen der Zählung eingegangen werden.

Dormitzers Ausführungen können symptomatisch für den innerjüdischen Umgang mit der „Judenzählung“ in den späteren Kriegsjahren gelesen werden. Dort fand zunehmend eine Abstraktion zwischen ihrer *konkreten* und *metaphorischen* Bedeutung und Erfahrung statt. So hatten sich die jüdischen Vereine CV und VdJ darauf verständigt, über den konkreten Erlass, die für ihn verantwortlichen Instanzen und Persönlichkeiten wie seine Nachwirkungen möglichst wenig zu berichten und dabei jeglichen Verweis auf antisemitische Intentionen zu vermeiden. Als Metapher für die negativen Erfahrungen deutscher Juden vor wie hinter der Front kam der Zählung allerdings schon früh in den Werbe-, Argumentations- und Erwartungsmuster der liberalen jüdischen Verbände eine zentrale Rolle zu. Der *metaphorische* Wert der Zählung ruhte dabei nicht allein darin, die negativen, ausgrenzenden Erfahrungen, die deutsche Juden im Kriege erlebt hatten, gebündelt zum Ausdruck zu bringen. Vielmehr markierte die Zählung auch den Ausgangspunkt einer innerjüdischen Diskussion um die Frage, wie sich der Antisemitismus während des Krieges entwickelt hatte und – auf diesen Erfahrungen beruhend – was von seiner Entfaltung im weiteren Kriegsverlauf und in der Nachkriegszeit zu erwarten war.

Den Auftakt zu dieser Debatte bildete die CV-Hauptversammlung im Februar 1917. Während die Diskussion um die Konsequenzen der *konkreten* Zählung zügig beendet worden waren, markierte die Veranstaltung gleichzeitig den Beginn eines Austausches über die längerfristigen Konsequenzen, die aus der *metaphorischen* Bedeutung der Zählungen zu ziehen seien. Auch wenn es beide Vereine strikt vermieden, in der Öffentlichkeit die Möglichkeit zu thematisieren, dass sich in den staatlichen und militärischen Instanzen überzeugte Judenfeinde befanden, so musste nun zumindest anerkannt werden, dass Antisemiten durchaus über Einfluss bei den Behörden verfügten. Die bisherigen Indikatoren für eine Ausbreitung des Antisemitismus während des Krieges waren vor allem die individuellen Zurücksetzungen jüdischer Soldaten und die zunehmende Fülle einschlägig antisemitischer Publikationen gewesen. Waren solche Ereignisse in jüdischen Zeitungen, Privatkorrespondenzen oder Eingaben an die zuständigen Behörden als ein Verstoß gegen „Kaiserwort“ und „Burgfrieden“ verurteilt worden, brach diese

243 Zumindest in der Werbestrategie Dormitzers war diese Argumentation erfolgreich. In derselben Ausgabe vermeldete der CV, dass es in kürzester Zeit in der Ortsgruppe Nürnberg zu 142 Neuanmeldungen gekommen war, die vor allem auf die „verständigungsvolle wie eifrige, von klarere Einsicht in die Forderungen der Zeit geleiteten Werbetätigkeit der Frau Rechtsanwalt Dormitzer“ zurückzuführen war. IdR, März 1917, S. 135.

Argumentationsmöglichkeit mit der „Judenzählung“ weitgehend zusammen. Eine Konsequenz hieraus war, wie Else Dormitzer bei ihrer Werbetätigkeit für den CV feststellte, dass selbst „mancher Optimist“ den Glauben an die kaiserlichen Worte gänzlich aufgegeben hätte.[244] In der CV-Hauptversammlung wurden drastische Formulierungen verwendet, um den Einfluss der „Judenzählung“ auf die Erwartungen der deutschen Juden hervorzuheben. Trotz der positiven Erfahrungen mit dem bayerischen Kriegsministerium und dessen Versicherungen, gegen jeden nachgewiesenen Missbrauch des kriegsministeriellen Erlasses vorzugehen, schloss der Münchner Rabbiner Werner seinen Redebeitrag mit der Zukunftsprognose: „Wir gehen schweren Zeiten entgegen, darüber täuschen wir uns nicht. Der nationale Chauvinismus ist erwacht [...].“[245] Diese Stellungnahme fand sich jedoch nicht in dem Bericht, den die CV-eigene Zeitschrift IdR veröffentlicht hatte, sondern lediglich in dem stenographischen Bericht der Hauptversammlung.[246] Stattdessen gab die IdR-Zeitschrift *in extenso* die Redebeiträge von Rabbiner Felix Goldmann und Eugen Fuchs wieder, die sowohl in ihren Kernaussagen als auch in ihren Formulierungen übereinstimmten. Goldmann, der wenige Monate später ein Rabbinat in Leipzig übernahm, verwies in seiner Rede auf den „übertriebenen Optimismus, mit dem wir im Kriegsbeginn das Ende des Antisemitismus begrüßen zu können glaubten“ und dem nun die „unausbleibliche Enttäuschung“ gefolgt sei. Bemerkenswert an dieser Deutung der Ereignisse ist, dass die negativen, emotionalen Folgen nicht dem Erlass oder seinen Initiatoren zugeschrieben wurden, sondern den deutschen Juden selbst, deren vermeintliche Hochstimmung zu Kriegsausbruch wohl zwangsläufig enttäuscht werden musste. Auch Fuchs identifizierte in seiner Rede die „übertriebene Hoffnungsfreudigkeit“ zu Kriegsbeginn als den eigentlichen Grund für die heftigen Reaktionen auf die „Judenzählung“. Um die Enttäuschung über die Zählung einzuschränken, kam es bei beiden Rednern zu einer Reevaluierung der zu Kriegsbeginn gehegten Hoffnungen. Dabei hatte, wie oben gezeigt, gerade die dem CV zugehörige IdR-Zeitschrift zu keinem Zeitpunkt des Krieges aufgehört, über antisemitische Umtriebe zu berichten. Allerdings begegneten die Vereine derartigen Ereignissen immer wieder mit dem Argument, dass es sich hierbei um einzelne Verstöße gegen „Burgfrieden“ und „Kaiserwort“ handelte. Diese, so die Argumentation, konnten auch von den politischen wie militärischen Befehlshabern nicht erwünscht sein. Darüber hinaus wurde es vermieden, über Einzelereignisse hinausreichende Analysen der Situation jüdischer Soldaten wie Zivilisten zu veröffentlichen. So blieben beispielsweise die kritischen Einschätzungen der Feldrabbiner über die Lage der jüdischen Soldaten in den Unterlagen des VdJ unveröffentlicht.[247] Wenn überhaupt, so wurden sie vereinsintern oder mit Vertretern des CV und des Ausschusses für Kriegsstatistik diskutiert. So kam es vonseiten des CV und des VdJ zwar immer wieder zu einem öffentlichen Relativieren und Abmildern der mit dem Kriegsausbruch verbundenen Erwartun-

[244] IdR, März 1917, S. 123.
[245] Hauptversammlung des CV 1917, S. 24, zit. n. Barkai, Wehr Dich!, S. 62.
[246] Vgl. hierzu die Paraphrasierung Werners Beitrag in IdR, Nr. 2, März 1917, S. 55.
[247] Vgl. die Berichte der Feldrabbiner Italiener und Levy an den VdJ bei Kap. I.2.1.

gen, allen voran der vollständigen Gleichberechtigung deutscher Juden im zivilen wie militärischen Leben. Allerdings scheuten sich die führenden Ausschussmitglieder davor, für diese erwartungsdämpfenden Einschätzungen konkrete Gründe – wie die Beobachtungen der Feldrabbiner oder die abweisende Haltung von Militärbehörden bei der Beförderung jüdischer Soldaten – anzugeben. Stattdessen standen in der Berichterstattung radikalantisemitische Umtriebe und Zwischenfälle im Vordergrund, die als Einzelfälle deklariert wurden und so eine Diskussion über die Einstellungen der politischen und militärischen Eliten verhinderten.

Die heftige innerjüdische Reaktion auf die Erfahrung der „Judenzählung" hatte den Vertretern von CV und VdJ deutlich gemacht, dass diese vereinzelten, argumentativ undurchsichtigen Versuche, die Erwartungen der jüdischen Minderheit an eine grundlegende Verbesserung der gesellschaftlichen und politischen Lage abzumildern, gescheitert waren. Dies hatte intensive Bemühung von CV und VdJ zur Folge, um die frustrierenden Aspekte der Zählung zu bemänteln. So wurde, in Bezug auf die *konkrete* „Judenzählung" mantraartig auf die Vorurteilslosigkeit der Behörden verwiesen. Um aber die Konsequenzen der *metaphorischen* Bedeutung der Zählung abzumildern, erklärten die Vertreter von VdJ und CV die zu Beginn des Krieges gehegten Erwartungen zur „übertriebenen Hoffnungsfreudigkeit", die durch ein Fortbestehen des Antisemitismus früher oder später enttäuscht werden *musste.* Diese Argumentation erlaubte es, die heftige innerjüdische Reaktion nicht der Zählung selbst zuzuschreiben, sondern den vermeintlich übermäßigen Erwartungen vom August 1914. Dieser Fehler sollte sich nicht wiederholen. In diesem Sinne lesen sich zumindest die Verhaltens- und Gefühlsempfehlungen, die Goldmann und Fuchs im Verlauf ihrer Beiträge ausgaben. Nachdem beide Redner die Enttäuschung deutscher Juden als gewissermaßen unumgänglich deklariert hatten, betonten sie, dass es gleichsam gelte, „keine übertriebene Verstimmung hervorzurufen".[248] Gerade Fuchs führte als positiven Umstand an, dass, „obgleich bei den unteren Organen die judenfeindliche Tendenz noch fortwirkt", so doch immerhin „die Regierung vorurteilsloser geworden" sei. Er betonte jedoch, dass diese veränderte Einstellung nicht aus eigener Einsicht erfolgt sei. Vielmehr könne sich Deutschland „den Luxus des Antiklerikalismus und des Antisemitismus nicht mehr gestatten", um seine Kriegsgegner und die verbliebenen neutralen Länder nicht in ihren Vorurteilen über Deutschland als „Hort des Feudalismus und der Reaktion" zu bestätigen.[249] Fuchs griff hier die Propaganda der Ententemächte auf, die Deutschland, neben dem Vorwurf der Barbarei, auch immer wieder als Überbleibsel einer längst überkommenen Gesellschaftsordnung anprangerten.[250] Gleichzeitig markierte seine Einschätzung über die gewandelte Einstellung

248 IdR, Februar 1917, S. 57.

249 Ebd., Herv. i. O.

250 Dabei gehörte der deutsche Antisemitismus nicht zu den Angriffspunkten alliierter Kriegspropaganda. Stattdessen tauchte beispielsweise in der britischen Propaganda immer wieder die Verquickung antisemitischer und antideutscher Stereotype auf, was auf das britische Judentum durchaus beunruhigend wirkte. Vgl. Panter, Erfahrungen, S. 75–77; David Monger, Patriotism and Propaganda in First World War Britain. The National War Aim Committee and Civilian Morale, Liverpool 2012, S. 131 f., 160 f.

der Regierung gegenüber jüdischen Belangen den Beginn eines öffentlichen Austausches über den während wie nach dem Krieg zu erwartenden Antisemitismus. Vereinsintern hatten Debatten hierzu ungleich früher eingesetzt.[251] Spekulationen in der Öffentlichkeit waren allerdings mit dem Verweis auf die Aufrechterhaltung des „Burgfriedens" weitgehend unterblieben.[252] Die Erfahrung der *konkreten* „Judenzählung" und ihre fortgesetzte *metaphorische* Bedeutung hatte für diese Form der Zukunftsprognostik jedoch einen neuen Referenzrahmen geschaffen.[253]

3. Antizipation und Bestätigung – zur Wahrnehmung des Antisemitismus nach Kriegsende

3.1 „… auch den Pessimismus nicht übertreiben" – Antizipation als Abwehrstrategie

Bis Ende des Jahres 1916 war es üblich gewesen, in Briefkorrespondenzen, Zeitungsberichten, Beschwerdegesuchen und öffentlichen Vorträgen den Antisemitismus in Form von Einzelfällen als Verstoß gegen „Burgfrieden" und „Kaiserwort" zu geißeln. Nun war es eine kriegsministerielle Order, die, unabhängig von ihrer ursprünglichen Intention, gegen diesen innenpolitischen Waffenstillstand verstieß. Hieraus zog der Arzt und Soziologe Franz Oppenheimer im Herbst 1917 den nüchternen Schluss: „Der Burgfrieden ist nicht gehalten worden."[254] Mit dem Wissen um den vorzeitigen Zusammenbruch des „Burgfriedens" entfiel die Möglichkeit, eine Auseinandersetzung mit den drohenden Gefahren des Antisemitismus in die Zeit nach dem Krieg zu verlagern. Es mussten neue Wege gefunden werden, über Antisemitismus zu kommunizieren und angemessene Bewältigungsstrategien zu bewerben. Dieser veränderte Austausch wurde auch durch die Etablierung neuer jüdischer Publikationen möglich gemacht, allen voran durch die Zeitschriften *Der Jude* und die *Neuen Jüdischen Monatshefte* (NJM).[255] Die von Martin Buber seit April 1916 herausgegebene Monatsschrift

[251] Vgl. ausführlich Kap. I.1.2.

[252] Dies führte in der Forschung zu dem weitgehenden Konsens, dass sich die Persistenz des Antisemitismus, insbesondere den liberalen Verbänden, erst im Zuge der „Judenzählung" offenbarte. Während Jürgen Matthäus und Stephen Magill diesen Erkenntnisprozess auf das Frühjahr 1917 bzw. auf das Datum der CV-Hauptversammlung datierten, setzte er nach David Engel erst im Verlauf des letzten Kriegsjahres ein. Vgl. Magill, Defense, S. 273; Matthäus, Fire, S. 140; Engel, Patriotism, S. 161.

[253] Im Gegensatz zu der Argumentation in Kapitel I.1., nach der sich liberale Vereine intern bereits in den frühen Stadien des Krieges mit der Persistenz des Antisemitismus auseinandersetzten, besteht in der Forschung weitgehender Konsens darüber, dass diese Erkenntnis – oder zumindest deren Verfestigung – erst im Nachgang der „Judenzählung" einsetzte.

[254] Antisemitismus, Neue jüdische Monatshefte (NJM), Nr. 1, S. 1–5, hier S. 5.

[255] Sie werden in der Forschung häufig als einer der Belege für ein verändertes jüdisches Selbstverständnis benannt. Vgl. Daniel Fraenkel, „The floor is open to everyone": the Historical Uniqueness and Significance of the *Neue jüdische Monatshefte*, 1916–1920, in: Michael Nagel/Susanne Marten-Finnis (Hrsg.), Die jüdische Presse – Kommunikationsgeschichte im

Der Jude war kulturzionistisch geprägt und verstand sich als Vertreter der jüdischen Renaissance, die sich seit der Jahrhundertwende um eine geistig-kulturelle Einigung des fraktionierten Judentums bemühte.[256] Die NJM, die seit Oktober 1916 erschienen, neigten dagegen eher dem liberalen Lager zu. Die hervorstehende Gemeinsamkeit beider Publikationen war jedoch, dass sie sich ihrem Selbstverständnis nach als ideologisch offen verstanden und Verfassern mit divergierenden politischen, gesellschaftlichen und ideologischen Einstellungen die Möglichkeit gaben, ihre Aufsätze zu publizieren.[257] Im Gegensatz zu IdR und JR boten sich hier vielfältigere Möglichkeiten für einen Austausch, der über die ideologischen Gräben von zionistischen und liberalen deutschen Juden hinwegreichte. Trotzdem waren es vor allem die Beiträge in den NJM, die sich weiterhin mit der Frage auseinandersetzten, wie dem Antisemitismus während wie nach dem Kriege angemessen zu begegnen sei.[258] Diese Präferenz ließ sich nicht zuletzt auf das Herausgebergremium zurückführen, zu dem die CV-Mitglieder Eugen Fuchs und Hermann Cohen gehörten.[259] Ferner handelte es sich bei den NJM um die erste Zeitschrift mit ausschließlich jüdischen Themenschwerpunkten, die sich explizit auch an ein nicht-jüdisches Publikum richtete. Ziel der Herausgeber war, „in erster Reihe der Versöhnung der jüdischen Parteien zu dienen", aber auch, um bei „christlichen Mitbürgern […] der Unkenntnis in jüdischen Dingen entgegen[zu] arbeiten". In welchem Umfang das Blatt tatsächlich nichtjüdische Leser erreichte, lässt sich nicht nachweisen. Für die Analyse der Aufsätze ist vorrangig von Belang, dass die veröffentlichten Meinungen und Einstellungen ausdrücklich auch für Nichtjuden bestimmt waren. Die NJM versuchten dabei dem so häufig vom CV beschworenen *Abwehrkampf* um eine *Aufklärungsarbeit* zu ergänzen.[260]

Bereits im einleitenden Aufsatz der ersten Ausgabe betonte Fuchs, dass die Zukunftsprognosen für die Zeit nach dem Krieg die Notwendigkeit der NJM belegten. Er vermied es allerdings zu explizieren, wer die Zielscheibe des „chauvinistische[n] Geiste[s]" sein würde, über dessen Rückkehr nach dem Krieg sich niemand täuschen lassen konnte.[261] Andere Beiträger für die *Monatshefte* äußer-

europäischen Raum, Bd. II: Religion und Politik in der europäisch-jüdischen Presse vor der Shoah, Bremen 2008, S. 69–80; Meyer (Hrsg.), Deutsch-Jüdische Geschichte in der Neuzeit, Bd. 4, S. 26.

256 Vgl. Eleonore Lappin, Der Jude 1916–1928. Jüdische Moderne zwischen Universalismus und Partikularismus, Tübingen 2000, S. 69–74.

257 Vgl. Lappin, Der Jude, S. 69 f.; Fraenkel, Floor, S. 69–80.

258 In einem knappen Kommentar zu der „Judenzählung" hatte Buber auch die Programmatik des Blattes im generellen Bezug auf Antisemitismus zusammengefasst. Demnach waren nicht die deutschen Juden, sondern ausschließlich die Nichtjuden in der Pflicht, etwas gegen die zunehmende Judenfeindschaft zu unternehmen. Vgl. Der Jude, „Judenzählung", Heft 8, November 1916, S. 564.

259 Bei den weiteren Herausgebern handelte es sich um den Literaten und Übersetzer Alexander Eliasberg, den Historiker und Herzl-Forscher Adolf Friedmann und den Soziologen Franz Oppenheimer. Insbesondere Friedmann und Oppenheimer galten als Befürworter des Zionismus.

260 Alle Zitate: Zur Aussprache, NJM, Heft 1, 10. 10. 1916, S. 1–3, hier S. 2; zur Bedeutung der Aufklärungsarbeit vgl. auch Die Juden im Weltkrieg, NJM, Heft 8, 25. 1. 1917, S. 295 f.

261 Zur Aussprache, NJM, Heft 1, 10. 10. 1916, S. 3.

ten sich freimütiger. So stellte Franz Oppenheimer in seinem Aufsatz „Antisemitismus“ fest, dass die „antisemitische Hetzmeute“ wieder „kläfft“. Seine Leser beschwor er, „nach dem Kriege nichts anderes zu erwarten [...] als den alten Kampf in verschärfter Form“.[262] Auch der SPD-Reichstagsabgeordnete Georg Davidsohn, der im Januar 1918 seinen Beitrag „Neu-Orientierung“ veröffentlichte, äußerte sich sehr deutlich über die zu erwartende Rolle des Antisemitismus im Nachkriegsdeutschland. Nach seiner Einschätzung würden „die Herren Judenfresser“ keine Möglichkeit auslassen, um die Juden als geeignete „Blitzableiter“ für sämtliche negative Erfahrung während und nach dem Kriege zu nutzen.

In der Folge der „Judenzählung“ galt die Fortdauer des Antisemitismus als anerkannter und offen kommunizierbarer Umstand. Führenden jüdischen Vertretern war es darüber hinaus ein Anliegen, die deutschen Juden von dem Umstand zu überzeugen, dass auch die Nachkriegszeit hier keinerlei Besserung zeitigen würde. Dieses beharrliche Beschwören, sich nicht täuschen zu lassen und den erstarkenden Antisemitismus als Tatsache hinzunehmen, diente dem Zweck, Mitglieder und Leser gegen die zu erwartenden antisemitischen Angriffe während und nach Kriegsende zu immunisieren. Die strategischen Empfehlungen zur Relativierung von Erwartungen lassen sich dabei auf die Erfahrung der „Judenzählung“ und die heftigen Reaktionen, die sie in der jüdischen Bevölkerung ausgelöst hatte, zurückführen. Ein Beitrag von Felix Goldmann, der in der IdR-Zeitschrift im Juli 1917 erschienen war, belegt dies. Bei „Zukunftsarbeit!“ handelt es sich um eine argumentative Weiterentwicklung seiner Ansichten, die er ein halbes Jahr zuvor auf der CV-Hauptversammlung geäußert hatte. Erneut identifizierte er die zu hoch gesteckten Erwartungen zu Kriegsbeginn als Hauptgrund für die hierauf erfolgte Enttäuschung durch die „Judenzählung“. Nach Goldmann war dies ein Beleg dafür, dass das Judentum in seiner Gänze die „seelische Einordnung in den ewigen Wechsel der Weltgeschichte mit ihren Enttäuschungen und erhebenden Momenten“[263] nicht nachvollziehen könne und dementsprechend beständig zwischen übersteigerter Erwartungshaltung und maßloser Hoffnungslosigkeit schwanke. Die Hauptgefahr, die Goldmann in diesem Auf und Ab der „Gefühlsanwandlungen“ sah, war eine resignierte und verbitterte Einstellung, welche die weiteren Bemühungen um gesellschaftliche, politische und soziale Gleichberechtigung der deutschen Juden notwendigerweise behindern musste. Konsequenterweise forderte er, dass „der alte jüdische Optimismus in allen jüdischen Seelen unbeschränkt herrsche“.[264] Hier offenbarte sich das Dilemma der Argumentation. Um eine Resignation ob der Persistenz des Antisemitismus zu verhindern, wurden positive Erwartungen und ein gewisses Maß an Optimismus verlangt. Dieser sollte jedoch nicht erneut die offenbar sehr durchlässige Grenze zu einer übersteigerten Erwartungshaltung überschreiten. Für die praktische Umsetzung des eingeforderten Optimismus bot Goldmann eine konkrete Handlungsoption: den Beitritt und die aktive Mitarbeit im CV.

262 Antisemitismus, NJM, Heft 1, 10. 10. 1917, S. 1–5, hier S. 5.
263 Zukunftsarbeit!, IdR, Heft 7, Juli 1917, S. 295–301, hier S. 296.
264 Ebd., Herv. i. O.

Dabei war es gerade das Presseorgan des CV, das sich in der Erwartungsverminderung insbesondere hervortat und eindringlich Worte gegen jedes Hoffen auf ein Schwinden des Antisemitismus nach dem Krieg wählte. Als besonders drastisches – und viel zitiertes – Beispiel prognostizierte Joseph Lehmann in der IdR-Rubrik „Umschau" im Oktober 1917: „Wenn aber endlich der ganzen Erde der Frieden beschieden sein wird, uns Juden wird er nicht lächeln. Uns steht ein Krieg nach dem Kriege bevor."[265] Etwas moderater formulierte es Ernst Emil Schweitzer aus Breslau, der in derselben Ausgabe im Oktober 1917 den Lesern empfahl, „nicht übertriebene Erwartungen an die späteren Zeiten zu knüpfen".[266]

Die Erwartungsrelativierungen, die seit Kriegsbeginn immer wieder verhalten auf den Seiten der IdR, bei Vorstandssitzungen von VdJ und CV und in Briefkorrespondenzen mit Feldrabbinern und Soldaten anklang, wurde nun als zentrale Verhaltensempfehlung fortlaufend der jüdischen Öffentlichkeit unterbreitet.

In welchem Umfang diese die deutschen Juden – oder zumindest die Abonnenten und Leser – in ihrem Handeln und Fühlen beeinflussten, ist fast unmöglich zu rekonstruieren, auch weil oft nur in Einzelfällen Leserbriefe an die jeweiligen Redaktionen überliefert sind. Dass sich IdR-Leser fortgesetzt mit antisemitischen Entwicklungen in ihrem direkten Umfeld wie in der Öffentlichkeit auseinandersetzten, belegt allerdings die Rubrik „Briefkasten", die sich in jeder Ausgabe fand. Dort wurde, wenngleich auf wenige Sätze reduziert, auf die an die Redaktionen eingesandte Briefe geantwortet. Dadurch lassen sich die Anliegen der tatsächlichen Schreiben in einer Vielzahl der Fälle rekonstruieren. Eine Analyse der Rubrik ist in zweierlei Hinsicht von Nutzen. Zum einen erlaubt sie einen Einblick in die Anfragen, Informationen und Beschwerden, welche die Leser an die Redaktion richteten. Hieran lässt sich nachvollziehen, welche Aspekte antisemitischer Erfahrungen die Einsender im Besonderen beschäftigten.[267] Zum anderen verdeutlichen die in der IdR-Zeitschrift abgedruckten Antworten, wie die Redaktion auf die Einschätzungen und Verhaltensweisen ihrer Leser Einfluss zu nehmen suchte.

Im Sommer 1917 hatte sich ein Justizrat aus Danzig an die Redaktion gewandt, um sie auf ein ihm zugegangenes Pamphlet aufmerksam zu machen, das jüdischen Wucher während des Krieges anprangerte. Vonseiten der IdR ging ihm folgende Antwort zu:

> „Über die verleumderische, zur Ablenkung von der richtigen Spur bestimmte Lüge vom jüdischen Lebensmittelwucher müssen wir uns andauernd mit den bekannten führenden Organen auseinandersetzen. Die kleinen Fachblättchen, deren Namen wir vordem noch nie gehört haben und die hinter jener Presse einherstolpernd, im Stallknechtstone ebenfalls einiges Geschimpfe nachbelfern, würden durch eine Erwähnung nur eine unverdiente Ehre und eine erwünschte Reklame erfahren."[268]

[265] Umschau, IdR, Heft 10, Oktober 1917, S. 594–596, hier S. 595.

[266] Das Judentum und der innere Frieden, IdR, ebd., S. 399–403, hier S. 401.

[267] Stichproben in der IdR-Zeitschrift ergaben, dass es sich bei den Briefen, auf die in der Rubrik geantwortet wurde, ausschließlich um Berichte oder Anfragen handelte, die sich auf antisemitische Erfahrungen zurückführen ließen.

[268] Briefkasten, IdR, Heft 7–8, Juli 1917, S. 330.

Wiederholt begründete die IdR in der „Briefkasten"-Rubrik, warum sie sich einer eingehenden Analyse *jeglicher* antisemitischer Publikation nicht aussetzen konnte – und wollte. Ihr Hauptargument war dabei der Verweis auf die Fülle an antisemitischen Publikationen, die eine einzelne Redaktion nicht bewältigen konnte. Indirekt wurden die Einsender wie die Leser auf das Ausmaß judenfeindlicher Publikationen und somit auch auf den Virulenzgrad verwiesen, den die antisemitische Propaganda bereits erreicht hatte. Häufig waren dabei die Begründungen, warum man sich bestimmter antisemitischer Publikationen und Persönlichkeiten nicht annahm, mit sarkastischen, höhnischen Kommentaren versehen, die sich in den Aufsätzen der Zeitschrift in dieser Deutlichkeit nicht fanden. Auf eine Zwistigkeit im „alldeutsch-antisemitischen Lager" hingewiesen, betonte die IdR ihre Gleichgültigkeit gegenüber diesen Mitteilungen, denn „[m]ögen die Alldeutschen sich noch so sehr untereinander befehden, wenn sie im Kot des Antisemitismus sich winden, dann verstehen sie sich gleich".[269]

Mit dem Hinweis, dass es nicht möglich sei, sämtliche antisemitische Publikationen und Persönlichkeiten zu überwachen und bloßzustellen, begannen die Mitarbeiter der IdR-Zeitschrift, zwischen einem lohnenswerten Anprangern und einem überflüssigen Sezieren antisemitischer Texte zu unterscheiden – und diese Differenzierung auch ihren Lesern anzuempfehlen. Sie folgten damit Eugen Fuchs, der auf der CV-Hauptversammlung 1917 gefordert hatte, sich „den großen Gesichtspunkten" zuzukehren und weniger Aufmerksamkeit den „Einzelerscheinungen des Antisemitismus" zu widmen.[270] Mit dieser Entscheidung ging allerdings auch das Eingeständnis einher, dass es nicht möglich sein würde, sämtlicher radikalantisemitischer Tendenzen in der deutschen Gesellschaft beizukommen. Diese mussten vielmehr als nicht vermeidbar akzeptiert werden.

In den letzten Kriegsjahren trat nicht nur eine Modifizierung der „richtigen" Wahrnehmung und Einschätzung des Antisemitismus ein. Auch die als angemessen empfohlenen aktiven und emotionalen Reaktionen auf judenfeindliche Erfahrungen erlebten eine zunehmende Ausdifferenzierung. Im Sommer 1917 hatte sich ein „Feldgrauer" bemüht, die IdR zu einer Veröffentlichung konkreter – und offenbar von ihm empfohlenen – Handlungsanweisungen für die jüdischen Soldaten zu bewegen. In einer „Briefkasten"-Notiz nahm die Redaktion hierauf Bezug und begründete ihre kritische Haltung gegenüber diesem Vorschlag:

> „Ihre Mahnung an Ihre feldgrauen jüdischen Kameraden geht unseres Erachtens übers Ziel hinaus. Wie Hänseleien von christlichen Kameraden – harmlosen oder böswilligen – zu begegnen ist, darüber kann man keine bestimmten Richtlinien aufstellen. Dort ist eine Gegenantwort am Platz, hier eine scharfe Zurechtweisung, dort ein lächelndes Schweigen, hier eine Belehrung. Umstände, Gelegenheiten, Charakter der Personen fallen hierbei ins Gewicht. Nur eines muss – darin stimmen wir mit Ihnen überein – feststehen: Die Selbstverständlichkeit, überall die Würde als Jude und Deutscher zu wahren."[271]

[269] Briefkasten, IdR, Heft 10, Oktober 1917, S. 429.
[270] Briefkasten, IdR, Heft 2, Februar 1917, S. 57.
[271] Briefkasten, IdR, Heft 7–8, Juli 1918, S. 318.

Diese Pluralität der Antwortmöglichkeiten ist ebenfalls als Abkehr von dem bisherigen Standardvorgehen liberal-jüdischer Verbände gegen Antisemitismus zu lesen. In den ersten Kriegsjahren war das Anliegen von CV und VdJ, antisemitische Vorfälle vor wie hinter der Front zu sammeln, von Mitgliedern und Lesern einzufordern und repräsentative Fälle bei den zuständigen Behörden anzuzeigen. Auch wenn sich die „Briefkasten-Notiz" lediglich auf „Hänseleien" bezog, können die verschiedenen Reaktionsmöglichkeiten – allen voran das „lächelnde Schweigen" – als Eingeständnis betrachtet werden, dass es schlichtweg nicht immer möglich war, auf judenfeindliche Beleidigungen wirksam zu reagieren. Im Zusammenhang damit stand auch die Erfahrung, dass von den zuständigen Militärbehörden wenig Unterstützung beim Vorgehen gegen Antisemitismus im Felde erwartet werden konnte. Diese Einschätzung hatte sich nicht erst mit dem Ereignis der „Judenzählung" durchgesetzt. Erst die in ihrem Nachgang modifizierte Kommunikation über Antisemitismus erlaubte diese Formen öffentlicher Erwartungsrelativierung und die daraus resultierenden Verhaltensempfehlungen.

Trotzdem bemühte sich der CV weiterhin, den Eindruck zu vermeiden, dass Eingaben und Beschwerden von jüdischer Seite per se bei den militärischen Behörden chancenlos blieben. So verwies der CV auf den Umstand, dass bei den eingereichten Beschwerden häufig genaue Angaben „über den Vorgang, Ort, Zeit, Wortlaut [und] Zeugen" fehlten und ihnen dementsprechend „nicht mit Erfolg nachgegangen werden" könne.[272] Implizit schrieb die IdR damit die Verantwortung für die erfolglosen Eingaben auch den Beschwerdeführern zu. Dass selbst detailreich geschilderte Fälle zu abschlägigen Antworten der Militärbehörden führten, blieb in diesem Zusammenhang unerwähnt.

Die strategischen Modifikationen in der Auseinandersetzung mit Antisemitismus äußerten sich jedoch nicht nur in allgemeinen Betrachtungen und Antwortschreiben an besorgte und aufmerksame Leser. Auch bei der Berichterstattung über Ereignisse und Zukunftsplanungen im antisemitischen Lager wurde die *negative* Erwartungshaltung als Verarbeitungsstrategie propagiert. Symptomatisch hierfür stehen die Beiträge, die im Zuge der Veröffentlichung eines vertraulichen Briefes in der Zeit vom November 1917 bis Januar 1918 in jüdischen Zeitungen erschienen.

Dabei war es die zionistische JR gewesen, der von „besonderer Seite" der Brief des Hamburger Justizrats Henningsen zugegangen war. In der Ausgabe vom 30. November 1917 berichtete sie unter dem Titel „Enthülltes Geheimnis" von einem Treffen bekannter Antisemiten[273] sowie eines Generals und eines Regierungsrates, „die nicht genannt sein wollen". Bereits Ende 1915 hatten sie darüber beratschlagt, wie sich nach dem Krieg die „schnellste Verwendung des umfangrei-

[272] Ebd.

[273] Namentlich waren dies Ernst Graf zu Reventlow, der Schriftsteller und Literaturhistoriker Adolf Bartels, der Zeitungsverleger Otto Schmidt-Gibichenfels, Hofrat Paul Lehmann und Theodor Fritsch, der Herausgeber des *Hammers*. Bei Johannes Henningsen selbst handelte es sich um den Generalsekretär der Deutschvölkischen Partei.

chen, belastenden Materials [...] gegen das Judentum" organisieren ließe. Im Juli 1917 hatte sich Henningsen an verschiedene Persönlichkeiten gewandt, um die notwendige Finanzierung für die Veröffentlichung des Materials sicherzustellen. Die Schrift sollte unmittelbar nach Kriegsende kostenfrei „an zahlreiche Offiziere, Offiziersheime, Fabrik- und Gutsbesitzer, Kaufleute, Rechtsanwälte, Ärzte, Studenten usw." versandt werden. Dies sollte nicht nur zu einer möglichst weiten Verbreitung beitragen, sondern „auch für das Judentum eine Überraschung sein".[274] In dem Kommentar, den die JR an die Ausführungen Henningsens anschloss, beeilte man sich, von der potenziellen Erwartung Abstand zu nehmen, dass mit dieser „Enthüllung" nun der „antisemitischen Bewegung die Spitze" abgebrochen sei und schlussfolgerte stattdessen, dass weder während noch nach dem Krieg ein Abschwächen antisemitischer Agitation zu erwarten sei. Die JR betonte dabei ihr Anliegen, dieses Wissen „auch den Naiven" unter ihren Glaubensgenossen zu vermitteln, die sich dieser Erkenntnis noch immer verweigerten.[275] Die Bemerkung war ein deutlicher Seitenhieb auf die liberalen jüdischen Verbände und deren Presseorgane, die sich regelmäßig mit der Entwicklung des Antisemitismus in Deutschland auseinandersetzten.[276] Dabei verfolgten die Redaktionen von IdR und NJM zum Zeitpunkt der Veröffentlichung von „Enthülltes Geheimnis" bereits seit über einem Jahr die Strategie der öffentlichen Erwartungsminderung mit expliziten Verweisen auf ein Erstarken des Antisemitismus.[277] So betonte die IdR, die den Brief Henningsens im Januar 1918 ebenfalls kommentierte, dass auch ohne die Enthüllung des Vorhabens die „Überraschung missglückt" wäre. Auch für sie galt das Schreiben lediglich als weiterer Beleg für den Umstand, dass die deutschen Antisemiten eine groß angelegte Propagandakampagne für das unmittelbare Kriegsende planten. Dementsprechend wurde es als erneute Möglichkeit genutzt, die Leser auf die Gefahren hinzuweisen, die ihnen durch „Radau- wie [...] Salonantisemitismus" gleichermaßen entstehen konnte. Im Gegensatz zu dem inhaltlich ähnlich gelagerten Schreiben des Spree-Verlages, gegen das der CV zwei Jahre zuvor erfolglos bei den zuständigen Militärbehörden interveniert hatte, wurde hier von vornherein von einer Beschwerde abgesehen.

274 Zit. n. „Enthülltes Geheimnis" (im Beitrag findet sich der vollständige Wortlaut des Briefes), JR, Heft 48, 30. 11. 1917, S. 389.

275 Alle Zitate: ebd.

276 Tatsächlich wurde mit „Enthülltes Geheimnis" eine der seltenen Gelegenheiten genutzt, bei der die JR den Antisemitismus in Deutschland überhaupt thematisierte. Ungleich häufiger berichtete sie über die prekäre Lage der verfolgten polnischen, russischen und galizischen Juden. So fand sich beispielsweise auch „Enthülltes Geheimnis" erst in der Mitte des Blattes, nach Berichten über die „Judenfrage im Lodzer Stadtrat" und Judenverfolgungen in Rumänien. Vgl. JR, Heft 48, S. 387f.

277 Dass gerade die liberalen Vereine aufgrund der Immanenz ihrer ideologischen Ausrichtung trotz aller enttäuschenden Erfahrungen grundsätzlich an der Hoffnung auf eine Überwindung des Antisemitismus festhielten, gilt in der Forschung trotz der zunehmenden ausdifferenzierten Darstellung des deutschen Judentums weitgehend unbestritten. Grundlegend: David Engel, Organized Jewish Responses to German Antisemitism during the First World War, Los Angeles 1979, S. 171–187; Picht, Vaterland, S. 749.

Folglich wurde die Entdeckung des Schreibens Henningsens von deutsch-liberaler wie zionistischer Seite als Menetekel für den zu erwartenden Antisemitismus nach Kriegsende dargestellt. Die JR bettete diese Erkenntnis in die zionistische Logik ein, nach der die „einzig richtige Antwort" sei, „[i]n Treue zur eigenen Art den Willen zu ihrer Erhaltung und Erneuerung [zu] stählen".[278] Für die JR war damit die Auseinandersetzung mit dem deutschen Antisemitismus bis zum Kriegsende beendet. Sie wandte sich wieder ihren beiden Hauptthemen zu – der Lage des Ostjudentums und dem durch die Balfour-Deklaration beförderten Plan zum Aufbau Palästinas. Auf den Seiten von IdR und NJM wurden dagegen Abwehrmaßnahmen angekündigt und eingefordert. Gemäß der Forderung Goldmanns, trotz der pessimistischen Zukunftsprognostik unter allen Umständen eine resignierende Haltung deutscher Juden gegenüber dem Antisemitismus zu vermeiden, rief die IdR-Zeitschrift mit Verweis auf Henningsens Brief zum „Kriege gegen die antisemitischen Tataren" auf.[279] Nach Einschätzung liberaler jüdischer Verbände bedurfte es für ein erfolgreiches Vorgehen gegen den Antisemitismus zweier Dinge, die im Verlauf der Jahre 1917 und 1918 wiederholt auf den Seiten von IdR und NJM eingefordert wurden: ein „methodisches, organisiertes Zusammenarbeiten aller Juden"[280] und die „erforderlichen Geldmittel"[281]. Während sich der Aufruf zur finanziellen Unterstützung vorrangig an die Mitglieder von VdJ und CV richtete, blieben die Adressaten für die Forderung nach einer „Zusammenarbeit aller Juden" unklar. Von den Lesern, denen diese Aufforderungen bereits von der IdR und den NJM bekannt waren, konnte angenommen werden, dass sie diese unterstützten. Dementgegen hatte sich mit dem Zersplitterungsgrad des deutschen Judentums – allen voran bedingt durch das Anwachsen der zionistischen Bewegung – auch die Sichtweise auf einen angemessenen Umgang mit dem Antisemitismus ausdifferenziert. Dass sich in dieser Situation ein gesamtjüdischer Zusammenschluss unter der Federführung des CV im Kampf gegen den Antisemitismus initiieren ließ, war utopisch. Gerade der Utopiecharakter der Forderung war es, der sie gleichzeitig zur Erklärung für das Ausbleiben einer erfolgreichen Abwehr transformierte. Der stetige Hinweis, dass sich der Antisemitismus nach Kriegsende nur eindämmen ließe, wenn *sämtliche* deutsche Juden hieran mitarbeiten würden, schuf die innerjüdische Begründung für das potenzielle Scheitern der Abwehr, da sich die eingeforderte Einheitsfront nicht abzeichnete.[282] Dies war nicht allein den zionistischen und orthodoxen Strömungen zuzuschreiben, welche es ablehnten, sich an der Abwehrarbeit zu beteiligen.[283] Vielmehr war selbst bei

278 JR, Heft 48, 30. 11. 1917, S. 389.

279 Geheime Vorbereitungen zu einem Feldzug gegen die Juden, IdR, Heft 12, Dezember 1917, S. 511 f., hier S. 512

280 Umschau, IdR, Heft 1, Januar 1918, S. 15–18, hier S. 18.

281 IdR, Dezember 1917, S. 512.

282 Vgl. bspw. Neu-Orientierung, NJM, Heft 8, 25. 1. 1918, S. 171–174, hier S. 173 f.; Einen Aufruf zur Einigkeit, IdR, Heft 9, September 1918, S. 342–344.

283 Im Zuge der „Judenzählung" hatte das Zentralkomitee der ZVfD auch die Bedeutung des *Ausschusses für die Kriegsstatistik* infrage gestellt, an dessen Gründung sie im Frühjahr 1915 noch federführend beteiligt war. Vgl. Reinharz (Hrsg.), Dokumente, S. 189.

jenen Beschwerdeführern, die über Beleidigungen und Zurücksetzungen klagten, nicht gewährleistet, dass sie ein über ihre individuelle Erfahrung hinausgehendes Interesse daran hatten, sich aktiv an der Vereinsarbeit zu beteiligen. Mit dem Verweis auf die Tatsache, dass der Kampf gegen den Antisemitismus nach dem Krieg nur mit der Unterstützung des gesamten deutschen Judentums möglich wäre, sicherten sich die Abwehrvereine gegen den Vorwurf ab, nicht ausreichend gegen die Judenfeindlichkeit vorzugehen. Weiterhin war es mit diesem Argument möglich, potenzielle Kritik abzuwehren, die sich an dem präsentierten – oder vielmehr: angedeuteten – „Schlag Gegenschlag"-Plan für einen erfolgreichen Kampf gegen den Antisemitismus entzünden konnte. Dieser beschränkte sich noch im Frühjahr 1918 auf ein Imitieren des Vorgehens des antisemitischen Lagers – von der statistischen Informationsbeschaffung bis zum Drängen auf das für die Veröffentlichung notwendige Akquirieren von Geldmitteln.[284]

Die langfristige *metaphorisch-emotionale* Erfahrung der „Judenzählung" hatte folglich aufseiten liberaler jüdischer Verbände und Zeitschriften vor allem zu einer Erwartungsrelativierung geführt, die sie – durchaus mit dem Gestus einer gesamtjüdischen Vertretungsfunktion – auf deutsche Jüdinnen und Juden zu übertragen suchten. Die vorsichtigen Bemühungen um eine Hoffnungsmilderung in den ersten Kriegsjahren beinhalteten häufig keine, über einzelne antisemitische Erfahrungen hinausgehende Begründungen. Es kam zu keiner generellen Erörterung der Implikationen des Antisemitismus oder Diskussion der Frage, was zu seiner Bewältigung unternommen werden konnte. Einen offenen Austausch über den gegenwärtigen sowie den nach Kriegsende zu erwartenden Antisemitismus erlaubte erst die strategische Erwartungsrelativierung, die im Nachgang der „Judenzählung" einsetzte. Allerdings gelang es den Vertretern von CV und VdJ wie den Beiträgern bei IdR und NJM nicht, hieraus konkrete Handlungsoptionen abzuleiten – oder zumindest nicht, diese zu kommunizieren. Stattdessen wurde auf den antizipierten „Krieg", „Kampf", „Schlag" verwiesen, für den sich das deutsche Judentum „rüsten" sollte. Als grundlegende Voraussetzung hierfür stand die von Fuchs und Goldmann vorgebrachte, emotionale Ermahnung, „den Pessimismus nicht [zu] übertreiben".[285] Sie war eng verbunden mit der Sorge der Vereine, dass sich infolge antisemitischer Erfahrungen eine resignierende Haltung einstellen könne, die jegliche Abwehrarbeit verhindern würde. Dem Gefühl der Resignation galt es, auch ohne konkrete Alternativkonzepte, entgegenzuwirken.

Im Vergleich dazu bedurfte es seitens der JR keinerlei Erwartungsrelativierung in Bezug auf den deutschen Antisemitismus. Dass die Judenfeindschaft so lang weiter existieren würde, bis das jüdische Volk seine eigene Heimstätte in Palästina schuf, gehörte zu den ideologischen Grundsätzen des Zionismus. Die von liberaler jüdischer Seite an die Bekämpfung und Bewältigung des Antisemitismus geknüpften Erwartungen für deutsche Zionisten hatten keinerlei Relevanz. In Bezug auf Judenfeindlichkeit galt ihre Aufmerksamkeit ausschließlich den pogromarti-

284 IdR, Dezember 1917, S. 512.
285 IdR, Februar 1917, S. 56.

gen Ausschreitungen in Galizien, Polen und Russland. Wurden, wie in „Enthülltes Geheimnis", die antisemitischen Strömungen in Deutschland thematisiert, so ausschließlich als Bestätigung für die zionistische Einschätzung über das Fortbestehen des Antisemitismus. Nach dieser Logik konnte der Antisemitismus als Bestätigung für die ideologische Überlegenheit des Zionismus herangezogen werden.

Mit der verstärkten Hinwendung liberaler Vereine zu einer öffentlichen Kommunikation über den mehr oder minder offensichtlichen Antisemitismus ging auch die Frage einher, wie das Ausmaß der versteckten Judenfeindschaft eingeschätzt und welche Bedeutung ihr beigemessen werden sollte. Beispielhaft liest sich dabei der Aufsatz „Neu-Orientierung", in dem der Reichstagsabgeordnete Georg Davidsohn die Pläne der antisemitischen Materialsammlung kommentierte. Als bemerkenswert hob er hervor, dass sich neben den namentlich bekannten Antisemiten auch „ein General und ein Regierungsrat" an dem Treffen beteiligt hatten, „die nicht genannt werden wollen".[286] Die bekannten Vertreter des antisemitischen Ressentiments wie Graf zu Reventlow oder Theodor Fritsch wurden regelmäßig auf den Seiten der IdR zitiert und gegeißelt. Ungleich schwieriger war es aufzuzeigen, in welchem Ausmaß antisemitische Einstellungen in der sich nicht explizit judenfeindlich äußernden deutschen Gesellschaft tatsächlich verankert waren.

Während des Krieges sahen sich vor allem jüdische Soldaten und Offiziersanwärter mit dieser Frage konfrontiert, wenn sie beispielsweise ohne Begründung – und im Gegensatz zu ihren christlichen Kameraden – von Beförderungen ausgeschlossen wurden.[287] Impliziter Antisemitismus blieb jedoch nicht auf die Front oder das Militärwesen begrenzt. In einer mehrteiligen Aufsatzreihe „Grundsätzliches zur deutschen Judenfrage" im Juli 1917 widmete sich Sigbert Feuchtwanger, ein Cousin von Ludwig und Lion Feuchtwanger, der deutschen Presse. Mit Blick auf die Judenfrage teilte er diese in drei Kategorien ein. Während er eine kurze Charakterisierung der antisemitischen und der „vermeintlich" judenfreundlichen Presse vornahm, widmete er sich ausführlicher der dritten Kategorie, für die er den Begriff des „Kryptoantisemitismus" vorschlug.[288] Wie problematisch es war,

286 Neu-Orientierung, NJM, Heft 8, 25. 1. 1918, S. 172.

287 Vgl. Kap. I.1.2.

288 Hierbei besteht keine – oder zumindest keine nachweisbare etymologische Verbindung zu dem von Adorno entwickelten Begriff des Kryptoantisemitismus. Allerdings ist es bezeichnend, wie sehr auch die Charakterisierung des Kryptoantisemitismus bei Adorno der Feuchtwangers glich. Nach Adorno handelte es sich dabei um einen „oft nur leise verschleierte[n] Stereotyp des Antisemitismus [...]. Es liegt aber in diesem Versteckten selbst gefährliches Potenzial". Vgl. Adorno, Theodor W., Zur Bekämpfung des Antisemitismus heute, in: ders. (Hrsg.), Kritik. Kleine Schriften zur Gesellschaft, Frankfurt am Main 1971, S. 105–133, hier S. 109, 132. Der Artikel ging auf einen Radiovortrag von 1962 zurück, der gedruckt erstmals erschien in: Das Argument. Berliner Hefte für Probleme der Gesellschaft, Nr. 29, Heft 2, 1964, S. 88–104. Die zum Teil in der Forschung vertretene Meinung, der Kryptoantisemitismus existiere als Form des Antisemitismus erst als Reaktion auf den Holocaust, ist somit zu widerlegen. Vgl. hierzu auch Olaf Kistenmacher, Kritik aus den eigenen Reihen. Alexandra und Franz Pfemfert, Alexander Kerman und Emma Goldstein, Leo Trotzki, in: Hans-Joachim Hahn/Olaf Kistenmacher (Hrsg.), Beschreibungsversuche der Judenfeindschaft. Zur Geschichte der Antisemitismusforschung vor 1944, Berlin 2015, S. 360–384, hier S. 380f.

diese verschleierte Form der Judenfeindlichkeit nachzuweisen, äußerte sich in Feuchtwangers Abstraktionsversuchen: „Sie sagt nichts gegen die Juden, vieles für sie, und doch könnte man sie eher antisemitisch als judenfreundlich bezeichnen.“[289] Feuchtwanger sah es als erwiesen an, dass die kryptoantisemitische Presse durch das gezielte Herausstellen jüdischer Namen bei negativer Berichterstattung, das Verschleiern von Zusammenhängen und den Verzicht auf erläuternde Kommentierung „die Unwahrhaftigkeit [und] Heuchelei zum publizistischen Prinzip“ erhob. Da Verfasser kryptoantisemitischer Texte sich, im Vergleich zur offen judenfeindlichen Presse, nicht des Vorwurfs des Antisemitismus ausgesetzt sahen, könnten sie ihre Leser – bewusst oder unbewusst – in ihrem „sich vornehm dünkenden, versteckten Antisemitismus“ bestätigen. Die konkrete Folge hieraus war gleichzeitig Feuchtwangers Beleg dafür, den Kryptoantisemitismus als größere Gefahr für das deutsche Judentum einzuschätzen, als den offen geäußerten Antisemitismus. Denn der Anhänger des Kryptoantisemitismus

> „rümpft die Nase über die formellen Ausschreitungen des Radauantisemitismus und verurteilt alle exzessiven, auf völlige Ausscheidung alles Jüdischen zielenden Forderungen; auf der anderen Seite aber hält er eine gemäßigte, nicht in Worten sich aussprechende, juristisch nicht angreifbare, aber de facto sich um so wirksamer vollziehende Beschränkung der jüdischen Gleichberechtigung in Staat und Gesellschaft für die weiseste Judenpolitik.“[290]

Wer sich den Überlegungen Feuchtwangers anschloss, musste akzeptieren, dass sich die Auseinandersetzung künftig nicht allein auf radikalantisemitische Kreise beschränkte. Es galt vielmehr auch, den Kryptoantisemitismus als Gefahr wahr und ernst zu nehmen. Diesen zu identifizieren, nachzuweisen und zu enttarnen war ungleich schwieriger – dies belegten nicht zuletzt die zahlreichen Beschwerden, die mit dem Verweis auf potenziell kryptoantisemitische Vorgesetzte an das Kriegsministerium ergangen und abgelehnt worden waren. Immerhin, so folgerte Davidsohn, verdeutlichte der Anonymitätsdrang vermeintlicher Kryptoantisemiten, „wie anrüchig das Antisemitenmetier“ sei. Trotzdem ließ sich aus dem „Enthüllten Geheimnis“ Henningensens schlussfolgern, dass eine zukünftige Zusammenarbeit von radikalen und Kryptoantisemiten sich bereits angebahnt hatte.

Der Antisemitismus erreichte damit eine neue Qualität: Während die Gefahr der Judenfeindlichkeit in den Vereinsorganen liberaler Organisationen zwar regelmäßig beschworen wurde, blieb er in diesen Darstellungen mehrheitlich das Phänomen einer gesellschaftlichen Minderheit, die sich mit Verweis auf die aufgeklärte Bevölkerungsmehrheit zusätzlich relativieren ließ. Mit dem Begriff des Kryptoantisemitismus rückte dagegen die Analyse weitverbreiteter Stereotype und die Mechanismen ihrer Persistenz innerhalb der Mehrheitsgesellschaft in den Vordergrund. Hieraus ergab sich eine verstärkte Zuwendung zur nichtjüdischen Bevölkerung, die mit Loyalitätsbekundungen und Ideen für eine gemeinsame Abwehr gegen jeglichen Antisemitismus einherging.

[289] Grundsätzliches zur deutschen Judenfrage, NJM, Heft 19, 10.7.1917, S. 544–550, hier S. 547.
[290] Ebd., S. 550.

3.2 Gefühlte Gemeinschaft? Loyalitätserklärung als Selbstversicherung und indirekter Appell an Nichtjuden

Für die gesamte Kriegszeit findet sich in der erhaltenen Feldpost-Korrespondenz jüdischer Soldaten der Verweis auf positive Begegnungen mit nichtjüdischen Kameraden und Vorgesetzten. Besonders häufig bezogen sie sich auf die affirmativen Erlebnisse in Berichten oder Beschwerden über antisemitische Erfahrungen an der Front oder in der Etappe. Wie weiter oben herausgearbeitet, dienten diese Verweise auf verständige und vorurteilslose Nichtjuden nicht nur dazu, das Fehlverhalten von antisemitischer Seite herauszustellen. Vielmehr wurde es ebenfalls zur individuellen Selbstvergewisserung und zur generellen Bestätigung herangezogen, dass sich überzeugte Antisemiten – wenngleich durchaus wirkmächtigen – nicht notwendigerweise in der Mehrheit befanden. Beide Intentionen, die nach außen wie die nach innen wirkende, spiegeln sich in der zweiten Kriegshälfte zunehmend in den Beiträgen jüdischer Zeitungen. Im Folgenden werden die Loyalitätserklärungen gegenüber Deutschland, ebenso wie die vorsichtig formulierten Zukunftserwartungen auf ihre intendierte Wirkung auf ein jüdisches wie nichtjüdisches Publikum hin untersucht.

Als fester Bestandteil der Aufklärungsarbeit etablierte sich im Kriegsverlauf der Vergleich der Angriffe, die das gesamte Judentum vonseiten der Antisemiten erfuhren, mit der Darstellung Deutschlands in der Propaganda der Ententemächte. Diese Analogie von „Deutschenhass" und „Judenhass", die gezeigt habe, dass „man von aller Welt gehasst sein kann wie ein Deutscher, ohne schlecht zu sein"[291], erfüllte mehrere Funktionen. Nichtjüdischen Lesern sollte sich hierdurch die grundsätzliche Ungerechtigkeit des Antisemitismus offenbaren. Auf der jüdischen Seite belegte der Vergleich zum einen die Notwendigkeit, eine resignierende Haltung gegenüber dem Antisemitismus unbedingt zu vermeiden. Felix Goldmann macht dies in einem Aufsatz für die IdR-Zeitschrift im Sommer 1917 besonders deutlich:

> „Das Schicksal der verkannten und grundlos angefeindeten Juden vergleicht man heute so gern mit dem der Deutschen, die der Krieg in eine ganz ähnliche Lage versetzt hat. Es wäre aber viel wichtiger, darauf zu achten, wie Deutschland die Verleumdung, den Hass und den ungezügelten Vernichtungswillen der Welt aufnimmt! Gibt es etwa seinen Gegnern stillschweigend recht? […] Dem Hass der Welt begegnet es mit dem unerschütterlichen Willen zum Siege […]. Solchem zuversichtlichen und kraftvoll ausschreitenden Optimismus muss der Sieg beschieden sein. Und damit ist auch uns Juden der Weg vorgezeichnet."[292]

Zum anderen wurde der Hinweis auf die Auslandspropaganda genutzt, um die eigene Loyalität mit Deutschland zu unterstreichen, da „der Hass der Umwelt kein Kriterium für unsere [die jüdische] Bewertung sein kann".[293]

291 Ebd., S. 3.
292 IdR, Juli 1917, S. 300*f.*
293 Glaube und Heimat, NJM, Heft 22, 25.8.1917, S. 629–641, hier S. 638. Fuchs, der sich dieses Vergleichs häufiger bediente, betonte dabei allerdings auch, dass der deutsche Antisemitismus einen nicht unbedeutenden Anteil an der negativen Propaganda gegen Deutschland hatte – und bestätigte damit zum Teil den Wahrheitsgehalt der gegen Deutschland vorgebrachten Anschuldigungen: „Würde der Antisemitismus nicht das deutsche Vaterland so schädigen und gefährden, wie er es – Gott sei es geklagt – tut […]."

Die Gemeinsamkeit unbegründeter Vorurteile, die in „Deutschenhass und Judenhass“ zum Ausdruck kamen, wurde schließlich als endgültiger Beleg gewertet, dass die rechtliche und gesellschaftliche Ungleichbehandlung deutscher Juden jeglicher Grundlage entbehre.[294] Zu Beginn des Krieges hatten die liberalen jüdischen Zeitungen das Ziel der vollständigen Gleichberechtigung, wenn überhaupt, als eine „Hoffnung“ formuliert.[295] Dagegen wurde sie in den letzten Kriegsjahren, vor allem auf den Seiten der *Neuen Jüdischen Monatshefte*, deutlich selbstbewusster eingefordert. So beendete Fuchs seine Vergleiche zwischen den Ausgrenzungen Deutschlands und der deutschen Juden mit der Feststellung: „die Zukunft soll und wird den Juden die Gleichberechtigung bringen.“[296] Deutlicher wurde nun auch darauf verwiesen, dass diese Gleichberechtigung nicht allein im Interesse der jüdischen Minderheit geschehen, sondern auch für die nichtjüdische Bevölkerung von Bedeutung sein würde. So konstatierte Sigbert Feuchtwanger in seiner Aufsatzreihe im Sommer 1917, dass es, in Bezug auf jüdische Rechte in Deutschland neben dem geschriebenen auch ein „ungeschriebenes“ Gesetz gäbe, das die tatsächliche Gleichstellung der jüdischen Minderheit in Deutschland verhindere. Feuchtwanger betonte, dass diese Benachteiligung nicht allein von der jüdischen Minderheit, sondern „[u]m des Staates willen“ behoben werden müsse. Als Begründung führte Feuchtwanger, ebenso wie zahlreiche Verfasser ähnlicher Beiträge, die Vorbereitung auf die „kommenden schweren Aufgaben“ an.[297] Was sich hinter diesen „Aufgaben“ verbarg, blieb weitgehend offen, sie konnten die zu erwartenden Kriegsfolgen für Deutschland ebenso wie die von jüdischer Seite erwartete antisemitische Propagandawelle nach Kriegsende betreffen.[298]

Die Zuversicht, mit der die Forderung nach Gleichberechtigung geäußert wurde, lässt sich auf die von Eugen Fuchs antizipierte, zunehmende Vorurteilslosigkeit der Regierenden zurückführen. Diese hatte er bereits während der CV-Hauptversammlung im Februar 1917 als positiven Kontrapunkt gegen die Erfahrung der „Judenzählung“ angeführt.[299] Auch wenn Fuchs sich der Tatsache bewusst war, dass sich „in den unteren Schichten des Heeres und der Bevölkerung [...] der Geist der Verhetzung“[300] bemerkbar machte, hielt er an der Einschätzung fest, dass im Falle einer rechtlichen und gesellschaftlichen Neuordnung nach Kriegsende auch die Stellung der jüdischen Minderheit Verbesserungen erfahren würde. Als zwingende Voraussetzung hierfür galt vor allem eines: die unbedingte Loyalität mit der jeweiligen gesetzgebenden Instanz.

[294] NJM, Heft 1, Oktober 1916, S. 3.
[295] Unter den Waffen, IdR, Nr. 9, September 1914, S. 343.
[296] Zur Aussprache, NJM, Nr. 1, Oktober 1916, S. 3.
[297] Grundsätzliches zur deutschen Judenfrage – Schluss, NJM, Nr. 21, 10. 8. 1917, S. 613–622, hier S. 615.
[298] Alle Zitate: Grundsätzliches zur deutschen Judenfrage – Fortsetzung, NJM, Nr. 20, 25. 7. 1917, S. 578–583, hier S. 581.
[299] Vgl. IdR, Februar 1917, S. 57.
[300] Glaube und Heimat, NJM, Heft 22, 25. 8. 1917, S. 640. Es ist wahrscheinlich, dass Fuchs ausschließlich die „unteren Schichten“ hervorhob, um seine Argumentation nicht zu torpedieren.

Dass sich jüdische Vereine und Einzelpersonen während des Krieges weiterhin auf ihre Ergebenheit gegenüber Kaiser und Vaterland beriefen, ist in den vorherigen Kapiteln deutlich geworden. Auch bei vereinsinternen Entscheidungen hatten die jüdischen Vertreter auf die – potenzielle – Wirkung, die diese auf die deutsche Reichsregierung und die allgemeine Bevölkerung haben konnten, besondere Rücksicht genommen. Dies wiederum wirkte sich unmittelbare auf die Berichte und Kommentare aus, die schließlich in der jüdischen Presse erschienen. Denn die unbedingte Loyalität äußerte sich vor allem in der Scheu vor konkreten politischen Zukunftsprognosen, die insbesondere in den letzten Kriegswochen die Berichterstattung der IdR prägte.[301] Jakob Scherek, der regelmäßige Kommentator der Rubrik „Umschau", hatte in der IdR-Septemberausgabe 1918, die bisher ausschließlich den deutschen Juden als notwendig anempfohlene Erwartungsdämpfung auf die gesamte deutsche Bevölkerung ausgeweitet. Den Schock der deutschen Bevölkerung über die verlustreichen Schlachten im Rahmen der Hunderttageoffensive begründete er mit dem „Vertrauen auf die Unüberwindlichkeit unseres Heeres" und folgerte: „Es war ein Fehler, nicht mit Rückschlägen zu rechnen." Ferner plädierte Scherek vorsichtig für einen Verständigungsfrieden. Er ließ keinen Zweifel an seiner Loyalität mit Deutschland – und seiner Überzeugung, dass es innerhalb des Kriegsgeschehens „den sittlichen Grund auf seiner Seite" hätte.[302] An dieser Einstellung änderte sich auch in der Oktoberausgabe nichts, er begrüßte die „politische Offensive" als notwendige Voraussetzung für einen Verständigungsfrieden, der letztlich ausschließlich an der Gegenposition der Ententemächte gescheitert sei.[303] Indem er sich auf die gesamte deutsche Bevölkerung bezog, vermied es Scherek, den Balanceakt zwischen unbedingter Loyalität mit Deutschlands Kriegspolitik und der Sehnsucht nach Frieden als genuin jüdisches Problem darzustellen, sondern als Erfahrung, die genauso für große Teile der gesamtdeutschen Bevölkerung galt.

Erschöpfende Prognosen über den zu erwartenden, unmittelbaren Kriegsfortgang fanden sich in keiner der jüdischen Zeitungen. Für Moshe Zimmermann dient diese Zurückhaltung als Beleg für die zögerliche „Entwicklung der Erwartungshaltung deutscher Juden". Die Beiträge ständen dabei repräsentativ für die Tatsache, dass der CV „noch sechs Wochen vor dem Waffenstillstand [...] jedes Wort der Militärführung" geglaubt hätte.[304] Auch Avraham Barkai verweist auf

301 Im Gegensatz zur IdR versuchten andere jüdische Zeitungen und Zeitschriften, jegliche Erörterung der Kriegslage insgesamt zu vermeiden. Während sich die NJM auf Berichte über die Lage der polnischen, russischen und galizischen Juden beschränkten (vgl. NJM, Nr. 1, 10. 10. 1918; Nr. 2, 25. 10. 1918), lauteten die Leitartikel der AZJ „Neue Wege zur Kantorenausbildung" (Nr. 43, 25. 10. 1918), „Gesamtverfassung der jüdischen Glaubensgemeinschaft in Preußen" (Nr. 44, 1. 11. 1918), „Der Geist des Judentums. Briefwechsel mit einem meiner zum Frontdienst abgehenden Schüler" (Nr. 45, 8. 11. 1918).

302 Umschau, IdR, Nr. 24, September 1918, S. 328f.

303 Umschau, IdR, Nr. 25, Oktober 1918, S. 377–380.

304 Moshe Zimmermann, Zukunftserwartungen deutscher Juden im Ersten Jahr der Weimarer Republik, in: Archiv für Sozialgeschichte 37, 1997, S. 55–72, hier S. 57. Auch wenn Zimmermanns Ansatz, Erwartungen systematisch zu untersuchen, mit dem Vorgehen der vorliegen-

die vermeintliche prognostische Kurzsichtigkeit des CV unmittelbar vor Kriegsende und führt als Beleg das fortgesetzte Beteuern der Kaisertreue an. Er bezieht sich dabei auf einen Aufruf, den der CV in der ersten Oktoberhälfte 1918 in Aushangform verbreitet hatte.[305] Neben der Forderung nach gesamtdeutscher Einigkeit und einem möglichst hoffnungsvollen Blick in die Zukunft erneuerte der CV hierin auch „das Gelübde unverbrüchlicher Treue zu Kaiser und Reich".[306] In der jüdischen Presse wurde der Appell weitgehend ignoriert.[307] Offenbar war es nicht im Sinne der weisungsgebenden CV-Mitglieder, sich in einer politisch derart unsicheren Situation, wie sie sich zwischen Oktober und Anfang November 1918 darstellte, mit solcher Bestimmtheit auf eine unbedingte Kaiserloyalität festzulegen. Trotzdem rechtfertigte sich der CV nach Kriegsende für die Entscheidung, überhaupt einen derartigen Aufruf veröffentlicht zu haben. Demnach hatte er zwar durchaus die Loyalität mit der bestehenden Staatsform zum Ausdruck bringen sollen, wobei „die Formel ‚für Kaiser und Reich' die Treu zum Vaterlande und zur Verfassung ausdrücken wollte". Darüber hinaus sollte der Aufruf vor dem antisemitisch motivierten Vorwurf schützen, dass sich die deutschen Juden, mit der potenziellen Niederlage Deutschlands konfrontiert, nun von ihrem Vaterland abgewandt hätten.[308] Der Appell sollte somit weder aufgrund seines geringen Verbreitungsradius noch der ihm zugrundeliegenden Intentionen als Beleg für die Loyalität des CV mit Kaiser Wilhelm II. oder als Spekulation auf den Erhalt der Monarchie in Deutschland gelesen werden.[309] Vielmehr steht er repräsentativ für die politischen Unsicherheiten der Herbstmonate 1918 und die daraus resultierende Politik der liberalen jüdischen Presse. Der Balanceakt zwischen klar artikulierter Hoffnung auf einen Verständigungsfrieden bei gleichzeitiger Loyalitätsbekundung gegenüber Regierung und Militärführung ist dabei als das Höchstmaß an Zukunftsdeutung zu lesen, die sich die liberalen Verbände und die dazugehörigen Zeitungen zugestanden. Schwerlich lässt sich hieraus eine unbedingte Hörigkeit gegenüber der Militärführung oder ein blindes Beharren auf das deutsche Kaisertum ableiten.

den Arbeit korrespondiert, verharrt er in einer Ex-post-Perspektive, der ihm den Vorwurf erlaubt, der CV hätte sechs Wochen vor dem Ende des Krieges Kenntnis über dessen Ausgang haben müssen.

305 Vgl. Barkai, Wehr Dich!, S. 101 f., insb. auch S. 403, Anm. 2. Konkrete Angaben zu Verbreitungsgebiet und Auflage dieses Aushanges bleiben ungenannt.

306 Ebd., S. 102.

307 In der CV-eigenen Zeitschrift IdR fand der Appell keine Erwähnung. In den NJM wurde er auf der letzten Seite der Ausgabe vom 25. Oktober in der die Ereignisse der letzten Wochen bilanzierenden Rubrik „Jüdische Chronik" abgedruckt. Hier fehlte der Absatz über die „unverbrüchliche" Kaisertreue vollständig. Vgl. Jüdische-Chronik, NJM, Nr. 2, 25. 10. 1918, S. 47 f., hier S. 48. Vgl. auch Barkai, Wehr Dich!, S. 403, Anm. 2.

308 War der C.V. untätig?, Mitteilungen des Syndikus des Centralvereins deutscher Staatsbürger jüdischen Glaubens (MdS), Nr. 1, 8. 2. 1919, S. 6.

309 Ebenfalls gegen eine zu übermütige Kaisertreue spricht die Berichterstattung der AZJ, die in ihrer Ausgabe vom 11. Oktober 1918 die Pläne zur Implementierung einer parlamentarischen Monarchie euphorisch unterstützte. Diese war deutlich mit der Erwartung an die daraus resultierende Demokratisierung Deutschlands verknüpft. Vgl. Von der Woche, AZJ, Nr. 41, 11. 10. 1918, S. 482 f.

Barkai verweist zusätzlich auf eine Kundgebung, die der CV am 2. November 1918 in Berlin abgehalten hatte. Hier hatte das Hauptvorstandsmitglied Hugo Sonnenfeld von den deutschen Juden ein „Farbe-Bekennen“ gefordert, in dem Barkai eine „Berufung auf den Kaiser und Hindenburg“ erkennt.[310] In den Redebeiträgen der Kundgebung, die vollständig in der Novemberausgabe der IdR abgedruckt wurden, findet sich jedoch weder eine Erwähnung Hindenburgs[311] noch eine direkte Loyalitätsbekundung gegenüber dem Kaiser.[312] Stattdessen wurde auf der von dem CV-Vorsitzenden Eugen Fuchs einberufenen Kundgebung von nahezu jedem Vortragenden die „Treue zum Vaterland und die Treue zur Glaubensgemeinschaft“ betont. Die Beiträge wiesen ein hohes Maß inhaltlicher wie struktureller Ähnlichkeiten auf. Trotz der von Fuchs zu Kundgebungsbeginn ausgegebenen Maxime, man wolle „nicht klagen, aber auch nicht anklagen“, nutzen die Referenten die Gelegenheit für einen emotionalen Blick auf die zurückliegenden Kriegsjahre. Dabei wurde deutlich, in welchem Maße sich das jüdische Kriegsnarrativ bereits verfestigt hatte, das sich ausschließlich aus Erwartung („Kaiserwort“) und Enttäuschung („Judenzählung“) zusammensetzte.[313] An diese teilweise drastischen Schilderungen – Hugo Sonnenfeld verglich die gegenwärtige Situation der deutschen Juden mit dem Mittelalter – schloss sich ein bedingungsloses Bekenntnis zur Vaterlandsliebe an. Argumentativ wurde dieser Dualismus mit Verweis auf den jüdischen Optimismus[314], die allgemein gehegte Hoffnung auf eine Zeit „größerer Freiheit“[315] und dem Einfordern der Staatsbürgerrechte gelöst.[316] Diese bereits während des Krieges häufig vorgebrachten Begründungen wurden durch das Bild des deutschen Judentums ergänzt, das sich „in dieser deiner schwersten Stunde“ schützend vor das Vaterland stellte.[317]

Als sich Fuchs abschließend an das Publikum wandte, verwies er auf eine Vielzahl von CV-Mitgliedern, die ihn zuvor überreden wollten, die Kundgebung zu verschieben, um „die Dinge sich erst einmal entwickeln zu lassen“. Fuchs sah diese Bedenken nicht bestätigt, ihm galt die Veranstaltung als Demonstration einer erfolgreichen *Selbst*versicherung über die Loyalität zu Deutschland. Hierzu trug

[310] Bakai, Wehr Dich!, S. 403, Anm. 2.

[311] Wenngleich sich Hindenburg offensichtlich als positive Identifikationsfigur vor wie nach Kriegsende eignete, so ließ sein Erlass an die deutsche Armee nach der Unterzeichnung des Waffenstillstandes Jakob Scherek „fast […] die Tränen in die Augen steigen“.

[312] Gleichwohl stammte der *einzige* indirekte Verweis auf Wilhelm II. während der gesamten Kundgebung tatsächlich von Goldfeld, der „Liebe zum Vaterland und Ehrfurcht vor dem König“ zum religiösen Gebot erhob. Vgl. Die Kundgebung des Centralvereins, IdR, Nr. 11, November 1918, S. 427–438, hier S. 480. Ferner besteht die Möglichkeit, dass die Beiträge vor dem Abdruck in der November-Ausgabe, zu dessen Zeitpunkt Kaiser Wilhelm II. bereits abgedankt hatte, von jeglicher Kaiserbekenntnis stillschweigend bereinigt worden waren.

[313] Insbes. in den Vorträgen von Hugo Sonnenfeld, Rabbiner Weiße und Alfred Apfel, vgl. ebd., S. 428–436.

[314] Vgl. ebd., S. 437.

[315] Ebd., S. 437

[316] Vgl. ebd., S. 435.

[317] Vgl. insb. die Beiträge von Franz Oppenheimer, Henriette May, Alfred Apfel und Eugen Fuchs, ebd., S. 431–437.

sowohl die Diversität der Vortragenden als auch die, zumindest in der IdR-Zeitschrift hervorgehobene hohe Zuschauerzahl bei.[318] In der zum Abwarten ratenden Haltung wird deutlich, dass eine derartige Kundgebung nicht allein der innerjüdischen Verständigung diente, sondern immer auch ein Signal an die deutsche Mehrheitsgesellschaft war – mit dem umsichtig umzugehen war. Derartige Bedenken spiegelten sich letztlich auch in den Beiträgen der Kundgebung. Der Schwerpunkt lag auf einem Rückblick auf die – mehrheitlich negativen – jüdischen Kriegserfahrungen. Mit den allgemein gehaltenen Bekenntnissen zu „Vaterland" und „Glaubensgemeinschaft" vermieden es die Vortragenden, konkrete Zukunftsszenarien und -erwartungen zu vermitteln. Zurückzuführen war dies auf die Unsicherheit der politischen Situation, in der sich Deutschland am 2. November 1918, dem Tag der Kundgebung, befand. Keine verlässliche Zukunftsprognostik geben zu können, warf die liberalen jüdischen Vereine und ihre Mitglieder auf die Grundpfeiler ihrer öffentlichen Darstellung zurück: die nach außen wie innen propagierte Loyalität mit Deutschland, ebenso wie die Notwendigkeit, Pessimismus und Resignation angesichts der Zeitumstände zu vermeiden.[319]

3.3 Negative Erwartungsbestätigung und Kriegserfahrung als Abwehrstrategie

In unterschiedlicher Intensität und Deutlichkeit war während des gesamten Krieges in jüdischen Zeitungen, wie in privaten Aufzeichnungen, die Hoffnung auf die rechtliche und gesellschaftliche Gleichstellung artikuliert worden. Als Philipp Scheidemann am 9. November 1918 die Republik ausrief, erfuhr diese Hoffnung eine grundlegende Transformation – von einer vorsichtig geäußerten Erwartungshaltung hin zu der Gewissheit, dass dieses lange eingeforderte Fernziel nun in greifbare Nähe gerückt sei. Diese Einschätzung spiegelte sich in den ersten Berichten jüdischer Zeitungen, die sich mit der neuen Regierungsform auseinandersetzten. In den NJM verwies Moritz Rosenthal im November 1918 auf die neue Regierung, um zu belegen, dass die jüdische Gleichberechtigung nunmehr als gesichert gelten dürfe. Für den Abwehrkampf gegen den Antisemitismus bedeute dies folglich, dass er „seine bisherige Bedeutung verlieren" würde.[320] Eine ähnlich

[318] Immerhin kam unter den Rednern auch die Frauenrechtlerin und Vorstandsmitglied des JFB Henriette May und der Vertreter der Jugendorganisation, Alfred Apfel, zu Wort. Scherer griff in der IdR-Zeitschrift die Beschreibung aus dem *Israelitischen Familienblatt* (IF) auf, nach der „die Mitgliederversammlung […] zur Volksversammlung geworden" war. Umwälzung und Kriegsende, IdR, Nr. 11, November 1918, S. 417–427, hier S. 420.

[319] Demnach sollte mit Urteilen wie „hope predominated over fear during this critical period, at any rate as far as opinion-leaders were concerned" vorsichtig umgegangen werden. Die Diskussionen über eine angemessene Reaktion auf die „Judenzählung" haben in diesem Zusammenhang bereits belegt, dass öffentliche Bekenntnisse nicht notwendigerweise die Ansichten jener widerspiegelten, die sie vorbrachten. Vgl. Peter Pulzer, Between Hope and Fear: Jews and the Weimar Republic, in: Wolfgang Benz (Hrsg.), Jüdisches Leben in der Weimarer Republik, Tübingen 1998, S. 271–281, hier S. 273.

[320] Die Revolution, NJM, Nr. 3/5, 10./25. 11/ 10. 12. 1918, S. 49–51, hier S. 50.

gelagerte Einstellung vertrat Hermann Becker in der AZJ. Er sei „nicht so optimistisch zu glauben, dass die Kreise, die bisher die Staatsgeschäfte geleitet haben, sofort verschwinden werden". Trotzdem verließ er sich auf den Einfluss der neuen Regierung, der den „mittelalterliche[n] Spuk" beenden konnte.[321] Beide Beiträge sind in der Literatur häufig als Belege für die gesteigerte Erwartungshaltung deutscher Juden nach Kriegsende angeführt worden.[322] Tatsächlich blieben diese Einschätzungen, die allein aufgrund der neuen Regierungsform und Regierung ein vollständiges Verschwinden des Antisemitismus in Aussicht stellten, zeitlich auf die ersten Wochen nach Kriegsende beschränkt.

Bereits mit Jahreswechsel mehrten sich die Stimmen, welche die negativen Prognosen aus der Zeit vor dem Kriegsende bestätigt sahen. In der Januar-Ausgabe der NJM bemühte sich Eugen Fuchs, die Frage „Was nun?" zu beantworten. Er konstatierte, dass „die Herrschaft von Adel, Militarismus und Bürokratismus" gebrochen sei, und der Antisemitismus sich folglich auf den „Lärm der Presse und der Gasse" zurückgezogen hätte. Trotzdem kam er bei der Analyse einzelner Parteien und ihrer Einstellung zum Judentum zu ernüchternden Ergebnissen. Wenngleich „überaus beschämend", so war es für Fuchs nicht überraschend, dass die rechtsstehenden Parteien „im Antisemitismus die Wahlparole" gefunden hatten und ihre, im Krieg begonnenen Bemühungen fortsetzten, sämtliche negativen Erfahrungen, allen voran den Kriegsausgang, den deutschen Juden anzulasten. Von größerer Bedeutung erschien Fuchs allerdings die Frage nach der Einstellung der *Demokratischen Partei* (DDP), die sich ihrem Profil nach durchaus als politische Heimat für eine große Zahl liberal eingestellter deutscher Jüdinnen und Juden zu eignen schien.[323] Fuchs hinterfragte diese Entscheidung mit Verweis auf einen Wahlaufruf des DDP-Bezirksvereins West-Priegnitz. Dieser hatte anempfohlen, dass, wenn Juden auch nicht der Parteieintritt verweigert werden könne, sie zumindest keine führenden Positionen in der Partei besetzen sollten. Auch wenn die Zentralstelle diesen Vorschlag abgelehnt hatte, sah Fuchs hierin das Paradebeispiel für „das Gebaren gewisser Parteikreise, antisemitischen Volksströmungen und taktischen Rücksichten zuliebe, den Juden die Gleichberechtigung versagen zu müssen". Mit dem Verweis auf antisemitische Strömungen, die auch in ausgewiesen demokratischen Parteien vorhanden waren, unterschied sich Fuchs' Einstellung deutlich von den optimistischen Einschätzungen Rosenthals und Beckers. Aus seinen Beobachtungen folgerte Fuchs, dass es vor allem im Verantwortungsbereich der demokratischen Parteien lag, wenn sich deutsche Juden von ihnen ab- und beispielsweise den Sozialdemokraten zuwandten. Gleichzeitig richtete er sich gegen jüdische Stimmen, die den jüdischen Mitgliedern linker Parteien nahelegten, sich nicht an politisch zu exponierten Stellen zu begeben, „um nicht den Unwillen der Antisemiten zu erregen". Fuchs sprach sich energisch gegen diese

321 Was erwarten wir Juden von der demokratischen Regierung?, AZJ, Nr. 47, 22. 11. 1918, S. 551–553, hier S. 552.

322 Vgl. bspw. Hecht, Weimarer Republik, S. 72f.

323 Vgl. Martin Liepach, Das Wahlverhalten der jüdischen Bevölkerung in der Weimarer Republik, Tübingen 1996, S. 119–122.

Versuche aus, den zunehmenden Antisemitismus mit der herausragenden Stellung linker Politiker mit jüdischen Wurzeln zu begründen. Allen voran in der AZJ wurde diese Erklärung wiederholt mit der Aufforderung zu einem gemäßigteren Auftreten deutscher Juden in der Öffentlichkeit verknüpft.[324] In der Forschungsliteratur nehmen diese Ermahnungen einen prominenten Platz ein. Häufig werden sie als Zugeständnisse angeführt, die von jüdischer Seite gegenüber den antisemitischen Vorurteilen gemacht wurden.[325] Das Hervorheben dieser vielzitierten Beispiele führt jedoch zu dem irrigen Eindruck, dass die deutschen Juden die Verantwortung für den zunehmenden Antisemitismus nach Kriegsende *ausschließlich* ihren plötzlich derart politisch exponierten Glaubensgenossen[326] anlasteten. Es verstellt darüber hinaus den Blick auf den Einfluss, den die judenfeindlichen Erfahrungen *während* des Weltkrieges auf die Einschätzung und Abwehr des Antisemitismus *nach* Kriegsende hatten.

Mit der Ausrufung einer demokratischen Republik schien es nur eine Frage der Zeit, wann die vollständige formale Gleichberechtigung der deutschen Juden gesetzlich festgeschrieben würde. Diese Einschätzung galt innerhalb des deutschen Judentums als konsensfähig. Wenngleich die Prognose der bevorstehenden Gleichberechtigung von der jüdischen Minderheit begrüßt wurde, stand diese Reaktion in keinerlei Verhältnis zu der Dringlichkeit, mit der sie während des Krieges immer wieder eingefordert worden war. Dies hatte mehrere Gründe. Zunächst lässt sich die Gesamtsituation anführen, in dessen Rahmen die Gleichberechtigung ermöglicht wurde: der Krieg war verloren, Deutschland sah sich mit den Konsequenzen des Versailler Vertrages konfrontiert. Darüber hinaus war von den jüdischen Organisationen, insbesondere in der zweiten Kriegshälfte, fortgesetzt betont worden, dass die *rechtliche* Gleichstellung nicht notwendigerweise die *gesellschaftliche* bedeute und sich das deutsche Judentum auf eine Welle antisemitischer Propaganda nach Kriegsende vorzubereiten hatte. Als diese tatsächlich unmittelbar nach Kriegsende in Teilen Deutschlands einsetzte, bestätigten sich die Schlussfolgerungen, die Verbände wie Einzelpersonen aus ihren Beobachtungen und Erfahrungen während des Krieges gezogen hatten. Bereits hier war das Einfordern gleicher Rechte zunehmend mit der Feststellung verknüpft worden, dass nur die Gleichberechtigung eine verlässliche Grundlage gegen eine Abwehr antisemitischer Angriffe bilden würde. Die rechtliche Gleichstellung bildete demzufolge nicht länger das eigentliche Ziel und den Fixpunkt, auf den sich jüdische Hoffnungen richteten. Das Zugestehen der vollen Staatsbürgerrechte galt vielmehr als notwendige Grundlage für die Abwehr tatsächlicher wie antizipierter

[324] Vgl. Die Woche, AZJ, Nr. 49, 6.12.1918, S. 579–582, hier S. 580; Die Woche, AZJ, Nr. 50, 13.12.1918, S. 590f., hier S. 591.

[325] Vgl. Werner Angress, Juden im politischen Leben der Revolutionszeit, in: Georg Mosse (Hrsg.), Krieg und Revolution, Tübingen 1971, S. 137–316, hier S. 307f.

[326] Wenngleich diese sich mehrheitlich nicht vorrangig als Juden verstanden und häufig längst die jüdische Glaubensgemeinschaft verlassen hatten. Vgl. Helga Grebing, Jüdische Intellektuelle in der deutschen Arbeiterbewegung zwischen den beiden Weltkriegen, in: AfS 37 (1997), S. 19–38, hier S. 19–21.

antisemitischer Angriffe. Diese Einschätzung mag den politischen wie gesellschaftlichen Umständen unmittelbar nach Kriegsende, allen voran der judenfeindlichen Propagandawelle, geschuldet gewesen sein. Vor allem in Bezug auf die Kommunikationsstrategien jüdischer Vereine ist sie jedoch als Erfahrungs- und Lernprozess während des Krieges zu verstehen.

Symptomatisch für diese Einstellung ist die verhaltene Kommentierung, mit der jüdische Zeitungen und Zeitschriften auf die Veröffentlichung der Weimarer Verfassung im August 1919 reagierten. So äußerte der Berliner Anwalt Leo Hirschberg in einer der wenigen ausführlichen Analysen der neue Verfassung deutliche Skepsis, ob sich die deutschen Juden auf die darin verankerten Rechte wirklich verlassen könnten: „Werden alle diese Normen wirklich so ausgeführt [und] werden die Rechtssätze nicht wie früher durch Verwaltungsgrundsätze aufgehoben, gewinnen sie wirkliches Leben, dann ist eine Rechtsgrundlage geschaffen, auf der das Judentum sich frei entfalten kann."[327] Die einschränkenden Verweise begründeten sich zum einem in der Erfahrung mit der bisherigen Umsetzung verfassungsmäßigen Rechts im Deutschen Reich. Zum anderen belegten die beiden Aufsätze, die Hirschbergs Analyse in der IdR-Ausgabe im Oktober 1919 einrahmten, dass diese Skepsis auch in einem demokratischen System nach wie vor angebracht erschien. Der Aufmacher der Ausgabe berichtete über Bemühungen völkischer Kreise, die Berechtigung des Antisemitismus nachzuweisen, während im Anschluss an die Ausführungen Hirschbergs statistisches Material aufbereitet wurde, um die adäquate Beteiligung deutscher Juden innerhalb der Kriegsgesellschaften nachzuweisen.[328] Allein aufgrund der Auswahl und Anordnung der Beiträge sowie des verhaltenen Urteils über die neue Verfassung, unterstrich die IdR-Zeitschrift die Einschätzung, dass auch die erste Demokratie Deutschlands (noch) keinen umfassenden Schutz gegen antisemitische Angriffe bot.

Dabei hoben die Berichte in jüdischen Zeitungen und Zeitschriften, in denen die „antisemitische Welle" thematisiert wurde, durchaus hervor, dass sie diese Entwicklung bereits während des Krieges prophezeit hatten. Auf diesen Verweis folgte häufig auch die Feststellung, dass die tatsächlichen Ausmaße judenfeindlicher Propaganda die vor Kriegsende antizipierten bei weitem überschritten. Dies lag zum einen an der Quantität, dem Verbreitungsradius und der zunehmend gewaltbereiten Rhetorik antisemitischer Pamphlete, Zeitungen und Agitatoren, zum anderen an der Diversität der Anschuldigungen.[329] Sie beschränkten sich nicht mehr ausschließlich auf das Klischee des jüdischen „Drückebergers" und „Kriegswucherers", sondern waren beliebig erweiterbar auf den Vorwurf der jüdischen Verantwortung für den Kriegsausbruch und die Kriegsdauer mit ihren wirtschaft-

327 Religion und Religionsgesellschaften in der Verfassung des deutschen Reiches vom 11. August 1919, IdR, Nr. 10, Oktober 1919, S. 408–417, hier S. 417.

328 Vgl. Kampf, IdR, Oktober 1919, S. 405–408; Juden und Kriegsgesellschaften – eine Statistik, ebd., S. 418–420.

329 Vgl. „Die ‚Schuld' der Juden", IdR, Nr. 1, Januar 1919, S. 1–11, hier S. 2 f.; Die Pogromhetze, IdR, Nr. 7–8, Juni–August 1919, S. 289–299, hier S. 289; der Aufsatz wurde in erweiterter Form auch als Broschüre herausgegeben: Alfred Wiener, Vor Pogromen?, Berlin 1919.

lichen Folgen, für die Niederlage und die revolutionären Ausschreitungen in Deutschland.[330] Trotz der massiven Ausdehnung der Anschuldigungen hielten jüdische Vereine und Einzelpersonen strukturell wie inhaltlich an den Abwehr- und Argumentationsstrategien fest, die sie während des Krieges entwickelt und erprobt hatten.

Nach wie vor stand bei der Beweisführung gegen jegliche Form antisemitischer Unterstellung die Bewährung jüdischer Soldaten während des Krieges im Mittelpunkt. Der *Ausschuss für jüdische Kriegsstatistik*, in dem seit dem Frühjahr 1915 die statistischen Informationen über jüdische Soldaten zusammenliefen, legte jedoch erst im Mai 1921 eine umfängliche Statistik vor. Diese zeitliche Verzögerung ergab sich zum einen durch die Probleme der Materialbeschaffung, die sich auch durch die zahlreichen Aufrufe in jüdischen Zeitungen während und nach dem Kriege nicht beheben ließ. Zum anderen war das späte Erscheinungsdatum auf die Akribie zurückzuführen, mit welcher der hauptverantwortliche Statistiker Jacob Segall, einer der Direktoren des *Bureau für Statistik der Juden*, die Informationen zusammentrug und auswertete.[331] Das Missverhältnis zwischen der zeitlich aufwendigen Beschaffung umfänglicher und stichhaltiger Ergebnisse und der Notwendigkeit einer möglichst schnellen Publikation in den Jahren nach Kriegsende trat immer deutlicher hervor. Gegenüber den Anfragen von Mitgliedern aus den beteiligten Vereinen, die für ihre Abwehrarbeit endlich konkrete Zahlen forderten, konnte immerhin auf den statistischen Aufwand und die unbedingte Verlässlichkeit der Zahlen verwiesen werden.[332] Um eine überstürzte und fehlerhafte Herausgabe zu verhindern, hatten die am Ausschuss beteiligten Organisationen den Beschluss gefasst, erst nach Abschluss der vollständigen Materialauswertung die Ergebnisse zu veröffentlichen.[333] Damit wurde explizit auf die in den Ausschusssitzungen wiederholt geforderte „propagandistische Ausnutzung von Einzelfällen“ verzichtet.[334]

Der Druck auf den Ausschuss erhöhte sich ab Januar 1920 deutlich. Bis dahin waren die Beschuldigungen aus dem antisemitischen Lager allgemein gehalten worden, doch nun verbreiteten sich zunehmend Berichte in völkischen Zeitungen, die auf der Grundlage vermeintlicher statistischer Evidenz die „Drückebergerei“ deutscher Juden während des Krieges belegten.[335] Eine größere Bekanntheit

330 Exemplarisch: „Die ‚Schuld‘ der Juden“, IdR, Nr. 1, Januar 1919, S. 1–11.

331 Protokoll des Ausschusses für Kriegsstatistik, 23. 6. 1920, CJA, 1, 75, C Ve 1, Nr. 12845, Bl. 127–129, hier bes. Bl. 128.

332 Protokoll der Sitzung des geschäftsführenden Ausschusses des VdJ, 16. 10. 1918, CJA, 1, 75, C Ve 1, Nr. 12850, Bl. 29

333 Protokoll der Sitzung des geschäftsführenden Ausschusses des VdJ, 4. 1. 1920, CJA, 1, 75, C Ve 1, Nr. 12850, Bl. 30.

334 Dabei wären idealerweise die jüdischen Korporationen herausgestellt worden, die „sich in ganz hervorragender Weise freiwillig am Kriege beteiligt und große Verluste erlitten“ hatten. Siehe Protokoll des Ausschusses für Kriegsstatistik, CJA, 1, 75, C Ve 1, Nr. 12845, Bl. 126.

335 Vgl. bspw. Hans Friedrich, Die Juden im Heere, München 1920. Sein Aufsatz wurde in verschiedenen völkischen Publikationen wiedergegeben und besprochen sowie als Flugblatt herausgegeben. Vgl. Die Juden im Heer, IdR, Nr. 1, Januar 1920, S. 2–10, hier S. 3.

erreichte die von Alfred Roth unter dem Pseudonym Otto Armin herausgegebene Schrift „Die Juden im Heere. Eine statistische Untersuchung nach amtlichen Quellen". Roth, jahrelang Mitglied des *Reichshammerbundes*, war zum Zeitpunkt der Publikation Hautgeschäftsführer des *Deutschvölkischen Schutz- und Trutzbundes* (DVSTB). Bei den „amtlichen Quellen" handelte es sich Roth zufolge um die Zahlen, die im Zuge der „Judenzählung" beim Kriegsministerium eingegangen waren. Tatsächlich bestätigte das Kriegsministerium nach mehreren Anfragen des CV, dass es sich um das entsprechende Material handelte. Das Ministerium machte keine weiteren Angaben darüber, warum das Material ausgerechnet einem überzeugten Antisemiten zugänglich gemacht worden war. Der Vorgang selbst wurde als Fahrlässigkeit ohne bedeutende Konsequenzen dargestellt. Innerhalb des CV galt diese vermeintliche Fahrlässigkeit als deutlicher Beleg für die Kontinuität eines latenten Antisemitismus innerhalb des Kriegsministeriums, der Weltkrieg und Demokratisierungsprozess überdauerte.[336] Wie weiter oben gezeigt, konnten die im Zuge der „Judenzählung" zusammengetragenen Zahlen keinerlei Anspruch auf Vollständigkeit erheben. Dementsprechend konnte es auch nicht verwundern, dass Roth in seiner Auswertung zu dem Ergebnis kam, dass der Anteil deutscher Juden im Heer hinter dem Anteil an der deutschen Bevölkerung zurückgeblieben sei.

Für das Selbstverständnis des CV war es unmöglich, die Ausführungen Roths unwidersprochen zu lassen. In der Januarausgabe trug die IdR-Zeitschrift statistische Gegenargumente gegen die Zahlen Roths zusammen. Damit wandte sich die Redaktion gegen den ursprünglichen Beschluss des Kriegsstatistikausschusses, wobei sie vom VdJ Rückendeckung erhielt. Dessen geschäftsführende Mitglieder hatten mit Blick auf die „judengegnerische Presse" festgestellt, dass sich der CV „erfreulicherweise [...] über diesen Beschluss bereits hinweggesetzt und erforderliches erwidert" hätte. Insgesamt unterstrich Roths Veröffentlichung die Dringlichkeit, mit der das Zahlenmaterial von jüdischer Seite benötigt wurde. Im Mai 1921 erschien schließlich der von Segall herausgegebene Band „Die deutschen Juden als Soldaten im Kriege 1914-1918". Die hierin veröffentlichten Ergebnisse widersprachen den Zahlen Roths und korrigierten diese deutlich nach oben.[337] Neben den unterschiedlichen Intentionen, die beiden Studien zugrunde lagen, ließen sich die divergierenden Ergebnisse auf die jeweilige Materialsammlung zurückführen. Das von Roth genutzte und während der „Judenzählung" zusammengetragene Material bildete eine Momentaufnahme vom November 1916 und war von der Sorgfalt der jeweils Verantwortlichen in den Schreibstuben abhängig gewesen. Segalls Ergebnisse beruhten dagegen auf Informationen, die den verschiedenen am Ausschuss für die Kriegsstatistik beteiligten Organisationen zugegangen waren. Darüber hinaus hatte Segall, trotz akuter Geldnot, Mitarbeiter in jüdische Gemeinden entsandt, um weiteres Material zu beschaffen sowie die

336 Dies war umso überraschender, da das Kriegsministerium noch während des Krieges bestimmt hatte, das Material nicht zu veröffentlichen. Vgl. hierzu ausführlich Rosenthal, Ehre, S. 116–124, insb. S. 122f.

337 Ein detaillierter Vergleich findet sich bei Rosenthal, Ehre, S. 119.

bereits vorliegenden Zahlen einer nochmaligen Prüfung zu unterziehen. Obwohl auch die Studie Segalls einige Leerstellen aufweist[338], liefert sie aufgrund der Materialdichte und der wissenschaftlichen Expertise der Verantwortlichen die zuverlässigeren Ergebnisse. In den folgenden Jahren bildeten diese – allen voran die Zahl der 12 000 gefallenen Frontsoldaten – die Grundlage jeglicher Abwehr gegen das Vorurteil der „jüdischen Drückebergerei" und ein zentrales Argument für die Loyalität des deutschen Judentums.[339] Gleichwohl fiel bereits die im Vorwort der Broschüre vorgebrachte Einschätzung über die Wirkmacht des Materials defensiv aus. Für Heinrich Silbergleit, der als Leiter des Statistischen Amts in Berlin die Arbeit Segalls unterstützt hatte, boten die Ergebnisse in erster Linie für die allgemeine Kriegsgeschichte „interessierende Aufschlüsse". Erst an zweiter Stelle sah er durch sie „den Nachweis [erbracht], dass auch die Juden ihre Pflicht in vollem Maße getan haben". Die jahrelangen Bemühungen um den stichhaltigen Beleg über das Engagement jüdischer Soldaten im Weltkrieg resultierte so in einer apologetischen Paraphrasierung der Worte, derer sich bereits Kriegsminister von Stein im Frühjahr 1917 bemüht hatte, um die Debatte über die „Judenzählung" zu beenden. Die Existenz der „statistischen Untersuchung" Roths reichte dagegen aus, um auf völkischer Seite das Verdikt des jüdischen Feiglings, versehen mit der vermeintlichen statistischen Legitimität der „amtlichen Quellen", aufrechtzuerhalten und weiterhin in die deutsche Gesellschaft zu tragen.

Das jüdische Kriegserlebnis spielte allerdings nicht nur in quantitativer Hinsicht eine bedeutende Rolle in der nach Kriegsende einsetzenden Abwehr- und Aufklärungsarbeit. Auch die zahlreichen Broschüren und Flugblätter, die von jüdischer Seite der antisemitischen Propaganda entgegengesetzt wurden, rekurrierten weiterhin auf das Engagement deutscher Juden während des Weltkrieges. Insbesondere traf dies auf die Beiträge ehemaliger Feldrabbiner zu, die sich an dem Diskurs um die korrekte Einschätzung von und die adäquate Auseinandersetzung mit Antisemitismus nach Kriegsende beteiligten und dabei häufig auf ihre persönlichen Kriegserfahrungen zurückgriffen. So hielt beispielsweise Georg Salzberger auch unmittelbar nach dem Krieg an seiner im Zuge der „Judenzählung" entwickelten Lesart des jüdischen Kriegserlebnisses fest. In seinem Vortrag „Die innere Wandlung unserer jüdischen Feldgrauen", über den das *Frankfurter Israelitische Familienblatt* Ende November 1918 berichtete, gruppierte er die Erfahrungen jüdischer Soldaten ausschließlich um die Begriffe der anfänglichen „große[n] Hoffnung" und bald hierauf folgenden „Enttäuschung", die sich insbesondere in der Erfahrung der „Judenzählung" manifestiert hätte. Der Verweis auf die „innere Wandlung", die er in der Folge der „Judenzählung" bei jüdischen Soldaten beobachtet hatte, erlaubte es Salzberger, seine Aufmerksamkeit weg von der Frage nach

338 Es lagen beispielsweise keine Ergebnisse aus Posen, Elsass-Lothringen und Hamburg vor. Vgl. Rosenthal, Ehre, S. 119.

339 Vor allem ab der zweiten Hälfte der 1920er Jahre wurde dieses Argument verstärkt von CV und den im Januar 1919 gegründeten *Reichsbund jüdischer Frontsoldaten* (RjF) in der Aufklärungs- und Abwehrarbeit eingesetzt. Vgl. Grady, Soldiers, insb. S. 127–129; Dunker, Reichsbund, S. 70–77.

der Akzeptanz der jüdischen Minderheit durch die deutsche Mehrheitsgesellschaft und hin zu einer Erneuerung des Judentums zu wenden. Diese nicht nur von ihm hervorgehobene[340] Verschiebung von Erwartungen ermöglichte eine positive Lesart der negativen Erfahrungen während des Krieges.[341]

Der vormalige Feldrabbiner Bruno Italiener zog andere Handlungskonsequenzen aus seinen Kriegs- und Nachkriegserfahrungen. Im Frühjahr 1920 erschien die erste Auflage der von ihm zusammengestellten „Waffen im Abwehrkampf". Im Vorwort wandte er sich explizit an die ehemaligen jüdischen Soldaten, allen voran an jene, die er in seinen „Ansprachen mit der Hoffnung erfüllt [hatte], Eure Opfer würden nicht vergeblich sein". Hervorhebenswert an diesem Eingeständnis ist, dass Italiener als einer der ersten Feldrabbiner gegenüber dem VdJ im Frühjahr 1915 erklärt hatte, dass er an eine grundlegende Gleichberechtigung und Akzeptanz jüdischer Soldaten nicht glaubte.[342] Sein Eingeständnis „Die Hoffnung trog!" legt jedoch nahe, dass es Italiener während des Krieges dauerhaft vermieden hatte, diese Einstellung gegenüber jüdischen Soldaten oder seiner Heimatgemeinde zu äußern. Auch nach dem Krieg sah Italiener davon ab, seine gegenüber dem VdJ geäußerten, negativen Einschätzungen über die Chancen einer tatsächlichen Gleichberechtigung der jüdischen Minderheit in die Öffentlichkeit zu tragen. Stattdessen vertrat er in seiner Broschüre die Meinung, dass die Mehrzahl vermeintlich überzeugter Judengegner lediglich von radikalen Antisemiten verhetzt worden war und durch rationale Argumentation „in politischen Versammlungen, auf der Eisenbahn, in Gesellschaft" aufgeklärt werden könne.[343] Um die Notwendigkeit der Abwehrarbeit zu unterstreichen, griff Italiener auf die Metapher vom „Krieg nach dem Kriege" zurück. So wurde der Abwehrkampf zu einem „Bruderkrieg" stilisiert. Diesen sollten insbesondere die ehemaligen jüdischen Soldaten aufnehmen, von denen Italiener überzeugt war, dass sie nach den Grauen des Krieges nun „auch mit diesem Abwehrkampf fertig werden" würden. Mit Verweis auf die toten deutschen Soldaten, egal ob christlich oder jüdisch, leitet er einen weiteren Beleg für die Legitimation der Abwehrarbeit ab. Da sie „für ein innerlich geeintes deutsches Volk" gefallen seien, schände die „Meute, die uns jetzt ankläfft [...] auch ihren Namen".[344] Bei dieser Einschätzung handelte es sich um eine Abwandlung des Arguments, dass auch die Mehrzahl der deutschen Bevölkerung dem Antisemitismus – wenngleich stillschweigend – so doch generell ablehnend gegenüberstand. Italiener erweiterte so den Kreis der vom Antisemitismus Betroffenen faktisch auf jüdische wie nichtjüdische Deutsche. Gleichzeitig ließ er keinen Zweifel daran, dass den deutschen Juden auch weiterhin die Hauptlast der Aufklärung und Abwehr zufallen würde.

340 Vgl. die identische Argumentation bei dem ehemaligen Feldrabbiner Reinhold Lewin, Der Krieg als jüdisches Erlebnis, MGWJ, Nr. 1, 1919, S. 1–14, hier S. 8.

341 Alle Zitate: Die innere Wandlung unserer jüdischen Feldgrauen, Frankfurter Israelitisches Familienblatt, Nr. 46, 29. 11. 1918, S. 3.

342 Vgl. Kap. I.2.1.

343 Bruno Italiener, Waffen im Abwehrkampf, Berlin 1920, S. 97.

344 Italiener, Waffen, S. 6.

Leopold Rosenak dagegen adressierte seine Broschüre „Wahrheit und Gerechtigkeit“ explizit auch an ein nichtjüdisches Publikum. Rosenak, der nach dem Ende des Krieges wieder sein Rabbinat in Bremen übernommen hatte, bemerkte gleich zu Beginn seiner Abhandlung, dass die seit Kriegsende auch in Bremen verbreitete antisemitische Agitation „Abscheu aller gesitteten Bürger Bremens“ generierte. Auf den folgenden Seiten trug er sämtliche Argumente zusammen, die während des Krieges fortgesetzt von jüdischer Seite gegen den Antisemitismus vorgebracht worden waren – allen voran der Vergleich mit dem von der Entente geschürten Deutschlandhass, der Verweis auf längst widerlegte, mittelalterliche Vorurteile und die schmachvolle Erfahrung der „Judenzählung“.[345] Seine Ausführungen beendete Rosenak mit einer Reihe von Zitaten nichtjüdischer Politiker und Geistlicher, die sich ebenfalls gegen den Antisemitismus aussprachen. Neben Beispielen von Kaiser Friedrich, Tolstoi und Friedrich Naumann maß Rosenak dem Schreiben des Dompredigers Oscar Mauritz besondere Bedeutung bei. Dieser hatte sich direkt an Rosenak gewandt, um seiner Empörung über die antisemitischen Umtriebe Ausdruck zu verleihen. Womöglich bestärkt durch das Schreiben Mauritz’ hatte Rosenak seine Broschüre einer Reihe ihm bekannter nichtjüdischer Persönlichkeiten zukommen lassen, unter anderem auch Erich Ludendorff und Paul von Hindenburg. Beide hatte Rosenak während seines Diensts als Feldrabbiner kennengelernt, dem er seit Mai 1916 auch im Hauptquartier Ober-Ost nachgegangen war.[346] Obwohl das Anschreiben, das er den Broschüren beilegte, nicht überliefert ist, lässt sich aus den Antworten ableiten, dass Rosenak die Übersendung mit dem Wunsch verband, die Empfänger mögen sich an einer öffentlichen Verurteilung des Antisemitismus beteiligen. Während sich Ludendorff in seinem Antwortschreiben für die „kleine Schrift“ bedankte, eine baldige Lektüre aus Zeitnot aber ausschloss, äußerte sich Hindenburg freimütiger auf das Gesuch des Rabbiners. Wenngleich er betonte, sich generell nicht in politische Debatten einzumischen, ließ er an seiner persönlichen Überzeugung keinen Zweifel. Hindenburgs Ansicht nach würden die „nachteiligen Handlungen schlechter jüdischer Elemente [...] doppelt schwer empfunden, weil sie hauptsächlich auf wirtschaftlichem und politischem Gebiet begangen und häufig durch reiche Geldmittel unterstützt werden“. Auf Hindenburgs Empfehlung sollte Rosenak vorzugsweise dazu beitragen, „dass sich Ihre anständigen Glaubensgenossen von den Übeln lossagen und um deren Besserung bemühen. Dann wird man aufhören, für die Fehler leider nicht weniger Einzelner die ganze Rasse verantwortlich zu machen.“[347] In seinem Schreiben bekräftigte Hindenburg folglich die antisemitischen Vorurteile über die finanziellen, politischen und wirtschaftlichen Einflussmöglichkeiten des Judentums, um deren Widerlegung sich Rosenak in seiner Broschüre unter anderem bemüht hatte. Hindenburgs Weigerung, sich gegen antisemitische Umtriebe zu äußern, war bereits während des Krieges in seinem

345 Leopold Rosenak, Gerechtigkeit und Wahrheit, Bremen 1919, S. 3, 7–10.
346 Vgl. Hank/Simon/Hank (Hrsg.), Feldrabbiner, S. 141.
347 Hindenburg an Rosenak am 23.02.1921, Leopold Rosenak Collection, LBI, F2911.

Briefwechsel mit dem Bruder von Georg Meyer deutlich geworden. Dass sich jüdische Persönlichkeiten und Instanzen immer wieder an ihn in der Hoffnung wandten, er würde den Antisemitismus mit deutlichen Worten verurteilen, mag darin begründet liegen, dass seine Ansichten, die er in privaten Schreiben zum Ausdruck brachte, nicht in die Öffentlichkeit gelangten.[348] Anzunehmen ist jedoch, dass Rosenak zumindest den CV, dessen engagiertes Mitglied er war, über den Brief und die darin offenbarten Ansichten informierte. Trotzdem minderte dies Hindenburgs Ansehen und das Vertrauen in seine moralische Integrität auf jüdischer Seite nicht.

Die unverrückbar positive Wahrnehmung Hindenburgs und die einleitenden Bemerkungen in den Abwehrbeiträgen von Italiener und Rosenak stehen damit repräsentativ für die von den liberalen Vereinen ausgegebene öffentliche Einschätzung des Antisemitismus zu Beginn der Weimarer Republik. Sie ging auf das Dilemma zurück, mit der sich insbesondere der CV konfrontiert sah: Auf der einen Seite musste der deutlich sichtbar werdende Antisemitismus thematisiert und auf seine Gefahren hingewiesen werden. Auf der anderen Seite sollte der Eindruck vermieden werden, dass es sich hierbei um eine weitverbreitete und fest gefügte Einstellung innerhalb der deutschen Mehrheitsgesellschaft handelte.[349] Dementsprechend wurde in den Abwehrbroschüren immer wieder darauf hingewiesen, dass es nicht nur eine Vielzahl nichtjüdischer Deutscher gab, die den Antisemitismus verachteten, sondern dass es sich auch bei vermeintlich überzeugten Judenfeinden oft lediglich um „Verhetzte" handelte, deren Einstellung durch Aufklärung entgegengewirkt werden konnte – und musste. Dieser Dualismus entsprach zwar a priori den Grundüberzeugungen liberaler Vereine, gleichzeitig spiegelte er auch die Erfahrungen jüdischer Soldaten. Immerhin hatte der Krieg dazu geführt, dass sich unterschiedliche Vertreter von Klassen- und Gesellschaftsschichten, die in Friedenszeiten keinerlei Berührungspunkte besaßen, teilweise über vier Jahre hinweg einen gemeinsamen Erfahrungsraum zwischen Front und Etappe geteilt hatten. Neben Begegnungen mit mehr oder minder überzeugten Antisemiten hatte dies immer auch zu positiven Erfahrungen mit Nichtjuden geführt. Dies belegen nicht allein die Beschwerdebriefe, die jüdische Soldaten aufgrund antisemitischer Vorkommnisse verfasst hatten und in denen die „gerecht denkenden", „gutmütigen" nichtjüdischen Kameraden oft als positive Gegenbeispiele in die Argumentation mit einbezogen wurden. Jüdische Soldaten und die Familien von Verstorbenen hatten während wie nach dem Krieg immer wieder Briefe von nichtjüdischen Kameraden und Vorgesetzten erhalten – und diese zum Teil an CV und VdJ weitergeleitet. In den meisten Fällen handelte es sich um Kondolenzschreiben mit teils ausführlichen Elogen oder um Reminiszenzen an gemeinsame Erlebnisse während der Kriegszeit. Dass jüdische Organisationen, insbesondere

[348] In den VdJ-Akten wird das Bemühen des Verbandes deutlich, in den Besitz der Korrespondenz zu gelangen. Falls es gelang, entschied sich der Verband offenbar dagegen, sie in die Öffentlichkeit zu tragen. Vgl. Notiz in den Unterlagen des Feldrabbiners Siegfried Klein, CJA, 1, 75, C Ve 1, Nr. 227, #12850, Bl. 42.

[349] Vgl. Ist Deutschland antisemitisch?, IdR, Nr. 6, Juni 1919, S. 271–273.

der CV und der *Reichsbund*, diese Aufzeichnungen auch öffentlich als Loyalitätsbeweis und Argument gegen den „Drückeberger"-Vorwurf nutzten[350], änderte nichts an dem individuellen Bedeutungsgehalt, der ihnen vonseiten der Empfänger zugewiesen wurde.[351] Für die adressierten jüdischen Soldaten und ihre (hinterbliebenen) Familien konnten die Briefe und Erinnerungen, weit über das Kriegsende hinaus, als überzeugende Belege für die Existenz des anständigen Deutschen fungieren, der sich nicht leichtfertig – oder zumindest nicht dauerhaft – von antisemitischer Propaganda vereinnahmen ließ.

Die vorherigen Ausführungen haben gezeigt, wie prägend sich die Erfahrungen während der Kriegsjahre auf die Erwartungen für die erste demokratische Republik Deutschlands auswirkten. Dies galt sowohl für die individuelle Wahrnehmung wie für die Arbeit von deutsch-jüdischen Vereinen, in deren Mittelpunkt die Auseinandersetzung mit dem Antisemitismus in Deutschland stand. Der Weltkrieg stellte zwar in vielerlei Hinsicht einen Ausnahmefall dar, in Bezug auf die antisemitischen Erfahrungen kam ihm jedoch – wie sich in den weiteren Kapiteln bestätigen wird – vielfältiger Präzedenzcharakter zu.

Zwischenbetrachtung (I)

In den vorangegangenen Kapiteln wurden zwei Bilder hinterfragt und diversifiziert, welche die Wahrnehmung deutsch-jüdischer Geschichte während des Ersten Weltkrieges nachhaltig geprägt haben: das der umfassenden Kriegsbegeisterung 1914 ebenso wie das der kollektiven, großen Enttäuschung angesichts der „Judenzählung" 1916. Gerade das Beispiel der deutsch-jüdischen Vereine zeigt, dass sich diese bereits zu Beginn des Krieges darum bemüht hatten, zu große Hoffnungen bei ihren Mitgliedern, Lesern und – nach Möglichkeit – dem gesamten deutschen Judentum zu dämpfen. Allerdings handelte es sich hier um Verhaltensempfehlungen, die neben positiven Argumentationsaspekten wie „Kaiserwort", „Burgfrieden", Beförderungen jüdischer Soldaten und Zensur antisemitischer Publikationen eine nachgeordnete Rolle gespielt hatten. Auch wenn es sich hierbei, wie im ersten Kapitel gezeigt, keineswegs um dauerhafte Errungenschaften handelte, wurden sie doch in der jüdischen Presse und bei vereinsinternen Diskussionen immer wieder reproduziert und, wie eine argumentative Allzweckwaffe, gegen jede Form von Benachteiligung und Zurücksetzung eingesetzt. Ihre öffentliche Wirkung wurde früh schon durch Berichte von Soldaten, Zivilisten und Feldrabbinern hinterfragt, die von ihren persönlichen Begegnungen mit antisemitischen Vorwürfen und Stereotypen berichteten. Trotzdem hielten die deutsch-jüdischen Organisationen, wie CV und VdJ, bis zum Herbst 1916 weitgehend an diesen positiven Argumenta-

[350] Zum RjF vgl. Dunker, Reichsbund, S. 70–77; Vergrabene Schätze, Central-Vereins-Zeitung (sie galt ab Mai 1922 als Nachfolgerin der *Allgemeinen Zeitung des Judentums* und der Monatsschrift *Im deutschen Reich*), Nr. 28, 10. 7. 1924, S. 417–422.

[351] Vgl. Leserschreiben, die beim CV im Zuge der Veröffentlichung von Kriegsbriefen eingingen, ZA, B3/52, Nr. 5.

tionsstrategien fest. Mit der kriegsministeriellen Anordnung zur „Judenzählung" offenbarte sich jedoch, wie sehr die antisemitische Bewegung inzwischen höchste Regierungskreise beeinflusste.

Die bisherige Forschung hat die Folgen der „Judenzählung" vor allem an dem in Privataufzeichnungen deutlich werdenden Einfluss auf die individuellen Erfahrungen und Erwartungen jüdischer Soldaten nachgewiesen. Dabei hatte sie auch eine nicht zu unterschätzende Wirkung auf die Wahrnehmung von und Kommunikation über Antisemitismus bei Organisationen wie CV und VdJ. Nach wochenlangen, intensiven und weitgehend erfolglosen Kontaktaufnahmen mit den verantwortlichen ministeriellen Stellen einigten sich die Vorstände darauf, ähnlich wie ihr zionistisches Pendant zuvor, eine öffentliche Auseinandersetzung mit der *konkreten* Zählung nach Möglichkeit zu vermeiden. Gleichzeitig etablierte sich innerhalb der Vereine und auf den Seiten ihres Organs ein Austausch über die *emotionalen* Folgen der Zählung. Dies führte zu einer offeneren – und öffentlichen – Kommunikation über antisemitische Erfahrungen während des Krieges. Insbesondere die liberalen Verbände nutzten diese Verständigungsmöglichkeit, um ihren Mitgliedern und Lesern ein Abmildern ihrer Erwartungen anzuempfehlen. Mit dem Verweis auf den bereits existierenden Antisemitismus, dessen zusätzliches Erstarken in der Nachkriegszeit als gesicherte Tatsache dargestellt wurde, sollte eine erneute Enttäuschung der deutschen Juden – wie sie sich im Zuge der „Judenzählung" geäußert hatte – vermieden werden. Darüber hinaus konnte man so sämtliche weiteren antisemitischen Erfahrungen während des Krieges einordnen und ihre potenziell enttäuschende Wirkung argumentativ abmildern. Ergänzt wurde die Verarbeitungsstrategie durch Loyalitätsbekenntnisse gegenüber Deutschland und der jeweiligen amtierenden Regierung sowie durch Verweise auf positive und individuelle Erfahrungen mit Nichtjuden an wie hinter der Front.

Die Strategie der Erwartungsrelativierung wurde nach Kriegsende in der Weimarer Republik fortgesetzt. Während 1914 allein die angedeutete Hoffnung genügt hatte, um Erwartungen zu stimulieren und gegen Ungleichbehandlung vorzugehen, betonte die Mehrzahl liberaler jüdischer Publikationen nach Kriegsende, dass sich rechtliche und tatsächliche Gleichberechtigungen nicht gleichsetzen ließen. Zumindest in Bezug auf die antisemitischen Erfahrungen und die möglichen Reaktionen hierauf bildete der Erste Weltkrieg in der Wahrnehmung deutsch-jüdischer Vereine weniger einen Ausnahme- als einen Präzedenzfall. Die verhaltene Reaktion auf die Veröffentlichung der Weimarer Verfassung wie die, vor allem auf den Kriegserfahrungen ruhende Abwehr gegen die antisemitische Propagandaflut nach Kriegsende verdeutlichen, dass die Strategie der Erwartungsdämpfung nicht mit dem Kriegsende fallen gelassen, sondern auch in der Revolution wie in der Demokratie als Bewältigungsmöglichkeit antisemitischer Erfahrungen erprobt wurde. Inwiefern jüdische Vereine sie in der Weimarer Republik bei der Konfrontation mit gesellschaftlichem Antisemitismus einsetzten, welche Modifikationen und Ergänzungen sie erfuhr, soll in den nächsten Kapiteln ausgelotet werden.

II. Alltäglicher Antisemitismus und nichtjüdische Indifferenz in der Demokratie

1. „Zumutbarer" und „unzumutbarer" Antisemitismus

1.1 Ruhige Jahre dank „Wahrnehmungsfilter"? Diskrepanzen in der Rezeption des Antisemitismus

Methodisch gesicherten Aussagen zu Wahrnehmung und Verarbeitung antisemitischer Erfahrungen in der Weimarer Republik stehen mehrere Schwierigkeiten im Weg, die vor allem quellenbedingt sind. Augenfällig ist dabei insbesondere das Ungleichgewicht in den zeitgenössischen Überlieferungen. Auf der einen Seite steht die jüdische Presse, die sich – wenngleich in unterschiedlicher Intensität[1] – mit antisemitischen Büchern, Persönlichkeiten, Übergriffen, politischen Strömungen, Veranstaltungen oder ganzen Ortschaften auseinandersetzte.[2] Im Vergleich dazu finden sich in den überlieferten Privataufzeichnungen meist nur anekdotenhafte Hinweise auf antisemitische Erfahrungen.[3] Letzteres wird in der Forschung selten als Beleg für eine tatsächliche Abwesenheit, sondern vielmehr als ein mehr oder weniger bewusstes Ausblenden des politischen wie gesellschaftlichen Antisemitismus interpretiert.[4] Als Hinweis hierauf werden wiederum zahlreiche Aufsätze und Berichte, insbesondere in der *Central-Vereins-Zeitung* (CVZ), angeführt, die nicht nur weiterhin über antisemitische Vorfälle in Deutschland informierten, sondern immer wieder die Warnung an Mitglieder, Ortsgruppenvorständen und das gesamte deutsche Judentum richteten, die judenfeindliche Umtriebe in ihrer Umgebung nicht zu ignorieren oder zu unterschätzen.[5] Bei den Ermahnungen,

1 Während der gesamten Weimarer Republik beschäftigte sich insbesondere die *Central-Vereins-Zeitung* (CVZ) und die vom RjF herausgegebene Zeitschrift *Schild* mit antisemitischen Vorfällen und der Entwicklung völkischer Parteien. Ende der zwanziger Jahre thematisierten auch Publikationen wie die *Jüdische Rundschau* oder die *Blätter des jüdischen Frauenbundes* (BJFB), die eine andere Schwerpunktsetzung verfolgten, den Antisemitismus in Deutschland. Vgl. Marlen Oehler, Krisenwahrnehmungen in der jüdischen Presse. Eine quantitative Betrachtung deutsch-jüdischer Zeitungen in der Endphase der Weimarer Republik, in: Eleonore Lappin/Michael Nagel (Hrsg.), Deutsch-jüdische Presse und jüdische Geschichte: Dokumente, Darstellungen, Wechselbeziehungen, Bd. 2, Bremen 2008, S. 139–161; Daniel Fraenkel, The Jewish Rundschau's Response to the Rise of National Socialism, 1930–1932, in: Nagel/Zimmermann (Hrsg.), Judenfeindschaft, S. 609–618.

2 Vgl. die beeindruckende Zusammenschau bei Hecht, Weimarer Republik.

3 Zur Problematik der Überlieferung vgl. Werner Bergmann/Juliane Wetzel, Miterlebende. „Der Miterlebende weiß nichts". Alltagsantisemitismus als zeitgenössische Erfahrung und spätere Erinnerung (1919–1933), in: Benz (Hrsg.), Jüdisches Leben, S. 173–196, hier S. 175f.; Miriam Gebhard, Das Familiengedächtnis: Erinnerung im deutsch-jüdischen Bürgertum 1890–1932, Stuttgart 1999, S. 194–211.

4 Hecht, Weimarer Republik, S. 377f.; Toury, Krisenbewusstsein, S. 145–150; Bergmann/Wetzel, Miterlebende, S. 179–186.

5 Hecht, Weimarer Republik, S. 380–383.

die antisemitische Gefahr nicht zu verkennen, muss jedoch immer auch das strategische Kalkül des CV berücksichtigt werden. Gerade in den frühen zwanziger Jahren bildete sie die argumentative Grundlage für die Aufforderung an das gesamte deutsche Judentum, sich an einer schlagkräftigen, gesamtjüdischen Abwehrorganisation – selbstredend unter der strategischen Ägide des CV – zu beteiligen. In der Öffentlichkeit übernahm der CV somit auch in der Weimarer Republik die Argumentations- und Verteidigungsstrategie, welche er bereits im Nachgang der „Judenzählung" genutzt hatte. Demnach könne nur der Zusammenschluss sämtlicher deutscher Jüdinnen und Juden – idealerweise im CV – eine erfolgreiche Auseinandersetzung mit Antisemitismus garantieren. Wenngleich diese Forderung schon aufgrund der Fragmentierung der jüdischen Minderheit nicht zu erreichen war, erlaubte sie es dem CV immerhin, weiter auf seine führende Rolle in der Abwehrarbeit zu verweisen.[6]

Auch die retrospektiven autobiographischen Aufzeichnungen deutscher Juden tragen eher zu einer Verbreiterung als einer Erklärung der Diskrepanz zwischen den zeitgenössischen Wahrnehmungen in den unterschiedlichen Kommunikationsräumen bei. Grund dafür ist die „tiefgreifende Umschematisierung", die durch die Zäsur von 1933 und die Erfahrung des Holocaust ausgelöst wurde und die dadurch auch zu einer Neubewertung und Umdeutung der Erfahrungen führte, die *vor* diesen Zäsuren lagen.[7] Der nachträglich festgehaltenen Erinnerung an die Zeit der Weimarer Republik lassen sich vor allem zwei Narrative zuordnen: „Der Antisemitismus dieser Zeit wird entweder als eine auf 1933 hinführende Radikalisierung rekonstruiert oder verschwindet als quantité négligeable fast völlig hinter der als krassen Einschnitt empfundenen Phase ab 1933."[8]

Diese widersprüchliche Quellengrundlage dürfte mit dazu beigetragen haben, dass bis Anfang der neunziger Jahre die Frage nach Wahrnehmung, Wirkung und Bewältigung des Antisemitismus während der Weimarer Republik im wissenschaftlichen Diskurs eine Marginalie darstellte. Wenn, dann wurde insbesondere auf die ersten, noch unter dem Eindruck von Weltkrieg und Revolution oder die letzten, krisenreichen Jahre der Republik fokussiert. Das Erkenntnisinteresse verdeutlichte sich insbesondere in der Frage, ob sich für die Jahre der Weimarer Republik ein „Krisenbewusstsein" innerhalb des deutschen Judentums nachweisen ließ.[9] Diese Herangehensweise barg jedoch nicht nur die teleologische Gefahr, die Weimarer Republik ausschließlich als Vorgeschichte des Nationalsozialismus zu begreifen. Sie trug auch zu einer Verfestigung des Narrativs bei, nach der es in

6 Vgl. Kap. I.2.3.
7 Bergmann/Wetzel, Miterlebende, S. 175.
8 Ebd., vgl. auch Gebhard, Familiengedächtnis, S. 107–110.
9 Vgl. Robert Weltsch, Entscheidungsjahr 1932, in: Werner Mosse (Hrsg.), Entscheidungsjahr 1932. Zur Judenfrage in der Endphase der Weimarer Republik, Tübingen 1965, S. 503–535; Kurt Loewenstein, Die innerjüdische Reaktion auf die Krise der deutschen Demokratie, in: ebd., S. 349–405; zu einem ähnlichen Schluss kommt Jacob Toury, der in seiner Studie den jüdischen Deutschen jegliches Krisenbewusstsein für die Mitte der 1920er Jahre absprach, vgl. Toury, Krisenbewusstsein, S. 168. Vgl. kritisch hierzu Liepach, Krisenbewusstsein, S. 395–417.

Bezug auf antisemitische Erfahrungen während der Weimarer Republik klar abgrenzbare Phasen gegeben hätte. Der Topos der „ruhigen Jahre“ zwischen 1924 und 1928 ist in jüngeren Studien, auch Dank der Zugänglichkeit neuer Quellen, zunehmend hinterfragt worden.[10] In den Mittelpunkt rückt vielmehr die Frage, welche Argumentationsstrategien sich in zeitgenössischen wie nachträglichen Privataufzeichnungen identifizieren lassen, um antisemitische Erfahrungen zu erklären und zu bewältigen. Dabei herrscht weitgehende Einigkeit darüber, dass allein die Berichte über antisemitische Ausschreitungen in der jüdischen Presse nicht genügt hätten, um ein generelles Gefahrenbewusstsein selbst bei ihren regelmäßigen Lesern – geschweige denn innerhalb des gesamten deutschen Judentums – zu generieren.[11] Es lässt sich nachweisen, dass Leser beispielsweise die Berichte über Gegenden Deutschlands, die als Hochburgen des Antisemitismus galten, nutzen konnten, um sich ihrer eigenen, weitgehenden Unbetroffenheit zu versichern.[12] Eng damit verknüpft ist die aus zeitgenössischen wie autobiographischen Aufzeichnungen herausgearbeitete Argumentation, nach der lediglich bestimmte jüdische Gruppierungen – allen voran die ostjüdischen Einwanderer – als Zielscheibe antisemitischer Angriffe galten.[13] Diese Marginalisierung der potenziellen Opfer ließ sich umgekehrt auch auf die Eingrenzung der antisemitisch motivierten Täter übertragen. Gerade bei der Schilderung von Übergriffen in Kleinstädten und Gemeinden verweisen die Erinnerungen auf den Umstand, dass es sich hierbei ausschließlich um die Taten von Zugereisten gehandelt habe, deren Verhalten von der Mehrheit der nichtjüdischen Bevölkerung abgelehnt worden seien. Darüber hinaus bestand die Möglichkeit, auf historische Deutungsmuster zurückzugreifen und das „Wellenförmige des Antisemitismus“ zu betonen, nachdem die Judenfeindlichkeit nach einer gewissen Hochphase auch wieder abebben würde.[14] Diese Argumentationsstrategien werden durch das Konzept des „Wahrnehmungsfilters“ ergänzt. Er erlaubt es, das Schweigen in den Privataufzeichnungen selbst als eine Form der Bewältigung zu werten, indem der Antisemitismus solange ignoriert wurde, „bis es eben nicht mehr ging“.[15] Die Funktionsweise dieses „Filters“ ließe sich ebenfalls bei der liberalen Presse, wie der *Vossischen Zeitung*, dem *Berliner Tagblatt* oder der *Frankfurter Zeitung*, beobachten, die eine große Zahl deutscher Juden zu ihren Lesern zählen konnten.[16] In diesen Blättern sei die anti-

[10] Vgl. Hecht, Weimarer Republik, S. 401–403; Ahlheim, Deutsche, S. 407–409; Wenge, Integration, S. 399; Susanne Wein, Antisemitismus im Reichstag, Judenfeindliche Sprache in Politik und Gesellschaft der Weimarer Republik, Frankfurt am Main 2014, S. 450.

[11] Auch wenn davon ausgegangen werden kann, dass der Leserkreis jüdischer Zeitungen höher lag als deren jeweilige Auflagenstärke, vgl. Trude Maurer, Die Juden in der Weimarer Republik, in: Dirk Blasius/Dan Diner (Hrsg.), Zerbrochene Geschichte. Leben und Selbstverständnis der Juden in Deutschland, Frankfurt am Main 1991, S. 102–120, hier S. 119, Anm. 80; Thomas Pegelow, The Language of Nazi Genocide, Cambridge 2009, S. 36.

[12] Hecht, Weimarer Republik, S. 389; vgl. Barkai, Wehr Dich!, S. 185f.

[13] Bergmann/Wetzel, Miterlebende, S. 194.

[14] Ebd., S. 186.

[15] Hecht, Weimarer Republik, S. 388.

[16] Vgl. ebd, S. 391.

semitische Manifestation in Politik und Öffentlichkeit weitgehend ausgeblendet worden.[17] Die Lektüre dieser Blätter konnte so für jüdische Leser als Bestätigung der Strategie dienen, antisemitische Ereignisse, von denen sie sich nicht unmittelbar betroffen sahen, auszublenden.

Sowohl die aus den nachträglichen Aufzeichnungen herausgearbeiteten Argumentationen und der „Wahrnehmungsfilter" bieten somit Deutungsangebote für Wahrnehmung und Bewältigung antisemitischer Erfahrungen. Letztlich bleibt es jedoch methodisch unmöglich, das bewusste Ignorieren, das die Grundlage des „Wahrnehmungsfilters" bildete, von einer schlichten Abwesenheit antisemitischer Erfahrungen zu trennen oder in den Quellen nachzuweisen.

Im Folgenden sollen die Deutungsangebote, die sich aus den zeitgenössischen Privataufzeichnungen, der Berichterstattung der jüdischen Presse und den biographischen Aufzeichnungen ergeben, um eine weitere Analyseebene ergänzt werden. Hierfür rückt eine Quellengattung in den Mittelpunkt, die gleichsam als verbindendes Element zwischen der jüdischen Presse und den Privataufzeichnungen gewertet werden kann. Es handelt sich um die Korrespondenzen, welche die Mitarbeiter des CV mit Vertretern seiner Ortsgruppen, vor allem aber mit einzelnen Mitgliedern ebenso wie mit nicht affiliierten Personen, unterhielten – und in denen die Schilderung antisemitischer Erfahrungen im Mittelpunkt stand. Dieser Austausch kann weder den privaten Aufzeichnungen noch den Vereinsveröffentlichungen eindeutig zugeschrieben werden. Mit der Entscheidung, sich an eine öffentliche Organisation zu wenden, etablierte sich vielmehr ein vereinsinterner und teilöffentlicher Kommunikationsraum, dessen Rekonstruktion und Analyse im Folgenden im Mittelpunkt steht. Ermöglicht wird dies durch die Zugänglichkeit der Bestände des CV-Archivs (CVA), die bis in die frühen 1990er Jahre als verschollen galten.[18] Seither steht der Forschung zumindest ein Teil der Korrespondenz zur Verfügung, die das Hauptbüro in Berlin mit seinen Ortsgruppen wie mit Einzelpersonen unterhielt.[19] Allein mit den 21 Landesverbänden, in denen Anfang der 1920er Jahre insgesamt 500 Ortsgruppen zusammengeschlossen waren, unterhielt die CV-Zentrale in Berlin eine regelmäßige Korrespondenz über die politischen, wirtschaftlichen und gesellschaftlichen Entwicklungen in der jeweiligen Gegend.[20]

Welchen Umfang dabei auch der Austausch mit Privatpersonen erreichte, lässt sich aufgrund der Lückenhaftigkeit der Bestände nicht eindeutig nachweisen.[21]

[17] Zwar steht eine umfassende Untersuchung dieser Publikationen mit Blick auf Umfang und Intensität der Berichterstattung über antisemitische Übergriffe nach wie vor aus. Doch belegen Analysen der Berichte über größere Ausschreitungen – wie die Kurfürstendammkrawalle 1931 –, dass im Vergleich zur jüdischen Presse die liberalen Blätter den antisemitischen Charakter der Ausschreitungen kaum erwähnten. Vgl. Irmtraud Ubbens, Zur Presseberichterstattung über die Nazi-Krawalle auf dem Kurfürstendamm am jüdischen Neujahrstag 1931 und die nachfolgenden Gerichtsprozesse, in: Nagel/Zimmermann (Hrsg.), Judenfeindschaft, S. 645–670, hier S. 649–651.

[18] Barkai, Reassessment, S. 173–182; Matthäus, Pillen, S. 314f.

[19] Das Archivmaterial deckt dabei ausschließlich die Jahre zwischen 1919 und 1938 ab.

[20] Vgl. Hecht, Weimarer Republik, S. 21.

[21] Vgl. Matthäus, Pillen, S. 323.

Allerdings deuten Geschäftsberichte und Schreiben an Vorsitzende der Landesverbände und Ortsgruppen an, dass die Bearbeitung privater Einsendungen einen zentralen Bestandteil der CV-Arbeit bildete. Im September 1919 informierte die CV-Zentrale die Vorstände der Landes- und Ortsgruppen über die Büroarbeit des Vereins. Der Beitrag sollte einen Einblick in den effizienten Arbeits- und Organisationsablauf des Berliner Hauptbüros geben – und so den Mitgliedern ermöglichen, sich als Teil einer „großen, ausgedehnten Organisation“ zu verstehen.[22] Dem Büro stand der erste Syndikus und vier Stellvertreter vor.[23] Insgesamt waren 1919 etwa 60 haupt- wie nebenamtlich tätige Hilfsarbeiter und Verwaltungsangestellte sowie der gesamte Mitarbeiterstab der CVZ an der Arbeit des Berliner Büros des CV beteiligt. Da sich der CV zu diesem Zeitpunkt dem „Flugblattkampf“ gegen antisemitische Organisationen und Parteien widmete, wurde im Beitrag insbesondere die Versendung von mehreren tausend Flugblättern und -schriften pro Tag betont. Allerdings findet sich auch ein Hinweis auf die „durchschnittlich 300 Briefe“, die im Hauptbüro täglich aus- und eingingen und thematisch an die jeweiligen Dezernate innerhalb des CV verteilt wurden.[24] Wenngleich der Beitrag keinen Verteilungsschlüssel lieferte, wies er darauf hin, dass sich drei der fünf Dezernate ausschließlich mit unterschiedlichen Formen des Antisemitismus auseinandersetzten. 1928 zog der CV über den Briefverkehr mit Privatpersonen erneut Bilanz. Demzufolge waren innerhalb der beiden Vorjahre 52 000 Briefe im CV-Hauptbüro eingegangen und bearbeitet worden. Auch hier wurde nicht aufgeschlüsselt, wie sich die Schreiben auf die jeweiligen Dezernate, die CVZ-Redaktion, die Verwaltung und die Buchhaltung verteilten. Die erhaltenen Archivbestände des CV legen jedoch nahe, dass bei einem großen Teil der Einsendungen die Erfahrung von Antisemitismus und dessen Verarbeitungs- und Abwehrmöglichkeiten im Mittelpunkt standen.[25] Der CV sollte dementsprechend nicht nur aufgrund seiner Mitgliederstärke und Selbstzuschreibung als größte und einflussreichste jüdische Abwehrorganisation gegen den Antisemitismus gelten. Im direkten Austausch mit deutschen Jüdinnen und Juden über antisemitische Erfahrungen stellte der Verein auch eine zentrale Beschwerde-, Auskunfts- und Beratungsinstanz dar.

Bisher hat die Forschung Beispiele aus den Korrespondenzen vor allem genutzt, um antisemitische Erfahrungen während der Weimarer Republik zu illustrieren und damit den Topos der „ruhigen Jahre“ zu widerlegen.[26] In dieser Arbeit steht dagegen die Frage im Mittelpunkt, inwiefern sich die Bewertung und Bewältigungsmöglichkeiten antisemitischer Erfahrungen in den Einschätzungen von

[22] Mitteilungen des Syndikus des Centralvereins deutscher Staatsbürger jüdischen Glaubens (Mitteilungen), Nr. 6, 15. 9. 1919, Punkt 19.

[23] Zu diesem Zeitpunkt waren dies Ludwig Holländer, Kurt Alexander, Leo Hirschberg, Heinrich Stern und Alfred Wiener. Zu biographischen Details vgl. Barkai, Wehr Dich!, S. 149–163.

[24] Vgl. Mitteilungen, Nr. 6 (wie Anm. 22).

[25] Vgl. Description of the Files of the Centralverein deutscher Staatsbürger jüdischen Glaubens, MF Doc 55, Wiener Library, Finding Aid, http://wiener.soutron.net/Portal/Default/en-GB/RecordView/Index/70891, eingesehen am 1. 8. 2018.

[26] Vgl. Barkai, Wehr Dich!, S. 173–179; zur deskriptiven Nutzung des Topos der „ruhigen Jahre“ vgl. Hecht, Republik, S. 302–331.

„Profis" und „Laien" unterschieden – und gegenseitig beeinflussten.[27] Notwendig hierfür ist eine systematische Analyse der Erwartungen und Intentionen auf beiden Seiten des Austauschs. So zeigen die privaten Einsendungen, welche Erfahrungen es waren, die bei den Verfassern eine derartige Wirkung hinterließen, dass sie eine Kontaktaufnahme mit dem CV für notwendig hielten. Die Briefe sind in diesem Sinne auch als Seismographen zu verstehen, die Hinweise darauf geben, in welchen Situationen des Alltags Antisemitismus besonders deutlich wahrgenommen wurde. Darüber hinaus können die Erwartungen identifiziert werden, welche die Verfasser mit ihren Schilderungen verknüpften. Im Unterschied zu einer Niederschrift im Tagebuch oder in einem privaten Briefwechsel waren Einsendungen an den CV häufig mit dem Einfordern von Konsequenzen oder der Bitte um ein Aufzeigen von Reaktionsmöglichkeiten verbunden. Bei den Antwortschreiben, die vonseiten des Berliner Büros des CV ergingen, stehen die Ratschläge, Handlungs- und Verarbeitungsmöglichkeiten im Mittelpunkt, die der Verein offerierte. Ein vergleichender Blick in die CVZ soll zeigen, inwiefern der interne Austausch mit privaten Einsendern den öffentlichen Einschätzungen des Vereins entsprach, beziehungsweise zu deren Modifikation beitrug.[28]

1.2 Bewältigung durch Beschwerde, Bewältigung durch Relativierung – Verhaltens- und Gefühlsempfehlungen deutsch-jüdischer Vereine

Kontinuierliche Aushandlung – zum Umgang mit antisemitischen Urlaubserfahrungen

Dass Juden während ihrer Urlaubsaufenthalte Gefahr liefen, Opfer antisemitischer Diskriminierung, Beleidigungen und tätlicher Übergriffe zu werden, war weder ein Phänomen der Endphase der Weimarer Republik und des Nationalsozialismus noch räumlich auf Deutschland begrenzt.[29] Bereits vor der Jahrhundertwende sind in jüdischen Zeitungen kurze Reiseberichte oder lose Aufzählungen von Orten erschienen, von deren Besuch die Redakteure abrieten.[30] In der Mai-Ausgabe der Monatsschrift *Im deutschen Reich* 1906 fand sich zum ersten Mal eine alphabetische Auflistung über „Erholungsorte bezw. Hotels und Pensionen, die antisemitischen Charakter haben".[31] In den folgenden Jahren erschienen diese Aufstellungen auf den Seiten der IdR unregelmäßig. Doch selbst im Krieg

[27] Die „Laien/Profi"-Terminologie geht zurück auf Bergmann/Wetzel, Miterlebende, S. 175, Anm. 9.

[28] Dies legt zumindest Paucker nahe, vgl. Paucker, Abwehrkampf, S. 61.

[29] Vgl. Mirjam Triendl-Zadoff, Nächstes Jahr in Marienbad. Gegenwelten jüdischer Kulturen der Moderne, Göttingen 2007, S. 155f.; Bajohr, Hotel, S. 154–165; Günter Fellner, Judenfreundlichkeit, Judenfeindlichkeit. Spielarten in einem Fremdenverkehrsland, in: Robert Kriechbaumer (Hrsg.), Der Geschmack der Vergänglichkeit. Jüdische Sommerfrische in Salzburg, Wien 2002, S. 59–126, hier insb. S. 91–109.

[30] Ebd., S. 155.

[31] Erholungsorte, die antisemitischen Charakter haben, IdR, Nr. 5, Mai 1906, S. 341.

verzichtete der CV nicht darauf, die Listen zu bearbeiten, zu ergänzen und zu veröffentlichen. Weiter oben ist dieser Umstand bereits als Beleg für die von jüdischer Seite wahrgenommene Persistenz antisemitischer Einstellungen während des Krieges gewertet worden.[32] Darüber hinaus unterstreicht dieser Umstand die Notwendigkeit, die den Listen innerhalb des CV bereits zu diesem Zeitpunkt beigemessen wurde.

Mit Hilfe der Aufzeichnungen aus den erhaltenen Archivbeständen des CV lassen sich der Entstehungs- und Bearbeitungsprozess sowie die Bedeutung der Bäderlisten zumindest ab 1919 rekonstruieren. Ab diesem Jahr sind große Teile der Korrespondenzen überliefert, die der Verein mit Privatpersonen, Ortsgruppen, Vertrauensmännern, Kurverwaltungen sowie den Eigentümern diverser Erholungsstätten unterhielt.[33] In der Forschung steht oftmals der zähe Austausch zwischen dem Hauptbüro des CV und Pensions- und Hoteleigentümern im Mittelpunkt.[34] Zuschriften von jüdischer Seite werden dagegen vor allem als Beispiele für die Virulenz der Judenfeindlichkeit in den jeweiligen Urlaubsorten genutzt – und für die Hilflosigkeit, mit der ihnen die Betroffenen häufig gegenüberstanden.[35] Dabei waren es zumeist die dem CV von privater Seite zugehenden Anfragen und Erfahrungen, welche erst die Grundlage für ein Aktivwerden des Vereins bildeten – und dieses mit der fortgesetzten Übermittlung von Berichten aus Urlaubsorten über Jahre hinweg sicherten. Die Intentionen, die jüdische Männer und Frauen vor oder nach Urlaubsreisen zu einer Kontaktaufnahme mit dem CV veranlassten, lassen sich drei Gruppen zuordnen – Anfragen, Beschwerden und Gegendarstellungen.

Zur ersten Gruppe gehörten jene Erholungssuchende, die sich mit Anfragen vor der jeweiligen Reise an den CV wandten, um sich über potenzielle antisemitische Umtriebe in den ausgewählten Urlaubsorten zu informieren. Bei den Absendern handelte es sich nicht zwangsläufig um die Personen, die tatsächlich die Reise antraten. Insbesondere Mütter fragten beim CV an, um sicherzugehen, dass sie ihre Kinder während der Ferienaufenthalte nicht einer antisemitischen Umgebung aussetzten. Gerade Sanatorien und Kurorte, die sich einmal auf der Liste des CV befunden hatten, in den Folgejahren aber nicht mehr auftauchten, blieben Gegenstand von Nachfragen. Im Jahr 1925 hatte der CV das Nordseesanatorium von Carl Gmelin in Wyk auf Föhr in das „Verzeichnis der judenfeindlichen Erholungsorte, Hotels und Pensionen“ aufgenommen.[36] Wenngleich er das Sanatorium bereits im nächsten Jahr strich, erreichten den CV auch in den Folgejahren

[32] Vgl. Kap. I.2.2.

[33] Eine quantitative Erfassung ist im Rahmen dieser Arbeit nicht zu leisten. Der Eindruck der Verfasserin, dass ein großer Teil der vom CV unterhaltenen Korrespondenz sich auf den Antisemitismus in Urlaubsorten bezog, bestätigt auch die Einschätzung Hechts, Weimarer Republik, Anm. 582.

[34] Vgl. Bajohr, Hotel, S. 109–111; Hecht, Weimarer Republik, S. 307; Zadoff, Marienbad, S. 158.

[35] Vgl. Hecht, Weimarer Republik, S. 320; Bajohr, Hotel, S. 112–115; differenzierter Jacob Borut, Antisemitsm in Tourist Facilities in Weimar Germany, in: Yad Vashem Studies 28 (2000), S. 7–50, hier S. 23.

[36] Verzeichnis der judenfeindlichen Erholungsorte, CVZ, Nr. 24, 12. 6. 1925, S. 419 f., hier S. 419.

immer wieder Anfragen, ob es angemessen sei, dass jüdische Kinder dort ihren Sommerurlaub verbrachten. Im Juni 1926 schrieb eine Frau Sichel aus Hanau an den Verein. Ihr zwölfjähriger Sohn stand kurz davor, einen Kuraufenthalt in dem fraglichen Sanatorium zu verbringen. Sie war „ängstlich, ob dem Kinde dort keine antisemitische Unannehmlichkeiten bereitet" würden und erbat deshalb Informationen darüber, „ob der Geist, der [dort] herrscht ein antisemitischer ist [und] wenn nicht, ob noch mehr jüdische Kinder sich dort befinden oder in den letzten Jahren dort waren".[37] Die Antworten auf diese An- und Nachfragen fielen wesentlich differenzierter aus als die kurzen Bemerkungen und Notizen, die vereinzelt als Ergänzungen zu den in der CVZ veröffentlichten Bäderlisten erschienen. So bemerkte das Antwortschreiben des CV, dass das Sanatorium zwar vormals einen judenfeindlichen Ruf gehabt hätte, Zusendungen von „zahlreichen jüdischen Eltern" hätten jedoch bestätigt, „dass jetzt von Antisemitismus dort nicht mehr die Rede sein kann".[38] Für die Erholungssuchenden bot die Möglichkeit, derartige Informationen über den Verein einzuholen, den Vorteil, sich nicht direkt an die infrage kommende Urlaubsunterkunft wenden zu müssen. Dieser Umweg über den CV ersparte es den Einsendern auch, ihre diesbezüglichen Befürchtungen gegenüber Nichtjuden zu thematisieren, und erlaubte ihnen, eine direkte Konfrontation mit potenziellen Antisemiten zu umgehen. Allerdings verfügte der CV nicht über die Kapazitäten, detaillierte Informationen über sämtliche deutsche Urlaubsgebiete und die Fülle an Pensionen, Hotels und Sanatorien zur Verfügung zu stellen. Wie im Fall der Anfrage Sichels konnten die Mitarbeiter lediglich ein Stimmungsbild zeichnen und mit einer abschließenden Empfehlung verbinden. Für wie notwendig diese Informationen vor Antritt des jeweiligen Urlaubs aus Sicht des Vereins erschienen, zeigt sich an der wiederholten Aufforderung auf den Seiten der CV-Zeitung, sich vor dem Ferienaufenthalt beim Verein oder der jeweiligen Kurverwaltung über die Unterkunft zu informieren.[39] Die überlieferten Anfragen dienen als ein erster Beleg dafür, dass die vom Verein ausgegebenen Empfehlungen und Beurteilungen individuell erwünscht und genutzt wurden. Hierin spiegelt sich ebenfalls die Deutungshoheit, die der Verein bei der Einschätzung von Antisemitismus für sich beanspruchte.

Die Mehrzahl der Personen, die sich wegen des Bäderantisemitismus an den CV wandten, erbaten jedoch keine Reiseauskünfte. Vielmehr verlangten sie, bestimmte Hotels und Pensionen auf die Liste der zu meidenden Orte zu setzen. So hatte sich im April 1924 ein Berliner Arzt an den CV gewandt und beantragt, das oben erwähnte Nordseesanatorium des Arztes Carl Gmelin auf die „schwarze Liste" zu setzen. Er begründete diese Forderung mit den Auskünften, die ihm eine seiner Patientinnen – ein elfjähriges Mädchen – über ihren Urlaubsaufenthalt dort gegeben hatte. Sie habe „unter Tränen" von den Beschimpfungen berichtet,

[37] Sichel an CV-Zentrale, 21.6.1926, CVA 2318, Bl. 100; vgl. auch CVA 2344, Bl. 1.
[38] CV-Zentrale an Sichel, 23.6.1926, CVA 2318, Bl. 101.
[39] CV-Aktennotiz, 25.2.1925, CVA 2342, Bl. 13; vgl. für das Kontaktieren der Kurverwaltung: Schreiben Zickel an Kurverwaltung Helgoland, 9.8.1929, CVA 2344, Bl. 33.

denen die jüdischen durch die mehrheitlich christlichen Kinder dort ausgesetzt seien. Darüber hinaus hätten bei den täglichen Wanderungen in Marschkolonne die Kinder unter der Aufsicht eines Lehrers das Lied „Hakenkreuz am Stahlhelm" gesungen.[40] Einige Monate später erreichte den CV das Schreiben eines fünfzehnjährigen Jungen. Er machte Mitteilung darüber, dass „die jüdischen Kinder im Paedagogium [sic] [...] von Dr. Gmelin sehr unter dem Antisemitismus zu leiden haben".[41] Der Einsender verknüpfte diesen Befund ebenfalls mit der Bitte, das Sanatorium in die Liste judenfeindlicher Urlaubsorte aufzunehmen. Im September 1924 begründete der Berliner Gustav Lustig, warum auch er forderte, dass Gmelins Sanatorium auf die Bäderliste gesetzt werden sollte. Er hatte sich über die Behandlung seines Sohnes bei dem leitenden Arzt des Sanatoriums beschwert. Dieser hatte daraufhin dem Kind eine Teilschuld an der erfahrenen Ausgrenzung gegeben. Einen detaillierten Bericht leitete auch der in Harburg ansässige Gustav Schleich im August 1925 an den CV weiter. Originär richtete sich das Schreiben an eine Frau Kruse, Besitzerin des Ostseehotels in Niendorf, in dem Schleichs Frau und seine zwei Kinder einen Monat zuvor ihren Urlaub verbringen wollten. Von Beginn des Aufenthalts an war ihnen der Oberkellner unfreundlich gegenübergetreten. Während des Abendessens entdeckten die Familienmitglieder schließlich in ihren Serviettenhaltern Pappschilder mit aufgemalten Hakenkreuzen. Nach dieser Erfahrung entschlossen sie sich zur vorzeitigen Abreise. Schleich forderte von Kruse eine Entschuldigung und eine Rückzahlung eines Teils der vereinbarten Miete. Da beides offenbar ausblieb, wandte er sich einen Monat später an den CV.[42] Ein Pensionsaufenthalt blieb dagegen von vornherein Lucie Rosenberg versagt. Als Mitarbeiterin der Reichsversicherungsanstalt war sie im Juni 1926 geschäftlich nach Bad Salzuflen gereist. Die Inhaberin der ihr zugewiesenen Pension verwehrte ihr allerdings den Zutritt mit der Bemerkung: „Ich bedaure sehr Sie nicht aufnehmen zu können, da ich meinen christlichen Gästen nicht zumuten kann, sich mit Juden an einen Tisch zu setzen." Rosenberg setzte ihre Vorgesetzten von dem Vorfall in Kenntnis und hob hervor, dass „es für jüdische Angestellte ein außerordentlich peinliches und entwürdigendes Gefühl ist, einen derartigen Empfang gewärtigen zu müssen".[43] An den CV leitete sie dieses Schreiben mit dem Vermerk weiter, „von dem Inhalt nach Belieben Gebrauch zu machen".[44]

Die Briefe variierten nicht allein in ihrem Detailreichtum, die von einem allgemeinen Konstatieren von Antisemitismus bis hin zu einer genauen Wiedergabe von Korrespondenzen und Dialogen reichte. Auch die Frage, was als antisemitische Erfahrung zu werten war, blieb maßgeblich von der individuellen Wahrneh-

[40] Vgl. Schreiben an CV-Zentrale, 3.4.1924, CVA 2318, Bl. 4. „Hakenkreuz am Stahlhelm" oder auch „Erhardt-Lied" wurde von Mitgliedern des Freikorps „Brigade Ehrhard" gedichtet und gehörte zum Liedgut der SA, vgl. Gabriele Krüger, Die Brigade Erhard, Hamburg 1971, S. 130.
[41] Schreiben an CV-Zentrale, 15.8.1924, CVA 2318, Bl. 22, Herv. i. O.
[42] Schleich an CV-Zentrale, September 1925, CVA 2375, Bl. 279–276.
[43] Rosenberg an CV-Zentrale, 21.7.1926, CVA 2349, Bl. 62f.
[44] Ebd., Bl. 63.

mung abhängig. Sie konnten sich auf konkreten, judenfeindlichen Bemerkungen gründen, aber auch auf Beleidigungen, Einschüchterungsversuche und verweigerte Unterbringungen zurückgehen, bei denen der Antisemitismus als Handlungsmotivation nicht explizit geäußert wurde und sich vor allem aus den Einschätzungen und Empfindungen der jeweils Betroffenen ergab. Dabei wurde in den Schreiben grundsätzlich keine Rücksicht darauf genommen, von wem die antisemitische Beleidigung oder Anfeindung ausgegangen war, ob es sich um Hotelbesitzer, einen leitenden Arzt, andere Gäste oder einen Oberkellner handelte. Aus den Korrespondenzen geht ebenfalls hervor, dass die Betroffenen ihre Darstellungen häufig nicht ausschließlich an den CV richteten. Auch den Pensionsbesitzern selbst, örtlichen Kurverwaltungen oder – wie im Falle Lucie Rosenbergs – dem Arbeitgeber wurden Beschwerden zugesandt. Diese waren häufig mit einer Aufforderung zur Entschuldigung, Beseitigung der Missstände oder finanziellen Rückerstattung verbunden.[45] Reaktionen auf die individuellen Klagen sind in der Mehrzahl der Fälle nicht vorhanden. Trafen Antwortschreiben ein, verwiesen diese häufig auf die Machtlosigkeit gegenüber den Einstellungen einzelner Gäste und Mitarbeiter – oder gaben, wie im Falle Lustigs, dem Beschwerdeführer selbst eine Mitschuld an den Ereignissen.[46] Lucie Rosenberg erhielt nach wiederholter Anfrage bei ihrem Arbeitgeber die Auskunft, dass die Badeverwaltung in Bad Salzuflen verständigt sei und ihrerseits Vorsorge treffe, „dass derartige Ungehörigkeiten sich nicht wiederholen".[47] Wenngleich das Direktorium der Reichsversicherung den Missstand anerkannte, fanden sich in der Stellungnahme keinerlei konkrete Angaben über die eingeleiteten Schritte.

Die Hinwendung an den CV ermöglichte es dagegen, die gemachten Erfahrungen nachträglich mit einer sinnstiftenden Bedeutung zu versehen. Aufrufe in der CVZ betonten immer wieder, dass der Verein gerade in Bezug auf die antisemitischen Umtriebe in den jeweiligen Urlaubsorten auf die Erfahrungsberichte von privater Seite angewiesen war. Im Gegensatz zu den Interventionen bei nichtjüdischen Stellen nahm der CV in seiner Funktion als Abwehrverein für sich in Anspruch, die Beschwerden und Schilderungen jüdischer Reisender grundsätzlich ernst und dankend entgegenzunehmen. Für die Betroffenen ergab sich so die Möglichkeit, ihren Frust und die negativen Erfahrungen gegenüber einer Instanz zu äußern, von der sie generelles Verständnis für das von ihnen Erlebte und Empfundene erwarten konnten. Gleichzeitig übertrugen sie mit diesen Berichten dem CV die Befugnis, die Interventionen bei den verantwortlichen Stellen fortzuset-

[45] Borut, Tourist, S. 29. Von einer Androhung rechtlicher Schritte wurde in den ausgewerteten Briefen generell abgesehen. Dies mag auch damit in Verbindung stehen, dass trotz diverser juristischer Interventionen die antisemitische Beleidigung von den Gerichten nicht als Kollektivbeleidigung gewertet wurde. Dies und die jeweiligen Umstände der Beleidigung oder verweigerten Aufnahme ließen die Aussicht auf einen erfolgreichen Beleidigungsprozess als sehr gering erscheinen. Vgl. Inbal Steinitz, Der Kampf jüdischer Anwälte gegen den Antisemitismus. Die strafrechtliche Rechtsschutzarbeit des Centralvereins deutscher Staatsbürger jüdischen Glaubens, Berlin 2008, S. 140–144; vgl. auch Kap. II.2.1.

[46] Vgl. Lustig an CV-Zentrale, 13. 9. 1924, CVA 2318, Bl. 31.

[47] Rosenberg an CV-Zentrale, 6./14. 8. 1926, CVA 2349, Bl. 68–70.

zen, während sie selbst jede weitere private Auseinandersetzung vermeiden konnten. Der Kontakt mit dem CV bot den Beschwerdeführenden dementsprechend eine Ventil- und Auslagerungsfunktion ihrer antisemitischen Erfahrungen. Neben diesen Verarbeitungsmöglichkeiten stand das fortlaufend geäußerte Ansuchen, die betreffende Urlaubsunterkunft auf die Bäderliste des CV zu setzen oder über den Vorfall in einer Zeitungsnotiz zu informieren. Dass ein derartiges Interesse an einer Veröffentlichung bestand, ist auf zwei Motive zurückzuführen. Die Nennung sollte es zukünftigen Reisenden erlauben, diese Aufenthaltsorte und damit die potenziellen antisemitischen Erfahrungen zu vermeiden. Es war den Einsendern so möglich, die Informationsweitergabe als einen solidarischen Akt zu interpretieren. Ferner konnten sie die Erwartung hegen, dass eine Nennung in der CV-Zeitung für die Besitzer jener Häuser Konsequenzen zeitigen und, zumindest in einem gewissen Umfang, zu wirtschaftlichen Einbußen führen würden. Die Bedeutung dieses ökonomischen Aspektes ist nicht zu unterschätzen. Im Gegensatz zu den häufig ergebnislos verlaufenden Interventionen vor Ort stellte die potenzielle wirtschaftliche Einbuße eine *reale* Konsequenz für das Verhalten von Besitzern und Mitarbeitern in den betreffenden Unterkünften dar.

Den Beschwerdeschreiben wiederum standen jene Briefe gegenüber, die den Antisemitismus in den jeweiligen Urlaubsorten bestritten und eine Richtigstellung des Vereins forderten. In der Forschung werden als Beispiele für derartige Schreiben vor allem nicht-jüdische Pensionsbesitzer oder Mitarbeiter von Kurverwaltungen angeführt, die sich um die wirtschaftlichen Konsequenzen eines Ausbleibens jüdischer Besucher sorgten.[48] Die Gegendarstellungen von jüdischer Seite, die den CV in Bezug auf den Bäderantisemitismus erreichten, lassen sich dagegen zwei Kategorien zuordnen. Zum einen ergingen sie von privater Seite. Dies geschah meist im Anschluss an die Veröffentlichung eines neuen Verzeichnisses oder von Notizen, die vor dem Aufenthalt in einer bestimmten Urlaubsunterkunft warnten. Zum anderen stammten sie von den Vertrauensmännern der jeweiligen Ortsgruppe, an die sich das CV-Hauptbüro zuvor mit Nachfragen über das Ausmaß an Antisemitismus in dem jeweiligen Urlaubsort gewandt hatte. Gerade für diese Einsendungen muss das mögliche ökonomische Kalkül bei der Analyse berücksichtigt werden. Denn die Sorge um ein Ausbleiben jüdischer Gäste, welche die Nennung in der CV-Zeitung zur Folge haben konnte, beschäftigte nicht nur nicht-jüdische Pensions- und Hotelinhaber, sondern auch CV-Vertrauensmänner oder Gemeindevorsitzende, die sich um ein möglichst positives Bild ihres Ortes bemühten.

Gemeinsam war den Verfassern der Gegendarstellungen, dass sie – häufig in vehementen Tonfall – den Schilderungen in den Beschwerdeschreiben widersprachen. So auch im Falle Carl Gmelins und seines Sanatoriums in Wyk auf Föhr. Aufgrund der zahlreichen Klagen, die beim CV über diese Anstalt eingegangen

[48] Vgl. Bajohr, Hotel, S. 66; Barkai, Wehr Dich!, S. 177f.

waren, entschloss sich der Verein im Juni 1924 in einer Mitteilung darauf aufmerksam zu machen, dass die Mitarbeiter des Sanatoriums das Absingen von Liedern duldete, die zum Standardrepertoire der SA gehörten.[49] Ein Jahr später nahm der Verein Gmelins Anstalt in sein Verzeichnis antisemitischer Erholungsstätten auf.[50] Daraufhin gingen beim CV eine Reihe von Zuschriften ein, die ein sofortiges Streichen des Sanatoriums verlangten. Ein Geschäftsmann aus Berlin betonte, dass sein Sohn während des Aufenthalts „nichts von Antisemitismus kennengelernt" habe.[51] Als Beleg führte er den Umstand an, dass ein anderes Kind, das sich mit seinem Sohn aufgrund seiner jüdischen Herkunft nicht das Zimmer teilen wollte, von der Stationsschwester heftig getadelt worden war. Am Ende ihrer Maßregelung verfügte sie: „Nun wirst du gerade mit dem kleinen Freund in einem Zimmer bleiben." Abschließend betonte der Einsender, dass sich auf der Insel zwei weitere Kindersanatorien befanden, „die aber keine Juden aufnehmen und infolgedessen auch jüdischen Insassen keine Belästigungen widerfahren lassen". Diese ironische Bemerkung unterstrich die Einschätzung des Verfassers, nach der, wo immer Juden nicht von vornherein ausgeschlossen seien, sie ein Mindestmaß an Antisemitismus zu ertragen hätten. Vor diesem Hintergrund wird auch verständlich, dass er die Reaktion der Schwester grundsätzlich als positive Reaktion deutete. Ähnlich äußerte sich auch eine Dame, die lobend hervorhob, dass innerhalb des Sanatoriums „der vorhandene Antisemitismus so gering sei, dass man den Besuch [der] Anstalt nur empfehlen könne".[52] Und auch der Ulmer Rechtsanwalt Moos, seines Zeichens Vertrauensmann des CV, forderte eine Rücknahme der Nennung. Sein Neffe Carl, der bereits wiederholt Gast in Dr. Gmelins Sanatorium gewesen sei, hatte sich nach der CVZ-Lektüre direkt an den Arzt gewandt und sein Unverständnis über dessen Aufnahme in das Verzeichnis zum Ausdruck gebracht. Da er überzeugt war, dass Gmelin die Aufnahme in das Verzeichnis als „sehr peinlich" empfand, bot er sogleich an, über seinen Onkel beim CV zu intervenieren.[53] Moos verwies auf die positiven Erfahrungen seines Neffen und schloss mit der Feststellung, der CV solle „froh sein", dass der Besitzer keinerlei antisemitische Ansichten hätte und auf weitere Nachforschungen verzichten.[54] Kein Verfasser, der für Gmelins Sanatorium Partei ergriff, stritt dabei die Möglichkeit ab, dass es zu antisemitischen Vorfällen gekommen war. Hierin liegt der gemeinsame Nenner jener Schreiben, die den CV fortgesetzt zu einer Revision seines Verzeichnisses aufforderten: Sie zweifelten nicht daran, dass es in den betreffenden Pensionen, Hotels – oder gleich ganzen Kurorten – zu judenfeindlichen Beleidigungen, Gewalttätigkeiten und Boykotten gekommen sei. Allerdings

[49] Antworten, CVZ, Nr. 25, 19. 6. 1924, S. 381.
[50] Verzeichnis der judenfeindlichen Erholungsorte, CVZ, Nr. 24, 12. 6. 1925, S. 419.
[51] Schreiben an den CV, 13. 6. 1925, CVA 2318, Bl. 52
[52] Ebd., 7. 7. 1925, Bl. 65.
[53] Gmelin nutzte daraufhin zumindest in einem Fall das Schreiben Carl Moos', um jüdische Gäste von der Stornierung ihrer Reise abzuhalten. Vgl. Schreiben Gmelins, 20. 6. 1926, CVA 2318, Bl. 60.
[54] Ebd., 26. 11. 1925, Bl. 59.

nutzten sie verschiedene Erklärungs- und Bewältigungsmuster, um diese Erfahrungen zu relativieren.

Die Verfasser grenzten zum einen den Kreis an Personen, die tatsächlich als Antisemiten bezeichnet werden sollten, drastisch ein. Dazu gehörte es, vor allem die Inhaber der jeweiligen Unterkünfte von jeglichem Verdacht der Judenfeindlichkeit freizusprechen. Die Negativerfahrungen lasteten sie häufig den nichtjüdischen Gästen an. Gerade bei der Begründung für eine Nicht-Aufnahme jüdischer Besucher verwiesen diese Schreiben auf die übrigen Gäste, die einen gemeinsamen Aufenthalt mit jüdischen Erholungssuchenden ablehnten. Der Besitzer füge sich folglich nur den ökonomischen Gegebenheiten und sollte dementsprechend nicht als Antisemit gebrandmarkt werden.[55] Auch andere Erklärungen, welche die Besitzer für ihre Entscheidung, keine Juden aufzunehmen, angaben, wurden an den CV weitergeleitet. Nachdem eine Hamburgerin den Verein darüber in Kenntnis gesetzt hatte, dass ihrer Mutter die Aufnahme in eine Pension in Bad Salzuflen versagt worden war, wandte sich der CV an seinen Vertrauensmann vor Ort, den Rechtsanwalt Robert Obermeyer. Dieser nahm mit der Pensionsbesitzerin Rücksprache und konnte dem CV melden, dass es sich bei ihr keineswegs um eine Antisemitin handele. Sie hätte die Aufnahme vielmehr wegen des „schlechte[n] Renommee[s]“ verweigert, das ihr über die betreffende Dame zugegangen sei.[56] Neben den in Schutz genommenen Pensions- und Hotelbesitzern milderten die Gegendarstellungen den Antisemitismusvorwurf immer wieder mit dem Verweis auf die „Vorurteilslosigkeit“ der jeweiligen Bade- und Kurverwaltung ab.[57] Auch über Pensionsbesitzer und Verwaltungsmitarbeiter hinaus bemühten sich die Gegendarstellungen intensiv darum, in ihren Schilderungen den Personenkreis tatsächlicher Antisemiten möglichst einzuschränken. Das CV-Mitglied Hugo Rosenberg aus Berlin, der jahrelang seinen Urlaub in Norddorf auf Amrum verbrachte, beschwerte sich über die Charakterisierung des Dorfes als „völlig antisemitisch“[58] durch die CV-Zeitung. Dabei unterschied er zunächst zwischen den einheimischen Bewohnern, „die keinen Antisemitismus [...] kennen“, und den Zugereisten, die christlichen Häusern vorstanden und folglich keine Juden aufnahmen. Aber auch von diesen Pensions- und Hotelbesitzern würden nur einzelne „gelegentlich in Antisemitismus“ machen – etwa ein Sanatoriumsbesitzer, der nur ungern jüdische Kinder beherberge. Hier zeigte sich Rosenberg ebenfalls überzeugt, dass dieser Arzt „keinen Unterschied kennt, wenn er reichliche Zahlung erhält“.[59] Eine ähnliche Erklärung lieferte ein Vertreter der Ortsgruppe Würzburg, der im Frühjahr 1925 Auskunft über den kleinen Kurort Bad Neuhaus gab. In seinem Bericht betonte er, dass jegliche judenfeindlichen Bestrebungen in der dortigen Gegend „auf eine gewisse Liebedienerei zum damaligen Oberamtsmann“ zurück-

[55] Schreiben an CV-Zentrale, ohne Datum, CVA 2344, Bl. 22.
[56] Ebd., Bl. 26.
[57] Vgl. Schreiben an CV-Zentrale, CVA 2375, Bl. 121.
[58] Hugo Rosenberg an CV-Zentrale, 21. 6. 1925, CVA 2375, Bl. 316.
[59] Ebd.

geführt werden könne. Seit dieser aber nicht mehr seinen Posten bekleide, „herrscht vollkommene Ruhe".[60]

All diese Beispiele lassen eine gemeinsame Motivation erkennen: den Versuch, den Antisemitismusvorwurf argumentativ abzumildern. Im Gegensatz zu den Verfassern der Beschwerdebriefe, die bereits in einer Bemerkung oder Geste ihres Gegenübers einen antisemitischen Akt erkannten, trat die Gegenseite dafür ein, sich auf eine Auseinandersetzung mit Aspekten des *radikalen* Antisemitismus zu beschränken. Dies bedeutete nicht, dass sie die feinere, gesellschaftlich etablierte Judenfeindlichkeit aus ihrer Wahrnehmung herausfilterten. In ihren Einsendungen boten sie jedoch dem CV – und sich selbst – Erklärungsansätze, die es erlaubten, diese Erfahrungen zu bagatellisieren. Als Begründung konnte dabei die subjektiv wahrgenommene Geringfügigkeit der antisemitischen Erfahrung angeführt werden. Darüber hinaus verwiesen die Einsender auf den Umstand, dass es sich häufig um einen wirtschaftlich motivierten Antisemitismus handle. Derart auf ökonomische Aspekte reduziert, konnte das Vorhandensein einer tiefer reichenden Judenfeindschaft selbst bei vermeintlich überzeugten Antisemiten bestritten werden. Gleichzeitig marginalisierten die Einsender der Gegendarstellungen den radikalen und offen zur Schau getragenen Antisemitismus als das Handeln kleinerer Gruppen oder Einzelpersonen, denen die übrige Bevölkerung, wenn schon nicht ablehnend, so doch zumindest indifferent gegenüberstünde. Die Argumentationsstrategie beschränkte sich jedoch nicht auf die jeweils ortsansässigen Juden, welche den Ruf als antisemitischen Ferienort und die damit verbundenen wirtschaftlichen Folgen fürchteten. Auch andere Gäste sprachen sich vehement dagegen aus, dass der vorhandene Antisemitismus ihres gewählten Aufenthaltsortes genügen sollte, ihm einen Platz auf der CV-Bäderliste zuzuweisen. Eine antisemitische Erfahrung wurde nicht bestritten. Sie als eine Marginalie wahrzunehmen erlaubte es aber, sie müheloser zu verarbeiten. Dass sich die Vertreter dieser Einschätzung ebenfalls an den CV wandten, kann auf die gleiche Motivation zurückgeführt werden, wie die der eigentlichen Beschwerdeführer. Beide Gruppen erstrebten durch die Anerkennung ihrer Wahrnehmungen die Legitimation ihrer Einschätzung und der damit verbundenen Bewältigungsstrategie, die so gleichzeitig über die individuelle Erfahrung hinausging. Die Beschwerdebriefe forderten dementsprechend, den jeweiligen Urlaubsort in die Bäderliste aufzunehmen. Die Verfasser der Gegendarstellungen bemühten sich dagegen, die Mitarbeit des CV-Büros von einer notwendigen Trennung zwischen einem verfolgungswürdigen und einem zu ignorierenden Antisemitismus zu überzeugen. In diesen Grundtenor der Briefe mischte sich häufig eine generelle Kritik an der übermäßigen Empfindsamkeit der Beschwerdeführer. Deren Unverhältnismäßigkeit wurde in den Gegendarstellungen angegriffen und als Beleg für die Übertreibung der jeweiligen Angelegenheit angeführt. Die Juliausgabe der CVZ hatte 1924 eine Notiz veröffentlicht, die auf eine zunehmend judenfeindliche Stim-

[60] CV-Ortsgruppe Würzburg an CV-Zentrale, 17. 2. 1925, CVA 2375, Bl. 125.

mung in dem Kurort Bad Harzburg verwies.[61] Daraufhin wandte sich der dort ansässige Hotelier Max Ohrenstein an den CV. In dem Schreiben betonte er seine guten Beziehungen zur Kurverwaltung und den Umstand, dass es in Bad Harzburg lediglich *einen* überzeugten Antisemiten gäbe – einen „albernen, nichts weniger als ernst zu nehmenden Mann".[62] Darüber hinaus verwies Ohrenstein auf die zeitlichen Umstände, in denen „nun einmal [...] judenfeindliche Tendenzen an hervorragender Stelle auf der Tagesordnung stehen". Diese „beklagenswerte Tatsache" gelte aber nicht allein für Bad Harzburg, sondern sei „für ganz Deutschland zutreffend". Auf den ersten Blick stellt Ohrensteins Verweis auf die judenfeindliche Stimmung in ganz Deutschland ein Mittel der Relativierung der Situation in Bad Harzburg dar. Implizit setzte er allerdings voraus, dass ein gewisses Maß an Antisemitismus vorausgesetzt – und akzeptiert – werden müsse. Den CV forderte er somit dazu auf, die ihm zugehenden Beschwerdebriefe „nicht so furchtbar tragisch zu nehmen". Dass Ohrensteins Argumentation unabhängig von den jeweiligen Zeitumständen konstant blieb, belegt ein Schreiben, das er im Mai 1931 an Leonor Tasse in Zeitz sandte. Dieser hatte sich im Anschluss an seinen Kuraufenthalt in Bad Harzburg mit einer Beschwerde über antisemitische Beleidigungen an den CV gewandt. Ohrenstein – mittlerweile örtlicher Vertrauensmann des CV – klärte Tasse auf:

> „Wir leben nun einmal in einer Zeit, in welcher der Antisemitismus von den Anhängern der nationalsozialistischen Bewegung systematisch betrieben wird und so kann Ihnen das, was Ihnen vor einigen Tagen hier passiert ist, ebenso in jedem anderen Ort in gleicher Weise widerfahren."[63]

Abgesehen von der nun klar benannten Gruppierung, von der der Antisemitismus ausging, lesen sich Ohrensteins Argumente auch mit einer zeitlichen Differenz von knapp sechs Jahren weitgehend identisch. Wie zuvor den Mitarbeitern des CV, offerierte er nun seine Argumentation zur Relativierung der antisemitischen Erfahrung auch den unmittelbar Betroffenen. Die Langlebigkeit des Arguments Ohrenstein, bei der die antisemitische Erfahrung durch einen größeren geographischen und gesellschaftlichen Kontext relativiert wurde, gibt Rückschlüsse auf seine Praktikabilität. Hierzu gehörten auch die ergänzenden Hinweise auf die ausgezeichneten Beziehungen zu Nichtjuden, in diesem Falle zur Kurverwaltung und dem Bürgermeister des Ortes, die sich im Rahmen ihrer Möglichkeiten gegen den Antisemitismus zur Wehr setzten.[64] Allein die Zusage ihrer Unterstützung nutzte Ohrenstein, um die tatsächliche Judenfeindlichkeit als eine Margina-

61 Antworten, CVZ, Nr. 29, 17. 7. 1924, S. 437.

62 Hier und im Folgenden: Ohrenstein an CV-Zentrale, 3. 8. 1924, CVA 2342, Bl. 81.

63 Ohrenstein an Tasse, 13. 5. 1931, CVA 2342, Bl. 63, Herv. i. O.

64 Tatsächlich ging bei Tasse auch ein Schreiben der Kurverwaltung ein, in dem in ähnlichem Tenor wie beim Brief Ohrensteins darum gebeten wurde, die antisemitische Erfahrung „nicht zu verallgemeinern und zu glauben, dass irgend ein vernünftiger Mensch in Bad Harzburg dieses Vorkommnis billigt". Kurverwaltung an Tasse, 12. 5. 1931, CVA 2342, Bl. 62.

lie darzustellen und Tasse dazu aufzufordern, „nicht ganz Harzburg entgelten zu lassen, was ein Einzelner verschuldet hat".[65]

Deutliche Worte gegen eine überhöhte Sensibilität in Bezug auf antisemitische Beleidigungen und Ausgrenzungen fanden im Mai 1926 auch die Vertreter der Israelitischen Gemeinde in Bad Salzuflen. In der CV-Liste judenfeindlicher Erholungsorte vom selben Monat fiel der im Wesergebirge gelegene Kurort durch besonders zahlreiche Unterkunftsnennungen auf.[66] Die Israelitische Gemeinde sorgte sich um die Konsequenzen, die die Auflistung „bei der sprichwörtlich gewordenen ängstlichen Sinneseinstellung unserer Glaubensgenossen" haben würde.[67] Dabei bestritten die Gemeindevertreter nicht, dass die Besitzer und Gäste der vom CV gelisteten Pensionen völkische und antisemitische Einstellungen vertraten. Sie führten jedoch eine Reihe von Gründen an, die diesen Umstand ins Verhältnis setzen sollten. Unter anderem erwähnten sie die große Anzahl an Hotels und Pensionen, „die gern Juden nehmen" und auf den Nachbarort, in dem angeblich in einem wesentlich erhöhten Umfang antisemitische Einstellungen vorherrschten. Ähnlich wie im Falle Bad Harzburgs verwiesen sie ebenfalls auf die „durchaus judenfreundlich[e]" Einstellung der Badeverwaltung. Diese hatte selbst einen Wohnungsanzeiger herausgegeben, in dem die von jüdischen Gästen zu meidenden Unterkünfte als „Christliches Haus" vermerkt wurden. Das Verzeichnis genügte nach Ansicht der jüdischen Gemeindevertreter als Informationsgrundlage vollkommen und ließ die Auflistung in der CVZ obsolet erscheinen. Der Anzeiger ging jüdischen Gästen jedoch erst bei ihrer Ankunft und auf explizite Nachfrage zu. Freilich konnte so das Szenario vermieden werden, das der Gemeindevorsitzende nach der Veröffentlichung in der CV befürchtete: „Da sagt sich der ängstliche Jude: Nach Salzuflen, um Gottes Willen nicht!"[68]

Vor dem Hintergrund der wirtschaftlichen Folgen eines Ausbleibens der jüdischen Gäste brachte das Schreiben das generelle Unverständnis gegenüber jenen Juden und Jüdinnen zum Ausdruck, die den Versuch unternahmen, jegliche Begegnungen mit Antisemitismus zu vermeiden. Dies belegt auch die Ansicht der Salzuflener Gemeindevertreter, nach der es ausreichte, die jüdischen Reisenden nach ihrer Ankunft im Kur- und Urlaubsort über die dortigen Umtriebe völkischer Organisationen und Einzelpersonen zu informieren. In diesem Zusammenhang ist auch der Verweis auf die übertriebene Angst jener Glaubensgenossen zu lesen, der in der Beschreibung des „ängstlichen Juden" kumulierte. Bei dieser Ein-

[65] Ebd. Neben dem Bemänteln der antisemitischen Erfahrungen intervenierte Ohrenstein im Namen jüdischer Kurgäste immer wieder bei der Kur- und Stadtverwaltung. Dabei betonte er seine Indifferenz gegenüber „antisemitischen Veranstaltungen". Argumentativ nutzte er stattdessen den Verweis auf die wirtschaftlichen Folgen, den das Ausbleiben jüdischer Gäste für das „von Antisemitismus stark angekränkelte Harzburg" haben würde. Seine hierbei erzielten Erfolge schilderte er dabei ebenso dem CV. Vgl. CVA 2342, Bl. 92–89.

[66] Neun Pensionen galten dabei als „antisemitisch", drei weitere als „nach christlich-religiösen Grundsätzen geleitet", CVZ, Nr. 19, 7. 5. 1925, S. 258.

[67] Israelitische Gemeinde Bad Salzuflen an CV-Zentrale, 14. 5. 1926, CVA 2349, Bl. 41–43, hier Bl. 41.

[68] Ebd.

schätzung spielten die eigenen Erfahrungen und deren Wahrnehmung eine zentrale Rolle. Indem sie auf die gängigen Argumente – die Vorurteilslosigkeit der Mehrheit der Einwohner, die Radikalität der ausschließlich Zugereisten, Verweise auf antisemitischere Gegenden oder den Einzelfallcharakter judenfeindlicher Ausschreitungen – verwiesen, konnte der Antisemitismus in ihrer eigenen Wahrnehmung genügend marginalisiert werden, um diese Erfahrungen auch ihren übrigen Glaubensgenossen zuzumuten.

Die Beispiele belegen zum einen, dass die unterschiedliche Wahrnehmung und Einschätzung antisemitischer Erfahrungen weder an der Bruchstelle von zionistischer und liberaler Überzeugung noch zwischen Juden und Nichtjuden verlief. Vielmehr bildete auch innerhalb der CV-Mitgliederschaft die Frage nach dem angemessenen Umgang mit Antisemitismus einen ständigen Aushandlungsprozess. Dabei wurde das Argument wirtschaftlicher Einbuße von jüdischen wie nichtjüdischen Pensionsbesitzern gleichermaßen genutzt. In den jüdischen Beschwerdebriefen und Gegendarstellungen wird darüber hinaus deutlich, dass die Antwort auf die Frage, wie Antisemitismus angemessen zu begegnen sei, nicht so sehr von der Erfahrung selbst, sondern von deren Einschätzung und den gewählten Verarbeitungsmöglichkeiten geprägt war. Dies widerlegt die These, dass die Wahrnehmung des Gefahren- und Bedrohungspotenzials des Antisemitismus maßgeblich davon abhing, ob antisemitische Erlebnisse überhaupt Teil der eigenen Erfahrung waren.[69] Bereits in den Gegendarstellungen, die den CV in Bezug auf seine Bäderlisten erreichten, wird deutlich, dass es vielmehr an der individuellen Einschätzung als an den Vorkommnissen selbst lag. In diesem Sinne kann auch die These erweitert werden, nach der es der jüdischen Bevölkerung in Gegenden, in denen sich der nationalsozialistische Antisemitismus erst spät etablierte, leichter fiel, die Virulenz der Judenfeindschaft zu externalisieren und als Problem andere Regionen Deutschlands darzustellen. Wie die Beispiele aus Bad Harzburg und Bad Salzuflen zeigen, konnten die jüdischen Gemeinden auch in Gegenden, in denen verstärkt antisemitische Einstellungen vorherrschten, die judenfeindlichen Erfahrungen negieren – indem sie beispielsweise auf die allgemeine Situation in Deutschland oder auf Nachbargemeinden verwiesen, in denen die Judenfeindschaft ein wesentlich höheres Ausmaß erreicht habe.

Der Mikrokosmos des Urlaubsaufenthalts umfasst damit zentrale Aspekte der Auseinandersetzung um die adäquate interpretatorische Aneignung von Antisemitismus. Der CV fungierte hierbei nicht allein als Auskunftsstelle für jüdische Reisende. Vielmehr diente der Austausch mit Mitgliedern gleichzeitig als Verhandlungsraum, in dem die gegenläufigen Wahrnehmungen und – daraus resultierend – der als angemessen empfundene Umgang mit Antisemitismus aufeinandertrafen. Die sich hierbei konträr gegenüberstehenden Ansichten sind dabei als zwei Angebote der Antisemitismusbewältigung zu lesen. Den Beschwerdeführern erlaubte der Kontakt mit dem CV, ihre Erfahrungen mitzuteilen und hierfür nicht allein Verständnis, sondern tatsächliche Konsequenzen einzufordern. Die Ver-

[69] Bergmann/Wetzel, Miterlebende, S. 180; Hecht, Weimarer Republik, S. 403.

fasser der Gegendarstellungen traten dagegen dafür ein, eine zu intensive Beschäftigung mit dem Antisemitismus zu vermeiden. Dies beinhaltete nicht nur eine möglichst umfassende Marginalisierung der antisemitischen Erfahrung, sondern auch eine, das eigene Selbstbewusstsein betonende Abgrenzung von jenen Glaubensgenossen, die „einen Vorfall, der vielleicht vollständig harmlos war“[70] aufbauschten und sofort dem CV berichteten. Eng verbunden mit den Reaktionen auf antisemitische Erfahrungen waren dabei immer auch die gehegten Erwartungen, die sich an eine mögliche Überwindung der Judenfeindlichkeit knüpften. So hegten die Verfasser der Beschwerdebriefe die Erwartung, dass gegen jede Form, in der ihnen Antisemitismus begegnete, etwas unternommen werden könne – und müsse. Dagegen kam in den Gegendarstellungen häufiger die Einschätzung zum Ausdruck, dass eine gesamtgesellschaftliche Überwindung des Antisemitismus außer Frage stünde und dieser Umstand akzeptiert werden müsse.

Letztendlich sollten die Briefe – sowohl vonseiten der Beschwerdeführer wie der Verfasser der Gegendarstellungen – der jeweiligen Erwartung und daraus resultierender Bewältigungsform zusätzliche Legitimität verschaffen. Die Schreiben, die ex- wie implizit vom CV eine bestimmte Handlungsweise einforderten, waren somit immer auch Versuche, den Verein vom eigenen Umgang mit antisemitischen Erfahrungen zu überzeugen. Das Spektrum dieser Vorschläge reichte von dem Anspruch, jedweden als judenfeindlich wahrgenommenen Akt öffentlich zu ahnden, bis hin zur Forderung nach Abkehr von jeglicher Form der „Antisemitenriecherei“[71].

Wie aber reagierte der CV auf diese widerstreitenden Einschätzungen? Die Diskrepanz zwischen den in den Beschwerdebriefen eingeforderten Nennungen und der tatsächlichen Zahl der in den Listen aufgeführten Urlaubsdomizile scheint auf den ersten Blick zu belegen, dass der CV eher den Einschätzungen in den Gegendarstellungen folgte, nach denen ein gewisses Maß an Antisemitismus als zumutbar akzeptiert werden musste. Allerdings überließen es die Mitarbeiter des CV zunächst den Inhabern jener Örtlichkeiten, über die sich jüdische Urlauber beschwert hatten, sich zu den Ereignissen und ihren persönlichen Einstellungen zu äußern. Einen dauerhaften Platz auf der Liste erhielten schließlich nur jene Unterkünfte, deren Inhaber sich selbst zu antisemitischen Einstellungen bekannten. Bei diesem Vorgehen spielten jedoch auch rechtliche und praktische Erwägungen eine Rolle. So waren Juristen in einem im Auftrag des CV erstellten Gutachten 1926 zu dem Ergebnis gekommen, dass eine Nennung auf der Bäderliste juristische Konsequenzen nach sich ziehen konnte, wenn sich die Besitzer der Unterkünfte gerichtlich dagegen wehrten.[72] Folglich entfiel ein großer Teil der Beanstandungen von jüdischen Urlaubern, wie beispielsweise die Konfrontation mit antisemitischen Gästen. Ebenso war es bei Zwischenfällen mit Hotel- oder Pen-

[70] Schreiben an CV-Zentrale, 16. 6. 1925, CVA 2349, Bl. 59.
[71] Schreiben an CV-Zentrale, ohne Datum, CVA 2339, Bl. 100f.
[72] Vgl. Hecht, Weimarer Republik, S. 399.

sionsangestellten problematisch für den CV nachzuweisen, dass diese mit Wissen oder gar im Einverständnis mit der Leitung ihre antisemitische Meinung – verbal oder auf Tischkärtchen festgehalten – verbreiteten. Als Grund für eine Listennennung galten folglich nur jene Vorfälle, bei denen Beleidigungen und verweigerte Aufnahmen von den jeweiligen Inhabern ausgegangen waren. Darüber hinaus bedeutete die Korrespondenz mit den verschiedenen Parteien einen immensen organisatorischen Aufwand. Demnach wird angenommen, dass der CV-Mitarbeiterstab schlicht nicht ausreichte, um allen Beschwerden und Gegendarstellungen nachzugehen, und einige Ferienorte schlichtweg übersehen wurden.[73]

Den Beschwerdeführern verweigerte der CV damit oftmals die letzte Möglichkeit, konkrete Konsequenzen für ihre negativen Erfahrungen einzufordern. Ohne eine Nennung auf der Bäderliste hatten die betreffenden Unterkünfte kein Ausbleiben jüdischer Gäste und damit keinerlei Umsatzeinbuße zu befürchten. Gleichzeitig bezweifelte der CV weder in seinen Antwortschreiben, in denen er über das Ausbleiben einer Nennung informierte noch in der vereinsinternen Kommunikation die Virulenz der antisemitischen Erfahrung. Auch die Vermutung, dass die Beschwerdebriefe ihre Darstellungen überzogen, tauchte nur in Einzelfällen auf.[74] Die als beschämend und verstörend wahrgenommene antisemitische Erfahrung stellte der CV somit nicht in Frage. Jedoch transportierten die abschlägigen Antworten die Erkenntnis, dass sich nicht gegen sämtliche Ausformungen des Antisemitismus vorgehen ließ – und dementsprechend in derartigen Fällen eine Warnung der jüdischen Öffentlichkeit weder möglich noch notwendig erschien.

Aus diesem Vorgehen des CV ergaben sich zwei Konsequenzen. Erstens richteten sich die negativen Gefühle der Beschwerdeführer nicht länger gegen die jeweiligen Feriendomizile, sondern gegen den sanktionsverweigernden CV. Wenngleich weiterführende Korrespondenzen mit den Betroffenen nur in wenigen Fällen überliefert sind, so umfassen diese neben angedrohten wie tatsächlichen Austritten häufig den Vorwurf an den CV, sich bei Antisemiten anzubiedern.[75] Im Gegensatz zu den formalen Beschwerden bei Bäderverwaltungen und Hotelbesitzern ermöglichte es diese Ventilfunktion den Betroffenen, ihren Unmut zumindest gegenüber dem CV unumwunden kundzutun. Gleichzeitig kanalisierte der CV so die Empörung und Wut über solche Erfahrungen und verhinderte, dass sie allzu deutlich in der Öffentlichkeit artikuliert wurden. Zweitens wirkten sich diese restriktiven Aufnahmekriterien auf die Aussagefähigkeit der Bäderlisten aus. Wenngleich die Anzahl gelisteter Hotels, Pensionen oder ganzer Kurorte im Verlauf der Weimarer Republik kontinuierlich zunahm[76], bedeutete dies gegenüber jüdischen Reisenden keinerlei Garantie, dass sie ihren Urlaubsaufenthalt ohne antisemitische Zwischenfälle verbringen würden. Selbst dann nicht, wenn andere Urlauber bereits negative Erfahrungen in diesen Orten beanstandet hatten. Worin lag dann

[73] Borut, Tourist, S. 25.
[74] Vgl. Antwortschreiben der CV-Zentrale, 24. 10. 1924, CVA 2318, Bl. 36.
[75] Vgl. Schreiben an CV-Zentrale, 2. 11. 1924, ebd., Bl. 40.
[76] Borut, Tourist, S. 18–20.

aber Bedeutung und Funktion der Bäderlisten? Die Forschungsmeinungen hierüber gehen weit auseinander. Bajohr spricht mit Verweis darauf, dass der CV „den schriftlichen Versicherungen der Verwaltung bzw. der Inhaber ein größeres Gewicht beimaß als den Angaben Dritter“[77] den Bäderlisten eine praktische Funktion weitgehend ab. Hecht dagegen betont, dass trotz aller Problematiken bei der Erstellung der Listen „auf das Bedürfnis deutscher Juden reagiert [wurde], im Urlaub möglichst keinen unangenehmen antisemitischen Zwischenfällen ausgesetzt zu sein“.[78] Ihre Einschätzung deckt sich weitgehend mit der Selbstwahrnehmung des CV. Nachdem sich beispielsweise die jüdische Gemeinde in Bad Salzuflen 1926 über die erhöhte Nennung dort ansässiger Pensionen und Gaststätten auf der Bäderliste beschwert hatten, nutzte der CV sein Antwortschreiben für eine grundsätzliche Verteidigung der Listen:

> „Unsere Mitglieder vor solchen Enttäuschungen zu bewahren, gehört seit Jahren in den Bereich unserer Tätigkeit, und die ständige Benutzung dieser unserer Einrichtung seitens unserer Mitglieder, sowie auch unserer Mitgliederkorrespondenzen beweist uns, wieviel Nützliches wir durch diesen Teil unserer Arbeit leisten und wie unentbehrlich sie für unsere Glaubensgenossen ist.“[79]

Diese Selbstauskunft steht in deutlichem Kontrast zu der Entscheidung, lediglich einen Bruchteil der Örtlichkeiten aufzunehmen, über die Beschwerden vorlagen.

Die gegensätzlichen, historiographischen Einschätzungen über die Bedeutung der Bäderlisten stehen damit in unmittelbaren Zusammenhang mit den unterschiedlichen Funktionen, die bereits die Zeitgenossen den Listen zuschrieben. Grundsätzlich lassen sich dabei zwei Ebenen unterscheiden. Zunächst kam ihnen eine praktische Orientierungsfunktion zu. Wenngleich mit den Listen keine Garantie einherging, dass sie wirksam vor jeglichen antisemitischen Erfahrungen in Urlaubsorten schützen würden, so gaben sie zumindest einen Überblick über Örtlichkeiten, deren Besuch es zu vermeiden galt. Und selbst im Falle von Ferienorten, bei denen lediglich ein oder zwei Gaststätten und Pensionen gelistet wurden, ermöglichte es diese Information den Reisenden selbst abzuwägen, ob sie ihre Ferien in der jeweiligen Umgebung verbringen wollten. Zum anderen – und dies ist essenziell – wurde ihnen vor allem seitens der Einsender eine symbolische Funktion zugewiesen.

Für Urlauber, die sich von antisemitischen Beleidigungen und Übergriffen betroffen sahen, bildete die mehr oder weniger explizit formulierte Forderung an den CV, die betreffende Örtlichkeit auf die Bäderliste zu setzen, eine Möglichkeit, der negativen Erfahrung mit einer Form der Sinnstiftung sowie praktischen Konsequenz zu begegnen. Das Wissen, dass anderen Reisenden ähnliche Erlebnisse erspart blieben und dass die jeweiligen Inhaber mit ökonomischen Folgen ihres Handelns (oder des Handeln ihrer Gäste und Angestellten) zu rechnen hatten,

77 Bajohr, Hotel, S. 109.
78 Hecht, Weimarer Republik, S. 307.
79 Schreiben CV-Zentrale an Israelitische Gemeinde Bad Salzuflen, 25. 6. 1926, CVA 2349, Bl. 61 f., hier Bl. 61.

erlaubte es, der negativen Erfahrung eine positive Wendung beizugeben. Blieb eine Nennung aus, richtete sich die Empörung und Enttäuschung hierüber ausschließlich auf die Entscheidung des CV – und nicht mehr auf die, für die eigentliche Erfahrung verantwortlichen Nichtjuden. Somit wurde die Problematik des unzumutbaren und zumutbaren Antisemitismus in erster Linie zu einem innerjüdischen Aushandlungsprozess. In diesem Sinne können weder Bajohrs Einschätzung, dass die CV-Verantwortlichen die vorgebrachten Beschwerden schlichtweg nicht „für bare Münze nahmen“[80], noch Boruts Vermutung über ungenügende Arbeitskraft bei der Bearbeitung der Beschwerden deren Bedeutung für die Erstellung der Listen hinreichend erklären.[81] Die Listen sind vielmehr als Ergebnis der Mediation zwischen Beschwerdeführern und Verfassern der Gegendarstellungen zu lesen, bei der auch juristische Erwägungen eine Rolle spielten. Der CV behielt sich die endgültige Entscheidung – und damit die Weisungshoheit – vor, welche Formen des Bäderantisemitismus mit einer Listennennung als unzumutbar geahndet werden sollten und welche den jüdischen Urlaubern zugemutet werden konnten (und mussten). Mit der Strategie des Nennens und Auslassens vermittelte der CV seine Einstellungen und Vorgaben zur Wahrnehmung des Antisemitismus – die wiederum von den persönlichen Einsendungen nicht unbeeinflusst blieben.[82]

Auf den Seiten der CVZ wurden die Bäderlisten darüber hinaus durch Berichte mit allgemeinen Reisewarnungen oder -empfehlungen ergänzt. Im Januar 1924 reagierte der CV unter dem Titel „Der Rückgang des Fremdenverkehrs in den südbayerischem Kurorten“ auf einen Beitrag des nationalsozialistischen *Miesbacher Anzeigers* (MI).[83] Vorausgegangen war eine Versammlung des Münchner Fremdenverkehrsvereins, bei welcher die Verantwortlichen über die Gründe des drastischen Urlauberrückgangs für die Region berieten. Der Vizepräsident der Münchner Handelskammer, Sigmund Fraenkel, verwies in diesem Zusammenhang auf die von „Münchner und Miesbacher Hakenkreuzfahnen eingeschlagen[en]“ Fenster, für die der bayerische Fremdenverkehr nun die Quittung bekomme. Der *Miesbacher Anzeiger* kommentierte das sich hieraus ergebende Ausbleiben insbesondere jüdischer Gäste unter dem Titel „Beste Reklame“. Der CV schlussfolgerte daraufhin mit einem sarkastischen Unterton:

[80] Bajohr, Hotel, S. 109.
[81] Vgl. Borut, Tourist, S. 18.
[82] Trotz dieser teils restriktiven Nennungspolitik umfassten die während der Weimarer Republik vonseiten des CV veröffentlichten Listen durchgehend Nennungen im dreistelligen Bereich – mit einer jährlich steigenden Tendenz. Hatte der CV Mitte Mai 1924 19 judenfeindliche Ferienorte und 189 Gaststätten und Unterkünfte gelistet (eigene Zählung, CVZ, Nr. 20, 15. 5. 1924, S. 290), waren es 1928 17 und 341 bzw. 1931 14 Ferienorte und 492 Gaststätten und Unterkünfte. Vgl. Borut, Tourist, S. 17. Die Abnahme an Nennungen rein antisemitischer Ferienorte lässt sich mit dem Bemühen des CV um Differenzierung und das Vermeiden von Pauschalurteilen begründen.
[83] Hier und im Folgenden: Der Rückgang des Fremdenverkehrs in den südbayerischen Kurorten, CVZ, Nr. 5, 31. 1. 1924, S. 35.

„Wir gehen sogar noch einen Schritt weiter und schließen uns dem Wunsche des ‚Miesbacher Anzeigers' gerne an, daß unsere norddeutschen und süddeutschen Freunde fortab so viel Selbstachtung und Würde aufbringen, um den Judenhassern im kommenden Sommer keinen Anlaß mehr zur Klage zu geben, daß die israelitischen Badegäste ‚unserer oberbayerischen Seen zu stinkenden Judenquartieren verschandeln'. Wir hoffen, daß die Folgerung aus dieser unerhörten Beschimpfung von allen Lesern der ‚CV-Zeitung' im Laufe der kommenden Sommermonate im weiten Umfang gezogen werden."[84]

Im Gegensatz zu den Bäderlisten, die kommentarlos erschienen, war es bei den Artikeln möglich, die Reiseempfehlungen mit einer deutlichen moralischen Wertung zu versehen. Indem die Verantwortlichen an „Selbstachtung und Würde" der Leser appellierten, nahm die Aufforderung, die betreffenden Urlaubsorte zu meiden, eher den Charakter einer Anweisung als einer Empfehlung an. Diese vom CV beanspruchte Entscheidungshoheit spiegelte sich auch in dem Entschluss wider, die Aufforderung zur Meidung (süd)bayerischer Kur- und Urlaubsorte wieder aufzuheben. Als die *Berliner Volks-Zeitung* im Juni 1924 mit Verweis auf die seit dem Hitler-Prozess verstärkt wahrnehmbare antisemitische Stimmung mit der Aufforderung „Meidet Bayern" reagierte, verwahrte sich der CV gegen diese „Verallgemeinerung".[85] Der Verein schloss lediglich Chiemgau und Berchtesgaden als Reiseziele weiterhin aus. Allerdings sollte vor jeder Reise in die übrigen Regionen zunächst die jeweilige Ortsverwaltung kontaktiert werden, um festzustellen „ob ihr jüdische Kurgäste angenehm sind und ob sie Gewähr für einen ungestörten Aufenthalt übernimmt". Und auch wenn ein positiver Bescheid vorlag, sollte bei den jeweiligen Vermietern ebenfalls angefragt werden, ob sie jüdischen Gästen „einwandfreie Erholung [...] gewährleisten" könnten. Der CV forderte seine Mitglieder zu einer vorsorglichen, mehrfachen Absicherung auf, um potenzielle antisemitische Erfahrungen im Urlaub zu verhindern. Diese Vermeidungsstrategie setzte voraus, dass sich die Urlauber bereits vor ihrer Reise prophylaktisch mit den Möglichkeiten antisemitischer Erfahrungen auseinandersetzten und sich zumindest auf eine Konfrontation mit abschlägigen Antworten seitens der Ortsverwaltungen oder Pensionsbesitzer vorbereiteten. Bezeichnenderweise standen diese vorsorglichen Überlegungen viel häufiger im Mittelpunkt der Verhaltensempfehlungen als die in der Forschung wesentlich breiter rezipierten Aufrufe zu bescheidenem und zurückhaltendem Auftreten im jeweiligen Ferienort. Das gilt auch für das in dieser Hinsicht prominenteste Beispiel: Im Mai 1924 hatte der Herforder Rabbiner Siegmund Goldmann in einem Gastbeitrag ein „Mahnwort an die deutschen Juden" gerichtet.[86] In der Historiographie sind seine Ausführungen vor allem als Beispiel für die fehlgeleitete Vorstellung deutscher Juden gewertet worden, die mit dem Aufruf zu „vornehmer Zurückhaltung" hofften, den antisemitischen Stereotypen ent-

[84] Ebd.

[85] Hier und im Folgenden: Sollen jüdische Kurgäste Bayern meiden? Eine Antwort auf viele Fragen und Anregungen, CVZ, Nr. 26, 26.6.1924, S. 391, Herv. i. O.

[86] Hier und im Folgenden: Vor der Sommerreise. Ein Mahnwort an die deutschen Juden, CVZ, Nr. 21, 22.5.1924, S. 306.

gegenzuwirken.[87] Allerdings finden sich in Goldmanns Ausführungen auch die zentralen Anliegen wieder, um deren Durchsetzung sich der CV sowohl in der Privatkorrespondenz, den Bäderlisten und den damit verbundenen Artikeln bemühte: Zum einen empfahl Goldmann, bereits vor der Reise bei der Auswahl der jeweiligen Unterkunft „Vorsicht walten“ zu lassen. Zum anderen mahnte er „vor jener Überempfindlichkeit, die hinter jedem ‚Jude‘ eine antisemitische Anpöbelei“ erkannte. Vorsorgliche Auseinandersetzung und Gleichmut gegen ein grundsätzliches Maß an judenfeindlichen Vorbehalten erschienen dem CV eine adäquate Vorbereitung für Urlaubsreisen jüdischer Deutscher im eigenen Land.

Im Frühjahr 1932 stellte der CV die Veröffentlichung der Bäderlisten ein. Als Begründung gab er an, dass „das Material zu umfangreich ist und unter den gegebenen Verhältnissen dauernden Veränderungen unterliegt“.[88] Stattdessen etablierte sich ein „CV-Reisedienst“, der auf persönliche Anfrage Auskunft darüber erteilte, ob ein Urlaubsort bedenkenlos besucht werden könne.[89] Barkai erkennt in dieser Entscheidung „die pragmatische Resignation [des CV] vor den Zeitumständen“.[90] Tatsächlich dürfte sich auch beim CV-Reisedienst nichts Grundlegendes an den Auskünften geändert haben. Die vorstehenden Ausführung haben gezeigt, dass ein großer Teil der Diskussionen und Verhandlungen darüber, welcher Ferienort geeignet und welches Maß an Bäderantisemitismus ertragen werden musste, bereits in den Jahren zuvor ausschließlich in der Teilöffentlichkeit vereinsinterner Korrespondenzen stattgefunden hatte. Indem der CV auf die Bäderlisten verzichtet, gab er auch seine Mediationsfunktion zwischen den Verfassern der Beschwerden und der Gegendarstellungen auf. Wenngleich die Mitarbeiter weiterhin die Mitglieder und Leser zu Berichten über positive oder negative Erfahrungen während ihres Urlaubsaufenthalts aufforderten, lag die Weisungsfunktion nun allein in den individuellen Antwortschreiben des CV-Reisediensts.

Verhandlungen über das Für und Wider von Urlaubsorten stellten nur einen Arbeitsschwerpunkt in der Ratgebertätigkeit des CV dar. In den frühen zwanziger und dreißiger Jahren gingen bei ihm zahlreiche Einsendungen ein, die von antisemitischen Postsendungen berichteten. Die mit diesen Berichten verknüpften Erwartungen und die seitens des CV ausgegebenen Empfehlungen sind Teil des folgenden Abschnitts.

„Nicht so ernst nehmen“ – Drohbriefe und beschmierte Postsendungen

In den Biographien prominenter deutscher Juden wird immer wieder von antisemitischen Beleidigungen und Drohungen berichtet, die sie vor allem auf postali-

[87] Hecht, Weimarer Republik, S. 311.
[88] Bäderliste 1932, CVZ, Nr. 20, 13. 5. 1932, S. 195.
[89] Reisedienst des Centralvereins, CVZ, Nr. 30, 22. 7. 1932, S. 310.
[90] Barkai, Wehr Dich!, S. 178.

schem Wege erreichten.[91] Der Kreis der von solchen Postsendungen Betroffenen beschränkte sich jedoch nicht auf besonders exponierte Vertreter des deutschen Judentums. Die Fülle der im CV-Archiv erhaltenen Schreiben, in denen vom Empfang von Drohbriefen, beschmierter oder beklebter Post berichtet wird, zeigen vielmehr in aller Deutlichkeit, dass bereits ein jüdisch klingender Name genügte, um anonym beleidigt und bedroht zu werden. Diese postalischen Diffamierungen lassen sich drei Kategorien zuordnen: (Droh-)Briefsendungen, Klebe- und Verschlussmarken sowie „spontane" Beschmierungen von Postkarten und Briefen.

Die Drohbriefe fielen sowohl in formaler wie inhaltlicher Hinsicht unterschiedlich aus. Maschinen- oder handschriftlich erstellt, beinhalteten die Texte der Wurfsendungen vor allem antisemitische Beleidigungen und Todesdrohungen.[92] Sie wurden ergänzt durch Aufforderungen zur Auswanderung[93], Gewaltandrohung bei aktiver oder passiver Wahlbeteiligung[94] und Gelderpressungsversuche[95]. Auch wenn derartige Schreiben häufig eine personalisierte Anschrift trugen, folgten die Texte häufig wiederkehrenden Mustern. Es liegt daher nahe zu vermuten, dass die Schreiben bei gleichbleibendem Inhalt oftmals an mehrere Haushalte gleichzeitig versandt wurden. Im Gegensatz zu prominenten deutschen Juden sowie den Vertretern des CV, die sich zwangsläufig häufiger mit derartigen Sendungen konfrontiert sahen, erreichten die Drohbriefe private Haushalte zumeist unvorbereitet. Oft verbargen sich die Absender hinter erfundenen martialischen Gruppennamen, wie die *Zentrale Vereinigung Reichsdeutscher zur Bekämpfung und Ausrottung des Judentums*[96], *Antisemitischer Kampfbund*[97] oder auch der *Verein zur Wiederherstellung der deutschen Goldwährung*[98]. Wer sich hinter diesen Gruppen oder den sonstigen anonymen Schreiben verbarg, blieb den Spekulationen der Empfänger und des CV überlassen. Zweifellos sollten die fiktiven Gruppennamen den Eindruck eines Kollektivs suggerieren und die Empfänger zusätzlich verunsichern.

Während die Drohbriefe erst in der Weimarer Republik – vor allem in Bezug auf die gewalttätigen Formulierungen – eine Hochkonjunktur hatten, wurden Klebe- und Verschlussmarken bereits seit den späten 1880er Jahren versandt. Die so verbreiteten antisemitischen Stereotype konnten neben Beschimpfun-

[91] Vgl. Michael Hepp, Kurt Tucholsky. Biographische Annäherung, Hamburg 1999, S. 234; Martin Sabrow, Der Rathenaumord. Rekonstruktion einer Verschwörung gegen die Republik von Weimar, München 1994, S. 81; Manuel Wiznitzer, Arnold Zweig, Das Leben eines deutsch-jüdischen Schriftstellers, Frankfurt am Main 1987, S. 34

[92] Vgl. Einsendungen und Weiterleitungen an CV-Zentrale, 21. 8. 1922, CVA 2251, Bl. 269; 21. 1. 1921, ebd., Bl. 281; 13. 8. 1923, ebd., Bl. 245; 24. 5. 1932, ebd., Bl. 63–66.

[93] Vgl. Einsendung an CV-Zentrale, 28. 8. 1923, ebd., Bl. 296.

[94] Vgl. Einsendung an CV-Zentrale, 25. 2. 1933, ebd., Bl. 2–4.

[95] Vgl. den Fall Rietze und Knauer, ausführlich bei Hecht, Weimarer Republik, S. 132–134.

[96] Einsendung an CV-Zentrale, 18. 7. 1932, CVA 2251, Bl. 59.

[97] Einsendung an CV-Zentrale, 8. 12. 1931, ebd., Bl. 90 f.

[98] Einsendung an CV-Zentrale, 30. 7. 1922, ebd., Bl. 272.

gen[99] die Form von Zitaten berühmter Persönlichkeiten[100], Boykottaufforderungen[101], vermeintlicher statistischer Evidenz[102] oder von Miniaturkarikaturen[103] annehmen. Formal waren sie direkt an das Modell der Sammelbilder angelehnt, die seit der zweiten Hälfte des 19. Jahrhunderts von Unternehmen und Kaufhäusern ausgegeben wurden.[104] In den Vignetten manifestierte sich insofern eine „Alltagskultur des Antisemitismus“. Während der Weimarer Republik nutzten neben den Nationalsozialisten insbesondere auch die Mitglieder des *Deutschvölkischen Schutz- und Trutzbundes* (DVSTB) dieses Mittel, um antisemitische Codes – insbesondere die Konstruktion des Juden als den außerhalb der Gemeinschaft stehenden „Dritten“ – in der Mehrheitsgesellschaft zu verfestigen.[105] Im Gegensatz zu den Drohbriefen fanden sich die Klebemarken nicht nur auf Postsendungen wieder, die an Adressaten mit jüdischen – oder jüdisch klingenden – Namen versandt wurden.[106] Die Klebezettel können damit auch als Kommunikationsmittel zwischen überzeugten Antisemiten wie als Werbung für antisemitische Einstellungen gedeutet werden. Vordergründig dienten sie aber, ebenso wie die Drohbriefe, zur Einschüchterung deutscher Juden. Die Empfänger vermuteten, dass insbesondere die Mitarbeiter in Postämtern oder die Briefträger für das Anbringen der Marken verantwortlich waren.[107]

Diese Vermutung galt auch für Sendungen, welche die Empfänger mit – vermeintlich spontan versehenen – Beschmierungen erreichten. So empfing Inge

[99] Vgl. „Was der Jude denkt, ist einerlei, in der Rasse liegt die Schweinerei.“, Klebezettel auf Postkarte, CVA 2250, 13.4.1924, Bl. 113.

[100] Vgl. „Professor Werner Sombart sagt über die Juden: ‚Die Juden empfanden sich als etwas Besonderes und wurden, von den Wirtsvölkern als solches wieder empfunden […]. Nationale Konflikte wurden geradezu eine Hauptquelle für jüdischen Erwerb.‘“, Klebemarke des DVSTB, CVA 2406, Bl. 255; „‚Das israelitische Volk hat niemals viel getaugt, wie es ihm seine Anführer, Richter, Vorsteher, Propheten tausendmal vorgeworfen haben; es besitzt wenig Tugenden und die meisten Fehler anderer Völker.‘ Goethe“, Spruchmarken 1920, Isabel Enzenbach, Kleines Format – Großer Eifer, Vorstellung der Sammlung, in: dies./Wolfgang Haney, Alltagskultur des Antisemitismus im Kleinformat. Vignetten der Sammlung Wolfgang Haney ab 1880, Berlin 2012, S. 19–47, S. 33.

[101] Vgl. Isabel Enzenbach, „Kennwort: Gummi“. Der Centralverein deutscher Staatsbürger jüdischen Glaubens im Kampf um den öffentlichen Raum von 1893 bis zum Ende der Weimarer Republik, in: Christina von Braun (Hrsg.), Was war deutsches Judentum 1870–1933, Berlin 2015, S. 203–220, hier S. 209 f.

[102] „43% der Rechtsanwälte sind Juden. Ihr Anteil an der Bevölkerungsziffer ist aber nur 1%. Wir wollen gesundere [sic] Verhältnisse schaffen.“, Briefverschlussmarke des DVSTB um 1920, Enzenbach, Kleines Format, S. 40.

[103] Vgl. Enzenbach, Alltagspropaganda, S. 57.

[104] Vgl. Enzenbach, Kleines Format, S. 27–29.

[105] Vgl. Isabel Enzenbach, Kleb’ mich – Klebemarken als antisemitische Handlungsaufforderung, in: dies./Haney, Alltagskultur, S. 11; vgl. auch Shulamit Volkov, Antisemitismus als kultureller Code, in: dies., Jüdisches Leben und Antisemitismus im 19. und 20. Jahrhundert, München 1990, S. 19–23.

[106] Großformatigere Klebezettel, die antisemitische Beleidigungen enthielten oder vor dem Kauf in jüdischen Geschäften warnten, wurden dagegen ausschließlich an Wohnhäusern und Geschäften deutscher Juden angebracht. Vgl. Hecht, Weimarer Republik, S. 135; Isabel Enzenbach, Kleb’ mich, S. 15.

[107] Vgl. bspw. Schreiben an CV-Zentrale, 31.8.1931, CVA 2250, Bl. 36.

Rosenberg beispielsweise im August 1931 eine Geburtstagskarte, auf der sich neben handschriftlich hinzugefügten Hakenkreuzen die Parolen „Heil Hitler“ und „Juda verrecke! Deutschland erwache!!“ fanden.[108] Im Archiv des CV findet sich mindestens eine eingesandte Beitrittserklärung, die mit schwersten antisemitischen Beleidigungen versehen war.[109] Dass Empfänger in- wie außerhalb des CV-Büros Postboten hinter diesen Taten vermuteten, war naheliegend. Zum einen handelte es sich bei den Postmitarbeitern für gewöhnlich um die Personen, die mit den Sendungen vor der Zustellung zuletzt zu tun hatten. Zum anderen verdeutlicht diese Annahme erneut das Bedürfnis, die Verantwortung einer kleinen Gruppe von Tätern zuzuschreiben. Dabei lässt sich eine Parallele zu den Gegendarstellungen der Reiseberichte im vorherigen Kapitel ziehen. Auch hier war es höchstens eine kleine Gruppe, meist Zugereister, die für die Verbreitung des Antisemitismus verantwortlich gemacht wurde.

Im Gegensatz zu den Briefen, in denen Urlaubsgäste von ihren antisemitischen Erfahrungen berichteten, fielen die Schreiben, die im Zusammenhang mit derartigen Postsendungen beim CV eingingen, wesentlich kürzer aus. Dies lag vor allem darin begründet, dass ihnen häufig das jeweilige Corpus Delicti beigelegt war und so – anders als die Begegnungen in den Urlaubsorten – für sich selbst sprach. Ergänzend gingen die Einsender auf die Begleitumstände des Sendungserhalts ein und teilten ihre Vermutungen darüber mit, von wo und wem die Drohungen und Beleidigungen ausgegangen waren. Vom CV erhofften sich die Absender Auskunft darüber, wie sie mit derartigen Sendungen zu verfahren hatten, beziehungsweise wie der CV gedachte, weiter zu verfahren. Denn auch hier fand zunächst im Austausch zwischen Betroffenen und CV nicht nur eine Informations-, sondern auch eine Verantwortungsübermittlung statt. Im Gegensatz zu den Berichten über Urlaubserfahrungen übernahm der CV in Bezug auf Drohbriefe und verunstaltete Sendungen jedoch nicht durchgängig das weitere Vorgehen, sondern informierte die Betroffenen über die ihnen zur Verfügung stehenden Reaktionsmöglichkeiten.

Folgte man der rechtlichen Ordnung, so war die Lage klar. Die 1892 neu ausgegebene Postordnung war 1899 um die Verfügung ergänzt worden, nach der „Briefe, deren Außenseite oder Inhalt, soweit er offensichtlich ist, gegen Gesetze verstößt oder aus Rücksicht des öffentlichen Wohles oder der Sittlichkeit für nicht zulässig“ gewertet wurden, von der Beförderung ausgeschlossen werden sollten.[110] Zumindest auf den Versand antisemitischer Postkarten scheint die Verordnung eine gewisse Wirkung gezeitigt zu haben.[111] Ob allerdings bereits eine Klebemarke

[108] Inge Rosenberg an CV-Zentrale, 31. 8. 1931, CVA 2250, Bl. 36.

[109] Als Name war in der vorgedruckten Erklärung „Gojim-bescheisser [sic], M.d.R.“, als Geschäftsadresse „Palästina (Daitschland)“ [sic] und als Beruf „Mein-eid Fabrikant“ [sic] angegeben, vgl. Einsendungen an CV-Zentrale, 12. 3. 1930, CVA 2250, Bl. 73.

[110] Postordnung vom 11. 6. 1892, § 11 (ergänzende Verfügung Nr. 136 vom 1. 1. 1899), zit. n. www.philhaha.de/post/texte/Postordnung-1892.html, 23. 5. 2015.

[111] Allerdings verweist Helmut Gold auf den Umstand, dass ein großes Postkartenkontingent nicht für den Versand, sondern ausschließlich für Sammlerzwecke hergestellt wurde. Vgl. Helmut Gold, „Stimmungsbilder. Die Postkarte als Medium des (frühen) Antisemitismus“,

mit antisemitischen Kommentaren ausreichte, um einen Brief von der Weitersendung auszuschließen, blieb von den Einschätzungen der jeweiligen Postbeamten abhängig. Dass diese offenbar wenig Veranlassung sahen, Post mit judenfeindlichen Markierungen aus dem Verkehr zu ziehen, belegt eine Intervention des CV im Frühjahr 1920 beim damaligen Reichspostminister Johannes Gisberts (Zentrumspartei). Der im Vorjahr gegründete *Deutschvölkische Schutz- und Trutzbund* (DVSTB) hatte eine erste große antisemitische Propagandakampagne eingeleitet, bei der bis Jahresende 1920 neben 7,6 Millionen versandten Flugblättern auch 4,8 Millionen Handzettel und 7,9 Millionen Klebezettel verteilt wurden.[112] Zum Zeitpunkt der Beschwerde waren nach Auskunft des CV bereits zahlreiche Beschwerden, auch aus dem Ausland, eingegangen. Im Artikel wurde insbesondere eine Beschwerde aus Dänemark erwähnt, wo der judenfeindliche Aufkleber „sogar [bei] christlichen Kreisen“ Unwillen erregte. Der Verweis auf Nichtjuden, die sich ebenfalls von der Kampagne des DVSTB belästigt sahen, weist deutliche Kontinuitäten zur Beschwerdepraxis des CV (und VdJ) während der Kriegszeit auf. Auch hier war bei der Mehrheit der Beanstandungen, die das deutsche Judentum betrafen, der Verweis auf die „christlichen Kreise“ ein fester Bestandteil der Argumentation gewesen. Dem Postministerium selbst waren im Frühjahr 1920 nach eigener Aussage lediglich zwei Beanstandungen über antisemitische Klebezettel zugegangen. Da es sich folglich um „Ausnahmen und nicht um eine planmäßig betriebene Hetze“ handle, sah der Postminister keine Veranlassung zu einer allgemeinen Anordnung und begnügte sich mit der Information, dass bei den betroffenen Dienststellen neuerlich Anweisungen über den Ausschluss derartiger Sendungen ergangen seien.[113] Deutlich wird an diesem Schreiben zum einen die Distanz und abweisende Haltung des Ministers, umfassend und dauerhaft gegen die Verbreitung der Klebezettel vorzugehen. Damit in unmittelbarem Zusammenhang stand zum anderem die Tatsache, dass, abgesehen von den vereinzelten dänischen Christen, sich offensichtlich ausschließlich deutsche Juden dazu veranlasst sahen, gegen die Klebezettel zu protestieren. Trotzdem sich der Postminister in diesem Schreiben derart bedeckt hielt, nutzte der CV das Schreiben – beziehungsweise empfahl den betroffenen Empfängern dessen Nutzung –, um die jeweils zuständige Postbehörde im Zweifelsfall an die rechtlichen Beförderungsbestimmungen zu erinnern.[114] Die Reaktionen auf diese Interventionen fielen unterschiedlich aus. Die Postämter betonten zwar, dass ein einwandfreier Nachweis, welche Angestellten die jeweilige Sendung bearbeitet hatten, nicht möglich sei oder den Mitarbeitern entgangen sein könne, dass die jeweilige Sendung „sich weder nach ihrem Inhalt noch nach ihrer Aufschrift zur Postbeförderung eig-

in: ders./Georg Heuberger (Hrsg.), „Abgestempelt, Judenfeindliche Postkarten“, Heidelberg 1999, S. 13–19, hier S. 16.

112 Hier und im Folgenden: Mitteilungen des Syndikus des Centralvereins deutscher Staatsbürger jüdischen Glaubens, Nr. 5, 8. 5. 1920, S. 75.

113 Ebd.

114 Vgl. Schreiben CV-Zentrale an verschiedene Postämter, 16. 12. 1921, CVA 2250, S. 121 f.; 24. 10. 1922, ebd., Bl. 115

net".[115] Während einige Verantwortliche eine Ermahnung ihrer Angestellten versprachen und „ihr lebhaftes Bedauern" zum Ausdruck brachten[116], machten andere haarsträubende Ausflüchte. Im Dezember 1932 versandte Alfred Goldschmidt vom Stettiner Postamt aus ein Glückwunschtelegramm nach Offenbach. Dort angekommen, fand sich auf dem Telegramm der Vermerk „Wolf [Empfänger] Goldschmidt ist Jud".[117] Als sich der Landesverband des CV in Pommern bei der Stettiner Oberpostdirektion daraufhin beschwerte, erhielt er folgende Erklärung: „Das Wort ‚Jud' bedeutete nicht ‚Jude', sondern ‚gut'", es hätte sich dabei lediglich um eine Vereinfachung des Arbeitsablaufs gehandelt, da die Tasten für „Jud" enger beisammen lägen.[118] Dementsprechend könnten „[i]rgendwelche antisemitischen Absichten [...] also nicht unter[ge]schoben werden".[119] Wenngleich der pommersche Landesverband aufgrund dieser Ausführungen nochmals persönlich bei den Verantwortlichen vorstellig werden wollte, blieb den Zuständigen in der Berliner Hauptgeschäftsstelle nichts anderes übrig, als die Erklärung „etwas ungläubig" zur Kenntnis zu nehmen.[120]

Noch problematischer wurde es, wenn sich die Empfänger der Drohbriefe an den CV wandten, um die Möglichkeiten der Strafverfolgung auszuloten. In der Mehrzahl der eingesandten Fälle bemühte sich der CV, die Betroffenen von diesem Schritt abzuhalten, weil der Rechtsweg praktisch ausgeschlossen war. Dies lag zum einen daran, dass die Urheber dieser Schreiben in der Regel nicht zu ermitteln waren. Der Umstand, dass nicht einmal die Hauptverantwortlichen in den Postdirektionen bei der Identifizierung der Verunstalter der Postsendungen helfen konnten – oder wollten –, ließ die Möglichkeit noch geringer erscheinen, die Verfasser anonymer Drohschreiben zu identifizieren, oder zumindest einen Anfangsverdacht plausibel zu machen. Dies wiederum war die Grundvoraussetzung, um eine strafrechtliche Verfolgung zu initiieren. Vonseiten des CV lassen sich verschiedene Argumente anführen, um die Einsender davon zu überzeugen, dass ein juristisches Vorgehen nicht nur problematisch sei, sondern in der Mehrzahl der Fälle ein vergebliches Unterfangen darstelle. So hatte sich beispielsweise im Oktober 1924 der Möbelfabrikant Max Kroll Rat suchend an den CV gewandt.[121] Wenige Tage zuvor hatte sein Schwager einen Drohbrief mit antisemitischen Beschimpfungen erhalten. Kroll bat nun den CV, den betreffenden Brief an die Polizeibehörden weiterzuleiten und eine Beurteilung darüber abzugeben, wie ein derartiges Schreiben einzuschätzen sei. In seiner Antwort informierte ein CV-Mitarbeiter Kroll über die geringen Chancen eines strafrechtlichen Vorgehens.[122]

115 Schreiben an CV-Zentrale, 21.3.1930, CVA 2250, Bl. 66, vgl. 25.9.1931, ebd., Bl. 35
116 Schreiben an CV-Zentrale, 6.6.1924, CVA 2250, Bl. 100; vgl. 21.3.1930, ebd., Bl. 66.
117 Alfred Goldschmidt an CV-Landesverband Pommern, Dezember 1932, CVA 2250, Bl. 21.
118 Postamt Stettin an CV-Landesverband Pommern, 5.1.1933, CVA 2250, Bl. 17.
119 Ebd.
120 CV-Zentrale an CV-Landesverband Pommern, 21.1.1933, CVA 2250, Bl. 14.
121 Hier und im Folgenden: Max Kroll an CV-Zentrale, 29.10.1924, CVA 2251, Bl. 197.
122 Hier und im Folgenden: CV-Zentrale an Max Kroll, 14.11.1924, CVA 2251, Bl. 196; vgl. ähnliche Aussage in Antwortschreiben der CV-Zentrale, 6.4.1932, ebd., Bl. 79; 14.5.1925, CVA 2250, Bl. 86.

Falls ein konkreter Verdacht bestehe, lasse sich dieser möglicherweise auf dem Wege eines Schriftvergleichs durch Sachverständige überprüfen. Der Mitarbeiter betonte darüber hinaus die hohen Kosten, die dem Auftraggeber des Gutachtens dabei entstehen könnten. Falls diese Unkosten vonseiten Krolls jedoch nicht gescheut würden, erklärte sich der Mitarbeiter im Namen des CV „gern bereit“, das Unterfangen nach Möglichkeit zu unterstützen. Das Hervorheben der Unwägbarkeiten eines rechtlichen Vorgehens diente vor allem dazu, die Erwartungen an eine erfolgreiche Strafverfolgung zu dämpfen. Anschließend nutzte der Mitarbeiter Krolls Bitte um eine Einschätzung des Drohbriefes, um die grundsätzliche Einstellung des CV zu den Droh- und Beleidigungsschreiben wiederzugeben: „An den Ernst der in dem Brief enthaltenen Drohungen glauben wir nicht.“

Der größte jüdische Verband Deutschlands, der sich beständig und professionalisiert mit Antisemitismus und seinen Gefahren auseinandersetzte, sprach den Schreiben jegliches Bedrohungspotenzial ab – und empfahl seinen Mitgliedern und Einsendern, damit ebenso zu verfahren. Begründet wurde diese Empfehlung insbesondere mit zwei Argumenten. Erstens betonte der CV, dass es sich bei den jeweiligen Schreiben erfahrungsgemäß mehrheitlich um einen „Dummenjungenstreich“[123] oder „Torheit[en]“[124] handele. Die Infantilisierung der Briefe diente dazu, ihre Bedeutung und die darin enthaltenen Bedrohungen zu marginalisieren und so die Empfänger zu beruhigen. Gleichzeitig ergab sich daraus eine weitere Begründung, warum ein gerichtliches Vorgehen nicht angeraten oder notwendig erschien, denn es bedeutete letztlich, „diesen dummen Jungen zuviel Ehre anzutun“.[125] Das zweite Argument, das der CV anführte, um die Erfahrung persönlicher Bedrohung abzumildern, war der Hinweis, dass es sich hierbei nicht um einen Einzelfall handelte, sondern um sich „täglich ereignende“[126] Zwischenfälle. In den Antwortschreiben betonten Mitarbeiter des CV immer wieder, dass ihnen nicht nur zahlreiche Briefe mit ähnlichen Schilderungen zugingen[127], sondern dass sie sich selbst mit derartigen Zuschriften konfrontiert sahen.[128] Die Drohbriefe zu marginalisieren, indem auf das Ausmaß ihrer Verbreitung hingewiesen wurde, erscheint auf den ersten Blick paradox. Allerdings konnte den Betroffenen so zum einen die Gewissheit vermittelt werden, dass sie nicht allein mit derartigen Einsendungen konfrontiert waren. Dies sollte zumindest helfen, das Gefühl der Isolierung und der Scham zu mindern, das häufig mit dem Empfang der Drohbriefe einherging. Zum anderen konnten diese Hinweise auch als Beleg dafür dienen, dass der Verein durchaus im Bilde über die jeweiligen antisemitischen Umtriebe war – und in der Lage, diese adäquat einzuschätzen und demzufolge

123 Vgl. Antwortschreiben der CV-Zentrale, 9. 8. 1932, CVA 2251, Bl. 54; 24. 5. 1932, ebd., Bl. 63.
124 Vgl. Antwortschreiben der CV-Zentrale, 23. 1. 1933, CVA 2251, Bl. 50; 22. 12. 1931, ebd., Bl. 86.
125 Antwortschreiben der CV-Zentrale, 9. 4. 1924, CVA 2251, Bl. 224.
126 Antwortschreiben der CV-Zentrale, 24. 5. 1932, CVA 2251, Bl. 63.
127 Vgl. Antwortschreiben der CV-Zentrale, 23. 1. 1933, CVA 2251, Bl. 50; 9. 8. 1932, ebd., Bl. 54.
128 Vgl. Antwortschreiben der CV-Zentrale, 24. 5. 1932, CVA 2251, Bl. 63; vgl. auch Hecht, Weimarer Republik, S. 134.

die angemessenen Verhaltensempfehlungen auszusprechen. Der CV verortete Drohbriefe eindeutig im Spektrum des zumutbaren Antisemitismus. Denn dass die Briefe antisemitisch motiviert waren, ließ sich – egal ob es sich um einen Streich „dummer Jungen" handelte oder nicht – schwerlich leugnen.[129] Im Gegensatz zu Berichten über Urlaubserfahrungen, die immer wieder zu neuen Aushandlungsprozessen darüber führten, ob ein Ort als antisemitisch gelten konnte, blieb die Einschätzung des CV über eine angemessene Reaktion auf antisemitische Postsendungen dieselbe. Lediglich der Grad der Deutlichkeit, in dem diese Einschätzung vermittelt wurde, konnte dabei variieren.

Im Winter 1931 hatte Frau Olschki in Berlin einen Brief eines „Antisemitischen Kampfbundes" erhalten, der sie darauf hinwies, dass sie als „Angehörige der mosaischen Rasse [...] sich hier in Deutschland, welches Ihnen bisher Gast und Asylrecht gewährt hat, bescheiden und anständig zu benehmen" habe.[130] Da ihr „Benehmen gegen deutsche Volksgenossen [...] zu schweren Klagen Anlass gegeben" hätte, sah sich der Kampfbund genötigt, eine Warnung auszusprechen: „Sollten weitere Klagen zu unseren Ohren gelangen, so muss Ihnen empfohlen werden, rechtzeitig Ihre Koffer zu packen, denn in einem nationalen Deutschland werden derartige Elemente nicht mehr geduldet werden." Nachdem sie das Schreiben an den CV weitergeleitet und sich offenbar nach Mitteln der strafrechtlichen Verfolgung erkundigt hatte, erhielt sie am 8. Dezember Antwort.[131] Der Mitarbeiter, der das Schreiben aufsetzte, machte zunächst auf die Fülle derartiger dem CV zugehenden Schreiben aufmerksam und verwies auf Probleme bei der Feststellung der Täter: „Bei der heutigen Situation möchten wir Ihnen jedoch empfehlen, von allen Schritten Abstand zu nehmen. Das Judentum hat weit schlimmere Angriffe zu überwinden [...]". Der praktischen Verhaltensempfehlung wohnte dabei gleichsam eine emotionale inne: mit Verweis auf die Zeitumstände schien es schlichtweg nicht mehr angemessen, derart schockiert auf diese Formen antisemitischer Äußerungen zu reagieren.

Die in den Einsendungen oftmals geäußerte Hoffnung auf beziehungsweise Forderung nach strafrechtlichen Konsequenzen konnte vonseiten des CV nicht befriedigt werden. Trotzdem lassen die Korrespondenzen den Schluss zu, dass bereits der Akt, die Drohung zu kommunizieren, eine Form der Bewältigung darstellte. Die verschiedenen Argumente, die der CV für die Marginalisierung der Sendungen zusammentrug, führten zu einer Verkehrung der in den Schreiben und auf den Klebezetteln angedrohten Szenarien: statt sich von Drohungen und Beleidigungen einschüchtern zu lassen, ließen sich die Empfänger durch den CV bestätigen, dass es sich bei den Absendern wiederum um eine nicht ernstzunehmende Minderheit handelte. Der Austausch mit dem CV bot darüber hinaus ein Forum, in dem über die Schmähungen von Antisemiten, mit denen man sich kon-

[129] Antwortschreiben des CV, 3. 8. 1932, CVA 2251, Bl. 56.

[130] Hier und im Folgenden: Olschki an CV-Zentrale, November 1931, CVA 2251, Bl. 91, Herv. i. O.

[131] Hier und im Folgenden: CV-Zentrale an Olschki, 8. 12. 1931, CVA 2251, Bl. 90.

frontiert sah, nach Herzenslust geschimpft werden durfte. Als sich der Passauer Kaufhausbesitzer Alfred Bernheim an den CV wandte, um über eine „Fahrkarte nach Jerusalem“ zu berichten, die ihm zugegangen war, nutze er diesen Anlass, um seine Frustration ob dieser „barbarische[n] Gesinnung, gepaart mit Dummheit, Rohheit und Gemeinheit“ zum Ausdruck zu bringen.[132] Als Ergänzung lieferte er sich selbst und dem CV eine Erklärung für diese Zustände, indem er sie als „traurige Zeiterscheinungen“ deklarierte. Dabei versicherte er sich selbst, wie den CV, darüber, dass die nichtjüdischen Kreise nicht grundsätzlich judenfeindlich seien, wenngleich sie sich von „dieser zerfressenen, fauligen Gesellschaft [...] an der Nase herumführen“ ließen.

Einige Einsender betonten, dass sie die Drohbriefe ausschließlich an den CV weiterleiteten, um die Materialsammlung des CV zu vergrößern[133] und so den Verband bei der Identifizierung neuer Strategien antisemitischer Einschüchterungsversuche zu unterstützen.[134]

Ähnlich wie am Beispiel des Bäderantisemitismus wird auch in Bezug auf die Versendung antisemitisch beschmierter Postsendungen oder Drohbriefe deutlich, dass der CV bei der Frage, wann es sich lohnte, aktiv zu werden, unterschiedliche Aspekte gegeneinander abwog. Während im Fall beklebter und beschmierter Sendungen die, wenngleich wenig aussagekräftige Anweisung des Postministers regelmäßig als Interventionsmittel genutzt wurde, bestand im Falle einer Intervention gegen die Drohbriefe wenig Aussicht auf eine erfolgreiche, strafrechtliche Verfolgung. Gerade in diesen Fällen bemühte sich der CV um eine innerjüdische Klärung.[135]

Ähnlich wie bei Aspekten des Bäderantisemitismus, die als zumutbar gewertet wurden, vermied der CV auch in Bezug auf beschmierte Postsendungen und Drohbriefe nach Möglichkeit eine öffentliche Auseinandersetzung in seiner Zeitung. Gegenüber Einsendern, die diese einforderten, begründete der CV seine Entscheidung mit der Überzeugung, dass man den jeweiligen anonymen Urheber besonders deutlich vor den Kopf stieß, „wenn man so [tat], als ob man seine Schmähung gar nicht beachtet“.[136] Indem er die Schreiben weitgehend ignorierte, folgte der CV damit der Handlungsempfehlung, die er auch in seinen Korrespondenzen weitergab. Nicht abschließend zu klären bleibt die Frage, inwiefern es dem CV bei dieser Strategie darum ging, die Erwartungen der anonymen Briefeschreiber und -bekleber nicht zu erfüllen: Einige hatten in ihren Droh- und Beleidigungsschreiben an den CV direkt die Bitte mitformuliert, dass sich der Verein hierzu in seiner Zeitschrift äußern möge.[137] Nur einmal, im Sommer 1930, richtete sich die CVZ in einer kurzen Notiz zumindest formal an die „anonymen Briefeschreiber“.[138]

132 Hier und im Folgenden: Bernheim an CV-Zentrale, 28. 8. 1923, CVA 2251, Bl. 269.
133 CVA 2251, 14. 6. 1922, Bl. 225.
134 Schreiben an CV-Zentrale, 6. 4. 1932, CVA 2251, Bl. 79.
135 Vgl. Kap. II.2.1.
136 Antwortschreiben CV-Zentrale, 21. 8. 1922, CVA 2251, Bl. 269.
137 Vgl. Hecht, Weimarer Republik, S. 131 f.
138 Hier und im Folgenden: An die anonymen Briefeschreiber, CVZ, Nr. 27, 4. 7. 1930, S. 357.

Nach dem Verweis auf die in den letzten Wochen eingehende Flut an „Beleidigungen und Drohungen gegen Juden und Judentum“ betonte der CV: „Die Briefeschreiber mögen sich auch nicht eine Minute lang einbilden, daß sie uns durch Verleumdungen oder gar durch Drohungen von dem Wege unaufhörlicher Aufklärung durch Wort und Schrift auch nur um Haaresbreite abbringen können.“ Die Wahrscheinlichkeit, dass einer der Verfasser regelmäßig die CV-Zeitung durchforstete, um eine Reaktion von jüdischer Seite zu ermitteln, erschien gering.[139] Der kurze Hinweis richtete sich vielmehr an die jüdischen Leser und gab die Einschätzungen und Empfehlungen wieder, die der CV auch in der Kommunikation mit betroffenen Mitgliedern ausgab. Der Beitrag bestätigte dabei, dass der Verein mit der Problematik der Postsendungen vertraut war. Auf seine eigene Immunisierung gegen die Sendungen verweisend, empfahl er diese Handels- und Gefühlsmaxime implizit auch den hiervon potenziell betroffenen Lesern.

In einer abschließenden Bemerkung betonte der CV, dass „diese abstoßende Form politischen Kampfes nicht die Juden [traf], sondern das ganze deutsche Volk“. Dadurch, dass die Erklärung der antisemitischen Briefsendungen zu einem gesamtdeutschen Problem gemacht wurde, konnte dessen Wirkung auf die jüdische Minderheit zusätzlich argumentativ abgemildert werden. Der CV evozierte so das Bild einer Mehrheitsgesellschaft, die Menschen, die Postsendungen mit Hakenkreuzen beschmierten oder wüste Morddrohungen versandten, nicht akzeptiere.

Die Ausdehnung des „Zumutbaren“ – Antisemitismus im Verein

Der CV schrieb der Mitgliedschaft jüdischer Deutscher in interkonfessionellen Vereinen eine große Bedeutung zu. Die Brückenfunktion diente insbesondere dazu, positiv auf die Einstellungen der Mehrheitsgesellschaft einzuwirken. Vor diesem Hintergrund wird das Dilemma deutlich, mit dem sich der CV konfrontiert sah, wenn es um die Frage ging, ob sie Vereine verlassen sollten, wenn sich dort antisemitische Umtriebe bemerkbar machten. Diese Frage griff beispielsweise der streng vertrauliche Geschäftsbericht für die Jahre 1926 und 1927 auf, den der Vorstand des CV im Frühjahr 1928 den Mitgliedern auf der Hauptversammlung präsentierte.[140] Hierin konnte der Vorstand eine Reihe von Vereinen auflisten, bei denen der CV erfolgreich gegen Diskriminierungen oder versuchte Ausschlüsse jüdischer Mitglieder interveniert hatte – das Spektrum reichte vom *Deutschen*

[139] Da völkische Zeitungen immer wieder auf Beiträge der CVZ verwiesen, liegt die Vermutung nahe, dass auch sie zu ihren regelmäßigen Beziehern gehörten. Vgl. „Die Wirkung ist der Maßstab des Erfolgs. Centralverein und „C.V.-Zeitung“ im Spiegel der nationalsozialistischen Presse, CVZ, Nr. 34, 22. 8. 1930, S. 445.

[140] Centralverein deutscher Staatsbürger jüdischen Glaubens (Hrsg.), Zwei Jahre Arbeit im Central-Verein deutscher Staatsbürger jüdischen Glaubens, Berlin 1928, S. 64–67. Zu den Hauptversammlungen eingeladen waren sämtliche Vertreter der Ortsgruppen- und Landesverbände sowie die Delegierten des Hauptvorstandes. Letzterer bestand aus 80, auf der Hauptversammlung und den, von den Landesverbänden gewählten Vertretern zusammen, vgl. Bernstein, Emanzipation, S. 66 f.

Automobilklub Königsberg bis zur *Kasino-Gesellschaft Ebling.*[141] Unter „Folgerungen" fasste der CV-Vorstand eine Reihe von Überlegungen zusammen, unter welchen Umständen ein Verein zu verlassen – und wann eine Mitgliedschaft zu empfehlen sei. Wenngleich vorweg betont wurde, dass sich „eindeutige, prinzipielle Richtlinien" für das Verhalten deutscher Juden im Falle einer Auseinandersetzung mit antisemitischen Einstellungen im jeweiligen Verein nicht aufstellen ließen, unterschied der CV grundsätzlich zwischen zwei Szenarien: Handelte es sich um „nur verhüllte judenfeindliche Bestrebungen von Einzelmitgliedern", so sah der CV keinerlei Veranlassung, den Verein zu verlassen, vielmehr war es „Pflicht auszuharren und diesen Einflüssen entgegenzuwirken". Bleiben sollten jüdische Mitglieder zunächst auch, wenn es zu einem „offenen Ausbruch judenfeindlicher Gesinnung" kam. Nur wenn eine Beschwerde bei den jeweiligen Vereinsinstanzen erfolglos blieb, war ein Austritt „anzuempfehlen". Der „sofortige Austritt" der jüdischen Mitglieder sollte dagegen erfolgen, wenn Vereine den Arierparagraphen einführten.[142] Barkai erkennt in diesen Verhaltensempfehlungen die „Verwirrung und de[n] Zwiespalt zwischen den Gefühlen und der ideologischen Verpflichtung".[143] Vor dem Hintergrund der hier thematisierten Frage nach zumutbarem und unzumutbarem Antisemitismus löst sich dieser vermeintliche Gegensatz auf. Letztlich wurde in diesem streng vertraulichen Arbeitsbericht am Beispiel des Vereinswesens lediglich wiedergegeben, was die Verhaltens- und Verarbeitungsempfehlungen des CV bezüglich antisemitischer Erfahrungen generell kennzeichnete: ein – im Umfang je nach Lebensbereich variierendes – Maß an Antisemitismus *müsse* schlichtweg ertragen werden. Die unterschiedlichen Einschätzungen richteten sich auf die Frage, wie sich dieser Umstand erklären und bewältigen ließ und wo die Grenze zwischen zumutbarem und unzumutbarem Antisemitismus verlief.

In Bezug auf die Vereine zog der CV die Linie ähnlich wie bei den Ferienorten. Solange er nicht von Weisungsbefugten – Vereinsvorstände, Spitzenorganisationen, Kurverwaltungen oder Hotel- und Pensionsbesitzern – ausging, ließ sich zwar gegen ihn intervenieren, aber die Erwartung, dass er sich beseitigen ließ, hielt der CV bewusst niedrig. Ein Blick in die CV-Zeitung – die diese Einschätzung nie explizit nannte – verdeutlicht die Schwierigkeiten, die entstanden, wenn die theoretischen „Folgerungen" auf die Praxis stießen. Welche Vereine sollten konkret verlassen werden?

Für die Veteranenverbände überließ die CV-Zeitung im Dezember 1926 die Einschätzung dem Magdeburger Polizeipräsidenten, Dr. Hans Menzel. Zu seiner Expertise bei der Einschätzung der Vereine machte der Artikel keine Angaben. Es

[141] Vgl. ebd., S. 65.

[142] Ebd., S. 67. Die konservative österreichische Burschenschaft Libertas schrieb 1878 in ihren Statuten fest, dass Juden, ob getauft oder nicht, nicht aufgenommen wurden. Laut Michael Wladika handelte es sich dabei um den ersten, im deutschsprachigen Raum eingeführten Arierparagraphen. Vgl. Michael Wladika, Hitlers Vätergeneration. Die Ursprünge des Nationalsozialismus in der k. u. k. Monarchie, Wien 2005, S. 50f.

[143] Barkai, Wehr Dich!, S. 173.

ist zu vermuten, dass Menzel aufgrund seiner Position und weil er Nichtjude war, mit der Aufgabe betraut worden war. Gerade wenn es um Themen des Zusammenlebens zwischen Juden und Nichtjuden ging, griff der CV in seiner Zeitung auf Einschätzungen von nichtjüdischer Seite zurück. In seinem Beitrag kam Menzel zu dem Ergebnis, dass es sich bei *Stahlhelm*[144] und *Jungdeutscher Orden (Jungdo)*[145] um Verbände handele, die „theoretisch in der Frage des Antisemitismus neutral sind".[146] Dem zeitgenössischen Leser dürfte diese Charakterisierung von *Stahlhelm* und *Jungdo* übermäßig wohlwollend erschienen sein. Beide galten zu diesem Zeitpunkt als rechtsnationale Organisationen, die sich, wenngleich in variierender Intensität, dem republikfeindlichen Lager zuordnen ließen. Vor diesem Hintergrund konnte „theoretisch neutral" lediglich bedeuten, dass beide Verbände bisher noch keinen Absatz in ihre Statuten aufgenommen hatten, die jüdische Mitglieder grundsätzlich ausschlossen. Der CV wies bereits in einer Anmerkung unter Menzels Beitrag darauf hin, dass sein Urteil gerade für diese beiden Verbände einer weiteren Überprüfung unterzogen werden müsse. Die Redakteure sahen keine unmittelbare Notwendigkeit, die Einschätzungen Menzels vor ihrer Publikation nochmals zu überprüfen. Der *Reichsbund jüdischer Frontsoldaten* (RjF) sah sich daraufhin dazu veranlasst, in seiner Publikation *Der Schild* gegen diese Klassifizierungen Widerspruch einzulegen.[147] Menzel hatte zwar in einer ergänzenden Stellungnahme in der CVZ bereits darauf hingewiesen, dass der *Stahlhelm* nach einer Neufassung seiner Satzung lediglich „deutschstämmige Männer" aufnahm und dementsprechend nun doch als antisemitisch einzustufen sei.[148] Der RjF betonte jedoch, dass der *Stahlhelm* nicht erst mit dieser Satzungsänderung eine „Schwenkung" hin zum Antisemitismus vollzogen habe. Vielmehr sei diese „Anschauung über die Judenfrage" dem Verband seit seiner Gründung inhärent gewesen.[149] Aufgrunddessen stellte der RjF nun generell die Expertise des CV bei der Einschätzung antisemitischer Vereine in Frage und bedauerte in ironi-

[144] *Stahlhelm, Bund der Frontsoldaten*, 1918 gegründet. Nach dem republikanisch eingestellten *Reichsbanner Schwarz-Rot-Gold* war er der größte Veteranenverband der Weimarer Republik (1930 500 000 Mitglieder). Formell parteineutral, stand er den republikfeindlichen, völkischen Parteien DNVP und NSDAP und Organisationen wie dem *Alldeutschen Verband* nahe.

[145] *Jungdeutscher Orden*, national-liberaler Verband. Die Angaben über seine Mitgliederzahl schwanken stark zwischen 40 000 und bis zu 200 000. Laut Wildt war der *Jungdo* „klar antibolschewistisch und antisemitisch, aber nicht unbedingt durchweg verfassungsfeindlich" und strebte eine nationale Volksgemeinschaft an. Ihm gehörten eine Reihe späterer Mitarbeiter des *Reichssicherheitshauptamts* während der Weimarer Republik an. Vgl. Michael Wildt, Generation des Unbedingten. Das Führungskorps des Reichssicherheitshauptamts, Hamburg 2003, S. 57–59.

[146] Nachkriegsverbände, CV, Nr. 50, 10. 12. 1926, S. 649–651.

[147] Antisemitismus und Verbände, Schild, Nr. 2, Februar 1927, S. 439.

[148] Vgl. Schwenkung des Stahlhelms, CVZ, Nr. 1, 7. 1. 1927, S. 2.

[149] Vgl. Volker Berghahn, Der Stahlhelm, Bund der Frontsoldaten, Düsseldorf 1966, S. 65. Wenngleich erst im Verlauf der Weimarer Republik in den Statuten zahlreicher, rechtsgerichteter Veteranenverbände jüdischen Veteranen die Mitgliedschaft verweigert wurde, konzidiert Grady bereits für die unmittelbare Nachkriegszeit: „Anti-Semitism was certainly bubbling below the surface of many veterans' organisations", vgl. Grady, Soldiers, S. 64.

schem Duktus, dass man sich bei der CVZ auf einen „so hervorragenden Sachkenner" verlassen habe.[150]

Gleichzeitig nutzte er die Möglichkeit, um seinerseits die Frage zu klären, welchen Vereinen beigetreten und welchen die Mitgliedschaft verweigert werden sollte. Das Ergebnis ähnelte dabei allerdings den Kategorisierungen des CV[151]: Vereine, die generell keinen Unterschied zwischen ihren Mitgliedern machten, sollte unbedingt beigetreten werden – nicht zuletzt, um „die Scheidewände, die der Antisemitismus um uns aufgerichtet hat, allmählich wieder abzubauen". Hier deutete der Beitrag bereits an, dass es auch in diesen Vereinen durchaus zu antisemitischen Bezeugungen kommen konnte. Im Gegensatz zu der internen Einschätzung des CV, der derartige Erfahrungen durchaus einkalkulierte, wurde diese Möglichkeit jedoch weder in der CVZ noch im *Schild* offen thematisiert. Die Mitgliedschaft in deutsch-völkischen Verbänden lehnten sowohl das RjF als auch der CV kategorisch ab. Eine Graustufe stellten dagegen auch für den RjF jene Vereine dar, die zwar formal einen „Rasse-Paragraphen" in ihren Statuten führten, diesen jedoch nicht konsequent anwandten. Dies galt auch für den *Stahlhelm.* So hatten sich offensichtlich einzelne Ortsgruppen des *Stahlhelms* durchaus darum bemüht, die ansässigen jüdischen Frontkämpfer zum Eintritt zu bewegen. Der RjF verwahrte sich gegen einen derartigen Beitritt und befand es für ausgeschlossen, dass es „ein jüdischer Kamerad [...] mit seiner Würde vereinbaren kann, einer solchen Organisation anzugehören".[152] Sowohl die Empfehlung, einem Verein beizutreten oder die Mitgliedschaft fortzusetzen, wie der Austritt oder Boykott, konnte dabei mit positiven Lesarten versehen werden. Während der CV und RjF den Verbleib als deutliches Zeichen werteten, den judenfeindlichen Einstellungen nicht kampflos das Feld zu überlassen, verbanden sie die Austrittsempfehlung in der Regel mit einem Appell an „Stolz" und „Würde".

CV und RjF legten sich auf keine eindeutige Klassifizierung von Vereinen und Verbänden fest. Vielmehr lässt sich beobachten, dass, wann immer sich CV und RjF durch Anfragen betroffener Mitglieder zu einer Stellungnahme und Verhaltensempfehlung veranlasst sahen, sie ihre Einstellungen neu bewerteten. Diese Aushandlungsprozesse lassen sich exemplarisch anhand der innerjüdischen De-

150 Hier und im Folgenden: Antisemitismus und Verbände, Schild, Nr. 2, 1927.

151 Dies legt wiederum nahe, dass es dem RjF im konkreten Fall auch darum gegangen war, seine eigene Expertise, gerade in Bezug auf Aspekte, die das Leben jüdischer Veteranen anbetrafen, hervorzuheben. Vgl. Kap. II.3.2.

152 Gerade in Bezug auf die Veteranenverbände waren die ehemaligen jüdischen Soldaten nicht die einzigen, welche die Frage über Verbleib oder Austritt immer wieder verhandeln mussten. So hatte der *Kyffhäuserbund* 1924 einen Unvereinbarkeitsbeschluss gefasst, der Mitgliedern der SPD die Mitgliedschaft verwehrte. Die Bundesleitung der republikanischen Veteranenorganisation *Reichsbanner Schwarz-Rot-Gold* forderte jene Mitglieder, die sich ebenfalls im *Kyffhäuserbund* engagierten, dazu auf, dort zu verbleiben, um weiterhin für republikanische Überzeugungen zu werben. Vgl. Benjamin Ziemann, Republikanische Kriegserinnerung in einer polarisierten Öffentlichkeit, in: Historische Zeitschrift 267/1 (1998), S. 357–398.

batte identifizieren, die sich aus der zunehmend völkischen Ausrichtung des *Deutsch-österreichischen Alpenvereins* (DÖAV) ergab.[153]

Entstanden 1873, war der DÖAV eine Fusion des *Österreichischen Alpenvereins* und des *Deutschen Alpenvereins.* Wenngleich sich der Zusammenschluss als politisch neutral verstand, hatten sich seit der Jahrhundertwende in den weitgehend selbstständig agierenden Lokalsektionen immer wieder deutsch-völkische und antisemitische Kräfte durchsetzen können. Eine Satzungsänderung auf der Hauptversammlung im Mai 1920 gestattete es schließlich den Sektionen selbstständig zu entscheiden, ob sie einen Arierparagraphen einführten, oder nicht. Insbesondere österreichische Sektionen schlossen daraufhin jüdische Mitglieder aus, beziehungsweise verweigerten deren Aufnahme. Während sich in der Mehrzahl dieser Gruppen nie ein jüdisches Mitglied befunden hatte, bedeutete die Aufnahme des Arierparagraphen in der Gruppe „Austria" – der ältesten mit Sitz in Wien – den Ausschluss eines Drittels seiner Mitglieder. Die Mehrzahl von ihnen gründete in der Folge die Gruppe „Donauland", die bis 1924 als gleichberechtigte Sektion innerhalb des DÖAV existierte. Im Winter desselben Jahres setzten jedoch auf einer außerordentlichen Sitzung die völkischen Kräfte – allen voran der Vorsitzende der Austria-Sektion Eduard Pichl – den Ausschluss der „Donauland" durch. Mit dem Ausschluss einer ganzen Sektion erschien die neutrale, föderalistische Organisation des Alpenvereins hinfällig. Die Konsequenz für die Mitglieder der Sektion „Donauland" war die Gründung eines eigenen Alpenvereins. Für die übrigen jüdischen Mitglieder des DÖAV stellte sich nach dem offensichtlich antisemitisch motivierten Ausschluss „Donaulands" und dem lediglich verhaltenen Widerstand einiger deutscher Sektionen die Frage: Austreten oder Bleiben? In der Folge wandten sich eine Reihe von Mitgliedern des Alpenvereins an CV und RjF, um in Erfahrung zu bringen, wie sie auf diese Entwicklung reagieren sollten. Beide veröffentlichten schließlich Verhaltensempfehlungen in ihren jeweiligen Vereinsorganen.

Für den RjF war die Situation eindeutig. Wer Mitglied einer jener Sektionen war, die für den Ausschluss „Donaulands" gestimmt hatten und hierin den „wahren Willen" seiner Sektionsmitglieder erkannte, hatte ebenso auszutreten wie jene jüdischen Mitglieder, deren Sektionen bereits den „Arierparagraphen" eingeführt hatten. Nach Ansicht des *Reichsbundes* sollten sie stattdessen den dezidiert nichtvölkischen Sektionen – allen voran der Berliner Gruppe – oder dem sich neu formierenden Alpenverein „Donauland" beitreten. Ein Austritt sämtlicher jüdischer Mitglieder aus dem DÖAV kam nach Ansicht des RjF jedoch nicht in Frage. Gerade an die Mitglieder der Sektionen, die gegen den Ausschluss „Donaulands" gestimmt hatten, legte der *Reichsbund* eindringlich nahe, von einem Austritt abzusehen. Hierfür bemühte er eine bellizistische Rhetorik, nach der ein Boykott des DÖAV eine Kapitulation bedeutete, die den Völkischen „kampflos das Feld" überließ. Stattdessen sollten sie dafür „kämpfen [...], daß die Haltung ihrer Sek-

153 Sehr detailliert auch zu den vorherigen Entwicklungen innerhalb des DÖAV, vgl. Rainer Amstädter, Der Alpinismus, Kultur, Organisation, Politik, Wien 1996, S. 286–306.

tionen unverändert bleibt“. Insbesondere der RjF, als Vereinigung ehemaliger Frontsoldaten, griff bei Berichten über die Abwehr des Antisemitismus auf kriegerische Metaphorik zurück. Indem dabei die Abwehr gegen den Antisemitismus implizit mit dem Kampf für Deutschland im Weltkrieg parallelisiert wurde, unterstrich der RjF nicht nur die Gefahr, die von judenfeindlichen Einstellungen ausging, sondern auch die Notwendigkeit der Abwehr.

Der CV ging in seinen Forderungen an die jüdischen Mitglieder des DÖAV noch weiter. Unter dem Titel „Sollen wir im DÖAV bleiben?“ stellte die CV-Schriftleitung die zwei konträren Reaktionen einander gegenüber.[154] In der ersten Stellungnahme, programmatisch überschrieben mit „Es ist genug!“, forderte das CV-Mitglied Arnold Heymann den Austritt sämtlicher jüdischer Mitglieder sowie einen Reiseboykott der deutsch-österreichischen Alpen. Die CV-Schriftleitung, die zu beiden Briefen kurz Position bezog, betonte ihr Verständnis für die „berechtigte Erregung“, die in Heymanns Schreiben zum Ausdruck kam. Gleichzeitig stellte sie ihren Lesern die rhetorische Frage, ob es „der Sache dienlich [sei], die Frage nur mit Herz und Gefühl zu behandeln?“. Sie nahm die Antwort vorweg, indem sie sich explizit der Position des zweiten Briefes anschloss und als „die Richtschnur für das Verhalten aller jüdischen Mitglieder das DÖAV“ ausgab. Unter dem Titel „Nicht überstürzt handeln!“ relativierte der Verfasser Hans Kaufmann, ebenfalls CV-Mitglied, zunächst das vermeintlich deutliche Wahlergebnis – 1663 zu 190 – mit dem die Sektionen für einen Ausschluss „Donaulands“ aus dem DÖAV gestimmt hatten. Dieses Ergebnis ließ nach Kaufmanns Einschätzung noch „keinerlei Schlüsse auf die Stimmung der Mitglieder“ zu. Verantwortlich für das Zustandekommen der Zahlen sei die ungleichmäßige Stimmverteilung bei den Sektionen, bei denen die mitgliederstarken prozentual gesehen wesentlich schlechter abschnitten als kleinere Sektionen. Da es vor allem die großen Sektionen, wie Berlin, Frankfurt am Main oder Nürnberg, gewesen seien, die gegen den Ausschluss gestimmt hätten, sah es Kaufmann als erwiesen an, dass bei einer gerechteren Stimmverteilung „die zum Ausschluß nötige Zweidrittelmehrheit zweifellos verhindert“ worden wäre. Gleiches galt seiner Ansicht nach auch für eine Urabstimmung sämtlicher Mitglieder, auf welche es die „völkischen Hetzer“ nicht hatten ankommen lassen. Kaufmanns rechnerische Überlegungen scheinen wenig überzeugend. Zumindest lässt sich schwerlich eine Stimmvergabe vorstellen, die eine Differenz von mehr als 1400 Stimmen ausgeglichen hätte. Nahe liegt stattdessen, dass Kaufmann das Abstimmungsergebnis abzumildern suchte, um vor diesem Hintergrund Verhaltensempfehlungen auszusprechen, die einen Austritt aus dem DÖAV unbedingt verhindern sollten. Dies galt, wie bereits der RjF in beinah identischem Wortlaut hervorgehoben hatte, insbesondere für jene Sektionen, die auf der Hauptversammlung gegen den Ausschluss „Donaulands“ gestimmt hatten. Hier durfte ein Austritt „keinesfalls“ erfolgen, da dies bedeute, „den völkischen Friedensstörern das Feld und das Sektionsvermögen kampflos [zu] überlassen“. In jenen Sektionen, die noch keine Stellungnahme zum Aus-

154 Hier und im Folgenden: Sollen wir im DÖAV bleiben?, CVZ, Nr. 1, 2. 1. 1925, S. 7f.

schluss „Donaulands“ veröffentlicht hatten oder deren Vorstände ihre Mitglieder nicht in die Abstimmung mit einbezogen hatten, votierte Kaufmann für einen – zumindest vorübergehenden – Verbleib. Hier sollten „durch Einbringung geeigneter Anträge“ zunächst die eindeutige Einstellung der Sektionsmitglieder festgestellt werden. Doch selbst für jene Sektionen, die für den Ausschluss „Donaulands“ gestimmt hatten, beziehungsweise selbst einen „Arierparagraphen“ eingeführt hatten, sah Kaufmann, repräsentativ für den CV, noch Hoffnung. Hier sollten die Mitglieder Anträge auf Abschaffung des Paragraphen stellen oder bei den Verwaltungsbehörden Beschwerde gegen die offenbare Politisierung des „auf alpine Dinge“ gerichteten DÖAV einlegen. Erst wenn ein derartiges Vorgehen keinen Erfolg zeitige – oder die Mitglieder hierfür keine „Energie“ aufbrächten –, blieb der Austritt als letzte Handlungsmöglichkeit. Auch für diesen letzten Schritt galten jedoch Verhaltensregeln. Idealerweise erfolgte der Austritt „geschlossen“ und stellte – wie in den Forderungen des RjF – weniger einen Aus- als einen Übertritt in eine der liberalen Sektionen oder den Alpenverein „Donauland“ dar. Im Gegensatz zum *Reichsbund* begrenzte der CV diesen geschlossenen Übertritt nicht auf die jeweiligen jüdischen Sektionsmitglieder. Vielmehr waren hier immer auch explizit jene „vorurteilsfrei denkenden christlichen Mitglieder“ mit eingeschlossen, die zu einem Austritt ebenfalls motiviert werden sollten.

Das Beispiel des Alpenvereins macht deutlich, wie intensiv sich insbesondere der CV mit der Frage auseinandersetzte, wann jüdische Mitglieder in Vereinen verharren und wann sie diese zu verlassen hatten. Die präsentierten Interventionsmöglichkeiten verbanden sich dabei mit dem Argument, das auch bei den Reiseempfehlungen wie bei den Reaktionen auf judenfeindliche Postsendungen eine zentrale Rolle gespielt hatte: dass es sich bei den überzeugten Antisemiten um eine Minderheit handelte, die, wenngleich einflussreich, nicht die Einstellung der deutschen Gesamtbevölkerung präsentierte. Kaufmanns Überlegungen zu den Abstimmungsverhältnissen in den jeweiligen Sektionen sollten vor allem als statistische Belege dafür dienen, dass judenfeindliche Einstellungen nicht die Mehrheit im DÖAV für sich beanspruchen konnten.

Sowohl bei den Empfehlungen und Interventionsmöglichkeiten des *Reichsbundes* wie des CV wird deutlich, dass sie wenig Rücksicht auf die jeweiligen Befindlichkeiten der jüdischen Mitglieder nahmen. Ob diese überhaupt Wert darauf legten, sich in einem Verein zu organisieren, in dessen Sektionen sich vielfach die völkischen Einstellungen durchgesetzt hatten oder die Indifferenz gegenüber dieser Entwicklung überwog. Ins Zentrum der Argumentation rückten beide Vereine stattdessen die Tatsache, dass man den völkischen Einstellungen gerade in Vereinen nicht kampflos das Feld überlassen dürfe. Im Gegensatz zum RjF schloss der CV in seine Erwägungen nicht nur die jüdischen, sondern alle „rechtlich denkenden Mitglieder“ ein. Er betonte die Solidarität, die zwischen jüdischen wie nichtjüdischen Mitgliedern bestehen müsse. In der öffentlichen Diskussion ließ der CV dabei außen vor, ob er bei einem geschlossenen Austritt der jüdischen Mitglieder befürchtete, dass sich nichtjüdische Mitglieder zurückgelassen fühlten – oder dass sie so umgehend empfänglicher und anfälliger für antisemitische Einstellungen würden.[155] Eine Begründung, warum ein Maß an Antisemitismus ertragen werden musste, war somit immer auch die Berücksichtigung der Einstellung und Wahrnehmung von nichtjüdischen Deutschen, die (noch) nicht antisemitisch eingestellt waren.

Das Unzumutbare lernen – antisemitische Erfahrungen jüdischer Kinder

Im Gegensatz zu den in den übrigen Fallbeispielen deutlich werdenden Unterscheidung des CV, zwischen zumutbaren und unzumutbaren judenfeindlichen Erfahrungen, bezog sich dies nicht auf die antisemitischen Erlebnisse jüdischer Kinder. Alle diese Erfahrungen galten als ebenso unzumutbar – wie unvermeidbar.[156] Über die verheerende Wirkung, die eine Konfrontation mit einer potenziell feindlich eingestellten Umwelt auf das jüdische Kind haben müsse, bestand Einigkeit. Unterschiedliche Vorstellungen herrschten dagegen bis in die frühen 1930er Jahre hinein nicht nur darüber, wie jüdische Eltern bei der Vorbereitung darauf und Verarbeitung derartiger Erfahrungen vorgehen sollten. Immer wieder wurde auch darüber diskutiert, inwiefern jüdische Kinder Einfluss darauf nehmen konnten, wie ihre Umwelt sie wahrnahm. Diese Debatten und die Erwartungshaltungen, die sich an unterschiedliche Verhaltensempfehlungen knüpften, sind im Folgenden Gegenstand der Analyse.

Im Herbst 1924 rief der Dresdner Lehrer Max Kosler in der CVZ die jüdischen Eltern zu „Mehr Mut" auf.[157] Als nichtjüdischer Pädagoge kritisierte er, dass bereits „die geringsten Widerstände" jüdische Eltern von einer „Beschwerde gegen antisemitische Beleidigungen [...] ihrer Kinder" abbrachten:

„[...] die jüdischen Eltern [müssen] die erforderlichen Konsequenzen ziehen; sie dürfen niemals irgendwelche Duldsamkeit oder Nachsicht gegenüber antisemitischen Regungen in der Schule üben. Selbst auf die Gefahr hin, daß der Junge oder das Mädel mal etwas schlechtere Beurteilung erfährt [sic]. Ich kann aus Erfahrung berichten, daß richtig und energisch vorgebrachte Beschwerden, die gegebenenfalls auch durch alle Instanzen weiterzu-

155 Der interne Austausch legt zumindest nahe, dass den CV vor allem die Sorge um die leichte Beeinflussung durch nationalsozialistisches Gedankengut umtrieb. Repräsentativ für die gesellschaftliche Entwicklung beobachtete der CV auch in Vereinen, die sich als politisch neutral verstanden, „die Durchtränkung des gesamten öffentlichen Lebens mit judenfeindliche[r] Gesinnung". Centralverein (Hrsg.), Zwei Jahre, S. 64; vgl. auch Sondert euch nicht freiwillig ab!, CVZ, Nr. 44, 31. 10. 1930, S. 570f.

156 Hierauf deuten die Schilderungen in biographischen Aufzeichnungen ebenso hin wie die Häufigkeit, mit der die jüdische Presse sich dieser Problematik annahm. Vgl. Yvonne Rieker, Kindheiten. Identitätsmuster im deutsch-jüdischen Bürgertum und unter ostjüdischen Einwanderern 1871–1933, Hildesheim [u. a.] 1997, S. 102–108; Gebhardt, Familiengedächtnis, S. 108; Wenge, Integration, S. 79f.; Hecht, Weimarer Republik, S. 347–350; Almut Schulze Wessel, Antisemitismus in der Schule im Spiegel der C.V.-Zeitung, in: Jahrbuch für Antisemitismusforschung 11 (2002), S. 91–113, hier S. 91.

157 Hier und im Folgenden: Max Kosler, Mehr Mut. Ein Mahnwort an jüdische Eltern, CVZ, Nr. 44, 27. 10. 1924, S. 667, Herv. i. O.; zur Person Koslers vgl. Andreas Pehnke, Frieden zwischen den Religionen: Max Kosler (1882–1966), Markkleeberg 2009.

treiben sind, immer Erfolg haben. Dazu muß jeder jüdische Vater Zeit haben. Das ist er nicht nur sich und seinen Kindern, nicht nur der Sache der Judenheit, nicht nur uns christlichen Mitstreitern, sondern in erster Linie auch der Ehre und dem Ansehen des ganzen deutschen Volkes schuldig!"[158]

Die Tatsache, dass es sich bei Kosler um einen „christlichen Mitstreiter" handelte, der zahlreiche der von ihm beschriebenen Zustände mit dem Verweis auf eigene Erfahrungen versah, verlieh seinen Aufforderungen nicht nur eine zusätzliche Validität. Dieser Umstand erlaubte ihm auch, sie in einem offensiven Ton vorzubringen. Bezeichnenderweise nahmen sich im Vergleich zu Koslers gefordertem Beschwerdeweg durch sämtliche Instanzen, die praktischen Verhaltensempfehlungen des CV wesentlich moderater aus. Im vertraulichen Geschäftsbericht für die Jahre 1926 und 1927 fasste der Vorstand die Erfahrungen zusammen, die Vertreter des Vereins bei der Auseinandersetzung mit völkischen Lehrern gesammelt hatten.[159] Der Bericht gab eine Auswahl von Fällen wieder, in denen es erfolgreich zu einer Verwarnung des Lehrpersonals oder einer öffentlichen Entschuldigung gekommen war. Hieraus leitet der CV seine generellen Verhaltensempfehlungen ab: Eltern sollten zunächst persönlich Kontakt zur Schulleitung aufnehmen und über Maßnahmen gegenüber den betreffenden Lehrern oder Schülern beraten. Erst wenn diese Besprechung keine Ergebnisse zeitigen, solle der Fall dem CV überantwortet werden, der dann den „offizielle[n] Beschwerdeweg" beschreiten würde.[160] Der Verein erwartete also von den Eltern zunächst Eigeninitiative und die Bereitwilligkeit, sich mit den Lehrern oder ihren Vorgesetzten auseinanderzusetzen. Er behielt es sich dabei vor, gegebenenfalls eine Entscheidung darüber zu treffen, welche Fälle eine intensivere Beschäftigung verdienten und für den „offiziellen Beschwerdeweg" infrage kamen. Eher präventiv war die Forderung des CV, die Elternbeiräte mit mindestens einem jüdischen Elternteil zu besetzen. Mit dieser Maßnahme verknüpfte sich die Erwartung, auf institutioneller Ebene Einfluss auf die Einstellungen von Eltern und Lehrern nehmen zu können.

Die CVZ gab diese Forderungen ebenfalls wieder, allerdings nicht in Form einer nüchternen Auflistung, wie im Jahresbericht. Im Dezember 1931 hatte der CV eine Rundfrage unter „Müttern und Schülern aus unserem Mitgliederkreis" initiiert.[161] Eine Auswahl dieser Zuschriften veröffentliche die CVZ in ihrer letzten Ausgabe für das Jahr 1931, die sie insgesamt den jüdischen Schulkindern widmete. Für die Auswahl der zur Veröffentlichung geeigneten Leserbriefe lassen sich keine redaktionellen Vorgaben identifizieren. Es ist jedoch auffällig, dass die Mehrzahl der veröffentlichten Briefe deutliche Parallelen zu den Einstellungen aufweisen, die auch innerhalb des CV-Vorstandes anzutreffen waren.[162] So gab die Zuschrift von Julie Marx, ob bewusst oder unbewusst, sämtliche Forderungen wieder, die der Vorstand des CV in seinem Jahresbericht aufgestellt hatte. Marx'

[158] Ebd., Herv. i. O.
[159] Vgl. Centralverein (Hrsg.), Zwei Jahre, S. 70–73.
[160] Ebd., S. 73.
[161] Hier und im Folgenden: Unsere Rundfrage, CVZ, Nr. 52, 25. 12. 1931, S. 591–593.
[162] Vgl. zu dieser Interpretation auch Schulze Wessel, Spiegel, S. 104.

Tochter und Sohn waren bis auf wenige Ausnahmen die einzigen jüdischen Kinder ihrer jeweiligen Schulen. Ihr Brief war programmatisch mit der Aufforderung „Kümmert euch um den Elternbeirat!" überschrieben.[163] Wenngleich Marx selbst betonte, dass ihr keinerlei antisemitische Vorfälle in den Klassen ihrer eigenen Kinder bekannt waren, offerierte sie eine ganze Bandbreite elterlicher Verhaltensweisen, die in einer derartigen Situation angemessen seien. Gerade wenn eine judenfeindliche Äußerung vom Lehrer ausgegangen war, so genügte es nach Marx, mit diesem „in vornehmen aber bestimmten Ton" Rücksprache zu nehmen und „pädagogische" und möglichst „objektive" Gründe anzuführen, warum derartige Äußerungen zu unterlassen seien. Nur für den Fall, dass sowohl der betreffende Lehrer als auch – in zweiter Instanz – der jeweilige Schulleiter „die Ohren vor der Beschwerde verschließen" sollte, erschien es angezeigt, „an die Organisation heranzutreten [...], die dank ihrer ständigen Betätigung in diesen Fragen die richtigen Wege weiß, die hier einzuschlagen sind: an den Centralverein".[164]

Die Form der veröffentlichten Leserbriefe erlaubte es dem CV nicht nur, handlungsorientiert die weitgehend unstrittigen Ansichten über den angemessenen Umgang mit Antisemitismus in Schulen wiederzugeben. Auch kontroverse Positionen ließen sich so prominent positionieren – ohne als die ausgewiesene Meinung der Zeitung gelten zu müssen. So fehlte bei den eingesandten Antworten auf die Rundfrage weder die Empfehlung einer Mutter, dass jüdische Kinder sich nun einmal durch besonders gutes Betragen hervortun müssten[165], noch die Einschätzung eines jüdischen Schulmädchens, nach der ihresgleichen schlicht „den Grund von allem, was ihnen an Lehrern und Mitschülern nicht gefällt, im Antisemitismus suchen" würden.[166] Im Gegensatz zu dem Brief von Julie Marx lässt sich an diesen Beispielen keine direkte Verbindung zu den Einstellungen des CV-Vorstandes nachweisen. Allerdings ist anzunehmen, dass zumindest die ältere Generation des CV-Vorstandes den Verweis auf die Notwendigkeit einer hervorragenden jüdischen Kinderstube und den Vorwurf einer Übertreibung bei der Wahrnehmung von Feindseligkeiten nach wie vor als probate Handlungsweisen betrachteten, um antisemitischen Erfahrungen entgegenzuwirken, beziehungsweise diese abzumildern.[167] In der Weimarer Republik erschien es dem CV nicht mehr angezeigt, diese Einstellungen als generelle Überzeugungen des Vereins zu präsentieren.[168] Wo sie auf den Seiten der CVZ nach wie vor erschienen, waren sie deutlich als Leserzu-

163 Vgl. Unsere Rundfrage, S. 592.
164 Ebd., S. 593f., Herv. i. O.
165 Vgl. ebd., S. 592.
166 Ebd., S. 591.
167 Vgl. die programmatischen Beiträge aus der Zeit während und vor dem Ersten Weltkrieg, in denen immer wieder der Topos vom deutschen Judentum als „Stiefkind" aufgegriffen wurde, das sich in besonderer Weise zu bewähren hatte. Vgl. Innere Mission, IdR, Nr. 7/8, Juli 1907, S. 400–410, hier S. 401; Abwehr und Einkehr, Nr. 9, September 1914, S. 358f.; Mosse (Hrsg.), Juden, S. 529.
168 Dies lässt sich unter anderem auf den Generationenwechsel innerhalb der CV-Führung begründen, die insbesondere Barkai herausgearbeitet hat. Vgl. Barkai, Wehr Dich!, S. 149f.

schriften oder Gastkommentare gekennzeichnet.[169] So konnte bei zu starker Kritik an den Empfehlungen auf deren individuellen Charakter verwiesen werden.

Nicht nur der CV nutze gerade bei umstrittenen Themen, wie der Frage nach der adäquaten Reaktion auf antisemitische Erfahrungen jüdischer Kinder, Leserbriefe, um gegensätzliche Positionen deutlich zu machen. In der Septemberausgabe 1932 der *Blätter des Jüdischen Frauenbundes* (BJFB), dem monatlich erscheinenden Organ des *Jüdischen Frauenbundes* (JFB), beschrieb Helene Hanna Thon, wie sie ihrer vierjährigen Tochter Judenfeindschaft erkläre und welche Verhaltensweisen sie ihr diesbezüglich empfahl: „Nur mußt du als eine kleine Jüdin dich bemühen, immer noch besser und besser zu werden. Denn erst wenn die Juden wirklich ganz gut sein werden, dann wird man sie nicht mehr kränken und ihnen keine häßlichen Wörter mehr nachrufen."[170] Thon bemerkte selbst, dass dieser Verhaltensempfehlung ein großes Enttäuschungspotenzial innewohnte, denn wann immer sich das Kind mit antisemitischen Aussagen auseinandersetzen musste, musste es zu dem Schluss gelangen, dass es noch immer nicht „gut genug" war. Dementsprechend ergänzte Thon ihre Erklärungsversuche gegenüber ihrem Kind um den Verweis auf die Leidensgeschichte des Judentums. Hieraus sollte das Kind ein positives Gefühl – „Stolz" – ableiten, dass es zu jenem Volk gehöre, „daß die Stimme Gottes so deutlich gehört hat". Bereits in der folgenden Ausgabe antwortete Else Lippmund in einem Leserbrief auf diese Ausführungen.[171] Selbst Mutter zweier Kinder, wandte sich Lippmund vehement gegen Thons erzieherisches Mittel des „immer noch besser"-Werdens. Statt einer apologetischen und defensiven Haltung forderte sie das offensive Auftreten jüdischer Eltern, um jeglichen „seelischen Schaden" oder „Gefühle der Minderwertigkeit und Unterlegenheit" bei den Kindern zu verhindern. Deutlich widersprach sie auch der Vorstellung, das gute oder schlechte Verhalten jüdischer Kinder wie Erwachsener habe irgendeinen Einfluss auf antisemitische Einstellungen.[172]

Die Auseinandersetzung mit dem deutschen Antisemitismus war erst in der zweiten Hälfte der 1920er Jahre zunehmend in den Fokus des JFB gerückt.[173] In Bezug auf die hierfür seitens des Bundes ergriffenen Gegenmaßnahmen hat die Forschung insbesondere die „Selbstzuchtkampagne" hervorgehoben.[174] Dagegen

[169] Vgl. Schülerinnen, wie sie nicht sein sollen, CVZ, Nr. 6, 6. 2. 1931, S. 63.

[170] Hier und im Folgenden: Gespräche mit jüdischen Kindern, BJFB, Nr. 9, 1932, S. 6.

[171] Hier und im Folgenden: Aussprache – Gespräche mit jüdischen Kindern, BJFB, Nr. 10, 1932, S. 9f.

[172] Lippmund versah ihr Argument mit dem pointierten Hinweis, dass „selbst wenn wir leibhaftige Engel wären und der liebe Gott uns gar noch Flügel wachsen ließe, so könnten wir den Antisemitismus noch lange nicht aus der Welt schaffen." Ebd.

[173] Vgl. Kap. II.2.2.

[174] In diesem Zusammenhang erging an jüdische Frauen immer wieder die Aufforderung, gerade in der Öffentlichkeit auf die Vorbildhaftigkeit ihres eigenen Verhaltens – wie das ihrer Kinder – zu achten. Vgl. Gudrun Maierhof, „Ich bin stolz, Jüdin zu sein!". Der Kampf des Jüdischen Frauenbundes gegen Antisemitismus, in: Ariadne. Almanach des Archivs der deutschen Frauenbewegung, Heft 23, Mai 1933, S. 17–22, hier S. 21f.; Kaplan, Frauenbewegung, S. 326f.; Hecht, Weimarer Republik, S. 356f.

kann die Tatsache, dass die BJFB die Ausführungen Lippmunds *in extenso* wiedergaben, als Beleg gewertet werden, dass sich der JFB schon während der Weimarer Republik deutlich von der Argumentation entfernte, nach der die Überwindung des Antisemitismus darin bestehe, so wenig wie möglich negativ aufzufallen.[175]

Auch die Schriftleitung der CVZ sah sich im Nachgang seiner Rundfrage zum Artikel „Das jüdische Kind in der Schule“ zu einer Grundsatzentscheidung veranlasst. Im Anschluss an die veröffentlichten Leserbriefe erhielt der CV nach eigener Auskunft eine Vielzahl weiterer Zusendungen. Mitte Januar 1932 erschien eine „Schlußbetrachtung“, in welcher sich der CV zunächst darauf berufen konnte, dass die, im Zuge der Rundfrage veröffentlichten Meinungen, nicht notwendigerweise die (Mehrheits-)Einstellungen innerhalb des Vereins repräsentierten.[176] In Bezug auf den jüdischen Schüler, ebenso wie auf die jüdische Schülerin, kam die Betrachtung abschließend zu dem Ergebnis, dass jener „zwar im Einzelfall durch anständiges, unaufdringliches Betragen, gute sportliche Leistungen usw. seine nationalsozialistischen Gegner entwaffnen, keineswegs aber zu seinen Freunden machen kann“. Hier verabschiedete sich der CV öffentlich von der Erwartungshaltung, dass das individuelle Verhalten jüdischer Deutscher dazu beitragen könne, eine antisemitische Grundüberzeugung abzubauen. Gleichzeitig richtete der CV den Fokus seiner Erwartungen auf die „sympathisierende[n] Nichtjuden“, von denen verlangt werden könne, dass sie der jüdischen Jugend das Recht zugestanden „so gut und so schlecht, so laut und so leise sein zu dürfen, wie ihre nichtjüdischen Kameraden“. In der Forschung wird diese Feststellung des CV als ein Beleg für den Wandel des CV vom „Abwehr- zum Gesinnungsverein“ gewertet.[177] Die Grundlage hierfür bildete der, während der gesamten Weimarer Republik praktizierte, vereinsinterne Aushandlungsprozess über die Grenze zwischen zumutbarem und unzumutbarem Antisemitismus.[178]

[175] So erschien seit Dezember 1929 regelmäßig eine Kinderbeilage, in der Kinder in der Rubrik „Fragetasche“, neben Fragen zu Lieblingsbüchern und -tier, immer wieder ermutigt wurden, Berichte über Auseinandersetzungen mit Schülern und Lehrern wiederzugeben. Die Antworten bezogen sich dabei ausnahmslos auf Erlebnisse, denen antisemitische Beschimpfungen zugrunde lagen. Vgl. bspw. „Wehrt ihr euch, wenn ein anderer anfängt, euch zu schimpfen?“, BJFB, Nr. 12, Dezember 1930, S. 14; „Unterhältst du dich in der Schule mit deinen Freunden oft von [sic] Politik? Haut ihr euch manchmal darum?“, BJFB, Nr. 8, August 1932, S. 14. Mit „Bekämpfung des Antisemitismus“ und „Dringende Gegenwartsaufgaben“ gaben die *Blätter* ab 1931 den Ortsgruppen des JFB regelmäßig Raum, um über lokale Abwehrmaßnahmen zu berichten. Im Vordergrund stand die interkonfessionelle Arbeit mit christlichen Frauenorganisationen. Vgl. bspw. BJFB, Nr. 12, Dezember 1931, S. 7f.; BJFB, Nr. 2, Februar 1932, S. 10; BJFB, Nr. 4, April 1932, S. 9–11.

[176] Hier und im Folgenden: Jüdische Kinder in der Schule. Eine Schlußbetrachtung zu unserer Rundfrage, CVZ, Nr. 3, 15. 1. 1932, S. 19.

[177] Vgl. Schulze Wessel, Spiegel, S. 110f.

[178] Vor diesem Hintergrund ist Bergmann/Wetzel zu widersprechen, nachdem erst eine „Hinwendung zum Zionismus oder verstärkter Religiosität“ zu einer veränderten – und, so impliziert der Beitrag: realistischeren – Einschätzung der Gefahren des Antisemitismus führt. Vgl. Bergmann/Wetzel, Miterlebende, S. 196.

In Bezug auf die Erfahrungen jüdischer Kinder verabschiedete sich der CV explizit von der Argumentation, dass es zu einer Überwindung antisemitischer Vorurteile mit Hilfe jüdischer Verhaltensweisen kommen könne. Den jüdischen Kindern gegenüber sollte nicht länger die Perspektive vorgegeben werden, dass sie etwas an der Einstellung der Antisemiten ändern könnten. Stattdessen sollten sie gegen diese Erfahrungen immunisiert werden. Ihnen sollte möglichst frühzeitig vermittelt werden, dass Anfeindungen mit „erhobene[m] Haupt" zu begegnen seien.[179]

Am Beispiel des Umgangs mit Antisemitismus gegenüber jüdischen Kindern zeigt sich – analog zu den Verhandlungen über den Charakter von Ferienorten –, dass es sich bei der Entscheidung über die angemessene Einschätzung von und Verhaltensweisen gegenüber Antisemitismus nicht ausschließlich um einen Top-down Prozess handelte. Vielmehr bildete der Austausch mit Mitgliedern und Lesern die Grundlage für einen ständigen Aushandlungsprozess. An dessen Ende stand in diesem Fall, dass jüdischen Eltern und Kindern nicht länger empfohlen wurde, das eigene Verhalten an der vermuteten Außenwirkung auszurichten. Gleichzeitig ging damit das Eingeständnis einher, dass die Auseinandersetzung mit Antisemitismus auch in frühem Alter ein erwartbarer Aspekt bleiben würde, gegen den abgesehen vom Gang durch schulische und ministerielle Instanzen kein Abwehrmittel vorlag. Was dagegen blieb, war die Existenz des Antisemitismus zu antizipieren und mit selbstbewusster Haltung entgegenzutreten.

Die Bedeutung des CV als Austausch-, Beschwerde- und Bewältigungsinstanz

Aus dem Austausch, den insbesondere der CV – aber auch Vereine wie RjF und JFB – mit deutschen Jüdinnen und Juden unterhielt, lassen sich eine Reihe von Folgerungen für die Wahrnehmung und den Umgang mit antisemitischen Erfahrungen in der Weimarer Demokratie ableiten. Die vorhergehenden Analysen haben deutlich gemacht, dass sich „gewöhnliche" jüdische Deutsche mit ihren antisemitischen Erfahrungen an die Vereine wandten. Insbesondere der CV diente als Beratungs- wie Beschwerdeinstanz. In dieser Funktion konnte er sowohl die erste als auch die letzte Anlaufstelle sein, entweder wenn die Betroffenen einen Kontakt mit potenziell ablehnenden, nichtjüdischen Instanzen von vornherein vermeiden wollten oder aber wenn vorherige Interventionen bei Bäderverwaltungen, Postämtern oder Schuldirektionen gescheitert waren. Die Motive für das Verfassen der Briefe waren hierbei unterschiedlich. Zahlreiche Einsender forderten vom CV

[179] Jüdische Kinder in der Schule, CVZ, Nr. 3, 1932. Bezeichnenderweise wiesen diese Verhaltensempfehlungen eine deutliche Ähnlichkeit zu den Einschätzungen und Aufforderungen auf, die sich so auch auf den Seiten der JR fanden. In der Literatur ist dagegen gelegentlich der Eindruck entstanden, dass es ausschließlich die Zionisten gewesen seien, die gerade jüdischen Kindern Stolz auf ihre Herkunft und selbstbewusstes Auftreten zu vermitteln suchten, während Vertreter des liberalen Spektrums sich ängstlich um maximale Angepasstheit ihrer Nachkommenschaft bemüht hätten, vgl. Hecht, Weimarer Republik, S. 352.

eine Intervention bei den jeweils zuständigen Behörden. Andere begnügten sich damit, einen Beitrag zur Materialsammlung des Vereins zu leisten. Eine Reihe von Verfassern wandte sich schließlich ergebnisoffen an den CV und bat um Rat, wie am besten mit dem jeweiligen Erlebnis zu verfahren sei. Die Korrespondenz mit dem CV erlaubte es, das antisemitische Erlebnis jener Organisation anzuvertrauen, die als Autorität auf dem Gebiet des Abwehrkampfes gegen den Antisemitismus auftrat. Somit ließ sich die negative Erfahrung aus dem Nahbereich auslagern und es bot sich die Möglichkeit, auf die Querelen einer weiteren, individuellen Auseinandersetzung zu verzichten.

Für die dabei kommunizierten Verhaltens- und Gefühlsempfehlungen orientierten sich die CV-Mitarbeiter wiederum an den Erfahrungen im bisherigen Austausch mit Einzelpersonen und den hieraus gezogenen „Folgerungen". In Bezug auf antisemitische Erfahrungen jüdischer Kinder oder die Frage nach dem Verbleib in einem Verein mit antisemitisch eingestellten Mitgliedern, forderte der CV generell ein weiteres persönliches Engagement der Einsender. Im Vergleich dazu machte er jenen, die sich beispielsweise über antisemitische Erfahrungen in Urlaubsorten oder Drohbriefe beklagten, wenig Hoffnung auf ein erfolgreiches Vorgehen. Einmal mehr, einmal weniger direkt legte er in sämtlichen Briefen nahe, dass ein gewisses Maß an Antisemitismus hinzunehmen sei. Argumentativ verwies er auf die „Zeitumstände", die er, unabhängig von den vermeintlichen „Krisenjahren", anführte. Zwar barg der Begriff das Versprechen, dass sich die zeitlichen Umstände jederzeit ändern könnten. Allerdings wird an der täglichen Korrespondenz deutlich, dass sich die Mitarbeiter des CV darum bemühten, die Erwartung an eine gänzliche Überwindung des Antisemitismus niedrig zu halten. Bei den wiederkehrenden Appellen an Stolz und Würde, ebenso wie den Aufrufen, in schwierigen Situationen zunächst auszuharren, handelte es sich um Verhaltensempfehlungen, die sich bereits im strategischen Repertoire während des Weltkrieges fanden.

Darüber hinaus griffen die Mitarbeiter – wie beispielsweise bei den Drohbriefen – auf eigene Erfahrungen und Verarbeitungsmöglichkeiten zurück oder führten Meinungen ins Feld, die ihnen ebenfalls auf postalischem Wege zugegangen waren: die Gegendarstellungen. Tatsächlich fanden sich für scheinbar jegliche Beschwerde über alltägliche Erfahrungen mit Antisemitismus gegensätzliche jüdische Stimmen, die wahlweise das Ausmaß judenfeindlicher Ferienregionen negierten, Drohbriefen das einschüchternde Potenzial absprachen oder für einen Verbleib in Vereinen plädierten, in denen Antisemitismus nur „geringfügig" vorkam. Bemerkenswert hieran ist, dass auch die Gegendarstellungen die antisemitische Erfahrung und deren Implikationen keineswegs infrage stellten. Im Gegensatz zu jenen, die sich mit Beschwerden und der Forderung nach Konsequenzen an den Verein wandten, schien die Gewöhnungsschwelle gegenüber antisemitischen Erfahrungen bei den Verfassern der Gegendarstellungen allerdings deutlich niedriger zu liegen.

Bei den vom CV ausgegebenen Empfehlungen, gegen welche antisemitischen Erfahrungen es zu intervenieren lohne und welche als zumutbar hinzunehmen seien, handelte es sich folglich nicht um Top-down-Entscheidungen, welche die Führungsspitze des CV beschloss und lediglich mitteilte. Vielmehr bezogen sie die unterschiedlichen Einschätzungen und Privaterfahrungen von Mitgliedern, wie Nicht-Affiliierten mit ein. Diese Aushandlungsprozesse spiegelten sich nur partiell auf den Seiten der *Centralvereins-Zeitung* wider, wenn sie beispielsweise unterschiedliche Einschätzungen in Form von Leserbriefen veröffentlichte. Nichtsdestotrotz ist ihr Einfluss auf die internen Einschätzungen und ausgegebenen Empfehlungen des CV nicht zu unterschätzen. Der Austausch zwischen „Laien" und „Profis" über antisemitische Erfahrungen stellte demnach nicht nur einen zentralen Aspekt der praktischen Arbeit des CV dar. Den ausgegebenen Handlungs- und Bewältigungsmöglichkeiten wohnte, nicht zuletzt aufgrund der eingeschränkten Reaktionsmöglichkeiten, häufig auch eine emotionale Empfehlung mit inne. Sie waren dabei situationsabhängig und reichten von der Forderung an ein stolzes und energisches Auftreten, hin zu einem Appell an Gleichmut und Zurückhaltung.

Dass der CV antisemitische Erfahrungen fast ausnahmslos dem zumutbaren Spektrum zuordnete, lag nicht zuletzt in der Befürchtung begründet, dass eine Resignation aufgrund dieser Erfahrungen zu einem Rückzug aus der deutschen Gesellschaft führen würde. Dass dies dem Ziel der völkischen Bewegungen entsprach, war hinlänglich bekannt. Allerdings – so die im Folgenden zu überprüfende These – vermutete man innerhalb der deutsch-jüdischen Vereine, dass auch große Teile der übrigen Bevölkerung einer solchen Trennung, wenn auch nicht mit genereller Zustimmung, so doch zumindest mit Indifferenz begegnen würden.

2. „... viel schlimmer als Antisemitismus" – zur Wahrnehmung von latentem Antisemitismus und nichtjüdischer Indifferenz

2.1 Schwer greifbar – zum Austausch über die Einstellung der nichtjüdischen Bevölkerung

Im Geschäftsbericht der Jahre 1926 und 1927 hatte der Vorstand des Centralvereins den Mitgliedern der Hauptversammlung einen qualitativen wie quantitativen Überblick über die Abwehrarbeit des Vereins gegeben. Nach unterschiedlichen Aspekten des öffentlichen und privaten Lebens aufgeschlüsselt[180], fanden sich Beispiele, wie der CV bei den jeweils verantwortlichen Instanzen gegen die ihm von seinen Mitgliedern zugetragenen antisemitischen Vorfälle interveniert hatte. Diese bildeten die Grundlage für eine gesellschaftsübergreifende Einschätzung, welche im Bericht den Mittelpunkt des Vorworts bildete. Der Fokus lag auf der

[180] Diese umfassten beispielsweise „Behörden und Beamte", „Vereine", „Wirtschaftspolitik", „Kulturpolitik" oder „Rechtsschutz".

Entwicklung, die der CV in sämtlichen Teilen der deutschen Bevölkerung beobachtete:

„Eine Grunderscheinung in Deutschlands sichtbarem und unsichtbarem Leben muß vor allem unsere ständige, ernste Aufmerksamkeit finden: daß Deutschlands politischer, kultureller und wirtschaftlicher Weg von uns wegleitet, daß unsere Verbindung mit allen überlieferten und lebendigen Kräften der deutschen Gegenwart gelöst werden soll, daß man uns als gleichberechtigt allenfalls noch annimmt, nicht aber als gleichwertig."[181]

Zu einem ähnlichen Ergebnis kam auch Ludwig Holländer, Syndikus des CV und Chefredakteur der CVZ, der 1929 in einer gleichnamigen Broschüre „Deutsch-Jüdische Probleme der Gegenwart" erörterte.[182] Neben einem Beitrag zur Frage, ob sich der CV primär als Abwehr- oder als Gesinnungsverein verstehen sollte[183], ging er darauf ein, welche Aufgaben innerhalb der Abwehrarbeit besonderer Aufmerksamkeit bedurften. Dies war nach Holländers Einschätzung nicht so sehr der offen zum Ausdruck gebrachte Antisemitismus. Weit bedenklicher sei jener „Kreis von Leuten, für den der Jude Luft" ist und der das „berechtigte sittliche, politische und wirtschaftliche Streben der Juden" nach Möglichkeit blockierte.[184] Für diese Form der unterschwelligen, verschwiegenen Judenfeindschaft wählte Holländer den Begriff des Asemitismus.[185] Im Arbeitsbericht fand dieser Begriff seine praktische Anwendung beispielsweise bei der Charakterisierung von Vereinen: So sah der CV weiterhin davon ab, den *Stahlhelm* – entgegen der Einschätzung des RJF – als antisemitisch zu bezeichnen[186]; stattdessen wurde ihm, zusammen mit dem *Jungdo*, das Attribut „asemitisch" zugewiesen. Begründet wurde die Zuschreibung damit, dass beide Vereine zwar keine jüdischen Mitglieder aufnahmen – den Vorwurf des Antisemitismus jedoch weit von sich wiesen.[187]

Die inhaltlichen Zuschreibungen an den Asemitismus und die Verwendung des Ausdrucks weisen deutliche Parallelen zum Kryptoantisemitismus auf, dem von Siegbert Feuchtwanger während des Weltkrieges geprägten Begriff.[188] Beide Bezeichnungen sollten als Abgrenzung zu einem offen kommunizierten – und praktizierten – radikalen Antisemitismus dienen. Ziel war es, die Bedeutung unterschwelliger Ausgrenzungsmechanismen hervorzuheben, die sich vermeintlich

181 Geschäftsbericht, S. 7.

182 Ludwig Holländer, Deutsch-Jüdische Probleme der Gegenwart, Berlin 1929, S. 6.

183 Ausführlich zu dieser Frage: Barkai, Wehr Dich!, S. 48.

184 Holländer, Probleme, S. 6.

185 Eine frühe Verwendung der Begrifflichkeit findet sich im „Lemberger Brief" in *Die Welt. Zentralorgan der Zionistischen Bewegung*, Nr. 42, 20. 10. 1899, S. 5 f. Der Korrespondent des Blattes verwies dabei sarkastisch auf den Umstand, dass der Begriff des „Asemitismus" beispielsweise von katholischen Würdenträgern genutzt wurde, um sich vom radikalen Antisemitismus abzugrenzen. „Asemitismus" bezeichnete in dieser Sichtweise einen „gemäßigteren und verständiger angewandten Judenhass", nach dem sich die nichtjüdische Gesellschaft „von den Juden ganz einfach lostrennen" müsse. In der Einschätzung des *Welt*-Korrespondenten ließ sich „in der Praxis kein wesentlicher Unterschied" beider Formen der Judenfeindschaft feststellen.

186 Vgl. Kap. II.1.1.

187 Centralverein (Hrsg.), Zwei Jahre, S. 63.

188 Vgl. Kap. I.3.1.

rational begründen ließen, sprachlich codiert waren – und tief in die deutsche Gesellschaft hineinreichten. Sie können dabei zum einen als zeitgenössische Reflexion über jene Aspekte des Antisemitismus gelesen werden, die Volkov als „kulturellen Code" zusammenfasst.[189] Zum anderen sind sie als zeitgenössische Definitionsangebote für gesellschaftliche Erscheinungen zu werten, die sich – mit zunehmender Ausdifferenzierung des Antisemitismusbegriffs – heute dem „latenten Antisemitismus" zurechnen lassen.[190] Nach dem Soziologen Detlev Claussen bildete „die Differenz zwischen latentem Antisemitismus und offizieller Liberalität" bereits seit der Reichsgründung eine der Grundlagen für die antisemitische Mobilisierung.[191] Doch erst in der Folge der nationalsozialistischen Judenverfolgung und des Holocaust habe sich die Notwendigkeit der Kenntnis und Unterscheidung von „latentem" und „manifestem" Antisemitismus gezeigt. Der manifeste, fanatische Antisemitismus einer verhältnismäßig kleinen Gruppe hätte diese Verbrechen nicht verwirklichen können. Erst der latente Antisemitismus der bürgerlichen Gesellschaft, „der an der Oberfläche nicht erscheint" und sich in „unterstützende[r] Gleichgültigkeit" äußerte, habe die Voraussetzung für dieses Verbrechen geschaffen.

Die Ausführungen des Arbeitsberichts oder die Broschüre Holländers belegen dagegen das bereits bei den Zeitgenossen vorhandene Bewusstsein für Bedeutung, Ausmaß und Gefahrenpotenzial dieses latenten Antisemitismus, der „viel schlimmer als […] Antisemitismus"[192] sei. Diese Feststellung bezieht sich dabei auch auf eines der Hauptprobleme bei der Analyse eines latenten Antisemitismus: sein erfolgreicher Nachweis.[193] Für die Zeitgenossen war es keineswegs einfacher, latent judenfeindliche Einstellungen in ihrer Umgebung zu identifizieren. Selbst wenn dies gelang, blieb die Frage, ob diese Entdeckung kommuniziert werden sollte. Die CVZ berichtete über den Asemitismus vor allem während der vermeintlich „ruhigen" Jahre der Weimarer Republik. Diese Hinweise dienten insbesondere dazu, gegen eine „gefährliche Sorglosigkeit" innerhalb des deutschen Juden-

[189] Vgl. Volkov, Code, S. 20–26. Auch wenn Volkov diese Begrifflichkeit vor allem auf die Zeit des Kaiserreichs etablierte, ist ihr Erklärungspotenzial seither auch für spätere Zeitabschnitte der (deutschen) Geschichte herangezogen worden. Vgl. Einleitung in Hoffmann/Jeggle/Johler/Ulmer (Hrsg.), Die kulturelle Seite; kritisch zur Verwendung des kulturellen Codes u. a. Wein, Reichstag, S. 32–35.

[190] Tatsächlich ist auch der Begriff des „latenten Antisemitismus" deutlich älter. Semantischen Ursprung hatte er in den Überlegungen des Schweizer Psychiaters Charlot Strasser zu Beginn der 1920er Jahre. Charlot Strasser, Latenter Antisemitismus, in: Neue Wege – Zeitschrift des religiösen Sozialismus, Nr. 10, 1920, S. 427–437 (Der Beitrag erschien leicht abgewandelt ebenfalls in Esra. Monatsschrift des jüdischen Akademikers, Nr. 4, 1919–1920, S. 97–107). Vgl. Für die heutige Forschung: Samuel Salzborn, Antisemitismus. Geschichte, Theorie, Empirie, Baden-Baden 2014, S. 142–163; Susan Gniechwitz, Antisemitismus im Lichte der modernen Vorurteilsforschung. Kognitive Grundlagen latenter Vorurteile gegenüber Juden in Deutschland, Berlin 2006, S. 39–43.

[191] Detlev Claussen, Grenzen der Aufklärung. Die gesellschaftliche Genese des modernen Antisemitismus, Frankfurt am Main 2005, S. 68.

[192] Holländer, Probleme, S. 6.

[193] Ahlheim hat auf dieses Problem hingewiesen, vgl. Ahlheim, Deutsche, S. 28.

tums zu argumentieren, die sich aus der Schwächung völkischer Parteien ergab.[194] Im Vergleich zur breiten Berichterstattung über den Antisemitismus bildete der öffentliche Austausch über Asemitismus jedoch eine Ausnahme. Er fand vor allem in einem kleinen, internen Mitarbeiter- und Mitgliederkreis des CV statt. So galt das Manuskript des Arbeitsberichts über die Jahre 1926 und 1927 als streng vertraulich, auch ein auszugsweiser Nachdruck war nicht gestattet. Holländers Erörterungen über die deutsch-jüdischen Probleme der Gegenwart dürften – zumindest mit Blick auf den Untertitel, der eine Auseinandersetzung über Grundfragen des Centralvereins versprach – eher einen kleinen Leserkreis erreicht haben. Erfolgte eine öffentliche Beschäftigung mit Aspekten des latenten Antisemitismus, so verblieb diese fast ausnahmslos auf theoretischer Ebene.[195]

Im Folgenden soll am Beispiel der juristischen Arbeit des CV gezeigt werden, welchen Einfluss die Wahrnehmung des latenten Antisemitismus ebenso wie die Indifferenz der nichtjüdischen Bevölkerung auf die strategischen Entscheidungen der CV-Mitarbeiter nahm – und wie sich dies im vereinsinternen wie auch im öffentlichen Austausch manifestierte.

Scheu vor Verurteilung – Einschätzungen aus deutschen Gerichtssälen

Die praktische Durchsetzung der in der Weimarer Verfassung festgeschriebenen Gleichstellung galt als eine der Hauptaufgaben des CV. Im Fokus der Rechtsschutzabteilung standen insbesondere jene Fälle, bei denen es zu antisemitischen Beleidigungen oder Ausschreitungen mit physischer Gewaltanwendung gekommen war.[196] Gerade in Bezug auf Beschimpfungen und Verleumdungen, die sich gegen das gesamte (deutsche) Judentum richteten, bemühte sich die Rechtsschutzabteilung darum, diese als Kollektivbeleidigungen verfolgen zu lassen.[197] Aufgrund einer Entscheidung des Reichsgerichts vom Oktober 1881 wurde eine Kollektivbeleidigung erst als solche gewertet, wenn es sich um die Beschimpfung einer konkreten Person oder Personengruppe, beispielsweise sämtlicher Juden einer Ortschaft, handelte. Bei der Mehrzahl antisemitischer Äußerungen – wie die während der Weimarer Republik verbreitete Boykottaufforderung „Deutsche, kauft nicht bei Juden“ oder das Mantra des *Stürmers* „Die Juden sind unser Unglück“ – handelte es sich jedoch um derart verallgemeinerte Aussagen, dass der Nachweis der Beleidigung einer *bestimmten* Person oder Personengruppe nicht zu erbringen war. Dementsprechend bemühten sich Anwälte der CV-Rechtsschutzabteilung immer

194 Felix Goldmann, Unsere Aufgaben im neuen Jahr, CVZ, Nr. 38, 18. 9. 1925, S. 625 f., hier S. 626.

195 Vgl. Werner Cahnmann, Judentum und Volksgemeinschaft, Der Morgen, Nr. 3, August 1928, S. 291–298, insb. S. 295; Felix Goldmann, Das Irrationale im Antisemitismus, Der Morgen, Nr. 3, August 1927, S. 313–322, insb. S. 314 f.

196 Vgl. Udo Beer, Die Juden, das Recht und die Republik. Verbandswesen und Rechtsschutz 1919–1933, Frankfurt am Main 1986, S. 229–244; Steinitz, Kampf, S. 29–36; Jahr, Antisemitismus vor Gericht, S. 270–276.

197 Vgl. Steinitz, Kampf, S. 131–144.

wieder darum, das deutsche Judentum als beleidigungsfähige Körperschaft vor Gericht anerkennen zu lassen.[198] Dadurch wäre es möglich gewesen, auch gegen besonders weit gefasste, antisemitische Beleidigungen und Beschuldigungen vorzugehen. Seit den 1880er Jahren hatten zahlreiche Gruppierungen erfolgreich gegen die Entscheidung des Reichsgerichts interveniert und waren für beleidigungsfähig erklärt worden – wie etwa der preußische Richterstand, alle Geistlichen der christlichen Religionen oder die deutschen Offiziere.[199] Sämtliche Eingaben und öffentlich geführte Prozesse des CV, die auf eine Anerkennung des deutschen Judentums als beleidigungsfähige Körperschaft abzielten, scheiterten jedoch.[200] Eng hiermit verknüpft war die Beobachtung, dass verantwortliche Richter wie Staatsanwaltschaften antisemitische Beschimpfungen oder Gewaltdelikte nicht nach den Strafbeständen „Aufreizung zum Klassenhass" (§ 130) oder „Beschimpfung einer Religionsgemeinschaft" (§ 166) ahndeten, da „sie unter Zuhilfenahme der Rassentheorie das Judentum nicht als Klasse oder Religion, [...] sondern als Rasse" ansprachen.[201] Hinzu kam der Eindruck seitens des CV, dass diverse Staatsanwaltschaften ein generelles Interesse daran hatten, „jeder noch so geringfügigen Ausschreitung gegen das Hakenkreuz" nachzugehen, wohingegen Opfer antisemitischer Übergriffe und Beleidigungen auf die Möglichkeit einer Privatklage verwiesen wurden.[202] Vor dem Hintergrund derartiger Erfahrungen stellten sich nicht nur Anwälte des CV die Frage: „Zweierlei Maß in der Justiz?"[203] Auch die Forschung zieht die Haltung der Gerichte als Gradmesser dafür heran, wie gleichberechtigt die jüdische Minderheit im demokratischen System Weimars tatsächlich war. Die Arbeit der CV-Rechtsschutzabteilung wird dabei immer wieder prominent in die Analysen einbezogen. So kommen insbesondere Donald Niewyk und Udo Beer in ihren Studien zu dem Ergebnis, dass sich eine grundsätzliche Diskriminierung jüdischer Deutscher durch die Gerichte während der Weimarer Republik nicht nachweisen lasse. Beide berufen sich auf eine Reihe von Prozessen, die der CV erfolgreich gegen antisemitische Beschimpfungen, Religionsbeleidigungen, Aufrufe zu Boykotten oder Gewalttätigkeit geführt hatte. Als Quellengrundlage dienen ihnen hierfür mehrheitlich Berichte in der CVZ selbst.[204] In seiner Studie analysiert Niewyk 321 Prozesse, die gegen Antisemiten angestrengt wurden. In lediglich etwa 10 Prozent der Fälle wurde das endgültige Urteil von-

198 Vgl. ebd., S. 140–144.

199 Vgl. Beer, Republik, S. 233.

200 Vgl. Steinitz, Kampf, S. 140–144, 173f.; siehe zur Problematik der Kollektivbeleidigung ebenfalls Schorch, Jewish Reactions, S. 130; Paucker, Abwehrkampf, S. 80; Beer, Republik, S. 232–234.

201 Vgl. Antisemitismus und Justiz, CVZ, Nr. 3, 18. 5. 1922, S. 39; vgl. auch Hecht, Weimarer Republik, S. 368f.

202 Antisemitismus und Justiz, CVZ, Nr. 3, 18. 5. 1922, S. 39.

203 Zweierlei Maß in der Justiz, IF, 31. 3. 1932, S. 9.

204 Donald Niewyk, Jews and the Courts in Weimar Germany, in: Jewish Social Studies 37/2 (1975), S. 99–113, hier S. 100f. Martin Liepach hat bereits hervorgehoben, dass aus Niewyks Studie nicht deutlich wird, auf welcher Grundlage die von ihm analysierten Fälle zusammengestellt wurden. Vgl. Liepach, Krisenbewusstsein, S. 405.

seiten der Anklage – mehrheitlich Anwälte des CV – beanstandet. Niewyk zieht daraus folgenden Schluss: „German courts achieved an uneven but generally positive record of sheltering Jews from their detractors“[205] – vor allem mit Blick auf das Ausmaß rassistischer Propaganda, die zunehmende Brutalität der Naziaktivitäten und die rechtsnationale Einstellung zahlreicher Richter. Zwar thematisieren sowohl Beer als auch Niewyk den Umstand, dass jegliche Intervention in Bezug auf die Kollektivbeleidigung ohne Erfolg blieb. Allerdings betont insbesondere Beer, dass die hierfür notwendige Strafrechtsreform nicht aus antisemitischen Gründen ausblieb, sondern der „Polarisierung der politischen Kräfte am Ende der Weimarer Republik“ geschuldet war.[206] Auch Beer kommt so zu dem Ergebnis, dass es jüdischen Organisationen, allen voran dem CV gelang, durch ihre Interventionen „fast jedes Problem einer befriedigenden Lösung zuzuführen.“[207] Außer Acht bleibt in diesen Studien jedoch der Schritt, der zwischen einer potenziellen antisemitischen Straftat und einem tatsächlichen Prozess lag: die Entscheidung der CV-Anwälte, ob sie den jeweiligen Prozess unterstützen würden – oder zu einem grundsätzlichen Verzicht auf eine Anklageerhebung rieten.

Der CV wandte ein beträchtliches Maß an Energie auf, um über sämtliche rechtliche Schritte, die von jüdischer Seite gegen antisemitische Strafsachen unternommen wurden, informiert zu werden. Dies begründete sich nicht allein in der Tatsache, dass die Anwälte der Rechtsschutzabteilung auf derartige Fälle spezialisiert waren und die notwendigen Fachkenntnisse vorwiesen.[208] Der Kontakt zwischen Mandanten und dem Rechtsschutz räumte den Mitarbeitern des CV ein Mitentscheidungsrecht bei der Frage ein, in welchen Fällen es überhaupt zu rechtlichen Schritten kommen würde. Einen festen Anforderungskatalog gab es hierfür nicht. In Vorträgen, Broschüren und Rundschreiben betonten die Anwälte des CV jedoch eine Reihe von Voraussetzungen für einen wahrscheinlichen Prozesserfolg. Es ist anzunehmen, dass diese Punkte die Grundlage für die Fallbewertung und die strategischen Verhaltensempfehlungen bildeten, die im Folgenden kurz vorgestellt werden.

Von besonderer Bedeutung war es, die Erwartungen eines Prozesserfolges zu relativieren – oder bereits zuvor von der Initiation eines derartigen Verfahrens abzuraten. Bereits 1919 hatte Alfred Wiener die Leser der IdR dazu ermahnt, nicht „aus jeder strafbaren Handlung unserer Gegner eine große Sache zu machen“.[209] Der Tenor des CV-Arbeitsberichts für die Jahre 1926 und 1927 ging

205 Ebd., S. 113.

206 Beer, Republik, S. 302. Sowohl Beer als auch Niewyk betonen allerdings auch, dass eine rechtliche Verfolgung von Kollektivbeleidigungen größere Aussicht auf Erfolg gehabt hätte, wenn sich die Vertreter der unterschiedlichen Strömungen innerhalb des deutschen Judentums auf die Gründung einer repräsentativen Gesamtorganisation hätten einigen können. Vgl. Beer, Republik, S. 332; Niewyk, Courts, S. 112f.

207 Beer, Republik, S. 302.

208 Tillmann Krach, Jüdische Rechtsanwälte in Preußen, Über die Bedeutung der freien Advokatur und ihrer Zerstörung durch den Nationalsozialismus, München 1991, S. 118.

209 Alfred Wiener, Die Pogromhetze, IdR, Nr. 7/8, Juli 1919, S. 289–299, hier S. 299.

in eine ähnliche Richtung: In den „Folgerungen" für die juristische Arbeit des CV wurde betont, dass lediglich solche Verfahren von der Rechtsschutzabteilung übernommen werden sollten, die „wegen ihrer grundsätzlichen Bedeutung im Interesse der Vereinsarbeit" lagen.[210] Im Dezember 1930 mehrten sich die nationalsozialistischen Boykottaufforderungen – und damit auch die Anfragen von Einzelpersonen und Ortsgruppen an die Zentrale des CV, wie hierauf adäquat zu reagieren sei. In einem Rundschreiben legte Ludwig Holländer die rechtlichen Handlungsoptionen im Falle eines Boykotts jüdischer Geschäfte dar: Da gegen politische Boykotte nach wie vor keinerlei rechtliche Handhabe existierte, bedurfte es für ein strafrechtliches Einschreiten den Nachweises, dass die Boykottaufrufe zu Klassenhass oder Religionsbeschimpfungen aufstachelten. Dieser Nachweis, das betonte Holländer, würde „nur vereinzelt möglich" sein. Als „meist einziges mögliches Mittel" empfahl er das Erwirken einstweiliger Unterlassungsverfügungen.[211]

Ein Grund für die Umsicht, die der CV bei der Wahl der durchzuführenden Prozesse walten ließ, war, dass sämtliche Verfahren bei denen „deutsche und jüdische Dinge in Frage stehen" immer auch als „politische Prozesse" gewertet werden müssten.[212] Der Begriff des „politischen Prozesses" unterstrich die Bedeutung, die den Gerichtsverhandlungen über die konkreten Verfahren hinaus zugeschrieben und welche Signalwirkung ihnen bei Fragen des politischen, aber auch gesellschaftlichen und wirtschaftlichen Lebens in Deutschland beigemessen wurde. Die zahlreichen Kriterien, die bei einer erfolgreichen Vorbereitung und Durchführung derartiger Verfahren berücksichtigt werden mussten, legte der CV-Anwalt Bruno Weil auf dem Juristentag des CV im Februar 1927 dar.[213] Zunächst verwies er auf die zahlreichen Fallstricke, die derartige Verfahren boten, komplementierte die Kompetenz der Rechtsschutzabteilung des CV und betonte die Notwendigkeit, vor der Initiierung eines Prozesses mit dieser Abteilung Rücksprache zu halten. Als oberste Prämissen für die Vorbereitung und Durchführung der Verfahren nannte Weil „Vorsicht und Energie". Mit dem Begriff der Energie deutete er den Aufwand an, der sich hinter derartigen Verfahren verbarg. Die Ermahnung zur Vorsicht erstreckte sich dagegen auf sämtliche externe wie interne Faktoren des Verfahrens, wobei Weil zugestand, dass die Einflussmöglichkeiten auf diese Faktoren stark variierten. Zu den internen Faktoren zählte die Benennung von Zeugen, deren Aussage unbedingt konsistent sein musste, die Wahl der Sachverständigen, des zu präsentierenden Materials sowie des Anwalts. Je nach Fall musste entschieden werden, ob ein christlicher oder jüdischer Verteidiger hinzugezogen wurde;

[210] Centralverein (Hrsg.), Zwei Jahre, S. 95.
[211] Rundschreiben an die Landesverbände, Beamten und Ortsgruppen des C.V., 10. 12. 1930, JHGA Jerusalem, Rh/Nw 40, Bl. 55f., zit. n. Paucker, Der Abwehrkampf 1968, S. 196f., hier S. 196. Zur Problematik der Ahndung von Boykotten gegen jüdische Geschäfte in der Weimarer Republik vgl. Ahlheim, Deutsche, S. 206–229.
[212] Bruno Weil, Der politische Prozeß, in: Centralverein deutscher Staatsbürger jüdischen Glaubens (Hrsg.), Deutsches Judentum und Rechtskrisis, Berlin 1927, S. 67–91, hier S. 82.
[213] Sämtliche Vorträge des Juristentages finden sich abgedruckt in: Centralverein (Hrsg.), Deutsches Judentum und Rechtskrisis.

wobei es sich um eine Person handeln musste, die nicht nur mit den jeweiligen Prozessakten vertraut war, sondern auch Kenntnis von den „mit dem betreffenden Prozeßstoffe zusammenhängenden jüdischen und allgemeinen Problemen“ habe.[214] Weil deutete hier sehr subtil an, dass sich jeder Anwalt die potenziell judenfeindlichen Einstellungen der Richter- wie der übrigen Anwaltschaft vergegenwärtigen musste, wann immer ein jüdischer Deutscher einen Prozess anstrebte. Damit leitete Weil zu einer Reihe externer Faktoren über, auf welche die jüdischen Prozessteilnehmer einen wesentlich geringeren Einfluss besaßen. Hierzu zählten sowohl die jeweiligen „Zeit und Zeitumstände“ des Prozesses, als auch Auswahl der Richter und der Staatsanwälte. Nur wenn nach Überprüfung all dieser Faktoren „mit fast absoluter Gewißheit“ mit einem Erfolg gerechnet werden konnte, sollte ein Prozess nach Ansicht des CV überhaupt angestrengt werden.[215] Bemerkenswert ist die Deutlichkeit, mit der Weil in seinem Vortrag auf die „Fiktion des ‚unpolitischen Richters‘“ hinwies.[216] Zwar vermied er in seinem Vortrag konsequent die Begriffe Antisemitismus und Asemitismus. Allerdings dürfte beim Publikum wenig Zweifel darüber bestanden haben, dass er auch auf antisemitische Grundeinstellungen hindeutete, als er diese Behauptung wie folgt begründete: „Denn niemand kann heraus aus den Begriffen, mit denen er groß geworden ist; Weltanschauung und Ambiente wirken auch dann auf den Menschen, wenn er im Richterstuhl sitzt [...].“[217]

Die potenzielle Parteilichkeit der Richter ebenso wie die übrigen, von Weil genannten Faktoren, verdeutlichen die niedrigen Erwartungen, die sich mit zahlreichen angestrebten Prozessen verbanden. Statt eine Niederlage – oder vielmehr: eine Enttäuschung – vor Gericht zu erleben, sollte ein Prozess lieber gänzlich vermieden werden. Für jene, die den Prozess anstrebten, blieb nur wenig Raum für die individuellen Bedürfnisse – wie die gerichtliche Ahndung erfahrenen Unrechts. Die Rigorosität, mit der hier die Annahme und Ablehnung von Verfahren entschieden wurde, lag nicht zuletzt in der Wirkung begründet, die sich der CV von den tatsächlich vor Gericht verhandelten Fällen erhoffte – oder die er befürchtete. Bei sämtlichen gerichtlichen Auseinandersetzungen mit Antisemitismus, das war die grundsätzliche Überzeugung der CV-Anwälte, galt zuletzt: „Der Prozeß ist nichts, das Echo alles.“[218]

214 Ebd., S. 87. Innerhalb des CV-Vorstandes herrschte jedoch die Meinung vor, fast sämtliche infrage kommenden Fälle jüdischen Anwälten – idealerweise den Mitarbeitern der Rechtsschutzabteilung – zu überlassen. Ein CV-Mitglied aus Münster beklagte im September 1929 die Tatsache, dass durch die Bestellung jüdischer Anwälte eine „Sache erst recht zu einer antisemitischen gestempelt“ werde. Im Namen des Landesverbandes Rheinland-Westfalen wurde er jedoch darüber informiert, dass „es in den meisten Fällen grade [sic] im Interesse einer energischen und sachgemäßen Durchführung“ wünschenswert erschien, dass jüdische Anwälte die Prozesse führten. Eine Beteiligung nichtjüdischer Anwälte sei – wenn überhaupt – aus taktischen Gründen und nur in Einzelfällen zu empfehlen. Vgl. Schriftwechsel Simon Hirschfeld und Dr. Ostwald, ZA B1/33 889.

215 Weil, Prozeß, S. 83.

216 Ebd., S. 71.

217 Ebd.

218 Ebd., S. 89.

Es ist sehr wahrscheinlich, dass Weil die in seinem Vortrag präsentierten Voraussetzungen für ein erfolgreiches Verfahren unter dem Eindruck des von ihm geführten Prozesses gegen Ludwig Münchmeyer zusammengestellt hatte. Wenngleich der Fall um den evangelischen Pastor und überzeugten Antisemiten Münchmeyer bereits in einer Reihe von Publikationen Erwähnung fand[219], soll er im Folgenden kurz umrissen werden, um jene Aspekte hervorzuheben, die nach Ansicht der CV-Anwälte den Erfolg des Verfahrens begründet hatten. Ludwig Münchmeyer, seit 1920 Pastor der evangelisch-lutherischen Gemeinde auf Borkum, war überzeugter Antisemit und trug mit seinen öffentlichen Vorträgen maßgeblich zur Verstärkung der antisemitischen Stimmung auf Borkum bei. 1925 hatte der Theologe Dr. Albrecht Völklein, als Kurgast auf Borkum, unter dem Pseudonym „Dr. Sprachlos“ die Streitschrift „Der falsche Priester oder der Kannibalenhäuptling der Nordsee-Insulaner“ veröffentlicht. Bei der Verbreitung der Broschüren wurde Völklein von dem Juristen und Mitarbeiter des CV Julius Charig und dem Borkumer Kaufmann Lazarus Pels unterstützt. Der CV provozierte damit bewusst – und erfolgreich – die Evangelische Landeskirche, die mit Münchmeyer als Nebenkläger eine Beleidigungsklage einreichte. Die Verteidigung von Völklein, Charig und Pels übernahm Bruno Weil, der den Prozess nutzte, um sämtliche in der Streitschrift vorgebrachten Anschuldigungen gegen Münchmeyer zu belegen. Wenngleich das Gericht die Beklagten zu geringen Geldstrafen verurteilte, folgte es in der Argumentation der Verteidigung und befand in der Urteilsbegründung mehrfach, dass Münchmeyer es sich gefallen lassen müsse, „als ein falscher Priester“ bezeichnet zu werden.[220] Da sich die im Prozess nachgewiesenen Vergehen Münchmeyers nicht allein auf antisemitische Hetze beschränkte, sondern ebenso versuchte Nötigung und Fälle von Hochstapelei beinhaltete, hatte das Landeskirchenamt kurz nach dem Verfahren begonnen, seinerseits ein Disziplinarverfahren gegen Münchmeyer einzuleiten. Diesem entzog er sich durch Rücktritt von seinem kirchlichen Amt.[221]

Die Umstände, die dazu beigetragen hatten, den Prozess zu einem der erfolgreichsten vom CV geführten Verfahren zu machen, waren vielfältig. Bereits vor Völkleins Veröffentlichung hatte sich die Stimmung auf Borkum zunehmend gegen die Person Münchmeyers gewendet. Grund hierfür waren weniger seine radikalen antisemitischen Ausfälle, denen er bereits seit seiner Ankunft auf Borkum fünf Jahre zuvor freien Lauf gelassen hatte, als vielmehr der Umstand, dass er

[219] Vgl. besonders detailliert Gerhard Lindemann, „Typisch jüdisch“. Die Stellung der Ev.-luth. Landeskirche Hannovers zu Antijudaismus, Judenfeindschaft und Antisemitismus, Berlin 1998, S. 141–221; Michael Wildt, „Der muß hinaus! Der muß hinaus!“ Antisemitismus in deutschen Nord- und Ostseebädern 1920–1935, in: Mittelweg 36/2, 2001, S. 3–25; Udo Beer, „Der falsche Priester“. Eine Borkumer Kampfschrift aus der Zeit der Weimarer Republik, in: Jahrbuch der Gesellschaft für Bildende Kunst und Vaterländische Altertümer zu Emden, Bd. 66, Aurich 1986, S. 152–163.

[220] Borkumer Beobachter (Hrsg.), Veröffentlichungen zum Münchmeyer Prozess, Borkum 1926, S. 54, zit. n. Steinitz, Kampf, S. 123.

[221] Vgl. Steinitz, Kampf, S. 127f.

zunehmend auch gegen die katholische Kirche und ihre Vertreter hetzte.[222] Auch der verantwortliche Richter, Landgerichtsdirektor Gohlke-Kasten, war schon vor Beginn des Prozesses mit Münchmeyer und seinen Aktivitäten auf Borkum vertraut: Er hatte bereits eine Reihe von Strafverfahren gegen den Borkumer Pastor geleitet, in der Mehrzahl handelte es sich um Anklagen wegen Beleidigungen von Politikern.[223] Mit Bruno Weil wurden die Angeklagten nicht nur von einem Experten für die Führung politischer Prozesse vertreten, es kann auch angenommen werden, dass die „mit dem betreffenden Prozeßstoffe zusammenhängenden jüdischen und allgemeinen Probleme" für Weil als Mitarbeiter der CV-Rechtsschutzabteilung ein bekanntes Szenario darstellten. Doch auch der Wahl der Prozessbeteiligten – und in diesem Fall insbesondere der Angeklagten – wurde große Bedeutung beigemessen. Neben einem angesehenen jüdischen Kaufmann hatte ein Rechtsanwalt und Mitglied des CV auf der Anklagebank Platz genommen, der sich bereits zu Beginn des Prozesses als „Deutscher, [...] selbstbewusster Jude" und Kriegsfreiwilliger präsentierte.[224] Von besonderer Relevanz war jedoch die Beteiligung des evangelischen Angeklagten Völklein. So konnte von vornherein der Eindruck vermieden werden, dass es sich bei dem Prozess ausschließlich um eine legale Auseinandersetzung zwischen jüdischen Deutschen und radikalen Antisemiten handelte. Die Anklagebank entsprach der Idealvorstellung des CV, nach der sich die „gerecht denkenden" Deutschen – Juden wie Christen – gemeinsam gegen jene wandten, „denen nur an der Unterhöhlung des Staates, an dem Unfrieden zwischen seinen Bürgern und inneren Streit und Zank gelegen" sei.[225]

Auch die Tatsache, dass Weil, Völklein, Pels und Charig auf der Seite der Verteidigung standen, hatte Vorteile. Die zahlreichen Beleidigungsklagen, die bereits gegen Münchmeyer eingegangen waren, hatten offenbar keinerlei langfristige Erfolge gezeitigt. In der Rolle des Verteidigers war es Weil dagegen möglich, sämtliche von Völklein in der Streitschrift vorgebrachten Anschuldigungen gegen den Pastor nachzuweisen – und so seine Aktivitäten auf Borkum in die Öffentlichkeit zu tragen. Dass diese Öffentlichkeit vorhanden war, war ein weiterer Vorzug dieses Prozesses. Bereits kurze Zeit nachdem das Landeskirchenamt die Beleidigungsklage eingereicht hatte, veröffentlichte der CV die Wochenschrift *Borkumer Beobachter*, in der Münchmeyers Agitationen und der Verlauf des Prozesses dokumentiert wurden.[226] Kein anderer vom CV geführter Prozess erreichte eine derartige öffentliche Wirksamkeit. Das Verfahren wurde deutschlandweit verfolgt, die überregionalen Tageszeitungen wie die *Frankfurter Zeitung* und *Vossische Zeitung* waren mit Korrespondenten vertreten. Während die konservative Presse sich der Berichterstattung weitgehend enthielt, die Gelegenheit aber auch nicht nutzte, um gegen den CV zu agitieren oder Münchmeyer als Opfer darzustellen, berich-

222 Vgl. Bruno Weil, Borkum, CVZ, Nr. 22, 28. 5. 1926, S. 297 f., hier S. 298.
223 Vgl. Steinitz, Kampf, S. 114.
224 Ebd., S. 115.
225 Weil, Borkum, CVZ, Nr. 22, 28. 5. 1926, S. 298.
226 Das Blatt erschien für vier Monate wöchentlich, bis es am Ende des Prozesses eingestellt wurde. Vgl. Steinitz, Kampf, S. 108.

teten die demokratischen Zeitungen positiv über Weils Verhör- und Verteidigungsstrategien.[227] Auch nach dem Ende des Verfahrens bemühte sich der CV im Rahmen seiner Möglichkeiten um eine fortgesetzte Sensationalisierung des Verfahrens. Neben Pressespiegeln veröffentlichte der CV ein Flugblatt, auf dem sich ein Abdruck des Gerichtsurteils befand. Darüber hinaus gab der CV noch im selben Jahr das Buch „Veröffentlichungen zum Münchmeyer-Prozess“ heraus, das zusätzlich zu den Berichten aus dem *Borkumer Beobachter* eine umfängliche Dokumentation des Prozesses und seiner Vorgeschichte bot.[228]

Tatsächlich war im Prozess gegen Münchmeyer jeder der beeinflussbaren wie unbeeinflussbaren Aspekte für einen erfolgreichen politischen Prozess zusammengekommen und die Angeklagten und ihr Verteidiger Weil hatten ein beträchtliches Maß an den geforderten Eigenschaften „Vorsicht und Energie“ investiert. Das Verfahren gegen den „falschen Priester“ stellte damit den „Musterprozess“ dar, an den – zumindest in Bezug auf die Öffentlichkeitswirksamkeit – kein weiterer Prozess des CV anknüpfen konnte.

Dass der CV nichtsdestotrotz immer wieder Erfolge vor Gericht vermelden konnte, haben – wie oben gesehen – insbesondere die Arbeiten von Niewyk und Beer betont. Auch die Studien von Michael Wildt und Sibylle Morgenthaler kommen zu dem Ergebnis, dass es in einer Vielzahl von Gerichtsprozessen gelang, Erfolge und Gerechtigkeit für die jüdische Seite zu erzielen.[229] Genau hier liegt die zentrale Problematik bei der Evaluierung der Arbeit der Rechtsschutzabteilung des CV. Zwar lässt sich auf der Grundlage von Berichten in der CVZ und den überlieferten Gerichtsakten nachvollziehen, wie häufig Gerichte zugunsten der jüdischen Kläger oder Beklagten entschieden. Allerdings gibt es keine Möglichkeit nachzuvollziehen, in welchem Verhältnis jene Prozesse, die überhaupt vor Gericht verhandelt wurden, zu den Vorfällen standen, deren rechtliche Verfolgung zwar von privater Seite angestrengt wurde, von deren Durchführung der CV jedoch abriet und seine Unterstützung versagte. Folgt man Weils Richtlinie – „Lieber also Unterlassung als zwecklose Kraftvergeudung in Fällen, die nicht sicher zum Erfolg führen.“[230] –, so muss davon ausgegangen werden, dass der CV die absolute Mehrheit der ihm angetragenen Fälle aus Sorge vor einem Scheitern vor Gericht *nicht* übernommen hatte.

Darüber hinaus lag es offenbar im Interesse der CV-Anwälte, die Öffentlichkeit nicht beständig über die „stille, zähe Arbeit“ der Rechtsschutzabteilung zu informieren.[231] Als Hans Reichmann im Sommer 1928 in der CVZ über eine Reihe

[227] Vgl. ebd., S. 126.
[228] Vgl. ebd., S. 128f.
[229] Vgl. Michael Wildt, Volksgemeinschaft als Selbstermächtigung. Gewalt gegen Juden in der deutschen Provinz, 1919–1939, Hamburg, 2007, S. 149–151; Sibylle Morgenthaler, Countering the Pre-1933 Nazi Boycott against the Jews, in: LBYB 36 (1991), S. 127–149, hier S. 145.
[230] Weil, Prozeß, S. 83.
[231] Hier und im Folgenden: Hans Reichmann, Neue Fälle unserer Rechtsschutztätigkeit, CVZ, Nr. 24, 15. 6. 1928, S. 337f., hier S. 337.

erfolgreicher Prozesse informierte, gestand er ein, dass nur über einen Bruchteil der geführten Verfahren berichtet wurde. Er begründete dieses Ausbleiben mit der Tatsache, dass zahlreiche Prozesse „grundsätzlicher rechtlicher Bedeutung“ entbehrten – und demzufolge nach Einschätzung der Anwälte ein Bericht nicht notwendig war. Vor diesem Hintergrund muss das positive Urteil über die jüdische Gleichberechtigung in den Gerichten der Weimarer Republik hinterfragt werden, zu dem Niewyk mithilfe der statistischen Prozessauswertung gelangte.[232] Unklar bleibt Anzahl und Ausgang jener Prozesse, über welche die CVZ *nicht* berichtete.[233] Ebenfalls nicht nachzuweisen ist der Umfang an Beleidigungen, tätlichen Angriffen oder Boykottaufrufen, bei denen es aufgrund der Einschätzung der CV-Anwälte gar nicht erst zu einer Anklageerhebung gekommen war. Die oben dargelegten, vielfältigen Aspekte, die zum Abraten von einer Klage führen konnten, belegen dabei das Maß an – der ebenfalls von Weil eingeforderten – „Vorsicht“, die der CV bei der Auswahl dieser Verfahren an den Tag legte. Dieses rigorose Vorgehen zeigt die Vorbehalte auf, welche die jüdischen Anwälte gegenüber der deutschen Richter- und Anwaltschaft hegten. CV-Vertreter wie Weil fassten die Einstellungen dieser Kreise unter dem möglichst weiten Begriff der „politischen Voreingenommenheit“ zusammen. Dabei kann wenig Zweifel daran bestehen, dass sich hinter diesen Formulierungen die Sorge vor einem latenten Antisemitismus bei Richtern und Anwälten verbarg, der vor Gericht zu antisemitischen Märtyrern einerseits[234] und einem Lächerlichmachen der jüdischen Prozessbeteiligten andererseits führen konnte. Eine solche Situation nach Möglichkeit zu umgehen wurde prinzipiell eine höhere Priorität beigemessen als der konsequenten Verfolgung von Straftaten und der persönlichen Befindlichkeit der Betroffenen.

Hieraus ergab sich auf den Seiten der CVZ ein Paradox: Wurde über konkrete Gerichtsprozesse berichtet, handelte es sich in der Mehrzahl der Fälle – wie Niewyk eindrücklich zeigt – um Verfahren, die für die jüdische Seite einen erfolgreichen Verlauf genommen hatten.[235] Indessen erschienen seit Sommer 1926 ver-

232 Vgl. Niewyk, Courts, S. 113.

233 So hebt Ahlheim nochmals hervor, dass unter den 321, von Niewyk analysierten Fällen sich lediglich acht Prozesse fanden, in denen Boykotte gegen jüdische Geschäfte verhandelt wurden, vgl. Ahlheim, Deutsche, S. 212.

234 Vgl. bspw. den vonseiten des CV unterstützten „Talmud-Prozess“ gegen den Herausgeber des *Stürmers*, Julius Streicher, und den Redakteur Karl Holz. Nachdem beide für die Verleumdung des Talmud im Herbst 1929 zu Haftstrafen verurteilt wurden, ließen sie sich von nationalsozialistischen Anhängern vor dem Nürnberger Gericht feiern, sodass sich Alfred Hirschberg, der für die CVZ den Prozess als Berichterstatter begleitete, sich fragte, ob die Verurteilten nicht die eigentlichen Gewinner des Verfahrens gewesen wären. Vgl. Alfred Hirschberg, Der Nürnberger Talmudprozess, CVZ, Nr. 45, 8. 11. 1929, S. 600 f., hier S. 601. Barkai zufolge hatten erst die Erfahrungen dieses Prozesses die Konsequenz, bei der Auswahl der zu initiierenden Verfahren „in Zukunft vorsichtiger zu sein“, vgl. Barkai, Wehr Dich!, S. 185. Vgl. auch Daniel Roos, Julius Streicher, und „Der Stürmer“ 1923–1945, Paderborn 2014, S. 196–200.

235 Ungeachtet, oder gerade wegen der strikten Vorgaben der Rechtsschutzabteilung strebten immer wieder auch Einzelpersonen oder Zusammenschlüsse von Interessengruppen Prozesse an, insbesondere im Fall von Beleidigungen oder Boykottaufrufen. Wurden Vertreter

mehrt Zeitungsartikel und Broschüren, welche die allgemeine „Rechtsnot der Juden in Deutschland“ thematisierten.[236] Dass hierüber überhaupt berichtet wurde, war eine taktische Entscheidung des neuen Leiters der CV-Rechtsschutzkommission, Hans Reichmann. Sein Ziel war es, die jüdische wie nichtjüdische Öffentlichkeit über die Gefahren des Nationalsozialismus aufzuklären. In diesem Zusammenhang erschien ihm auch ein offensiverer, öffentlichkeitswirksamerer Umgang mit der juristischen Diskriminierung deutscher Juden notwendig.[237]

Für die zeitgenössischen Leser erschloss sich diese Diskrepanz – Berichte über erfolgreiche Prozesse und das Beschwören der „Rechtsnot“ – nicht immer. Aus diesem Grund eröffnete der Anwalt Hans Lazarus im Sommer 1931 in der CVZ die Rubrik „Rechtsfragen im C.V.“. In der Reihe sollten „in allgemeinverständlicher Form Rechtsprobleme“ erörtert werden, „die für die Mitglieder des C.V. von Wichtigkeit sind“.[238] Die „Wichtigkeit“ hatte sich in zahlreichen Zuschriften von Mitgliedern des CV manifestiert, die von dem Verein ein gerichtliches Einschreiten gegen die Beschimpfungen und Verleumdungen des Judentums in der rechten, deutsch-völkischen und antisemitischen Presse forderten. Der CV musste derartige Aufforderungen mit der Begründung zurückweisen, dass es sich beim deutschen Judentum nicht um eine beleidigungsfähige Körperschaft handele, und es somit keinen Tatbestand gebe. Diese Information, so wusste Lazarus, „enttäuscht oft“. Die Einsender hatten offenbar keinerlei Einblick in die juristischen Anstrengungen, die seit Jahren einen der Hauptpfeiler der Rechtsschutzarbeit des CV bildeten. Regelmäßig erläuterte Lazarus nun die Probleme rund um den Vorwurf der Kollektivbeleidigung und betonte dabei die Bemühungen der CV-Anwälte.[239]

Auch in der Forschung führt die ambivalente Berichterstattung des CV zu widersprüchlichen Einschätzungen der zeitgenössischen Wahrnehmung und – noch problematischer – über das tatsächliche Ausmaß der „jüdischen Rechtsnot“. So kommt Beer zu dem Ergebnis, dass die verantwortlichen Rechtsanwälte „die Urteile der Gerichte als durchaus zufriedenstellend“ wahrnahmen.[240] Und Niewyk betont, dass die jüdischen Anwälte „themselves acknowledged that miscarriages of justice […] were isolated occurrences that in no way typified the attitudes of

des CV nachträglich um Unterstützung für bereits laufende Prozesse gebeten, wurde diese in der Regel zwar nicht versagt, war aber – insbesondere wenn der Fall bereits verloren schien – von Tadel oder feinem Spott begleitet. Die CVZ-Redaktion behielt es sich darüber hinaus vor, über diese Prozesse nicht zu berichten. Vgl. Ahlheim, Deutsche, S. 219; Weil, Prozess, S. 84f.

236 Vgl. bspw. Albert Meidner, Rechtsstaat – oder?, CVZ, Nr. 36, 3. 11. 1926, S. 464f.; Die Rechtsnot der Juden in Deutschland, JR, Nr. 15, 22. 2. 1927; Centralverein (Hrsg.), Deutsches Judentum und Rechtskrisis; CV-Verlag, Gegen die Rechtsnot der deutschen Juden, Berlin 1927.

237 Vgl. Alfred Hirschberg, Die CV-Jahre von Hans Reichmann, in: Council of Jews from Germany (Hrsg.), Zum Gedenken an Hans Reichmann, London 1964, S. 28.

238 Hier und im Folgenden: Hans Lazarus, Rechtsfragen im C.V., CVZ, Nr. 30, 27. 7. 1931, S. 379.

239 Ein halbes Jahr nach Lazarus' Beitrag scheiterte ein neuerlicher Versuch, einen Präzedenzfall für die Kollektivbeleidigung zu schaffen. In der Folge sahen die Anwälte des CV davon ab, hier weitere Verfahren anzustrengen. Vgl. Steinitz, Kampf, S. 174.

240 Beer, Republik, S. 303.

German Courts towards Judeophobes“.[241] Mit scharfer Ablehnung regiert Cyril Levitt auf diese Einschätzungen. Nach seiner Meinung bestehe kein Zweifel daran, dass die Anwälte des CV wie die gesamte jüdische Gemeinde das Vertrauen in die Rechtspflege während der Weimarer Republik verloren hatten.[242] Ähnlich sieht es auch Hecht, denn „[d]as Ausmaß, in dem über die Rechtsnot der deutschen Juden debattiert und geschrieben wurde, musste bei den Lesern der deutsch-jüdischen Presse jedenfalls das Gefühl entstehen lassen, ihre Rechte würden durch die deutsche Justiz nicht angemessen geschützt“.[243] Bemerkenswert ist, dass dieses Meinungsspektrum letztlich auf einen fast identischen Quellenkorpus zurückzuführen ist. Es handelt sich hierbei um Broschüren und Zeitungsartikel, welche die Anwälte der Rechtsschutzabteilung in unregelmäßigen Abständen auf den Seiten der CVZ veröffentlichten. Levitt führt die derart variierenden Forschungsmeinungen auf den politischen Hintergrund und die Stellung der im CV tätigen Anwälte zurück. So hätten Juristen wie Erich Eyck, Ludwig Foerder oder Alfred Klee, alle Mitglieder des *Republikanischen Richterbundes*, die juristische Diskriminierung deutscher Juden als einen Aspekt der in der zweiten Hälfte der 1920er Jahre schwelenden „Vertrauenskrise der Justiz“[244] betrachtet – und dementsprechend bekämpft. Dagegen rechneten sich die Anwälte Max Hachenburg und Kurt Alexander eher dem konservativen Lager zu und neigten – so Levitt implizit – zu einer Bagatellisierung und Beschönigung der Rechtslage.[245]

Unbeachtet dagegen blieb bisher, dass es sich bei den vermeintlich gegensätzlichen Einstellungen um zwei inhärente Bestandteile des Erwartungsmanagements des CV handelte. Sowohl die Warnungen vor der Gefahr juristischer Diskriminierung wie auch die stolzen Selbstanpreisungen bei der erfolgreichen Abwehrarbeit vor Gericht erfüllten zentrale Funktionen in der CV-Berichterstattung. So wurde zwar vor dem öffentlich vorgebrachten wie verdeckten Antisemitismus gewarnt und zur Mitarbeit an dessen Bekämpfung aufgerufen, gleichzeitig unterstrich der CV das eigene, unermüdliche – und idealerweise erfolgreiche – Eintreten für die jüdische Minderheit. Auf diese Weise war es dem CV möglich, die positiven Aspekte seiner Arbeit herauszustellen, ohne hieraus Erwartungen an eine grundsätzliche Änderung der Gesamtsituation zu knüpfen.

Vor diesem Hintergrund lösen sich auch die vermeintlich gegenteiligen Einschätzungen in der CV-Zeitung über die juristische Ungleichbehandlung auf. Im Folgenden werden zwei Beiträge Kurt Alexanders und Erich Eycks miteinander

241 Niewyk, Courts, S. 106.

242 Cyril Levitt, The Prosecution of Antisemites by the Courts in Weimar Republic: Was Justice Served?, in: LBYB 26 (1991), S. 151–167, hier S. 159.

243 Hecht, Weimarer Republik, S. 374.

244 Vgl. Robert Kuhn, Die Vertrauenskrise der Justiz (1926–1928). Der Kampf um die Republikanisierung der Rechtspflege in der Weimarer Republik, Köln 1983, S. 236.

245 Vgl. Levitt, Prosecution, S. 152. Kurt Alexander war langjähriges Mitglied der nationalliberalen „Deutschen Volkspartei“, vgl. Donald Niewyk, The Jews in Weimar Germany: The Impact of Anti-Semitism on Universities, Political Parties and Government Services, in: Herbert A. Strauss (Hrsg.), Hostages of Modernization. Studies on Modern Antisemitism 1970–1933/39, Berlin 1992, S. 206–226, hier S. 219.

verglichen, die in der Forschung vielfach herangezogen wurden, um die gegenteiligen Einschätzungen über die „Rechtsnot der Juden in Deutschland" zu belegen.

So hatte Kurt Alexander im Leitartikel „Wir – und die Justiz" im Oktober 1926 die Frage erörtert, ob die deutsche Justiz zu einer Ungleichbehandlung „aller Staatsbürger" neige.[246] Grund für diese Überlegungen sei die mit „tiefe[m] Schmerz" getroffene Feststellung, dass es „in einzelnen Fällen [zu] einer gesonderten Behandlung der Juden durch die Justiz" gekommen war. Er wertete diese Entwicklung im größeren Zusammenhang der „Vertrauenskrisis der Justiz überhaupt, mit der sich die Öffentlichkeit heute sehr stark befaßt". In der Konsequenz plädierte Alexander dafür, gegen sämtliche begründete, ungerechte Urteile „mit allen Mitteln" vorzugehen. Gleichzeitig empfahl er, den gerichtlichen Instanzen Vertrauen entgegenzubringen, nicht zuletzt um zu verhindern, dass „der Kreis derer, gegen den man sich wenden muß, sich erweitert". Wenngleich der Beitrag relativierende Tendenzen aufwies, unterstrich er doch deutlich die – über die jüdischen Interessen hinausgehende – Bedeutung eines vehementen Vorgehens gegen die gesetzliche Ungleichbehandlung jüdischer Deutscher.

Auch Erich Eyck sah in seinen Beiträgen davon ab, aus einzelnen Erfahrungen ein generalisierendes Urteil über die deutsche Rechtspflege abzuleiten. Gleichzeitig nutzte er seinen Vortrag auf dem Juristentag des CV im Juni 1927 um anhand einer Fülle von Prozessbeispielen zu belegen, dass „in allzu zahlreichen Fällen [...] Juden und Judentum Unrecht geschehen" sei.[247] Dabei lehnte Eyck eine überhöhte Sensibilität ab und propagierte eine Rechtsschutzarbeit, die sich dagegen verwahrte „Händel zu suchen oder Kleinigkeiten aufzubauschen". Letztlich bedeutete die Arbeit der CV-Anwälte für Eyck nicht allein einen notwendigen Dienst gegenüber seinen Glaubensgenossen, sondern er sah darin eine „patriotische und sittliche Pflicht gegenüber der Gesamtheit des deutschen Volkes".[248]

Alexanders und Eycks Artikel stimmten in drei Aspekten weitgehend überein: Wenngleich sie diesen Umstand unterschiedlich bewerteten, erkannten beide erstens an, dass es bei Verfahren mit jüdischer Beteiligung immer wieder zu Ungleichbehandlung und zumindest fragwürdigen Urteilen kam. Zweitens hoben beide hervor, dass die Ungerechtigkeitserfahrung deutscher Juden als das Symptom einer generellen Krise deutscher Justiz zu werten sei, dessen Bewältigung dementsprechend auch im Gesamtdeutschen liegen müsse. Drittens vermieden beide vehement, den Vorwurf der Ablehnung und Voreingenommenheit gegenüber der jüdischen Minderheit auf die gesamte Richterschaft auszudehnen. Wenn auch mit unterschiedlicher Gewichtung, so finden sich diese drei Punkte in sämtlichen Beiträgen, in denen die „Rechtsnot" deutscher Juden thematisiert wurde.[249]

[246] Hier und im Folgenden: Kurt Alexander, Wir – und die Justiz, CVZ, Nr. 43, 22. 10. 1926, S. 557 f.

[247] Erich Eyck, Die Stellung der Rechtspflege zu Juden und Judentum, in: Centralverein (Hrsg.), Deutsches Judentum und Rechtskrisis, S. 31–66, hier S. 33.

[248] Vgl. ebd., S. 64–66.

[249] Vgl. bspw. Hans Lazarus, Brennende Rechtsfragen, CVZ, Nr. 50, 13. 12. 1929, S. 661 f.; ders., 150 Entscheidungen gegen den Wirtschaftsboykott, CVZ, Nr. 28, 8. 7. 1932, S. 287; Reich-

Besondere Aufmerksamkeit wurde in der Berichterstattung immer wieder der Frage nach den Überzeugungen und Einstellungen der vorsitzenden Richter gewidmet. Julius Brodnitz hob beispielsweise die „erschreckende Unkenntnis" über jüdisches Leben und Judentum hervor, welche die Einstellung zahlreicher Richter kennzeichne.[250] Ludwig Foerder betonte, dass es „nicht die schlechtesten Richter" seien, die sich ihr Urteil „zunächst gefühlsmäßig" bildeten. Problematisch sei nur, dass an diesem Gefühl häufig gesetzliche Bestimmungen und Vorgaben nichts mehr zu ändern vermochten.[251] Im Frühjahr 1927 hatte Alfred Klee auf einer Veranstaltung des *Reichsbundes jüdischer Frontsoldaten* über die „Rechtsnot deutscher Juden" gesprochen. Der dazugehörige Bericht im *Schild* hob Klees Einschätzung hervor, dass „die Richter meistens durchaus glauben, objektiv und richtig zu urteilen, daß sie aber durch ihre Weltanschauung [...] zum Teil unbewußt die Juden unfreundlicher behandeln und stärker verurteilen".[252] Diese Erklärungen und Umschreibungen offerierten Erklärungsansätze für Verhalten und Entscheidungen deutscher Richter, indem sie auf „Gefühl[e]" und „Weltanschauungen" verwiesen, an denen sich langfristig nichts ändern würde.

Die Vorsicht, welche die Verfasser der obigen Beispiele bei der Charakterisierung der deutschen Richterschaft walten ließen, war symptomatisch. Tatsächlich standen in einer Vielzahl von Beiträgen weniger die unterschiedlichen Einschätzungen über Wahrnehmung und Ausmaß der „Rechtsnot deutscher Juden" im Fokus, als das Bemühen, den deutschen Richterstand nicht unter einen Generalverdacht eines verdeckten Antisemitismus zu stellen. Dazu gehörte auch, jegliche begriffliche Zuschreibung zu vermeiden. Für die zionistische *Jüdische Rundschau* stellte es keine Schwierigkeit dar, die Mehrzahl der deutschen Richterschaft „asemitischen Kreisen" zuzuordnen, in denen „antisemitische Vorurteile" herrschten.[253] Wenngleich auf vereinsinterner Ebene die Mitarbeiter des CV die Bedeutung und den Einfluss dieses verdeckten Antisemitismus thematisierten und anerkannten, spiegelte sich dies nicht auf den öffentlichen Seiten des Vereinsorganes wider.[254] Allein zu erwägen, einen deutschen Richter – oder gar die Majorität der Richterschaft –, explizit mit offen oder verdeckt antisemitischen Überzeugungen in Verbindung zu bringen, fand in der Öffentlichkeit nicht statt.

Was bei der Berichterstattung über die (Fehl-)Urteile der Justiz hervorstach, waren demnach nicht so sehr die unterschiedlichen Einschätzungen über eine vorhandene juristische Benachteiligung. Vielmehr lag dem CV daran, den Lesern seiner Zeitung zum einen ein möglichst akkurates Bild über die (rechtliche) Situ-

mann, Rechtsschutzarbeit; ders., Unsere Rechtsschutzarbeit, CVZ, Nr. 4, 27. 1. 1928, S. 39f.; ders., Leistungen und Aufgaben, CVZ, Nr. 42, 19. 10. 1928, S. 589f.; Martin Wassermann, Die Bekämpfung des Boykotts, CVZ, Nr. 51, 16. 12. 1932, S. 516; Weil, Prozeß; Alfred Wiener, Der Juristentag des C.V., CVZ, Nr. 25, 24. 6. 1927, S. 353f.

250 Julius Brodnitz, Dem Juristentag zum Gruß!, CVZ. Nr. 24, 17. 6. 1927, S. 337f., hier S. 337.

251 Alfred Foerder, Antisemitismus und Justiz, Berlin 1924, S. 20.

252 Die Rechtsnot, Schild, Nr. 7, 21. 2. 1927, S. 50.

253 Die Rechtsnot der Juden in Deutschland, JR, Nr. 15, 22. 2. 1927, S. 105.

254 Dies galt auch für andere Zeitungen des deutsch-jüdischen/liberalen jüdischen Spektrums, wie *Schild* oder IF.

ation zu vermitteln, in der sich die jüdischen Deutschen befanden. Zum anderen sollten jedoch offene Vorwürfe gegenüber der nichtjüdischen Bevölkerung nach Möglichkeit vermieden werden. Während sich der CV ganz dem Kampf gegen den radikalen Antisemitismus völkischer Gruppierungen und Parteien verschrieben hatte, gingen seine Aussagen über die judenfeindlichen Tendenzen in der deutschen Mehrheitsgesellschaft nicht über indirekte Andeutungen hinaus. Nicht eindeutig feststellen lässt sich, ob dies aus Sorge um die Reaktion der nichtjüdischen Deutschen oder die der eigenen Mitglieder vermieden wurde. Denn eine öffentliche Debatte hierüber hätte nicht zuletzt die ideologische Grundlage des CV infrage gestellt, beinhaltete doch bereits das Bekenntnis zu „Deutschtum und Judentum" immer auch ein Bekenntnis zur Solidarität mit zumindest einem Teil der nichtjüdischen deutschen Bevölkerung. Die Bedeutung dieses Konnex lässt sich insbesondere an dem häufig genutzten Hinweis belegen, dass jede Ungerechtigkeit, die deutschen Juden widerfuhr, sich früher oder später zu einer Gefahr für sämtliche Deutsche auswachsen würde.[255]

Der Konsens, der nach dem Juristentag des CV im Sommer 1927 herrschte, war, dass es zu einer breiteren Informationskampagne in der nichtjüdischen Bevölkerung kommen müsse. Diese sollte sich, darüber waren sich die 400 Anwälte und Richter ebenfalls einig, insbesondere an juristische Kreisen richten. Zu diesem Zeitpunkt gehörte die Kontaktaufnahme zur nichtjüdischen Bevölkerung sowie deren Aufklärung zu den festen Bestandteilen der CV-Arbeit. Die Erwartungen und Erfahrungen, die Mitarbeiter des CV mit dieser „Fühlungnahme" verbanden und welche Bedeutung sie ihnen für das Verhältnis zwischen jüdischen und nichtjüdischen Deutschen beimaßen, ist Gegenstand der folgenden Erörterungen.

2.2 Aufklärung ohne Erwartung? Organisierte Begegnungen mit Nichtjuden

Nichtjüdische Indifferenz (weg-)rationalisieren – Berichte aus Redaktionsräumen und Vortragssälen

Im Frühjahr 1927 ließ die *Centralvereins-Zeitung* ausgewählte Zuschriften für sich sprechen. Unter dem Titel „Sind wir auf dem richtigen Weg?" veröffentlichte der CV vier der „zahlreichen Zuschriften", die bei ihm in Bezug auf seine Arbeitsweise zugingen.[256] Ähnlich wie bei der Befragung nach Situation und Verhaltensweise jüdischer Kinder[257] nutzte der CV eine vermeintlich offene Frage, die eine ergebnisoffene Diskussion über die Strategie suggerierte. Die vier ausgewählten Zuschriften deckten sich dabei durchgängig mit den Einschätzungen des CV, was

[255] Vgl. repräsentativ hierfür Eyck, Rechtspflege, S. 65f.
[256] Vgl. hier und im Folgenden: Sind wir auf dem richtigen Weg?, CVZ, Nr. 16, 22. 4. 1927, S. 227–229, vgl. auch Barkai, Wehr Dich!, S. 185f.
[257] Vgl. Kap. II. 1.2.

die kurzen, zustimmenden Kommentare seitens der Redaktion unter den jeweiligen Schreiben deutlich machten. Die veröffentlichten Zuschriften dürften also als beglaubigtes Zeugnis fungiert haben, dass der CV ganz im Sinne der Wünsche seiner Mitglieder agierte. Sie können dementsprechend als eine Zusammenfassung der vom CV als praktikabel und wünschenswert eingeschätzten Maßnahmen gelesen werden.

Neben einem intensiveren Diskurs über die regionalen Aspekte und Motivationen antisemitischer Bestrebungen, betonten alle Zuschriften die Notwendigkeit, verstärkt aufklärend auf die nichtjüdische Bevölkerung einzuwirken. Dies sollte zum einen auf individueller Ebene geschehen, entsprechend der Aufforderung des Hamburgers Alfred Behrens: „Tragt Aufklärung in Körperschaften und Berufsverbände!“[258] Die Wirksamkeit der privaten Intervention bestätigte dabei die Zuschrift des Studienrates Heinrich Zwetz. Als Gymnasiast „Hammer“-Leser und Mitglied des „Wandervogels“, sei Zwetz erst mit seinem Einstieg ins Berufsleben tatsächlich mit jüdischen Deutschen in Kontakt gekommen – und habe daraufhin seine völkischen Einstellungen gänzlich abgelegt. Zum anderen hoben die Zuschriften die Dringlichkeit von Informationsveranstaltungen und -material hervor. Dadurch sollten der nichtjüdischen Bevölkerung zunächst grundlegende Kenntnisse über Juden und Judentum vermitteln werden, die zwangsläufig – so die explizite Erwartung – zu einem Verständnis für die jüdischen Minderheit führen würde. Die Auswahl der Zuschriften erlaubte es dem Kommentator an mehreren Stellen auf Initiativen des CV hinzuweisen, die den enthaltenen Empfehlungen und Forderungen entsprachen. Neben dem bereits etablierten Verbreiten von Broschüren, hob er zwei, vom CV initiierte Maßnahmen hervor, mit denen die nichtjüdische Bevölkerung erreicht werden sollte: Die CV-Monatsausgabe und die Organisation von Vortragsabenden mit nichtjüdischer Beteiligung.[259]

Bei Erscheinen des Artikels existierte die CV-Monatsausgabe bereits etwas über ein Jahr. Die bei der Versendung zu berücksichtigenden Maßgaben belegen dabei eine Reihe an Vorsichtsmaßnahmen, die bei der Kontaktaufnahme mit nichtjüdischen Kreisen zu berücksichtigen waren. Nach den Idealvorstellungen des CV-Vorstands sollte die Monatsausgabe durch die jeweiligen Landesverbände unentgeltlich an „alle gutwilligen, urteilsfähigen Kreise der nichtjüdischen Bevölkerung“ versandt werden, bekannte Vertreter und Anhänger völkischer Ideologie wurden so aktiv ausgeschlossen.[260] Ein besonderes Augenmerk legte der CV jedoch auf Beamte, Lehrer, Parlamentsangehörige und Stadtratsmitglieder – grundsätzlich alle Personen, die „im öffentlichen Leben stehen oder Einfluß auf andere Kreise besitzen“. Der Schwerpunkt auf den „gehobenen Schichten des Bürgertums“

258 Der Zusatz, dass diese Aufklärung selbstverständlich „in taktvoller Weise“ zu geschehen habe, fehlte dabei nicht. Vgl. ebd., S. 227.

259 Vgl. ebd., S. 226f.

260 Hier und im Folgenden: Centralverein deutscher Staatsbürger jüdischen Glaubens (Hrsg.), Unsere Monatsausgabe. Ihre Entstehung, Verbreitung und Wirkung, Berlin 1927, S. 5. Vgl. auch Paucker, Abwehrkampf, S. 50f.

begründete sich in dem Ziel der Elitengewinnung, das innerhalb des CV vor allem von Alfred Wiener und Julius Goldstein vertreten wurde.[261] Statt einer breit angelegten Aufklärungskampagne, die möglichst sämtliche Bevölkerungsschichten Deutschlands erreichen sollte, galt es demnach, die „gehobenen Schichten des Bürgertums" von der Gefahr und notwendigen Abwehr des Antisemitismus zu überzeugen. Zeitungsredaktionen sowie die Lesesäle öffentlicher Institutionen sollten ebenfalls berücksichtigt werden. Ein allgemein gültiger Verteilungsschlüssel sah vor, dass die Anzahl der Empfänger der Monatsausgabe zwei- bis dreimal so hoch sein sollte wie die Mitgliederzahl in den jeweiligen CV-Landesverbänden.[262] Die Adresslisten potenzieller Bezieher wurden von den jeweiligen Ortsgruppen erstellt.[263] Frühzeitig war der CV dazu übergegangen, die Sendungen mit Streifband zu versehen. Dieser undurchsichtige Umschlag kam offensichtlich dem Wunsch einiger Empfänger entgegen, die „es nicht gern sehen, wenn ihnen die Zeitung durch die Post offen zugeht".[264] Doch auch die Erfahrungen, die Mitarbeiter wie Mitglieder des CV mit beschmierter und mit antisemitischen Sprüchen beklebter Post gemacht hatten, dürften bei dieser Entscheidung eine Rolle gespielt haben.[265]

Ähnliche Vorsicht wie bei Empfängerauswahl und Versand ließ der CV auch bei Form und Inhalt der für die Monatsausgabe ausgewählten Artikel walten. Generell bildeten die Beiträge ein Kondensat aus jenen Berichten der wöchentlich erscheinenden CVZ, die über den „Tageskampf" hinausgingen. Das Credo dabei lautete:

> „Die Monatsausgabe will nicht aufdringlich zureden und überzeugen, sie will den Lesern anspruchslos, aber in würdiger Form ein Bild von Anschauung, Gesinnung, Interessen und Bestrebungen der deutschen Juden geben."[266]

[261] Julius Goldstein, der für den CV zahlreiche Vortragsreisen im In- und Ausland übernahm, war seit 1925 auch Herausgeber der Zwei-Monatsschrift *Der Morgen*. Der Schwerpunkt lag neben den Aspekten jüdischer Religions-, Kultur und Sozialgeschichte auch auf dem Austausch zwischen den jüdischen, evangelischen und katholischen Konfessionen. In Anbetracht des intellektuellen Anspruchs seiner Herausgeber und Beiträger kann *Der Morgen* als weiteres Beispiel der „Elitengewinnung" gewertet werden. Vgl. Barkai, Wehr Dich!, S. 188f., Anm. 33.

[262] Tatsächlich schwankte die Auflage zwischen 50 000 und 60 000 Exemplaren und entsprach damit in etwa der Anzahl der Mitglieder des CV. Vgl. Paucker, Abwehrkampf, S. 51.

[263] Vgl. ebd., S. 6f.

[264] Ebd., S. 9. Dass derartige Hinweise nicht als Beleg für einen generell widerwilligen Empfang gewertet werden sollten, zeigt der Fall des Windsheimers Fritz König. König hatte gelegentlich Beiträge für die Monatsausgabe verfasst, empfing demnach auch Briefe und Überweisungen des CV. Durch die in der örtlichen Post tätigen NSDAP-Mitglieder hatte sich in der Kleinstadt sehr schnell das Gerücht verbreitet, dass König „für seine Judenfreundschaft bezahlt" werde. König wurde derart angefeindet, dass er sich zum Umzug nach Nürnberg veranlasst sah. Das CV-Mitglied Leopold Waldmann, das der Zentrale den Vorfall geschildert hatte, schloss seinen Bericht mit der dringenden Hoffnung, dass die „leichtsinnig[e]" Versendung unter dem Namen des CV nach Erfahrungen wie der Königs aufhören würde. Vgl. Leo Waldheim an CV-Landesverband Bayern, 27. 5. 1930, CVA 111, Bl. 149.

[265] Vgl. Kap. II.1.2.

[266] Ebd., Herv. i. O.

Unter diesen Vorgaben kristallisierten sich zwei Themenkomplexe heraus. Zunächst vermittelte eine Vielzahl der Aufsätze Einblicke in die jüdische Religion sowie soziale, kulturelle und historische Aspekte, insbesondere des deutschen Judentums. Neben Beiträgen zu jüdischen Feiertagen, Riten und allgemeineren Betrachtungen über das Judentum widmete sich im Sommer 1932 eine ganze Ausgabe dem „Werden, Wesen, Wert des Talmuds“.[267] In Bezug auf das deutsche Judentum standen Berichte im Mittelpunkt, welche die enge Verbundenheit mit Deutschland thematisierten, wie beispielsweise das Engagement jüdischer Frontsoldaten und die Rolle deutscher Juden in den unterschiedlichen Abschnitten der deutschen Geschichte. Aufsätze, die besonders deutlich Verdienste, Bedeutung und Rechte deutscher Juden hervorhoben, stammten fast ausschließlich von nichtjüdischen Verfassern, wie die Schriftleitung regelmäßig in den einleitenden Kommentaren betonte.[268] Wie auch auf den Seiten der CVZ, sollte hier die Ansicht eines Nichtjuden den neutralen Charakter des Standpunktes unterstreichen und zusätzliche Legitimität verleihen.

Daneben legte die Monatsausgabe einen Schwerpunkt auf die Thematisierung des Nationalsozialismus und dessen völkische und antisemitische Ideologie. Die Berichterstattung über antisemitische Ausschreitungen beschränkte sich auf die Darstellung von Friedhofsschändungen und Übergriffen, über die bereits die Tagespresse berichtet hatte.[269] Größeren Raum erhielt das Entkräften antisemitischer Vorurteile. Diesem Thema wurde im Frühjahr 1932 zusätzlich eine ganze Ausgabe gewidmet.[270] Der Hauptfokus lag jedoch auf Artikeln, welche die wirtschaftlichen, politischen und „sittlichen“ Gefahren betonten, die der Nationalsozialismus für die nichtjüdische Bevölkerung darstellte.[271]

Insgesamt glich die Zusammensetzung der Monatsausgabe damit in wesentlichen Punkten jener der CVZ – aus der zahlreiche Teile übernommen wurden. Trotzdem sind die leichten Akzentverschiebungen erwähnenswert und unterstreichen die Intention der Verantwortlichen, gegenüber den nichtjüdischen Lesern nicht zu „aufdringlich“ und in „würdiger“ Form aufzutreten. Zum einen erschienen im Vergleich zur *Centralvereins-Zeitung* in der Monatsausgabe deutlich häufiger Artikel, die von nichtjüdischen Verfassern stammten. Zum anderen wurde in der Monatsausgabe wesentlich ausführlicher über die Gefahren berichtet, die der Nationalsozialismus und die völkische Ideologie für ganz Deutschland bedeuteten. Wenngleich auch auf den Seiten der CVZ dieser Konnex regelmäßig herge-

267 „Werden, Wesen, Wert des Talmuds“, CV-Monatsausgabe (CVM), Nr. 8–9, August/September 1932; vgl. auch Jacob Wassermann, Judentum, CVM, Nr. 9, September 1928, S. 73–79.

268 „... verträgt sich nicht mit der Ehre der Studenten“, aus der Rede des Münchner Universitätsdirektors, CVM, Nr. 2, Februar 1927, S. 12; Oberlehrer Spatz, Max Grunwald, Die Juden als Bewahrer altdeutscher Volkssitten, ebd., S. 15f.

269 Friedhofsschändungen, Eine erschütternde Liste, CVM, Nr. 2, Februar 1927; Tollwut, 60 Friedhofsschändungen in Deutschland, CVM, Nr. 9, September 1928, S. 77; Schwere nationalsozialistische Ausschreitungen in Bremen und Oppenheim, ebd., S. 78f.

270 Das Unheil des Schlagworts, CVM, Nr. 4, April 1932.

271 Die völkische Bewegung in der Pfalz, Aussprache des Centralverein ins Saarbrücken – Viele nichtjüdische Wirtschaftsführer nehmen teil, CVM, Nr. 2, Februar 1927, S. 11.

stellt wurde, geschah dies selten in derartiger Ausführlichkeit. In der Monatsausgabe wurde das Bedrohungspotenzial der Nationalsozialisten dagegen bewusst nicht auf seinen antisemitischen Charakter beschränkt, um ihn so als Bedrohung der gesamtdeutschen Gesellschaft darzustellen. Diese Schwerpunktsetzung deutete an, dass die Mitarbeiter der Monatsausgabe davon ausgingen, dass sich die nichtjüdischen Empfänger für die Arbeit des Vereins insbesondere dann vereinnahmen ließen, wenn auf eine Betonung jüdischer Belange bewusst verzichtet wurde.

Neben Fragen des Inhalts beschäftigte die Mitarbeiter auch, wie sich die Wirkung der Monatsausgabe evaluieren ließ. In der vereinsinternen Broschüre *Unsere Monatsschrift*, hatte sich hierfür noch kein Verfahren durchgesetzt. Zwar wurde empfohlen, sich nach einem halben Jahr bei den Empfängern um ein Meinungsbild zu bemühen, dabei sollte jedoch die Frage vermieden werden, ob eine weitere Zustellung gewünscht sei. Es sollte unbedingt der Eindruck vermieden werden, dass die Zeitung zukünftig nicht mehr unentgeltlich zu beziehen sei, da dies womöglich Empfänger verschrecke, welche die Zeitung kostenlos „ganz gern annehmen und lesen“ – so die Meinung der Herausgeber.[272] Deutlich zeigen sich die niedrigen Erwartungen, die sich mit der potenziellen Leserschaft verbanden. Dass kaum einer der Adressaten die Zeitung für ein Entgelt bezogen hätte, stellte für sie ebenso wenig einen Rückschlag in ihren Aufklärungsbestrebungen dar wie die Möglichkeit, dass die Mehrzahl der Bezieher die Ausgaben zwar nicht ablehnten, sie aber auch nicht mit sonderlichem Interesse verfolgten.

Die bereits zu Beginn niedrigen Erwartungen der Zeitgenossen, die sich an die Wirkmacht der Monatsausgabe knüpften, führten jedoch auch dazu, dass sie ein wesentlich positiveres Urteil über ihre Relevanz fällten, als jenes, das heute in der Forschung vorherrscht. Paucker und Barkai verweisen in diesem Zusammenhang auf die Tatsache, dass bereits 1927 „nur“ sieben Prozent der Lehrer und zehn Prozent der Beamten in Württemberg, denen die Ausgabe zuging, eine weitere Zustellung explizit wünschten.[273] Tatsächlich war der CV 1927 dazu übergegangen, den Monatsausgaben in einzelnen Regionen einmalig kurze Fragebögen beizulegen.[274] Von den Lesern wurden Informationen darüber erfragt, inwiefern sie die behandelten Probleme interessieren, ob es Ergänzungswünsche gäbe, welche Aspekte der Zeitung positiv oder negativ bewertet würden, ob eine weitere „kostenlose Zusendung“ gewünscht sei sowie die Frage, ob es im Familien- und Bekanntenkreis weitere potenzielle Leser gäbe, die für eine Zustellung ebenfalls infrage kämen.[275] Die Ortsgruppe Stettin meldete der Berliner Zentrale im Dezember 1932, dass von den etwa 1500 verteilten Fragebögen 65 Antworten eingegangen seien. Dies entsprach einer Rücklaufquote von 4,3 Prozent. Allerdings erklärten in

[272] Vgl. Centralverein (Hrsg.), Monatsausgabe, S. 10.

[273] Vgl. Paucker, Abwehrkampf, S. 51; Barkai, Wehr Dich!, S. 187.

[274] Neben den von Paucker zitierten Umfragen für Württemberg finden sich im CVA Nachweis über Umfragen durch den Landesverband im Freistaat Sachsen im Winter 1931 sowie durch die Ortsgruppe Stettin im Sommer 1932. Vgl. CVA 1977, Bl. 1–56; CVA 103, Bl. 1–59.

[275] Vgl. Rundschreiben „An die Empfänger der Monatsausgabe“ 14. 3. 1932, CVA, 1799, Bl. 8.

den Antwortschreiben lediglich neun Personen – also 0,4 Prozent –, dass sie kein Interesse am weiteren Bezug hatten.[276] Die Vorgehensweise des CV bestand darin, lediglich die explizite Abbestellung als solche zu vermerken. Eine Nichtbeantwortung des Fragebogens wurde dagegen als stilles Einverständnis gewertet, die Zeitung weiterhin zu empfangen.

Für den CV dienten die eingegangenen Antwortschreiben als Erfolgsbeweis hinsichtlich der Kontaktaufnahme mit der nichtjüdischen Bevölkerung. Auch dabei dienten nicht notwendigerweise repräsentative Zuschriften als Bestätigung der Positionen, welche der CV bereits vertrat. In der Broschüre *Unsere Monatsausgabe*, in der sich erste positive Leserstimmen finden, dominierten drei Motive. Die Verfasser betonten ihre Abneigung gegenüber der völkischen Bewegung und brachten damit – mehr oder weniger explizit – ihr Verständnis für den Kampf des CV gegen den Antisemitismus zum Ausdruck. In diesem Zusammenhang verwiesen zahlreiche Einsendungen lobend auf den „vornehmen Ton“ sowie die „Noblesse und strenge Sachlichkeit“, mit der gegen antisemitische Beschimpfungen vorgegangen würde. Eine Reihe weiterer Einsendungen hob hervor, dass sie die Monatsausgabe bereits in ihrem Bekanntenkreis weiter verteilt hatten oder sie zum Anlass nahmen, „in nahestehenden Kreisen, soweit es notwendig ist, aufklärend zu wirken“.[277] Diese, in der Broschüre präsentierten nichtjüdischen Meinungen stellten jedoch keine beliebige Auswahl dar. Dies belegt der Austausch zwischen dem Landesverband Pommern mit der Berliner Zentrale im Dezember 1932. Die Ortsgruppe Stettin informierte darin über die Ergebnisse der Leserbefragung der Monatsausgabe und fügte Auszüge aus einer Reihe von Antwortschreiben bei. Die Zentrale bedankte sich für die Zusammenstellung und erbat von einem Teil der Exzerpte eine „vollinhaltlich[e]“ Wiedergabe. Diese sollten für eine geplante Neuauflage der *Monatsausgabe*-Broschüre Verwendung finden.[278] Auf die Veröffentlichung kontroverser, politischer Meinungen bezüglich der Zeitung sollte ebenso verzichtet werden wie auf die Forderung, dass die Abwehr „noch viel schärfer sein“ müsse.[279] Stattdessen standen bei den ausgewählten Briefen erneut die Bedeutung der Monatsausgabe, und das Lob für die „klar[e], unparteiisch[e] und überzeugend[e]“ inhaltliche und formale Darstellung im Mittelpunkt. Ebenfalls wurden Beispiele wiedergegeben, in denen Nichtjuden, durch die Monatsausgabe informiert und inspiriert, sich in Diskussionen mit Freunden und Bekannten gegen antisemitische Vorurteile aussprachen.[280]

[276] Die dabei angegebenen Gründe variierten stark. Ein Empfänger begründete sein Desinteresse mit seinem fortgeschrittenen Alter, ein anderer lehnte den weiteren Bezug mit Verweis auf seine christliche Überzeugung ab. Vgl. CVA 1799, Bl. 12 und 28.

[277] Vgl. Centralverein (Hrsg.), Monatsausgabe, S. 12–16.

[278] CVA 103, Bl. 57f. Der Plan einer Neuauflage wurde nicht verwirklicht.

[279] Ebd., Bl. 58f.

[280] So bekannte ein Einwohner Stralsunds: „Ich habe oft Gelegenheit mit Gegnern unserer jüdischen Bewohner in Meinungsverschiedenheiten zu geraten und werde gern bekennen, dass mir ihre Aufklärungen hierbei wertvolle Dienste geleistet haben.“ Ein Friseur aus Stolp (heute Słupsk) gab an, das er die Zeitung für seine Kundschaft auslege, die sie „mit großen Interesse“ las. Ebd., Bl. 58f.

Die positiven Rückmeldungen belegten die erfolgreiche Kontaktaufnahme zu nichtjüdischen Kreisen. Die Verantwortlichen des CV konnten sie als Ergebnis ihrer Aufklärungskampagne gegen Nationalsozialismus und Antisemitismus vorzeigen. Insbesondere der häufige lobende Verweis auf den neutralen Sprachstil konnte als Argument gegen solche innerjüdischen Kritiker dienen, welche nicht nur die bemüht sachliche Form, sondern bereits den Versuch, Antisemitismus objektiv zu widerlegen, ablehnten.[281] Des Weiteren bestätigten die ausgewählten Lesermeinungen das Bild des gerecht denkenden und fühlenden Deutschen, der die Umtriebe der Nationalsozialisten und anderer völkischer Bewegungen entschieden ablehnte. Dass es sich bei den wohlwollenden, nichtjüdischen Stimmen, die der CV zusammentrug lediglich um den zusätzlich gefilterten Bruchteil eines bereits vorselektierten, marginalen Teils der deutschen Gesellschaft handelte, konnte dem positiven Effekt der Monatsausgabe nichts anhaben.[282] Dies lag allerdings auch in der Annahme begründet, dass bereits der stillschweigende Bezug des Blattes durch Nichtjuden als Zustimmung zu den enthalten Darstellungen gewertet wurde.[283] Dass die vergleichsweise wenigen Rückmeldungen zur Monatsausgabe vom CV als Erfolg gewertet wurden, zeigt auch, dass eine größere Beeinflussung und Aufklärung der nichtjüdischen Gesellschaft nicht erwartet wurde.

Auch von Vortragsabenden mit jüdischem wie nichtjüdischem Publikum machte der CV während der Dauer der Weimarer Republik Gebrauch, um ein nichtjüdisches Publikum zu erreichen.[284] Wie die übrigen, größeren jüdischen Vereine verfügte der CV über eine Reihe an Referenten, die er für Vortragsabende seinen jeweiligen Ortsgruppen zur Verfügung stellte.[285] Dabei handelte es sich großteils um Mitarbeiter oder Vorstandsmitglieder der Berliner Zentrale selbst, wie Julius Goldstein, Ludwig Holländer, Eva Jungmann (später Reichmann-Jungmann), Eva Leibholz, Hans Reichmann oder Alfred Wiener. Experten – ob CV-Mitglieder oder nicht – wurden für bestimmte Spezialgebiete eingeladen, unter anderem der Ökonom Norbert Einstein, der CV-Anwalt Bruno Weil oder der Dramatiker Julius Bab.[286] Bei Veranstaltungen, zu denen nichtjüdische Gäste geladen waren, griff der

[281] Hierzu zählten nicht nur die Zionisten, die immer wieder gegen die Abwehrarbeit des CV polemisierten. Auch innerhalb des Vereins war die Frage umstritten, wie und in welchem Ausmaß die argumentative Abwehr gegen antisemitische Anwürfe vonstatten zu gehen hatte. Vgl. Paucker, Abwehrkampf, S. 51–53.

[282] Die bei Paucker und in dieser Arbeit angegebenen Prozentzahlen über die Antwortquoten bei den Fragebögen fehlten in der öffentlichen Darstellung über die CVM.

[283] So sah es bspw. der Landesverband Hessen-Nassau und Hessen: „Lediglich aus der Tatsache, daß nur ganz vereinzelt die von uns kostenlos gelieferte Zeitung als unbestellbar oder ‚verweigert' zurückkam, konnten wir schließen, daß die von uns gewählte Form der Unterrichtung nichtjüdischer Kreise willige Aufnahme finde." Aus der Arbeit des Centralvereins. Aufklärung unter Juden und Nichtjuden, CVZ, Nr. 12, 21. 3. 1930, S. 147.

[284] In den hierfür herangezogenen Quellen werden die Begriffe „Nichtjuden/nichtjüdisch" und „Christen/christlich" synonym als Beschreibungsmöglichkeiten der nicht dem jüdischen Glauben angehörenden Mehrheitsgesellschaft verwendet. Die folgenden Ausführungen orientieren sich an dieser inhaltlichen Gleichsetzung der Begriffe.

[285] Vgl. Paucker, Abwehrkampf, S. 52.

[286] Vgl. Centralverein (Hrsg.), Zwei Jahre, S. 35.

CV vornehmlich auf eine kleine Gruppe nichtjüdischer Referenten zurück.[287] Das Themenspektrum umfasste je nach Referent und Wunsch der Organisatoren und Veranstaltungsart Vorträge zu jüdischer Religion und Kultur,[288] Geschichts- und Wirtschaftsthemen[289] sowie zu Aspekten der Abwehrarbeit.[290]

In seinem Arbeitsbericht von 1928 unterschied der CV generell zwischen drei Veranstaltungsformen: Vereinsveranstaltungen, Aufklärungsveranstaltungen und Gemischten Versammlungen.[291] Als Erstere galten Zusammenkünfte, die ausschließlich für die Mitglieder des CV bestimmt waren. Hier fanden im Anschluss an Vorträge häufig Diskussionen über die internen Belange der jeweiligen Ortsgruppe statt. Dagegen dienten Aufklärungsversammlungen zunächst dem Zweck, neue Mitglieder für den CV zu werben. Die Einladungen hierfür sollten nicht nur schriftlich, sondern „außerdem noch durch persönliche, mündliche Einladung durch maßgebende Mitglieder“ der jeweiligen Ortsgruppen erfolgen. Als „gemischt“ galten schließlich „Mitglieder-Veranstaltungen mit geringer Anzahl eingeladener christlicher Gäste“. Diese Formate waren zum Zeitpunkt des Arbeitsberichts erst in vereinzelten Ortsgruppen erprobt worden. Da sich diese Versammlungen aber bereits als „besonders wirksam“ erwiesen hätten, empfahl der Vorstand des CV, sie häufiger abzuhalten, notfalls zu Lasten der Aufklärungsversammlungen mit ausschließlich jüdischem Publikum. Vor die organisatorisch bedingte Wahl gestellt, räumte der CV dem Kontakt mit Nichtjuden größere Priorität ein als der Gewinnung neuer Mitglieder. Dies änderte jedoch zunächst nichts an dem deutlichen Übergewicht der rein innerjüdischen Formate: 1926 und 1927 hatten Ortsgruppen des CV insgesamt 1700 Vereinsveranstaltungen abgehalten. Die Zahl der Aufklärungsveranstaltungen belief sich auf rund 100, während über die Anzahl der gemischten Versammlungen keine Angaben gemacht wurden.

Die Grundlage für die Ausgestaltung der Vortragsabende ergab sich vor allem aus den Korrespondenzen zwischen der CV-Zentrale und den jeweiligen Ortsgruppen beziehungsweise Landesverbänden. Im Frühjahr 1924 hatte der Vorsitzende der Ortsgruppe Fürth, Karl Kunreuther, die Berliner Zentrale über sein Vorhaben in Kenntnis gesetzt, aufgrund der sich „hier unerfreulich entwickelnden Verhältnisse“ eine Vortragsversammlung für die jüdischen wie nichtjüdischen „Notablen“ Fürths einzuberufen.[292] In dem Bewusstsein, dass für eine derartige Veranstaltung besondere Vorkehrungen getroffen werden mussten, bat er um Informationen und Material von der Zentrale. Das darauffolgende Antwortschreiben

[287] Vgl. Suchy, Abwehr, S. 90 f.; Paucker, Abwehrkampf, S. 48.

[288] Bspw. „Das Alte Testament innerhalb der Religionsgeschichte“.

[289] Vgl. bspw. „Die Stellung der Juden in der deutschen Wirtschaft“, „Die Leistungen der Juden für den wirtschaftlichen Wiederaufbau“, „Beherrschen die Juden die deutsche Wirtschaft?“, „Die wirtschaftliche Lage des deutschen Judentums“, Centralverein (Hrsg.), Zwei Jahre, S. 35.

[290] „Wir Juden und unsere deutsche Umwelt: Ein Bekenntnis und eine Anklage“, „Ist der Jude schuld?“, „Der Kampf gegen das zersetzende Schlagwort, eine nationale Aufgabe der deutschen Frau“, „Kennen Sie den deutschen Juden?“, „Der deutsche Jude uns sein Zerrbild“, Paucker, Abwehrkampf, S. 53, Anm. 50.

[291] Hier und im Folgenden: ebd., S. 36.

[292] Vgl. Karl Kunreuther an die CV-Zentrale, 5. 5. 1924, CVA 1283, Bl. 26

der Berliner Zentrale betonte insbesondere die Notwendigkeit, sich über Konfession wie Profession der eingeladenen Gäste zu informieren, um so die Möglichkeit zu haben, den geladenen christlichen Gästen Informationsmaterial über den CV und seine Arbeit vorab zukommen zu lassen.[293] Die weiteren Bedingungen für Vorbereitung und Ablauf standen den Ortsgruppen in Form der Broschüre „Vertrauliche Aussprache zwischen Juden und Christen" zur Verfügung. Wenngleich diese Druckschrift heute verschollen ist, finden sich in einem Schreiben der CV-Zentrale an die Ortsgruppe Braunschweig vom Frühjahr 1922 ihre Grundzüge zusammengefasst. Als oberster Prämisse der Veranstaltungsvorbereitung galt, persönlich bei den einzuladenden, christlichen Gästen vorstellig zu werden, da nach den Erfahrungen des CV eine „geschmackvolle Aufmachung der gedruckten Einladung"[294] nicht genüge, um eine Teilnahme an der Veranstaltung sicherzustellen. Im Zuge dieser persönlichen Besuche sollte ebenfalls festgestellt werden, wer von den Eingeladenen gewillt sei, sich an einer anschließenden Diskussion zu beteiligen. An der Zahl der nichtjüdischen Gäste sollte sich die Anzahl der jüdischen Veranstaltungsteilnehmer orientieren. Letztere sollte nicht zu hoch liegen, um den Eindruck eines deutlichen Missverhältnisses zwischen jüdischen und nichtjüdischen Besuchern zu vermeiden. Auch auf Seiten der jüdischen Gäste war es die Aufgabe des verantwortlichen Organisators, die jeweiligen Redebeiträge abzusprechen. Diese sollten sich – im Gegensatz zu den potenziellen christlichen Diskussionsteilnehmern – auf ein Minimum beschränken. Kam es bei der Veranstaltung trotzdem zu unvorhersehbaren Einwürfen von jüdischen Gästen, so durfte beim Organisator „keinerlei Scheu bestehen, das dem in Frage kommenden Herren ganz offen zu sagen".[295]

Der Umfang an formalen und inhaltlichen Vorgaben unterstreicht den inszenatorischen Charakter dieser Veranstaltungen. Die starre Choreographie belegt die Unsicherheit, die sich aus dem offensichtlich ungewohnten Aufeinandertreffen von Juden und Nichtjuden ergab. Allerdings sollten diese Veranstaltungen nicht primär zu einem Kennenlernen oder besseren Verständnis führen, sondern vielmehr das *Ideal* einer geordneten und sachlichen Verständigung zwischen Juden und Nichtjuden repräsentieren. Insbesondere die Vielzahl an Verhaltensregeln, die für die jüdischen Teilnehmer aufgestellt wurden, waren mit dem Hinweis verbunden, dass deren Nichtbefolgung die „unliebsame Gefahr eines Misslingens" der Veranstaltungen barg. Es lassen sich viele Parallelen zwischen diesen Vorgaben und den Warnungen vor einem unangenehmen öffentlichen Auffallen ziehen, die sich gerade in den ersten Jahren der Weimarer Republik in der CVZ fanden. Viel deutlicher offenbaren die Verhaltensregeln für jüdische Teilnehmer in den „gemischten Veranstaltungen" jedoch die Erwartungshaltung, die der CV selbst in Bezug auf Geduld und Akzeptanz der nichtjüdischen Bevölkerung gegenüber jüdischen Belangen hegte.

Die Beispiele Fürth und Braunschweig belegen, dass es trotz dieser strikten Vorgaben bereits frühzeitig Initiativen seitens der Ortsgruppen gab, um ein nichtjüdi-

[293] Vgl. CV-Zentrale an Karl Kunreuther, 8.5.1924, CVA 1283, Bl. 27.
[294] Centralverein (Hrsg.), Zwei Jahre, S. 36.
[295] CV-Zentrale an Paul Graetz, 12.3.1922, CVA 389, Bl. 51.

sches Publikum zu erreichen. Die vom CV für die Jahre 1926 und 1927 gelisteten 100 Aufklärungsveranstaltungen – bei denen laut Definition die Beteiligung eines nichtjüdischen Publikums nicht vorgesehen war – verdeutlichen jedoch, dass die Mehrzahl der Ortsgruppen konfessionsübergreifende Veranstaltungen bewusst vermied. Dabei hakte die Berliner Zentrale zu diesem Zeitpunkt bereits offensiver bei den Ortsgruppen nach, ob die jeweils geplanten Veranstaltungen nicht auch für ein nichtjüdisches Publikum geöffnet werden könnten. Auf der Tagung der Ortsgruppe Hamburg im September 1925 hatte der engere Vorstand beschlossen, während der Wintermonate auf sämtliche größeren, öffentlichen Veranstaltungen zu verzichten, da „der Besuch aus christlichen Kreisen, der damit in erster Linie erzeugt werden soll, relativ zu gering ist“.[296] In einem Schreiben an die Ortsgruppe protestierte die CV-Zentrale gegen das voreilige Einstellen der gemischten, öffentlichen Veranstaltungen, auch wenn sich hierbei nicht das gewünschte Publikum – und somit Ergebnis – einstellte. So sollten andere Wege gefunden werden, um „an christliche Kreise heranzukommen“.[297] Der CV unterstrich die Bedeutung des Kontakthaltens mit der nichtjüdischen Bevölkerung, indem er den Beschluss der Ortsgruppe als „außerordentlich bedenklich“ wertete und in diesem Zusammenhang empfahl, diese Entscheidung im Arbeitsausschuss des Vorstandes nochmals zu besprechen.[298] Ebenfalls problematisch gestalteten sich im Sommer 1929 die Verhandlungen zwischen der Berliner Zentrale und dem Vorsitzenden der Ortsgruppe Münster, dem Rechtsanwalt Walter Ostwald, über die Möglichkeiten einer Propagandaveranstaltung für Juden und Nichtjuden. Ostwald verwies in diesem Zusammenhang auf den Widerstand innerhalb der Ortsgruppe selbst sowie der Synagogengemeinde. Zunächst sollte hier dementsprechend erst „die Notwendigkeit und der Erfolg solcher Aufklärungsversammlungen“ vermittelt werden. Hierzu erbat Ostwald seitens der Zentrale eine Auswahl an Materialien.[299] Selbst wenn eine Ortsgruppe sich der Vorschläge der Berliner Zentrale annahm und die Vorbereitungen für Veranstaltungen mit nichtjüdischer Beteiligung traf, sagte dies nicht notwendigerweise etwas über die damit verknüpften Erwartungshaltungen aus. So sah die Ortsgruppe Bruchsal einem Vortrag von Alfred Wiener im Januar 1933 zwar mit Freunden entgegen, erwartete sich allerdings weder von seinem Vortrag noch von seinem Besuch bei „christlichen Persönlichkeiten“ sonderlich viel: „Die Beziehungen sind hier in Bruchsal im allgemeinen gute und diejenigen Persönlichkeiten, die uns nicht wohlgesinnt sind, sind doch nicht zu überzeugen.“[300]

296 Stattdessen sollten thematisch die „zionistische Gefahr“ und Vorträge, die das Wissen über das Judentum vertieften, im Mittelpunkt stehen. Protokoll des engeren Vorstandes der Ortsgruppe Hamburg, 3.9.1925, CVA 532, Bl. 70–73 (Nummerierung fehlerhaft), hier Bl. 72.

297 Ebd., Bl. 81.

298 Vgl. ebd.

299 Ostwald an die CV-Zentrale, 3.6.1929, ZA B1/33, 899. Ähnlich waren die Probleme auch in Königsberg gelagert. Der dortige CV-Syndikus, Kurt Sabatzky, konnte sich mit seiner Warnung vor der völkischen Bewegung lange Zeit nicht gegen die Einschätzungen des übrigen Ortsgruppenvorstandes durchsetzen. Vgl. Stefanie Schüler-Springorum, Die jüdische Minderheit in Königsberg/Preußen 1871–1945, Göttingen 1996, S. 283f.

300 CV-Ortsgruppe Bruchsal an die Vereinigung Badischer Israeliten, 27.1.1933, CVA 1646, Bl. 3.

Die Beispiele belegen die Skepsis, mit der zahlreiche Ortsgruppen der Initiative der Berliner Zentrale begegneten. Bezeichnenderweise richtete sich die ablehnende Haltung nicht gegen die, von der CV-Führung zusammengestellten formalen und inhaltlichen Anforderungen an Durchführung und Gelingen der „Aussprache zwischen Juden und Christen". Im Mittelpunkt stand eher der Verweis auf die lediglich den Ortsansässigen bekannten „hiesigen Verhältnisse".[301] Aus Essen hatte der Vorsitzende der Ortsgruppe, David Krombach, im Frühjahr 1929 gemeldet, dass zwar bei unterschiedlichen Vertretern der örtlichen Behörden und Universitätsmitarbeitern für „Vertiefung und Durchgeistigung des republikanischen Gedankens" geworben wurde. Diese Bemühungen hätten lediglich „vereinzelte platonische Zustimmung", aber keinerlei Interesse an einer weiterführenden Informationsveranstaltung oder Zusammenarbeit mit dem CV generiert.[302] Krombach wehrte sich mit dieser Feststellung gegen den impliziten Vorwurf der CV-Zentrale, dass sich die Ortsgruppen nicht genügend um den Kontakt zu den „maßgebenden geistigen Kreisen" der nichtjüdischen Bevölkerung bemühte. In den von der Berliner Zentrale zusammengetragenen Empfehlungen und Vorgaben für einen gelungenen Austausch hatte sich die niedrige Erwartungshaltung an ein nichtjüdisches Publikum indirekt angedeutet. In den Einwänden der Ortsgruppen, die auf ihre persönlichen Erfahrungen und Wahrnehmungen verwiesen, kamen sie dagegen deutlicher zum Ausdruck. Diesen Einstellungen versuchte die Berliner Zentrale vor allem mit der Auswahl geeigneter Referenten entgegenzukommen. Hierbei wählte sie die Vorgehensweise, die sich bereits in der CVZ und der Monatsausgabe immer wieder nachweisen lässt – sie bemühte sich vor allem um nichtjüdische Redner und Organisationspartner.

Im Juni 1930 ging bei der CV-Zentrale ein Schreiben der Ortsgruppe Brandenburg ein, in dem sich der Bericht über einen Vortragsabend des *Republikanischen Lehrerbundes* fand. Der Autor setzte das Ergebnis dieser Veranstaltung, bei der ein Hamburger Historiker über die Begriffe „Rasse und Nation" referiert hatte, ins Verhältnis zur sonstigen Arbeit des CV:

> „Wenn wir mit viel Geld und Zeitopfern eine Aufklärungsversammlung einberufen hätten, wir hätten keinen so großen Erfolg haben können, denn er behandelte die Probleme der jüdischen Rasse so eingehend und so in unserem Sinne, dass ich ganz glücklich nach Hause kam, denn der Saal war knüppeldick voll und nur 3 Juden mit mir anwesend."[303]

[301] Hier und im Folgenden: David Krombach an Ostwald (Ortsgruppe Münster), 27.4.1929, ZA B1/33, 899; vgl. zu Krombach auch: Bernd Schmalhausen, Dr. jur. David Krombach: Leben und Sterben eines jüdischen Rechtsanwalts aus Essen, in: Schulze (Hrsg.), Jahrbuch Essen, 1990, S. 101 f.

[302] Ähnliche Beobachtungen machte auch der Vorsitzende der Braunschweiger Ortsgruppe, welcher der CV-Zentrale im Mai 1924 berichtete, dass er jede Möglichkeit wahrnahm, mit „christlichen Kreisen in Berührung zu kommen". Dabei machte er oft die Erfahrung, nicht nur dem Rassen-Antisemitismus, sondern dem politischen Antisemitismus ausgesetzt zu sein, sehr häufig natürlich auch dem wirtschaftlichen Antisemitismus. Vgl. Schreiben der OG Braunschweig an CV-Zentrale, 4. 5. 1924, CVA 383, Bl. 150.

[303] Landesverband Brandenburg an CV-Zentrale, 26. 6. 1930, CVA 383, Bl. 281.

Neben der unhinterfragten Übernahme rassistischer Zuschreibungen in die Alltagssprache belegt der Bericht die Zugkraft, die nichtjüdischen Referenten und Verbänden bei der Abwehr antisemitischer und völkischer Einstellungen zugestanden wurde.[304] Allerdings kamen selbst vorübergehende Kooperationen mit nichtjüdischen Organisationen, vor allem mit dem republikanischen *Reichsbanner Schwarz-Rot-Gold*, auf Ebene der Ortsgruppen nur selten zustande.[305] So sah der Vorsitzende in Münster im Mai 1927 beispielsweise von einer möglichen Zusammenarbeit mit dem Zentrum ab. Er begründete die Entscheidung damit, dass die Partei in akademischen Kreisen bereits deutlich an Einfluss eingebüßt hatte. Darüber hinaus war Ostwald von „führender katholischer Seite" versichert worden, dass sich das Zentrum durchaus um ein Eindämmen judenfeindlicher Strömungen bemühte, „aber man tritt nicht gern an die Öffentlichkeit, zumal befürchtet wird, dass hierdurch das Zentrum auf Kosten der Rechtsparteien Abbruch erleidet".[306] In den meisten Fällen wurde jedoch die Suche der Ortsgruppe nach Möglichkeiten zur Zusammenarbeit mit nichtjüdischen Organisationen weiter betrieben. So war im Falle Hamburgs dem Vorstandsmitglied Siegmund Fürth im Herbst 1925 die Aufgabe zugeteilt worden, „Mittel und Wege ausfindig zu machen, [um] christlichen Vereinen jeglicher Art näher zu kommen".[307] Eine eindeutiges Urteil darüber, ob dies dem intrinsischen Interesse der Ortsgruppen oder eher dem Drängen der Berliner Zentrale geschuldet war, lässt sich nicht treffen.

Wenn auch nicht auf dauerhafte Kooperationspartner, so konnte der CV immerhin auf eine feste, wenngleich begrenzte Auswahl nichtjüdischer Referenten zurückgreifen. Hierzu gehörten neben einzelnen Politikern, wie dem SPD-Mitglied Erik Nölting, und Akademikern, wie dem Philosophen und Mitglied der Deutschen Liga für Menschenrechte Hans Driesch, vor allem Vertreter der evangelischen und katholischen Kirche. Sie wurden von der Zentrale des CV besonders empfohlen, wenn es sich bei der Vortragsveranstaltung um ein gemischtes Publikum handelte. Nachdem sich die Ortsgruppe Fürth im Januar 1926 bei der Zentrale über „prominente christliche Redner" erkundigt hatte, wandte sie sich

304 Auch in den vom CV organisierten Vorträgen fand sich der „Rasse"-Begriff verwendet. Vgl. bspw. „Die Menschheit als geistige Einheit unter Berücksichtigung der Rassenprobleme", „Die Rassenfragen im Verhältnis zu Religion und Recht" oder „Rasse und Politik", Centralverein (Hrsg.), Zwei Jahre, S. 35.

305 Häufig handelte es sich dabei um eine Zusammenarbeit mit dem *Reichsbanner*, vgl. Ortsgruppe Düsseldorf an CV-Zentrale, 18. 6. 1930, CVA 724, Bl. 165.

306 Ostwald an David Krombach, 11. 5. 1927, CVA 1000, Bl. 62f. Diese nüchterne Einschätzung über die Unterstützung des Zentrums oder zentrumsnaher Kreise kann dabei auch als Relativierung zu dem äußerst positiven Ergebnis gelesen werden, zu dem Mazura in seiner Studie zur Zentrumspartei gelangte. Vgl. Uwe Mazura, Zentrumspartei und Judenfrage. 1870/71–1933 Verfassungsstaat und Minderheitenschutz, Mainz 1994, S. 180–191; vgl. hierzu kritisch (wenn auch mit Schwerpunkt auf das Kaiserreich): Olaf Blaschke, Offenders or Victims?, Lincoln 2009, insb. S. 184.

307 Von konkreten Ergebnissen dieser „Fühlungnahmen" konnte nichts an die Zentrale gemeldet werden. Protokoll des engeren Vorstandes der Ortsgruppe Hamburg, 3. 9. 1925, CVA 532, Bl. 71.

an Nölting, Driesch und den sozialdemokratischen Pastor Ernst Moering, um sie für Vortragsabende zu gewinnen.[308] Den Erfolg ihrer Bestrebungen konnte die Ortsgruppe verspätet im September desselben Jahres verkünden. Die drei Angefragten hatten an unterschiedlichen Abenden und jedes Mal unter „starker Beteiligung namentlich christlicher Zuhörer“ referiert. Mit Titeln wie „Die deutsche Not und die Juden“ oder „Ist eine Herabminderung des jüdischen Einflusses auf das deutsche Kulturleben wünschenswert?“ wiesen die Vorträge deutliche Parallelen zur Abwehrarbeit des CV auf.[309] Dass diese in Referaten von nichtjüdischer Seite aufgegriffen wurden, bot in der Wahrnehmung des CV zwei Vorzüge. Zum einen konnte schlicht eine höhere Teilnehmerzahl erreicht werden, da der CV bei nichtjüdischen Referenten auch ein größeres nichtjüdisches Publikum erwartete. Zum anderen wurde durch den Umstand, dass ein Außenstehender die Notwendigkeit und Bedeutung der Abwehrarbeit gegen Antisemitismus und völkische Ideologie betonte, die Arbeit des CV gleichsam legitimiert.

Bezeichnenderweise gab es im Repertoire nichtjüdischer Referenten nur eine geringe Zahl an Vorträgen, die eine direkte Verbindung zur zeitgenössischen Auseinandersetzung mit dem Antisemitismus aufwiesen. Gerade evangelische und katholische Kirchenvertreter wählten in ihren, im Auftrag des CV gehaltenen Referaten vornehmlich alttestamentarische Themen. Im Mittelpunkt stand die Aufklärung über Bedeutung und Interpretation des Talmuds, der von völkischer Seite unablässig für verächtliche Schmähungen der jüdischen Religion herangezogen wurde.[310] Die kirchlichen Referenten, die ihre Vorträge als Beitrag zur Aufklärung über die jüdische Religion verstanden, trugen somit immer auch zu einer Widerlegung antisemitischer Stereotype bei. Dass die CV-Verantwortlichen von diesen Vorträgen eine besondere Wirkmacht erwarteten, belegt deren Bewerbung gegenüber Ortsgruppen, die den Aufklärungsveranstaltungen kritisch bis ablehnend gegenüberstanden. Als die Berliner Zentrale im September 1925 die Hamburger Ortsgruppe von der Notwendigkeit einer fortgesetzten Aufklärungsarbeit in nichtjüdischen Kreisen zu überzeugen versuchte, pries sie als Referenten den evangelischen Pastor Walter Windfuhr, „der gern bereit ist, vor christlichen Publikum über den Talmud zu sprechen“.[311] Ergänzt wurde die Empfehlung mit dem Hinweis, dass ein derartiger Vortrag nur eines geringen organisatorischen Aufwandes bedurfte und sich bereits ab einer geringen Zahl nichtjüdischer Gäste lohnte. Im konkreten Fall der Ortsgruppe Hamburg sind diese Bemerkungen zweifellos als Motivation zu verstehen, die Einbeziehung von Nichtjuden voranzutreiben. Sie belegen jedoch auch, wie sehr die CV-Zentrale trotz aller inhaltli-

[308] Schreiben an Nölting und Moering, 6.1.1926, CVA 1283, Bl. 39, 41.

[309] Ortsgruppe Fürth an CV-Zentrale, 12.9.1926, ebd., Bl. 63.

[310] Hierbei tat sich insbesondere *Der Stürmer* hervor, gegen den der CV und jüdische Gemeinden gleich mehrere „Talmud“-Prozesse führten. Vgl. auch Walter Windfuhr, Immer wieder der Talmud, CVZ, Nr. 44, 29.10.1926, S. 572; F. Rödel, „Du sollst kein falsches Zeugnis geben!“, CVZ, Nr. 45, 5.11.1926, S. 581 f.

[311] CV-Zentrale an Siegmund Fürth, 22.9.1926, CVA 532, Bl. 81.

chen und formalen Widerstände um einen fortbestehenden Kontakt mit der nichtjüdischen Bevölkerung *per se* bemüht war.

Unterstrichen wurde dieses Ziel auch durch die immer wieder angestrengten, öffentlichen Veranstaltungen des CV. Im Gegensatz zu den gemischten Versammlungen, zu denen Nichtjuden ausschließlich auf mündliche und schriftliche Einladung hin Zutritt erhielten, wurden diese Vortragsabende in der lokalen Presse oder auf Plakaten beworben. Dies bot die Möglichkeit, ein größeres Publikum zu erreichen und Kontakte zu Personenkreisen aufzubauen, die sich aufgeschlossen gegenüber der Arbeit des CV zeigten. Allerdings erhöhte sich für diese öffentlichen Veranstaltungen auch das Risiko einer organisierten Störung durch Nationalsozialisten. Zu Beginn des Jahres 1927 hatte der CV den Referenten Windfuhr zu öffentlichen Vorträgen nach Fürth und Nürnberg entsandt.[312] Ein interner Bericht der Leiterin der CV-Geschäftsstelle in Nürnberg, Julie Meyer, schilderte der Zentrale den Verlauf der Vortragsabende: In beiden Orten war es zu beträchtlichen Störungen durch Nationalsozialisten gekommen. In Fürth wurde im Anschluss an die Veranstaltung der Saaleingang durch „Völkische“ blockiert, sodass Gäste und Referent vor dem Verlassen zunächst eine polizeiliche Räumung abwarten mussten. In Nürnberg „artete die Veranstaltung zu einem richtiggehenden Krach aus“.[313] Völkische Gruppierungen hatten bereits vor Beginn des Vortrages eine „Mobstimmung“ verbreitet, während Windfuhrs Referat kam es ständig zu Unterbrechungen. Als im Anschluss der NSDAP-Stadtrat und Redakteur des *Stürmers*, Karl Holz, zu einer Rede ansetzte, wurde die Versammlung seitens der Veranstalter geschlossen und der Saal von der Polizei geräumt. Nichtsdestotrotz fiel das Urteil der CV-Mitglieder, die der Zentrale über die Vorgänge berichteten, weitgehend positiv aus. Insbesondere für Fürth betonte ein interner Bericht die „tiefe Wirkung“ der Veranstaltung, die als „voller Erfolg“ gewertet werden konnte.[314] Lobende Worte für Vortrag und Wirkung fand auch Kunreuther, der Vorsitzende der Ortsgruppe Fürth. Die Anwesenheit und Störung durch „einige rechte Fanatiker“ relativierte er als „eine Erscheinung, welche leider die heutige Strömung der Zeit mit sich bringt“. Wichtiger erschien ihm der „erhebende Eindruck“, den der Vortrag auch bei den zahlreichen christlichen Mitbürgern hinterlassen hätte. Doch auch für den Vortrag in Nürnberg konnte ein positives Urteil getroffen werden, da von „christlichen und auch rechtsstehenden Kreisen“ der Gewinn der Veranstaltung betont wurde – wenngleich dieser Teil des Publikums „unter dem anderen vollständig unterging“.

Der Bericht über die Vorträge auf den Seiten der CVZ bot eine verkürzte Darstellung der Ereignisse, die sich deutlich an dem Bericht aus der Nürnberger Ortsgruppe orientierte. Während die verschiedenen Formen, mit denen Rechtsextreme die Veranstaltungen gestört hatten, eine knappe Zusammenfassung erfuhren, übernahm die CVZ den positiven Grundton der Darstellung Meyers. Im

[312] Hier und im Folgenden: Bericht Dr. Julie Meyer an CV-Zentrale, 21.1.1927, CVA 1283, Bl. 82–85.

[313] Ebd., Bl. 83.

[314] Hier und im Folgenden: Kunreuther an CV-Zentrale, 25.3.1927, ebd., Bl. 81.

Falle Fürths betonte sie die Anwesenheit zahlreicher Stadthonorationen – einschließlich des Bürgermeisters. In Bezug auf Nürnberg wurde das energische Vorgehen des Ortsgruppenvorsitzenden gegen die Störungen betont und die zustimmenden Äußerungen „von christlicher Seite“ hervorgehoben.[315] Dieses Vorgehen entsprach der Redaktionspolitik der CVZ für Berichte über öffentliche Veranstaltungen. Dies lässt sich auch an den internen Darstellungen und der öffentlichen Berichterstattung über einen interkonfessionellen Vortragsabend nachweisen, den der CV in Düsseldorf veranstaltet hatte – und der ebenfalls durch völkische Ausschreitungen gestört zu werden drohte. Um einen Gegenpol zur verstärkten Werbetätigkeit der Nationalsozialisten zu setzen, hatte die Ortsgruppe im März 1930 drei Geistliche eingeladen, um die Frage zu erörtern: „Was sagt die Religion zum Judenhass?“[316] Geprägt wurde die Veranstaltung durch „gegnerisches Geschrei“, „Tumult“ und das „Spektakel unreifer Burschen“. Am Ende trieb die Polizei den „johlenden Mob“ mit Schlagstöcken auseinander. Der Bericht in der CVZ erwähnte die enorme Störung der Vorträge, die anschließenden Straßenausschreitungen und insbesondere die Probleme der christlichen Referenten, sich Gehör zu verschaffen. Trotzdem verkündete er auch diesmal den „Erfolg der Versammlung“.[317] Dies lag nach Einschätzung des CV-Korrespondenten vor allem an den Ausführungen des Rabbiners Eschelbach, denen der Saal „in lautloser Stille“ gefolgt war, ebenso wie an der Veranstaltungsorganisation des Gemeinde- und Ortsgruppenvorsitzenden Erich Felsenthal. Ihm sprach die CVZ den „Dank aller guten Deutschen“ aus. In der Folge des Vortragsabends meldete die Düsseldorfer Ortsgruppe der Zentrale neben dem Problem, die entstandenen Kosten für die Versammlung zu decken auch eine große Anzahl an Austritten, die Mitglieder offenbar aufgrund der Ausschreitungen während der Veranstaltung erklärt hatten. Trotzdem hob die Ortsgruppe nochmals den großen „ideellen Nutzen“ der Veranstaltung hervor. Dieser bezog sich offenbar weniger auf die Vorgänge innerhalb der Ortsgruppe als auf die Wirkung, welche die interkonfessionelle Veranstaltung in nichtjüdischen Kreisen gezeitigt hatte. So hatte beispielsweise die regionale Tagespresse in ihren Berichten über die Veranstaltung die antisemitischen Ausschreitungen verurteilt und die Notwendigkeit derartiger interkonfessioneller Aufklärungsveranstaltungen ebenfalls betont.[318] Den Eindruck, den die Veranstaltung bei den Gästen hinterließ, findet sich in den Dankesschreiben an den Gemeinde- und Ortsgruppenvorsitzenden Erich Felsenthal und den beteiligten Rabbiner Max Eschelbach wieder. Ein Besucher dankte Felsenthal für die Moderation der Veranstaltung und den Widerstand, den er gegen den „nationalsozialistischen Terror“ geleistet und so das Format der öffentlichen Aufklärungsveranstaltung vor

315 Unsere große Aufgabe: Aufklärung, CVZ, Nr. 28, 28. 1. 1927, S. 43.

316 Hier und im Folgenden: Gewaltige Aufklärungsversammlung des C.V. in Düsseldorf, CVZ, Nr. 12, 21. 3. 1930, Bl. 148.

317 Hier und im Folgenden: CVZ, Nr. 12, 21. 3. 1930, Bl. 148, Herv. i. O.

318 Über den Verlauf der Veranstaltung berichtete bpsw. der *Düsseldorfer Stadtanzeiger* unter dem Titel „Gegen Kulturwahnsinn. Vertreter von drei Konfessionen züchtigen den Antisemitismus“. CVA 724, Bl. 172.

einem dauerhaften Schaden bewahrt hatte.[319] Ein weiterer Schreiber stellte die Bedeutung dieser Versammlungen zwar ebenfalls nicht in Frage, sah in ihrem Ablauf jedoch den Beleg, „daß es in unseren aufgeregten Zeiten als ein Wagnis angesehen werden muss, solche öffentlichen Veranstaltungen abzuhalten".[320]

Aus Sicht der Berliner Zentrale sollte ein derartiges „Wagnis" bei der Ortsgruppe Düsseldorf nicht noch einmal eingegangen werden. Als es dort Anfang Mai 1930 Überlegungen gab, eine weitere öffentliche Veranstaltung abzuhalten, riet die CV-Zentrale dazu, die Pläne auf unbestimmte Zeit zu verschieben, wobei auf die Gefahr neuerlicher Ausschreitungen nur indirekt verwiesen wurde. Als Hauptproblem galt vor allem die „außerordentliche Schwierigkeit, [...] Redner in einer Zusammenstellung persönlicher und weltanschaulicher Einstellungen zu gewinnen, die einen erfolgreichen Verlauf des Abends gewährleisten würden".[321]

Dass auf den Seiten der CVZ so gut wie jede öffentliche Aufklärungsveranstaltung – unabhängig vom Ausmaß der antisemitischen Störung oder vereinsinterner Unstimmigkeiten – zu einem Erfolg erklärt wurde, hatte vor allem taktische Gründe. Zweifellos barg die öffentliche Veranstaltungsbewerbung die Möglichkeit, dass es zu organisierten Störungen durch völkische Gruppierungen oder Einzelpersonen kommen würde; gleichzeitig erschlossen sich so potenziell auch nichtjüdische Kreise, zu denen die jeweiligen Ortsgruppen noch keinen Kontakt hergestellt hatten. Gerade Fälle, in denen es zu organisierten Störungen, Tumulten oder Straßenblockaden kam, boten eine seltene Gelegenheit, dem nichtjüdischen Publikum die *praktische* Notwendigkeit der Abwehrarbeit gegen den Nationalsozialismus und jegliche völkische Strömung vor Augen zu führen. Hinter diesem Ziel traten vereinsinterne Belange zurück. Austritte aus den Ortsgruppen mussten ebenso hingenommen werden wie die Gefahr, dass es der gegnerischen Seite tatsächlich gelingen könnte, Veranstaltungen zu „sprengen". Als zentrales Problem stellte sich eher die Frage nach Referenten, die sich bereitwillig diesen potenziell gefährlichen Veranstaltungen aussetzten. Wie oben belegt, sollten gerade bei Veranstaltungen mit gemischtem Publikum nichtjüdische Referenten die Belange der jüdischen Minderheit legitimieren. Bei dem zur Verfügung stehenden Referentenkreis handelte es sich jedoch mehrheitlich um Kirchenvertreter, die häufig weder mit der Rhetorik politischer Reden noch den Details der Abwehrarbeit des CV vertraut waren. So hatte der Bericht über die Vortragstätigkeit Windfuhrs abschließend empfohlen, ihn nur noch bei geschlossenen Veranstaltungen sprechen zu lassen. Sein Auftreten wie seine Ausführungen hätten keinerlei Wirkung auf den „ausgesprochenen Pöbel" gezeigt, ihn selbst hätte die Erfahrung zweifellos „aus der Fassung gebracht".[322]

319 Schreiben an Felsenthal (Abschrift), CVA724, Bl. 171.

320 Schreiben an Eschelbach (Abschrift), ebd. Erfahrungen wie derartige Vortragsveranstaltungen ließen innerhalb des CV immer auch wieder Bedenken laut werden, ob nichtjüdische Redner sich zukünftig noch zur Verfügung stellen würden. Vgl. das Schreiben eines unbekannten CV-Mitarbeiters an Alfred Wiener, 25. 9. 1930, CVA 111, Bl. 12–21, hier Bl. 14.

321 Hirschberg an Dr. Selo, ebd., Bl. 166.

322 Dr. Meyer an CV-Zentrale, 21. 1. 1927, CVA 1283, Bl. 83.

Im Gegensatz zu öffentlich beworbenen Veranstaltungen musste bei Vorträgen mit geladenem Publikum nicht mit nationalsozialistisch geprägten Auseinandersetzungen gerechnet werden. Die inszenatorischen Feinheiten, die für die erfolgreiche „Vertrauliche Aussprache zwischen Christen und Juden" galten, und die Zurückhaltung zahlreicher Ortsgruppen, diese Aussprache zu initiieren, belegen jedoch, wie unsicher und ungewohnt – und in der Wahrnehmung einiger Ortsgruppen auch unnötig – ein derartiger Austausch empfunden wurde.

Berichte in der CVZ über die positive Wertung von öffentlichen Veranstaltungen oder Vorträgen, die vor geladenem Publikum gehalten wurden, sollten damit immer auch als Beispiel für andere Ortsgruppen dienen, um in der Aufklärung der nichtjüdischen Bevölkerung nicht zurückzustehen. Expliziter als die gewöhnliche Schilderung der Veranstaltungsverläufe machte dies das Schreiben des Landesverbandes Hessen-Nassau und Hessen, das die CVZ im März 1930 veröffentlichte.[323] Aus den Erfahrungen einer Reihe von Veranstaltungen zogen die Vertreter des Landesverbandes drei Schlüsse hinsichtlich der generellen Einstellung von Nichtjuden zum Nationalsozialismus und zum Judentum: Erstens kamen sie zu dem Ergebnis, dass die Mehrheit der nichtjüdischen Bevölkerung die nationalsozialistische Bewegung ablehnte und lediglich der „Druck des wirtschaftlichen Existenzkampfes" sie für völkische Einstellungen empfänglich gemacht habe. Zweitens konnte man bei den Versammlungen das Bedürfnis der nichtjüdischen Teilnehmer erkennen, „sich auch von unserer Seite unterrichten zu lassen". Dies habe sich nicht allein an den Besucherzahlen, sondern auch an dem regen Interesse an weiterem aufklärenden Material festmachen lassen. Drittens verwies der Bericht auf die häufig beobachtete argumentative Hilflosigkeit der nationalsozialistischer Fürsprecher, die sich in sämtlichen Veranstaltungen „trotz der Zusicherung unbeschränkter Redezeit" nicht zu Wort gemeldet hätten. Diese Erkenntnis-Zusammenfassung kann als indirekter Appell an die Ortsgruppen gewertet werden, im Bereich der öffentlichen Abwehr- und Aufklärungsveranstaltungen weiterhin tätig zu sein – oder es zu werden.

Die geringe Anzahl dieser öffentlichen Veranstaltungen bis in die späten 1920er Jahre lässt sich nicht allein mit der Ignoranz der Ortsgruppen für die völkischen Umtriebe in ihrer unmittelbaren Umgebung erklären. Ebenso greift die Argumentation zu kurz, dass es in den frühen 1930er Jahren ausschließlich die Sorge vor nationalsozialistischen Übergriffen gewesen wäre, welche die Organisatoren von ihrer Durchführung abhielt.[324] Tatsächlich führten die Ortsgruppen viele unterschiedliche Gründe an, warum eine öffentliche oder vor eingeladenem Publikum abzuhaltende Versammlung nicht stattfinden konnte. Diese reichten von der Gebundenheit christlicher Kreise während der Weihnachtszeit hin zur Feststellung, dass zumindest ein Teil der nichtjüdischen Bevölkerung der örtlichen Minderheit ohnehin „wohlgesinnt" gegenüberstand. Gemeinsam war diesen Begrün-

[323] Hier und im Folgenden: Aus der Arbeit des Centralvereins. Aufklärung unter Juden und Nichtjuden, CVZ, Nr. 12, 21. 3. 1930, S. 147.

[324] Toury, Krisenbewusstsein, S. 196.

dungen die – mehr oder minder explizit kommunizierte – niedrige Erwartungshaltung, die an einen Austausch mit der nichtjüdischen Gesellschaft geknüpft wurde. Das antizipierte Desinteresse, aber auch die praktischen und inhaltlichen Probleme, die ein solcher Austausch mit sich bringen konnte, entgingen auch der Berliner Zentrale nicht. Darum verwies sie bei Veranstaltungen vor einem geladenen Publikum auch immer wieder auf die von ihr aufgestellten Richtlinien. Spätestens aber für öffentliche Veranstaltungen verloren diese choreographierten Vorgaben ihre Bedeutung. Hier lag der Schwerpunkt vornehmlich darauf, die Veranstaltungen nicht vom völkischen Gegenprotest sprengen zu lassen. Dass der CV sich von diesen Szenarien nicht abschrecken ließ, war nicht zuletzt dem Eindruck geschuldet, der bei den auf der Veranstaltung anwesenden Nichtjuden entstehen musste: Selbst in Fällen, in denen sich die Referenten nur mühsam Wort verschaffen konnten, gelang zumindest der praktische Nachweis über Brutalität und Anstandslosigkeit der nationalsozialistischen Bewegung. Wie oben beschrieben, gestaltete sich in diesem Zusammenhang die Frage nach Rednern zunehmend problematisch, die bereit waren, sich an einem derartigen Vortragsabend zu beteiligen oder – nach Einschätzung des CV – überhaupt in der Lage waren, diesen zu bewältigen. Der CV legte diese Skepsis insbesondere gegenüber nichtjüdischen Referenten an den Tag, wie die deutliche Empfehlung, Windfuhr nicht mehr bei öffentlichen Veranstaltungen sprechen zu lassen, belegt. Dass auch CV-Mitarbeiter nicht vor einer Resignation vor den Anforderungen der Abwehrarbeit gefeit waren, belegen die Aufzeichnungen Julius Goldsteins. Der Philosoph war, bis er 1925 nach jahrelangen antisemitisch motivierten Widerständen eine Professur an der TU Darmstadt erhielt, einer der Hauptreferenten des CV bei deutschlandweit stattfindenden Aufklärungs- und Abwehrversammlungen. Auch nachdem er seine Professur angetreten hatte, blieb er der CV-Arbeit in schriftlicher Form verbunden, veröffentlichte in der CVZ weiterhin Aufsätze und war bis zu seinem Tod 1929 Herausgeber der Zweimonatsschrift *Der Morgen*, die sich neben wissenschaftlichen Abhandlungen über Kultur und Religion des deutschen Judentums auch der interkonfessionellen Verständigung widmete.[325] Während er in seinen Beiträgen hervorhob, dass die beständige Auseinandersetzung und Abwehr gegen Rassismus und Antisemitismus notwendige Grundlage der Abwehr- und Aufklärungsarbeit waren[326], lesen sich seine Tagebucheinträge hierzu kontradiktorisch. Im Frühjahr 1927 resümierte er beispielhaft: „Hin und wieder bin ich noch empört über tückischen Antisemitismus und bin voller Ekel über ihn und die Abwehr. Ewig Feuerspritze sein, wo ein Weltfeuer nicht gelöscht werden

[325] Vgl. Martin Liepach, Die Hellpach-Kontroverse: Eine paradigmatische Debatte über den Antisemitismus in der CV-Zeitung während der Weimarer Republik, in: Nagel/Zimmermann, Judenfeindschaft, S. 539–554, hier S. 552f.; Franziska Krah, „Ewig Feuerspritze sein, wo ein Weltfeuer doch nicht gelöscht werden kann ...“ Abwehr und Deutung des Antisemitismus während der Weimarer Republik, in: Hans-Joachim Hahn/Olaf Kistenmacher (Hrsg.), Beschreibungsversuche der Judenfeindschaft. Zur Geschichte der Antisemitismusforschung vor 1944, Berlin 2015, S. 261–285, hier S. 264–267.

[326] Vgl. bspw. Julius Goldstein, Rasse und Politik, Schlüchtern 1921, S. 120.

kann."[327] Von der Wirkung des politischen wie gesellschaftlichen Antisemitismus sah er insbesondere die zionistische Bewegung profitieren – und war mit dieser Einschätzung offenbar nicht allein. Im Herbst 1928 vermerkte er in seinem Tagebuch den privaten Besuch Ludwig Holländers: „Er hat – wie ich – das Gefühl, unsere Sache ist dem Zionismus unterlegen. Wir schlagen uns in der Defensive, die andern in der Offensive."[328] Diese pessimistische Privateinschätzung änderte nichts Grundlegendes an seinem – wie auch Holländers – öffentlichem Engagement. Da zeitgenössische Privataufzeichnungen von CV-Vertretern nur in geringem Umfang vorliegen, ist es nicht möglich, eine generelle Diskrepanz zwischen persönlicher Einschätzung und dem Grundtenor der offiziellen Stellungnahmen der CVZ nachzuweisen. Goldsteins Ausführungen verdeutlichen eindrücklich, dass die Fortsetzung der Abwehrarbeit innerhalb des CV als alternativlos betrachtet wurde. Selbst wenn er stets versicherte, dass bald mit dieser Arbeit „Schluss" sei, gelang es ihm doch nicht, sich gänzlich von ihr abzuwenden.[329]

In der Forschung wurde bereits häufig darauf hingewiesen, dass sich der Abwehrkampf des CV gegen die Nationalsozialisten in der zweiten Hälfte der 1920er Jahre modifizierte. Auch das Ausloten neuer Möglichkeiten, ein nichtjüdisches Publikum zu erreichen, lässt sich für diese Phase nachweisen. In diesem Zusammenhang gewann auch die jüdische Frau als Mittlerin zwischen jüdischen und nichtjüdischen Kreisen zunehmend an Bedeutung.

Die jüdische Frau als Vermittlerin in einer nichtjüdischen Umwelt

Um das Jahr 1920 hatte der *Reichsbund* ein Flugblatt herausgegeben, in dem er sich explizit „An die deutschen Mütter" wandte.[330] Die Flugschrift war Teil der Abwehrkampagne, die sich gegen den antisemitischen Vorwurf richtete, jüdische Deutsche hätten sich dem Kriegsgeschehen aktiv entzogen. Nach dem Verweis auf

[327] Julius Goldstein, Der jüdische Philosoph in seinen Tagebüchern. 1873–1929 Hamburg – Jena – Darmstadt, hrsg. von Uwe Zuber, Wiesbaden 2008, S. 207.

[328] Ebd., S. 215. Gerade auf Ebene der Ortsgruppen verliefen die Fronten zwischen Vertretern von CV und ZVfD häufig besonders unerbittlich. Dabei schoben sich beide Gruppen die Verantwortung für den Ausbreitungsgrad des Antisemitismus gegenseitig zu. Vgl. Goldstein, Tagebücher, S. 207; Matthäus, Pillen, S. 324f.; Barkai, Wehr Dich!, S. 231f.; ders., Zwischen Deutschtum und Judentum. Richtungskämpfe im Centralverein deutscher Staatsbürger jüdischen Glaubens, in: ders. (Hrsg.), Hoffnung und Untergang. Studien zur deutsch-jüdischen Geschichte des 19. und 20. Jahrhunderts, Hamburg 1998, S. 111–140, hier S. 119f.

[329] Ebd., S. 207. Auf den von ihm redigierten Seiten des *Morgens* fanden sich bis zu seinem Tod immer wieder Auseinandersetzungen mit dem Antisemitismus und Erörterungen über Rassebegrifflichkeiten (diese Themenkomplexe blieben auch nach seinem Tod feste inhaltliche Bestandteile der Zeitschrift), vgl. bspw. Felix Goldmann, Das Irrationale im Antisemitismus, Der Morgen, Nr. 3, August 1927, S. 313–322; Adam Röder, Die „Judenfrage" in Hellpachs „Politischen Prognosen", Nr. 4, Oktober 1928, S. 393–399; Hans Hartmann, Die Rassenfrage in ihrem Verhältnis zu Religion und Recht, Nr. 5, Dezember 1928, S. 445–461; Michael Müller-Claudius, Rassentheorie und Geschichtsdeutung, Nr. 6, Februar 1929, S. 542–555.

[330] Eine Abbildung des hinlänglich bekannten Flugblatts findet sich bspw. in Tim Grady, Krieg in der Erinnerung – Krieg um die Erinnerung. Das Gedenken an die jüdischen Gefallenen nach 1918, in: Ulrike Heikaus/Julia Köhne (Hrsg.), Krieg! Juden zwischen den Fronten 1914–1918, Berlin 2014, S. 265–284, hier S. 267.

die 12 000 jüdischen Soldaten, die für Deutschland gefallen waren, hob der RjF das gemeinsame Schicksal christlicher wie jüdischer Mütter hervor und endete mit dem Appell: „Deutsche Frauen, duldet nicht, dass die jüdische Mutter in ihrem Schmerz verhöhnt wird." Der Veteranenverein vereinnahmte damit eine Gruppe für seine Aufklärungs- und Abwehrarbeit, die er – zumindest zu diesem Zeitpunkt – gar nicht repräsentierte: die Mütter und Witwen gefallener jüdischer Soldaten.[331] Das Beispiel kann symptomatisch dafür gelesen werden, welche Bedeutung den jüdischen Frauen bei der Abwehrarbeit bis in die späten 1920er Jahre beigemessen wurde. Seitens CV und RjF dienten sie zwar immer wieder als Argument, um das Ausmaß der antisemitischen Niedertracht zu bezeugen. Ihre konkrete Mitarbeit an dieser Form der Abwehr, die sich explizit an nichtjüdische Frauen richtete, schien nicht erforderlich. Dies belegt auch die Tatsache, dass der feste Stamm an CV-Mitarbeiterinnen bei ihren Vortrags- und Redakteurstätigkeiten zunächst nicht auf explizit „weibliche" Themen beschränkt waren.[332] Erst nachdem die Nachfrage nach Möglichkeiten, sich als Frau an der Aufklärungs- und Abwehrarbeit zu beteiligen immer deutlicher anstieg, nahmen sich die Mitarbeiterinnnen des CV zunehmend einer konkreteren „Frauenarbeit" an.

Im Folgenden soll die Entwicklung der organisierten Frauenarbeit während der Weimarer Republik nachgezeichnet werden. Von besonderem Interesse ist es zu rekonstruieren, auf welche Weise und mit welchen Erwartungen Frauen in die Aufklärungs- und Abwehrarbeit miteinbezogen wurden. Dabei wird untersucht, welche konkreten Rollen den Frauen bei der Aufklärungsarbeit zugewiesen wurden und wie sie sich von Vereinen wie CV und dem *Jüdischen Frauenbund* (JFB) darauf vorbereiten ließen. Es lassen sich dabei nicht nur Rückschlüsse darüber ziehen, wie jüdische Frauen die Vorurteile wahrnahmen, die seitens der nichtjüdischen Bevölkerung gegen sie gehegt wurden, sondern auch, ob und wie sie planten, dagegen vorzugehen.

Zu Beginn der Weimarer Republik gab es für jüdische Frauen, die sich für die Belange von Frauen in der jüdischen Gemeinde einsetzen wollten, ausschließlich die Möglichkeit in den JFB einzutreten. Im Zentrum seiner Arbeit stand neben der sozialen Unterstützung jüdischer Frauen, Jugendlicher und Kinder in den jeweiligen Gemeinden zunächst die Durchsetzung des Frauenwahlrechts bei Gemeindewahlen und der Kampf gegen den organisierten Mädchenhandel.[333] In den frühen 1920er Jahren kam es zur Gründung weiterer Organisationen, die sich speziell an jüdische Frauen richteten. Gerade in größeren Städten etablierten der CV und die *Zionistische Vereinigung für Deutschland* (ZVfD) eigene Frauengruppen.[334] Durch Doppelmitgliedschaften waren deren Mitglieder mehrheitlich auch

331 Erst 1924 war es innerhalb des RjF zur Gründung vereinzelter Frauengruppen gekommen. Hiervon erhoffte sich der Verband allerdings vornehmlich eine Verbesserung der Kontakte zwischen seinen männlichen Mitgliedern. Frauen-Gruppen, Schild, Nr. 2, 1927, S. 440.

332 Insbesondere aktiv im CV waren Eva Reichmann-Jungmann, Margarete Fried, Lise Leibholz und Else Dormitzer.

333 Kaplan, Frauenbewegung, insb. S. 207, 265.

334 Schüler-Springorum, Königsberg, S. 263.

(weiterhin) in die Arbeit des JFB eingebunden.[335] Für diese Ausdifferenzierung des Vereinsangebots lassen sich mehrere Faktoren anführen. Das mit der Weimarer Verfassung eingeführte Frauenwahlrecht galt als wichtiger Schritt auf dem Weg zur vollständigen Gleichberechtigung und politischer wie gesellschaftlicher Partizipation.[336] Gleichzeitig bestätigte die nach Kriegsende einsetzende und vor allem von Vertretern des *Deutschvölkischen Schutz- und Trutzbundes* forcierte Welle antisemitischer Propaganda sämtliche negative Erwartungen, die auf jüdischer Seite an die Nachkriegsentwicklungen geknüpft worden waren. Diese Entwicklungen bedingten zumindest indirekt die Neugründung und fortgesetzte Ausdifferenzierung jüdischer Vereine und Verbände.[337] In diesem Spannungsfeld wurde auch der Rolle der Frau – jüdisch wie nichtjüdisch – im Vereinsleben eine größere Bedeutung beigemessen. Dass dieser Umstand nicht auf ungeteilte Zustimmung stieß, hat insbesondere Marion Kaplan für die jüdische Frauenbewegung herausgearbeitet.[338] Nachdem die CVZ im Frühjahr 1923 über die Gründung einer CV-Frauengruppe in Königsberg berichtet hatte, meldete sich das Berliner Mitglied Frau „St." unter der rhetorischen Frage „Sind Frauengruppen notwendig?" zu Wort. In ihrer ablehnenden Haltung vereinten sich die gängigen Geschlechterrollenzuschreibungen: Demnach empfehle es sich für das „‚zartere' Geschlecht" eher „die höchste Pflicht als Weib und Mutter" zu erfüllen, statt sich in die „Arena des politischen Kampfes" zu begeben.[339] In den folgenden Ausgaben wurde von einem weiteren Mitglied aus Berlin sowie der Königsberger Frauengruppe selbst Stellung bezogen. Die Schreiben verwiesen auf die staatsbürgerlichen Pflichten, welche das Wahlrecht mit sich brachten – und die eine Auseinandersetzung mit Aspekten des politischen Lebens notwendigerweise zur Folge hatten. Und sie betonten die Pflicht, sich an der Aufklärung über und damit Abwehr antisemitischer Einstellungen zu beteiligen.[340] Als ideales Szenario galt:

> „Frauen werden durch Frauen leichter aufgeklärt, der wirtschaftliche Antisemitismus gerade der ‚kleinen Leute', wie er in Markthallen und Bäckerläden zu finden ist und wo ihn die geschickte Agitation der Gegenseite züchtet, kann durch die geschulte jüdische Frau an der Quelle bekämpft werden."[341]

[335] Elsa Wolffheim, Aussprache, BJFB, Nr. 12, Dezember 1930, S. 7.

[336] Vgl. die beispielhafte Auswahl politisch engagierter Jüdinnen in Claudia Prestel, Frauenpolitik oder Parteipolitik? Jüdische Frauen in innerjüdischer Politik in der Weimarer Republik, in: Archiv für Sozialgeschichte (AfS), Nr. 37, 1997, S. 121–155, hier S. 121–126.

[337] Maurer, Republik, S. 119.

[338] Kaplan nimmt dabei stets eine Differenzierung zwischen den Zurücksetzungen vor, mit denen sich jüdische wie nichtjüdische Frauen gleichermaßen auseinandersetzen mussten – wie etwa die professoralen „Ratschläge" an Studentinnen, doch das Dasein als Hausfrau vorzuziehen – und den Kampf um Gleichberechtigung, den jüdische Frauen in ihren jeweiligen Gemeinden wie als Teil der jüdischen Minderheit allein führten. Vgl. Marion Kaplan, Tradition and Transition. The Acculturation, Assimilation and Integration of Jews in Imperial Germany – a Gender Analysis, in: LBYB 27 (1982), S. 3–35, hier insb. 30 f., 34 f.; Kaplan, Frauenbewegung, S. 249 ff.

[339] Sind Frauengruppen notwendig?, CVZ, Nr. 19, 12. 5. 1923, S. 153 f.

[340] Vgl. Sind Frauengruppen notwendig?, CVZ, Nr. 20, 17. 5. 1923, S. 164 f.; Sind Frauengruppen notwendig?, CVZ, Nr. 23, 7. 6. 1923, S. 190.

[341] Sind Frauengruppen notwendig?, CVZ, Nr. 20, 17. 5. 1923, S. 165.

Die Frauengruppen des CV sollten hierfür das nötige Material und die praktischen Grundlagen zur Verfügung stellen.

Die CVZ hatte diesen Meinungsaustausch auf den hinteren Seiten des Blattes platziert. Den Abdruck der Stellungnahme aus Königsberg versah sie mit dem Hinweis, dass damit die Diskussion um Bedeutung und Arbeit der Frauengruppen einstweilen als beendet galt. Das abrupte Ende dieser Debatte steht repräsentativ für die frühzeitige Stagnation der interkonfessionellen Abwehr- und Aufklärungsarbeit jüdischer Frauenorganisationen. Abgesehen vom Engagement in interkonfessionellen Vereinen weisen weder Zeitungsberichte noch vereinsinterne Aufzeichnungen auf regelmäßige Kontakte zwischen jüdischen und nichtjüdischen Frauen hin. Dabei wurde bereits das Mitwirken jüdischer Frauen in diesen Vereinen, vor allem aber ihre Wahl in Vorstandspositionen, als Erfolge interkonfessioneller Arbeit gewertet.[342] Ob jüdische Frauen in diesen Positionen die Gelegenheit wahrnahmen, aktiv über die Gefahren eines gesellschaftlichen Antisemitismus aufzuklären, oder ob ihre Berufung auf höhere Vereinsposten bereits als Beleg für die erfolgreiche Integration der jüdischen Minderheit gewertet wurde, lässt sich nicht nachweisen. Jüdische Frauen sahen sich, ebenso wie Männer, in der überkonfessionellen Verbandslandschaft mit der Frage konfrontiert, welches Ausmaß an antisemitischen Einstellungen als zumutbar hingenommen werden konnte und wann sich ein Austritt empfahl. Im Gegensatz zu der Frage, ob jüdische Mitglieder beispielsweise im DÖAV verbleiben sollten, fand für die betroffenen Frauen hierüber keine überregionale Auseinandersetzung und Beratung in jüdischen Zeitungen statt. Sie waren vor allem auf die Einschätzungen und Empfehlungen ihrer jeweiligen jüdischen Vereinskolleginnen angewiesen.[343]

Konträr zu den hochgesteckten Zielen, die am Beginn der CV-Frauengruppen gestanden hatten, beschränkte sich ihre Handlungsraum für die Antisemitismusabwehr, von den indirekten Einflussmöglichkeiten in interkonfessionellen Vereinen abgesehen, zunächst auf den innerjüdischen Bereich.[344] Symptomatisch liest sich hierfür Margarete Frieds Artikel über das zehnjährige Jubiläum der Groß-

342 Vgl. Schüler-Springorum, Königsberg, S. 262f.; Welche Erfahrungen haben Sie bei Ihrer Mitarbeit in interkonfessionellen Frauenvereinen gemacht?, CVZ, Nr. 48, 27. 11. 1931, S. 545f.

343 Schüler-Springorum verweist in diesem Zusammenhang auf den Königsberger *Vaterländischen Frauenverein* (VF), aus dem Mitte der 1920er Jahre zahlreiche Jüdinnen ausgetreten waren. Die Vorsitzende des JFB bemühte sich dagegen einige Monate später mit Verweis auf einen neuen, „loyal[en] und überparteilich[en] Vorstand" des VF, die jüdischen Frauen zu einem (Wieder-)Eintritt zu motivieren. Vgl. Schüler-Springorum, Königsberg, S. 262. Vgl. auch Kap. II.2.1 zum Antisemitismus im Verein.

344 Hecht hat in ihrer Studie eine Vielzahl von Artikeln der jüdischen Presse zusammengetragen, in denen vor allem die Bedeutung hervorgehoben wurde, welche der jüdischen Mutter bei der kindlichen Erfahrung und Verarbeitung von Antisemitismus zukam. Darüber hinaus richtete sich an jüdische Frauen immer wieder die Aufforderung, in Bezug auf Kleidungs- und Schmuckauswahl „Zurückhaltung" zu üben. Vgl. Hecht, Weimarer Republik, S. 355–357; Prestel, Frauenpolitik oder Parteipolitik?, in: Archiv für Sozialgeschichte (AfS), Nr. 37 (1997), S. 121–155, hier S. 147f.

Berliner CV-Frauenarbeit im Frühjahr 1930.[345] An erster Stelle der „Frauenaufgaben“ stand demnach die mütterliche Verantwortung, auch die nächste Generation im Bekenntnis zu „Deutschtum und Judentum“ zu erziehen. Darüber hinaus sollten sich die Mitglieder der Frauengruppen „in stiller Arbeit“ an der Gewinnung neuer – weiblicher wie männlicher – Mitglieder für den CV beteiligen. Lediglich in einem Nebensatz erwähnte Fried, dass es zu den staatsbürgerlichen Pflichten der jüdischen Frau gehöre, ihre nichtjüdische Umwelt über die „Erkenntnis der Wertigkeit der deutschen Juden“ aufzuklären.[346] Mit den zahlreichen Verweisen auf die Bedeutung der Mutterrolle orientierte sich Fried vermutlich an den konventionellen Erwartungen nicht zuletzt männlicher Leser.[347] Die Vortragsorganisation der CV-Frauengruppen belegt zwar, dass vor allem Themen sehr beliebt waren, die ein mütterliches Interesse voraussetzten – wie etwa der Umgang mit den Erfahrungen jüdischer Kinder.[348] Allerdings sollte eine Reduzierung auf ausschließlich „weibliche“ Themen explizit vermieden werden, wobei sich die Themenfindung manchmal grundsätzlich schwierig gestaltete. Im März 1930 beriet die CV-Zentrale beispielsweise mit Bettina Epstein, der Vorsitzenden der Dresdner Frauengruppe, über geeignete Themen für einen Vortragsabend. Epsteins Vorschlag, die Referentin Lise Leibholz über „Was trennt und eint die Konfessionen“ sprechen zu lassen, erachtete die Zentrale „aus verschiedenen Gründen nicht für angebracht“. Sie schlug stattdessen das Thema „Romantik und Politik“ vor, das wiederum von Epstein abgelehnt wurde. Die abschließende Entscheidung fiel auf „Volksgemeinschaft und Judentum“.[349] Die entsandte CV-Referentin Leibholz scheint zumindest indirekt dem ursprünglichen Wunsch Epsteins nachgekommen zu sein, über praktische Aspekte der Frauenarbeit zu sprechen: Ein Bericht über den Vortragsabend hob hervor, dass Leibholz abschließend explizit auf die Notwendigkeit hingewiesen hatte, den Kontakt zu „andersgläubigen Volksgenossen – und -innen“ zu suchen.[350] Wenngleich anzunehmen ist, dass die Referentinnen diese Aufrufe bei zahlreichen Veranstaltungen wiederholten, bildete die

[345] Hier und im Folgenden: Margarete Fried, Zehn Jahre Groß-Berliner C.V.-Frauenarbeit, CVZ, Nr. 12, 21. 3. 1930, S. 147.

[346] Ebd., S. 147. Vereinzelt war in der CVZ bereits über „Aussprachenachmittage mit christlichen Damen“ berichtet worden. Vgl. Elsa Wolffheim, Aus der Arbeit der C.V.-Frauengruppe Königsberg i. Pr., CVZ, Nr. 23, 6. 6. 1930, S. 303.

[347] Dass die Bedeutung der Frauengruppen in der Wahrnehmung männlicher Mitglieder einen hohen Stellenwert einnahm, kann zumindest für die 1920er Jahre angezweifelt werden. Als sich die Ortsgruppe Düsseldorf im Januar 1930 um eine verstärkte Mitarbeit jüdischer Frauen bemühte, begründete sie diesen Schritt mit der Hoffnung, dadurch vor allem die „Kassen- und Mitgliederverhältnisse in Ordnung zu bringen“. Vgl. Krombach an CV-Zentrale, 10. 1. 1930, CVA 724, Bl. 137.

[348] Vortragstitel lauteten etwa „Die politische Entwicklung, ihr Einfluss auf das gesellschaftliche Leben und die Schule“, „Die Umgebung der jüdischen Kinder“ oder „Wie wehrt sich das jüdische Kind?“. Vgl. CVA 1370, Bl. 273.

[349] Korrespondenz CV-Zentrale und Bettina Epstein, 7. 3.und 18. 3. 1930, CVA 1457, Bl. 113f. Die übrigen Themen für das Halbjahresprogramm der Dresdner Frauengruppe lauteten: „Die deutsche Frau in der Politik“, „Das jüdische Kind“, „Disraeli“. Ebd., Bl. 109.

[350] Ebd., Bl. 104.

direkte Kontaktaufnahme der CV-Frauengruppen mit nichtjüdischen Frauen bis 1930 eine Ausnahme.[351] Dies galt auch für den JFB, der den Kampf gegen den Antisemitismus zwar im Verlauf der 1920er Jahre in sein Programm aufnahm, hierunter jedoch ebenfalls ausschließlich die Aufklärung der jüdischen Frauen über die Gefahren des Antisemitismus verstand.[352] Erst mit der Reichstagswahl 1930 änderte sich die Wahrnehmung des Potenzials der jüdischen Frauen für die Aufklärungsarbeit grundlegend. Dies ließ sich zum einen direkt auf die enormen Stimmgewinne der NSDAP zurückführen. Zum anderen trugen dazu auch vereinsinterne Debatten bei, die sich um die Frage drehten, wer die nun dringend notwendig scheinende Aufklärung in der weiblichen Mehrheitsbevölkerung zu leisten hätte.

Marion Kaplan hat in ihrer grundlegenden Untersuchung betont, dass der JFB bereits unmittelbar nach der Reichstagswahl zu einer „unparteiischen Aufklärungskampagne“ in nichtjüdischen Kreisen aufgerufen hatte. Damit seien innerhalb des JFB die widersprüchlichen Einstellungen des liberalen und zionistischen Lagers über ein erfolgreiches Vorgehen gegen den Antisemitismus bereits 1930 überbrückt worden, während es zwischen CV und ZVfD erst 1932 wieder zu einer Annäherung kam.[353] Dieses Urteil trifft jedoch nur bedingt zu. Tatsächlich war das erste Mitglied, das im Anschluss an die Reichstagswahl in den *Blättern des Jüdischen Frauenbundes* (BJFB) eine verstärkte Aufklärung der nichtjüdischen Umwelt forderte, Klara Caro.[354] Neben ihrer Tätigkeit als Vorsitzende der Kölner Ortsgruppe des JFB galt Caro als Mitglied des ZVfD als überzeugte Zionistin.[355] Ihr öffentlicher Aufruf, eine „Kommission für jüdische Aufklärungsarbeit“ zu gründen, stieß damit vor allem bei den CV-Mitgliedern, die sich im JFB engagierten, auf massiven Widerstand. Bereits in der folgenden Ausgabe erklärte die Vorsitzende der CV-Frauengruppe in Königsberg, dass die Etablierung einer derart „besonderen“ Kommission nicht nötig sei. Sie betonte, dass Aufklärungs- und Abwehrarbeit seit Jahren ein Hauptarbeitsfeld der CV-Frauengruppen darstellte und sie aufgrund der gesammelten Erfahrungen hierfür auch in Zukunft die Verantwortung beanspruchten.[356] Die Sorge, dass Zionistinnen sowohl in jüdischen wie nichtjüdischen Kreisen die Aufklärungs- und Abwehrarbeit für sich bean-

[351] Vgl. Elsa Wolffheim, Aus der Arbeit der C.V.-Frauengruppe Königsberg i. Pr., CVZ, Nr. 23, 6. 6. 1930, S. 303; vgl. auch Schüler-Springorum, Königsberg, S. 264.

[352] Ein genaues Datum für die Programmänderung lässt sich nicht nachweisen. Vgl. Kaplan, Frauenbewegung, S. 325. In einem Schreiben an den Syndikus des Thüringer Landesverbandes betonte Leibholz, „dass in den Satzungen des J.F.B. die Bekämpfung des Antisemitismus zu den wichtigsten Punkten gehört“. Lise Leibholz an Leo Kamnitzer, 25. 4. 1930, CVA 1455, Bl. 51 f.

[353] Vgl. Kaplan, Frauenbewegung, S. 325. Nachdem es im Vorfeld der Reichstagswahl zu einer Kooperation von CV und ZVfD bei der Wahlkampfvorbereitung gekommen war, wurde eine weitere Zusammenarbeit nach der Wahl abgelehnt. Stattdessen schoben sich beide Organisationen die Verantwortung am offensichtlichen Scheitern des Wahlkampfausschusses zu. Paucker, Abwehr, S. 44; Barkai, Wehr Dich!, S. 205–207.

[354] Hier und im Folgenden: Klara Caro, Forderungen der Gegenwart, BJFB, Nr. 11, November 1930, S. 8.

[355] Vgl. Vertrauliches Schreiben an Felix Goldmann, 28. 9. 1931, CVA, 1465, Bl. 400.

[356] Vgl. Elsa Wolffheim, Zum Aufruf von Klara Caro, BJFB, Nr. 12, Dezember 1930, S. 7.

spruchen würden, führte auf Seiten des CV dazu, der Arbeit der Frauengruppen eine deutlich höhere Wertigkeit beizumessen. So mahnte ein interner Bericht die Notwendigkeit an, die Rolle der CV-Mitglieder innerhalb des JFB zu stärken.[357] An jüdische Frauen mit „guten Verbindungen zu christlichen Frauen“ gingen Einladungen zu neu-gegründeten CV-Frauengruppen, in denen explizit auf die „starken zionistischen Einflüsse“ verwiesen wurde, die plötzlich Aufklärung und Abwehr für sich beanspruchten.[358]

Auf der jährlichen Vorstandssitzung und Generalversammlung des JFB im Oktober 1931 ergab sich für die unterschiedlichen Strömungen innerhalb des Bundes die Gelegenheit, ihre Erfolge und Fortschritte bei der interkonfessionellen Arbeit zu präsentieren. Repräsentativ für die Zionistische Vereinigung ergriff erneut Caro das Wort und verwies auf Aufklärungsveranstaltungen in Schulen, Jugend- und Frauenverbänden ebenso wie auf das große Interesse, auf das Synagogenführungen stießen.[359] Letzteres hob auch die CV-Mitarbeiterin Margarete Edelheim hervor, die neben den positiven Erfahrungen bei den „Besprechungen mit Christinnen“ vor allem auf die Rolle des CV bei der Bekämpfung des Antisemitismus an Schulen einging.[360] Paula Ollendorf, die ausschließlich den JFB repräsentierte, betonte erneut die Bedeutung der sozialen Vereinsarbeit für eine bessere Verständigung zwischen jüdischen und nichtjüdischen Frauen.[361]

Für die gesteigerte Bedeutung, die dem JFB und der Frauenarbeit innerhalb des CV ab 1930 zukam, lassen sich somit drei Gründe anführen. Zunächst unterstrich der Wahlerfolg der Nationalsozialisten im September 1930, dass die ausgewiesen antisemitische Partei nicht nur die Stimmen völkischer Fanatiker und von Überläufern von DNVP und DVP gewinnen konnte, sondern gesamtgesellschaftlich Unterstützung fand. Dieser Umstand ließ ein verstärktes Einwirken auf sämtliche Teile der nichtjüdischen Bevölkerung alternativlos erscheinen. Gleichzeitig sah sich der CV in seiner eigenen Aufklärungs- und Abwehrarbeit, wie oben dargestellt, mit verschiedenen Problemen konfrontiert, die von Widerständen seitens der Ortsgruppen bis zur Undurchführbarkeit öffentlicher Veranstaltungen reichten. Durch die Arbeit der Frauengruppen ergab sich nun die Möglichkeit, ein neues Publikum zu erschließen. Darüber hinaus schienen die Frauengruppen auch ein erhöhtes Interesse an der interkonfessionellen Arbeit aufzuweisen als zahlreiche Ortsgruppen des CV zu diesem Zeitpunkt. Nicht zuletzt war es der Wunsch der Zionistinnen, innerhalb des JFB eine wesentliche Rolle bei der Aufklärung einzunehmen, die zu einer intensiveren Involviertheit des CV führte. Die vereinsinterne Korrespondenz legt dabei zwar das Misstrauen offen, das Vertretern wie Vertreterinnen des Zionismus entgegengebracht wurde – insbesondere, wenn sie sich auf

357 Interner Bericht, ohne Datum (vermutlich Ende 1930/Anfang 1931), CVA 1455, Bl. 8.
358 Schreiben Leibholz an Frau Auerbach, 12. 12. 1930, CVA 1464, Bl. 119.
359 Vgl. Martha Ollendorff, Vorstandssitzungen am 11. und 12. Oktober in Leipzig, BJFB, Nr. 11, November 1931, S. 2f., hier S. 2.
360 Vgl. ebd, S. 3, Bericht Edelheim an CV-Zentrale (ohne Datum), CVA 1464, Bl. 343–347, hier Bl. 343.
361 Vorstandssitzung, BJFB, S. 2.

Arbeitsgebieten hervortaten, die der CV seit Jahrzehnten für sich beanspruchte. Gleichzeitig belegt die gemeinsame Arbeit im JFB, dass zumindest ein Nebeneinander beider Strömungen möglich, und idealerweise für beide Seiten von Vorteil war.

Als Beleg für die gesteigerte Bedeutung, die Frauen für die interkonfessionelle Aufklärungs- und Abwehrarbeit zugewiesen wurde, lassen sich die zahlreichen Berichte in der CVZ und den *Blättern des Jüdischen Frauenbundes* lesen.[362] Im November 1931 widmete die CVZ eine gesamte Ausgabe der Frauenarbeit, die programmatisch mit der Schlagzeile „Frauen, hinein in den C.V.!“ überschrieben war.[363] Teil dieser Ausgabe war eine Rundfrage über die Erfahrungen, die jüdische Frauen bei ihrer Mitarbeit in interkonfessionellen Frauenvereinen gesammelt hatten.[364] Dass sich die CVZ des Mittels der Rundfrage nicht zuletzt bediente, um die eigene Anschauung in den veröffentlichten Zuschriften zu spiegeln, ist oben verschiedentlich herausgearbeitet worden. Bei der Auswahl der Antworten handelte es sich vor allem um solche, die begeistert und positiv über ihre Vereinsaktivitäten berichten, was den Werbezweck dieser Veröffentlichungen widerspiegelt, den die gesamte Ausgabe mehr oder weniger direkt verfolgte. Dementsprechend ist auch Claudia Prestels Urteil kritisch zu hinterfragen, die in der Rundfrage einen weiteren Beleg dafür erkennt, dass der CV auf „dem rechten Auge blind“ gewesen sei und sich die Berichte nach seinen Vorstellungen zusammenbog.[365]

Ein Blick in die vereinsinterne Korrespondenz relativiert dieses Bild. Der CV ging nicht davon aus, dass es in interkonfessionellen Zusammenkünften, die sich ausschließlich an Frauen richteten, einfacher werden würde, um Verständnis und Unterstützung für die jüdische Minderheit zu werben. Ein Grund dafür war auch, dass der Austausch mit nichtjüdischen Frauen erst so spät einen Schwerpunkt in der Arbeit des CV bildete. Im Vergleich zu den detaillierten Hinweisen, die sich für die „Vertrauliche Aussprache zwischen Juden und Christen“ fanden, wartete die 1931 herausgegebene Broschüre „Frauenarbeit zur Bekämpfung des Antisemitismus“ lediglich mit allgemeinen Vorschlägen auf. Diese orientierten sich an der bisherigen Aufklärungsarbeit des CV, die auf ein ausschließlich männliches Publi-

362 Vgl. Margarete Fried, Erfolgreiche Werbearbeit der Berliner Frauengruppe, CVZ, Nr. 5, 31. 1. 1930, S. 54; Elsa Wolffsheim, Erstrebtes und Erreichtes in der C.V.-Frauenarbeit, Aufklärungsabend der Frauengruppe Emden des C.V., CVZ, Nr. 18, 15. 1. 1931, S. 223; Margarete Fried, C.V.-Veranstaltungen in Berliner Privathäusern, CVZ, Nr. 42, 16. 10. 1931, S. 492; Erstrebtes und Erreichtes in der C.V.-Frauenarbeit, CVZ, Nr. 48, 27. 11. 1931, S. 547–549; Bekämpfung des Antisemitismus, BJFB, Nr. 11, November 1931, S. 10 f.; in den BJFB wurden die Berichte über interkonfessionelle Veranstaltungen ab Ende 1931 in den Rubriken „Bekämpfung des Antisemitismus“ und „Dringende Gegenwartsaufgaben“ zusammengefasst, vgl. BJFB, Nr. 3, März 1932, S. 8; ebd., Nr. 4., April 1932, S. 9; Aus Verbänden, Ortsgruppen und Vereinen, ebd., S. 10–12.

363 Margarete Goldstein, Frauen, hinein in den C.V.!, CVZ, Nr. 48, 27. 11. 1931, S. 541 f.

364 Welche Erfahrungen haben Sie bei Ihrer Mitarbeit in interkonfessionellen Frauenvereinen gemacht?, CVZ, Nr. 48, 21. 11. 1931, S. 545 f.

365 Prestel, Frauenpolitik, S. 147.

kum ausgerichtet war.[366] Die Broschüre resümierte, dass die bisherige Frauenarbeit auf dem Gebiet der Antisemitismusbekämpfung „noch ausserordentlich ausbaufähig“ sei.[367]

Zumindest eine Schrift wurde jedoch speziell Frauen, die sich an der Aufklärung der nichtjüdischen Bevölkerung beteiligen wollten, besonders anempfohlen: *Eine Aussprache über die Judenfrage zwischen Margarete Adam und Eva Reichmann-Jungmann.* Adam, eine Hamburger Philosophiedozentin und gläubige Katholikin, hatte einen Beitrag für die Broschüre im Frühjahr 1929 verfasst und bezeichnete sich hierin als „Philosemitin“, die den radikalen Antisemitismus der NSDAP ablehnte. Umso bemerkenswerter war, dass sie in einer 1930 erschienenen und erweiterten Ausgabe der Broschüre in einem Nachwort erklärte, dass sie trotz dieser Einstellung bei der Reichstagswahl die NSDAP gewählt hatte.[368] In ihren Antworten auf Adams Ausführungen beschränkte sich die CV-Mitarbeiterin Reichmann-Jungmann auf eine sachliche Auseinandersetzung mit Adams Argumentation, lehnte aber nach Adams Bekenntnis zur NSDAP eine weitere Aussprache ab. In der Broschüre lassen sich keine genderspezifischen Themen oder Perspektiven nachweisen.[369] Allerdings genügte bereits die Tatsache, dass es sich um den Austausch von zwei Frauen handelte, um die Lektüre der Broschüre gerade Frauengruppen nahezulegen. Adams Ausführungen sollten die Möglichkeit bieten, sich mit der „Mentalität der nationalsozialistischen Frau“ vertraut zu machen und sich auf eine Auseinandersetzung mit deren Einstellungen vorzubereiten.[370] Als geschlechtsspezifisch kann die Vorbereitung auf den Konfliktfall zwischen Frauen insofern bezeichnet werden, als dass jüdische Frauen nicht allein argumentativ auf eine Konfrontation mit antisemitischen Stereotypen vorbereitet wurden. Es bestand darüber hinaus die Annahme, dass sie auch einer emotionalen Festigung bedurften, bevor sie sich mit der nichtjüdischen Umwelt auseinandersetzten. Jüdische Frauen sollten sich der Aufklärungsarbeit zur Verfügung stellen, wenn sie sich „körperlich und seelisch in der Lage“ hierzu sahen.[371] Diskussionen über Adams Ausführungen innerhalb der Frauengruppen stützen diese

[366] Die Verfasser betonten zwar, dass der CV bereits seit Jahren spezielle Schulungskurse unterhielt, um jüdischen Frauen auf die Aufklärung ihrer Umwelt vorzubereiten. Für die sonstigen Hinweise auf den Erfolg der CV-Monatsausgabe, eine Übersicht über unterschiedliche Veranstaltungsformen, in denen ein nichtjüdisches Publikum erreicht werden konnte, sowie ein umfänglicher Anhang mit Literaturvorschlägen, vgl. o. V., Frauenarbeit zur Bekämpfung des Antisemitismus, Berlin 1931, S. 2–4.

[367] Ebd., S. 5.

[368] Sie begründete diese Entscheidung unter anderem damit, dass es sich bei der NSDAP um die einzige Partei handelte, welche die Revision des Versailler Vertrages ebenso wie den Kampf gegen Korruption und Bolschewismus offen propagierte. Vgl. Gisela Bock, Ganz normale Frauen. Täter, Opfer und Zuschauer im Nationalsozialismus, in: Kirsten Heinsohn/Barbara Vogel/Ulrike Weckel (Hrsg.), Zwischen Karriere und Verfolgung, Frankfurt am Main 1997, S. 245–277, hier S. 247.

[369] Vgl. Prestel, Frauenpolitik, S. 148.

[370] Lise Leibholz an Frau Selma, 5. 3. 1931, CVA, 1370, Bl. 120, ähnlich auch das Schreiben an Mayring, vgl. ebd., Bl. 88f.

[371] Ebd.

Annahme. So zeigten sich die Mitglieder einer Gruppe in Krefeld zwar „entsetzt“ über die inhaltlichen Aspekte der Broschüre. Schwerer wog jedoch das „allgemeine Bedauern“ darüber, dass es sich bei der Verfasserin um eine anerkannte Persönlichkeit handelte, und das Gefühl der „Mutlosigkeit“ und Sorge, gegen diese Einstellungen nichts ausrichten zu können.[372]

Es galt demnach, die Frauengruppen nicht nur argumentativ zu schulen, sondern auch emotional auf die Gespräche „von Frau zu Frau“ vorzubereiten. Der Zeitraum, der dafür notwendig schien, wurde teilweise auf mehrere Monate veranschlagt. Im Herbst 1932 hatte sich in Stettin eine neue CV-Frauengruppe gegründet hatte, deren Mitglieder nach Einschätzung des Ortsgruppenvorsitzenden der Arbeit des CV noch „völlig fremd“ gegenüberstanden.[373] Von der CV-Zentrale erbat er Vorträge und Informationsmaterial, um die neuen Mitglieder entsprechend zu schulen und wagte nur eine vorsichtige Zukunftsprognose. Demnach sollten die ersten Monate ausschließlich dazu dienen, die Frauen mit der nationalsozialistischen Ideologie vertraut zu machen und das argumentative Abwehrrepertoire des CV zu verinnerlichen. Erst im Anschluss sollten „Einwirkungsmöglichkeiten“ auf die nichtjüdische Umwelt überprüft werden. Dieser Ablaufplan deutet die zahlreichen antizipierten Fallstricke an, die einer Kontaktaufnahme mit der nichtjüdischen – und in diesem Falle weiblichen – Bevölkerung vorausgingen.

Dass derart umfassende Vorbereitungsmaßnahmen nicht unbegründet waren, belegen Berichte über die „Aussprachen im kleinen Kreis“ zwischen jüdischen und nichtjüdischen Frauen. Sie bilden einen deutlichen Gegensatz zu den zahlreichen positiven Berichten über gemischte Vortragsveranstaltungen und die Aktivitäten in interkonfessionellen Verbänden, die nicht nur auf den Seiten von CVZ und BJFB, sondern auch in der vereinsinternen Korrespondenz zu finden sind. Im Gegensatz dazu schien der Austausch in kleiner Runde schnell die Grenzen einer gemeinsamen Verständigung – und damit der Aufklärung oder zumindest des Werbens um Verständnis – aufzuzeigen. Diese Erfahrung hatte bereits frühzeitig die Königsberger Frauengruppe gemacht.[374] Im Oktober 1929 hatten Vertreterinnen der Gruppe fünfzig Frauen persönlich zu einer Aussprache geladen. Die Einladungen waren vor allem an Mitarbeiterinnen in Behörden, Lehrerinnen, Vertreterinnen von Frauenvereinen und Abgeordnete des Stadtparlaments ergangen. Das Vorgehen bei der Auswahl der Einzuladenden wie der persönlichen Einladungsüberbringung entsprach dabei dem generellen Vorgehen des CV. Vorsichtige Hinweise auf unerfreuliche Begegnungen bereits bei der Kontaktaufnahme finden sich in einem Schreiben von Elsa Wolffsheim, die berichtete, dass nicht alle „unserer Einladung oder unserer Gemeinschaft ohne Einschränkung wohlwollend“ gegenüberstanden. Immerhin 25 Frauen – „ein durchaus befriedigender

372 Hedwig Daniels an Lise Leibholz, 23. 1. 1931, CVA 1464, Bl. 95.
373 Hier und im Folgenden: Heinrich Marcuse an CV-Zentrale, 7. 10. 1932, CVA 1970, Bl. 29.
374 Hier und im Folgenden: Elsa Wolffsheim: Aufklärungsversammlung vor christlichen Frauen in Königsberg, CVZ, Nr. 42, 18. 10. 1929, S. 565 f.

Prozentsatz" – folgten der Einladung und erschienen „auf neutralem Boden" in den Klubräumen eines Königsberger Hotels. Ludwig Holländer, von der CV-Zentrale als Referent entsandt, thematisierte in seinem Vortrag unter anderem den Antisemitismus an Schulen. Die anschließende Diskussion sei dagegen vor allem von Lehrerinnen bestimmt gewesen, die ausschließlich von negativen Erfahrungen mit jüdischen Schülern berichteten.[375] Wenngleich Wolffsheim hervorhob, dass die Rednerinnen „durchaus bemüht" gewesen seien, von Verallgemeinerungen abzusehen, resümierte sie:

> „Zu unserem Bedauern hat aber keine Frau das Wort für uns ergriffen, etwa in dem Sinne, daß sie uns aus gemeinsamer Arbeit, z. B. der Wohlfahrtspflege, kenne und unsere Mitarbeit ihnen wertvoll sei. So blieb im Allgemeinen die Frage der ‚Verständigung' unbefriedigt."[376]

Gerade in Bezug auf die Zusammenarbeit in interkonfessionellen Vereinen zeigte die Veranstaltung den jüdischen Frauen die Grenzen positiver Einflussnahme deutlich auf. Offensichtlich war die Begegnung und Zusammenarbeit nicht wirkmächtig genug, um zu einem Abbau latent antisemitischer Einstellungen beizutragen. Dieses Fazit der Veranstaltung hatte keinen direkten Einfluss auf das weitere Vorgehen der Frauengruppe. Immerhin wurde bei den Veranstaltungsteilnehmerinnen zumindest beobachtet, dass sie „durchaus interessiert den Ausführungen und der Aussprache gefolgt waren". Die Feststellung genügte, um sie auf die Versandliste für die CV-Monatsausgabe zu setzen und ein neuerliches Zusammentreffen anzuberaumen. Darüber hinaus betonte Wolffsheim, dass der „bescheidene Erfolg" der Veranstaltung nichtsdestotrotz anderen Frauengruppen als Vorbild dienen sollte. Was an diesem Appell jedoch insbesondere auffiel, war der Hinweis, von solchen Begegnungen möglichst wenig zu erwarten.[377]

Dass diese Erfahrungen nicht regional begrenzt waren, belegt ein interner Bericht, den Margarete Fried im Juni 1931 an Ludwig Holländer übersandte. Sowohl Mitglied im CV wie im JFB, hatte Fried am Aufbau zahlreicher Frauengruppen mitgewirkt und galt als beliebte Rednerin vor jüdischem wie gemischtem Publikum. Am Beispiel einer Reihe von ihr absolvierter Veranstaltungen machte sie in dem Bericht die Probleme deutlich, die sich bei der Aufklärung nichtjüdischer Frauen über zentrale Aspekte der jüdischen Religion und Kultur, wie über die

[375] „Die Aussprache wurde in der Hauptsache von Lehrerinnen geführt, die ihre Erfahrungen dahingehend zusammenfaßten, das [sic] viele jüdische Schulkinder an einem Mangel an Ehrfurcht vor dem, was anderen heilig ist, uns an dem Fehlen persönlicher Disziplin, die ihnen das sich Einfügen in eine, vielleicht nicht ganz bequeme Gesamtheit als Selbstverständlichkeit gebietet, kranken." Vgl. ebd., S. 565.

[376] Ebd., S. 565 f.

[377] Dieser niedrigen Erwartungshaltung entsprach auch Wolffheims Resümee der zweiten Aufklärungsversammlung, welche die Frauengruppe Königsberg im Februar 1930 veranstaltete. Als besonders hervorhebenswert erschien ihr der Umstand, dass „im Gegensatz zum vorigen Male, auch wohlwollende Stimmen laut wurden, die sich günstig über gemeinsam geleistete Arbeit äußerten". Trotzdem war auch hier die Diskussion erneut von den Einschätzungen jener Frauen bestimmt gewesen, die „in taktvoller Weise auf Fehler und Mängel [hinwiesen], die ihnen bei den Juden aufgefallen zu sein schienen". Elsa Wolffsheim, Die zweite Aufklärungsversammlung der Königsberger C.V.-Frauengruppe, CVZ, Nr. 8, 21. 2. 1930, S. 97.

Gefahren des Antisemitismus, ergaben. So konnte eine Veranstaltung, für welche die Berliner Frauengruppe in der *Deutschen Hausfrauenzeitung* geworben hatte, bei nichtjüdischen Frauen zwar aktive Beteiligung erreichen, dennoch fiel „zum Schluß leise aber doch hörbar das Wort: alles Judenmache".[378] Für kleine Gesprächsrunden in den Häusern christlicher Freunde und Bekannter konstatierte Fried eine erhöhte Teilnehmerzahl, wenn Vorträge wie „Der Humanitätsgedanke in der Bibel" ein möglichst unpolitisches Thema erwarten ließen. Aus diesen Veranstaltungen ohne „politischen Charakter" ergab sich jedoch nach Frieds Einschätzung, keinerlei aufklärerischer Mehrwert.[379] Als „erfolgreichen Aussprachenachmittag" wertete sie dagegen jene Veranstaltungen, bei denen die antisemitischen Vorurteile von den eingeladenen Frauen benannt und seitens der Referentin widerlegt werden konnten.[380] Hierfür ein geeignetes Publikum zu finden, war nicht zuletzt aufgrund geschlechtsspezifischer, zeitgenössischer Zuschreibungen problematisch. So hatte eine Gastgeberin, deren Mann „Beziehungen zu streng rechtsgerichteten Kreisen" pflegte, darum gebeten, das Wort „Jude" im gesamten Referat nicht zu erwähnen. Als Fried stattdessen zu einem „politischen Aussprachenachmittag" einlud, sagten zwei Eingeladene ihre Teilnahme ab, „um die Stellung ihrer Männer" nicht zu gefährden.[381] In diesem internen Bericht reflektierte Fried offen über die zahlreichen Dilemmata, mit denen sich jüdische Frauen konfrontiert sahen, wenn sie sich argumentativ mit den Vorurteilen ihrer nichtjüdischen Umwelt auseinandersetzten. Dass Fried zumindest latent antisemitische Einstellungen bei ihrer Zuhörerschaft antizipierte, belegt der Umstand, dass sie es als Erfolg wertete, wenn sie während der Aussprache tatsächlich zu diesen Einstellungen vordrang – und ihnen argumentativ etwas entgegensetzen konnte.

Die Erfahrungen Frieds oder der Königsberger Frauengruppe zeigen, dass weder die positiv verlaufende, interkonfessionelle Zusammenarbeit noch das Vermitteln von Wissen über das Judentum genügten, um antisemitische Stereotype zu entkräften. Die Bedeutung, welche der Schulung von Frauengruppen beigemessen wurde, legt nahe, dass diese Einschätzung auch seitens des CV geteilt wurde. Bevor sie in Vorträgen und Broschüren mit den vom CV zusammengetragenen Argumentationsstrategien vertraut gemacht wurden, war es notwendig, die Frauen auf eine direkte Konfrontation mit antisemitischen Vorkommnissen vorzubereiten. Dass dessen Existenz von weiblicher Seite deutlich wahrgenommen wurde, zeigt hingegen die zunehmende Auseinandersetzung mit den antisemitischen Erfahrungen jüdischer Kinder ebenso wie die wachsende Bereitwilligkeit jüdischer Frauen, sich in der Abwehrarbeit zu engagieren. Gleich-

378 Bericht von Margarete Fried an Ludwig Holländer, 13.6.1931, CVA 1629, Bl. 6–11, hier Bl. 7.

379 Hier und im Folgenden: ebd., Bl. 8f.

380 Fried führte unter anderem die folgenden Aussagen an, die ihr während der Treffen entgegengehalten wurden: „Es gibt unter Juden keine Berufsverbrecher, weil sie auch dazu zu feige sind." „Die Kinderzahl, die früher bei den Juden üblich war, erklärt sich aus dem Streben, sich das Übergewicht zu bewahren." „Juden in meiner Geburtsstadt [...] gab es nicht [...]. Nur der Lumpenhändler war bei uns ‚der Jude'." Ebd., Bl. 10.

381 Ebd., Bl. 9.

zeitig belegt Frieds Bericht, mit welchen Schwierigkeiten es verbunden war, im Gespräch die latent antisemitischen Einstellungen der weiblichen Gesprächspartnerinnen freizulegen. Dass in den veröffentlichten Berichten über diese Aussprachen bereits vereinzelt positive Äußerungen von nichtjüdischen Frauen als „unbedingter" oder „bescheidener" Erfolg bezeichnet wurden, war nicht zuletzt der zentralen Intention dieser Artikel geschuldet: Sie dienten vor allem als Motivation für andere Gruppen, den Austausch mit der nichtjüdischen Gesellschaft aufrechtzuerhalten. Sie können demnach nicht als Beleg dafür dienen, dass bei der Abwehr gegen Antisemitismus sich „die Frauen des CV offensichtlich denselben Illusionen wie die Männer" hingaben.[382] Dieses und das vorangegangene Kapitel haben diese „Illusionen" hinterfragt und widerlegt. Dass der CV an einer Aufklärung der – weiblichen wie männlichen – nichtjüdischen Mehrheitsgesellschaft festhielt, kann nicht als Argument dafür herangezogen werden, dass sich mit dieser Praxis große Erwartungen oder Hoffnung verknüpften. Der vereinsinterne Austausch macht vielmehr deutlich, dass es die betont niedrige Erwartungshaltung gegenüber der nichtjüdischen Bevölkerung – unabhängig von ihrem Geschlecht – war, welche die Aktivität auf diesem Gebiet legitimierte und gewährleistete.

Eine besondere Bedeutung im Austausch von Juden und Nichtjuden kam der gemeinsamen Kriegserfahrung zu. Um diese für die Abwehr des Antisemitismus sowie für die Demonstration des jüdisch-nichtjüdischen Zusammenhalts fruchtbar zu machen, bedurfte es eines zumindest in Teilen modifizierten Narratives, an dessen Etablierung vor allem RjF und CV beteiligt waren.

Erinnerung und Idealisierung des Kriegserlebnisses

Im Juli 1924 veröffentlichte die CVZ eine Sondernummer, die sich unter dem Titel „Vergrabene Schätze" den Kriegsbriefen jüdischer Soldaten widmete.[383] Die Auswahl der Briefe ebenso wie das Verfassen eines Begleittextes hatte der Historiker Martin Hobohm übernommen.[384] Die Auszüge stammten alle aus bereits veröffentlichten Briefsammlungen, wie etwa dem 1920 erschienenen *Kriegsgedenkbuch der israelitischen Kultusgemeinde Nürnberg*. Dass er nun eine Auswahl der Briefe für die CVZ zusammenstellte, begründete Hobohm zum einen mit der

[382] Prestel, Frauenpolitik, S. 147; vgl. eine ähnliche Einschätzung bei Maierhof, „Ich bin stolz, Jüdin zu sein"!. Der Kampf des Jüdischen Frauenbundes gegen Antisemitismus 1904–1933, in: Ariadne 23 (1993), S. 17–22, hier S. 21 f.

[383] Hier und im Folgenden: Martin Hobohm, Vergrabene Schätze, CVZ, Nr. 28, 10. 7. 1924, S. 417–422.

[384] Hobohm war neben seiner Tätigkeit als außerordentlicher Professor an der Berliner Universität Archivrat im Reichsarchiv. Als überzeugter Republikaner und Mitglied des *Reichsbanners* setzte er sich insbesondere für eine wissenschaftliche Widerlegung der „Dolchstoßlegende" ein. Nach Benjamin Ziemanns Einschätzung zählt er „zu den größenteils vergessenen und unbesungenen Helden […] des demokratischen Gemeinwesens von Weimar". Vgl. Benjamin Ziemann, Veteranen der Republik. Kriegserinnerung und demokratische Republik 1918–1933, Bonn 2014, S. 259–268, Zitat S. 259.

Hoffnung, so ein größeres Publikum zu erreichen als mit den „entlegenen Veröffentlichungen“, in denen sie bisher erschienen waren.[385] Zum anderen sollten Anreize gesetzt werden, um eine umfassende Sammlung von Kriegsbriefen zu initiieren – ein Vorhaben, das jüdische Verbände bereits während des Krieges angeregt hatten.[386] Die Briefe ordnete Hobohm anhand thematischer Zwischenüberschriften wie „Um wahre Gleichberechtigung“, „Als Erster das Eiserne Kreuz“, „Anspruchslos und aufopfernd“ oder „Die Macht der Religion“.

Gemeinsam war allen ausgewählten Briefen, dass die Verfasser in ihnen ihre unbedingte Loyalität mit und Opferbereitschaft für Deutschland zum Ausdruck brachten. Zahlreiche Briefe verwiesen auf die Beförderungen und Auszeichnungen, welche die Soldaten erhalten hatten. Als zusätzliche Belege für die Anerkennung ihrer Leistungen nahm Hobohm Kondolenzschreiben von Vorgesetzten und Kameraden in die Briefauswahl mit auf, die den Eltern gefallener Soldaten zugegangen waren. In diesen wurden ausnahmslos der Mut und die Beliebtheit der Verstorbenen hervorgehoben. Während Hinweise auf die „Judenzählung“ gänzlich fehlten, deuteten sich antisemitische Erfahrungen in den ausgewählten Briefen höchstens an. So erklärte ein jüdischer Kaufmann seinen Eltern die Ablehnung eines Postens in der Etappe mit dem Hinweis, dass er dadurch „als Jude dann doppelt schief angesehen worden wäre“.[387] Häufiger findet sich dagegen die von jüdischen Soldaten geäußerte Hoffnung, dass ihr Engagement die „wirkliche Gleichberechtigung“ des gesamten deutschen Judentums befördern würde. Während die Leserschaft grundsätzlich äußerst positiv auf die Idee der Sonderausgabe reagierte, stieß das durch die Briefauswahl vermittelte Bild der sich aufopfernden, hoffnungsvollen jüdischen Soldaten, die von Kameraden wie Vorgesetzten geschätzt wurden, auf geteilte Zustimmung. Gerade der Umstand, dass die antisemitische Erfahrung in der Briefauswahl vollständig außen vor blieb, erschien den Lesern ergänzungs- und erklärungswürdig. So erreichte Hobohm das Schreiben Isaak Borgs, dessen Sohn Fritz im Winter 1916 gefallen war. Der beigefügte Bericht eines befreundeten Kameraden, den Borg Hobohm zur weiteren Verwendung überließ, schilderte die antisemitischen Schikanen, die Fritz Borg durch seine Vorgesetzten erfahren hatte.[388] In einem weiteren Leserbrief äußerte Walter Treuherz die Vermutung, dass alle Soldaten über die Realität dieses Krieges „anfangs bewußt, später aus Gewohnheit gelogen“ hätten, um die Daheimgebliebenen nicht „noch unglücklicher“ zu machen. Dies hätte insbesondere für die jüdischen Soldaten gegolten, die aufgrund derselben Intention auch über ihre antisemitischen Erfahrungen schwiegen.[389] Wie in Kapitel I dargelegt, gab es jedoch auch während des Krieges eine Fülle an Briefen jüdischer Soldaten, die sich über die juden-

[385] Die CVZ-Schriftleitung unterstützte diesen Punkt explizit, indem sie ihre Leser dazu aufforderte, die „ausgiebige Verbreitung“ der Sondernummer zu unterstützen. Vgl. Martin Hobohm, Vergrabene Schätze, CVZ, Nr. 28, 10. 7. 1924, S. 417.

[386] Vgl. Kap. I.1.

[387] Martin Hobohm, Vergrabene Schätze, CVZ, Nr. 28, 10. 7. 1924, S. 420.

[388] I. Borg an Martin Hobohm, 15. 7. 1924, ZA B3/52, Nr. 5.

[389] Dr. Walter Treuherz an Martin Hobohm, 20. 7. 1924, ebd.

feindlichen Einstellungen ihrer Kameraden und Vorgesetzten beschwerten. Dass Hobohm diese zentralen Erfahrungen, bis auf vereinzelte Andeutungen, aussparte, war daher kaum dem vorhandenen Quellenmaterial geschuldet. Im Folgenden wird gezeigt, dass die CVZ-Sonderbeilage mit der bewussten Aussparung der antisemitischen Erfahrung repräsentativ für einen Transformationsprozess stand, den die öffentliche Erinnerung an das jüdische Kriegserlebnis während der 1920er Jahre durchlief. Wenngleich dies auf den ersten Blick widersprüchlich erscheint, lagen die Gründe hierfür vor allem in der Abwehr antisemitischer Beschuldigungen, ebenso wie in den Bestrebungen völkischer Veteranenverbände, die Erinnerung an den Beitrag jüdischer Soldaten aus der öffentlichen Wahrnehmung zu verdrängen.

Sämtliche jüdischen Verbände hatten, wenn auch nicht immer mit gleicher Intensität, bereits zu Kriegszeiten vorhergesehen, dass die antisemitische Propaganda nach Kriegsende nicht nur quantitativ eine neue Dimension erreichen würde. Auch die antizipierte Befürchtung, dass die Leistungen jüdischer Soldaten durch die nichtjüdische Bevölkerung unterschätzt würden und beständig gegen den Vorwurf der „Drückebergerei" verteidigt werden müssten, bestätigte sich.[390] Während der CV die Widerlegung dieser Verleumdungen in seine generelle Abwehrarbeit inkorporierte, bildete sie den Arbeitsschwerpunkt innerhalb des *Reichsbundes jüdischer Frontsoldaten.*[391] Trotz zahlreicher Kooperation beider Vereine bot die Tatsache, dass beide maßgeblich in die Gedenkarbeit involviert waren, auch Konfliktpotenzial. Im Zuge zahlreicher Publikationen, die vor allem mit statistischen Auswertungen die jüdische Beteiligung am Kriegsgeschehen belegten, veröffentlichte der CV 1926 auch ein Gedenkbuch für die jüdischen Frontsoldaten in Württemberg und Hohenzollern, das seitens des *Reichsbundes* heftig kritisiert wurde.[392] Ungewöhnlich an dem Gedenkbuch war, dass nicht nur die Gefallenen, sondern sämtliche Frontsoldaten namentlich genannt und geehrt wurden. Leo Löwenstein, der Vorsitzende des RjF, warf dem CV vor, lediglich eine Mitgliederliste des *Reichsbundes* veröffentlicht zu haben und verbat sich jegliche öffentliche Assoziation mit dem Gedenkbuch.[393] Die Auseinandersetzung kann einerseits als Beleg für den Anspruch auf die Führungsrolle gewertet werden, die der RjF in der Diskussionen um die Frage jüdischer Kriegsbeteiligung für sich beanspruchte.[394] Andererseits lässt sich die Verstimmung seitens des RjF darauf

[390] Vgl. Kap. I.2.3.

[391] Ruth Pierson, Embattled Veterans. The Reichsbund Jüdischer Frontsoldaten, in: LBYB 19 (1974), Heft 1, S. 139–154, hier S. 139f.

[392] Neben den zahlreichen Publikationen, in denen die Zahl jüdischer Kriegsteilnehmer und -gefallener erörtert wurden, erlangte vor allem die Studie Teilhabers über jüdische Flieger einen größeren Bekanntheits- und Verbreitungsgrad. Vgl. Felix Teilhaber, Jüdische Flieger im Weltkrieg. Ein Buch der Erinnerung, Berlin 1919.

[393] Die gesamte Episode findet sich bei Grady, Soldiers, S. 93f. Vor allem in den frühen 1930er Jahren kam es zwischen RjF und CV immer wieder zu Auseinandersetzungen über Fragen der Abwehr und den diesbezüglichen Führungsansprüchen beider Vereine. Grundsätzlich wurden diese jedoch nicht in die Öffentlichkeit getragen. Vgl. Caplan, Wicked Sons, S. 236ff.

[394] Vgl. ebd., S. 94.

zurückführen, dass das Gedenkbuch des CV durch die Nennung Gefallener *und* Überlebender den zentralen Aspekt der Erinnerungs- wie Abwehrarbeit des *Reichsbundes* verzerrte: das Gedenken an die Kriegstoten. Insbesondere Derek Penslar hat in seiner Forschung auf die allgegenwärtige Erwähnung der Zahl der 12 000 jüdischen Kriegstoten hingewiesen, die sich während der Weimarer Republik auf Flugblättern, Monumenten, in Zeitungen, Broschüren und Reden wiederfand.[395] Sie bildete die Grundlage für innerjüdische Gedenkveranstaltungen, ebenso wie für die generelle Teilhabe am gesamtdeutschen Kriegsgedenken.

Gerade bei diesen Feierlichkeiten wurden die Grenzen eines gemeinsamen Erinnerns von Juden und Nichtjuden während der Weimarer Republik immer wieder deutlich. Ein prominentes Beispiel hierfür war die Planung und feierliche Einweihung des Tannenberg-Nationaldenkmals im Jahr 1927.[396] Wie sein Name nahelegte, sollte es als Gedenkort *sämtlichen* deutschen Soldaten gewidmet werden, die in den dortigen Kämpfen des Ersten Weltkrieg gefallen waren. Dementsprechend versammelten sich im Planungsausschuss des Denkmals neben Vertretern des *Stahlhelms* auch Mitglieder des *Reichsbanners* sowie des RjF. Dies hatte insbesondere dem *Stahlhelm* massive interne Kritik und öffentliche Missbilligung von rechtskonservativer und völkischer Seite eingebracht. In der Konsequenz verweigerten sich die Vertreter des *Stahlhelms*, das Denkmal unter Anwesenheit von *Reichsbanner*-Mitgliedern einzuweihen, was wiederum deren sofortige Absage zur Folge hatte. Darüber hinaus hatte das Veranstaltungsprogramm vorgesehen, dass jeweils ein evangelischer, katholischer und jüdischer Geistlicher das Denkmal einweihen sollten. Nur wenige Tage vor der Veranstaltung lud der Denkmalausschuss – dem zu diesem Zeitpunkt weder Vertreter des *Reichsbanners* noch des RjF mehr angehörten – den Rabbiner Reinhold Lewin von der Veranstaltung aus. Als Begründung führte der Ausschuss die Dauer der Veranstaltung an, welche für den ebenfalls geladenen Reichspräsidenten von Hindenburg eine zu große Belastung darstellte. Dass das Streichen der Rede Lewins lediglich eine Zeitersparnis von vier Minuten bedeutete, macht die tatsächlichen Intentionen dieser Entscheidung deutlich. Konsequenterweise sagte daraufhin auch der RjF seine Teilnahme an der Veranstaltung ab. In der Forschung dient diese Episode als Beleg für den zunehmenden Einfluss radikaler völkischer Einstellungen innerhalb der Veteranenverbände, die ein nationales Erinnern während der Weimarer Republik zunehmend unmöglich machten.[397] Die Auseinandersetzungen rund um die Einweihung des Tannenberg-Denkmals zeigt jedoch auch exemplarisch, wie RjF und CV mit derartigen Erfahrungen umgingen. In den Leitartikeln der CVZ und des *Schilds* fin-

395 Kritisch kontrastiert Penslar das ständige Rekurrieren auf die Kriegstoten mit der Tatsache, dass sich der RjF über seine versehrten Mitglieder weitgehend ausschweig. Vgl. Derek J. Penslar, Jews and the Military, Princeton 2013, S. 184f. Vgl. zur Bedeutungszuschreibung an die Zahl gefallener jüdischer Soldaten auch Brian Crim, Antisemitism in the German Military Community and the Jewish Response, 1914–1938, Lanham 2014, S. 113–115; Dunker, Reichsbund, S. 72–74; Grady, Soldiers, S. 110.

396 Vgl. hier und im Folgenden: Grady, Soldiers, S. 107f.

397 Ebd, S. 107.

det sich eine exemplarische Zusammenstellung von Argumenten, mit denen die Ausladung des Rabbiners – ebenso wie indirekt die der jüdischen Veteranen – erklärt und relativiert werden konnte.[398] Julius Brodnitz nahm für die CVZ mit „tiefster Trauer" die Vorgänge zur Kenntnis und der RjF-Vorsitzende Leo Löwenstein sah ein „erschreckendes Schlaglicht auf die heutigen Verhältnisse" geworfen. Gleichzeitig konnten beide die Verantwortlichen für die Ausladung Rabbiner Lewins reaktiv konkret benennen. Demnach war es ein „großer, dort [in Ostpreußen] sehr völkisch eingestellter Verband ehemaliger Heeresangehöriger", der damit gedroht hatte, während der Rede des Rabbiners geschlossen die Veranstaltung zu verlassen.[399]

Den meisten Lesern dürfte auch ohne explizite Nennung bewusst gewesen sein, dass es sich hierbei lediglich um den *Stahlhelm* handeln konnte. Der geographische Hinweis implizierte jedoch, dass die Einstellung des ostpreußischen Landesverbandes nicht notwendigerweise für die gesamte Veteranenorganisation galt.[400] Darüber hinaus hob Löwenstein mit indirektem Verweis auf das *Reichsbanner* hervor, dass es sich beim RjF nicht um den einzigen Verband gehandelt hatte, der von der Veranstaltung „fortgeekelt" worden sei. Mit dem Wissen um die Drohung des Veteranenverbandes war es ferner möglich, die Verantwortung des „an sich vorurteilsfreien" Vorsitzenden des Denkmalausschusses bei der Ausladung des Rabbiners zu relativieren.[401] Besondere Bedeutung maßen beide Artikel jedoch dem Umstand bei, dass Reichspräsident Hindenburg, der lediglich als Gast geladen war, keinerlei Kenntnisse über die Entwicklungen unmittelbar vor Denkmalseinweihung besaß. So konnte Brodnitz aus „zuverlässiger Quelle" berichten, dass das ursprüngliche Veranstaltungsprogramm die „volle Billigung" Hindenburgs erfahren hätte, während Löwenstein sicher war, dass dieser bis zuletzt nicht über die Programmänderung im Bilde gewesen sei.[402] Dementsprechend konnten beide Artikel mit der Feststellung schließen, dass Hindenburgs Rede, in der er das Denkmal allen widmete, die „für die Befreiung der Heimat gefallen sind", selbstverständlich auch für die jüdischen Kriegstoten galt.[403]

Symptomatisch für die Erinnerungskultur von RjF wie CV war an diesen Ausführungen jedoch nicht nur die Marginalisierung der zeitgenössischen völkischen Strömungen, das Fernhalten jeglicher Kritik von Hindenburg und der stete Verweis auf die jüdischen Gefallenen.[404] Ein zentraler Stellenwert kam der Idealisierung der jüdisch-nichtjüdischen Kameradschaftserfahrung während des Krieges

[398] Julius Brodnitz, Tannenberg, CVZ, Nr. 38, 23. 9. 1927, S. 533f.; Leo Löwenstein, Tannenberg und eine nicht gehaltene Predigt, Schild, Nr. 39, 19. 9. 1927, S. 297f.

[399] Löwenstein, Tannenberg, ebd., S. 297.

[400] Zu den ambivalenten Einschätzungen insbesondere gegenüber dem *Stahlhelm* vgl. Kap. II.2.2; Crim, Community, S. 43ff.

[401] Brodnitz, Tannenberg, CVZ, Nr. 38, 23. 9. 1927, S. 533.

[402] Ebd., S. 534; Löwenstein, Tannenberg, Schild, Nr. 39, 19. 9. 1927, S. 297.

[403] Löwenstein, Tannenberg, ebd., S. 297; vgl. Brodnitz, Tannenberg, CVZ, Nr. 38, 23. 9. 1927, S. 533.

[404] Vgl. hierzu auch die Einsendungen jüdischer Vereine und Einzelpersonen an Hindenburg während der „Judenzählung", Kap. I.2.3.

zu. So nutzte Löwenstein die Ereignisse rund um die Denkmaleinweihung 1927, um sie mit einer Zeit zu kontrastieren, „als alle Deutsche, zu welcher Religion, Partei und Abstammung sie sich auch bekannten, auf dem Schlachtfelde […] in größter Einigkeit zusammenstanden".[405]

Die Verfasser früher Abwehrpublikationen hatten explizit auf die antisemitischen Erfahrungen während des Krieges Bezug genommen.[406] Die Berichte und eingesandten Kriegserinnerungen, die im *Schild*, vereinzelt aber auch in der CVZ seit Mitte der 1920er Jahre veröffentlicht wurden, zeichneten sich dagegen durch eine zunehmend positive Darstellung der Kriegserfahrung, insbesondere der interkonfessionellen Kameradschaft aus: Ehemalige Feldrabbiner berichteten von ihrer seelsorgerischen Funktion für jüdische wie nichtjüdische Soldaten[407]; persönliche Erinnerungen rekurrierten auf die positiven Begegnungen zwischen Juden und Nichtjuden[408]; Besuche der vormaligen Schlachtfelder riefen vor allem kameradschaftliche Episoden ins Gedächtnis[409]; und Berichte von Vorgesetzten bestätigten immer wieder die Tapferkeit jüdischer Soldaten[410]. Antisemitische Erfahrungen blieben in diesen Zusammenhängen unerwähnt. Lediglich über die „Judenzählung" erschienen vereinzelt Berichte, in denen ihre verheerende Wirkung auf die jüdischen Soldaten im Mittelpunkt stand.[411] Die noch während des Krieges von jüdischen Vereinen etablierte Funktion der „Judenzählung" als Symbol und Stellvertreter für sämtliche negativen Erfahrungen mit Nichtjuden blieb folglich auch während der Weimarer Republik erhalten. So kommt Brian Crim in Bezug auf Kriegserinnerungen, die im *Schild* erschienen, zu folgendem Schluss: „[…] the RjF seemed even more nostalgic about the imagined front community than either Stahlhelm or the Young German Order."[412]

405 Löwenstein, Tannenberg, Schild, Nr. 39, 19. 9. 1927, S. 297.

406 Vgl. das Vorwort bei Italiener, Waffen.

407 Martin Salomonski, Erinnerung eines Feldgeistlichen, CVZ, Nr. 49, 4. 12. 1924; S. 776 f.; Georg Wilde, Gräber im Felde, Schild, Nr. 9, 1. 5. 1925, S. 169 f.; ders., Bei unseren Toten …, Schild, Nr. 26, 28. 6. 1926, S. 201 f.; ders., Wo unsere Kameraden ruhen, Schild, Nr. 3, 24. 1. 1927, S. 445.

408 Walter Bacher-Kassel, Erlebnis, Schild, Nr. 24, 20. 6. 1927, S. 181 f.; Friedrich Glaser, Mein letzter Kriegstag, Schild, Nr. 31, 6. 11. 1925, S. 408 f.

409 Willy Cohn, Wie die Schlachtfelder heute aussehen, Schild, Nr. 39, 27. 9. 1926, S. 305.

410 Vgl. Die Kriegsleistungen der jüdischen Soldaten, CVZ, Nr. 19, 8. 5. 1924, S. 267; Wolfgang Siegbert Matzdorff, Der K.C. im Krieg, Schild, Nr. 6, 14. 2. 1927, S. 41 f., hier S. 42; General E.D., Juden im Weltkrieg, Schild, Nr. 4, 31. 1. 1927, S. 25; Freiherr Paul von Schönaich, Juden als Soldaten, Schild, Nr. 42, 18. 10. 1926, S. 329 f.; o. V., Regiment 51, eine vielsagende Chronik, Schild, Nr. 34, 23. 8. 1926, S. 265 f.; Max Brunzlow, Drückeberger! Aus den Kriegserlebnissen eines deutschen Offiziers, CVZ, Nr. 17, 24. 4. 1928, S. 226.

411 Vgl. Bruno Weil, Zehn Jahre, CVZ, Nr. 32, 7. 8. 1924, S. 473 f., hier S. 474; Samuel Nußbaum, Judenzählung 1916, Schild, Nr. 18, 3. 5. 1926, S. 134; Moritz Rosenberg, Nochmals – Judenzählung, Schild, Nr. 20, 17. 5. 1926, S. 154. Ergänzend hierzu wurde vor allem bei der Auseinandersetzung mit antisemitischer Propaganda, insbesondere mit den Publikationen von Alfred Roth, auf die statistischen Unzulänglichkeiten der Zählung verwiesen. Vgl. Felix Teilhaber, Die Judenzählung beim Kriegsherr. Ein Nachwort, Schild, Nr. 14/15, 9. 4. 1926, S. 105 f.

412 Crim, Community, S. 114.

Die zur Veröffentlichung ausgewählten Kriegserinnerungen sind jedoch nur begrenzt als Ausdruck der Nostalgie zu bewerten. Stattdessen belegt die Fülle an Beiträgen, in denen positive Aspekte der jüdisch-nichtjüdischen Kameradschaft im Mittelpunkt stand, vor allem, dass es gerade diese Erinnerungen waren, die der RjF innerhalb des kollektiven Gedächtnis seiner Mitglieder zu verfestigen suchte.[413] Um die möglichen Intentionen dieser Fokussierung offenzulegen, soll im Folgenden Guy Mirons Konzept der *Usable Past* genutzt werden.[414] Miron versteht hierunter die Versuche liberaler wie zionistischer Vertreter während der 1930er Jahre die zeitgenössischen Entwicklungen unter Rückgriff auf historische Erfahrungen zu erklären, zu vergleichen und zu bewältigen. Neben religiösen Zuschreibungen bezieht sich sein Ansatz vor allem auf historische Ereignisse zwischen Mittelalter und Aufklärung, wie die Vertreibung der Juden aus Spanien und der Emanzipationsgeschichte der Juden in Deutschland.[415] Sein Konzept umfasst damit ausschließlich Aspekte der jüdischen Geschichte, die weit außerhalb des Erfahrungsraums der Zeitgenossen lagen. Auch *Der Schild* griff bereits während der Weimarer Republik auf die *Usable Past* zurück, indem er am Beispiel der Befreiungs- und Einigungskriege die Kontinuität jüdischer Beteiligung an den kriegerischen Auseinandersetzungen des Deutschen Reichs nachwies.[416]

Die Erinnerungen an den Weltkrieg erfolgten jedoch unter anderen Voraussetzungen. Hier handelte es sich nicht um weit zurückliegende, historische Ereignisse, sondern um Erlebnisse im unmittelbaren Erfahrungsraum der ehemaligen jüdischen Soldaten. Dass bei den öffentlichen Erinnerungen vor allem die positiven Aspekte der jüdisch-nichtjüdischen Kameradschaft während des Krieges im Vordergrund standen, kann als Beleg für die Etablierung einer *Usable Immediate Past* gewertet werden. Dadurch ist es möglich, externe und interne Faktoren zu identifizieren, die diese öffentliche Darstellung beeinflussten.

Im Gegensatz zu den Veteranen des *Reichsbanners*, die in ihrer Publikation offen die Abscheu über ihre Kriegserfahrungen zum Ausdruck brachten, dominierten im *Schild* Berichte über Einsatz und Pflichterfüllung sowie die Bewährung im Krieg.[417] Für diese Form der Kriegserinnerung war der Verweis auf die guten Be-

413 Ähnliche „Publizistische Erinnerungszeichen" identifiziert auch Gerald Lamprecht für die jüdische Kriegserinnerung in Österreich, vgl. Gerald Lamprecht, Erinnern an den Krieg aus jüdischer Perspektive, in: Zeitgeschichte 41 (2014), S. 242–266, hier S. 244–247; Maurice Halbwachs, Das kollektive Gedächtnis, Frankfurt am Main 1985, S. 121.

414 Vgl. Guy Miron, The Waning of Emancipation. Jewish History, Memory, and the Rise of Fascism in Germany, France and Hungary, Detroit 2011, S. 79f. Vgl. auch die „Erfindung einer nationaldeutschen Tradition", wie sie Hambrock für den *Verband nationaldeutscher Juden* (VnJ) konstatiert, Matthias Hambrock, Die Etablierung der Außenseiter. Der Verband nationaldeutscher Juden 1921–1935, Köln 2003, S. 561f.

415 Vgl. ebd., S. 54–79.

416 Vgl. Walter Berlin, Die jüdischen Landwehroffiziere bei Waterloo, Schild, Nr. 2, 11. 1. 1926, S. 7; o. V., Ein Held. Von einem hessischen Stabsoffizier, Schild, Nr. 20, 17. 5. 1926, S. 156; Julius Herzberg, Die Posener Juden als Soldaten, Schild, Nr. 38, 20. 9. 1926, S. 297f.; Ludwig Horwitz, Aus vergilbten Papieren, Schild, Nr. 43, 25. 10. 1926, S. 337f.; Penslar, Jews, S. 188.

417 Vgl. Ziemann, Veteranen, S. 93–97. Wenngleich das *Reichsbanner* der einzige große nichtjüdische Veteranenverein war, der den Antisemitismus offen verurteilte, blieben Kontakte und

ziehungen zu nichtjüdischen Kameraden und Vorgesetzten in zweifacher Hinsicht von Bedeutung. Zum einen wurden insbesondere die Einschätzungen der Vorgesetzten als Beleg gegen die antisemitischen Verleumdungen herangezogen. Gleichzeitig bot der Verweis auf die guten Erfahrungen mit Kameraden und Vorgesetzten die Möglichkeit, das Ideal einer gemeinsamen Kriegserfahrung aufrechtzuerhalten. Dass die jüdischen Veteranen während der Weimarer Republik nicht nur von dieser Kriegserfahrung, sondern auch der gemeinsamen Erinnerung hieran zunehmend ausgeschlossen wurden, konnte so radikalen Strömungen innerhalb der Veteranenvereine angelastet werden.[418] In dieser Hinsicht diente die *Usable Immediate Past* vor allem als vereinsinterne Möglichkeit der Selbstversicherung.

Ergaben Gedenkveranstaltungen für Vertreter des RjF oder Feldrabbiner die Möglichkeit, sich mit einem Redebeitrag zu beteiligen, konnte diese Gelegenheit zwar wahrgenommen werden, um auf die 12 000 gefallenen jüdischen Soldaten und die gemeinsame Kriegserfahrung hinzuweisen. Ein Austausch über gegenwärtige Entwicklungen in Deutschland wurde dadurch jedoch nicht angestoßen. Ohne die Problematisierung der Zeitumstände fehlte der *Usable Immediate Past* der jüdischen Kriegserfahrung jedoch der Kontrast, der sie erst argumentativ wirksam werden ließ. Ohne den direkten Verweis auf die Verleumdung und Hetze, der sich die jüdischen Veteranen in der Weimarer Republik ausgesetzt sahen, konnte die nichtjüdische Gesellschaft die idealisierte Kriegserinnerung wie den Verweis auf die 12 000 Gefallenen als Aspekte der jüdischen Erinnerungskultur werten – und abtun.

Dabei konnten bereits vereinzelt kritische Anmerkungen zum Zeitgeschehen genügen, um auf nichtjüdischer Seite alle weiteren gemeinsamen Veranstaltungen zu verhindern. Dies zeigt das Beispiel der Beerdigung des ehemaligen Oberleutnants Otto Rosenthal im Februar 1924.[419] Der Nürnberger Rabbiner Isaak Heilbronner, der die Gedenkrede hielt, betonte Rosenthals Vaterlandsliebe und Opfer-

Kooperationen zwischen ihm und dem RjF sporadisch. Vgl. ebd., S. 76; Jacob Toury, Jewish Aspects as Contributing Factors to the Genesis of the Reichsbanner Schwarz-Rot-Gold, in: LBYB 37 (1992), S. 235–257, hier S. 249.

418 Diese Argumentation wurde auch durch die im Februar 1926 eingeführte Rubrik „Aus anderen Unterständen" unterstützt. Hier sammelte der *Schild* Artikel und Redeauszüge anderer Veteranenorganisationen. Die Zusammenstellung der Beiträge blieb aufgrund der „parteipolitischen Neutralität" des RjF unkommentiert. Die Inhalte der ausgewählten Artikel legen nahe, dass für diese Rubrik Beiträge bevorzugt wurden, die ein aus Sicht des RjF besonders positives Bild der jeweiligen Verbände zeichneten. So erschienen vor allem Berichte aus den Vereinspublikationen von *Stahlhelm* und *Kyffhäuserbund*, die sich gegen eine Vereinnahmung durch völkische Gruppierungen richteten und jegliche „parteipolitische Beeinflussung" bestritten. Auch Artikel über Veteranengruppen, denen aufgrund ihrer Hakenkreuzembleme der Zutritt zu Gedenkveranstaltungen verwehrt blieb, wurden ausgiebig zitiert. Vgl. bspw. Aus anderen Unterständen, Schild, Nr. 6, 8. 2. 1926, S. 42; ebd., Nr. 50, 13. 9. 1926, S. 404; ebd., Nr. 4, 31. 1. 1927, S. 27 f.; ebd., Nr. 7, 21. 2. 1927, S. 50.

419 Vgl. hier und im Folgenden: Rosenthal, Ehre, S. 150 f.; Keine militärischen Ehren beim Begräbnis jüdischer Soldaten, CVZ, Nr. 19, 8. 5. 1925, S. 333; Judenfeindliche Bestrebungen in einem Kriegsverein, Schild, Nr. 9, 1. 5. 1925, S. 171.

bereitschaft. In diesem Zusammenhang verwies er auch auf prominente völkische Vertreter wie Erich Ludendorff, die diese Eigenschaften bei jüdischen Soldaten bestritten. Daraufhin beschloss der *Verein der Angehörigen des ehemaligen 8. Königlich-Bayerischen Feldartillerie-Regiments*, dem der Verstorbene angehört hatte, bei künftigen Beerdigungen „von Kameraden israelitischen Glaubens" den Mitgliedern die Teilnahme freizustellen und auch die Vereinsfahne nicht mehr mitzuführen. Den Entschluss, der fast ein Jahr später erging, begründete man damit, dass Heilbronners Gedenkrede „ins Politische" übergegangen sei. Die jüdischen Angehörigen des Vereins erklärten daraufhin geschlossen ihren Austritt.

Das Beispiel belegt, dass auch in Vereinen, die weder als offen völkisch oder antisemitisch galten, es zu diskriminierenden und, in ihrer Konsequenz, weitreichenden antisemitischen Vorfällen kommen konnte. Diese konnten von einer Vielzahl externer wie interner Faktoren abhängig sein und sich – wie das Beispiel ebenfalls zeigt – ohne sonderliche Vorankündigung manifestieren. Crim schreibt in diesem Zusammenhang von einem „situativen Antisemitismus", mit dem er beispielsweise die Einstellung und Politik des *Stahlhelms* charakterisiert.[420] Aber auch bei kleineren, lokalen Veteranenverbände kam es zu vermeintlich spontanen antisemitischen Reaktionen. Im Falle des ehemaligen 8. Feldartillerie-Regiments hatte es ein ganzes Jahr gedauert, bis die Rede Heilbronners zum Anlass genommen wurde, die Beerdigungen jüdischer Kameraden zu meiden. Dabei hielt der Vereinsvorsitzende auch zu diesem Zeitpunkt die Gedenkrede für „völlig einwandfrei". Allerdings genügte der Antrag eines Ehrenvorsitzenden, um eine Abstimmung über die mögliche Aufhebung des Beschlusses ebenso wie eine Stellungnahme jüdischer Mitglieder zu verhindern. Darüber hinaus zeigt der Vorfall eindrucksvoll, wie jegliche Versuche einer kritischen Reflexion über die Zeitumstände und den erstarkenden Antisemitismus mit dem Hinweis abgewiegelt werden konnten, dass derartige politische Themen nicht in den Kontext von Gedenkfeierlichkeiten gehörten.

Der kleine Handlungsspielraum ebenso wie die Tatsache, dass der RjF durch die Initiativen völkischer Vereinigungen so wie den situativen Antisemitismus von Veteranenverbänden immer häufiger von Gedenkveranstaltungen ausgeschlossen blieb, äußerte sich indirekt auf den Seiten des *Schilds*. Hier wurden sämtliche Zusammenkünfte von Kriegsveteranen, an denen Vertreter des RjF weiterhin beteiligt waren, ausführlich dargestellt – und durchgängig als Erfolg gewertet.[421]

Auf der Suche nach Möglichkeiten, ein nichtjüdisches Publikum jenseits der Gedenkveranstaltungen zu erreichen, orientierte sich der RjF zunehmend am

420 „Situational antisemitism was the process by which an organization expressed an opinion or policy concerning Jews in response to internal and external influences. " Brian Crim, Weimar's „Burning Question". Situational Antisemitism and the German Combat Leagues, 1918–1933, in: Larry E. Jones (Hrsg.), The German Right in the Weimar Republic: Studies in the History of German Conservatism, Nationalism, and Antisemitism 2014, S. 194–219, hier S. 195.

421 Vgl. Einweihung des jüdischen Ehrenmals in Leipzig. Eine erhebende Feier, Schild, Nr. 25, 21.6.1926, S. 196; Einweihung eines Gefallenen-Denkmals in der Berliner Universität, Schild, Nr. 30, 26.7.1926, S. 234.

Muster der „gemischten“ Aufklärungsveranstaltungen des CV. Derartige Zusammenkünfte bildeten seit Herbst 1930 einen festen Bestandteil in der Arbeit des RjF. Grund hierfür war das Ergebnis der Reichstagswahl in jenem Jahr. Ähnlich wie bei den CV-Frauengruppen und dem JFB, die sich in diesem Zeitraum ebenso um verstärkten Kontakt zu christlichen Frauen bemühten, waren es allerdings auch vereinsinterne Entwicklungen, die diesen neuen Arbeitsschwerpunkt begünstigten. So trat im September 1930 Ludwig Freund in die Bundesleitung des RjF ein. Zuvor hatte er sechs Jahre lang als Syndikus den CV-Landesverband in Bayern vorgestanden.[422] Neben seiner Tätigkeit als Chefredakteur des *Schilds* fielen auch grundlegende Fragen zu Agitation und Propaganda in seinen Verantwortungsbereich.[423] Hierbei griff er auf seine Erfahrungen in der Aufklärungs- und Abwehrarbeit des CV zurück. In den *Schild*-Ausgaben unmittelbar nach der Reichstagswahl wandte sich Freud direkt an die RjF-Mitglieder und forderte von ihnen ein verstärktes Einwirken auf die ihnen bekannten, nichtjüdischen Kreise. Seine Handlungsanweisungen betrafen dabei Aspekte des privaten und öffentlichen Lebens. So forderte er von den RjF-Mitgliedern bei privaten Begegnungen mit Nationalsozialisten, diese in Diskussionen mit dem Antisemitismus ihrer Partei zu konfrontieren.[424] Darüber hinaus sollten die ehemaligen Soldaten unter expliziten Verweis auf ihren Veteranenstatus ohne „falsche Bescheidenheit […], mutig und ohne Scheu“ um politische Ämter kandidieren.[425] Jede dieser Aufforderungen hob den Umstand hervor, dass es ehemaligen jüdischen Frontkämpfern leichter fallen würde, Einfluss auf ihre nichtjüdische Umwelt zu nehmen.

Die Grundlage für diese Überzeugung bildete weniger eine übertriebene Selbsteinschätzung, sie fußte vielmehr auf einer Beobachtung des Verhaltens der nichtjüdischen Gesellschaft. Während sie weitgehend problemlos die jüdische Minderheit als solche aus dem gesellschaftlichen und politischen Leben verdrängte, stellte Freund fest, dass sie diese Methode gegenüber jüdischen Frontsoldaten „nicht so rigoros anzuwenden wagt“.[426] Freunds Schlussfolgerungen lassen keinen Zweifel daran, dass er seine Anerkennung in der nichtjüdischen Gesellschaft ausschließlich von seinem Status als ehemaliger Frontkämpfer abhängig machte. Das Wissen um das argumentative Potenzial, das der Verweis auf die jüdische Kriegsbeteiligung barg, sollte er in den folgenden Jahren in zahlreichen Aufklärungsveranstaltungen ausschöpfen.[427]

Die Veranstaltungsvorbereitungen vor Ort orientierten sich sämtlich an dem CV-Modell der geschlossenen Versammlung vor geladenem, nichtjüdischem Pu-

422 Vgl. Barbara Kaufhold, Juden in Mühlheim an der Ruhr, Essen 2004, S. 168f.
423 Vgl. Caplan, Wicked Sons, S. 229f.
424 Vgl. Ludwig Freund, Die neue Lage – der alte Kampf, Schild, Nr. 19, 9. 10. 1930, S. 145f.
425 Ders., Frontsoldaten vor!, Schild, Nr. 20, 23. 10. 1930, S. 154.
426 Ebd.
427 Dunker weist anhand der Berichte im *Schild* zwischen Dezember 1930 und März 1933 mindestens 72 von Ortsgruppen und Landesverbänden organisierte Aufklärungsveranstaltungen nach, bei denen vor allem Freund als Redner auftrat. Vgl. Dunker, Reichsbund, S. 77, S. 277 (Anm. 39).

blikum. Wie weiter oben gesehen, hatten sich auch die Ortsgruppen des CV aufgrund der Gefahr, dass radikale Gruppen die Versammlungen sprengen würden, immer häufiger gegen öffentliche Veranstaltungen entschieden. Der RjF kam derartigen antizipierten Konflikten mit geschlossenen Versammlungen zuvor. Hieran änderten auch die positiven Berichte in der regionalen, nichtjüdischen Presse nichts, die nach den Veranstaltungen häufig bedauerten, dass sie keine größere Öffentlichkeit erreichten.[428] Die Ortsgruppen, die für die Versendung der Einladungen zuständig waren, bemühten sich, das gesamte Parteispektrum abzudecken. Im Gegensatz zu den Einladungslisten von CV und den Frauengruppen lag der Schwerpunkt des RjF jedoch darauf, die „rechtsstehenden Kreise" für eine Teilnahme an den Veranstaltungen zu gewinnen. Die Veranstaltungsberichte hoben dabei neben den städtischen Honorationen und Vertretern des *Stahlhelms* insbesondere die Anwesenheit vereinzelt eingeladener Mitglieder der NSDAP hervor.[429]

Titel wie „Hat der jüdische Frontsoldat Anspruch auf Achtung und Staatsbürgerrechte in Deutschland?", „Gemeinschaftsgeist und Kameradschaftstreue" oder „Die deutsche Gegenwart und der jüdische Frontsoldat" rekurrierten auf den Weltkrieg. Im Gegensatz zu Gedenkveranstaltungen ließ sich in den Vorträgen der Kontrast zwischen der Bewährung jüdischer Soldaten im Krieg und der Erfahrung des radikalen Antisemitismus während der Weimarer Republik verdeutlichen. Zentraler Bestandteil jeder Rede waren die 12 000 jüdischen Kriegstoten, die als „Blutopfer" die „wirkliche Vaterlandsliebe und Vaterlandszugehörigkeit" belegten.[430] Die Veranstaltungen boten jedoch auch Raum, das Narrativ der christlich-jüdischen Kriegskameradschaft, das sich innerhalb des RjF etabliert hatte, einer nichtjüdischen Öffentlichkeit zu präsentieren – und mit Forderungen an die Gegenwart zu verknüpfen:

> „Er [Freund] wandte sich schließlich mit einem Appell an die christlichen Kameraden, den wahren Geist der Front wieder erstehen zu lassen, der der Geist der Hilfsgemeinschaft und der Kameradentreue gewesen sei, der Geist des Zusammenstehens- und des gemeinsamen Opfers für die Idee des Vaterlandes."[431]

Derartige Appelle unterschieden sich grundlegend von den übrigen Aufklärungsveranstaltungen, die von jüdischer Seite etabliert wurden. Während sich der CV bemühte, einen Kontrapunkt gegen die völkische Propaganda zu setzen und die Frauengruppen es als Fortschritt werteten, bis zum antisemitischen Stereotyp vorzudringen, konnte der RjF einen konkreten Anspruch an das Publikum formulieren. Die Grundlage hierfür bildete eine, durch Idealisierung nutzbar gemachte Kriegserinnerung. Hierbei fehlte jeglicher Hinweis auf individuelle anti-

[428] Die Aufklärung muß marschieren! Aufklärungsversammlungen des RjF in Wiesbaden und Saarbrücken, Schild, Nr. 2, 28. 1. 1932, S. 9f., hier S. 10.

[429] Unsere Aufklärungserfolge! Kameraden, arbeitet überall in diesem Sinne!, Schild, Nr. 11, 26. 5. 1932, S. 73f.

[430] Vgl. Aufklärungsversammlung des Reichsbundes jüdischer Frontsoldaten in Plauen, Schild, Nr. 21, 12. 11. 1931, S. 165.

[431] Schild, Nr. 2, 28. 1. 1932, S. 10.

semitische Erfahrungen jüdischer Soldaten ebenso wie die „Judenzählung“ außen vor. Im Zentrum der *Usable Immediate Past* stand ausschließlich die Feststellung, „daß wir damals alle ausgerichtet standen in einer Front des Willens und des Kämpfens und des Leidens.“[432] Von dieser Kriegserfahrung leitete Freund zur Gegenwart über und kontrastierte sie mit dem Ausmaß antisemitischer Hetze. Neben den Erfahrungen der ehemaligen Soldaten betonte er auch die Erlebnisse jüdischer Kinder, die in einer „von Haß und Verleumdung“ erfüllten Umgebung aufwuchsen.[433] Schließlich führte selbst er die Frontsoldaten auch als Gegenentwurf an zu Persönlichkeiten wie Julius Bramat, Iwan Kutisker und die Gebrüder Sklarek.[434]

Auf den ersten Blick schien sich der Erfolg der idealisierten Kriegserinnerung auf den Seiten des *Schilds* und der CVZ zu bestätigen. Sämtliche Berichte über den Verlauf dieser Veranstaltungen waren positiv bis euphorisch. Freunds Aufforderungen an die nichtjüdischen Zuhörer, die im Krieg gelebte Kameradschafttreue zu wahren, wurde regelmäßig durch den „Beifall der ganzen Versammlung“ bestätigt.[435] Auch ausgewiesenen Skeptikern sei „das kameradschaftliche Gefühl“ wiedererstanden und sie zeigten sich „beschämt, daß sie dem Druck der judenfeindlichen Umwelt teilweise nachgegeben hätten“.[436]

In den anschließenden Diskussionen drückten Gäste immer wieder ihren Dank für den aufklärenden Wert des Vortrags aus; Vertreter verschiedener Kriegsverbände betonten, dass sie sich gegen einen Ausschluss jüdischer Mitglieder verwahrten. Auch die wohlwollenden Darstellungen, die über die Veranstaltungen in der „rechtsstehenden“ Presse erschienen, wurden auf den Seiten des *Schilds* ausführlich wiedergegeben.[437] Als besondere Erfolge wurden jedoch die Berichte hervorgehoben, denen zufolge überzeugte Nationalsozialisten die Versammlungen geläutert verlassen hätten. Hierbei handelte es sich ausschließlich um anekdotenhafte Berichte, die *Der Schild* nichtsdestotrotz aufgriff und weiterverbreitete.

[432] Feierstunde des RjF, Schild, Nr. 22, 24. 11. 1932, S. 169–171, hier S. 171.

[433] Vgl. Bayrische Aufklärungskampagne des RjF. Neue große Erfolge unserer Aufklärungsarbeit, Schild, Nr. 19, 13. 10. 1932, S. 145f., hier S. 146.

[434] Vgl. ebd. Zur Skandalisierung der Prozesse gegen Bramat, Kutisker und die Gebrüder Sklarek sowie zu den antisemitischen Zuschreibungen in Presse und Politik vgl. Susanne Wein, Von der Person zum Symbol, in: Nagel/Zimmermann, Judenfeindschaft, S. 555–577; Martin H. Geyer, Der Barmat-Kutisker-Skandal und die Gleichzeitigkeit des Ungleichzeitigen in der politischen Kultur der Weimarer Republik, in: Ute Daniel/Inge Marszolek/Wolfram Pyta/Thomas Welskopp (Hrsg.), Politische Kultur und Medienwirklichkeiten in den 1920er Jahren, München 2010; Stephan Malinowski, Politische Skandale als Zerrspiegel der Demokratie, die Fälle Barmat und Sklarek im Kalkül der Weimarer Rechten, in: Jahrbuch für Antisemitismusforschung, Heft 5,1996, S. 46–64.

[435] Unsere Aufklärungsarbeit beginnt, Schild, Nr. 24, 25. 12. 1930, S. 192.

[436] Kameradschaft versöhnt, CVZ, Nr. 45, 4. 11. 1932, S. 456.

[437] Vgl. sowohl zu den positiven Meldungen aus dem Publikum wie zu den Pressemeldungen: Die Aufklärungsarbeit des RjF wächst! Erfolgreiche Versammlungen in Ost und West, Schild, Nr. 5, 10. 3. 1932, S. 33f.; Eine Aufklärungskampagne in Hamburg, Schild, Nr. 14, 28. 7. 1932, S. 105f.; 1600 Personen in der Aufklärungsversammlung in Hannover, Schild, Nr. 20, 27. 10. 1932, S. 153; Schild, Nr. 19, 13. 10. 1932, S. 145f.; ebd., Nr. 2, 28. 1. 1932, S. 10f.; ebd., Nr. 10, 26. 5. 1932, S. 73.

So hätten vier Regensburger Nationalsozialisten, die im Anschluss an einen Vortrag Freunds in einem Restaurant zusammentrafen, festgestellt, dass die Veranstaltung sie „vollkommen bekehrt" hätte.[438] In Hannover hätten zwei ehemalige Offiziere und NSDAP-Mitglieder nach den Ausführungen Freunds erklärt, aus der Partei austreten zu wollen, sollte der „Juden-Paragraph" Teil des Parteiprogramms bleiben.[439] Es sind vor allem diese Hervorhebungen, die als Beleg gewertet werden, wie sehr die Veranstalter auf die Wirkmacht rationaler Argumentation vertrauten und dementsprechend von der Wirkung dieser Vorträge überzeugt waren.[440]

Dagegen deutet sich auch bei den Berichten an verschiedenen Stellen an, dass der RjF trotz des argumentativen Vorteils der *Usable Immediate Past* der Kriegserinnerung bezüglich des Kontakts mit Nichtjuden Probleme und Erwartungshaltungen antizipierte, die deutliche Parallelen zu den Einschätzungen von CV und JFB aufwiesen. Dass sich der RjF bei seinen Aufklärungsveranstaltungen am Modell des CV orientierte, bedeutete auch, dass die Einladungen an die christlichen Gäste idealerweise persönlich ergehen mussten. Die Bundesleitung bereitet ihre Ortsgruppen dementsprechend auf „intensive Kleinarbeit" vor, die „nicht immer ganz leicht" sei.[441] Die Zahl der anwesenden Gäste wurde in den Berichten nur unregelmäßig angegeben.[442] Allerdings verweisen einige Veranstaltungsberichte auf das Verhältnis zwischen eingeladenen und tatsächlich anwesenden Gästen. So waren in den ostpreußischen Städten Tilsit und Gilgenburg rund 50 Prozent der Eingeladenen erschienen, in Elbing 35 Prozent.[443] Auch wenn sich diese Zahlen bereits aufgrund der geographischen Sonderrolle Ostpreußens schwerlich verallgemeinern lassen, ähneln sie den Ergebnissen, welche die CV-Frauengruppen mit ihren persönlich vorgebrachten Einladungen erzielten. Sie lassen die Schlussfolgerung zu, dass die Zahl der anwesenden Gäste zum Teil beträchtlich von der Anzahl ausgesprochener Einladungen abwich. Darüber hinaus geht aus den Berichten hervor, dass die positiven Urteile der Zuhörer über die Vorträge oftmals nur privat geäußert wurden. Mehrmals war im Anschluss der Reden die Möglichkeit einer offenen Aussprache gegeben, die das Publikum auch nach mehrfacher Aufforderung nicht wahrnahm.[444] Zwar ließ sich dies als Zustimmung deuten – was der RjF auch tat –, doch könnte es auch als weiteres Anzeichen für die Grenzen der Kontaktaufnahme und Wirkung der aufklärenden

438 Schild, Nr. 19, 13. 10. 1932, S. 145.

439 Ebd., Nr. 20, 27. 10. 1932, S. 153, vgl. auch Der Israelit, Nr. 44, 27. 10. 1932, S. 6.

440 Paucker, Abwehrkampf, S. 53; Dunker, Reichsbund, S. 80; Caplan, Wicked Sons, S. 249f.

441 Immer wieder: Aufklärung, Nr. 2, 26. 1. 1933, S. 9f., hier S. 9.

442 Den größten Erfolg verzeichnete eine Veranstaltung in Hannover, zu der 1600 Gäste erschienen waren. Wenn Zahlen in den sonstigen Berichten genannt wurden, schwankten sie zwischen 150 und 800, wobei regelmäßig darauf hingewiesen wurde, dass nichtjüdische Gäste die Mehrheit der anwesenden stellte. Vgl. Schild, Nr. 20, 27. 10. 1932, S. 153; ebd., Nr. 2, 26. 1. 1933, S. 9.

443 Vgl. Schild, Nr. 5, 10. 3. 1932, S. 33f.

444 Vgl. ebd., Nr. 10, 26. 5. 1932, S. 73.

Vorträge gewertet werden. Abgesehen von der gelegentlichen Zusicherung, das Erfahrene weiterzuverbreiten, findet sich bei den wiedergegebenen, anerkennenden Worten für die Veranstaltungen kein Hinweis auf deren praktische Folgen. Zu einer ähnlichen Einschätzung im Anschluss an einen Vortragsabend Freunds kam auch die CV-Ortsgruppe Bruchsal im Januar 1933. Um den Erfolg der Veranstaltung zu belegen, hatte *Der Schild* ausführlich aus einer regionalen Tageszeitung zitiert, die über den „stürmischen Beifall“ und die wohlwollenden Worte eines einzelnen Diskussionsredners berichtete.[445] Im Gegensatz dazu kam das CV-Mitglied Julius Marx zu dem Ergebnis, dass die Versammlung, „trotzdem dieselbe sehr gut besucht war“, zu keiner nennenswerten Veränderung in der Einstellung der Mehrheitsbevölkerung beigetragen habe.[446] Er nutzte diesen Umstand wiederum, um auch die Erwartungen an eine Aufklärungsveranstaltung, die seitens des CV organisiert wurde, zu relativieren.

Nahe liegt zudem, dass Freund seine Vorträge deutlich den Einstellungen des antizipierten Publikums anpasste. Die Vorträge wiesen neben der Betonung der jüdisch-nichtjüdischen Kriegserfahrung auch die Widerlegung einer Reihe antisemitischer Stereotype auf, denen er zum Teil mit „herber [jüdischer] Selbstkritik“ begegnete.[447] Es kann dabei nicht nachgewiesen werden, wie sehr die Ausführungen seinen tatsächlichen Einstellungen entsprachen oder inwiefern es sich hierbei um argumentative Zugeständnisse gegenüber rechten Kreisen handelte, auf deren Anwesenheit – und Wohlwollen – zumindest in den Veranstaltungsberichten besonderer Wert gelegt wurde.[448] Warum die Berichterstattung über die einzelnen Veranstaltungen derart ausführlich ausfiel und oftmals dem jeweiligen Leitartikel auf der ersten Seite vorgezogen wurde, begründete *Der Schild* selbst. Die Verantwortlichen – allen voran Ludwig Freund – wollten belegen, dass die „Skeptiker im Unrecht“ seien.[449] Dieser Appell richtete sich ausschließlich an die Mitglieder des RjF, die nach wie vor die Abwehrarbeit des Vereins ablehnten.[450] Diese Begründung für die positive Berichterstattung des RjF über die Zusammenkünfte mit Nichtjuden reiht sich ein in die bereits nachgewiesenen Intentionen des CV, seiner

445 Vgl. ebd., Nr. 2, 26. 1. 1933, S. 9.

446 Julius Marx an Vereinigung Badischer Israeliten, 27. 1. 1933, CVA 1646, Bl. 3.

447 Schild, Nr. 2, 26. 1. 1933, S. 9. In einem Bericht, der Freunds Vortrag paraphrasierte, wurden beispielsweise Bramat, Kutisker und die Gebrüder Sklarek als „einzelne Schädlinge“ des Judentums bezeichnet. Vgl. Schild, Nr. 19, 13. 10. 1932, S. 145.

448 Freunds Hinweis, dass es auch im faschistischen Italien jüdische Offiziere und Politiker gäbe, belegt für Crim bereits, dass er „unapologetically fascist“ gewesen sei, vgl. Crim, Antisemitism, S. 149. Kritik an den Vorträgen Freunds kam beispielsweise aus der sozialdemokratischen Presse in Saarbrücken, die Freund vorwarf, sich nicht genügend vom Nationalsozialismus distanziert zu haben. Vgl. Die Aufklärungsarbeit des RjF. Großstadt, Kleinstadt, flaches Land, Schild, Nr. 1, 12. 1. 1933, S. 1 f.; vgl. auch Caplan, Wicked Sons, S. 246–248.

449 Ebd., Nr. 2, 26. 1. 1933, S. 10.

450 Bereits in den Überschriften zu den Veranstaltungsberichten fanden sich immer wieder direkte wie indirekte Aufforderungen an die Leser, sich ebenfalls an der Aufklärung zu beteiligen, vgl. bspw. „Kameraden, arbeitet überall in diesem Sinne“, „Die Aufklärung muß marschieren!“, „Die Aufklärungsarbeit des RjF wächst!“.

Frauengruppen sowie des JFB. Der Verweis auf erfolgreiche, „unbedingt gelungene“ Veranstaltungen galt als strategisches Argument, um in den eigenen Reihen die Akzeptanz für die Aufklärungsarbeit und Bereitschaft zur Mitarbeit zu erhöhen. Diese positive Berichterstattung wurde immer auch durch die ohnehin niedrigen Erwartungen an die Begegnung mit Nichtjuden ermöglicht, welche sich ebenfalls für die übrigen Vereine belegen lässt. In den Berichten der Ortsgruppen deutete sich dies immer wieder an, wenn sie auf den über „alle Erwartungen“ hinausgehenden Verlauf der Vortragsabende rekurrierten.[451]

Die Gemeinsamkeiten in Bezug auf Strategie und Antizipation lassen sich damit für sämtliche Veranstaltungen mit nichtjüdischem Publikum wie auch für die sich hieran anschließende Berichterstattung nachweisen. Allerdings waren es nicht nur die euphorischen Berichte der Ortsgruppen, die den Veranstaltungen des RjF fortgesetzt den Erfolg ihrer Veranstaltungen bescheinigten. Auch der CV erkannte – nicht immer wohlwollend – an, dass der RjF sowohl mit Blick auf die Besucherzahlen als auch auf die anwesenden Organisations- und Parteienvertreter ein Publikum erreichte, das anderen Aufklärungsveranstaltungen versagt blieb.[452] Dies lässt sich auf den Inhalt der RjF-Vorträge zurückführen: der Verweis auf die jüdischen Gefallenen und die Beschwörung einer gemeinsamen Kriegserfahrung, die jegliche negativen Erfahrungen zwischen jüdischen und nichtjüdischen Soldaten aussparte. Darüber konnte sogar ein Konsens mit einzelnen Mitgliedern von *Stahlhelm* und NSDAP erzielt werden, die sonst jede Gelegenheit wahrnahmen, um den RjF aus dem Kriegsgedenken zu verdrängen. Indem die Referenten in ihren Vorträgen die Erfahrung des Weltkrieges und die Leistungen und Opfer deutscher Juden in den Mittelpunkt stellten, konnte die beworbene Aufklärungsversammlung immer auch als Gedenkveranstaltung genutzt werden. So wurde das Publikum vor Veranstaltungsbeginn häufig vom örtlichen RjF-Vorsitzenden oder dem Redner selbst zu einer Gedenkminute für die gefallenen Soldaten aufgefordert. Vor dem Hintergrund des zunehmenden Ausschlusses des RjF und jüdischer Veteranen vom öffentlichen Kriegsgedenken boten die Versammlungen immer auch einen Rahmen für diese reduzierte Form einer gemeinsamen Erinnerung. Gleichzeitig belegt der inhaltliche Fokus, der sich ausschließlich auf die Weltkriegserfahrung richtete, freilich auch die Grenzen der Aufklärungsarbeit des RjF wie auch der Reichweite seiner *Usable Immediate Past.* Die Bewährung jüdischer Soldaten und die idealisierte Kameradschaft während des Weltkrieges bildeten die argumentative Grundlage, von der sich die Appelle an das Gemeinschaftsgefühl von jüdischen wie nichtjüdischen Deutschen ableiteten. Diese Argumentation führte jedoch dazu, dass der RjF die Forderung nach Gemeinschaft und Zusammengehörigkeit nie in Bezug auf das gesamte deutsche Judentum stellte, sondern sich ausschließlich auf die kleine Gruppe ehemaliger jüdischer Frontsoldaten bezog.

[451] Schild, Nr. 19, 13. 10. 1932, vgl. ebd., 26. 1. 1933, S. 9; Dunker, Reichsbund, S. 79.
[452] Vgl. Caplan, Wicked Sons, S. 236–239.

Chiffren des Erwartungsmanagements – „vergifteter Geist" und „gerecht fühlende Deutsche"

Auf den vorangegangenen Seiten ist immer wieder die Diskrepanz zwischen den jeweiligen Erwartungen und Erfahrungen beim Zusammentreffen mit Nichtjuden einerseits und der sich hieran anschließenden Berichterstattung andererseits deutlich geworden. Wenngleich die negativen Erfahrungen nicht unerwähnt blieben, bildeten sie eher Randbemerkungen, die lediglich einen Einfluss darauf hatten, ob die Begegnung mit einem nichtjüdischen Publikum als „großer" oder „bescheidener" – aber nichtsdestotrotz als Erfolg gewertet wurden. Die positiven Aspekte der jüdisch-nichtjüdischen Begegnung herauszustellen, war nicht nur dem Interesse der Vereine geschuldet, möglichst viele Mitglieder für die Mitarbeit an den Aufklärungsveranstaltungen zu gewinnen, sie konnten immer auch als Beleg für die bestehenden Kontakte zur nichtjüdischen Bevölkerung und damit für die praktische Vereinbarkeit von „Deutschtum und Judentum" herangezogen werden. Neuere Studien zum CV haben darauf hingewiesen, dass der Verein bereits in der Weimarer Republik und vor allem durch den Einfluss jüngerer Mitglieder sich verstärkt jüdischen Themen zuwandte.[453] Das änderte nichts am öffentlichen Bekenntnis des CV – wie der übrigen deutsch-jüdischen Vereine – zu Deutschland und Deutschtum.[454] Innerhalb der Verbände konnten verschiedene Argumentationsstrategien etabliert werden, um die Zusammengehörigkeit von Judentum und Deutschtum zu belegen. Die Forschung hat bisher vor allem historische und abstrakte kulturelle Aspekte herausgearbeitet, mit denen jüdische Organisationen ihre Zugehörigkeit zu Deutschland unterstrichen.[455] Für die Vereinsarbeit war es jedoch von zentraler Bedeutung, die Verbundenheit mit der deutschen Bevölkerung zu betonen. Dies brachte gerade Vereine wie den CV, den RjF und den JFB in ein argumentatives Dilemma: Wie konnte diese Verbundenheit mit der übrigen deutschen Bevölkerung aufrechterhalten werden, wenn aufgrund von Wahlergebnissen und alltäglichen Erfahrungen zumindest eine Indifferenz, wenn nicht gar Feindseligkeit gegenüber der jüdischen Minderheit konstatiert werden musste? Während der Weimarer Republik wurde zur Erklärung und Überwindung dieses vermeintlichen Gegensatzes eine Reihe von Sachverhalten zusammengetragen, die in den Artikeln der jeweiligen Vereinsorgane in unterschiedlichen Kontexten und Kombinationen angeführt wurden. Dies geschah mit einem zentralen Ziel: möglichst große Teile der deutschen Bevölkerung sollten von dem

453 Vgl. Barkai, Wehr Dich!, S. 189, 219; Matthäus, Pillen, S. 318f.

454 Selbst Strömungen innerhalb des CV, die eine stärkere Betonung des Judentums forderten, kamen nicht ohne den Verweis auf die tiefe Verbundenheit mit Deutschland aus. Vgl. Friedrich Brodnitz/Kurt Cohn/Ludwig Tietz, Der Central-Verein der Zukunft. Eine Denkschrift zur Hauptversammlung 1928 des Central-Vereins deutscher Staatsbürger jüdischen Glaubens e.V., Berlin 1928, S. 12f. Vgl. auch Barkai, Wehr Dich!, S. 214–219; Liepach, Wahlverhalten, S. 44–47; Pegelow, Language, S. 34f.

455 Vgl. Miron, Waning, S. 23–30; Gabriel Eikenberg, Der Mythos deutscher Kultur im Spiegel jüdischer Presse in Deutschland und Österreich von 1918 bis 1938, Hildesheim 2010, S. 139–146; Die deutschen Juden im deutschen Kulturleben, CVZ, Nr. 19, 8. 1. 1924, S. 270.

möglichen Verdacht, radikale antisemitische Überzeugungen zu hegen, freigesprochen werden.

Einen festen Bestandteil der Berichterstattung über antisemitische Ausschreitungen, Propagandakampagnen und Wahlerfolge bildete der Verweis auf die „anständigen“, „gerecht fühlenden Deutschen“, die diese Entwicklungen grundsätzlich verurteilten.[456] Dass diese Formulierungen derart allgemein gehalten wurden, lag vor allem daran, dass sich diese Einschätzungen über den „anständigen“ Deutschen selten anhand von Zitaten oder konkreten Personen belegen ließen. Hinzu kam eine Beobachtung, welche die Veranstalter von Aufklärungsversammlungen immer wieder in ihren Berichten festhielten: Es handelte sich um die Begegnung mit Gästen, die sich im Anschluss für die zahlreichen neuen Kenntnisse und Einblicke in die jüdische Kultur, Religion und Geschichte bedankten. Vor allem der *Reichsbund* verwies in diesem Zusammenhang auf die Anekdoten, nach denen sich selbst überzeugte Mitglieder der NSDAP von der Unwahrheit antisemitischer Stereotype überzeugen ließen. Die Berichte galten zum einen als Beleg für den Erfolg der Versammlungen. Zum anderen wiesen sie auf die beachtlichen Wissenslücken hin, die hinsichtlich zentraler Aspekte des jüdischen Lebens ebenso wie in der Religion und Geschichte vorherrschten. Das erklärte, warum sich jahrhundertealte, judenfeindliche Stereotype derart hartnäckig hielten und sich auch moderate Teile der nichtjüdischen Bevölkerung von der Hetze radikaler Antisemiten vereinnahmen ließen. Bezeichnend war, dass die nichtjüdische Bevölkerung in diesen Zuschreibungen gänzlich passiv blieb, während sie von antisemitischer Propaganda „eingesponnen“, „irregeführt“ und „vergiftet“ wurde.[457] Derartige Formulierungen ließen die nichtjüdische Bevölkerung als Opfer erscheinen, die sich gegen die völkische Propaganda schlicht nicht zur Wehr setzen konnten. Dabei betonten andere Artikel, welche die Wahl- und Handlungsmotivationen von Nichtjuden thematisierten, dass sich die Mehrheit der deutschen Bevölkerung nicht dauerhaft von der antisemitischen Hetze der NSDAP und anderen völkischen Parteien und Gruppierungen „hinter das Licht“ werde führen lassen.[458] Gerade für den Teil der Bevölkerung, der die nationalsozialistische Propaganda

[456] Vgl. Paul Nathan, Deutschland und die Parteien der destruktiven Politik, CVZ, Nr. 19, 8.5.1924, S. 265 f., hier S. 266; Ludwig Holländer, Bindet den Helm fester!, CVZ, Nr. 39, 26.9.1930, S. 515 f.; Zertrümmerte Fensterscheiben, CVZ, Nr. 42, 17.10.1930, S. 545; Ist das deutscher Anstand?, CVZ, Nr. 50, 12.12.1930, S. 641 f., hier S. 642; Die Ausschreitungen am Kurfürstendamm, CVZ, Nr. 38, 18.9.1931, S. 457 f.; Ludwig Holländer, Was uns Sorge macht und tröstet, CVZ, Nr. 36. 2.9.1932, S. 365 f.

[457] Vgl. Robert Hinrichsen, Weiter kämpfen, CVZ, Nr. 24, 12.6.1924, S. 357 f., hier S. 358; Ludwig Holländer, Jüdisches Ressentiment, CVZ, Nr. 37, 8.9.1926, S. 477 f.; Hugo Lachmanski, Wer entsittlicht das deutsche Volk?, CVZ, Nr. 44, 31.10.1930, S. 567; Ludwig Holländer, Was uns Sorgen macht und tröstet, CVZ, Nr. 36, 2.9.1932, S. 365 f.; Karl Mierendorf, Baut den Damm gegen die geistige Vergiftung, CVZ, Nr. 1, 5.1.1933.

[458] So schloss Alfred Wiener beispielsweise seinen Vortrag „Was nicht in der Zeitung steht“ mit folgender Feststellung: „Letzten Endes berge das deutsche Volk einen gesunden Kern in sich und sei trotz aller Verhetzung klar genug, um auf die Dauer Recht von Unrecht zu unterscheiden.“ Rede Wieners, gehalten am 17.11.1931, CVA, 724, Bl. 104; vgl. auch Ludwig Holländer, Und wollt ihr wissen, was sich ziemt …, CVZ, Nr. 2, 10.1.1930, S. 15 f.

durchschaute, wurde wiederum befürchtet, dass eine umfassende Desillusionierung angesichts der politischen und gesellschaftlichen Entwicklungen vor allem eine resignierende Haltung zur Folge hätte – die letztlich auch diese Bevölkerungsteile, zumindest vorübergehend, in die Arme der Nationalsozialisten treiben würde.

Die Argumentation erhielt nach den Reichstagswahlen 1930 besonderes Gewicht, nachdem über sechs Millionen Wähler einer radikalen antisemitischen Partei ihre Stimme gegeben hatten. Bemerkenswert ist, dass sowohl zionistische wie deutsch-jüdische Verbände mit Blick auf das Wahlergebnis zunächst zu den gleichen Einschätzungen gelangten. Sowohl die JR als auch die CVZ zeigten sich davon überzeugt, dass die Wählerinnen und Wähler nicht für die NSDAP gestimmt hatten, weil sie deren Antisemitismus teilten. Sie erklärten den Erfolg vielmehr mit der Schwäche der bürgerlichen Parteien, welche die Wähler aufgrund der wirtschaftlichen Lage Deutschlands abgestraft hätten. Weder die Vertreter des ZVfD noch des CV bezweifelten, dass diese politische Entwicklung große Gefahren für die deutschen Juden barg.[459] Allerdings variierten die Konsequenzen deutlich, die beide Organisationen aus der Bereitschaft so vieler Deutscher, für die NSDAP zu stimmen, zogen. Beide legten den Wahlsieg der Nationalsozialisten so aus, dass die Schlussfolgerungen ihre jeweilige Strategie im Umgang mit dem Antisemitismus in Deutschland bestätigte. Für die Zionisten machte die Wahl einmal mehr deutlich, dass die Juden in Deutschland „nur auf sich selbst angewiesen“ seien.[460] Sie sahen keine Notwendigkeit darin, sich auf den Seiten der JR mit den Intentionen der NSDAP-Wähler auseinanderzusetzen. Im Gegensatz dazu suchten die Kommentatoren in der CVZ und im *Schild* Begründungen, um die antisemitischen Motive bei der Wählerentscheidung zu marginalisieren. Häufig verwiesen die Berichte auf die hohen Arbeitslosenzahlen, die Wirtschaftslage und die Enttäuschung großer Teile der deutschen Bevölkerung über die etablierten bürgerlichen Parteien.[461] Nichtsdestotrotz mussten auch diese Autoren eingestehen, dass der offensive, radikale und zunehmend auch gewalttätige Antisemitismus der NSDAP zumindest keinen abschreckenden Einfluss auf die Wähler hatte. Der CV nahm diese Beobachtung zum Anlass, um die Hoffnungen seiner Mitglieder zu dämpfen, dass sich die Gefahren des Antisemitismus „in den Mittelpunkt des allgemeinen Interesses [...] rücken“ ließen.[462] Bezeichnenderweise waren sie mit dieser Feststellung nicht weit von der Einstellung des ZVfD entfernt, dass aus der breiten Bevölkerung keine Hilfe bei der Abwehr des politischen wie gesellschaftlichen Antisemitismus zu erwarten sei. Allein aufgrund der ideologischen Grundsätze von Vereinen wie CV und RjF war ein derart offenes Eingeständnis nicht möglich. Die niedrige Erwartungshaltung beim CV manifestierte sich diskreter. Die absolute Mehrheit der nichtjüdischen Bevölkerung wurde zwar

459 Vgl. 6 400 000 nationalsozialistische Wähler, JR, Nr. 73, 16. 9. 1930, S. 479; Klarheit, Arbeit, Mut, CVZ, Nr. 38, 19. 9. 1930, S. 497.

460 JR, Nr. 73, 16. 9. 1930, S. 479.

461 Vgl. Alfred Wiener, Der 14. September, CVZ, Nr. 38, 19. 9. 1930, S. 498 f.; Wie überwindet das deutsche Volk den Nationalsozialismus, ebd., S. 499 f.

462 Parteiendämmerung, Schild, Nr. 18, 22. 9. 1930.

von jeglichem Verdacht einer tiefer gehenden antisemitischen Überzeugung freigesprochen. Gleichzeitig musste anerkannt werden, dass der Antisemitismus zwar keinen Beweg-, aber offensichtlich auch keinen Hinderungsgrund für die Stimmabgabe an die NSDAP darstellte. Die logische Folge war, dass an eine umfassende Unterstützung von nichtjüdischer Seite bei der Abwehr des Antisemitismus keine Erwartungen gestellt werden konnten.[463]

Der CV empfahl diese niedrige Erwartungshaltung nicht nur seinen Mitgliedern und Lesern, sondern praktizierte sie selbst. Wie zuvor ausgearbeitet, maß der CV der Mitarbeit von Nichtjuden eine herausragende Bedeutung bei der Abwehrarbeit bei.[464] Nichtsdestotrotz begegnete er den Offerten von nichtjüdischer Seite häufig mit Vorsicht und Skepsis. Als Grund für diese Zurückhaltung ließen sich nicht nur historische Erfahrungen heranziehen, die nahelegten, dass zwischen den Motivationen von Philosemiten und den Belangen der jüdischen Minderheit häufig eine beträchtliche Diskrepanz bestand.[465] Sie gründete sich auch auf praktischen Erfahrungen, die der CV während der Weimarer Republik machte, wie etwa im Falle der gescheiterten Zusammenarbeit mit dem Hamburger Volkswirt Dr. Sellin. Der CV hatte sich, vermittelt durch das *Hamburger Familienblatt*, an Sellin gewandt und Informationen über die politische Lage in der Gemeinde Zinnowitz auf Usedom erbeten. Sellin war diesem Wunsch nachgekommen und hatte ausgiebig über den Einfluss der NSDAP in der Usedomer Gemeinde berichtet. Daraufhin hatte er mehrfach angeboten, Berichte für die CVZ zu verfassen. Nachdem er auf diese Offerte hin mehrere Wochen ohne Antwort blieb, forderte er für seine Berichterstattertätigkeit eine Entschädigung von 100 Reichsmark und drohte mit seinem Anwalt.[466] Die Feststellung, dass die offerierte Mitarbeit nicht notwendigerweise auf altruistische oder aufklärerische Bedürfnisse, sondern vor allem auf finanzielle Motive zurückzuführen war, ließ eine mehrfache Absicherung notwendig erscheinen. Im Herbst 1930 trat Emma Wagner, die Herausgeberin der *Kölner Frauen-Zeitung*, an den CV heran und bot an, Teile der CV-Monatsausgabe ihrer Zeitung beizulegen.[467] Zunächst hatte sich die Zentrale

[463] Dementsprechend können auch die von Hecht zusammengetragenen Zeitungsartikel, die sie als Belege für den „Kampf gegen die moralische Indifferenz deutscher Nichtjuden" wertet, mehrheitlich als Beleg für die gedämpften Erwartungshaltungen gelesen werden, die den Mitglieder und Lesern anempfohlen wurden. Vgl. Hecht, Weimarer Republik, S. 392–399.

[464] Dies galt nicht nur für Referenten und Autoren. So beschäftigte der CV unter anderem Walter Gyßling, der 1930 im Auftrag des CV die Broschüre *Der Anti-Nazi* verfasst hatte, regelmäßig NSDAP-Veranstaltungen besuchte und hierüber Berichte anfertigte. Vgl. Walter Gyßling, Mein Leben in Deutschland vor und nach 1933 und Der Anti-Nazi: Handbuch im Kampf gegen die NSDAP, hrsg. von Leonidas Hill, Bremen 2003; Leonidas Hill, Walter Gyssling, the Centralverein and the Büro Wilhelmstraße, in: LBYB 38 (1993), S. 193–208, hier S. 203f.

[465] Vgl. Michael Brenner, „Gott schütze uns vor unseren Freunden" – Zur Ambivalenz des Philosemitismus im Kaiserreich, in: Jahrbuch für Antisemitismusforschung 2 (1993), S. 174–199, hier S. 175; Hambrock, Außenseiter, S. 460f.

[466] Korrespondenz Sellin mit CV-Zentrale, 27. 7. 1931 bis 16. 1. 1932, CVA, 2405, Bl. 33–66.

[467] Hier und im Folgenden: Korrespondenz zwischen CV-Zentrale, Emma Wagner, Lise Leibholz und dem linksrheinischen CV-Landesverband, November 1930 bis Dezember 1931, CVA 1743, Bl. 1–77.

ausführlich bei Jacobi, dem Vorsitzenden des linksrheinischen Landesverbandes über Charakter und Verbreitungsgrad der Zeitschrift informiert. Im Anschluss gestattete sie die Beilage von 3000 Exemplaren der Monatsausgabe für die Monate Mai, Juni und Juli 1931, bemerkte hierzu jedoch, dass sich die „Bereitwilligkeit“ des CV auf diese drei Monate beschränken würde. Die verhaltene Reaktion der Zentrale ging auf die Vermutung zurück, dass es Wagner vor allem darum ging, durch eine Kooperation mit dem CV auch dessen Annonceteil zu nutzen und so ihrerseits neue Inserenten zu gewinnen. Für Jacobi zerstreuten sich diese Bedenken nach einem persönlichen Gespräch im August 1931, bei dem Wagner versicherte, dass sie „mit diesem Plan tatsächlich nur einer gemeinsamen Aufklärungs- und Erziehungsarbeit dienen will und nicht an etwaige wirtschaftliche Vorteile denkt“.[468] Auch auf Wagners kurzen Bericht hin, nachdem die Beilage der Monatsausgabe in ihrer Leserschaft „[v]iel Staub […] aufgewirbelt“ hätte, erkundigte sich die Zentrale beim Landesverband nach detaillierteren Informationen. Ob es zu einer dauerhaften Kooperation hätte kommen können, bleibt ungeklärt. Von Herbst 1931 an erschien die *Kölner Frauen-Zeitung* nur noch in Form eines Stellenanzeigers. Wenngleich Wagner noch immer anbot, die Monatsausgabe beizugeben, legte der CV hierauf „keinen Wert“ mehr.[469]

Besonders verhalten zeigte sich der CV gegenüber vermeintlich geläuterten völkischen Politikern, welche NSDAP oder DNVP nach Zerwürfnissen freiwillig oder durch Parteiausschluss verlassen hatten, und die nun Kontakt mit dem Verein suchten. Wenngleich führende Mitarbeiter wie Hans Reichmann deren propagandistische Wirkung betonten[470], bestand innerhalb des CV wenig Zweifel darüber, dass sich ihre Motivationen auf monetäre Interessen und einen ausgeprägten Opportunismus zurückführen ließen. Dies galt beispielsweise für den Rechtsanwalt Ottmar Rutz, der Mitte der 1920er Jahre im bayrischen Landtag unter anderem für die DNVP und den *Völkischen Block* kandidiert hatte.[471] Im September 1930 wandte sich Rutz ohne Hinweis auf seine politischen Zugehörigkeiten an den CV. Er war auf der Suche nach einem Verleger für sein geplantes Buch „Rassenkunde des Erdballs“.[472] Da es sich gegen die „Irrtümer auf rassischen Gebiet“ wandte, hatte Rutz nach eigener Aussage bereits „seitens der Nationalsozialisten die schwersten Anfeindungen erleben müssen“. Gerade diese Erfahrung diente Rutz als Legitimation, um seine Bitte um Unterstützung nun an den CV zu richten. Die CV-Zentrale sandte in der Folge ein Schreiben an den bayerischen Landesverband, um mehr Informationen über Rutz einzuholen. Wilhelm Levinger, Syndikus des Landesverbandes und selbst Jurist, informierte die Zentrale über den

[468] Ebd., Bl. 20.
[469] Ebd., Bl. 2.
[470] Reichmann hatte sich beispielsweise 1932 um Kontakte mit den Strasser-Brüdern bemüht. Vgl. Michael Wildt, Hans Reichmann: Deutscher Bürger und verfolgter Jude. Novemberpogrom und KZ Sachsenhausen 1937–1939, München 1998, S. 6f.; Hirschberg, Hans Reichmann, S. 27–34.
[471] Vgl. Robert Probst, Die NSDAP im Bayerischen Landtag, Frankfurt am Main 1998, S. 35.
[472] Hier und im Folgenden: Ottmar Rutz an CV-Zentrale, 15. 9. 1930, CVA 111, Bl. 282f.

politischen Hintergrund Rutz' und seine judenfeindlichen Äußerungen in Anwaltskreisen. Für Levinger stand außer Frage, dass es sich bei Rutz' Schreiben an den CV ausschließlich „um einen Versuch handelte, Geld herauszuholen für eine Sache, die für uns keine große Bedeutung haben wird".[473] Auch in Levingers Urteil fehlte nicht die nüchterne Folgerung, dass es sich bei der offerierten Zusammenarbeit von nichtjüdischer Seite weniger um philosemitische Überzeugungen als um finanzielle Erwägung handelte. Sein Schreiben implizierte jedoch auch, dass dieser Umstand durchaus in Kauf genommen werden konnte, wenn das Ergebnis helfen würde, die nichtjüdische Bevölkerung zu erreichen. Schon allein aus diesem Grund wurden die Angebote von nichtjüdischer Seite besonders intensiv diskutiert und erwogen.[474]

Noch während der Verhandlungen über die *Kölner Frauen-Zeitung* hatte Emma Wagner ihre Verwunderung über die Zaghaftigkeit des CV gegenüber der von ihr vorgeschlagenen Kooperation geäußert.[475] Diese Wahrnehmung ergab sich aus dem vermeintlichen Widerspruch zwischen den Bemühungen um nichtjüdische Unterstützung und der Zurückhaltung, mit welcher der CV einer tatsächlichen Zusammenarbeit begegnete. Die Gegensätzlichkeit löst sich jedoch auf, wenn die veröffentlichten Appelle an die nichtjüdische Bevölkerung ebenso wie der beständige Rekurs auf den „anständigen" Deutschen nicht als Hinweise auf tatsächliche Erwartungen im Hinblick auf Unterstützung und Verständnis der nichtjüdischen Bevölkerung gewertet werden. Wie die Erfolgsmeldungen über die Aufklärungsveranstaltungen fungierte auch der Verweis auf den „anständigen", „gerecht fühlenden" Deutschen, letztlich als Argument gegen die Resignation deutscher Juden vor den politischen und gesellschaftlichen Entwicklungen in Deutschland.

Dass das Erwartungsmanagement auch während der verschiedenen politischen Wahlen in Deutschland eine bedeutende Rolle in der jüdischen Presse spielte, soll im folgenden Kapitel dargelegt werden. In diesem Zusammenhang soll nachgezeichnet werden, wie die Enttäuschungsvermeidung jüdischer Vereine sich dabei langfristig auf die in der Forschung diskutierte Frage um die Hell- und Kurzsichtigkeit deutscher Juden während des vermeintlichen „Entscheidungsjahres 1932" auswirkte.

473 Wilhelm Levinger an CV-Zentrale, 22. 9. 1930, ebd., Bl. 280. Die Zentrale folgte Levingers Empfehlung. In dem Antwortschreiben an Rutz informierte sie ihn über ihre Kenntnis seiner politischen Aktivitäten. Nichtsdestotrotz betonte sie das generelle Interesse an seiner Arbeit, das sie jedoch nicht finanziell unterstützen könne. Vgl. CV-Zentrale an Rutz, 30. 9. 1930, ebd., Bl. 279.

474 Die Diskussionen gründeten nicht zuletzt auf der Meinungsvielfalt, die innerhalb des CV auch in Bezug auf die Frage bestand, ob Nichtjuden mit deutlichen nationaldeutschen Tendenzen für die Arbeit des CV überhaupt herangezogen werden sollten. Für die Mitglieder jüdischer Vereine mit einer engeren ideologischen Ausrichtung stellten sich derartige Fragen nicht. Vgl. bspw. für den VnJ Hambrock, Außenseiter, S. 459–462.

475 Vgl. Emma Wagner an linksrheinischen CV-Landesverband, 3. 5. 1931, CVA 1743, Bl. 43.

3. Entscheidungsjahr(e)?

3.1 Wahljahr gleich Krisenjahr – düstere Zukunftsprognosen als Motivationsmittel

Wenn sich die Forschung der Frage nach der Abwehr des politischen Antisemitismus während der Weimarer Republik annimmt, liegt der Schwerpunkt nach wie vor auf den Jahren 1930 bis 1932, als die NSDAP durch die Stimmgewinne bei den Reichstagswahlen zur Massenpartei erstarkte. Schon frühzeitig wurde dabei nachgewiesen, dass die Auseinandersetzung mit den Nationalsozialisten zu diesem Zeitpunkt einen Schwerpunkt deutsch-jüdischer Vereine bildete.[476] So war der CV maßgeblich an der Einrichtung eines Sonderbüros beteiligt, das ausschließlich mit der Beobachtung der reichsweiten Aktivitäten der NSDAP beschäftigt war. Das Arbeitsspektrum des *Büros Wilhelmstraße* reichte von detaillierten Berichten über Parteiveranstaltungen hin zu einer reichsweiten Registrierung antisemitisch motivierter, gewalttätiger Ausschreitungen.[477] Die so zusammengestellten Informationen, die auch republikanischen Zeitungen und Parteien überlassen wurden, bildeten die Grundlage für eine verstärkte Berichterstattung der CVZ über die Gefahren der NSDAP.[478] Doch auch die *Zionistische Vereinigung* gab Ende der zwanziger Jahre ihre ideologisch begründete Ablehnung gegen die aktive Abwehrarbeit zunehmend auf. Aktive Wahlaufforderungen und -empfehlungen, in Verbindung mit Berichten über die antisemitische Gefahr, die ein Wahlgewinn der NSDAP barg, hatte die JR ihren Lesern bereits für die Berliner Kommunalwahlen im November 1929 übermittelt.[479] Dieser Trend verstärkte sich deutlich während des Wahlkampfs 1930. Darüber hinaus beteiligten sich zionistische Vertreter wenige Wochen vor der Wahl in einem Wahlkampfausschuss, dem unter anderem auch Mitglieder des CV und RjF angehörten.[480] Durch den Wahlerfolg der Nationalsozialisten und die gescheiterten Versuche, die Abwehrarbeit den jüdischen Gemeinden oder einer „gesamtjüdische[n] Stelle“ zu übertragen, verstärkte sich innerhalb der ZVfD die Diskussion darüber, ob und wie sich an der Abwehrarbeit

476 Vgl. Mosse (Hrsg.), Entscheidungsjahr, insb. darin die Beiträge: ders. Der Niedergang der Republik, S. 3–42; Kurt Loewenstein, Die innerjüdische Reaktion auf die Krise der deutschen Demokratie, S. 349–403; Weltsch, Entscheidungsjahr; zusätzlich auch: Paucker, Abwehrkampf, insb. S. 110–129.

477 Paucker, Abwehrkampf, S. 110–119; Hill, Centralverein, S. 200–203.

478 Vgl. Zertrümmerte Fensterscheiben, CVZ, Nr. 42, 17. 10. 1930, S. 545f.; Die Ausschreitungen am Kurfürstendamm, CVZ, Nr. 38, 18. 9. 1931, S. 457f.; Dokumente von unserer Zeiten Schande, CVZ, Nr. 50, 11. 12. 1931, S. 571–574; Eine Unterredung mit dem Reichsminister, CVZ, 12. 2. 1932, S. 53f.; Nach der Wahl: Statt Burgfrieden Gewalttaten und Blutvergießen, CVZ, Nr. 32, 5. 8. 1932, S. 333; Die schweren Ausschreitungen in Königsberg, ebd., S. 334. Eine Unterredung mit dem Reichsminister, CVZ, 12. 2. 1932, S. 53f.

479 Liepach, Wahlverhalten, S. 163.

480 Das genaue Aufgabenfeld des Ausschusses lässt sich nicht rekonstruieren. Berichte über seine Tätigkeit waren allgemein gehalten und dienten neben dem „Wohle der deutschen Juden“ vor allem der verstärkten Spendensammlung, vgl. Liepach, Wahlverhalten, S. 164f.

zu beteiligen sei.[481] So widmete sich die JR im Jahr 1932 in mehr als 40 Prozent ihrer Leitartikel der Vor- und Nachberichterstattung über die Wahlen zum Reichspräsidenten und zum Reichstag ebenso wie über antisemitische Ausschreitungen.[482] Darüber hinaus hatten die Zionisten im Januar 1932 mit der Herausgabe einer eigenen Monatsausgabe begonnen. Wie bei der Variante des CV handelte es sich auch hier um eine Zeitschrift, die sich an ein explizit nichtjüdisches Publikum richtete. Wenngleich der inhaltliche Schwerpunkt auf Aspekten der zionistischen Ideologie und Berichten aus und über Palästina lagen, diente auch sie als ein Aufklärungsmittel gegen den „immer stärker werdenden Antisemitismus".[483] Demzufolge trifft das Urteil gerade jüngerer Studien, nach denen es auf zionistischer Seite zu einer Abwendung von den politischen Entwicklungen in Deutschland und verstärkten Fokussierung auf Palästina gekommen sei, nur bedingt zu.[484] Als ein weiterer Beleg für eine zunehmende Annäherung der liberalen und zionistischen Strömungen, lässt sich zunächst der Verweis auf 1932 als „Jahr der Entscheidung" lesen. Im Vorfeld der Reichspräsidentenwahl im März und April und bei den Reichstagswahlen im Juli und November tauchte diese Losung unabhängig von Vereinszugehörigkeiten in der gesamten jüdischen Presse auf.

Der CV hatte bereits im Januar unter dem Motto „1932 – das Jahr der Entscheidungen" drei Großveranstaltungen in Berlin abgehalten. Dort wie in der CVZ wurden die Mitglieder beständig darauf hingewiesen, dass sie sich in jenem Jahr befanden, das die Entscheidung darüber bringen würde, „ob das Deutsche Reich sich den Mächten gegenüber durchsetzen kann, die Unrecht und Gewalt auf ihre Fahnen geschrieben haben und dadurch den inneren und äußeren Frieden des Vaterlandes bedrohen".[485] Hans Reichmann hatte zwar in der ersten Jahresausgabe darauf aufmerksam gemacht, dass verschiedene Seiten diese Prognose bereits für

481 Vgl. Jehuda Reinharz, The Zionist Response to Antisemitism in Germany, in: LBYB 30 (1985), S. 105–140, hier S. 126; Barkai, Wehr Dich!, S. 205.

482 Vgl. bspw. Einschüchterungspromenade, JR, Nr. 57, 19. 7. 1932, S. 271; Zur Wahl vom 31. Juli, JR, Nr. 60, 29. 7. 1932, S. 285; Politik und Terrorakte, JR, Nr. 62, 5. 8. 1932, S. 295; Deutschland und die Judenfrage, JR, Nr. 65, 16. 8. 1932, S. 311; Judenhetze als politisches Kampfmittel, JR, Nr. 67, 23. 8. 1932, S. 321; Zur Lage in Deutschland, JR, Nr. 93, 22. 11. 1932, S. 451; vgl. ähnliche Schlussfolgerungen der quantitativen Analyse in Oehler, Krisenwahrnehmungen, S. 158f.

483 Kurt Blumenfeld, Unsere Monatsausgabe. Ein Wort zur Einführung, Jüdische Rundschau – Monatsausgabe (JRM), Nr. 1, Januar 1932, S. 1; vgl. auch Margaret T. Edelheim-Muehsam, Reactions of the Jewish Press to the Nazi Challenge, in: LBYB 5 (1960) S. 308–330, hier S. 312. Dementsprechend ist nach wie vor Peter Baldwins Einschätzung zuzustimmen: „Distinctions between the practical responses of the CV and ZVfD to National Socialism were slight and, despite all ideological and theoretical differences, the abilities of the two to organizations to judge the full effects that were to follow Hitler's chancellorship were not qualitatively distinguishable." Peter M. Baldwin, Zionist and Non-zionist Jews in the Last Years before the Nazi Regime, in: LBYB, 27 (1982), S. 87–108, hier S. 89; vgl. auch Avraham Barkai, Politische Orientierung und Krisenbewusstsein, in: Meyer (Hrsg.), Deutsch-jüdische Geschichte, Bd. 4, S. 102–124, hier S. 123f.

484 Nicosia, Zionismus, S. 84; Daniel Fraenkel, Response, S. 617; wesentlich differenzierter Hambrock, Außenseiter, S. 466–468.

485 1932 – Das Jahr der Entscheidungen, CVZ, Nr. 4, 22. 1. 1932, S. 30.

das Jahr 1931 gestellt hätten – rückblickend konnte er hier aber Entwarnung geben. Zugleich kritisierte er die Inaktivität, mit der bisher auf den „Ruf ‚Hitler ante portas'" reagiert worden sei.[486] Aus dieser Erfahrung ergab sich, dass – egal ob in der CVZ, in Broschüren, bei Kundgebungen oder Aufklärungsveranstaltungen – der Verweis auf den entscheidenden Charakter des Jahres 1932 immer mit der Aufforderung einherging, die Abwehr- und Aufklärungsarbeit zu unterstützen und nicht einer generellen Resignation vor der politischen Situation nachzugeben.[487] Auch in der JR finden sich immer wieder Verweise auf den Charakter von 1932 als Entscheidungsjahr. So teilte der anonyme Verfasser von „Kritische Tage" Ende Mai die Einschätzung, „daß der kommende Sommer Entscheidungen von größerer Tragweite bringen muß".[488] Wenngleich die ZVfD zu diesem Zeitpunkt ebenfalls dazu übergegangen war, sich mit einer Monatsausgabe aufklärend an ein nichtjüdisches Publikum zu wenden, begegnete sie der Abwehrarbeit des CV nach wie vor mit Ablehnung. Aus der Feststellung über den entscheidenden Charakter des Jahres 1932 wurde in der JR vor allem gefolgert, dass nur „ein selbstbewußtes, organisiertes Judentum, das sein jüdisches Schicksal bejaht und ihm mit Stolz begegnet" den kommenden Entwicklungen gewachsen sein würde.

Sowohl für den CV als auch für die ZVfD diente der Rekurs auf das „Entscheidungsjahr 1932" vor allem als Selbstversicherung über die bisher etablierten Verhaltens- und Reaktionsmöglichkeiten auf die antisemitische Gefahr, die durch den politischen und gesellschaftlichen Einfluss der NSDAP drohte. Zusammen mit den ausschließlich positiven Berichten über Aufklärungsversammlungen vor nichtjüdischem Publikum, bildete der Verweis auf das Entscheidungsjahr die Grundlage für den Appell des CV, sich weiter aktiv an dessen Verbandsarbeit zu beteiligen. Die ZVfD unterstrich die Bedeutung eines selbstbewussten Auftretens deutscher Juden, das ihr als Grundvoraussetzung für die Anerkennung auch durch die nichtjüdische Bevölkerung galt. Gemeinsam war beiden Strömungen jedoch die Überzeugung, dass eine Resignation ihrer Leser- und Mitgliederschaft angesichts der politischen und gesellschaftlichen Entwicklungen in Deutschland verhindert werden musste. Vor diesem Hintergrund bildete das apodiktische Entweder-oder, das der Begriff des „Entscheidungsjahres" anzeigte, vor allem ein zentrales Motivationsmittel.[489]

[486] Hans Reichmann, Bilanz, CVZ, Nr. 1, 1. 1. 1932, S. 1 f., hier S. 1.

[487] Vgl. ebd., April 1932 – der Monat der Entscheidungen, CVZ, Nr. 134, 8. 4. 1932, S. 134; Ernst Feder, Der Monat der Entscheidungen, CVZ, Nr. 16, 15. 4. 1932, S. 145 f.; Des Deutschen Reiches Schicksalstag, CVZ, Nr. 17, 22. 4. 1932, S. 161–164; Hans Reichmann, Vor den Entscheidungen, CVZ, Nr. 21, 20. 5. 1932, S. 205 f.; Julius Brodnitz, Freunde!, CVZ, Nr. 31, 29. 7. 1932, S. 321; Der letzte entscheidende Sturm, CVZ, Nr. 33, 15. 8. 1932, S. 431 f.

[488] Kritische Tage, JR, Nr. 43, 31. 5. 1932, S. 203 f., hier S. 203, vgl. auch Arno Herzberg, Tage der Entscheidung, JR, Nr. 58, 22. 7. 1932, S. 275; ders., Das Ende einer Epoche? Rückwirkungen auf die jüdische Situation, JR, Nr. 59, 26. 7. 1932, S. 281; Hitler Reichskanzler, JR, Nr. 64, 12. 8. 1932, S. 305.

[489] Graf hat im Zusammenhang mit der allgemeinen Verurteilung eines Untätigbleibens in den frühen 1930er Jahren vor allem auf die „Kampf"-Rhetorik hingewiesen. Vgl. Rüdiger Graf, Die Zukunft der Weimarer Republik. Krisen und Zukunftsaneignung in Deutschland 1918–1933, München 2008, S. 327 f.

Spätestens mit Erscheinen des Sammelbandes „Entscheidungsjahr 1932 – Zur Judenfrage in der Endphase der Weimarer Republik“ hat sich diese Zuschreibung an das Jahr 1932 auch in der Historiographie etabliert.[490] Dieser Fokus auf die Spätphase der Republik birgt jedoch die Gefahr einer Entkontextualisierung. Tatsächlich begleitete insbesondere der CV seit der Reichstagswahl im Juni 1920 sämtliche Wahlkampagnen mit drängenden Appellen, deren Kontinuität sich durch vier, immer wiederkehrende Aspekte auswies. Im Mittelpunkt stand zunächst die unbedingte Notwendigkeit der Wahlbeteiligung, wobei sich jeder Wahlappell durch eindrückliche Warnungen vor einem Erstarken völkischer Parteien auszeichnete. Diese wurden regelmäßig durch negative Zukunftsprognosen ergänzt. Abgesehen von der Forderung, „[k]einem Antisemiten; aber auch keinem versteckten Antisemiten [...] auch nur eine jüdische Stimme“ zu geben, betonte der CV immer wieder seine eigene, parteipolitische Neutralität.[491] Ein weiterer Bestandteil der Aufrufe war schließlich die Forderung an Leser und Mitglieder, den vereinseigenen Wahlfonds – der seit 1924 immer häufiger auch als „Kampffonds“ bezeichnet wurde – zu unterstützen.

Bereits während der Reichstagswahl im Juni 1920 hatte der Vorsitzende des CV, Julius Brodnitz, damals noch in der Monatsschrift *Im deutschen Reich* die Leser darauf vorbereitet, dass der „Wahlkampf den Höhepunkt der antisemitischen Hetzarbeit“ darstellen würde und somit als immanente Bedrohung von Recht, Ehre und Leben deutscher Juden aufzufassen sei.[492]

Anlässlich der Wahlen vom Mai und Dezember 1924 stellte die Redaktion auf den Seiten der nun zweimal wöchentlich erscheinenden CVZ bereits deutlich mehr Raum für Wahlappelle und -berichte zur Verfügung. So fanden sich in mehreren Ausgaben unmittelbar vor den Wahlen Extrabeilagen, die auf Grundlage der bisher erschienenen Abwehrliteratur Argumentationshilfen gegen antisemitische Stereotype offerierten.[493] Wahlaufrufe und Artikel betonten durchgängig den schicksalhaften Charakter der Wahlen, wobei die Sorge insbesondere den möglichen Stimmgewinnen für DNVP und NSDAP galt. Auf den Seiten der CVZ galt der Tag der Wahl am 4. Mai als „Schicksalstag“, der die „Entscheidung“[494] über die „Zurückschraubung der bürgerlichen Rechte der deutschen Juden“ bedeuten würde.[495] Bruno Weil, der das Zukunftsszenario für einen Wahlsieg der

490 Vgl. Mosse (Hrsg.), Entscheidungsjahr.

491 Paul Nathan, Reichstagswahlen und Centralverein, IdR, Nr. 6, Juni 1920, S. 178–181, hier S. 181. Seit 1924 bot der CV zunehmend ausführlich Informationen über die jeweils zur Wahl stehenden Parteien an, vor allem in Bezug auf ihre Haltung zu Judentum und Antisemitismus, vgl. Liepach, Wahlverhalten, S. 112 ff.

492 Julius Brodnitz, An die deutschen Juden!, IdR, Nr. 4, April 1920, S. 129 f., vgl. auch Nr. 5, Mai 1920, S. 145 f.; Nr. 6, Juni 1920, S. 177 f.

493 Vgl. bspw. Wissen und Waffen, Tatsachen für den Abwehrkampf, Beilage der CVZ, Nr. 4, 17. 4. 1924, S. 13–16; Liepach, Wahlverhalten, S. 110.

494 Der letzte Ruf, CVZ, Nr. 18, 1. 5. 1924, S. 241.

495 Hier und im Folgenden: Bruno Weil, Der Schicksalstag des 4. Mai, CVZ, Nr. 17, 24. 4. 1924, S. 221 f., hier S. 221; vgl. auch den Wahlaufruf: Der Schicksalstag des 4. Mai, CVZ, Nr. 16, 17. 4. 1924, S. 203; „Der Schicksalstag des 4. Mai“. Unsere Kundgebung für Freiheit und Vaterland, CVZ, Nr. 18, 1. 5. 1924, S. 242.

völkischen Parteien entwarf, glaubte zwar nicht an eine vollständige Aufhebung der „staatsbürgerlichen Gleichheit". Er erwartete jedoch, dass ein Wahlsieg der völkischen Parteien zur Folge hätte, dass deutsche Juden aus der Verwaltung „ausgemerzt" und aus dem juristischen und wirtschaftlichen Bereich vollständig verdrängt werden würden. Aus dieser Prognose leitete er die Forderung ab, „alle Aufmerksamkeit, alle Energie" auf einen möglichst ungünstigen Wahlverlauf für die antisemitischen Parteien zu konzentrieren.[496] Noch 1920 bestand die Berichterstattung über den Wahlausgang ausschließlich in der Wiedergabe der Ergebnisse der Stimmverteilung. Im Anschluss an die Reichstagswahl im Mai 1924 etablierte sich dagegen eine neue Form der Nachbereitung. Neben ausführlichen Berichten über das Abschneiden völkischer Parteien in den einzelnen deutschen Regionen, betonten die Leitartikel die Notwendigkeit, weiter in der Aufklärungs- und Abwehrarbeit aktiv zu bleiben. Exemplarisch ist die rhetorische Selbstbefragung in der ersten Ausgabe nach der Wahl am 9. Mai: „Der Wahlkampf ist beendet? Nein, er fängt gerade jetzt an."[497] Das Bemühen, Leser und Mitglieder für diese Form des kontinuierlichen Wahlkampfes zu gewinnen, ergänzte in den folgenden Jahren das rhetorische Wahlkampfrepertoire der CVZ.[498]

Nachdem der Reichstag im Oktober 1924 aufgelöst und Neuwahlen für den 7. Dezember angesetzt worden waren, erklärte die CVZ auch diesen Tag zum „Entscheidungstag" für das „Schicksal" Deutschlands wie das der deutschen Juden.[499] Wenngleich Weil im Nachgang der Wahl einen „Zusammenbruch der völkischen Bewegung" konstatierte[500], betonte er nur wenige Zeilen später dass der Wahlausgang auf jüdischer Seite kein „Gefühl des Sieges" zur Folge haben dürfe.[501] Das Drängen, die völkischen Parteien nicht zu unterschätzen, war das zentrale Thema der CV-Berichterstattung vor den Wahlen 1928. Die Sorge, dass gerade die Verluste der DNVP bei Landtagswahlen und eine Unterschätzung der Gefahr, die von der NSDAP ausgehe, zu einer niedrigen Wahlbeteiligung und geringen Unterstützung des Wahlkampffonds führen würde, resultierte in der wiederholten Aufforderung, sich durch die „Ruhe vor dem Sturm" nicht über die „tatsächliche Stärke und Größe der antisemitischen Bewegung in Deutschland hinwegtäuschen" zu lassen.[502] Auch nachdem die NSDAP mit 2,6 Prozent der Stimmen das schlechteste Ergebnis seit ihrer Beteiligung an den Wahlen zum Reichstag erhalten hatte, gab es in der CVZ keine Entwarnung. Stattdessen betonte

496 Ebd., S. 222.
497 R. Hinrichs, Weiter kämpfen, CVZ, Nr. 24, 12. 6. 1924, S. 357 f., hier S. 357.
498 Diese widerspricht Tourys Befund, nachdem der CV auf die Wahlergebnisse in den 1920er Jahren mit einer „gehäuften Portion Optimismus" und „frohlockend[en] Versprechungen über den Niedergang der NSDAP reagiert hätte. Toury, Krisenbewusstsein, S. 197 f.
499 Aufruf „Der große Entscheidungstag", CVZ, Nr. 49, 4. 12. 1924, S. 765 f.
500 Dieser „Zusammenbruch" bezog sich ausschließlich auf die NSDAP. Im Vergleich zu den Maiwahlen, bei denen sie 6% der Stimmen erhalten hatte, erreichte sie nun lediglich 3,3%. Dagegen verbesserte sich das Ergebnis der DNVP leicht von 19,5 auf 20,5%.
501 Bruno Weil, Nach den Wahlen, CVZ, Nr. 50, 12. 12. 1924, S. 789–790, hier S. 789.
502 Alfred Wiener, Aufmarsch!, Nr. 16, 20. 4. 1928, S. 213 f., hier S. 213; Bruno Weil, Der 20. Mai 1928, CVZ, Nr. 19, 11. 5. 1928, S. 257 f., hier S. 257.

Ludwig Holländer mit Blick auf das Abschneiden der NSDAP bei verschiedenen Landtagswahlen „die Notwendigkeit, schon jetzt für die nächste Wahl Vorbereitungen zu treffen."[503] An den Vor- wie Nachbereitungen der Wahlkämpfe während der gesamten 1920er Jahre lässt sich nachweisen, dass der CV, unabhängig von den jeweiligen politischen Konstellationen, fortwährend auf das Bedrohungs- und Krisenpotenzial rekurrierte, das bereits die nächste Wahl bergen konnte.

Für die Jahre 1930 und 1932 konzentrierten sich die Wahlkampfvorbereitungen des CV ausschließlich darauf, vor einem Sieg der Nationalsozialisten zu warnen. Diese Konsequenz ergab sich 1930 nicht allein aus dem zunehmend erfolgreichen Abschneiden der Partei auf Länderebene, sondern auch aus dem offenen Straßenkampf der NSDAP, dessen antisemitischer Charakter sich durch Boykottaktionen und gewalttätige Übergriffe auf – vermeintlich – jüdische Passanten äußerte.[504] Das Wissen um den Einfluss, den diese Entwicklungen auf das gesamtgesellschaftliche Klima nahmen, wirkte sich auf Intensität und Umfang der Berichte über den Wahlkampf auf den Seiten der CVZ aus. An den grundsätzlichen inhaltlichen und sprachlichen Bestandteilen, welche die Wahlaufrufe und -vorbereitungen seit Anfang der 1920er Jahre gekennzeichnet hatten, änderte sich jedoch nichts. Nach wie vor wurde die Wahlbeteiligung zum entscheidenden Mittel erklärt, um die „Vernichtung der Ehre, der politischen Rechte und der wirtschaftlichen Stellung der deutschen Juden" zu verhindern. Wie im Vorfeld der übrigen Wahlen betonte die CVZ in diesem Zusammenhang auch den Entscheidungscharakter der Wahlen, deren Ergebnis „Rettung oder Untergang" bedeuten würde.[505] Der Verein bestand weiterhin auf seiner parteipolitischen Neutralität und stellte seinen Lesern ausführliche Profile über die zur Wahl stehenden Parteien zur Verfügung. Hierbei hatte sich im Verlauf der Wahlkämpfe das Hauptaugenmerk von den Einstellungen der jeweiligen Partei gegenüber der jüdischen Minderheit zunehmend auf ihr Verhältnis zur NSDAP verschoben.[506] Auch die Appelle zur finanziellen Unterstützung des „Kampffonds" bildeten nach wie vor festen Bestandteil der Aufrufe.[507] In diese Kontinuität fügt sich nicht zuletzt auch der Verweis auf die Bedeutung des Wahljahres als schicksalhaftes „Entscheidungsjahr" ein. Die gehäufte Verwendung gerade im Jahr 1932 war zweifellos den Zeitumständen, insbesondere dem erfolgreichen Abschneiden der NSDAP bei der Reichstagswahl 1930, geschuldet. Was der

503 Ludwig Holländer, Nach dem 20. Mai, CVZ, Nr. 21, 25. 5. 1928, S. 293 f., hier S. 293.

504 Vgl. An die deutschen Juden!, CVZ, Nr. 50, 11. 12. 1930, S. 569; Vor der Entscheidung in Sachsen, CVZ, Nr. 25, 20. 6. 1930, S. 332; Alfred Wiener, Die grundsätzliche Bedeutung der Sachsenwahl, CVZ, Nr. 26, 27. 6. 1930, S. 343 f.; Ahlheim, Deutsche, S. 205 f.; Kurfürstendamm, Verweis auf Wahl in Preußen.

505 Siegfried Höxter, Rettung oder Untergang?, CVZ, Nr. 31, 1. 8. 1930, S. 405 f.

506 Aufmarsch der Parteien, CVZ, Nr. 36, 5. 9. 1930, S. 467; Rat uns, CV!, CVZ, Nr. 43, 21. 10. 1932, S. 429 f. Vertreter des CV bemühten sich 1932 auch um Kontakte zu Vertretern der DNVP, welche die antijüdische Politik ihrer Partei ablehnten. Ein gefälschter Rundbrief des CV, indem er seine Mitglieder zur Unterstützung der DNVP aufrief, wurde im Herbst 1932 als Wahlmanöver der NSDAP enttarnt. Vgl. Paucker, Abwehrkampf, S. 108 f.

507 Vgl. bspw. Aufruf „An die deutschen Juden", CVZ, Nr. 30, 25. 7. 1930, S. 393; Unser Kampffonds, CVZ, Nr. 34, 22. 8. 1930, S. 441.

Berichterstattung und den dringlichen Appellen vor den Wahlen 1932 seine herausragende und historiographische Bedeutung verleiht, ist letztlich jedoch der Umstand, dass Hitler einen Monat nach diesem „Entscheidungsjahr“ *tatsächlich* zum Reichskanzler Deutschlands ernannt wurde.

Historiker haben in diesem Zusammenhang bereits früh hervorgehoben, dass es sich hierbei um eine für die Zeitgenossen in der Zukunft liegende Entwicklung handelte.[508] Nichtsdestotrotz wird bei der retrospektiven Bewertung des Krisen- und Gefahrenbewusstseins immer wieder – mehr oder weniger explizit – darauf hingewiesen, dass für die deutschen Juden die Entwicklungen in Deutschland nach dem 30. Januar 1933 in irgendeiner Form absehbar gewesen wären. Aus dieser teleologischen Interpretation haben sich zwei Sichtweisen auf die jüdischen Vereine etabliert, die sich nur auf den ersten Blick zu widersprechen scheinen. So wird zum einen gerade deutsch-jüdischen Vereinen eine besondere Hellsichtigkeit gegenüber den Gefahren des Nationalsozialismus bescheinigt.[509] Zum anderen wird, trotz der Anerkennung der Abwehrbemühungen der Vereine, der mehr oder weniger explizite Vorwurf der „Kurzsichtigkeit“ erhoben, wonach auch auf jüdischer Seite nicht genug unternommen worden sei, um diese Gefahr „richtig“ einzuschätzen.[510] Beide Deutungen blenden aus, dass es sich bei Hitlers Ernennung zum Reichskanzler um eine vergangene Zukunft handelt. Hitlers Reichskanzlerschaft mag zwar im Erwartungshorizont einiger Zeitgenossen gelegen haben, bei der Rekonstruktion des Erfahrungsraums der Zeitgenossen sollte der Frage, ob Zukunftsprognosen eintrafen oder nicht, keine große Bedeutung beigemessen werden.[511]

508 Vgl. Loewenstein, Reaktion, S. 349–351.

509 Vgl. Baldwin, Zionist, S. 107f.; Mosse, Niedergang, S. 18, wie in der Tendenz auch die übrigen Beiträge des Bandes.

510 Symptomatisch kann hier Nicosia gelesen werden, der, einem historiographischen Countdown gleich, bei den Entwicklungen in der zionistischen Politik in den frühen 1930er Jahren beständig auf die zeitliche Nähe zum 30. 1. 1933 verweist: „Als der 24. ZVfD-Kongress […], weniger als fünf Monate vor Hitlers Ernennung zum Reichskanzler, zusammentrat […]. Am 20. Januar 1933, zehn Tage vor Hitlers Ernennung zum Reichskanzler, gab die ZVfD eine Stellungnahme ab […]“, Nicosia, Zionismus, S. 86f.; Dietz Bering, Geeinte Zwienatur. Zur Struktur politischer Perspektiven im Centralverein deutscher Staatsbürger jüdischen Glaubens, in: Thomas Koebner (Hrsg.), Weimars Ende, Frankfurt am Main 1982, S. 182–204, hier S. 194f.; verbunden mit zahlreichen apokalyptischen Bildern: Sidney Bolkosky, The Distorted Image. German Jewish Perceptions of Germans and Germany, 1918–1945, New York 1975, S. 123–125; auch Barkai ist überzeugt, dass innerhalb der CV-Führung 1932 niemand „noch ernstlich“ an eine „lebensvolle Zukunft“ hätte glauben können. Vgl. kritisch zur „Kurzsichtigkeit“ Moshe Zimmermann, „Die aussichtslose Republik“. Zukunftsperspektiven der deutschen Juden vor 1933, in: Menora. Jahrbuch für deutsch-jüdische Geschichte 1 (1990), S. 152–183, hier S. 153.

511 Reinhard Rürup warnt davor, gerade die deutsch-jüdische Geschichte der Weimarer Republik als „bloße ‚Vorgeschichte‘ ihres plötzlichen und furchtbaren Endes“ zu werten – wobei die Warnung selbst das normative Urteil andeutet, welches sich nur aus dem retrospektiven Wissen um die vergangene Zukunft ergeben konnte. Vgl. Reinhard Rürup, Jüdische Geschichte in Deutschland. Von der Emanzipation bis zur nationalsozialistischen Gewaltherrschaft, in: Blasius/Diner (Hrsg.), Zerbrochene Geschichte, S. 79–101, hier S. 80. Vgl. auch Zimmermann, Republik, S. 153. Graf widerspricht Zimmermanns Urteil, dass die Geschichtswissenschaft generell die „Zukunft der Vergangenheit“ übergehe, gerade für die

Gerade der Fokus auf die Validität der Zukunftsprognosen der Zeitgenossen droht dabei, die historische Perspektive zu verzerren.[512]

Gerade in Bezug auf die deutsch-jüdischen Vereine, die sich jahrelang mit der Abwehr von Antisemitismus und Nationalsozialismus auseinandergesetzt hatten, erscheint jedoch nach wie vor eine Erklärung dessen notwendig, „[w]as heute als naive und folgenschwere Fehleinschätzung anmuten könnte".[513] Dies gilt insbesondere für Veröffentlichungen mittels derer die Vereine die zukünftigen politischen und gesellschaftlichen Entwicklungen in Deutschland erörterten.[514] Ähnlich wie der Begriff des „Entscheidungsjahres" gehörten Beiträge, die sich mit den Folgen eines – potenziellen wie tatsächlichen – Stimmgewinns oder gar Wahlsiegs völkischer Parteien auseinandersetzten, ebenfalls zum festen Bestandteil der Wahlvorbereitungen des CV. Gemeinsam war ihnen, dass sie die Bedeutung der jeweiligen Wahl und die Notwendigkeit des Urnenganges unterstrichen. Die potenziellen, zukünftigen Entwicklungen wurden somit vor allem herangezogen, um die Dringlichkeit eines Handelns in der Gegenwart zu betonen. Diese „gegenwärtige" Appellfunktion behielten die Prognosen auch in den frühen 1930er Jahren bei. Dies gilt auch für Berichte, in denen sich die CVZ und *Der Schild* explizit völkischen Vokabulars bedienten, und beispielsweise auf das „Dritte Reich" verwiesen. Einen Bericht über nationalsozialistische Ausschreitungen gegen jüdische Einwohner – und einen „republikanisch gesinnten Landwirt" – im rheinland-pfälzischen Dolgesheim überschrieb die CVZ mit „Heute noch ein Einzelfall – aber im ‚Dritten Reich'…?"[515] Trotz des Hinweises auf das „Dritte Reich" diente dieser Bericht nicht primär dazu, die Leser auf die Entwicklungen nach einem Machtantritt Hitlers vorzubereiten. Stattdessen wurden Begriffe aus der völkischen Rhetorik genutzt, um die Dramatik der gegenwärtigen Zustände zu unterstreichen und die Verantwortung für den Vorfall eindeutig den Nationalsozialisten zuzuweisen. Die Beiträge sollten so weniger auf ihre prognostische Treffsicherheit hin gelesen werden, als auf die Wirkung, die sie bei den Lesern generieren sollten.

deutsch-jüdische Historiographie ist Zimmermanns Urteil jedoch nach wie vor zuzustimmen, vgl. Graf, Zukunft, S. 28.

512 Für Koselleck stellte das zunehmende Auseinanderklaffen von Erfahrungsraum und Erwartungshorizont ein zentrales Merkmal der Neuzeit dar. Nach Christian Geulen bedeuteten gerade Ereignisse in der ersten Hälfte des 20. Jahrhunderts einen „Erfahrungsschock", der sich aus dem „Erwartungsüberschuss" des 19. Jahrhunderts ergeben hätte. Vgl. Koselleck, „Erfahrungsraum" und „Erwartungshorizont", S. 359; Christian Geulen, Plädoyer für eine Geschichte der Grundbegriffe des 20. Jahrhunderts, in: Zeithistorische Forschung/Studies in Contemporary History 7 (2010), S. 79–97, hier S. 85f.

513 Ahlheim, Deutsche, S. 236.

514 Zu Vielfalt und Verbreitungsgrad des Zukunftsdiskurses in der Weimarer Republik vgl. Graf, Zukunft, S. 232–250.

515 Das Drama von Dolgesheim, CVZ, Nr. 34, 22. 8. 1930, S. 443, vgl. auch Vorkämpfer des Dritten Reichs am Vortragspult, CVZ, Nr. 4, 23. 1. 1931, S. 36; Else Hildebrandt, Kulturpolitik im Dritten Reich, CVZ, Nr. 22, 29. 5. 1931, S. 275; Julius Bab, Nur „arische" Bühnenkünstler, CVZ, Nr. 27, 1. 7. 1932, S. 276; Die Kirche und das Dritte Reich, CVZ, Nr. 44, 28. 10. 1932, S. 443.

Sämtliche Artikel, die sich mit den gegenwärtigen wie zukünftigen Entwicklungen in Deutschland auseinandersetzten, waren durch zwei Aspekte gekennzeichnet. Als Erstes betonten sie die Gefahr, welche die nationalsozialistische Propaganda „zügelloser Volksverhetzung und unverantwortlicher Aufstachelung der Massen zu Gewalttätigkeiten" barg.[516] Die Beiträge betonten zwar insbesondere die Konsequenzen für die jüdische Minderheit, die sich aus weiteren Zugewinnen für die Partei ergeben würden. Allerdings fehlte nie der Verweis auf die verheerenden Folgen, die eine Regierungsbeteiligung der Nationalsozialisten letztlich für das gesamte deutsche Volk haben würde. In diesem Zusammenhang erfolgte regelmäßig der Verweis auf die zahlreichen Einflussfaktoren, welche die deutschen Wähler zu einer Unterstützung der NSDAP bewogen hatten und marginalisierten so die Bedeutung, welcher der Antisemitismus bei der individuellen Wahlentscheidung gespielt haben mochte. Hervorzuheben ist, dass in keinem dieser Beiträge die drohenden Konsequenzen einer nationalsozialistischen Regierungsbeteiligung konkretisiert wurden. Auch in Artikeln, die sich ihrer Überschrift nach den Fragen zukünftiger Entwicklungen zuwandten, bildeten konkrete Vorhersagen über die Politik der NSDAP im Falle einer Regierungsbeteiligung die Ausnahme.[517] Stattdessen diente eine Analyse des Parteiprogramms oder Erwägungen über eine Kanzlerschaft Hitlers dazu, den Blick für die gegenwärtige Lage zu schärfen, „[d]enn im Augenblick wichtiger als alle Drohungen ist die Praxis im Reiche, dort […], wo man es mit [den Nationalsozialisten] nicht verderben will, weil man ihre Macht oder gar ihren Terror fürchtet".[518] Die vermeintlichen Zukunftsbetrachtungen dienten vorrangig als Möglichkeit, über die deutschen Zustände der Gegenwart zu reflektieren.[519] Bis auf die Aufforderungen zur Wahlbeteiligung und Mitarbeit bei der Aufklärungs- und Abwehrarbeit, konnten die Beiträge dabei keine konkreten Handlungsempfehlungen ausgeben, mit denen dem gegenwärtigen wie zukünftigen Bedrohungspotenzial der NSDAP beizukommen sei. Aus diesem Umstand ergab sich der zweite, inhaltliche Schwerpunkt der Artikel. Wenngleich der CV keinen Einfluss auf die Enttäuschungserfahrung seiner Mitglieder nehmen konnte, bemühte er sich durch Gefühlsempfehlungen auf die sich hieraus ergebenden Konsequenzen einzuwirken. Im Mittelpunkt stand

516 Vgl. Holländer, Was uns Sorgen macht und tröstet, CVZ, Nr. 36, 2. 9. 1932, S. 365 f., hier S. 365; vgl. auch Verleumdungen, Drohungen, Ausschreitungen, CVZ, Nr. 31, 29. 7. 1932, S. 322.

517 Wo Beiträge die konkreten Folgen einer Kanzlerschaft Hitlers erwogen, kamen sie zu dem Schluss, dass es lediglich zu einer geringfügigen Modifikation der antisemitischen Aspekte des Wahlprogramms führen würde. Vgl. Hitler Reichskanzler?, JR, Nr. 64; Ludwig Holländer, Täuschungen und Enttäuschungen, CVZ, Nr. 1, 2. 1. 1931, S. 1 f.; Es hat doch Zweck!, CVZ, Nr. 29, 15. 7. 1932, S. 297.

518 Alfred Wiener, Programmerfüllung oder Agitation?, CVZ, Nr. 26, 24. 6. 1932, S. 361 f., hier S. 362. Die JR erkannte in einer potenziellen Ernennung Hitlers zum Reichskanzler eine Entwicklung, die „geradezu für die jüdische Gegenwart symptomatisch ist". Hitler Reichskanzler?, JR, Nr. 64; vgl. auch Aus – wird +, CVZ, Nr. 45, 4. 11. 1932, S. 449; Alfred Hirschberg, Alte und neue Aufgaben, CVZ, Nr. 46, 11. 11. 1932, S. 462–465.

519 Zur Notwendigkeit, die Funktion von Zukunftsszenarien in der jeweiligen argumentativen Struktur zu berücksichtigen, vgl. auch Graf, Krise, S. 98.

die Warnung, auf die Entwicklungen in Deutschland mit einer resignierenden Haltung zu reagieren. Einmütig lehnten die Beiträge jegliche Form von „Inaktivität“[520], „Vogel-Strauß-Taktik“[521] und „Leisetreterei“[522] ab. Die Appelle richteten sich weniger an die „Nörgler aus Grundsatz“, welche die Arbeit des CV insgesamt ablehnten.[523] Vielmehr ging es dem CV um die „gutwillig Enttäuschten“, die sich dem politischen und gesellschaftlichen Antisemitismus „entgegengestemmt“ hatten, schließlich aber aus „persönlicher, traurig erlebter Erfahrung“ zu dem Schluss kamen: „Es ist ja doch umsonst.“ Der Verweis auf die Gutwilligkeit unterstrich das Verständnis für das Gefühl der Enttäuschung, wenngleich der CV darauf bestand, dass die einzig angemessene Reaktion auf eine derartige Erfahrung das „[A]nstacheln zur verstärkter Leistung“ sein konnte. Somit lehnte der Verein nicht nur einen übertriebenen Pessimismus, sondern auch einen „bloß gefühlsmäßige[n] Optimismus“ ab, da beide im Verdacht standen, einer untätigen Haltung Vorschub zu leisten.[524] Dagegen setzten die Beiträge das Ideal eines „tiefer verankert[en]“ Optimismus, der letztlich zu einem Aktivwerden, beispielsweise in der Aufklärungs- und Abwehrarbeit führen würde.[525] Äußerungen wie diese proklamierten eine Überwindung der Dichotomie von Pessimismus und Optimismus zugunsten eines Vertrauens in die aktiven Gestaltungsmöglichkeiten von Gegenwart und Zukunft. Dieser Befund deckt sich mit den Ergebnissen der neueren Forschung zu den Zukunftsdiskursen während der Weimarer Republik.[526] Somit lassen sich die Zukunftsprognosen deutsch-jüdischer Vereine in dem breiten Erwartungshorizont verorten, den die Zeitgenossen für die Zukunft der Weimarer Republik etabliert hatten.[527]

Trotzdem ist auf den vorangegangenen Seiten deutlich geworden, dass die Funktion der Zukunftsprognosen weniger in einem tatsächlichen Vorhersagen zukünftiger Entwicklungen als in einer Reflexion über die gegenwärtige Situation in Deutschland bestand. Bereits während der 1920er Jahre nutzten deutsch-jüdische Vereine das Mittel der Zukunftsdeutung und den Topos des „Entscheidungsjahres“, um ihre Mitglieder zu Wahlbeteiligung und Mitarbeit in der Abwehrarbeit zu motivieren. Dass gerade die Beiträge, die zwischen 1930 und 1932 erschienen waren, in den Fokus der Forschung gerieten, und wahlweise als Beleg für die Hell- oder Kurzsichtigkeit deutscher Juden herangezogen wurden, ergab sich

520 Reichmann, Bilanz, CVZ, Nr. 1.
521 Aufklärung, Leistung, Führung, CVZ, Nr. 22, 27. 5. 1932, S. 216.
522 Köpfe hoch!, CVZ, Nr. 30, 22. 7. 1932, S. 309f.; Was uns Sorge macht und tröstet, CVZ, Nr. 36, S. 366.
523 Hier und im Folgenden: Eva Reichmann-Jungmann, Wider die Nörgler und Kleinmütigen, CVZ, Nr. 27, 1. 7. 1932, S. 278f.; vgl. auch Drüben am Wiesenrand ..., CVZ, Nr. 45, 7. 11. 1930, S. 582.
524 Ein Jahr geht zur Neige, Schild, Nr. 24, Dezember 1932, S. 185f., hier S. 185. Vgl. auch Ludwig Holländer, Optimismus oder Pessimismus, CVZ, Nr. 52, 26. 12. 1930, S. 669; Bruno Glaserfled, Mehr Optimismus! Mehr Hingabe! Mehr Opfer, CVZ, Nr. 28, 10. 7. 1931, S. 357.
525 Optimismus oder Pessimismus, CVZ, Nr. 52.
526 Vgl. Graf, Zukunft, S. 103f., 131–133.
527 Vgl. ebd., S. 378.

aus den Entwicklungen nach dem 30. Januar 1933. Ein Ausblenden dieser „zukünftige[n] Gegenwart“ bei der Analyse hat gezeigt, dass auch in den Beiträgen der frühen 1930er Jahre die potenziellen zukünftigen Entwicklungen in Deutschland vor allem beschworen wurden, um die Notwendigkeit eines Tätigwerdens in der Gegenwart zu verdeutlichen. So endeten auch die Beiträge meist in einem versöhnlichen Ton, der die Widerstände, die einer Regierungsbeteiligung der Nationalsozialisten im Weg standen oder die Vorzüge eines produktiven Optimismus hervorhob. Die Beiträge stellen zu Beginn der dreißiger Jahre weder erklärungsbedürftige „Fehleinschätzungen“ noch den Ausdruck einer „messianische[n] Idee“ des unbedingten Ausharrens dar.[528] Sie eignen sich vielmehr als ein Beleg für die Konsistenz der Kernargumentation deutsch-jüdischer Vereine. Sie betonten die Gefahr, die gerade für die jüdische Minderheit durch ein Erstarken der NSDAP bestand, und forderten ihre Mitglieder wiederholt auf, dieser „Wahrheit [...] ins Auge“ zu sehen. Gleichzeitig marginalisierten sie die Verantwortung der nichtjüdischen Bevölkerung an dieser Entwicklung durch Verweise auf ihre „Irreführung“ und „Vergiftung“, ebenso wie durch den Rekurs auf die „anständige“ Mehrheit. Die Einschätzung erfüllte zwei, nur auf den ersten Blick widersprüchliche Funktionen. Sie ermöglichte es, auf die Verbundenheit, nicht nur mit Deutschtum und Deutschland, sondern auch mit der nichtjüdischen deutschen Bevölkerung zu bestehen. Gleichzeitig begründete sie für die gegenwärtigen wie zukünftigen Entwicklungen in Deutschland die Notwendigkeit, sich insbesondere bei der Auseinandersetzung mit dem Antisemitismus der Nationalsozialisten keine Unterstützung durch die Mehrheitsgesellschaft zu erwarten.

Die Ernennung Hitlers zum Reichskanzler änderte hieran wenig. Die Einschätzungen der Lage und die Aufrufe, welche in den ersten Ausgaben von CVZ und JR nach dem 30. Januar 1933 erschienen, belegen zunächst vor allem die argumentative Annäherung beider Strömungen, die sich bereits in den Vorjahren angedeutet hatte. Beide betonten die Ernsthaftigkeit der Lage, die sich aus dem Umstand ergab, dass die Regierungsgewalt nun bei einer Partei lag, die sich „den Kampf gegen die Juden auf ihre Fahnen geschrieben hat“.[529] In diesem Zusammenhang hoben sowohl CVZ wie JR, hervor, dass diese politische Entwicklung „niemand verwundern“ könne, der die politischen Entwicklungen und „geistige Umstellung des deutschen Volkes“ beobachtet hatte. Aus der Perspektive der nun vergangenen Zukunft versahen damit beide Organisationen ihre Prognosen mit einem neuen Bedeutungsgehalt.[530] Statt eines Appells an Aktionismus und – besonders im Falle der zionistischen Vereinigung – ideologische Selbstverortung, dienten sie nun als Belege für die vorausschauenden Fähigkeiten der Organisationen. Diese Umdeutung nutzten der CV und die *Zionistische Vereinigung* nun auch um ihre vorsichtigen Einschätzungen für die kommenden Entwicklungen zu legitimieren. Sie verwiesen auf den Verfassungseid, den Hitler im Zuge seiner Ernen-

528 Ahlheim, Deutsche, S. 236; Bering, Zwienatur, S. 197.
529 Ludwig Holländer, Die neue Regierung, CVZ, Nr. 5, 2. 2. 1933, S. 33f., hier S. 34.
530 Regierung Hitler, JR, Nr. 9, 31. 1. 1933, S. 41.

nung geschworen hatte, ebenso wie auf die Verantwortung der übrigen Parteien, „die verfassungsmäßigen Grundrechte der Staatsbürger“ zu schützen.[531] Im Besonderen in die Pflicht genommen wurde Reichspräsident Hindenburg, den „sein Verfassungseid, seine moralische Autorität und seine internationale Reputation“ an die Wahrung der staatsbürgerlichen Gleichberechtigung band. In diesem Zusammenhang mag es wenig verwundern, dass der CV-Artikel auch die Einigkeit der deutschen Juden „mit der überwiegenden Mehrheit des deutschen Volkes“ unterstrich.[532] Bemerkenswerter ist dagegen die Tatsache, dass auch die JR ihre oft kritische Haltung gegenüber der nichtjüdischen Bevölkerung zurückstellte und sich überzeugt zeigte, dass „auch im deutschen Volk die Kräfte noch wach sind, die sich gegen eine barbarische antijüdische Politik wenden würden“.[533] Sämtliche Hinweise dienten dazu, die Kanzlerschaft Hitlers zu kontextualisieren und Spekulationen über deren potenzielle Konsequenzen abzumildern. Sie bildeten die argumentative Grundlage für die zentrale Forderung, die JR wie CV an das Verhalten der deutschen Juden unter den gegebenen Umständen knüpften: das Bewahren von „Ruhe und Würde“.[534] Somit stand auch in den ersten Berichten der jüdischen Presse, die im Anschluss an die Ernennung Hitlers zum Reichskanzler erschienen, das Dringen auf ein, von den Vereinen als angemessen gewertetes Verhalten der deutschen Juden im Mittelpunkt.

Dass derartige Appelle bei den Mitgliedern nicht ungehört verhallten, von ihnen vielmehr kritisiert, gefördert und mitgestaltet wurden, zeigt das nächste Kapitel.

3.2 Kritik hinter den Kulissen – der Einfluss der Leserzuschriften

Obwohl in den Beständen des Archivs des *Centralvereins* nur wenige Leserbriefe aus der Zeit der Weimarer Republik erhalten geblieben sind, gibt es in der CVZ zahlreiche Artikel, die sich mit Leserzuschriften auseinandersetzten. Indirekt zeigen sie, dass die Mitglieder der jüdischen Gemeinschaft die gesellschaftliche und politische Entwicklung in Deutschland sehr unterschiedlich einschätzten. So gingen auch ihre Meinungen über die Strategie des CV angesichts des anwachsenden Antisemitismus auseinander. Die Autoren des CV nutzten den Hinweis auf die kritischen Einsendungen, um sich von ihnen abzugrenzen und ihren eigenen Standpunkt, beziehungsweise den des CV, zu unterstreichen. Bemerkenswert ist dabei, dass offenbar eine Vielzahl der Leserzuschriften die Haltung des Vereins als übertrieben optimistisch kritisierte. In den Artikeln der CVZ dienten diese Beanstandungen dazu, die Bedeutung der CV-Arbeit zu unterstreichen. Ein Hinweis auf die

531 Ebd.
532 Holländer, Die neue Regierung, CVZ, Nr. 5, 2. 2. 1933.
533 Regierung Hitler, JR, Nr. 9, 31. 1. 1933.
534 Ebd. Trotzdem fehlten in beiden Artikeln auch nicht die für die beiden Lager spezifischen Schlussfolgerungen: Der CV hob die Bedeutung seines fortgesetzten Kampfs um das „Recht der deutschen Juden“ hervor, während die JR den „unbeugsamen Stolz“ auf das Judentum anmahnte. Vgl. Holländer, Die neue Regierung, CVZ, Nr. 5, 2. 2. 1933.

„Zweifler in unseren Reihen" konnte als Gelegenheit genutzt werden, um zu betonen, wie dringlich die Aufklärungs- und Abwehrarbeit des CV sei.[535] Die „von Freunden" geäußerte Ansicht, nach welcher der CV eine „maßlose" Zuversicht vertrat, bildete die Grundlage eines neuerlichen Plädoyers für einen Optimismus, der eine aufklärende Tätigkeit im Sinne des CV befördern sollte.[536] Gleichzeitig versicherten die Redaktionsmitarbeiter, dass sie die Letzten wären, welche die „Verzweiflung", die aus den „täglichen Zuschriften" sprach, „leicht nehmen" würden.[537]

Konträr zur Kritik, zu optimistische Schlüsse aus den Entwicklungen in Deutschland zu ziehen, lagen die Leserbriefe, welche die ausführliche Berichterstattung des CV über gewalttätige Ausschreitungen gegen Juden und die Wahlerfolge der NSDAP ablehnten. Dies geschah nicht selten mit dem Hinweis, dass durch die ständige Berichterstattung der Nationalsozialismus nur noch zusätzliche Aufmerksamkeit erhielt. Auch hier sahen sich die verantwortlichen Mitarbeiter immer wieder veranlasst, die Veröffentlichung zu begründen. Sie betonten, dass diese Berichte nicht dazu dienen sollten, „unsere Freunde zu erschrecken". Vielmehr galt es, „vor aller Öffentlichkeit" die nationalsozialistischen Gewalttaten zu benennen und dagegen zu protestieren.[538] Allerdings verbanden sich Berichte, in denen die Gefahren des Nationalsozialismus thematisiert wurden, häufig mit der Forderung, diesen Entwicklungen „ins Auge" zu blicken und nicht „den Kopf in den Sand" zu stecken. Hier deutet sich an, dass der CV mit den Darstellungen gerade jene Mitglieder erreichen wollte, die „auch in unserem engeren Kreise [...] die Meinung vertreten, diese ganze Entwicklung gehe sie gar nichts an" – und dementsprechend auch keinen Wert auf eine derartige Berichterstattung legten.[539]

Aus den Reflexionen in den CV-Beiträgen wird deutlich, dass faktisch jeder Aspekt der CV-Arbeit und Berichterstattung der Kritik durch Leser und Mitglieder erfuhr. Während einige Leser jede Andeutung einer optimistischen Situation als ein Verkennen der Realität werteten, wünschten sich andere eine deutlich zurückgenommene Berichterstattung über die Entwicklungen in Deutschland.

Die Berichterstattung des Vereins geriet somit durch die eigenen Mitglieder unter Rechtfertigungsdruck, wobei die Ansichten darüber, wie der CV vorzugehen hätte, widersprachen. Während die Meinungsvielfalt innerhalb des CV in den vergangenen Kapiteln bereits deutlich geworden ist, zeigt sich am Beispiel der Leserzuschriften, dass die CV-Mitarbeiter die Kritik ernst genug nahmen, um sich öffentlich mit den divergierenden Meinungen auseinanderzusetzen. Auch hier zeigt sich, dass die einmal gefassten strategischen Präferenzen stabil blieben. Die in den Leserzuschriften angeführten Forderungen und Gegenargumente nutzten die Redakteure vor allem, um zu begründen warum und dass sie an den einmal etablierten Mitteln der Aufklärungs- und Abwehrarbeit festhalten würden.

535 Köpfe hoch, CVZ, Nr. 30, 1932; vgl. auch Kap. II.2.2.
536 Optimismus und Pessimismus, CVZ, Nr. 52, 1930.
537 Ludwig Holländer, An die Freunde im Lande, CVZ, Nr. 33, 12. 8. 1932, S. 341.
538 Zu den jüngsten politischen Morden: Verleumder am Werk, CVZ, Nr. 6, 5. 2. 1932, S. 45.
539 Aufklärung, Leistung, Führung, CVZ, Nr. 22, 1932.

Den unterschiedlichen Forderungen und Erwartungshaltungen an die CVZ, die in den Lesermeinungen deutlich wurden, widmete sich Alfred Wiener im Frühjahr 1932.[540] Exemplarisch führte er einen Leserbrief an, der sich über die verzögerte Berichterstattung der CVZ bezüglich der preußischen Regierungsbildung beschwerte und nachhakte: „Es geht nicht an, daß wir schweigen. Haben Sie nicht Mut genug, mit der deutschen Sprache herauszurücken?“[541] Aus der Vielzahl an Zuschriften, die zwar unterschiedliche Aspekte der Berichterstattung beanstandeten, hierbei jedoch einen ähnlich fordernden Tonfall anschlugen, folgerte Wiener nüchtern: „Wir werden scharf kritisiert. Von Freund und Feind.“ Diese Feststellung versah er mit der positiven Konnotation, nach der gerade diese Kritik die Grundlage einer „dauernden Selbstüberprüfung“ bildete. Diese jedoch führte nicht so weit, Zuschriften, die sich gegenüber der Arbeit und Berichterstattung von CV wie CVZ kritisch äußerten, zu veröffentlichen. Wie bei der Mehrzahl der Einsendungen, die dem CV zugingen, bemühten sich die Mitarbeiter auch bei den Leserbriefen, den Absendern eine Antwort zukommen zu lassen, welche die Auffassung des Vereins darlegte.[542] In der CVZ erschienen sie lediglich als Verweise auf die Meinungen „unserer Freunde“, die, wie weiter oben gesehen, dazu dienten, die Standpunkte des Vereins neuerlich darzulegen.

In der unregelmäßig erscheinenden Rubrik „Unsere Leser schreiben“ veröffentlichte die CVZ dagegen Zuschriften, die zur Wahlteilnahme aufriefen[543], die Notwendigkeit der Aufklärungsarbeit unterstrichen[544], vor einer Überempfindlichkeit und damit vorschneller Absonderung aus nichtjüdischen Kreisen warnten[545], aber auch persönliche Erfahrungen mit dem antisemitischen Terror der Nationalsozialisten thematisierten[546]. Es lässt sich, ebenso wie bei den in den vorherigen Kapiteln behandelten Leserrundfragen nicht abschließend belegen, ob in der CVZ-Redaktion konkrete Vorgaben darüber existierten, welche Lesermeinungen veröffentlicht werden sollten.[547] Allerdings kann ein unterschiedlicher Umgang mit Zuschriften, welche die Einschätzungen des CV unterstützten, und jenen, die

[540] Hier und im Folgenden: Alfred Wiener, Redaktion und Leserschaft, CVZ, Nr. 22, 27. 5. 1932, S. 222 f.

[541] Der Verfasser bezog sich vermutlich auf das Ergebnis der preußischen Landtagswahlen vom 24. April 1924, bei der NSDAP und KPD die Stimmenmehrheit erhielten.

[542] In dem von Wiener aufgegriffenen Beispiel war der Absender darüber versichert worden, dass die CVZ „unerschütterlich und ohne Furcht vor irgendwelchen Folgen“ ihre Einschätzungen zu den politischen Entwicklungen äußerte. Allerdings verwies sie auf die gelegentlich notwendige „Zurückhaltung“, die dabei die „[p]olitische Klugheit“ gebot. Vgl. Redaktion und Leserschaft, CVZ, Nr. 22, 1932.

[543] Keine Stimme darf fehlen, CVZ, Nr. 30, 22. 7. 1932, S. 313

[544] Wahrheit und Gerechtigkeit, CVZ, Nr. 34, 22. 8. 1930, S. 447; Wir glauben an Deutschland, CVZ, Nr. 30, 1932; Es geht um die Ehre des Judentums, Nr. 44, 1930; Von Mund zu Mund, ebd.; Kennen beseitigt Vorurteile, CVZ, Nr. 46, 14. 11. 1930, S. 592.

[545] Seid nicht überempfindlich!, CVZ, Nr. 34, 1930; Sondert euch nicht ab!, CVZ, Nr. 44, 1930; Selbsterziehung, ebd.; Seit zweiundfünfzig Jahren im Kriegerverein, CVZ, Nr. 22, 29. 5. 1931, S. 277; Hinein in die Vereine, CVZ, Nr. 46, 1930.

[546] „Nie wird so heiss gegessen wie gekocht.“, CVZ, Nr. 40, 3. 10. 1930, S. 531; Kleinstadt-Krise, CVZ, Nr. 22, 1931; Hass zerstört die Dorfgemeinschaft, CVZ, Nr. 28, 8. 7. 1932, S. 293.

[547] Vgl. Kap. II.1.2.

sich hierzu kritisch äußerten, nicht bezweifelt werden. Während letztere nur indirekt aufgegriffen und verarbeitet wurden, konnten erstere, nicht zuletzt aufgrund ihrer appellierenden Überschriften wie „Seid nicht überempfindlich!" oder „Sondert euch nicht ab!" als Verhaltens- und Handlungsempfehlung unmittelbar an die Leser weitergegeben werden. Die Zeitung diente somit nicht als Forum für eine Meinungsbildung unter den Mitgliedern. Die Zuschriften waren vielmehr ein Instrument, um die Position der Verbandsführung zu verteidigen und zu stützen. Ähnlich wie die Aushandlungsprozesse über die angemessene Reaktion auf antisemitische Erfahrungen belegen die zahlreichen Leserzuschriften jedoch die Dynamik des vereinsinternen Austauschs – ebenso wie die unterschiedlichen Meinungs- und Erwartungszuschreibungen, die er repräsentierte. Diese anzuerkennen, zu dämpfen und zu steuern, war Teil des Erwartungsmanagements und stellte nicht nur in Wahl- und vermeintlichen Entscheidungsjahren, sondern während der gesamten Weimarer Republik eine zentrale Aufgabe – und nicht selten Herausforderung – deutsch-jüdischer Vereine dar.

Inwieweit auf diese etablierten Kommunikations- und Argumentationsstrategien nach dem 30. Januar 1933 von Vereinsführungen wie Mitgliedern zurückgegriffen wurde und welche neuen Zuschreibungen und Modifikationen sich im weiteren Verlauf für die Vereine ergaben, ist Gegenstand des letzten Kapitels.

Zwischenbetrachtung (II)

Wie wurde Antisemitismus innerhalb deutsch-jüdischer Vereine während der Weimarer Republik wahrgenommen und eingeschätzt? Um diese Frage zu beantworten, ist es lohnenswert, zwischen den, in den Vereinsorganen veröffentlichten Meinungen und dem vereinsinternen Austausch zwischen Mitarbeitern und Mitgliedern zu unterscheiden. Die vorangegangenen Ausführungen haben gezeigt, dass es sich bei den, beispielsweise in der CVZ veröffentlichten Leserbriefen häufig gerade um jene handelte, welche die Meinung(en) der Vereinsführung repräsentierten. Der Blick in die vereinsinterne Korrespondenz macht dagegen deutlich, wie weit die Meinungen auch innerhalb des CV darüber auseinandergingen, was eine antisemitische Erfahrung eigentlich sei und wie man hierauf am besten reagiere. An alltäglichen Beispielen – wie Urlaubsausflügen oder Vereinsaktivitäten – zeigt sich, wie vielfältig der Antisemitismus in den Erfahrungsraum der Betroffenen eindrang. Abhängig von den Bedürfnissen der Einsender fungierte der CV bei der Schilderung dieser Erfahrungen als Auskunfts-, Beschwerde- und Bewältigungsinstanz. In ihren Antwortschreiben machten seine Mitarbeiter – wenn auch in unterschiedlicher Deutlichkeit – auf die eingeschränkten Möglichkeiten aufmerksam, die für ein Vorgehen gegen antisemitische Erfahrungen zur Verfügung standen. Eng damit verknüpft war, dass die Erwartung an eine gänzliche Überwindung des Antisemitismus bewusst niedrig gehalten wurde. Stattdessen empfahlen die Mitarbeiter in ihren Antwortschreiben, dass ein gewisses Maß antisemitischer Erfahrungen schlichtweg akzeptiert werden müsse.

Die niedrige Erwartungshaltung gegenüber einem Verschwinden judenfeindlicher Einstellungen zeigte sich auch bei den verschiedenen Gelegenheiten, bei denen CV, *Reichsbund* und *Jüdischer Frauenbund* Begegnungen mit Nichtjuden organisierten. Die interne Korrespondenz zeigt, wie selten es hier zu einem tatsächlichen Austausch kam. Bereits die Diskussion über judenfeindliche Vorurteile wurde in diesem Zusammenhang als Fortschritt gewertet. Dass diese Veranstaltungen nichtsdestotrotz in den jüdischen Zeitschriften regelmäßig als Erfolg deklariert wurden, entsprach nicht notwendigerweise den Überzeugungen der CVZ-Redaktion. Stattdessen sollten die „Erfolgsberichte" über die Begegnungen mit Nichtjuden die Leser motivieren, sich ebenfalls verstärkt in die Arbeit des CV einzubringen. Sie stehen jedoch auch symptomatisch für die bemüht positive Berichterstattung über die Einstellung der nichtjüdischen Bevölkerung. Dies lag in einer der zentralen Überzeugungen jüdischer Vereine begründet: der problemlosen Vereinbarkeit von Judentum und Deutschtum. Wenn an diesem Axiom festgehalten werden sollte, musste die Mehrzahl der nichtjüdischen Bevölkerung vom Vorwurf eines überzeugten Antisemitismus freigesprochen werden. Dies wurde nicht nur an den vorsichtigen Umschreibungen richterlicher Einstellungen deutlich. Es zeigte sich auch in den Versuchen von CVZ und *Schild*, die Stimmengewinne für die NSDAP zu erklären, ohne dabei der deutschen Mehrheitsbevölkerung antisemitische Überzeugungen zu unterstellen. Nichtsdestotrotz verband sich mit derartigen Erklärungen häufig der Hinweis, dass die jüdische Minderheit keine maßgebliche Unterstützung bei der Abwehr des Antisemitismus durch die Mehrheit der deutschen Bevölkerung erwarten könne.

Diese Gratwanderung kennzeichnete das Erwartungsmanagement deutsch-jüdischer Vereine und galt ebenfalls für die Berichterstattung über die Reichs-, zum Teil auch Landtagswahlen. Wahljahre wurden kurzerhand zu „Entscheidungsjahren" erklärt. Auch hier galt die Prämisse, möglichst offen und schonungslos über die Entwicklungen in Deutschland zu berichten – gleichzeitig aber Enttäuschung und Resignation bei den Lesern und Mitgliedern zu verhindern. Der alarmistische Tonfall, den auch die Forschung gerade für die frühen 1930er Jahre konstatiert, war ein fester Bestandteil der Berichterstattung in der jüdischen Presse, der immer auch um den Appell an eine optimistische Grundhaltung ergänzt wurde. Die Berichterstattung in den Vereinsorganen sollte dementsprechend nicht darüber hinwegtäuschen, dass es sich bei der Machtübernahme durch die Nationalsozialisten auch für jene jüdischen Vereine, die sich intensiv mit dem Antisemitismus in Deutschland auseinandersetzten, um ein Ereignis handelte, das sie nicht vorhersehen konnten und auf das sie nicht anders vorbereitet waren als andere Gruppierungen in Deutschland. Ihnen blieb zunächst nur, sich an ihren bisherigen Empfehlungen und Verhaltensmustern zu orientieren und das Verhältnis zur nichtjüdischen Mehrheit neu zu evaluieren.

III. Die ersten Jahre der NS-Herrschaft – was bleibt von Erklärungs- und Bewältigungsstrategien vor 1933?

1. Orientierung

1.1 Kontinuität und Grenzen der Verhaltens- und Bewältigungsstrategien deutsch-jüdischer Vereine

„Aus der Rückschau kann kein Zweifel bestehen, daß der Abwehrkampf des C.V. am 30. Januar 1933 nach vierzig Jahren mit einer Niederlage endete.“[1] Das für die bisherige Forschung paradigmatische Urteil von Jürgen Matthäus lässt sich auch auf die übrigen deutsch-jüdischen Vereine übertragen, die sich im Verlauf der Weimarer Republik im Sinne der Aufklärungs- und Abwehrarbeit des CV engagiert hatten. Mit den unmittelbaren Folgen der Ernennung Hitlers zum Reichskanzler sah sich von sämtlichen jüdischen Organisationen jedoch insbesondere der CV konfrontiert. Am 1. März hatten Kriminalbeamte und eine SA-Abteilung das Büro des CV durchsucht und einige der anwesenden Mitarbeiter für mehrere Stunden verhaftet.[2] Am Tag darauf bestellte Hermann Göring den Vorsitzenden Julius Brodnitz und seinen Stellvertreter Alfred Wiener ein und empfahl ihnen, sämtliche, gegen die NSDAP gerichtete Unterlagen zu vernichten.[3] Schon zuvor hatten Angestellte das Material, das im *Büro Wilhelmstraße* für die Propagandaarbeit des CV zusammengestellt worden war, aus den Räumlichkeiten entfernt. In der Folge der Bürodurchsuchung wurde es zusammen mit einer Reihe von Korrespondenzen des CV vernichtet.[4] Die Stellungnahme, welche die CVZ im Nachgang der Durchsuchung veröffentlichte, hob hervor, dass der CV nach wie vor seine zentrale Aufgabe in der „Bekämpfung des Antisemitismus“ erkannte, die er „im vollen Lichte der Öffentlichkeit“ durchführte.[5] Gleichzeitig handelte es sich hierbei um das letzte öffentliche Bekenntnis zur Aktivität des CV als Abwehrverein.[6] Während die JR-Monatsausgabe, die sich explizit an eine nichtjüdische

[1] Jürgen Matthäus, Kampf ohne Verbündete. Der Centralverein deutscher Staatsbürger jüdischen Glaubens 1933–1938, in: Jahrbuch für Antisemitismusforschung (1999), S. 248–277, hier S. 251.

[2] Unter ihnen auch Alfred Hirschberg, Ludwig Tietz und Friedrich Brodnitz, vgl. Ernst Herzfeld, Meine letzten Jahre in Deutschland. 1933–1938, LBI ME 287b; Die Durchsuchung des Centralvereins, CVZ, Nr. 10, 9. 3. 1933, S. 78.

[3] Tagebucheintrag von Julius Brodnitz am 3. 3. 1933, United States Holocaust Memorial Museum (USHMM) Archive, Brodnitz Family Collection, 2008.189.1; Barkai, Wehr Dich!, S. 273 f.

[4] Hirschberg, Hans Reichmann, S. 30; Paucker, Abwehrkampf, S. 126 (Anm. 70).

[5] Erklärung des Central-Vereins, CVZ, Nr. 9, 2. 3. 1933, S. 69.

[6] Im März wurden sämtliche Aktivitäten des CV in Thüringen und Bayern verboten. Vgl.: Wir und das Ausland. Zum Verbot des C.V. in Thüringen, CVZ, Nr. 10, 1933, S. 79; Matthäus, Kampf, S. 251. Zur Bedeutung der Reichstagswahl Martin Broszat, Der Staat Hitlers. Grundlegung und Entwicklung seiner inneren Verfassung, München 2000, S. 105.

Leserschaft richtete, noch bis Juni 1933 erschien, stellte der CV die Herausgabe seiner Monatsausgabe umgehend ein. Auch die Veranstaltungen von CV und JFB mit nichtjüdischer Publikumsbeteiligung endeten im Verlauf des Februars 1933.[7] Der RjF führte dagegen noch Ende März eine Aufklärungsveranstaltung durch, auf die weiter unten zurückzukommen ist.[8]

Das Urteil, dass letztlich „alle Bemühungen zum Scheitern verurteilt waren", ergibt sich vor allem aus dem Fokus, den die Historiographie gerade in Bezug auf den CV und auf dessen öffentliche Darstellung seiner Tätigkeit als Abwehr- und Aufklärungsverein gelegt hat.[9] In den vorangegangenen Kapiteln ist aus der vereinsinternen Korrespondenz herausgearbeitet worden, dass die Funktion des Vereins, die ihm vonseiten seiner Mitglieder zugeschrieben wurde, deutlich über diese Tätigkeiten hinausreichte. Vielmehr hatte er sich spätestens in der Weimarer Republik als eine zentrale Austausch- und Beratungsinstanz für antisemitische Erfahrungen etabliert. In dieser Funktion hatte er gegenüber den Einsendern Verhaltens- und Gefühlsstrategien empfohlen und häufig auf die Grenzen eines erfolgreichen Vorgehens gegen diese Erfahrungen hingewiesen. Diese zentrale Beratungs- und Austauschfunktion des Vereins, so die in diesem Kapitel zu prüfende These, versuchte der CV, ebenso wie die übrigen deutsch-jüdischen Vereine, fortzuführen – nicht zuletzt weil die Mitglieder dies nach wie vor einforderten.

Zweifellos können die antisemitischen Erfahrungen, mit denen sich jüdische Deutsche während der Weimarer Republik auseinandersetzten, schwerlich mit der umfänglichen Entrechtung, der Verdrängung aus der Öffentlichkeit und dem Berufsleben gleichgesetzt werden, die unter der nationalsozialistischen Diktatur einsetzten. Es waren jedoch zunächst die Erfahrungen aus der unmittelbaren Vergangenheit, aus denen sich der Erwartungshorizont für die kommenden Entwicklungen speiste und aus dem sich auch die zu erwägenden Handlungsmöglichkeiten und Bewältigungsstrategien ergaben.[10] Bisherige Studien haben insbesondere auf die anhaltende, wenn auch zunehmend eingeschränkte Tätigkeit von CV-Mitarbeitern in der Rechtsberatung[11], und die Intervention gegen Boykottmaßnahmen bei den örtlichen Stellen und im Wirtschaftsministerium[12] verwiesen. Auch die Versuche Einzelner, über persönliche Kontakte zu Beamten und Vertretern aus der Politik- und Wirtschaftswelt Einfluss auf die politischen Entscheidungen zu

[7] In der Ausgabe vom 9. Februar erklärte der CV, dass er weiterhin die Aufklärungsarbeit des RjF „moralisch und finanziell" unterstützen würde, Der Soldat zu Soldaten, CVZ, Nr. 4, 9. 2. 1933, S. 44; vgl. auch: Wir setzen die Aussprachen mit unseren christlichen Volksgenossen fort und stärken unsere innere Front, CVZ, Nr. 5, 2. 2. 1933, S. 35 f.; Aufklärung auf dem Lande, ebd., Nr. 9, 2. 3. 1933, S. 71; Frauen, Hilfe tut not!, ebd., Nr. 15, 13. 4. 1933, S. 131.

[8] Vgl. Ludwig Freund, Aufklärung – trotz alledem, Schild, Nr. 6, 28. 3. 1933, S. 43.

[9] Paucker, Abwehrkampf, S. 127 f.

[10] Vgl. David Jünger, Jahre der Ungewissheit. Emigrationspläne deutscher Juden 1933–1938, Göttingen 2016, S. 20.

[11] Barkai, Wehr Dich!, S. 308–314.

[12] Ahlheim, Deutsche, S. 380, 396–401; Benno Nietzel, Handeln und Überleben. Jüdische Unternehmen aus Frankfurt am Main 1924–1964, Göttingen 2012, S. 99 f.

nehmen, können als „eine Art Verlängerung jüdischer Interventionsformen aus der Weimarer Republik“ gedeutet werden.[13] Dabei müssen Erfahrungswerte und sich daraus ergebende Handlungsmöglichkeiten immer als abhängig von Gesetzgebung, Gewaltpotenzial und Unvorhersehbarkeit des nationalsozialistischen Regimes betrachtet werden.[14] Nichtsdestotrotz bietet der Blick auf die Jahre vor 1933 Erklärungsansätze für Einstellung und Verhalten der jüdischen Minderheit nach dem 30. Januar. Das folgende Beispiel soll als ein erster Beleg für die Kontinuität der Verhaltensempfehlungen dienen.

Neben der Verfolgung politischer Gegner auf Grundlage der im Februar erlassenen „Notverordnungen“ und des Wahlsiegs der Nationalsozialisten am 5. März war es auch vor dem deutschlandweiten Boykott am 1. April 1933 zu zahlreichen Boykottaktionen gegen jüdische Geschäfte gekommen, die vor allem ortsansässige SA-Mitglieder durchgeführt hatten.[15] In der Redaktion des *Schilds* waren daraufhin Briefe eingegangen, in denen Mitglieder ihre persönlichen Erfahrungen schilderten und die Praktikabilität der von ihnen gewählten Reaktionen hervorhoben und weiterempfahlen. *Der Schild*, der eine Auswahl dieser Zuschriften am 23. März veröffentlichte, enthielt sich einer direkten Aufforderung zur Nachahmung. Allerdings versah er die Briefe mit appellierenden Überschriften.[16] So auch im Falle der Einsendung Josef Dannenbergers, die programmatisch mit „Tragt Ehrenzeichen!“ überschrieben war. Hierin regte Dannenberg die ehemaligen jüdischen Kriegsteilnehmer dazu an, Kriegsauszeichnungen und Verwundetenorden „sichtbar […] bei allen Gelegenheiten und auch auf der Straße zu tragen.“ Der Verfasser war zwar überzeugt, dass es vielen Mitgliedern des RjF widerstreben würde, den Beleg für ihre patriotische Pflichterfüllung derart „zur Schau“ zu stellen. Da es die gegenwärtigen Umstände in Deutschland jedoch erlaubten, dass Menschen, „die während des Krieges noch die Schulbank drückten“, nun ehemaligen Frontkämpfern die Vaterlandsliebe absprachen, erschien es hinreichend begründet, die eigenen Auszeichnungen ohne Widerwillen in der Öffentlichkeit zu tragen. Wenn-

[13] Jünger, Ungewissheit, S. 138 f.

[14] Dies gilt es bereits bei der Analyse öffentlicher wie teilöffentlicher Quellen für die Jahre ab 1933 zu berücksichtigen. Wenngleich die jüdische Presse nicht der generellen Gleichschaltung der übrigen Presse unterworfen waren, existierte eine Nachzensur, die Vorladungen und Publikationsverbote bedeuten konnte, vgl. Herbert Freeden, Die jüdische Presse im Dritten Reich, Frankfurt am Main 1987, S. 20; Katrin Diehl, Die jüdische Presse im Dritten Reich. Zwischen Selbtsbehauptung und Fremdbestimmung, Tübingen 1997, S. 115–120; Arno Herzberg, The Jewish Press under the Nazi Regime. Its Mission, Suppression and Defiance. A Memoir, in: LBYB 36 (1991), S. 367–388, hier S. 367. Zur generellen Warnung, sowohl die Beiträge wie die innerjüdische Korrespondenz, die nach 1933 entstanden, „at face value“ zu bewerten, vgl. Paucker, Responses of German Jewry to Nazi Persecution, S. 217. Für eine Abmilderung dieses Urteils vgl. Paucker, Kampf, S. 174–176.

[15] Vgl. Israelitische Kultusgemeinde Limburg a. d. Lahn an CV-Zentrale, 20. 3. 1933, CVA 2321, Bl. 49; Max Levy an CV-Zentrale, 27. 3. 1933, ebd., Bl. 29; Landesverband Oberschlesien an CV-Zentrale, 27. 3. 1933, ebd., Bl. 83 f.; Uwe D. Adam, Judenpolitik im Dritten Reich, Düsseldorf 1972, S. 47; Peter Longerich, Politik der Vernichtung. Eine Gesamtdarstellung der nationalsozialistischen Judenverfolgung, München 1998, S. 26–28; Für Ruhe und Ordnung, CVZ, Nr. 11, 16. 3. 1933, S. 89.

[16] Hier und im Folgenden: Unsere Leser machen Vorschläge, RjF, Nr. 6, 23. 3. 1933, S. 42.

gleich Dannenberg eindeutige Zuschreibungen vermied, ließ sich für den zeitgenössischen Leser der Hinweis auf die Jugendlichkeit als Chiffre für die Anhänger der nationalsozialistischen Bewegung verstehen[17], während sich ausschließlich ehemalige jüdische Frontsoldaten mit dem Vorwurf der „Drückebergerei" konfrontiert sahen. Bei Dannenbergs Empfehlung handeltes es sich nicht um die erste Gelegenheit, bei welcher der RjF seine Mitglieder zu dieser Praktik anhielt. Schon in der Weimarer Republik hatte *Der Schild* durch prägnante Hervorhebungen die Leser aufgefordert: „Tragt Euer Abzeichen überall!"[18] Eine Verstärkung und Erweiterung dieser Aufforderung bildete der Fall Erich Leyens.[19] Gegen das von ihm und seinen zwei Brüdern geführte Kaufhaus „Leyens und Levenbach" in Wesel waren im März 1933 Boykottaufrufe ergangen. Als SA-Männer Kunden vom Betreten des Kaufhauses abhielten, postierte sich Leyens als ehemaliger Frontkämpfer in seiner Uniform aus dem Weltkrieg und dem Eisernen Kreuz neben ihnen. An vorübergehende Passanten und Einkäufer verteilte er ein selbst hergestelltes Flugblatt. Hierin fasste er seine eigene Kriegserfahrung, ebenso wie die seiner beiden Brüder, zusammen und verwies auf die Stellungnahme, die „Unser Herr Reichskanzler Hitler" abgegeben hatte, und nachdem jeder, der einen Frontsoldaten beleidige, mit Zuchthaus zu bestrafen sei. *Der Schild* druckte das Flugblatt vollständig ab und betonte, dass das „entschlossene und mutige Auftreten" Leyens in den „Bürgerkreisen der Stadt allseits Sympathie und Anerkennung gefunden" hätte. Zusammen mit dem Hinweis, dass auch die Boykottforderungen gegen Leyens Kaufhaus „sehr bald" aufhörten, unterstrich die Erwähnung der sympathisierenden Bevölkerung den Erfolg, den das Anlegen der Kriegsabzeichen wie das Flugblatt gezeitigt hatte. Für die Mitglieder konnten diese positiven Erfahrungen als indirekte Empfehlung gelesen werden, es im Boykottfall Erich Leyens gleichzutun.[20]

Für den deutschlandweiten Boykott am 1. April wird in der Forschung immer wieder auf das individuelle Vorgehen von Inhabern verwiesen, die sich in ihrer Soldatenuniform und mit Ehrenzeichen an diesem Tag in ihre Geschäfte bega-

[17] Vgl. zur Altersstruktur von NSDAP und den ihr angeschlossenen Organisationen Torsten Kupfer, Generation und Radikalisierung: die Mitglieder der NSDAP im Kreis Bernburg 1921–1945, ein Resümee, in: Historical Social Research 31 (2006), S. 180–222, hier S. 219; zur Radikalität der Kriegsjugendgeneration siehe auch Wildt, Generation, S. 848–850.

[18] Tragt Euer Abzeichen überall!, Schild, Nr. 3, 1. 2. 1925, S. 59.

[19] Hier und im Folgenden: Unsere Leser machen Vorschläge, RjF, Nr. 6, 1933; auch Erich Leyens Collection, 1918–1981, LBI, AR 4868; Matthäus und Roseman vermuten, dass der RjF die Vorlage für das Flugblatt zur Verfügung gestellt hatte. Es ist allerdings zu vermuten, dass der RjF erst durch Leyens selbst oder den CV von der gesamten Aktion erfuhr. Am 20. März hatte Ernst Plaut, der Vorsitzende des CV-Landesverbandes in Rheinland-Westfalen, die CV-Zentrale über Leyens Flugblatt und dessen Verteilung informiert. Da sich in der CVZ kein Hinweis auf Leyens Vorgehen findet, ist es wahrscheinlich, dass der CV die Informationen dem RjF zur weiteren Verarbeitung überließ. Vgl. Jürgen Matthäus/Mark Roseman (Hrsg.), Jewish Responses to Persecution 1933–1938, Lanham 2010, S. 17f.

[20] In seinem Bericht über Leyens Vorgehen hatte Erich Plaut bereits darauf hingewiesen, dass ein derartiges Vorgehen schwerlich in ganz Deutschland möglich sein würde, vgl. Matthäus/Roseman (Hrsg.), Jewish Responses, S. 17.

ben.[21] Das prominenteste Beispiel ist Richard Stern.[22] Er trug nicht nur seine Kriegsauszeichnungen, sondern hatte auch ein Flugblatt erstellt, das er am 1. April verteilte. Abgesehen davon, dass Sterns Flugblatt die ostentative Frage aufwarf, ob der „Jude nunmehr ein Mensch zweiter Klasse geworden" sei, war es in Aufbau und Inhalt mit Leyens Handzettel identisch: weder fehlte Hitlers Androhung von Zuchthausstrafen bei der Beleidigung von Frontsoldaten noch der Verweis auf die eigenen Kriegsleistungen oder die 12 000 gefallenen jüdischen Frontsoldaten.[23] Hier wird der argumentative und rechtliche Vorteil deutlich, der sich für die ehemaligen Frontsoldaten zumindest bis 1935 aus der Teilnahme am Weltkrieg ergab.[24] Nichtsdestotrotz lassen sich aus dem Beispiel zwei generelle Beobachtungen ableiten. Es dient zum einen als Beleg dafür, dass die jüdischen Zeitungen zumindest in den ersten Jahren unter nationalsozialistischer Herrschaft[25] ein Distributionsmittel für Handlungsmöglichkeiten darstellten, das von den Lesern nicht nur rezipiert, sondern mitgestaltet wurde. Zum anderen lässt sich für die Aufforderung, die Kriegsauszeichnungen anzulegen, der direkte Nachweis erbringen, dass hierfür auf Praktiken zurückgegriffen wurde, die bereits während der Weimarer Republik anempfohlen und erprobt worden waren.

Dies galt, wenn auch in unterschiedlichem Maße, für alle Bereiche, in denen sich jüdische Vereine bereits während der Weimarer Republik mit den antisemitischen Erfahrungen ihrer Mitglieder auseinandergesetzt hatten. Im Folgenden stehen nochmals die vier Erfahrungsbereiche – Urlaubsreisen, Postsendungen, Vereinsmitgliedschaften und die Erlebnisse jüdischer Kinder – im Zentrum der Analyse. Sie hatten bereits während der Weimarer Republik zu einem regen Austausch zwi-

[21] Vgl. Ahlheim, Deutsche, S. 260 f.; Monika Richarz (Hrsg.), Jüdisches Leben in Deutschland, Bd. 3: Selbstzeugnisse und Sozialgeschichte 1918–1945, Stuttgart 1982, S. 99–108, hier S. 104; Günther Plum, Wirtschaft und Erwerbsleben, in: Wolfgang Benz (Hrsg.), Die Juden in Deutschland 1933–1945. Leben unter nationalsozialistischer Herrschaft, München 1988, S. 268–313, hier S. 279 f.; Robert Gellately, Hingeschaut und Weggesehen. Hitler und sein Volk, Stuttgart 2002, S. 46.

[22] Vgl. Maurer, Ausnahmezustand, S. 398 f.; Grady, Soldiers, S. 130 f.

[23] Ein Foto, das Stern mit seinen Kriegsauszeichnungen vor seinem Laden und neben einem SA-Mann zeigt, ebenso wie eine Abbildung des Flugblatts finden sich bei Maurer, Ausnahmezustand, S. 398 f.

[24] So galt das Gesetz zur „Wiederherstellung des Berufsbeamtentums", das am 7. April verabschiedet wurde und deutsche Juden vom öffentlichen Dienst ausschloss, nicht für ehemalige Frontkämpfer und auch nicht für Familien, deren Väter oder Söhne während des Krieges gefallen waren. Sämtliche Ausnahmeregelungen für die ehemaligen Kriegsteilnehmer, die vor allem auf Interventionen seitens Hindenburgs zurückgingen, entfielen mit den Nürnberger Gesetzen, vgl. Grady, Soldiers, S. 132, 138 f.

[25] Sämtliche der hier besprochenen jüdischen Zeitungen und Zeitschriften erschienen bis zum November 1938, wobei sie zu diesem Zeitpunkt bereits den zahlreichen Einschränkungen des übrigen jüdischen Lebens in Deutschland unterworfen waren. Nach dem Novemberpogrom wurden sämtliche jüdische Publikationen verboten und durch das von den Nationalsozialisten kontrollierte „Jüdische Nachrichtenblatt" ersetzt. Vgl. Clemens Maier, Das „Jüdische Nachrichtenblatt" 1938–1943. Instrument der Verfolgung und Mittel der Selbstbehauptung, in: Lappin/Nagel (Hrsg.), Deutsch-jüdische Presse, S. 163–179.

schen Mitgliedern und Mitarbeitern der CV-Zentrale über die Frage geführt, wie angemessen mit antisemitischen Erfahrungen umzugehen sei. Am Beispiel dieser vermeintlichen „Alltäglichkeiten“ kann herausgearbeitet werden, inwiefern gerade während der ersten Jahre des nationalsozialistischen Regimes ein Set an Verhaltens- und Bewältigungsstrategien genutzt wurde, das sich auf den Erfahrungen der Weimarer Republik gründete.

Im Frühjahr 1932 hatte der CV das Erscheinen der Bäderlisten aufgrund der Materialfülle und den „gegebenen Verhältnissen“, die eine ständige Reevaluierung von Reiseempfehlungen notwendig machten, eingestellt. Stattdessen hatte die CV-Zentrale einen Reisedienst eingerichtet, der ausschließlich auf persönliche Anfragen Auskunft erteilte. Damit hatte sich die CV-Zentrale gleichsam einer weiteren Diskussion mit den Einsendern über die Frage entzogen, welche antisemitischen Erfahrungen jüdischen Reisenden zugemutet werden konnte, und welche nicht. Ein Jahr später, im Frühjahr 1933, wurde auch der Reisedienst eingestellt. Stattdessen erging an sämtliche Einsender, die Auskunft über mögliche Reiseziele erbaten, ein vorgefertigtes Schreiben.[26] Hierin erklärte der CV, dass weder eine Bearbeitung und Versendung noch eine Auskunft über spezielle Reiseziele möglich sei. Stattdessen verwies er die Einsender auf das Verzeichnis des *Vereins zur Förderung ritueller Speisehäuser*, ebenso wie auf den Inseratsteil in jüdischen Zeitungen. Allerdings zeigte sich noch im Jahresverlauf 1933, dass die Beratungstätigkeit, die der CV gegenüber Reisenden während der Weimarer Republik erfüllt hatte, nicht gänzlich endete. Zum sich stetig vergrößernden Annoncenteil der CVZ gehörten zahlreiche Kur-, Hotel- und Pensionsinserate, an denen sich die Urlauber orientieren konnten. Hierunter befanden sich immer noch Inserate, die von nichtjüdischer Seite aufgegeben wurden. Leser kritisierten diese Inseratspraxis immer wieder, wobei es ihnen zunehmend genügte, mit Verweis auf die „Zeitumstände“ ein generelles Aufnahmeende der Annoncen von nichtjüdischer Seite zu fordern.[27] Darüber hinaus erschienen in der CVZ vereinzelte Berichte über Ortschaften, die sich frühzeitig für „judenfrei“ erklärten. Sie dienten jedoch vor allem als Grundlage für einen Kommentar zum Zeitgeschehen und weniger als Warnung jüdischer Reisender. So bemerkte der CV in einer Meldung, nach der es „Fremdrassig[en]“ verboten sei, bestimmte Ortschaften in Franken zu besuchen, dass dieses Vorgehen „für die Hebung des Fremdenverkehrs […] nicht sehr dienlich sei“.[28] Während die CV-Mitarbeiter nicht länger bei der Wahl des Reiseorts als Beratungsinstanz fungierten, unterbreiteten sie in der CVZ nach wie vor Empfehlungen für das Verhalten im jeweiligen Ferienort. So wertete im Juli 1934 Fabius Schach im Beitrag „Im Ferienort“ gerade den Urlaubsaufenthalt als Möglichkeit für positive Begegnungen von Juden und Nichtjuden.[29] Wenngleich er feststellte, dass in zahlrei-

[26] Vgl. CVA 14, die Datumsangabe verweist lediglich auf das Jahr 1933, o. P.

[27] Vgl. CVA 1803, Bl. 50–60.

[28] Vgl. Achtung, Touristen, CVZ, Nr. 32, 10. 8. 1933; Norderney will „judenfrei“ sein, ebd., Nr. 48, 14. 12. 1933, o. P.

[29] Hier und im Folgenden: Fabius Schach, Im Ferienort, CVZ, Nr. 26, 28. 6. 1934, o. P.; vgl. auch Wohin die Sommer-Reise? CVZ, Nr. 29, 22. 7. 1937, S. 3.

chen Fällen „die künstliche Scheidewand so hoch ist, daß man über sie gar nicht hinwegsehen kann", bestand er auf die „ewige Menschlichkeitsidee", die immer eine Grundlage zwischen „Kulturmenschen" bilden würde. Die Aussicht auf diese positiven Erlebnisse verband er mit einer Aufforderung, die bereits in den 1920er Jahren im Verlauf der Sommermonate in der CVZ auftauchte: gegenüber den übrigen Reisenden sollte ein übermäßig zudringliches, aber auch ein bewusst absonderndes Verhalten vermieden werden. Auch wenn sich die „künstliche Scheidewand" als unüberwindlich erwies, blieb die Möglichkeit der „engere[n] Fühlung" mit Glaubensgenossen und – nicht zuletzt – „Tage der Weihe in der Natur". Wie auf den übrigen Seiten der CVZ hatte es auch Schach in seinem Beitrag vermieden, auf die Möglichkeit einer antisemitischen Auseinandersetzung einzugehen. Sie machten sich höchstens in Andeutungen wie der „schwere[n] Zeit" bemerkbar. Mit ihnen – so Schachs abschließende Empfehlung – ließe sich gerade in der Urlaubszeit am besten fertig werden, wenn man „alle Verbitterung zu Hause ließ".

Während die CVZ an ihren Verhaltens- und Gefühlsempfehlungen für die Sommerfrische weitgehend festhielt, übertrug sie die Beratungsfunktion frühzeitig den jüdischen Inhabern von Reisebüros und Reiseagenten. Diese richteten spezielle Abteilungen ein, in denen sie Informationen über Urlaubsorte zusammentrugen und auf Anfrage zur Verfügung stellten.[30] So ergab sich für Reisende, die sich zuvor an den Bäderlisten und einem direkten Austausch mit dem CV orientiert hatten, die Möglichkeit, auch weiterhin vor der jeweiligen Reise Informationen über potenzielle Ferienziele einzuholen, die über die Angaben in den Zeitungsannoncen hinausgingen. Dies galt ebenso für Reisende, die sich vor 1933 nie mit der Möglichkeit einer verweigerten Aufnahme oder antisemitischen Erfahrungen am gewählten Urlaubsort auseinandergesetzt hatten. Auch während der Weimarer Republik hatte ein Verzeichnis mit zu vermeidenden Kurorten und die Empfehlungen seitens des CV keine Garantie geboten, einen Urlaub ohne antisemitische Anfeindungen zu verbringen. Eine entscheidende Rolle hatte immer auch die Einschätzung auf jüdischer Seite gespielt, welche Formen von Judenfeindlichkeit ertragen werden mussten. Unter einem Regime, das den Antisemitismus zur Staatsdoktrin erklärte, erschien die Frage nach einer Unterscheidung zwischen zumutbarem und unzumutbarem Antisemitismus obsolet.

Die Entscheidung, jüdische Gäste weiterhin aufzunehmen, lag nicht notwendigerweise bei den Hotel- und Pensionsbesitzern[31], bereits vor 1933 hatten diese, oftmals unter Abwägen der ökonomischen Vor- und Nachteile, ihre grundlegende Entscheidung über die Aufnahme jüdischer Gäste getroffen. Der Vorgang hing stattdessen maßgeblich vom Engagement der örtlichen NSDAP sowie den neu besetzten Bäder- und Kurverwaltungen ab.[32] Die so in Gang gesetzten Ausschlussprozesse wiesen für die unterschiedlichen Urlaubsregionen zeitliche Differenzen

[30] Vgl. Bajohr, Hotel, S. 136.
[31] Vgl. ebd., S. 117.
[32] Vgl. Wildt, „Der muß hinaus!", S. 20f.

auf. Die Nord- und Ostseebäder galten Ende 1935 als „judenfrei“. In Kurorten, die von einem größeren, ausländischen Publikum frequentiert wurden, verzögerte sich die organisierte Ausgrenzung teilweise bis 1937.[33]

Wie schnell sich dieser, einmal in Gang gesetzte Ausgrenzungsprozess unabhängig von den Einstellungen der örtlichen Hotel- und Pensionsbesitzer vollzog, erfuhr auch Max Ohrenstein, der Hotelier und CV-Vertrauensmann in Bad Harzburg. Während der Weimarer Republik hatte er jüdische Gäste, die sich über antisemitische Erfahrungen beklagten, mit dem Hinweis auf die „Zeitumstände“ und die generellen Entwicklungen in Deutschland vertröstet.[34] Ende März 1933 wandte er sich an das Reisebüro Ullstein und die CV-Zentrale und berichtete von seinen erfolgreichen Verhandlungen mit Vertretern der örtlichen NSDAP, ebenso wie mit Hotel- und Pensionsinhabern des Kurorts.[35] Gerade die nationalsozialistischen Stadträte hätten „äußerst einsichtsvoll und vernünftig“ die Ansicht Ohrensteins geteilt, „dass dem verarmten Harzburg auch der Besuch jedes jüdischen Kurgasts sehr not tut“. Dementsprechend, so die Überzeugung Ohrensteins, würde auch von ihrer Seite alles geschehen, um „jüdische Kurgäste unbehelligt zu lassen“. Aufgrund der Übereinstimmung über die ökonomische Bedeutung jüdischer Urlauber erhoffte sich Ohrenstein vom Ullsteiner Reisebüro, dass es deutliche Reiseempfehlungen für sein Hotel in Bad Harzburg aussprechen würde. Gerade vor dem Hintergrund eines antizipierten Ausbleibens seiner „bisherigen christlichen Stammgäste“ ergab sich für ihn die Notwendigkeit, frühzeitig neue Werbemöglichkeiten und damit ein neues Urlaubspublikum zu erschließen. Gegenüber der CV-Zentrale schätzte Ohrenstein nicht nur die gesellschaftliche und politische Lage des Kurorts ein, wonach dort „alles in bester Ordnung“ sei. Er berichtete auch, dass Kurverwaltung und zahlreiche Hotels, wie im Vorjahr, die Veröffentlichung eines Sammelinserats in der CVZ planten. Wenige Tage später musste er jedoch die Zentrale darüber informieren, dass der neu eingesetzte Kurdirektor die Bedeutung des Besuchs jüdischer Kurgäste „noch nicht ganz erfasst zu haben scheint“.[36] Mit Verweis auf die Lage nach dem Boykott vom 1. April hatte er das Sammelinserat in der CVZ zurückgezogen. Auch der Verweis auf den „zweifellos 100-prozentig völkisch eingestellten“ neuen Bürgermeister, der Ohrensteins Bemühen um jüdische Gäste guthieß, hatte den neuen Verantwortlichen für die Kurverwaltung nicht überzeugen können. Ohrenstein blieb so nur übrig, von einem Sammelinserat abzusehen und lediglich eine Anzeige für sein eigenes Hotel in der CVZ zu schalten. Gleichzeitig hob er hervor, dass das Vorgehen des Kurdirektors nicht nur im Widerspruch zu der Einstellung des neuen, nationalsozialistischen Bürgermeisters stand, sondern auch „ohne Wissen“ der beteiligten Hotel- und Pensionsinhaber geschehen sei, die sich mit dieser Entscheidung „nicht einverstanden“ zeigten.[37] Aus diesen Beobachtungen leitete Ohrenstein

[33] Bajohr, Hotel, S. 121 f., 127.
[34] Vgl. Kap. II.1.2.
[35] Hier und im Folgenden: Schreiben Ohrensteins an CV-Zentrale, 27. 3. 1933, CVA 2342, Bl. 15 f.
[36] Vgl. Ohrenstein an CV-Zentrale, 4. 3. 1933, CVA 2342, Bl. 13.
[37] Ebd., Herv. i. O.

die Überzeugung ab, dass es im Sommer zu einem neuerlichen Sammelinserat auf den Seiten der CVZ kommen würde.

In den Interventionen und Erwartungen Ohrensteins spiegelten sich die Argumentationsstrategien, die sich aus den Erfahrungen der Weimarer Republik ergeben hatten. Insbesondere der Verweis auf ökonomische Aspekte hatte die Forderung nach einem strikten Vorgehen gegen antisemitische Ausschreitungen begründet. Auch in den Beschwerdebriefen und Gegendarstellungen vor 1933 hatte selten ein Zweifel darüber bestanden, dass Aufnahme und Verteidigung jüdischer Gäste weniger auf eine „philosemitische Haltung“[38] zurückzuführen war als auf die wirtschaftlichen Folgen ihres Ausbleibens. Neu war hier vor allem die Vehemenz, mit der es Einzelnen, wie etwa einem neuen Kurdirektor, gelang, sich gegen die Interessen einer Mehrheit aus nationalsozialistischem Bürgermeister, aus Stadtverordneten und – jüdischen wie nichtjüdischen – Hotel- und Pensionsbesitzern durchzusetzen. Die Hervorhebungen Ohrensteins zeigen, dass das Wissen, nach wie vor die Einstellung dieser Mehrheit zu repräsentieren, gleichzeitig die Möglichkeit bot, diese neue Erfahrung zu verorten – und zu verarbeiten.

Vor der Reichstagswahl am 5. März 1933 waren zahlreichen deutschen Juden erneut Schreiben zugegangen, in denen ihnen der „Ausschuss für die Ausweisung von Juden“ mit der Vertreibung aus Deutschland drohte, sollten sie sich an den Wahlen beteiligen.[39] Noch bis Januar hatten CV-Mitarbeiter derartige Drohbriefe als „Dummenjungenstreiche“ marginalisiert.[40] Deutlich ernsthafter fielen die Einschätzungen auf die Schreiben aus, die nach dem 30. Januar in Privathaushalten eingingen. Die CV-Mitarbeiter verwiesen nun auf die „Zeitumstände“, um die Versendung der Drohbriefe zu erklären.[41] Das Ersetzen der „Dummenjungenstreiche“ durch die „Zeitumstände“ erlaubt jedoch keine Aussage darüber, ob sich die grundsätzliche Einschätzung seitens des CV über Urheber und Intention der Drohbriefe änderte. Mit der nationalsozialistischen Regierungsbeteiligung erhielten sie zumindest eine neue argumentative Funktion. Am 23. Februar druckte die CVZ einen Drohbrief ab, der bei der Berliner Zentrale eingegangen war. In ihm warnte der „Femeausschuss der Judenjäger Europas“ vor einem „allgemeinen Massenmord aller Juden“, sollte einem „Führer der nationalen Regierung auch nur ein Haar gekrümmt werden“.[42] Der beistehende Artikel hob hervor, dass der CV davon absah, diese Schreiben „an sich ernst zu nehmen“. Er nutzte den Drohbrief jedoch, um die Folgen der nationalsozialistischen Propaganda zu belegen, die fortgesetzt eine „Gedankenverbindung von politischem Mord und Judentum“ herstelle. Bis auf den Verweis auf die „nationalsozialistische Agitation“ vermied es die CVZ jedoch, Vertreter der NSDAP als die Hauptverantwortlichen für diese Ent-

[38] Bajohr, Hotel, S. 124.
[39] Drohbrief, 25. 2. 1933, CVA 2251, Bl. 2–4.
[40] Reichmann an Georg Hannemann, 18. 1. 1933, ebd., Bl. 50.
[41] I.A. Hirschberg an Robert Weill, 2. 3. 1933, ebd., Bl. 5.
[42] Hier und im Folgenden: Den Verantwortlichen zur Kenntnis, CVZ, Nr. 8, 23. 2. 1933, S. 59, Herv.en i. O.

wicklung zu benennen. Stattdessen verwies sie mehrfach auf die „Verantwortung der Verantwortlichen", die durch ihre Propaganda derartige Schreiben erst ermöglicht hätten. Die umständliche Formulierung und Vermeidung direkter Schuldzuweisungen zeigt die Vorsicht, mit welcher der CV seine Kritik an der nationalsozialistischen Regierung zum Ausdruck brachte. Wie die öffentliche Stellungnahme, die der CV 1930 an die „anonymen Briefeschreiber" verfasst hatte, diente auch dieser Artikel vornehmlich als Rechtfertigung den Mitgliedern gegenüber, dass der CV sich, wenn auch unter deutlich erschwerten Umständen, gegen die antisemitische Hetze zur Wehr setzte.[43]

Auch in den folgenden Jahren behielt der CV seine Austausch- und Beratungsfunktion in Bezug auf die Erfahrungen mit anonymen antisemitischen Briefen bei. Wenngleich sich an den gesetzlichen Beförderungsbedingungen formal nichts geändert hatte, schien es unter den politischen Bedingungen aussichtsloser denn je, eine rechtliche Ahndung zu erzielen. Die Mitarbeiter des CV vermieden es in ihren Schreiben jedoch, diesen Umstand direkt zu benennen. Stattdessen verwiesen sie auf das bekannte Problem, die Verantwortlichen für die antisemitischen Parolen und Beschmierungen auf den Sendungen überhaupt zu identifizieren. Hinzu kam, dass Mitglieder, die den CV um Auskunft und Handlungsmöglichkeiten baten, im Falle einer Anzeige nicht namentlich erwähnt werden wollten. So berichtete Rudolf Herzberg aus Hannover im März 1935 dem CV von „einem unserer Freunde", dem ein Brief der *Deutschen Arbeitsfront*, versehen mit einem antisemitischen Klebezettel zugegangen war.[44] Herzberg vermutete, dass der Brief gegen die Beförderungsbedingungen verstieß. Im Falle eines weiteren Vorgehens des CV bat er jedoch darum, die Namen des Betroffenen nicht zu nennen und die Klebemarke vorher so abzulösen, dass der Klebezettel „keinerlei Kennzeichen" darüber zurückbehielt, wer der ursprüngliche Empfänger der Sendung gewesen war. Offenbar war Herzberg in Sorge um mögliche Repressalien, die sich aus einer Beschwerde ergeben könnten. Der CV-Mitarbeiter Werner Rosenstock beschied Herzbergs Ansinnen abschlägig, da zu befürchten stand, dass eine anonymisierte Beschwerde bei den entsprechenden Instanzen gar nicht erst zu einer Nachprüfung gelangen werde.[45] Weniger um eine konkrete Handlungsempfehlung zu erhalten, als vielmehr um seine Erfahrungen zu teilen, wandte sich der Rabbiner Siegfried Klein im September 1936 an den Landesverband Rheinland-Westfalen.[46] Die von ihm abonnierten Nachrichten der *Jewish Telegraph Agency* (JTA) waren ihm kürzlich mit einer Reihe antisemitischer Beschimpfungen versehen zugegangen. Daraufhin hatte er sich an den Vorsteher des Postamts gewandt. Dieser, das hob Klein hervor, hatte „in sehr konziliánter Weise" Aufklärung versprochen und „sehr entschieden betont, dass Derartiges nicht geduldet werden dürfe." Einige Tage später informierte das Postamt Klein darüber, dass sich der Verantwortliche

[43] An die anonymen Briefeschreiber, CVZ, Nr. 27, 1930.
[44] Hier und im Folgenden: Rudolf Herzberg an Zentrale, 15. 3. 1935, CVA 2250, Bl. 10.
[45] Werner Rosenstock an Rudolf Herzberg, 19. 3. 1935, ebd., Bl. 9; vgl. auch Arthur Kach an CV-Zentrale, 28. 2. 1933, CVA 2321, Bl. 60–62.
[46] Siegfried Klein an CV-Landesverband Rheinland-Westfalen, 15. 9. 1936, ebd., Bl. 6.

nicht hatte ermitteln lassen. Stattdessen wurde Klein die Vermutung mitgeteilt, dass die Zustellung einem falschen Empfänger zugegangen sei, der die Zeitung mit den Parolen versehen hätte.[47] Diese Argumentation, mit der jede Verantwortung externalisiert wurde, macht sich auch Klein gegenüber dem CV zu eigen.[48] Im ausführlichen Bericht über die Reaktion des verantwortlichen Mitarbeiters deutet sich an, dass bei Kleins Schilderung weder die Erwartung an eine Identifizierung des Täters oder konkrete Konsequenzen im Mittelpunkt standen. Berichtswürdig war vielmehr das verständige Auftreten des Mitarbeiters, der eine derartige Erwartung überhaupt in Aussicht gestellt hatte.[49] Die zwei hauptsächlichen Motivationen, sich an den CV zu wenden, blieben nach 1933 konstant. Zum einen sollten mögliche Handlungsoptionen aufgezeigt und deren Praktikabilität eingeschätzt werden. Zum anderen ging es den Verfassern darum ihre, positiven wie negativen Erfahrungen zu teilen und so zu verarbeiten.

Das Gesetz zur Wiederherstellung des Berufsbeamtentums vom 7. April mit dem hierbei eingeführten Begriff des „Arierparagraphen" führte zunächst zur Entlassung jüdischer Beamter.[50] Es bildete gleichsam den Auftakt zu einer Reihe von Gesetzen, Erlassen und Bestimmungen, welche deutschen Juden die Weiterbeschäftigung auch in zahlreichen anderen Berufen, vom Arzt bis zum Steuerberater, unmöglich machte und ihnen ebenfalls die Mitgliedschaft in den jeweiligen Berufsvereinigungen verbot.[51] Eine Vielzahl von Freizeit- und Interessenvereinigungen übernahm die gesetzlichen Maßnahmen, allen voran die Verwendung des „Arierparagraphens" in ihre Vereinsstatuten, und schloss dementsprechend ihre jüdischen Mitglieder ebenso aus.[52] Dieser Ausgrenzungsprozess, der sich zum Großteil noch während 1933 vollzog, trug entscheidend zu der frühzeitigen Ausgrenzung deutscher Juden aus dem öffentlichen Leben bei.[53]

[47] Postamt an Siegfried Klein, 17.9.1936, ebd., Bl. 7
[48] Klein an Landesverband, 22.9.1936, ebd., Bl. 3.
[49] Ebd., Bl. 6
[50] Ausgenommen waren zu diesem Zeitpunkt ehemalige Frontkämpfer, Familienangehörige Gefallener ebenso wie jene, deren Verbeamtung vor August 1914 lag. Vgl. Adam, Judenpolitik, S. 64. Nach der ersten Definition des Arierparagraphen galt als „nichtarisch", „wer von nicht arischen, insbesondere jüdischen Eltern oder Großeltern abstammt. Es genügt, wenn ein Elternteil oder ein Großelternteil nicht arisch ist. Dies ist insbesondere dann anzunehmen, wenn ein Elternteil oder Großelternteil der jüdischen Religion angehörig ist." Reichgesetzblatt, Nr. 37, S. 195, http://alex.onb.ac.at/cgi-content/alex?aid=dra&datum=1933&page=320&size=45, 29.2.2016, 13:15.
[51] Longerich, Vernichtung, S. 42 f.; Michael Grüttner, Brandstifter und Biedermänner. Deutschland 1933–1939, Stuttgart 2015, S. 143–146.
[52] Vgl. Lorenz Peiffer, Die Exklusion jüdischer Mitglieder aus deutschen Turn- und Sportvereinen im nationalsozialistischen Deutschland, in: Detlef Schmiechen-Ackermann (Hrsg.), „Volksgemeinschaft": Mythos, wirkungsmächtige soziale Verheißung oder soziale Realität im „Dritten Reich"?, Paderborn 2012, S. 199–210; Dorothee Hochstetter, „Nur eine Art ADAC"? – Das nationalsozialistische Kraftfahrerkorps (NSKK), in: Stephanie Becker (Hrsg.), „Und sie werden nicht mehr frei sein ihr ganzes Leben". Funktion und Stellenwert der NSDAP, ihrer Gliederungen und angeschlossenen Verbände im „Dritten Reich", Berlin 2012, S. 141–158.
[53] Wildt, Volksgemeinschaft, S. 361.

Wie das Beispiel des *Deutsch- Österreichischen Alpenvereins* gezeigt hat, gab es bereits während der Weimarer Republik eine Anzahl an Organisationen, die sich um einen Ausschluss oder eine Aufnahmeverweigerung jüdischer Mitglieder bemüht hatten. Zu diesem Zeitpunkt war es deutsch-jüdischen Vereinen möglich gewesen, ihren Mitgliedern gegenüber Empfehlungen auszusprechen, in welchen Fällen ein Austritt unumgänglich war und wann es lohnte, hiergegen Protest einzulegen und im Verein zu verbleiben. Auch im Sommer 1933 forderte die CVZ ihre Leser dazu auf, bis zu einer endgültigen Entscheidung im jeweiligen Berufsverein zu verbleiben.[54] Mit Verweis auf den Umstand, dass sich sämtliche Entwicklungen bezüglich des Umbaus der Verbände noch in der Schwebe befänden, empfahl der CV den Mitgliedern der jeweiligen Berufsgruppe, an ihren „wohlerworbenen Rechten" festzuhalten und in der jeweiligen Organisation zu verbleiben. Diese Stellungnahme ging auf Meldungen von CV-Mitgliedern zurück, denen ihr jeweiliger Berufsverband empfohlen hatte, vor der Neuregelung „freiwillig" auszutreten. Die CVZ betonte dagegen, dass zu einem voreiligen Austritt „kein Anlaß" bestünde.

Im Verlauf des Jahres 1933 stellte sich mit Blick auf die nach wie vor interkonfessionell organisierten Vereine allerdings nicht so sehr die Frage, *ob* sie ihre jüdischen Mitglieder ausschließen würden, sondern *wann.* Dem CV kam in diesem Zusammenhang bald weniger eine Empfehlungs- als eine reine Informationsfunktion zu. Die CVZ berichtete nun regelmäßig über die neuesten Beschlüsse und Vereinsentwicklungen.[55] Daneben verwies sie immer häufiger auf alternative, jüdische Vereinigungen.[56] Indem sie ihre Leser fortwährend über Berufs- und Freizeitorganisationen informierte, die ihre jüdischen Mitglieder ausschlossen, offerierte die CVZ den Betroffenen die Möglichkeit, dem Ausschlussbescheid durch eine Austrittserklärung zuvorzukommen.[57] Diese Option war den Mitgliedern von CV und RjF vor 1933 noch direkt anempfohlen worden.[58] Der vorzeitige Vereins-

[54] Hier und im Folgenden: Bleibt in den Berufsverbänden!, CVZ, Nr. 24, 15. 6. 1933, S. 222. Über vorübergehenden Erfolg des CV gegen den Ausschluss aus wirtschaftlichen Pflichtverbänden vgl. Nietzel, Handeln, S. 102–104.

[55] Vgl.: Auch der deutsche Buchhandel, CVZ, Nr. 19, 11. 5. 1933, S. 168; Auch die Hausfrauenvereine, ebd., Nr. 26, 29. 6. 1933, S. 246; Das Schriftleitergesetz, CVZ, Nr. 39, 11. 10. 1933; Keine Nichtarier als Jockeis oder Herrenreiter, ebd.; Arierparagraph im VDJ und BDA, ebd., Nr. 40, 19. 10. 1933; Deutscher Anwaltsverein schließt nichtarische Mitglieder aus, Schild, Nr. 22, 26. 11. 1933, S. 21.

[56] Jüdische Sportler, CVZ, Nr. 17, 27. 4. 1933; Der Jüdische Turn- und Sportclub 1905, CVZ, Nr. 25, 22. 6. 1933, S. 240; Turn- und Sportverein „Schild" Frankfurt a. M., ebd, Nr. 26, 29. 6. 1933, S. 251; Zusammenschluß jüdischer Sportlehrerinnen, ebd., Nr. 30, 27. 7. 1933, S. 301.

[57] Zwischen dem von den Organisationen beschlossenen Ausschluss jüdischer Mitglieder und der schriftlichen Aufkündigung ihrer Mitgliedschaft konnten mehrere Wochen vergehen. So hatte der *Kyffhäuserverein* die Einführung des „Arierparagraphen" am 8. Oktober 1933 beschlossen, *Schild* und CVZ hatten in ihren folgenden Ausgaben davon berichtet. Das Schreiben, das bspw. den ehemaligen Feldrabbiner Arnold Tänzer über seinen Ausschluss informierte, ging ihm erst am 30. Oktober 1933 zu. Vgl. Veteranen und Militär-Verein an Arnold Tänzer, 30. 10. 1933, Arnold Tänzer Collection, LBI Archive, AR 485.

[58] Die jeweilige Entscheidung trafen jedoch auch die Mitarbeiter und Vorstände des CV individuell. So hatte der CV-Vorsitzende Julius Brodnitz frühzeitig seinen Austritt aus der *Goethe-*

austritt bot den jüdischen Mitgliedern auch die Möglichkeit für eine abschließende Stellungnahme gegenüber ihrem Verein. Julius Hirsch, ein ehemaliger Fußballnationalspieler, nahm die Gelegenheit wahr, um seinen „lieben KFV", einen Karlsruher Fußballverein, an seine dreißigjährige Mitgliedschaft zu erinnern.[59] Gleichzeitig wies er seine ehemaligen Vereinskollegen auf die Vielzahl anständiger und rechtsschaffender Vertreter der „heute so gehaßten Prügelkinder der deutschen Nation" hin. Aber auch der bewusste Verzicht auf einen vorzeitigen Austritt musste noch keine Resignation vor den Entwicklungen bedeuten, sondern konnte Ausdruck einer bewussten Verweigerungshaltung sein. Die Berliner Ärztin Hertha Nathorff war, zusammen mit ihren übrigen „jüdischen und halbjüdischen" Kolleginnen, Mitte April von einer Besprechung des *Bundes deutscher Ärztinnen* ausgeschlossen worden. In der anschließenden Beratung über die weiteren Schritte hatten einige der Ärztinnen für einen geschlossenen Austritt votiert. Nathorff war dagegen: „Die Ehre, uns herauszuwerfen, will ich ihnen gerne gönnen, aber ich will wenigstens meinen Anspruch auf Mitgliedschaft nicht freiwillig aufgeben."[60]

Auch der RjF sah davon ab, seine Mitglieder direkt zu einem Verbleib oder vorzeitigen Austritt aus den jeweiligen Veteranenverbänden aufzufordern. Allerdings finden sich gerade auf den Seiten des *Schilds* Anzeichen dafür, dass er von seinen Mitgliedern erwartete, dass sie nicht nur bei ihrer weiteren Berufsausübung – und der Abwehr von Boykottaktionen – auf ihren Frontkämpferstatus bestanden. Eine direkte Artikulation dieser Forderung überließ er der nichtjüdischen Seite. Dies wird im Bericht über die letzte Aufklärungsveranstaltung deutlich, die der RjF am 15. März 1933 abhielt.[61] Auf den ersten Blick hatte die Veranstaltung einen ähnlichen Verlauf genommen wie die Vorträge während der Weimarer Republik: Es gab Störungen durch Nationalsozialisten, die auf Ablehnung durch das übrige Publikum stießen und schließlich polizeilich unterbunden wurden. Während jedoch die Berichte aus der Weimarer Republik verallgemeinernd auf den ausschließlich positiven Tenor der Publikumsmeinung verwiesen hatten, paraphrasierte der Bericht im März 1933 die Beiträge aus der Zuhörerschaft nun ausführlich. Gleich vorweg vermerkte er, dass die Beiträge „dem Judentum als Ganzem nicht immer gerecht" geworden wären. Allerdings seien sich alle Diskus-

Gesellschaft erklärt. Als ihn ein Schreiben der Gesellschaft darüber informierte, dass sie, so lange es ihr möglich war, die Einführung des „Arierparagraphen" ablehnte, machte er seinen Wiedereintritt von der Bedingung abhängig, dass deutsche Juden, wie die übrigen Mitglieder „in Ehren" behandelt würden. Vgl. Julius Brodnitz an den Ortsausschuss der Goethe Gesellschaft, 15.12.1933, USHMM, Brodnitz Family Collection, 2008.189.1. Vgl. zur Goethe-Gesellschaft Daniel Wilson, Verbindungsmann zum NS-Regime. Hans Wahl, der Antisemitismus und die Goethe-Gesellschaft, in: Publications of the English Goethe Society 84 (2015), S. 203–222; ders., „Unser Vorstand ist arisch zusammengesetzt", in: Süddeutsche Zeitung, 17.6.2015, S. 14.

59 Hier und im Folgenden zit. n. Swantje Schollmeyer, Julius „Juller" Hirsch – 1892 Achern – 1943 Auschwitz. Deutscher Fußballnationalspieler, Berlin 2007, S. 23.

60 Hertha Nathorff, Das Tagebuch der Hertha Nathorff. Berlin – New York. Aufzeichnungen 1933 bis 1945, Frankfurt am Main 2010, S. 40.

61 Hier und im Folgenden: Aufklärung – trotz alledem, Schild, Nr. 6, 1933, Herv. i. O.

sionsteilnehmer in einem einig gewesen: „der jüdische Frontkamerad darf nicht ausgeschlossen werden aus der deutschen Volksgemeinschaft“. Diese Feststellung verknüpften einige Diskussionsteilnehmer mit der Forderung an die jüdischen Frontsoldaten, den Regimentsvereinen beizutreten. Wenngleich Freund in seiner abschließenden Stellungnahme darauf hinwies, dass auch diese Vereine jüdischen Frontsoldaten häufig die Aufnahme verweigert hatten, begrüßte er dennoch generell die Aufforderung zu Eintritt und Verbleib in den Veteranenorganisationen, die in der Diskussion deutlich geworden war. Die Wirkung auf die Leser, welche der Beitrag intendierte, war mehrschichtig. Er konnte nicht nur nachweisen, dass der RjF die Bindung zur nichtjüdischen Umwelt aufrechterhielt – sondern auch, dass diese Bemühungen nicht nur begrüßt, sondern nachgerade gefordert wurden. Dass sich diese Verbindung ausschließlich auf dem gemeinsamen Weltkriegserlebnis und nicht auf einer generellen Akzeptanz der jüdischen Minderheit gründete, war den Veranstaltern auch während der Weimarer Republik bewusst. Für den Verfasser des Versammlungsberichts stellte die Tatsache, dass sich die Diskussionsteilnehmer durchaus judenfeindlich geäußert hatten, jüdische Veteranen aber in ihrer Vereinsmitte akzeptierten, kein Paradoxon dar. In der Tradition der Berichte über die bisherigen Aufklärungsveranstaltungen galt auch diese Versammlung als „Erfolg“. Dabei konnte die Aufforderung der nichtjüdischen Zuhörer, nach denen ehemalige jüdische Soldaten in ihren jeweiligen Veteranenverbänden verbleiben sollten, als handlungsleitend gelesen werden.

Die Frage bezüglich eines vorzeitigen Austritts oder Verbleibs stellte sich nicht nur den einzelnen Mitgliedern. Während der RjF indirekt dazu riet, die Verbindung zu interkonfessionellen Veteranenverbänden so lang wie möglich aufrechtzuerhalten, hatte der Vorstand des JFB bereits am 10. Mai 1933 seinen Austritt aus dem *Bund Deutscher Frauenvereine* (BDF) erklärt.[62] Dies bedeutete gleichzeitig das Ende jeglicher interkonfessioneller Arbeit des JFB. Gegenüber der Vorsitzenden des BDF, Agnes von Zahn-Harnack, begründete der Vorstand die Entscheidung mit den letzten Rundschreiben des BDF. Diese hätten den Vertreterinnen des *Jüdischen Frauenbundes* belegt, dass eine weitere Zusammenarbeit „statt fördernd und ersprießlich, nur hemmend wirken könnte“.[63] Fünf Tage nachdem der JFB seinen Austritt erklärt hatte, löste sich der BDF mit Verweis auf die „organisatorischen Eingriffe der letzten Zeit“ auf.[64]

Wenngleich sich JFB und RjF für unterschiedliche Strategien im Umgang mit einem drohenden Ausschluss aus interkonfessionellen Vereinen entschieden hat-

62 Vorstandssitzung des JFB, BJFB, Nr. 6, Juni 1933.

63 Schreiben des Vorstands des BDF an Zahn-Harnack, 10. 5. 1933, abgedruckt ebd.

64 Auflösung des Bundes Deutscher Frauenvereine, abgedruckt ebd. In der Forschung wird die Selbstauflösung als Resultat der drohenden Gleichschaltung gewertet. Der vorzeitige Austritt des JFB legt nahe, dass es sich nicht nur um den externen Druck handelte, der seitens der NS-Organisation *Deutsche Frauenfront* ausgeübt wurde, sondern es auch die internen Spannungen durch ein Erstarken der „nationalen Opposition“ waren, die zur Selbstauflösung führten, vgl. Barbara Greven-Aschoff, Die bürgerliche Frauenbewegung in Deutschland, 1894–1933, Göttingen 1981, S. 187 f.; Gudrun Maierhof, Selbstbehauptung im Chaos. Frauen in der Jüdischen Selbsthilfe 1933–1943, Frankfurt am Main 2002, S. 61.

ten, stimmten ihre Kommentare zu den Ausschlüssen jüdischer Mitglieder in wesentlichen Punkten überein. Ein halbes Jahr nach der letzten Aufklärungsveranstaltung des RjF erging eine „Führeranordnung“ des *Kyffhäuserbundes*, die den Ausschluss der jüdischen Veteranen anordnete.[65] Nachdem das *Reichsbanner* bereits im März verboten worden war, handelte es sich beim *Kyffhäuserbund* um den letzten, überregional aktiven Veteranenverband, in dem jüdische Mitglieder aktiv gewesen waren.[66] Zusammen mit der Meldung über den Ausschluss jüdischer Veteranen, veröffentlichte *Der Schild* die „Kyffhäusererinnerungen“ eines ehemaligen Mitglieds.[67] Sigfried Rosenberger betonte die „kameradschaftliche Verbundenheit“, die während des Krieges ebenso wie bei Gedenkveranstaltungen zum Ausdruck gekommen sei. Er deutete an, dass gerade nach Kriegsende die Zusammenarbeit im Verein nicht problemlos verlaufen war, da „gar mancher [...] die Farben seiner Fahne wechselte“. Nichtsdestotrotz hob er die „uns lieb gewordenen Kameraden“ hervor, von denen es nun galt, sich „stolz erhobenen Hauptes“ zu verabschieden. Dies geschah in der Hoffnung, dass der „Kyffhäusergeist unauslöschlich ist“. Auch Bertha Pappenheim, die bei der Vorstandssitzung des JFB den Austritt aus dem BDF erklärt hatte, konstatierte, dass die „innere Bindung“ des JFB an die „allgemeine Frauenbewegung unlöslich“ sei, da jüdische Frauen sie maßgeblich „mit aufgebaut und sie schöpferisch beeinflusst“ hatten.[68] In diesem Zusammenhang betonte sie den „Ausdruck schmerzlichsten Bedauerns“, mit dem die Vorsitzende des BDF die Austrittserklärung zur Kenntnis genommen hatte. Beide Stellungnahmen kontrastierten den Bruch, der durch den Ausschluss entstand, durch Betonung der bisherigen harmonischen Zusammenarbeit und stellten ihn dadurch als besonders drastisch heraus. Dies erlaubte es gleichzeitig, potenziell negativen Erfahrungen in der vergangenen gemeinsamen Arbeit zurückzustellen, ähnlich wie dies auch in den Erinnerungen jüdischer Soldaten an die Kameradschaft während des Weltkrieges geschah. Stattdessen wurde auf die Unauslöschlichkeit des jüdischen Beitrags in der Vereinsarbeit verwiesen. Ebenso deutete der Hinweis auf die „lieb gewordenen Kameraden“ und das Bedauern der BDF-Vorsitzenden an, dass der Ausschluss nicht dem Willen, zumindest eines Teils, der übrigen Mitglieder entsprach. Dass die Entscheidungen des Vorstandes nicht die Meinungen der Mitglieder repräsentieren mussten, hatten CVZ und *Schild* auch bei Ausschlüssen vor 1933 hervorgehoben. Mit dieser Feststellung war auch zum damaligen Zeitpunkt keine konkrete Erwartungshaltung an einen solidarischen Akt der übrigen Mitglieder – etwa durch einen Mitaustritt – geknüpft. Eine ideelle Versicherung über die Ablehnung der Maßnahme hatte in den meisten Fällen genügt, um die Mehrzahl der Mitglieder vom Vorwurf des

[65] Kyffhäuser-Bund schließt Nichtarier aus, CVZ, Nr. 38, 4. 10. 1933.

[66] Grady hebt hervor, dass sich zumindest die Düsseldorfer Vorstand des *Kyffhäuserbundes* sich zunächst gegen den Ausschluss seiner jüdischen Mitglieder ausgesprochen hatte, vgl. Grady, Soldiers, S. 133.

[67] Hier und im Folgenden: Der Arierparagraph im Kyffhäuser-Bund, Schild, Nr. 19, 13. 10. 1933, S. 168.

[68] Hier und im Folgenden: Vorstandssitzung des JFB, BJFB, Nr. 6, Juni 1933.

Antisemitismus freizusprechen. So konnte auch über einen Ausschluss hinaus die ideelle Zugehörigkeit bewahrt werden.

Ein weiterer Grund, den der Vorstand des *Jüdischen Frauenbundes* für den Austritt aus dem BDF angeführt hatte, waren die „gewaltige[n] Aufgaben", die der Frauenarbeit nun innerhalb der jüdischen Gemeinschaft bevorstanden. Hierunter fielen, neben dem Ausbau der sozialen Hilfsarbeit und den Beratungsangeboten für die unterschiedlichen Berufsgruppen vor allem Schul- und Bildungsfragen.[69] Am 25. April 1933 war das „Gesetz gegen die Überfüllung deutscher Schulen und Hochschulen" in Kraft getreten, das eine Obergrenze von 1,5 Prozent für jüdische Schüler an höheren Schulen vorsah.[70] Formal änderte das Gesetz wenig. Es galt weder für Grund- noch Volksschulen und abgesehen von Schulen in Berlin und einigen anderen Großstädten lag die Zahl jüdischer Schüler von jeher unter 1,5 Prozent. Zusätzlich dazu waren auch hier die Kinder ehemaliger Frontsoldaten von der Regelung ausgenommen.[71] Dass die Zahl jüdischer Kinder an sämtlichen deutschen Schulen in den Folgejahren stetig zurückging, war somit weniger von gesetzlichen Bestimmungen abhängig. Die Kinder aus den Schulen zu nehmen, war vielmehr eine individuelle Entscheidung der Eltern und Schüler, die von den Faktoren vor Ort abhing. Auch wenn die Feindseligkeiten, Entwürdigungen und Gewalttätigkeiten den Alltag jüdischer Schüler bereits 1933 maßgeblich prägten[72], gab es in zahlreichen Gegenden keine jüdischen Schulen (mehr), die eine Alternative dargestellt hätten.[73]

In der Weimarer Republik hatte insbesondere der CV bei antisemitischen Erfahrungen jüdischer Kinder ein zweiteiliges Vorgehen empfohlen: Zum einen sollten Eltern bei Lehrer und Schulleitern intervenieren. Zum anderen wurden sie immer deutlicher dazu angehalten, frühzeitig das Selbstbewusstsein ihrer Kinder zu stärken. Auch nach 1933 sahen Eltern nicht davon ab, gegen die Behandlung ihrer Kinder bei Lehrern und Schuldirektoren zu protestieren. Wie wenig erfolgreich diese Interventionen gegen das „Schulmartyrium" jüdischer Kinder bereits im Sommer 1933 waren, zeigen die Erfahrungen, die Väter und Mütter bei einem Elternabend in Saarbrücken austauschten.[74] Wenn hier auch „dankbar aner-

[69] Vorstandssitzung des JFB, BJFB, Nr. 6, Juni 1933.

[70] Das Gesetz gegen die Überfüllung deutscher Schulen und Hochschulen, CVZ, Nr. 17, 27. 4. 1933.

[71] Joseph Walk, Jüdische Schule und Erziehung im Dritten Reich, Frankfurt am Main 1991, S. 75.

[72] Vgl. die Erinnerungen bei Kaplan, Mut, S. 140–145; Werner Angress, Erfahrungen jüdischer Jugendlicher und Kinder mit der nichtjüdischen Umwelt, in: Ursula Büttner (Hrsg.), Die Deutschen und die Judenverfolgung im Dritten Reich, Frankfurt am Main 2003, S. 111–129, hier S. 112–114.

[73] So existierten 1933 in Deutschland nur zehn jüdische höhere Schulen, von denen die Hälfte zur Abnahme der Abiturprüfung berechtigt waren; den rund 60 000 schulpflichtigen jüdischen Kindern standen Ende 1933 etwa 70 jüdische Volksschulen gegenüber. Vgl. Clemens Vollnhals, Jüdische Selbsthilfe bis 1938, in: Benz (Hrsg.), Juden, S. 314–412, hier S. 331, 348; vgl. auch Walk, Schule, S. 80 f.; Salomon Adler-Rudel, Jüdische Selbsthilfe unter dem Naziregime. 1933–1939. Im Spiegel der Berichte der Reichsvertretung der Juden in Deutschland, Tübingen 1974, S. 19–22.

[74] In zahlreichen größeren Städten hatten sich noch 1933 jüdische Elternbeiräte gegründet, um Fragen des weiteren Schulbesuchs besser zu koordinieren, vgl. Hannah Karminski, Ein jüdisches Elternhilfswerk, BJFB, Nr. 2, August 1933, S. 9.

kannt" wurde, dass nach einigen Beschwerden zumindest die „gröbsten Mißstände" beseitigt werden konnten, lagen „auch Äußerungen von Schulmännern vor, daß sie gegen die Verhetzung der Schüler auch beim besten Willen kaum etwas auszurichten imstande seien. Bisweilen wurden unsere Bemühungen, die jüdischen Kinder zu schützen, durch passive Resistenz und sogar feindliche Einstellungen vereitelt."[75] Gegenüber Einsendungen, die Fragen des Schulbesuchs betrafen, vermied es der CV, allgemeine Verhaltensregeln auszugeben. Er beharrte darauf, dass die Frage, ob ein Kind eher eine öffentliche oder jüdische Schule besuchen solle, von den Bedingungen seiner jeweiligen Umgebung abhing.[76] Hierunter fiel nicht so sehr die Frage, ob die Alternative einer jüdischen Schule zur Verfügung stand, sondern welche Erfahrungen dem Kind zugemutet werden konnten. Die ambivalente Haltung des CV zeigte sich auch in der Entscheidung, im November 1933 einen Leserbrief unter dem Titel „Brauchen wir jüdische Schulen?" zu veröffentlichen.[77] Hierin sorgte sich der Verfasser darum, dass der jüdische Schulbesuch die Kinder nicht genügend auf den „schweren Alltag" vorbereitete, mit dem sie früher oder später konfrontiert sein würden. Er griff auf seine eigenen Erfahrungen zurück und hob hervor, dass der Antisemitismus „gerade an den höheren Schulen schon immer sehr stark gewesen" sei, dies aber bereits damals keinen Grund für Minderwertigkeitsgefühle dargestellt hätte. Schon in der übernächsten Ausgabe wandten sich mehrere Leser gegen diese Einschätzung, unter anderem auch der Wissenschaftler und liberale Rabbiner Ismar Elbogen. Für ihn stand außer Frage, dass es auch an jüdischen Schulen schwerlich möglich sein würde, die Kinder im „Gefühl der Sicherheit" zu wiegen.[78] Von besonderer Bedeutung schien ihm der Hinweis, dass lediglich eine „feste jüdische Überzeugung" sie vor einer feindlichen Umwelt bewahren würde. Nach wie vor griff die CVZ gerade bei Themen, die bereits während der Weimarer Republik auch innerhalb der Vereinsführung umstritten waren, auf die Praktik zurück, unterschiedliche Meinungen durch die Veröffentlichung von Leserzuschriften zu präsentieren.

Als Elbogens Leserbrief erschien, führte er bereits den Vorsitz des Erziehungsausschusses der *Reichsvertretung der deutschen Juden*, der mit der Ausarbeitung der inhaltlichen und organisatorischen Richtlinien für die jüdischen Schulen betraut war.[79] Die Reichsvertretung galt seit Herbst 1933 als öffentliche Interessenvertretung der deutschen Juden.[80] Bereits vor der nationalsozialistischen Macht-

[75] Schlomo Rülf, Eine jüdische Volksschule in Saarbrücken wird gefordert, in: Nachrichtenblatt der Synagogengemeinde des Kreises Saarbrücken, Nr. 5, 3. 8. 1933, zit. in: Editha Bucher (Hrsg.), Dokumentation zur Geschichte der jüdischen Bevölkerung in Rheinland-Pfalz und im Saarland von 1800 bis 1945, Bd. 6, Koblenz 1974, S. 317–320, hier S. 317.

[76] Vgl. CV-Zentrale an Alex Blumenau, 2. 5. 1935, CVA 2667, Bl. 33–35.

[77] Hier und im Folgenden: Hier schreiben unsere Leser, CVZ, Nr. 44, 16. 11. 1933, o. P.

[78] Hier und im Folgenden: Hier schreiben unsere Leser, CVZ, Nr. 46, 30. 11. 1933, o. P.

[79] Der Lehrplan für die jüdischen Schulen, CVZ, Nr. 48, 14. 12. 1933, o. P.

[80] Vgl. Günter Plum, Deutsche Juden oder Juden in Deutschland?, in: Benz (Hrsg.), Juden, S. 60–64; Max Grünewald, Die Anfänge der Reichsvertretung, in: Robert Weltsch (Hrsg.), Deutsches Judentum. Aufstieg und Krise, Stuttgart 1963, S. 315–325.

übernahme war die Idee eines Dachverbandes von jüdischen Organisationen und Gemeinden immer wieder aufgebracht worden. Als die Reichsvertretung im September 1933 schließlich gegründet wurde, übernahm Leo Baeck die Präsidentschaft, das führende CV-Mitglied Otto Hirsch den des geschäftsführenden Vorsitzenden. Neben dem CV-Mitglied Robert Callmann gehörten dem Vorstand drei Vertreter der ZVfD, zwei der Vereinigung für das religiös-liberale Judentum und ein Vertreter des RjF an.[81] Bis auf wenige Ausnahmen gehörten ihr sämtliche jüdische Organisationen und jüdische Gemeinden in Deutschland an. Das Prinzip der Reichsvertretung war der pluralistischen-demokratischen Tradition verpflichtet und die Mehrzahl der beteiligten Organisationen – wie der CV – blieb selbstständig.[82] Ihren Schwerpunkt sah die Reichsvertretung in der Sozial- und Wirtschaftshilfe. Sie bildete verschiedene andere Ausschüsse – wie beispielsweise für Sport und Kultur. Es kam somit durchaus zu Überschneidungen in den verschiedenen Tätigkeitsbereichen von Reichsvertretung und der ihr angeschlossenen Organisationen und Gemeinden. Dies führte nur in seltenen Fällen zu größeren Auseinandersetzungen und Kompetenzstreitigkeiten, was an der großen Nachfrage nach Unterstützung und Orientierung innerhalb des deutschen Judentums lag, die seit Januar 1933 um ein Vielfaches zugenommen und zu einer Überlastung der bisher tätigen jüdischen Institutionen geführt hatte.[83] Darüber hinaus wurde bei der Besetzung der Ausschüsse darauf geachtet, dass die Beteiligten nicht nur als Spezialisten für den jeweiligen Bereich galten, sondern auch die unterschiedlichen Strömungen innerhalb des deutschen Judentums repräsentierten.

Dem Erziehungsausschuss gehörten neben Ismar Elbogen eine Reihe weiterer Frauen und Männer an, die als Lehrkräfte in Schulen wie in der Erwachsenenbildung tätig waren.[84] Im Januar 1934 veröffentlichte der Ausschuss die Richtlinien für den Unterricht an jüdischen Schulen. Hierin wurde insbesondere die Bedeutung der jüdischen Religion, Geschichte und Sprache, aber auch die sportliche Ertüchtigung hervorgehoben.[85] Sämtliche inhaltlichen Schwerpunkte zielten auf dasselbe Ergebnis ab: Die Erziehung „willensstarker und in sich gefestigter jüdischer Charaktere".[86] Nur an einer Stelle wies der Text darauf hin, dass das jüdische Kind sowohl von einem jüdischen wie deutschen „Erlebnis" geprägt sei. Darüber hinaus brachte der Ausschuss seine Überzeugung zum Ausdruck, dass zahlreiche

[81] Vgl. Kundgebung der neuen Reichsvertretung der deutschen Juden, in: Otto Dov Kulka (Hrsg.), Deutsches Judentum unter dem Nationalsozialismus: Dokumente der Reichsvertretung der deutschen Juden 1933–1939, Tübingen 1997, S. 71 f.

[82] Vgl. Kulka (Hrsg.), Reichsvertretung, S. 14.

[83] Vgl. Beate Meyer, Tödliche Gratwanderung. Die Reichsvereinigung der Juden in Deutschland zwischen Hoffnung, Zwang, Selbstbehauptung und Verstrickung (1939–1945), Göttingen 2011, S. 33 f.; vgl. Kulka (Hrsg.), Reichsvertretung, S. 15 f.

[84] Aus Verhandlungen des Erziehungsausschusses, in: Kulka (Hrsg.), Reichsvertretung, S. 90–96, hier S. 90.

[85] Richtlinien zur Aufstellung von Lehrplänen für jüdische Volksschulen, in: Kulka (Hrsg.), Reichsvertretung, S. 113–117, hier S. 114 f. Zu den vielfältigen finanziellen, organisatorischen und personellen Problemen bei der Gründung neuer Schulen, vgl. Walk, Schule, S. 97–102.

[86] Richtlinien, in: Kulka (Hrsg.), Reichsvertretung, S. 114 f.

jüdische Kinder, die sich noch in Deutschland befanden, früher oder später auswandern würden. Trotz dieser frühzeitig auf die Emigration gerichtete Perspektive wurden die Richtlinien in CVZ und BJFB begrüßt und wohlwollend kommentiert – was als eine weitere Annäherung an die Überzeugungen der *Zionistischen Vereinigung* gelesen werden kann.[87] Die positive Reaktion auf die Richtlinien lässt sich aus den Erfahrungen des Jahres 1933 erklären. Der Grundstein war jedoch schon in den letzten Jahren der Weimarer Republik gelegt worden. Zu diesem Zeitpunkt schien noch nicht die Notwendigkeit zur Gründung weiterer jüdischer Schulen gegeben. Gerade vor dem Hintergrund antisemitischer Erfahrungen hatte die CVZ jedoch vermehrt gegenüber Eltern darauf gedrungen, das Selbstbewusstsein jüdischer Kinder frühzeitig zu fördern. Insbesondere der *Jüdische Frauenbund* verstärkte diese Appelle seit Januar 1933.[88] Dazu gehörte auch die Einsicht, dass, selbst im Falle des Besuchs einer jüdischen Schule, die Eltern nicht davon ausgehen konnten, dass sie ihre Kinder vor jeglichen „Anprall einer ihnen entgegengesetzten Umwelt" bewahren könnten. Der JFB unterstrich gegenüber den Eltern insbesondere die Notwendigkeit, ihre Kinder auf diese Erfahrungen vorzubereiten und erklärte es zur Voraussetzung für eine „selbstverständliche und sichere Entwicklung".[89] Es war dementsprechend nur konsequent, dass sich diese Forderung an das Elternhaus auch in den Lehrplänen für die jüdischen Schulen widerspiegelte. Sie sollten die Schüler vor allem dazu befähigen, „auf der Grundlage gefestigten Judentums den Weg in das Leben zu finden".[90]

Das Jahr 1933 war ein bedeutender Einschnitt im Leben deutscher Juden und damit auch in die Arbeitsweise und Schwerpunktsetzung jüdischer Vereine. Zweifellos erreichten die „alltäglichen" Beispiele, welche die Mitglieder deutsch-jüdischer Vereine bereits während der Weimarer Republik beschäftigten, nach 1933 eine neue Dimension der Verfolgung und Ausgrenzung. Nichtsdestotrotz wird ebenfalls deutlich, dass deren Wahrnehmung und die daraus gezogenen Konsequenzen und Empfehlungen weitgehend gleich blieben. Gerade die permanenten Anfragen über Urlaubsorte und das Weiterleiten von Drohbriefen und beschmierten Postsendungen erscheinen unter einem Regime, das den Antisemitismus zur Staatsideologie erklärte, wie Nichtigkeiten. Für die Betroffenen war es jedoch von Bedeutung, Handlungs- und Umgehungsstrategien für Situationen zu entwickeln,

87 Vgl. Heinz Cohn, Geistige Erziehung, CVZ, Nr. 3, 18. 1. 1934; Richtlinien zur Aufstellung von Lehrplänen für jüdische Volksschulen, BJFB, Nr. 2, Februar 1934, S. 9.

88 Alfred Hirschberg, Bedrohte Jugend baut an ihrer Zukunft, CVZ, Nr. 18, 4. 5. 1933, S. 153; Schulen für die Jugend, ebd., S. 156; Anna Lewy, Der Schulbesuch Jüdischer Kinder, BJFB, Nr. 4, April 1934, S. 2–4; L.F. Meyer, Über die Erziehung des jüdischen Kindes, ebd., Nr. 5, Mai 1934, S. 1–4; Die psychologische Bedeutung der Umschulung für das Kind, CVZ, Nr. 35, 30. 8. 1934.

89 Margarete Fraenkel, Jüdische Erziehung außerhalb der Schule, BJFB, Nr. 9, September 1935, S. 6f., hier S. 6.

90 Geistige Erziehung, CVZ, Nr. 3, 1934. Vor allem durch Emigration, aber auch den frühzeitigen Beginn einer Berufsausbildung fiel die Zahl schulpflichtiger Kinder von etwa 60 000 im Jahr 1933 auf 42 000 im Jahr 1936. Gleichzeitig stieg die Zahl von Schülern an jüdischen Schulen von etwa 10 000 auf 22 000 an, sodass bereits 1936 über die Hälfte den Unterricht an einer jüdischen Schule besuchte, vgl. Vollnhals, Selbsthilfe, S. 348f.

die ihren direkten Alltag betrafen. In ihrer Rolle als Beratungsinstanz wurden die deutsch-jüdischen Verbände durch die politischen, gesetzlichen und gesellschaftlichen Bedingungen beschränkt, die sich bereits in den ersten Jahren unter nationalsozialistischer Herrschaft grundlegend geändert hatten. Die während der Weimarer Republik offerierten Interventionsmöglichkeiten, wie ein Mitgliederentscheid bei drohendem Vereinsausschluss oder ein Vorstelligwerden beim Schuldirektor, stellten oft keine Handlungsoptionen mehr dar. Vor diesem Hintergrund erschien auch eine Diskussion darüber, welches Maß an alltäglichem Antisemitismus zu ertragen sei, obsolet. Darüber hinaus hätte eine weitere Diskussion auf den Seiten der CVZ ebenso wie in den Mitgliederkorrespondenzen zu Publikationsverboten und weiteren Repressalien führen können, die nicht absehbar waren. In den Mittelpunkt rückte vielmehr die Frage, inwiefern selbst alltäglicher Antisemitismus sich überhaupt einschränken und vermeiden ließ. Gerade der CV fungierte hierfür weiterhin als Austauschs- und Informationsinstanz. Dabei zeigt sich an vermeintlich disparaten Beispielen, wie der Frage eines vorzeitigen Vereinsaustritts oder der Gründung jüdischer Schulen zur Förderung eines *jüdischen* Selbstbewusstseins, wie sehr die Erfahrungen der Weimarer Republik das Spektrum der Reaktionsmöglichkeiten auf antisemitische Erfahrungen und ihre Bewertung auch nach 1933 beeinflussten.

Dies galt auch für die Beratungstätigkeit des CV in rechtlichen Fragen. Neben regelmäßigen Berichten über die Auswirkungen neuer Gesetzgebungen in Rundschreiben und in der CVZ baute die Berliner Zentrale im Frühjahr 1933 ihre Beratungsstelle auch personell aus.[91] Sie fügte sich in eine Reihe neu gegründeter oder ausgebauter Hilfsangebote ein, die von jüdischen Organisationen und den jüdischen Gemeinden initiiert wurden.[92] Insbesondere auf wirtschaftlichem Gebiet wurde die Beratungstätigkeit dadurch erschwert, dass Anweisungen aus Regierungskreisen, nach denen es zumindest in der Wirtschaft nicht zur Diskriminierung der jüdischen Minderheit kommen sollte, von den örtlichen Regierungsinstanzen und Parteiorganisationen häufig ignoriert wurden.[93] Auch nach dem offiziellen Ende des deutschlandweiten Boykotts am 1. April gingen bei der CV-Zentrale zahllose Berichte aus den Ortsgruppen und von privater Seite ein, welche die fortgesetzten Boykottaufrufe gegen jüdische Geschäfte schilderten.[94] Häufig verband sich mit diesen Schreiben, ähnlich wie bereits während der Weimarer Republik, die Erwartung, dass die CV-Zentrale stellvertretend für die Ortsgruppen oder individuell Betroffene bei den verantwortlichen Ministerien gegen

[91] Vgl.: Der C.V. gibt Rat, CVZ, Nr. 15, 13. 4. 1933, S. 133; Achtung, Arbeitnehmer! Achtung, Arbeitgeber!, ebd., Nr. 17, 27. 4. 1933, S. 148; Aus der Arbeit des Centralvereins, ebd., Nr. 20, 18. 5. 1933, S. 178; Für Hilfe und Aufbau, ebd., Nr. 25, 22. 6. 1933, S. 240.

[92] Vgl. Wegweiser für Rat- und Hilfesuchende, CVZ, Nr. 17, 27. 4. 1933, S. 148; Vollnhals, Selbsthilfe, S. 314–411, hier insb. S. 362–391; Adler-Rudel, Selbsthilfe, S. 161–165.

[93] Vgl. Keinerlei Ausnahmegesetze auf wirtschaftlichem Gebiet, CVZ, Nr. 26, 29. 6. 1933, S. 245; Longerich, Vernichtung, S. 51-55; Adam, Judenpolitik, S. 86.

[94] Im Archiv des CV bilden die Einsendungen eigene Aktenbestände, vgl. bspw. CVA 208 und 209, vgl. hierzu auch die zahlreichen Beispiele bei Ahlheim, Deutsche, S. 342–359.

die lokalen Entwicklungen intervenieren würde. Die an die Zentrale gerichtete Forderung war immer auch ein Versuch, die (weitere) Konfrontation mit den örtlichen Partei- und Regierungsinstanzen zu vermeiden und der Berliner Zentrale die weiteren Schritte zu überlassen. So fehlte in den Schreiben auch nicht der defensive Hinweis, dass ein Einschreiten vor Ort keinerlei „Sinn" hätte.[95] Dem Wunsch, eine persönliche Konfrontation mit den regional Verantwortlichen zu vermeiden, kam die Zentrale jedoch nur noch in sehr seltenen Fällen nach. Sie stellte der vermeintlichen Aussichtslosigkeit einer örtlichen Intervention die Erfahrung entgegen, dass „überall dort, wo sich energische jüdische Persönlichkeiten zu einem Besuch eingefunden haben, auch Erfolge erzielt worden sind".[96] Die Zentrale begnügte sich also nicht damit, ihre Landes- und Ortsvertretungen zu weiteren Behördengängen zu veranlassen. Sie hob auch den positiven Unterschied hervor, den ein „energische[s]" gegenüber einem „zögernde[n]" Auftreten bedeuten konnte. Diese Verhaltensempfehlung lässt sich nicht allein durch den Verweis auf Erfahrungen und Beobachtungen seit Januar 1933 begründen. Wenn auch unter ganz anderen Umständen hatten in den vorangegangenen zwei Jahrzehnten so unterschiedliche Personengruppen wie Feldrabbiner oder jüdische Mütter ein bestimmendes Auftreten zur Voraussetzung für eine erfolgreiche Auseinandersetzung mit Vorgesetzten und Beamten erklärt. Die Warnung der Zentrale vor einer „Übersättigung" der Ministerien mit Eingaben und Klagegesuchen unterstrich dagegen nicht zuletzt die Weisungshoheit, welche sie bei der Entscheidung für oder gegen eine Intervention bei Regierungs- oder Gerichtsstellen nach wie vor beanspruchte.[97]

In den letzten Jahren der Weimarer Republik hatte die Einbeziehung von Frauen in die Aufklärungsarbeit des CV zunehmend an Bedeutung gewonnen. Das Ende der interkonfessionellen Zusammenarbeit bedeutete häufig auch das Ende des Kontakts mit Nichtjüdinnen. Für Interventionen beim NS-Frauenbund schien jedoch die Initiative von jüdischen Frauen die erfolgversprechendste Vorgehensweise zu sein. Hier spielten die CV-Frauengruppen und einzelne Vertreterinnen des *Jüdischen Frauenbundes* weiterhin eine zentrale Rolle. In zahlreichen Gegenden, in denen es auch nach April 1933 regelmäßig zu Boykottaufrufen kam, gingen diese nach den Beobachtungen der Betroffenen zu einem beträchtlichen Teil auf die Propaganda der örtlichen NS-Frauenschaften zurück.[98] Dem

[95] CV-Landesverband Hannover an CV-Zentrale, 2. 6. 1933, CVA 2338, Bl. 205.

[96] Reichmann an CV-Landesverband Hannover, 8. 6. 1933, ebd., Bl. 206.

[97] Reichmann an Plaut, CV-Landesverband Essen, 4. 9. 1933, CVA 2452, Bl. 160–162, hier Bl. 161 f.

[98] In der Literatur wird häufig allgemein auf die Bedeutung von NSDAP-Organisationen für die fortgesetzten Boykotte verwiesen. Vgl. Adam, Judenpolitik, S. 86; Longerich, Vernichtung, S. 39 f. Die Aufzeichnungen im CVA legen nahe, dass die regionalen NS-Frauenschaften durch sozialen Druck und Ausschlussandrohungen gegenüber Mitgliedern, die weiter in jüdischen Geschäften einkauften, besonders effektiv an der wirtschaftlichen Ausgrenzung beteiligt waren. Vor diesem Hintergrund kann Adelheid von Saldern zugestimmt werden, die vermutet, dass gerade Frauen, die führende Positionen in der NS-Frauenschaft bekleideten, die NS-Wirtschaftspolitik maßgeblich beförderten. Vgl. Adelheid von Saldern, „Victims or Perpetrators? Controversies about the Role of Women in the Nazi State, in: David F. Crew (Hrsg), Nazism and German Society 1933–1945, London 1994, S. 141–165, hier S. 151; Tim Mason, Nazism, Fascism and the Working Class, Cambridge 1995, S. 150.

CV gingen zahlreiche Schreiben von Geschäftsinhabern zu, deren nichtjüdische Kundinnen, wenn überhaupt, „nur im Dunkeln oder durch die Hintertür" noch jüdische Geschäfte betraten. Die Frauen fürchteten nicht nur die gesellschaftliche Stigmatisierung, sondern auch den angedrohten Ausschluss aus der NS-Frauenschaft, wenn sie ihre Einkäufe bei jüdischen Inhabern fortsetzten.[99] In der Folge bemühte sich insbesondere Margarete Fried als Vorsitzende der CV-Frauengruppen um ein Gespräch mit der Reichsfrauenführerin Gertrud Scholtz-Klink. In einem Schreiben im April 1934 appellierte sie an die Reichsfrauenführerin, die regionalen Boykottaufrufe der NS-Frauenschaft zu unterbinden. Wenngleich es sich hierbei nicht zuletzt um wirtschaftliche Probleme handelte, versuchte Fried vor allem an ein Solidaritätsgefühl Scholtz-Klinks als Frau und Mutter zu appellieren.[100] Fried erhielt weder eine Antwort auf ihr Schreiben noch einen Gesprächstermin – obwohl dieser von Mitarbeiterinnen der Reichsfrauenführerin immer wieder in Aussicht gestellt wurden.[101] Auch die Versuche der JFB-Vorsitzenden Hannah Karminski und Cora Berliner, Kontakte zu einer Mitarbeiterin des Reichsinnenministeriums zu nutzen, blieben erfolglos.[102] Trotzdem hielten sowohl CV wie JFB daran fest, dass es – wenn überhaupt – nur jüdischen Frauen gelingen würde, zu den Vertreterinnen der NS-Frauenschaft vorzudringen. Als sich immer deutlicher abzeichnete, dass eine Intervention auf Reichsebene nicht stattfinden würde, rückte zunehmend die Bedeutung örtlicher Kontaktaufnahmen in den Fokus. Nach schweren Boykottausschreitungen in Liebstadt regte die CV-Zentrale an, eine „geeignet erscheinende Dame" aus der CV-Frauengruppe im benachbarten Königsberg zur Landesleiterin der NS-Frauenschaft zu schicken.[103] Wichtig war, dass die „erschütternden" Mitteilungen aus Liebstadt in einem Gespräch von Frau zu Frau, „eben in der Sprache der Frau" zu erfolgen hatte. Dies sollte ausschließlich durch Vertreterinnen der CV-Ortsgruppen oder des JFB erfolgen. Die Erwartungen an ein erfolgreiches Vorgehen hierbei hielt die Berliner Zentrale jedoch bewusst niedrig: „Die Verbindungsaufnahme wird u. E. nur dann möglich sein, wenn früher bestehende Beziehungen dazu mit verwandt werden können. Wir glauben, dass nur auf diesem Wege etwas erreicht werden kann."[104] Im April 1935 wurden die Versuche von jüdischer Seite, auf die NS-Frauenschaften und damit deren Boykottaufrufe einzuwirken, einge-

[99] Vgl. bspw. CV-Ortsgruppe Essen an CV-Zentrale, 4. 12. 1933, CVA 2809; Josef Becker an CV-Zentrale, 18. 1. 1934, ebd., Bl. 200; vgl. hierzu auch Kap. III.2.2.

[100] Fried an Scholtz-Klink, CVA 2809, Bl. 132–134.

[101] Dies mag auch zu der Erklärung beitragen, warum sich Frieds Bemühungen um einen Gesprächstermin noch bis in die Sommermonate hinzogen. Vgl. auch Fried an Edelheim und Friedländer, 6. 3. 1934, ebd., Bl. 179; Fried an Karminiski, 23. 3. 1934, ebd., Bl. 155; Fried an Scholtz-Klink, 26. 6. 1934, ebd., Bl. 104.

[102] Rubinstein an Fried, 9. 2. 1934, ebd., Bl. 202; Rubinstein an CV-Landesverband Ostpreußen, 15. 5.1934, ebd., Bl. 119.

[103] Hier und im Folgenden: Rubinstein an CV-Landesverband Westpreußen, 24. 4. 1934, ebd., Bl. 123 f.

[104] Rubinstein an württembergischen CV-Landesausschuss, ebd., 16. 5. 1934, Bl. 117 f.

stellt.[105] Das Beispiel belegt die Ausdauer, mit der deutsch-jüdische Vereine an Interventionspraktiken und Versuchen persönlicher Einflussnahme durch die in der Weimarer Republik etablierten Kontakte festhielten. Dies sagte jedoch nichts über die tatsächlichen Erwartungen aus, die sich mit den Interventionsversuchen verknüpften. Immerhin hatte Fried nur wenige Jahre vor ihrem Schreiben an Scholtz-Klink festgestellt, wie wenig aussichtsreich sich selbst gegen einen latenten Antisemitismus bei deutschen Frauen vorgehen ließ.

Die Nachwirkungen des Aprilboykotts äußerten sich jedoch nicht allein in der regionalen Fortsetzung der Boykottaufrufe. Zahlreiche Arbeitgeber hatten ihn und die sich hieran anschließende Gesetzgebung zum Anlass genommen, um ihre jüdischen Angestellten zu entlassen – auch wenn sie sich bei diesen Maßnahmen auf keinerlei rechtliche Grundlage stützen konnten.[106] Kam es vor Arbeitsgerichten zu Klagen auf Wiedereinstellung, hing die Entscheidung ausschließlich von der Gesetzesinterpretation der verantwortlichen Richter ab.[107] Hierbei war das Maß nationalsozialistischer Durchdringung des jeweiligen Gerichts von größerer Bedeutung als der taktische Verweis auf Präzedenzfälle, in denen CV-Anwälte erfolgreich gegen Entlassungen geklagt hatten.[108] Die Erosion der Rechtsstaatlichkeit und die sich ständig ändernden Gesetze, die jüdische Minderheit betreffend, machten es quasi unmöglich, auf juristische Erfahrungen vor 1933 zurückzugreifen.[109] Auch die Initiativen lokaler NS-Organisationen ließen, selbst bei aussichtsreicher Rechtslage, häufig keine Interventionsmöglichkeiten mehr zu, die in den Jahren zuvor einen festen, wenn auch nicht notwendigerweise erfolgreichen Bestandteil der Rechtsschutztätigkeit des CV gebildet hatten.[110] In allen Fällen blieb es den Mit-

[105] Am 16. April erklärte der CV-Mitarbeiter Rubinstein gegenüber den CV-Landesverbänden, „dass die Bemühungen in der Angelegenheit NS-Frauenschaft negativ ausgegangen sind." Rubinstein an CV-Landesverbände, 16. 4. 1935, ebd., Bl. 3.

[106] Unser Kampf für das Recht der jüdischen Arbeitnehmer, CVZ, Nr. 21, 26. 5. 1933, S. 185.

[107] Vgl. Matthäus, Kampf, S. 261 f.

[108] Vgl. Plum, Wirtschaft, S. 280–282. Ebenfalls zu berücksichtigen sind die geographischen und zeitlichen Umstände. So konnte der CV-Landesverband Mitteldeutschland im Juli 1933 neben der Auflistung örtlicher Boykottmaßnahmen noch eine Reihe von Beispielen für ein erfolgreiches Vorgehen gegen Entlassungen anführen. Der Lagebericht des Landesverbandes Nordwestdeutschland im März 1935 konnte dagegen, bis auf eine gerichtlich erfolgreiche Intervention, nur noch zahlreiche Boykottmaßnahmen in den unterschiedlichen Ortschaften auflisten. Vgl. CV-Landesverband Mitteldeutschland an CV-Zentrale, 6. 7. 1933; CV-Landesverband Nordwestdeutschland an CV-Zentrale, 22. 3. 1935, beide zit. n. Wolf Gruner (Bearb.), Die Verfolgung und Ermordung der europäischen Juden durch das nationalsozialistische Deutschland 1933–1945, Bd. 1: Deutsches Reich 1933–1937, München 2008, S. 204–207 (Dok. 60); S. 419–421 (Dok. 157).

[109] „Rechtsfragen sind meist nur noch historisches Material", Alfred Hirschberg, Helfen, helfen, helfen, CVZ, Nr. 16, 20. 4. 1933, S. 141; vgl. Fraenkel, Daniel, Jewish Self-Defense under the Constraints of National Socialism. The Final Years of the Centralverein, in: David Bankier (Hrsg.), Probing the Depths of German Antisemitism. Jerusalem 2000, S. 339–359, hier S. 354.

[110] Hinzu kamen Fragen, die sich erst in einem nationalsozialistischen Regime stellten: Wie sollten deutsche Juden den Hitlergruß erwidern? War es ihnen erlaubt, die Reichsflagge zu hissen? Vgl. hierzu Jürgen Matthäus, Antisemitic Symbolism in Early Nazi Germany, 1933–1935, in: LBYB 45 (2000), S. 183–204, hier S. 195–197; Der deutsche Gruß, CVZ, Nr. 30, 26. 7. 1934, o. P.

arbeitern des CV in den neu eingerichteten Beratungsstellen vorbehalten, die Ratsuchenden über die bestehende Rechtslage aufzuklären und ihnen gegenüber die Vor- und Nachteile eines weiteren Vorgehens abzuwägen.[111]

Als eine zwischengeschaltete Instanz erlaubte es der CV, ebenso wie die übrigen Beratungs- und Unterstützungsinstanzen, die sich noch 1933 etablierten, dass die Betroffenen eine Möglichkeit erhielten, eine direkte Konfrontation mit den gleichgeschalteten Behörden zumindest vorerst zu vermeiden, oder sich hierauf immerhin vorbereiten zu können. Diese Vermeidungsstrategie hatte sich bereits in der Weimarer Republik in der Auseinandersetzung mit antisemitischen Erfahrungen und möglichen juristischen Konsequenzen etabliert. Hieraus ergab sich eine weitere Kontinuität, auf welche der CV in seiner jahrzehntelangen Funktion als Ratgeber bei Fragen der praktischen Rechtsschutzarbeit zurückgreifen konnte: die beständige Erwartungsdämpfung an eine erfolgreiche Intervention bei Gerichten und Behörden. So konstatierte ein Mitarbeiter nach vier Monaten Arbeit in der Beratungsstelle, dass die dort tätigen Berater zahlreiche Besucher „notgedrungen enttäuschen" mussten.[112] Hieran schloss sich unmittelbar auch der Hinweis an, dass ein Besuch der Beratungsstelle oder eine schriftlichen Anfragen an den Verein die „Erwartungen" der Beratungsbedürftigen „meist insofern nicht enttäuscht, als man ihnen wenigstens die Übersicht über die Lage, über die Grenzen der persönlichen und allgemeinen Hilfsmöglichkeit gibt".[113]

Die Mitarbeiter hoben in den öffentlichen Berichten über die Beratungsstelle frühzeitig hervor, dass ihre Tätigkeit über eine Auskunftsfunktion hinausging. Wenngleich nur in wenigen Fällen eine praktische Hilfestellung gegeben werden konnte, beobachteten die Mitarbeiter nichtsdestotrotz, dass „die meisten mit einem neuen Lebensgefühl von uns gehen".[114] Diesen Effekt hatte nicht zuletzt die Begegnung mit anderen, von den antijüdischen Maßnahmen Betroffenen: „Ihre Vereinzelung und Vereinsamung ist durchbrochen, und mancher, der die eigene Welt in Trümmern sah und deshalb zu uns kam, erlebte in der Berührung mit Leidensgefährten erstmalig jüdisches Schicksal und fand darin neue Kraft."

In zeittypische Sprachkonventionen gehüllt, wird hier der Konnex zwischen der Einschränkung eines praktischen Handlungsspielraums und der zunehmenden „seelsorgerischen" Funktion jüdischer Vereine deutlich. Dass innerhalb des deutschen Judentums ein beträchtliches Interesse daran bestand, „Vereinzelung und Vereinsamung" zu entgehen, deutet sich auch im Mitgliederzuwachs an,

[111] Vgl. Juristisch-wirtschaftliche Beratungsstelle, CVZ, Nr. 11, 16. 3. 1933, S. 91; Massenandrang in der Beratungsstelle des CV, Nr. 14, 6. 4. 1933, S. 121. Die Beratung geschah auch auf den Seiten der CVZ in Form der Beantwortung von Leserzuschriften, vgl. bspw. Der Arbeitnehmer fragt, wir antworten, CVZ, Nr. 34, 7. 9. 1933; Sie fragen – Wir antworten, ebd., Nr. 36, 20. 9. 1933, o. P.

[112] Vier Monate juristisch-wirtschaftliche Beratungsstelle des C.V., CVZ, Nr 32, 10. 8. 1933, o. P.

[113] Alfred Hirschberg, Alltag der Hilfe, CVZ, Nr. 19, 11. 5. 1933, S. 171; vgl. Am Rande der Arbeit – Was man den C.V. alles fragt, CVZ, Nr. 42, 2. 11. 1933.

[114] Hier und im Folgenden: Helfen, helfen, helfen, CVZ, Nr. 16, 1933, Herv. i. O.

welchen die jüdischen Vereine während des Jahres 1933 verzeichneten.[115] Dabei besteht wenig Zweifel, dass es gerade der *Zionistischen Vereinigung* gelang, die emotionalen Bedürfnisse der deutschen Juden zu befriedigen. Als Belege hierfür werden vor allem die Leitartikel des Chefredakteurs Robert Weltsch angeführt, der nach dem Aprilboykott 1933 Aufforderungen wie „Tragt ihn mit Stolz, den gelben Fleck!"[116] oder „Ja-Sagen zum Judentum"[117] an die deutschen Juden gerichtet hatte. Diametral hierzu wird der „Aufschrei [...] bittere[r] Enttäuschung"[118] auf den Seiten der CVZ gewertet, der sich beispielsweise im Nachgang des Aprilboykotts durch die Proklamation des Goethe-Zitats „Wenn ich Dich liebe, was geht's Dich an!" manifestierte.[119] Historiographisch wird dieses „mentale Hinterherhinken" des CV zumeist mit dem unbedingten Festhalten an der deutsch-jüdischen Symbiose begründet.[120] Diese These soll im Folgenden überprüft werden. Hierfür lohnt es sich, den Blick über die Leitartikel hinaus zu erweitern und, einmal mehr, die Meinungsvielfalt innerhalb des Vereins zu berücksichtigen. Wie in den vorangegangenen Kapiteln deutlich wurde, war diese Meinungsvielfalt immer ein inhärenter Bestandteil des CV und bildete auch nach Januar 1933 die Grundlage für die zahlreichen, häufig widersprüchlichen Erwartungshaltungen, die Leser und Mitglieder an Verein und Zeitung richteten.

1.2 Optimismus und Meinungsstreit unter nationalsozialistischer Überwachung

Weder unter den Zeitgenossen noch in der Forschung besteht ein Zweifel an der positiven Wirkung, die Weltschs Aufrufe zu einem stolzen Bekenntnis zum Juden-

115 Der CV hatte 1924 mit 72 450 seine höchste Mitgliederzahl erreicht, 1929–1932 war sie auf 60 000 abgesunken, erhöhte sich 1933 auf 64 000. Vgl. Susanne Urban-Fahr, Der Philo-Verlag 1919–1938. Abwehr und Selbstbehauptung, Hildesheim 2001, S. 66. Insbesondere die JR konnte ihre Auflagenzahl 1933 im Vergleich zur Weimarer Republik fast verdoppeln (von 15 000 auf 30 000) und erreichte ihren Höhepunkt 1935 mit einer Auflage von 37 000 Stück. Bis 1938 war sie auf 25 000 gesunken. Aufgrund des Wegfalls der Monatsausgabe fiel die Auflagenzahl der CVZ von etwa 60 000 (1931) auf 55 000 (1933). Auch in den Folgejahren verringerte sich die Auflage der CVZ kontinuierlich, wenn auch geringfügiger als die der JR (von 50 000 1934 auf 40 000 1935, 1938 lag sie bei etwa 38 500). Vgl. Diehl, Presse, S. 126–129; Margaret T. Edelheim-Muehsam, The Jewish Press in Germany, in: LBYB 1 (1956), S. 163–176, hier S. 173.

116 Robert Weltsch, Tragt ihn mit Stolz, den gelben Fleck!, JR, Nr. 27, 4. 4. 1933, S. 131 f.

117 Ders., Ja-Sagen zum Judentum!, JR, Nr. 39, 16. 5. 1933, S. 197 f.

118 Barkai, Wehr Dich!, S. 284; vgl. auch Benz, Prolog. Der 30. Januar 1933, in: ders. (Hrsg.), Juden, S. 15–33, hier S. 28; Eikenberg, Mythos, S. 288; Jacob Boas, Germany or Diaspora? German Jewry's Shifting Perceptions in the Nazi Era (1933–1938), in: LBYB 27 (1982), S. 109–126, hier S. 123.

119 Hans Bach, Grenzen des Boykotts, CVZ, Nr. 14, 6. 4. 1933, S. 117 f., hier S. 118. Das Zitat stammt aus Johann Wolfgang Goethe, Wilhelm Meisters Lehrjahre, in: Goethes Werke. Hamburger Gesamtausgabe, Bd. 7, Hamburg 1948, S. 234. Auch vor 1933 war das Zitat immer wieder in der jüdischen Presse genutzt worden. Arndt Kremer sieht hierin einen zentralen Beleg für die Emotionalität, welche die vermeintlich ausschließlich vernunftbetonten deutsch-jüdischen Vereine geprägt habe, vgl. Kremer, Deutsche Juden, S. 214–218.

120 Teichert, Chasak, S. 417.

tum auf den Seiten der JR hatten. Durch zahlreiche Dankesschreiben und gesteigerte Absatzzahlen sahen sich die verantwortlichen Mitarbeiter in der inhaltlichen Ausrichtung der Zeitung bestätigt.[121] Abgesehen von der Notwendigkeit, stets detailliert über die Entwicklungen in Deutschland zu berichten – eine Aufgabe, welche die jüdischen Zeitungen im Zuge der Gleichschaltung von der übrigen Presse übernahm[122] – blieben die thematischen Schwerpunkte und inhaltlichen Überzeugungen der JR konsistent. Sie unterstrich regelmäßig die Notwendigkeit eines stolzen Bekenntnisses zum Judentum, unabhängig davon, ob sich der jeweilige Leser für eine Emigration nach Palästina entschlossen hatte oder seine Zukunft – vorerst – in Deutschland plante.[123]

Im Gegensatz dazu bot die CVZ ein Potpourri an Meinungen und Stimmungsbildern. Die Betonung der Vereinbarkeit von Deutschtum und Judentum blieb bis zum Frühjahr 1935 fester Bestandteil der Berichte.[124] Davon abgesehen barg der Blick in die CVZ für den Leser regelmäßig variierende Standpunkte und Schwerpunktsetzungen. Erinnerungen an den Besuch des Bismarck-Denkmals standen gleichberechtigt neben der Feststellung, „[s]tolz zu sein als Jude, das ist unsere Pflicht!"[125] Eine frühe Anerkennung der Bedeutung Palästinas als Emigrationsziel junger Menschen stand in keinem Widerspruch zur öffentlich geäußerten Ablehnung der zionistischen Ideologie oder der Entscheidung, der deutschnational eingestellten Jugendgruppe *Deutscher Vortrupp, Gefolgschaft deutscher Juden* ein Forum zu bieten.[126] Auch eine Kooperation mit Mitgliedern der *Zionistischen*

[121] Zur „Siegesstimmung" der ZVfD im Jahr 1933 vgl. ebd., S. 394f.; Diehl, Presse, S. 163f.; Jünger, Ungewissheit, S. 381.

[122] Zur Wandlung der Rolle der auflagenstärksten jüdischen Zeitungen von einer „Ergänzungspresse" zum primären Informationsmedium deutscher Juden vgl. Michael Nagel, 1933 als Zäsur? Zu Erscheinungsbedingungen und Funktionen der deutsch-jüdischen Presse vor und nach der Machtübergabe an die Nationalsozialisten, in: Jahrbuch für Kommunikationsgeschichte 17 (2015), S. 131–166, hier S. 166.

[123] Dass noch bis 1938 für zahlreiche überzeugte Zionisten weder für sie selbst noch für die Mehrheit der deutschen Juden die Auswanderung nach Palästina eine realistische Option darstellte, hat die Studie Jüngers nochmals hervorgehoben, vgl. Jünger, Ungewissheit, S. 72–77, vgl. auch Jürgen Matthäus, Abwehr, Ausharren, Flucht. Der Centralverein deutscher Staatsbürger jüdischen Glaubens und die Emigration bis zur „Reichskristallnacht", in: Exilforschung 19 (2001), S. 18–41, hier S. 28; Fabius Schach, Betrachtungen zur Gegenwart, CVZ, Nr. 36, 20. 9. 1933, o. P.

[124] Vgl. Assimilation oder Synthese, CVZ, Nr. 34, 7. 9. 1933, o. P.; Hoffnungsvoll in die Zukunft, Nr. 36, 20. 9. 1933, o. P.; Die Aussprache, CVZ, Nr. 4, 25. 1. 1934, o. P.

[125] Für Deutschtum und Judentum, Bekenntnisse und Feststellungen, CVZ, Nr. 25, 22. 6. 1933, S. 235f., vgl. auch Mitarbeitsbereitschaft, ebd., Nr. 26, 29. 6. 1933, S. 252; Jüdisch leben!, ebd., Nr. 38, 4. 10. 1933, o. P.

[126] In den Beratungsstellen nahmen sich Mitarbeiter des CV bereits im Frühjahr 1933 Fragen der Auswanderung an, wenn sie auch öffentlich darauf hinwies, dass hierfür die „Zentralstelle für jüdische Wirtschaftshilfe" und der „Hilfsverein der deutschen Juden" verantwortlich sei. Vgl. Aus der Arbeit des Centralvereins, Nr. 20, 18. 5. 1933, S. 178; vgl. auch Kurt Scheyer, Offener Brief an den C.V. – und unsere Antwort, CVZ, Nr. 26, 29. 6. 1933, S. 247f., hier S. 248; Ignaz Baumann/Friedrich Brodnitz, Deutsches Judentum und Palästinawanderung, CVZ, Nr. 30, 27. 7. 1933, S. 297–299; Eva Reichmann-Jungmann, Unsere Stellung zum Palästinaproblem, CVZ, Nr. 31, 3. 8. 1933, S. 311; Palästina – Aufbau und Gefährdung, CVZ, Nr. 42,

Vereinigung, beispielsweise in der Reichsvertretung, und das Bekenntnis des CV zur innerjüdischen „Einigkeit" verhinderten nicht, dass weiterhin vereinzelt Konflikte auf den Seiten der Vereinsorgane ausgetragen wurden.[127]

Die vermeintlichen Gegensätzlichkeiten in der CVZ haben in der Forschung zu unterschiedlichen Einschätzungen über die Annäherung zwischen CV und ZVfD geführt.[128] Einigkeit besteht dagegen darin, dass der CV den Entwicklungen nach 1933 ohne inhaltliche Linie oder ohne Potenzial für eine positive Zukunftsdeutung gegenüberstand.[129] Bezeichnenderweise handelte es sich hierbei um einen Aspekt, den bereits zeitgenössische Leser der CVZ bemängelt hatten. Die Kritik vermischte sich häufig mit der Forderung nach einem höheren Nachrichtengehalt – ebenfalls ein Punkt, den sich die JR frühzeitig erschlossen hatte. Insbesondere in den Jahren 1933 und 1934 mehrten sich die Zuschriften an die Redaktion, die ihre Kritik an der CVZ mit einem direkten Verweis auf die Erfolge der *Jüdischen Rundschau* verknüpften. So erreichte die Schriftleitung im Mai 1933 die Zuschrift eines Stettiner Rechtsanwalts, der den Fokus auf „Darlegungen programmatischer und weltanschaulicher Natur" kritisierte und einen stärkeren Nachrichtencharakter der Zeitung forderte.[130] In diesem Zusammenhang hob er die Berichterstattung der JR hervor, deren Lektüre, wie ihm viele Bekannte bestätigten, „in dieser Zeit geradezu ein Labsal" sei. Auch der Breslauer Landesverband wünschte sich im Juni 1933, dass die CVZ mehr darüber informiere, „was in der jüdischen Umwelt vorgeht", ebenso „wie dies in der *Jüdischen Rundschau* geschieht".[131] Diesen Forderungen kam der CV im Zuge einer Umstrukturierung des Blattes nach, die im Herbst 1933 einsetzte. Es erfolgte eine Änderung des Zeitungsformats, der Ausbau des Politikteils und die Etablierung eines festen Rechts- und Wirtschaftsteils. Die inhaltliche Ausdifferenzierung wurde darüber hinaus durch zahlreiche neue Rubriken, wie „Seite der Jugend", „Das neue Buch", „Blatt der jüdischen Frau" oder „Sport der Woche" deutlich.[132]

2.11.1933, o.P.; Hans Joachim Schoeps, Wir gehen einen deutschen Weg, CVZ, Nr. 28, 13.7.1933, S. 275f. Im Februar 1933 gegründet, zählte der jugendbewegte *Vortrupp* um die 150 Mitglieder und vertrat eine Mischung aus „preußischem Konservatismus, militärischer Disziplinierung und jüdischer Theologie". Hambrock, Außenseiter, S. 611f.

127 Vgl. Julius Brodnitz, Einigkeit!, CVZ, Nr. 35, 14.9.1933, o.P.; Eva Reichmann-Jungmann, Von deutsch-jüdischen Sein, CVZ, Nr. 22, 31.5.1934, o.P.

128 Vgl. für eine Annäherung: Baldwin, Zionist, S. 107f.; Yehoyakim Cochavi, Liberals and Zionists on the Eve of the National-Socialist Seizure of Power, in: LBYB 39 (1994), S. 113–129, hier S. 118f.; Plum, Deutsche Juden, S. 63; für eine Aufrechterhaltung bzw. Verschärfung der Rivalität vgl. David Bankier, Jewish Society through Nazi Eyes, in: Holocaust and Genocide Studies 6 (1991), S. 111–127, hier S. 117f.; Boas, Politics, S. 7f.; Diehl, Presse, S. 198–205; Nicosia, Zionismus, S. 217–219.

129 Vgl. Barkai, Wehr Dich!, S. 317; Matthäus, Symbolism, S. 185; Teichert, Chasak!, S. 417; Jünger, Ungewissheit, S. 381; Boas, Diaspora?, S. 111–113.

130 Hier und im Folgenden: Schäfer an CVZ-Schriftleitung, 5.5.1933, CVA 1827, Bl. 235.

131 CV-Landesverband Breslau an CV-Zentrale, 19.6.1933, ebd., o.Bl.

132 Vgl. Diehl, Presse, S. 207; auch für die Gestaltung des neuen Zeitungskopfs war auf den Stil der JR verwiesen worden, vgl. Ortsgruppe Hamburg an CV-Zentrale, 15.1.1934, ebd., Bl. 181. Die Entwicklung der CVZ spiegelte sich auch in den Berichten des SD wider: „Vor einem Jahr noch war sie ein kleines Nachrichtenblatt im Kleinformat. Im Herbst ging sie

Bedeutender waren die Vergleiche, die zwischen den Inhalten der Leitartikel gezogen wurden. So vermisste die Essener Ortsgruppe im Juni 1933 die „erfreuliche und entschiedene Haltung", welche die Zeitung in den ersten Wochen der „nationalen Erhebung" geprägt habe. Für eine „geistig hochstehende" Lektüre würden dagegen selbst „überzeugte C.V.er" zunehmend zur JR greifen.[133] Auch innerhalb des Pommerschen Landesverbandes herrschte Einigkeit darüber, dass die Leitartikel der JR „unverhältnismäßig wirkungsvoller" seien als die Veröffentlichungen der CVZ.[134] Das Lob für den Mut und die „erfreuliche" Tonart der JR seitens langjähriger CV-Mitglieder belegt die emotionale Bindekraft, welche die JR gerade in den ersten Monaten des nationalsozialistischen Regimes entfaltete. Der Hauptgrund hierfür war, dass es der JR gelang, den Ausschluss aus der deutschen Gesellschaft mit ausschließlich positiven Gefühlen – wie Mut und Stolz – zu versehen. Dass dies auf den Seiten der CVZ nicht in einem ähnlichen Umfang gelang, wird vor allem mit dem Festhalten an der Vereinbarkeit von Deutschtum und Judentum begründet.[135] Ein Blick in die Korrespondenz mit Landesverbänden, Ortsgruppen und Einzelpersonen zeigt jedoch, wie widersprüchlich die Ansichten darüber waren, was genau unter dem von der CVZ geforderten „inneren Halt"[136] zu verstehen war.

Ein häufig zitiertes Beispiel ist die Zusendung des langjährigen CV-Mitglieds Kurt Alexander.[137] Er forderte Ende März 1933, dass „schleunigst ein Aufruf deutscher Juden veröffentlicht werden soll, der ihre Mitarbeit an der Aufbauaktion der Regierung erklärt". Alexander war überzeugt, dass er mit dieser Einstellung den „größte[n] Teil der deutschen Juden", oder doch immerhin „alle die, die unserem Verein angehören" repräsentierte. Repräsentativität für die Vereinsmitglieder beanspruchte jedoch auch Käthe Hammerstein, die sich Mitte April an den CV wandte.[138] Sie empfand den Tenor der CVZ, der auch unter nationalsozialistischer Herrschaft die beständige Verbundenheit mit Deutschland hervorhob als „ekelhafte Anbiederung" und erkannte hierin ausschließlich den Versuch, „Nichtjuden […] zu zeigen, dass man an nationaler Einstellung nicht hinter den anerkannten nationalen Verbänden zurücksteht". Die Erfahrungen der vorangegangenen Monate – Hammerstein selbst war im Zuge des neuen Beamtengesetzes ent-

zum normalen Zeitungsformat über […]. Der politische Teil scheint etwas dünn, trotzdem aber enthält er alles, was für den Juden wichtig ist. Die Zeitung bringt schnellstens alle neuen Verordnungen und Gerichtsentscheidungen im Wortlaut häufig mit Ausführungen über ihre Bedeutung und Tragweite." SD-Hauptamt Lagebericht, Mai/Juni 1934, zit. n. Otto Dov Kulka/Eberhard Jäckel (Hrsg.), Die Juden in den geheimen NS-Stimmungsberichten 1933–1945, Düsseldorf 2004, S. 72.

133 CV-Landesverband Rheinland-Westfalen an CV-Zentrale, 26. 6. 1933, ebd., o. Bl.

134 CV-Ortsgruppe Stettin an CV-Zentrale, 12. 7. 1933, ebd., Bl. 219.

135 Vgl. Andrea Hopp, Jüdisches Bürgertum in Frankfurt am Main im 19. Jahrhundert, Stuttgart 1997, S. 165; Barkai, Wehr Dich!, S. 273, 314, 329.

136 Julius Ursell-Attendorn an Ortsgruppe Essen, 17. 7. 1933, ebd., Bl. 216.

137 Hier und im Folgenden: Kurt Alexander an CV-Zentrale, 23. 3. 1933, CVA 2292, Bl. 247 f. Vgl. auch Barkai, Wehr Dich!; Matthäus, Kampf, S. 253.

138 Hier und im Folgenden: Käthe Hammerstein an Julius Brodnitz, 28. 4. 1933, CVA 1827, Bl. 238–240.

lassen worden – hätten dagegen deutlich gemacht, dass „das deutsche Volk ein anderes Verhältnis will als wir zu ihm". Die Konsequenzen aus dieser Erfahrung sollten sich also in der CVZ spiegeln, um „den Juden moralischen Rückhalt und jüdisches Bewusstsein zu geben". Während Alexander Loyalitätserklärungen gegenüber der neuen Regierung verlangte, forderte Hammerstein, dass „den deutschen Juden ihre Verbundenheit mit der Weltjudenheit deutlich gemacht wird, Palästina stärker in unseren Geschichtskreis hineingezogen [...] und die jüdische Geschichte zu neuem Leben erweckt wird".

Die Mitarbeiter der CVZ gingen auf jedes dieser Schreiben gesondert ein und gaben den Kritikern Einblick in die widerstreitenden Meinungen, welche die Redaktion in Bezug auf die Zeitungsgestaltung erreichten.[139] Mit Verweis auf den „umfangreich[en] und vielgestaltig[en]" Leserkreis der Zeitung legte Reichmann in seinem Antwortschreiben an Hammerstein dar, dass es letztlich „unmöglich" sei, „allen Lesern gerecht zu werden". Während einige Zuschriften „verurteilten", wenn die Verbundenheit mit Deutschland hervorgehoben wurde, kritisierten andere, „dass wir die deutsche Seite unseres Seins jetzt zu wenig hervorheben". Um den Ansprüchen sämtlicher Mitglieder gerecht zu werden, hatte sich der CV demnach für eine „mittlere Linie" entschieden. Reichmann wies Hammerstein in diesem Zusammenhang darauf hin, dass seit dem Frühjahr 1933 jede Ausgabe zumindest „einen betont jüdischen Artikel" beinhaltet habe und hob hervor, dass der CV auch in den Vorjahren beständig auf die Notwendigkeit verwiesen habe, „die jüdischen Wurzeln unseres Seins" anzuerkennen und zu pflegen. Dass sich auch in Zukunft an den Loyalitätserklärungen gegenüber der nationalsozialistischen Regierung nichts ändern würde, begründete Reichmann mit den „politische[n] Rücksichten", auf deren Einzelheiten er auf postalischen Wege nicht eingehen könne. Auch im Briefverkehr mussten die indirekten Anspielungen genügen, um darauf hinzuweisen, dass es sich bei diesen Loyalitätsbekundungen nicht um innere Überzeugungen der CV-Mitarbeiter, sondern taktische Notwendigkeiten handelte. Korrespondenzen wie diese machen deutlich, dass sich die Berichterstattung der CVZ nicht allein im Spannungsfeld einer potenziellen Nachzensur durch nationalsozialistische Behörden und dem Beharren auf der Vereinbarkeit von Deutschtum und Judentum bewegte.[140] Vielmehr offenbarte sich die Schwie-

[139] Hier und im Folgenden: Reichmann an Hammerstein, 17.5.1933, ebd., Bl. 236f.

[140] Zur Nachzensur vgl. Diehl, Presse, S. 115–120. Die nachträgliche Zensur führte Ende Juni 1935 zu einem dreimonatigen, Ende Januar 1938 zu einem einmonatigen Verbot der CVZ. Anlass waren beide Male Artikel von Arno Herzberg. 1935 hatte er den Aufsatz „Unser Kampf gegen das Judentum" von Wilhelm Kube kommentiert, 1938 die antisemitischen Beschlüsse der neuen rumänischen Regierung aufgelistet. Vgl. Unser Kampf gegen das Judentum, CVZ, Nr. 25, 20. 6. 1935, o. P.; Zur Judenfrage in Rumänien, CVZ, Nr. 4, 27. 1. 1938, S. 3; Diehl, Presse, S. 200f. Die JR wurde im Sommer 1935 für zwei Wochen verboten, nachdem Weltsch sich in dem Beitrag „Der Jude ist auch ein Mensch" mit einer Rede Joseph Goebbels auseinandergesetzt hatte, vgl. Robert Weltsch, „Der Jude ist auch ein Mensch". Ein Argument der Judenfreunde, JR, Nr. 53, 2. 7. 1935, S. 1f.; ders., A Goebbels Speech and a Goebbels Letter, in: LBYB 10 (1965), S. 280–286.

rigkeit, die unterschiedlichen Erwartungen, die von Mitglieder- und Leserseite an sie gerichtet wurden, zu erfüllen.

In der CVZ zeichnete sich bis zum Frühjahr 1935 diese „mittlere Linie" zum einen durch vielfache theoretische Erörterungen zur Bedeutung und Kompatibilität von Deutschtum und Judentum aus. Zum anderen standen frühzeitig Reiseberichte, Briefe von Auswanderern und Hinweise auf die zuständigen Stellen bei Emigrationsfragen im Mittelpunkt. Der CV ging damit das Risiko ein, Mitglieder an die ZVfD ebenso wie an den Reichsbund zu verlieren.[141] Beide Organisationen beharrten auf ihren jeweiligen ideologischen Standpunkten: die ZVfD sah die Emanzipation als endgültig gescheitert, der RjF hob weiterhin die enge Verbundenheit mit Deutschland hervor.[142] Durch die Meinungsvielfalt innerhalb der CV-Mitgliedschaft ließ sich eine solche eindeutige Abgrenzung jedoch schlicht nicht mehr aufrechterhalten. Das inhaltliche Potpourri, das die CVZ bis zum Frühjahr 1935 prägte, ist folglich nicht nur als Ausdruck der Verunsicherung der Redaktion zu lesen.[143] Es zeigt vielmehr das Bestreben, den vielfältigen Wünschen und Forderungen der Leser und Mitglieder unter den gegebenen Umständen entgegenzukommen – und nach Möglichkeit weiterhin zu beeinflussen.

Die Grenzen dieser „mittleren Strategie" wurden insbesondere bei der ausführlichen Beantwortung der Leserbriefe deutlich. Durch die Selbstzensur der CVZ entfielen kritische Berichte über Regierung und die Entwicklungen in Deutschland. Und auch die Rubrik „Hier schreiben unsere Leser" spiegelte nach wie vor nur einen Bruchteil der widerstreitenden Meinungen innerhalb des CV wider.[144] Indem die Mitarbeiter des CV jedoch weiterhin auf sämtliche Kritik und Nachfragen schriftlich und mündlich eingingen, gelang es ihnen, die Beweggründe für die jeweilige Berichterstattung darzulegen, wie es in der CVZ nicht mehr möglich war. Darüber hinaus erlaubte ihnen die beständige Rückmeldung auch, Stimmungen und Einstellungen innerhalb des CV besser abzuwägen. Auf Seiten der Einsender war dieser Austausch eine Form der Selbstversicherung über die eigene Einstellung. Zusätzlich bot er, abgesehen von privaten Gesprächen, Korrespondenzen oder Tagebucheintragungen, eine der wenigen verbleibenden Möglichkeiten, um Kritik und Frustration an der politischen und gesellschaftlichen Situation zu artikulieren.[145] Die Beschwerden, die sich gegen die Berichterstattung der CVZ

[141] Vgl. Barkai, Wehr Dich!, S. 459 (Anm. 8); Caplan, Wicked Sons, S. 290–293.

[142] Sowohl die ZVfD wie der RjF konnten 1933 und 1934 einen deutlichen Mitgliederzuwachs verzeichnen. Während die ZVfD 1932 10 000 Mitglieder verzeichnete, waren es 1935 22 000; die Zahl der Mitglieder des RjF lag vor 1933 bei ungefähr 30 000 und stieg danach auf 50 000. Vgl. Teichert, Chasak!, S. 116; Dunker, Reichsbund, S. 7. Gerade beim ZVfD handelte es sich vor allem um jüngere Juden und Jüdinnen, die zuvor keiner jüdischen Organisation angehört hatten, vgl. Nicosia, Zionismus, S. 196–198.

[143] Vgl. Barkai, Wehr Dich!, S. 286.

[144] Wie etwa die Auseinandersetzung um die Vor- und Nachteile jüdischer Schulen, vgl.: Hier schreiben unsere Leser, CVZ, Nr. 42, 2. 11. 1933, o. P.; vgl. Kap. III.1.1.

[145] Im Vergleich dazu blieben schriftliche Interventionen bei staatlichen Behörden häufig unbeantwortet oder führten zu Vorladungen und Verhaftungen, vgl. Ahlheim, Deutsche, S. 348. Die Verfolgung drohte auch für jegliche individuelle Protestaktionen, zu denen es von jüdi-

oder die Ausrichtung des CV wandten, beinhalteten somit immer auch die Möglichkeit – wenn auch in variierender Deutlichkeit – die Entwicklungen in Deutschland zu kommentieren. Auch wenn sich der praktische Handlungsradius des CV ebenfalls beständig verkleinerte, behielt die Korrespondenz mit ihm so ihre Ventilfunktion bei.

Dies galt insbesondere für Mitglieder, die sich aus kleineren Ortschaften an den CV wandten und über ihre Erfahrungen mit Boykotten und antisemitischen Ausschreitungen berichteten. Im Sommer und Herbst 1933 hatte die CVZ zahlreiche Anordnungen regionaler Behörden, ebenso wie Stellungnahmen aus dem Reichswirtschaftsministeriums veröffentlicht, die sich gegen „unbefugte Eingriffe in die Wirtschaft" aussprachen.[146] Wie weiter oben deutlich wurde, änderten diese Appelle und Erlasse nur selten etwas an den Ausschreitungen und an langfristigen Boykott-Aktionen in zahlreichen Regionen Deutschlands. Die Zahl an Einsendungen war groß, die den „Herren in Berlin" vorwarfen, keinerlei Einblick in die tatsächlichen Erfahrungen der in den ländlicheren Gebieten lebenden Juden zu haben.[147] Dieser Vorwurf verband sich häufig mit der Aufforderung, vermehrt über die Vorfälle zu berichten. Dass der CV diesen Aufforderungen nicht nachkam, lag sowohl an den zeitlichen Umständen wie an den Erfahrungen der vergangenen Jahrzehnte. So musste die Redaktion der CVZ zum einen vermeiden, sich gegenüber dem nationalsozialistischen Regime dem Vorwurf der „Greulpropaganda" auszusetzen. Gerade der Aprilboykott hatte gezeigt, wie schnell sich diese Unterstellung in staatlich angeordnete Repressionsmaßnahmen verwandeln ließ. Zum anderen bekannten sich die Mitarbeiter der Zentrale in ihren Antwortschreiben freimütig zu dem Umstand, dass sie in der CVZ vor allem Beiträge veröffentlichten, die halfen, „deprimierten Menschen Trost zu geben".[148] In der Forschung ist in diesem Zusammenhang zurecht darauf hingewiesen worden, wie problematisch und wenig repräsentativ die Berichte der jüdischen Zeitungen nach 1933 einzuschätzen sind – auch wenn sie vom Gleichschaltungsprozess des deutschen Pressewesens formal ausgeschlossen waren.[149] Noch deutlicher wird allerdings die Kontinuität im Bestreben der CVZ, die Resignation der Leser und Mitglieder zu verhindern. Bereits während der Weimarer Republik hatte sich dieses Unterfangen als vermeintliches Paradoxon präsentiert: So hatte die CVZ intensiv über antise-

scher Seite immer wieder kam, vgl. Wolf Gruner, „The Germans should expel the foreigner Hitler…". Open Protest and Other Forms of Jewish Defiance in Nazi Germany, in: Yad Vashem Studies 39/2 (2011), S. 13–53, insb. S. 23–38; Konrad Kwiet, Selbstbehauptung und Widerstand. Deutsche Juden im Kampf um Existenz und Menschenwürde 1933–1945, München 1995, S. 229–232.

146 Gegen unbefugte Eingriffe in die Wirtschaft, CVZ, Nr. 40, 19. 10. 1933, o. P.

147 Siegmund Cohn an CV-Zentrale, 14. 3. 1934, CVA 2945, vgl. auch Ahlheim, Deutsche, S. 354–356.

148 Reichmann an Daniel Reiling, 2. 11. 1933, zit. n. Ahlheim, Deutsche, S. 356.

149 Ahlheim, Deutsche, S. 356; Diehl, Presse, S. 115; Herzberg, Memoir, S. 388; zu einem positiveren Urteil über die Handlungsspielräume der jüdischen Presse gelangen Jacob Boas, The Shrinking World of German Jewry, 1933–1938, in: LBYB 31 (1986), S. 241–266, hier S. 243; Moshe Zimmermann, Die deutschen Juden 1914–1945, München 1997, S. 69.

mitische Ausschreitungen, Gewalttaten und Wahlerfolge der NSDAP berichtet, um deren Gefahrenpotenzial zu unterstreichen. Ergänzt wurden diese Darstellungen jedoch durch Beiträge, die vor Resignation oder übertriebenem Pessimismus warnten und stattdessen forderten, sich einer „tatkräftigen“ Zuversicht hinzugeben. Nach 1933 manifestierte sich das Gewalt- und Gefahrenpotenzial einer nationalsozialistischen Regierung nicht mehr im Rahmen prognostischer Überlegungen und Einzelfälle, sondern zählte zu den alltäglichen Erfahrungen deutscher Juden. Dieser Umstand, ebenso wie ein drohendes Verbot im Falle der Verbreitung von „Greulpropaganda“, führte dazu, dass die CVZ ihre Bestrebungen vor allem auf das letztere der einander entgegenstehenden Ziele verlagerte: die Vermeidung von Resignation.

Auch nach 1933 blieb die CV-Zentrale durch Berichte ihrer Ortsgruppen und der ganz Deutschland bereisenden Mitarbeiter umfassend über die gesellschaftlichen und wirtschaftlichen Entwicklungen informiert. Allerdings sah die Redaktion sowohl mit Blick auf die drohende Nachzensur wie auch aus taktischen Erwägungen davon ab, dieses Wissen auf den Seiten der CVZ zu verbreiten. Gegenüber den Einsendern verteidigte sie diese Entscheidung mit dem Hinweis, dass durch eine Veröffentlichung „den Betroffenen“ wie den vielen Lesern der „CV-Zeitung“ nicht der geringste Nutzen entstehen“ würde.[150] Dementsprechend erschienen Berichte über Ausschreitungen, Diskriminierungen und Boykottmaßnahmen häufig nur in Fällen, in denen es zu einer Intervention seitens der Polizei, des Wirtschaftsministeriums oder anderer staatlicher Instanzen gekommen war.[151] Darüber hinaus druckte die CVZ Beispiele für Boykottaufforderungen ab, die sie mit kritischem Kommentar und einem Verweis auf die gegensätzliche Anordnung des Wirtschaftsministeriums versah.[152] Wenn Berichte über die Lage deutscher Juden in ländlichen Gebieten erschienen, hoben sie die „jüdische Not“ hervor, die dort besonders virulent war. Details über die Ausmaße der Ausgrenzung, Verfolgung und Anfeindungen, die in den Einsendungen an die Zentrale dargelegt wurden, finden sich jedoch nicht.[153] Die Betroffenen erkannten in dieser Form der Berichterstattung eine derartige Diskrepanz zu ihren tatsächlichen Erfahrungen, dass sie den Berliner Mitarbeitern das Recht absprachen, weiterhin Verhaltens- und Gefühlsempfehlungen für die deutschen Juden auszusprechen.[154]

Die CV-Zentrale reagierte auf diese Vorwürfe in mehrfacher Hinsicht. Wie eben gesehen, legten die Mitarbeiter in ihren Antwortschreiben ihre Ansichten

150 Reichmann an Daniel Reiling, 2. 11. 1933, zit. n. Ahlheim, Deutsche, S. 356.

151 Vgl. Bedauerliche Ausschreitungen, CVZ, Nr. 11, 16. 3. 1933, S. 90; Wilde Boykottmaßnahmen, ebd., Nr. 20, 18. 5. 1933, S. 179; Schutz der deutschen Wirtschaft, ebd., Nr. 24, 15. 6. 1933, S. 221 f.; Der bayerische Innenminister gegen Unruhestifter, CVZ, Nr. 22., 30. 5. 1935, o. P.; Gegen Belästigungen jüdischer Staatsbürger in Oberschlesien, CVZ, Nr. 40, 19. 10. 1933; Grenzen der Ariergesetzgebung, CVZ, Nr. 1, 4. 1. 1934, o. P.

152 Vgl. Wirtschaftsberuhigung?, CVZ, Nr. 1, 4. 1. 1934, o. P.

153 Max Goldstein, Kleingemeinde – Eine von vielen, CVZ, Nr. 24, 14. 6. 1934, o. P.; W. Jacobi, Wirklichkeit und Abhilfe, ebd.

154 Vgl. Ahlheim, Deutsche, S. 354–356.

und Strategien dar. Sie nutzten die Gelegenheit auch, um nachzuholen, was auf den Seiten der CVZ nicht mehr möglich war: Sie ordneten die ihnen geschilderten Boykotte und Ausschreitungen in den gesamtdeutschen Kontext ein. Die Einsender wurden so persönlich darüber informiert, dass der CV auch über die Lage in den ländlichen Gebieten im Bilde war – und sich die jeweils dargestellten Erlebnisse nicht grundlegend von denen in anderen Teilen Deutschlands unterschieden.[155] Darüber hinaus nahmen die Mitarbeiter der CV-Zentrale die Einsendungen zum Anlass, um in der CVZ stärker die Verbundenheit mit Kleinstadt- und Dorfbewohnern hervorzuheben, wie etwa in dem Leitartikel „Kleinstadt und Dorf – Wir vergessen sie nicht", der im Sommer erschienen war.[156] Dort bekundete Alfred Wiener, dass sich der CV bewusst darüber war, wie schwer die „jüngsten Ereignisse" gerade die jüdischen Familien in ländlichen Gebieten trafen. Er versicherte ihnen gleichsam, dass der Verein es als eine seiner „höchsten Pflichten" ansah, den Kontakt auch zu ihnen aufrechtzuerhalten und ihnen, „wenn erforderlich, beizustehen". Die Vorsitzenden verschiedener Landesverbände bemühten sich, in ihren Gegenden Beratungsmöglichkeiten auf juristischem und wirtschaftlichem Gebiet zur Verfügung zu stellen, die CVZ etablierte die Rubrik „Arbeit für das deutsche Judentum", in der Vertreter der Ortsgruppen ausführlicher über die jeweiligen Initiativen berichteten.[157] Darüber hinaus intensivierten die Mitarbeiter der CV-Zentrale, ebenso wie Vertreter der Landesverbände ihre Reise- und Vortragstätigkeit in ganz Deutschland. Indem sie Referenten auf das „platte Land" sandte, um die dortigen Mitglieder „seelisch aufzurichten" kam der CV einer weiteren Forderung nach, die aus den Kleingemeinden an die Berliner Zentrale gerichtet wurde.[158]

Vortragsveranstaltungen in den Ortsgruppen hatten auch in der Weimarer Republik zum festen Bestandteil der Mitarbeitertätigkeiten gehört. Bereits zu diesem Zeitpunkt hatten diese Versammlungen die Möglichkeit geboten, sich über die Arbeit des CV zu informieren, interne Probleme der jeweiligen Ortsgruppe zu besprechen und sich über antisemitische Umtriebe in der jeweiligen Region auszutauschen. Nach 1933 und trotz der nun einsetzenden Überwachung durch Vertreter von Gestapo und SD behielten die Veranstaltungen diese zentrale Austauschfunktion bei, wenngleich sich nun seitens der Referenten wie der Mitglieder unter den gegebenen Umständen die Schwerpunkte verlagerten. So hatte Julius Brodnitz im Jahresbericht für 1933 festgehalten, dass die Vorträge, Beratun-

155 Vgl. ebd.

156 Hier und im Folgenden: Alfred Wiener, Kleinstadt und Dorf, CVZ, Nr. 25, 22. 6. 1933, S. 233 f.; vgl. auch Stoßseufzer, CVZ, Nr. 10, 8. 3. 1934, o. P.; Die wichtigen Zweidrittel, CVZ, Nr. 28, 12. 7. 1934, o. P; Ludwig Landau, Fern der Großstadt, CVZ, Nr. 52, 28. 12. 1934, o. P.

157 Vgl. Vorträge und Tagungen im Central-Verein, CVZ, Nr. 6, 8. 2. 1934, o. P.; Arbeit für das deutsche Judentum, CVZ, Nr. 36, 6. 9. 1934, o. P.

158 Julius J. an CV-Zentrale, 11. 5. 1934, CVA 229, Bl. 4. Ähnlich lauteten auch Forderungen, die sich in diesem Zusammenhang an die CVZ richteten. Während des Verbots der CVZ im Herbst 1935 erreichte den CV ein Bericht der Ortsgruppe Kassel, die sich gerade unter dem Druck zunehmender Boykottaktionen von der CV-Zentrale „irgendein aufmunterndes Wort" erwartet hatte. CV-Ortsgruppe Kassel an Zentrale, 4. 9. 1935, CVA 224, Bl. 147.

gen und Besuche in den Ortsgruppen einen zunehmend „seelsorgerischen" Charakter angenommen hätten.[159] Was dies bedeutete, schilderte wiederum sein Sohn, Friedrich Brodnitz. Für den CV absolvierte er bis zu seiner Emigration zahlreiche Reisen in deutsche Städte und Gemeinden.[160] Seinem Bruder und dessen Familie, die 1933 nach Palästina ausgewandert waren, teilte er seine Eindrücke von den Besuchen in der Provinz mit:

> „Man soll das deutsche Judentum [...] nach der wirklich heroischen Ruhe und Würde [beurteilen], mit der z. B. die kleinen Juden in Hessen und Franken ihr Geschick tragen. Man muss diese Menschen erzählen hören und muss sie dann nach Auswanderung fragen. Wenn man dann ihren entrüsteten Protest hört, ihre alte Heimat preiszugeben, dann kann man über den Sinn dieser Handlungsweise verschieden denken (wahrscheinlich ist es ein Unsinn, dort bleiben zu wollen), aber man kann diesen Menschen nicht die Würde dessen absprechen, der einem Ideal zuliebe schwerstes auf sich zu nehmen bereit ist."[161]

Wenngleich Brodnitz dieses Beispiel gewählt hatte, um die unrealistische Vorstellung der Emigration sämtlicher deutscher Juden zu belegen, zeigt es auch, dass die Möglichkeit zum Austausch, den die Veranstaltungen des CV offerierten, nach wie vor von seinen Mitgliedern angenommen wurde, um ihre Verbundenheit mit Deutschland zum Ausdruck zu bringen.[162]

Die Referenten wiederum nutzten die Veranstaltungen, um die Zuhörer darüber zu versichern, dass der CV weiterhin alles unternahm, um die wirtschaftliche und rechtliche Existenz der deutschen Juden zu sichern.[163] Darüber hinaus erbrachten sie in Vorträgen wie „Wir deutschen Juden im Wandel der Zeit" oder „Deutsches Judentum heute und morgen" den Nachweis, dass der CV nach wie vor an der Verbundenheit von „Deutschtum und Judentum" festhielt.[164] Dies galt gerade als Versicherung gegenüber jenen Zuhörern, welche die Strategie der „mittleren Linie" der CVZ ablehnten und ein eindeutiges Bekenntnis des Vereins zu „Deutschtum und Judentum" erwarteten.[165] Je nach Vortrag und Vortragenden konnte bereits die Bedeutung der Begriffe „Deutschtum und Judentum" sehr unterschiedlich gewichtet werden. Während der Jurist Bruno Weil in Berlin im

[159] Bericht über die CV-Aktivitäten 1933, zit. n. Matthäus, Symbolism, S. 187 (Anm. 9). Gerade in ländlichen Gebieten sei es für die Mitglieder Gelegenheit gewesen, ihre „besonderen Erfahrungen und Wünsche" vorzutragen, vgl. Überfüllte Versammlung des Central-Vereins in Pommern, CVZ, Nr. 42, 2. 11. 1933, o. P.; siehe auch Überfüllte Versammlung des Central-Vereins, CVZ, Nr. 44, 16. 11. 1933, o. P.

[160] Allein Brodnitz, der durch seine Mitarbeiter in der *Reichsvertretung* und zahlreiche Treffen mit jüdischen Organisationen außerhalb Deutschlands eingespannt war, hatte in der ersten Jahreshälfte 1934 16 Vorträge bei Ortsgruppenveranstaltungen absolviert, vgl. ebd.

[161] Brodnitz schrieb an seine Verwandten ausschließlich, wenn er sich zu kurzen Urlaubsaufenthalten im Ausland aufhielt. Vgl. Brodnitz, 8. 9. 1934, USHMM, Brodnitz Family Collection, 2008.189.1.

[162] Aus der C.V.-Bewegung, CVZ, Nr. 16, 19. 4. 1934; Aus der C.V.-Bewegung, Nr. 20, 17. 5. 1934, o. P.; zu einer Tasse Diskussion gebeten, ..., CVZ, Nr. 26, 28. 4. 1934, o. P.

[163] Vorträge und Tagungen im Central-Verein, CVZ, Nr. 45, 23. 11. 1933, o. P.; CV arbeitet im Lande, CVZ, Nr. 4, 25. 1. 1934, o. P.

[164] Vorträge im Central-Verein, CVZ, Nr. 2, 11. 1. 1934, o. P.; vgl. auch Weil, Wandel, CVZ, Nr. 47, 7. 12. 1933.

[165] Vgl. Bericht über die Rede von Dr. Brook in Stettin, 16. 1. 1934, CVA 2084, Bl. 6.

Frühjahr 1934 insbesondere das „Bekenntnis zu Deutschland“ unterstrich und an das „Vaterlandsgefühl“ appellierte, hob der Rabbiner Felix Goldmann zur selben Zeit bei seinen Vorträgen hervor, dass eine Bejahung der deutschen Kultur nur zusammen mit der Besinnung auf „das Jüdische“ dazu befähige, sich weiterhin als „Optimisten“ zu betrachten.[166] Das Beharren auf „Deutschtum und Judentum“, verbunden mit der Forderung, nach einem Optimismus, der die Zukunftsoffenheit der Entwicklungen berücksichtigte, und vor „Verzweiflung und Lebensmüdigkeit“ warnte, diente den Mitgliedern als Beleg für die Kontinuität der praktischen wie theoretischen CV-Arbeit.[167]

Sowohl der Verweis auf die Verbundenheit von „Deutschtum und Judentum“ wie das unbedingte Vermeiden von Resignation im Angesicht von Ausgrenzung und Antisemitismus hatte auch in den vorherigen Jahren im Hauptfokus der CV-Arbeit gestanden. Dabei ließ sich nie eindeutig nachweisen, wie sehr die Resignationsvermeidung in der Sorge um eine Abwanderung der Mitglieder in das Lager der Zionisten gründete. Im Verlauf der 1930er Jahre wichen diese ideologischen Grabenkämpfe der praktischen Erkenntnis, dass eine Auswanderung sämtlicher deutscher Juden weder nach Palästina noch in andere potenzielle Emigrationsländer möglich sei.[168] So dankte der CV-Vorsitzende Julius Brodnitz bei einer Kundgebung Ende 1934 sämtlichen „Pionieren“, die sich am Aufbau Palästinas beteiligten, oder in anderen Ländern nach neuen Existenzmöglichkeiten suchten. Gleichzeitig betonte er die Tatsache, dass „etwa 400 000 deutsche Juden auf deutschem Boden verbleiben werden“.[169] Gerade für den CV stellte sich die Frage, wie es möglich sein würde, sie „seelisch gesund und lebensfreudig“ zu erhalten.

Wenngleich die Mehrheit der deutschen Zionisten zunächst nicht an die eigene Auswanderung dachte, war es durch die positiven Assoziationen in Zusammenhang mit einer Emigration nach Palästina möglich, eine Zukunftserwartung zu offerieren, die von den Entwicklungen in Deutschland unabhängig war. Diese positive Erwartung blieb bis zur tatsächlichen Auswanderung – oder deren Scheitern – weitgehend enttäuschungsresistent.[170] Die Aussicht auf die Emigration bildete ebenfalls die Grundlage für sämtliche positive Aufbauarbeit – von der Forderung nach einem selbstbewussten Judentum hin zur konkreten Auswanderungsvorbereitung auf landwirtschaftlichen Lehrgütern.[171] Im Gegensatz dazu waren die

166 Ebd.; vgl. auch Weil, Wandel, CVZ, Nr. 47, 7. 12. 1933.

167 Aus der C.V.-Bewegung, Nr. 18, 3. 5. 1934, o. P.

168 Jünger, Ungewissheit, S. 176; vgl. auch Bruno Weil, Wir deutschen Juden im Wandel der Zeit, CVZ, Nr. 47, 7. 2. 1933, o. P.

169 Hier und im Folgenden: Die Leitung des C.V. nimmt das Wort, CVZ, Nr. 49, 6. 12. 1934, o. P.

170 Allerdings barg das Bangen um ein tatsächliches Zustandekommen der Ausreise ebenfalls ein großes Enttäuschungspotenzial. Vgl. hierzu die Briefe von Martin Librach, der aufgrund einer chronischen Krankheit seine Geschwister zunächst nicht nach Palästina begleiten konnte. Seinen ausgewanderten Geschwistern gegenüber versuchte er das Gefühl des „Entweder-oder“ zu vermitteln, das sein Leben nach der Ablehnung seines Zertifikats bestimmte, Felix Librach Family Papers, USHMM, 2012.469.6.

171 Vgl. Francis Nicosia, Resistance and Self-Defence: Zionism and Antisemitism in Inter-War Germany, in: LBYB 42 (1997), S. 123–134, hier S. 130–132.

Möglichkeiten, Zukunftserwartungen an das Leben in Deutschland zu knüpfen, von den Maßnahmen der nationalsozialistischen Regierung und ihren Behörden abhängig. Sie waren damit Entwicklungen unterworfen, auf welche die jüdische Minderheit keine, oder nur noch sehr vereinzelt Einflussmöglichkeiten hatte.[172] Im Frühjahr antwortete der CV-Chefredakteur Alfred Hirschberg auf eine Rundfrage im *Israelitischen Familienblatt*, dass die Zukunft des deutschen Judentums maßgeblich vom Status der Gleichberechtigung abhängig sei. Hirschbergs Stellungnahme war mit vagen Zuversichtsäußerungen verbunden, die sich gegen die Vorstellung eines „zukunftslose[n] Später" verwahrten.[173] Da sämtliche konkrete Erwartungen für eine Zukunft in Deutschland besonders enttäuschungsanfällig waren, bildeten sie die Ausnahme. Exemplarisch hierfür waren die Erwägungen Reichmann-Jungmanns auf die Frage „Deutsch-jüdische Zukunft – Ja oder Nein?":

> „Selbstverständlich und unbestritten ist, daß deutsch-jüdische Menschen heute sind, daß sie in der nächsten Zukunft sein müssen und werden, und daß daher die ihrer Existenz geltenden Rechtswahrungsarbeit unumgehbare Pflicht, lebensnotwendige Aufgabe der Gegenwart bedeutet. [...] Wir verfügen nicht über prophetischen Geist, der es uns ermöglichen würde, zu sehen, ob in aller Zukunft jüdischen Menschen deutscher Lebensraum zu erhalten sein wird. Aber wir haben ganz gewiß keinen Anlaß, schwarzseherisch darüber zu klagen, daß er ihnen bestimmt nicht erhalten sein wird."[174]

Statt sich der „Schwarzseherei" hinzugeben, wurde an die generelle Notwendigkeit einer positiven Einstellung appelliert, die sich „schon aus seelischen Gründen" aus der Verknüpfung von Deutschtum und Judentum ergab.[175]

Als sich im Frühjahr 1935 Stimmen in der nationalsozialistischen Regierung mehrten, die ein neues Staatsbürgergesetz ankündigten, rief dies vor allem in jüdischen Kreisen Unsicherheit und Befürchtungen hervor.[176] Hans Reichmann sah sich im Zuge dessen zu einer grundsätzlichen Absage an „Propheten des Untergangs", „Zweckpessimisten" und „Stimmungsmenschen" veranlasst.[177] Wenn auch er für das zu erwartende Staatsbürgergesetz die Festschreibung einer „Minderstellung" antizipierte, sah er darin lediglich die gesetzliche Festschreibung einer Tatsache, mit der sich die deutschen Juden bereits seit zwei Jahren konfrontiert sahen. Reichmanns erklärtes Ziel dieser negativen Antizipation war es, „innere Sicherheit" zu gewinnen und so Enttäuschungserfahrungen, wie sie die Mehrheit der deutschen Juden im Januar 1933 gemacht hätten, zu vermeiden.

172 Vgl. Jünger, Ungewissheit, S. 121–123.

173 Alfred Hirschberg, Idee und Arbeit am Jahresbeginn, CVZ, Nr. 2, 11. 1. 1934, o. P.

174 Eva Reichmann-Jungmann, Vom Sinn deutsch-jüdischen Seins, CVZ, Nr. 22, 31. 5. 1934, o. P.; vgl. auch Alfred Hirschberg, Chronik, CVZ, Nr. 10, 7. 3. 1935, o. P.

175 Vorträge und Tagungen im Centralverein, CVZ, Nr. 8, 22. 2. 1934, o. P.

176 Vgl. Jünger, Ungewissheit, S. 208 f.; Matthäus, Kampf, S. 267. Siehe auch Grundlagen des künftigen Staatsbürgerrechts, CVZ, Nr. 18, 3. 5. 1935; Rechtsentwicklungen, CVZ, Nr. 22, 30. 5. 1935. Das im Mai 1935 verabschiedete Wehgesetz, das Nichtarier vom aktiven Wehrdienst ausschloss, trug maßgeblich zu diesen Erörterungen bei. Vgl. Joseph Walk, Reactions of the Jewish Press in Germany to the Nuremberg Laws, in: David Bankier (Hrsg.), Probing the Depths of German Antisemitism: German Society and the Persecution of Jews 1933–1941, Oxford/New York 1999, S. 329–338, hier S. 329.

177 Hier und im Folgenden: Hans Reichmann, Geschichtsbewußtsein wird gefordert, CVZ, Nr. 14, 4. 4. 1935.

Auch gegenüber den Ortsgruppen wies die Zentrale immer wieder auf die Notwendigkeit der Vermeidung von Resignation hin. Hierbei griff sie auf Appelle zurück, die während der Weimarer Republik noch regelmäßig in der CVZ erschienen waren. In einem vertraulichen Rundschreiben an die Ortsgruppenvorsitzenden betonte die CV-Zentrale im April 1935, dass es unbedingt zu vermeiden galt, den „Kopf in den Sand zu stecken" und sich einem vorsätzlichen Pessimismus hinzugeben.[178] Die Grundlage für diesen Optimismus „frei von Illusionen" bildete nach wie vor der Verweis auf die deutsch-jüdische Symbiose. Ein Nachweis darüber, ob und wo die Grenze zwischen ideologischer Überzeugung und argumentativer Funktion verlief, lässt sich weder für die einzelnen Mitarbeiter und Mitglieder noch für die Organisation als Ganzes nachweisen.

Bezeichnenderweise waren es nicht so sehr die praktischen Interventionen des CV, sondern dieses Beharren auf der Vermittlung einer zuversichtlichen Grundeinstellung gegenüber dem Leben in Deutschland, welche die staatlichen Behörden dazu veranlassten, den Druck auf die „assimilatorischen" jüdischen Organisationen – allen voran den CV – zu erhöhen. In einem Bericht „zur Situation der Juden in Deutschland" im Dezember 1934 und Januar 1935 konstatierte die Geheime Staatspolizei (Gestapo) Berlin den „starken Optimismus", mit dem gerade CV und RjF für das „Festhalten am Deutschtum und das Verbleiben in Deutschland" warben.[179] Die zuversichtliche Einstellung hätte die Organisationen dazu geführt, „Pläne für die praktische Zukunftsgestaltung in Deutschland zu erörtern". Aufgrund dieser Beobachtungen erging eine Anordnung an sämtliche Staatspolizeidienststellen, nach der Veranstaltungen jüdischer Organisationen zu verbieten seien, „in denen für das Verbleiben in Deutschland Propaganda gemacht" werde.[180] Ortsgruppen, die sich durch diese Anordnung um die weitere Durchführung ihrer Versammlungen sorgten, wurden von Alfred Hirschberg im März 1935 beruhigt.[181] Bisher seien, außer den von den Ortsgruppen selbst auferlegten Beschränkungen, keine Verbotsmaßnahmen bekannt geworden, die sich auf die Anordnung gründeten. Hirschberg verband diese Beobachtungen mit der Ermutigung, bei den örtlichen Behörden zu überprüfen, mit welcher Strenge die Anordnung tatsächlich durchgeführt werde.[182] Der optimistische Tonfall, mit dem Hirschberg die Vorsitzenden der Ortsgruppen die weitere Durchführung von Ver-

178 Ortsgruppenrundbrief des CV, 15. 4. 1933, CVA 67, S. 1–10, hier S. 1.

179 Hier und im Folgenden: Gestapa Berlin, Bericht für Dezember 1934 und Januar 1935, 19. 2. 1935, zit. n. Gruner, Verfolgung, S. 409; vgl. auch Schreiben der Gestapo an preußischen Innenminister über eine Versammlung des CV, 4. 2. 1934, zit. n. Gruner, Verfolgung, S. 298.

180 Vgl. Joseph Walk (Hrsg.), Das Sonderrecht für die Juden im NS-Staat. Eine Sammlung der gesetzlichen Maßnahmen und Richtlinien – Inhalte und Bedeutung, Karlsruhe 1981, I 514.

181 Vgl. Hirschberg an CV-Ortsgruppe Baden, 29. 5. 1935, CVA 3032, Bl. 96–98, siehe Matthäus/Roseman (Hrsg.), Jewish Responses, S. 154.

182 Die kurzen Berichte in der CVZ über die Versammlungen im Frühjahr 1935 legen nahe, dass sich die Redner nach wie vor den „Gegenwartsfragen deutscher Juden" und „Unserer jüdischen Wirklichkeit" annahmen. Aus der C.V.-Bewegung, CVZ, Nr. 19, 9. 5. 1935; Unserer jüdische Wirklichkeit, CVZ, Nr. 20, 16. 5. 1935; Der C.V. im Reich, CVZ, Nr. 24, 13. 6. 1935.

sammlungen anempfahl, unterstreicht den Stellenwert, den die Mitgliederzusammenkünfte in der Arbeit des CV einnahmen. Denn während Hirschberg den Ortsgruppen Mut zusprach, spiegelte sich auf den Seiten der CVZ wie in den vereinsinternen Diskussionen das Bewusstsein für den wachsenden Druck auf die deutsch-jüdischen Organisationen deutlich wider. Bereits im April 1935 hatte die CVZ aus ihrem Zeitungskopf die Selbstbeschreibung der Zeitung als „Blätter für Deutschtum und Judentum“ aufgrund der Beanstandungen durch die „zuständigen Behörden“ gestrichen.[183] Gleichzeitig wich sie zunehmend von ihrer „mittleren Linie“ in der Palästinaberichterstattung ab. Während, wie oben gesehen, einige Mitglieder sehr früh verstärkt Nachrichten aus Palästina einforderten, sah sich die CVZ-Redaktion im Anschluss an Berichte, in denen sie über Palästina oder generelle Fragen der Auswanderung informierte, immer auch mit kritischen Leserzuschriften konfrontiert, die ein „gewisses Deutschtum der Resignation und ein Hinneigen zum Zionismus“ beanstandeten.[184] In ihren Antwortschreiben hatte die Redaktion die Leser regelmäßig dahingehend beruhigt, dass auf den Belangen der in Deutschland lebenden Juden nach wie vor der Hauptfokus ihrer Arbeit lag. Seit Frühjahr 1935 nahmen die Berichte über Palästina dennoch deutlich zu. So legte die Redaktion Ende April die neuen „Grundsätze unserer Palästina-Berichterstattung“ dar, aus der bald die regelmäßige Rubrik der „Palästina Umschau“ hervorging.[185] Ein nach Palästina ausgewanderter Mitarbeiter sollte nun regelmäßig über die dortigen politischen, gesellschaftlichen und wirtschaftlichen Entwicklungen informieren. Die CVZ begründete die Entscheidung, vermehrt Berichte über Palästina erscheinen zu lassen, mit dem gesteigerten Informationsbedürfnis ihrer Leser, wobei sie eine objektive, „parteibefreite Berichterstattung“ versprach. Sie sah sich dazu verpflichtet, „die deutsche Judenfrage [...] in der Vielfalt ihrer Erscheinungen zu betrachten“. Gleichzeitig hob die Redaktion hervor, dass hier keine Abkehr von den bisherigen inhaltlichen Schwerpunkten der Zeitung stattfinden würde, sondern dass sie nach wie vor „in unserer Heimat nach friedlichen und würdigen Formen der äußeren und inneren Einordnung strebe“. Die in beinah apologetischen Tonfall verfasste Begründung beinhaltete eine doppelte Absicherung über die Ausrichtung der CVZ. Zum einen kam die Redaktion den antizipierten Einwänden gegen diese partielle Neuausrichtung der Zeitung zuvor, indem sie auf das fortgesetzte Engagement in „unserer Heimat“ verwies. Zum anderen dienten die Berichte als Signal gegenüber den staatlichen

183 Vgl. CV-Zeitung. Allgemeine Zeitung des Judentums und die Notiz „Unser Zeitungskopf“, Nr. 14, 4. 4. 1935.

184 CV-Zentrale an Friedrich Bendix, 14. 2. 1934, CVA 1827, o. Bl.; ähnliche Kritik auch W. Caspari an Otto Michelsohn (Abschrift), 20. 4. 1934, ebd., Bl. 126f.; I. Mayer an Hirschberg, 9. 2. 1935, ebd., Bl. 68; Hirschberg an Albert Schäler, 27. 1. 1936, ebd., o. Bl.; Ortsgruppe Aachen an CV-Zentrale, 30. 10. 1936, Bl. 12–14.

185 Grundsätze unserer Palästina-Berichterstattung, CVZ, Nr. 17, 24. 4. 1935, o. P., vgl. auch Barkai, Wehr Dich!, S. 335f.; auch *Der Morgen* begann in diesem Zeitraum vermehrt über Palästina zu berichten, vgl. Sarah Fraiman, The Transformation of Jewish Consciousness in Nazi Germany as Reflected in the German-Jewish Journal Der Morgen, 1925–1938, in: Modern Judaism 20 (2000), S. 41–59, hier S. 47.

Überwachungsinstanzen, dass der „assimilatorische" CV sich einer verstärkten Auseinandersetzung mit den Emigrationsfragen nicht verschloss.

Während die CVZ in Bezug auf das im Frühjahr 1935 erwartete Staatsbürgergesetz vor übermäßigem Pessimismus warnte, wurden vereinsintern Vorkehrungen für den Fall einer derartigen Gesetzesverabschiedung getroffen. Während einer Vortragsreise im Sommer 1935 nutzte Hans Reichmann die Gelegenheit, die Meinung innerhalb der Ortsgruppen über eine mögliche Namens- und Satzungsänderungen des CV einzuholen.[186] In Göttingen begegneten die Mitglieder Reichmanns vorsichtiger Nachfrage mit Verwunderung. Für sie stand außer Frage, dass alle formalen Modifikationen vorzunehmen seien, so lange sie eine Weiterarbeit des CV erlaubten. Im Gegensatz dazu hat Ernst Herzfeld, der letzte Vorsitzende des CV, in seinen Erinnerungen festgehalten, dass die Pläne für eine Satzungs- und Namensänderung, die im Falle der Verabschiedung eines neuen Staatsbürgergesetzes in Kraft treten sollten, bereits 1934 beschlossen waren.[187] Unabhängig von dem genauen Zeitpunkt dieser Erörterungen belegen sie die negativen Erwartungen, die sich an ein Gesetz richteten, das den Status des deutschen Staatsbürgers neu regeln sollte. Aus dieser Antizipation ergab sich, dass bereits am Tag nach der Verabschiedung der Nürnberger Gesetze, welche jüdische Deutsche zu Staatsbürgern mit eingeschränkten Rechten erklärten, Julius Brodnitz den Vorschlag für eine Satzungs- und Namensänderung an den Hauptvorstand übergeben konnte.[188] Der Vorstand wandte sich zwar gegen Brodnitz Empfehlung, den CV in *Jüdischer Centralverein* umzubenennen – und einigte sich stattdessen auf *Centralverein der Juden in Deutschland.*[189] In Bezug auf die Satzungsänderung bestand dagegen kein Diskussionsbedarf. Als Ziel des Vereins galt nun nicht mehr, „die deutschen Staatsbürger jüdischen Glaubens in der tatkräftigen Wahrung ihrer staatsbürgerlichen und gesellschaftlichen Gleichberechtigung und der unbeirrten Pflege deutscher Gesinnung" zu bestärken.[190] Aufgabe war nun „die Pflege des jüdischen Lebens sowie die seelische, rechtliche und wirtschaftliche Betreuung der in Deutschland lebenden Juden".[191] In seinen Erinnerungen bezeichnete Herzfeld diese Formulierung als „hinreichend elastisch", um den

186 Vgl. Reichmann an CV-Zentrale, 28. 8. 1935, CVA 2605, zit. n. Matthäus/Roseman (Hrsg.), Jewish Responses, S. 176.

187 Vgl. Herzfeld, Jahre, LBI ME 287b, S. 23f.

188 Vgl. Brodnitz an die Mitglieder des CV-Vorstandes, 16. 9. 1933, CVA 69, Bl. 23f., zit. n. ebd., S. 193.

189 Ein Dreivierteljahr später, im Juli 1936, erfolgte schließlich die Umbenennung in *Jüdischer Centralverein*, nachdem das Berliner Polizeipräsidium Satzungsänderungen und eine weitere Führung im Vereinsregister von der Namensänderung abhängig gemacht hatte, vgl. Jürgen Matthäus, Antisemitic Symbolism in Early Nazi Germany, 1933–1935, in: LBYB 45 (2000), S. 183–204, hier S. 202f. In seinen Erinnerungen betonte Herzfeld dagegen, dass die Namensänderung zu *Jüdischer Centralverein* bereits im September 1935 erfolgt war und lediglich die „Rücksprache mit anderen jüdischen Organisationen" sich bis in den Sommer des nächsten Jahres gezogen hätte. Vgl. Herzfeld, Jahre, LBI ME 287b, S. 24.

190 Zit. n. Eintrag „Centralverein deutscher Staatsbürger jüdischen Glaubens", in: Georg Herlitz/ Bruno Kirschner, Jüdisches Lexikon.

191 Ausserordentliche Hauptversammlung des Central-Vereins, CVZ, Nr. 43, 24. 10. 1935, o. P.

„notwendigen Spielraum" des Vereins weiterhin zu sichern.[192] Dass in der Aufzählung die „seelische" Betreuung noch vor Rechtsschutz- und Wirtschaftshilfe genannt wurde, lässt sich durch den sich beständig verengenden Handlungsrahmen für praktische Interventionen erklären. Zugleich wurde deutlich gemacht, dass die Tätigkeiten des Vereins im Rahmen von Versammlungen und persönlichem wie schriftlichem Austausch ein größeres – und schärfer überwachtes – inhaltliches Spektrum umfasste, als es der Begriff der Seelsorge impliziert.

In der Folge der Nürnberger Gesetze verabschiedete sich der CVZ-Chefredakteur Alfred Hirschberg ausführlich vom „traditionstreue[n] Idealismus", der auf der Vereinbarkeit von „Deutschtum und Judentum" gefußt hatte. Wenn sich jedoch der Fokus der Vorträge von CV-Mitgliedern immer deutlicher auf Fragen der Auswanderung verschob, bestand nach wie vor kein Zweifel an der Tatsache, dass nicht sämtliche deutsche Juden auswandern würden. Wenngleich sich so auch die Schwerpunkte der Vortrags- und Arbeitstätigkeit des CV zu verschieben begannen, blieb ein inhaltlicher Bestandteil konsistent: nach wie vor versicherten die Referenten, dass sich der CV für jeden, „der seiner Hilfe" bedurfte, einsetzen würde.[193]

Auf den Seiten der CVZ bedeuteten die Nürnberger Gesetze das Ende der Bemühungen der Redaktion um eine ausgewogene, einer „mittleren Linie" folgenden Berichterstattung. Der Schwerpunkt verschob sich im Verlauf des Jahres 1936 deutlich auf Berichte aus dem Ausland, Emigrationsmöglichkeiten und Aufsätze über jüdische Religion und Geschichte.[194] Nur noch vereinzelt und in codierten Formulierungen gelang es der Redaktion, unter den restriktiven Bedingungen, auf die fortgesetzte Verbundenheit mit Deutschland zu verweisen.

Mit welcher Vorsicht dabei vorgegangen wurde, zeigt die Berichterstattung über das Auswanderungsgut Groß Breesen.[195] In der Folge der Nürnberger Gesetze hatte die Reichsvertretung unter Beteiligung des CV den Aufbau eines Auswandererlehrguts initiiert, auf dem sich nicht-zionistische Jugendliche auf die Emigration vorbereiten konnten. Wenn das Auswanderungsziel dieser Jugendlichen auch bewusst nicht auf Palästina festgelegt war, orientierte sich das Anfang Mai 1936 eröffnete Lehrgut in Aufbau und Organisation an den zionistischen *Hachschara*-Lehrgütern.[196] Als Hirschberg über die Eröffnung Groß Breesens be-

192 Herzfeld, Jahre, LBI ME 287b, S. 24.

193 Aus der C.V.-Arbeit, CVZ, Nr. 18, 30. 4. 1936, o. P. So hielt der CV einem Lehrer, der Ende 1936 aufgrund seiner zionistischen Überzeugung seinen Austritt erklärte, entgegen, dass sich die Mitgliedschaft in beiden Organisationen nicht ausschloss und die Zugehörigkeit zum CV, „wenn sie überhaupt ein Bekenntnis zu einer Ideologie ist, im wesentlichen das Bekenntnis zur Ideologie des Helfens bedeutet". Heimsohn an Silbermann, 6. 11. 1936, CVA 882, Bl. 38–40, hier Bl. 39.

194 Die Annahme, dass diese Verschiebung erst 1938 „sichtbar dominierte", trifft nicht zu. Vgl. Nietzel, Handeln, S. 107.

195 Das Lehrgut befand sich in dem Dorf Groß Breesen, heute Brzezno Trzebnica, 30 Kilometer nördlich von Breslau (Wrocław).

196 Vgl. Werner Angress, Generation zwischen Flucht und Verfolgung. Jüdische Jugend im Dritten Reich, Hamburg 1985, S. 51–55.

richtete, betonte er die Notwendigkeit, gerade für die jüdische Jugend Auswanderungsmöglichkeiten zu schaffen.[197] In Groß Breesen erkannte er die Möglichkeit, die Jugendlichen so auf die Emigration vorzubereiten, „wie es der Tradition, der Würde und dem inneren Werte einer Gruppe entspricht, als die sich das Judentum in diesem staatlichen Raume seit anderthalb Jahrhunderten der Welt dargestellt und bewährt hat". Diese umständliche Umschreibung des Begriffs der „deutschen Juden" zeigt, wie sprachlich eingeschränkt die jüdische Presse zu diesem Zeitpunkt agierte.[198] Hirschberg pries das Lehrgut als Perspektive für junge deutsche Juden, ihre „Herkunft [...], diesen Inbegriff von Kultur und Bildung" zu bewahren. Nicht zuletzt um bei den Lesern Anerkennung und Wohlwollen für das Lehrgut zu evozieren, präsentierte er die dortigen Auswanderungsvorbereitungen als Möglichkeit, das Ideal der deutsch-jüdischen Kultur auch in der Emigration zu erhalten.

Obwohl der CV sich nach wie vor für die Betreuung der in Deutschland lebenden Juden verantwortlich zeichnete, fühlten sich zahlreiche Mitglieder gerade durch die Berichterstattung in der CVZ außen vor gelassen. So beschwerte sich die Aachener Ortsgruppe im Herbst 1936 über die ausufernde Palästinaberichterstattung, die drohe, alle übrigen Themen gänzlich in den Hintergrund zu drängen. Zum einen forderte der Ortsgruppen-Vorsitzende Karl Löwenstein vermehrt Berichte über Länder, die als Emigrationsziele ebenfalls in Frage kommen würden. Zum anderen sollte der „deutsche Teil der Zeitung ergänzt und auch mehr in den Vordergrund gerückt werde[n]".[199] Dabei ging es ihm nicht um Behördenmaßnahmen und gerichtliche Entscheidungen, die er bereits im „notwendigen Maße" vertreten sah. Vielmehr waren es größere Berichte über „das Leben in den einzelnen jüdischen Gemeinden", die ihm fehlten. Tatsächlich beschränkten sich Berichte über das jüdische Leben in Deutschland – abgesehen von Sportnachrichten und den Aktivitäten des Kulturbundes – zu diesem Zeitpunkt bereits auf kurze Notizen aus Gemeinden und Ortsgruppen.[200] Auch vor der Aachener Beschwerde hatte die CVZ bereits Berichte aus verschiedenen Ländern veröffentlicht. Allerdings intensivierte sie ab Ende 1936 ihre Berichterstattung nochmals, unter anderem mit einem umfänglichen Reisebericht aus Südamerika und Berichten aus

[197] Hier und im Folgenden: Alfred Hirschberg, Zwischenwelt im Werden, CVZ, Nr. 23, 4. 6. 1936, S. 1.

[198] Im Gegensatz zu der Zitation bei Barkai fehlt im Originalartikel jeder Verweis auf das „deutsche Judentum". Vgl. ebd.; Barkai, Wehr Dich!, S. 340.

[199] Hier und im Folgenden: Karl Löwenstein an CV-Zentrale, 30. 10. 1936, CVA 1827, o. Bl. Diese Forderung galt auch für die Vortragstätigkeit der CV-Referenten. Im September 1936 berichtet der Landesverband Niederschlesien: „Man kann die Leute in die Vortragssäle nur ziehen durch das Alleraktuellste [sic]. Berichte aus Südafrika, aus Nord- und Südamerika werden immer einen voll besetzten Saal finden." Breitbarth an CV-Zentrale, 14. 9. 1936, CVA 113, Bl. 18–20, hier Bl. 19.

[200] Die einseitige Palästina-Umschau war zu diesem Zeitpunkt bereits fester Bestandteil jeder CVZ-Ausgabe, ebenso wie kurze Berichte über die Kulturbundtätigkeit und aus den Sportgruppen. Andere Rubriken, wie die Jugend-, Kinder- oder Frauenseite erschienen nur noch sporadisch. Vgl. exemplarisch die Ausgaben der CVZ, Nr. 22, 27. 5. 1936; Nr. 26, 25. 6. 1936; Nr. 41, 8. 10. 1936.

Amerika, Südafrika und Neuseeland. In den meisten Fällen handelte es sich neben Reiseberichten um die Darstellungen ehemaliger Mitarbeiter und Mitglieder, die kürzlich dorthin emigriert waren.[201] Während die CVZ sich in Emigrationsfragen um die auch von Lesern und Mitgliedern geforderte Diversität bemühte, blieben Berichte aus den jüdischen Gemeinden in Deutschland eine Marginalie.[202]

Besonders drastisch kritisierte im Sommer 1936 der pensionierte Studienrat Bäcker das Abweichen von den vormaligen Prinzipien des CV. Von der Berliner Zentrale verlangte er zu wissen, was die gegenwärtige Organisation noch „mit dem C.V., den wir ‚meinten', gemeinsam" hätte: „Was würde Raphael Löwenfeld[203] zur Aufgabe der unbeirrbaren Pflege des Deutschtums sagen? Ist der C.V. ein Verein von Juden geworden, die zufällig in Deutschland wohnen?"[204] In dem Antwortschreiben der Zentrale wurde Bäcker zu einem persönlichen Gespräch eingeladen. Die begrenzten Möglichkeiten seitens des CV, sich überhaupt noch öffentlich zu Aspekten des „Deutschtums" zu äußern, sollten Bäcker nicht in schriftlicher Form zugehen.[205]

Trotz des unterschiedlichen Tonfalls dieser kritischen Stimmen aus dem Leser- und Mitgliederkreis spricht aus beiden die Befürchtung, dass sich die CVZ bald gänzlich von Themen jenseits der Auswanderungsfrage abwenden – und damit in gewisser Weise vor der Situation der in Deutschland verbleibenden jüdischen Minderheit resignieren würde. Im Gegensatz dazu gingen die Zugeständnisse, die der CV mit Satzungsänderungen und thematischer Umorientierung an die Entwicklungen in Deutschland gemacht hatte, den nationalsozialistischen Überwachungsinstanzen noch immer nicht weit genug. Vermutlich im Sommer 1937 verfasste Theodor Dannecker, seit März desselben Jahres Mitarbeiter des „Judenreferats" des SD, einen Bericht über das „innerdeutsche Judentum".[206] Seiner Einschätzung nach hatte sich trotz der Satzungsänderung des CV im Herbst 1935 nichts an der

[201] Vgl. Julius Brodnitz, New-York Tagebuch, CVZ, Nr. 42, 21. 10. 1937, o. P. 1937 führte die CVZ ebenfalls die Rubriken „Die Wanderung" und „Jüdische Gegenwartswanderung" ein, vgl. CVZ, Nr. 52, 30. 12. 1937.

[202] Bereits 1936 beschäftigte sich weit über die Hälfte der Leitartikel der CVZ mit potenziellen Emigrationsländern und Berichten über die politischen und gesellschaftlichen Entwicklungen, vor allem aber auch über die Unruhen in Palästina. Vgl. bspw.: Der Bericht der Expertenkommission, Nr. 3, 16. 1. 1936; Vorarbeit für den 2. Juli, CVZ, Nr. 16, 16. 4. 1936; Schatten über Palästina, CVZ, Nr. 17, 23. 4. 1936; Brasilien, CVZ, Nr. 50, 10. 12. 1936.

[203] Der promovierte Slavist Raphael Löwenfeld trug mit seiner Veröffentlichung „Schutzjuden oder Staatsbürger" 1893 maßgeblich zur Gründung des CV bei, dem er jahrelang als Vorstandsmitglied angehört hatte. Vgl. Barkai, Wehr Dich!, S. 19–25.

[204] Bäcker an CV-Zentrale, 1. 7. 1936, CVA 203, zit. n. Barkai, Wehr Dich!, S. 353.

[205] Vgl. ebd.

[206] Hier und im Folgenden: Theodor Dannecker, „Das innerdeutsche Judentum: Organisation, sachliche und personelle Veränderungen, geistiges Leben und die Methodik seiner Behandlung", zit. n. Michael Wildt (Hrsg.), Die Judenpolitik des SD 1935–1938. Eine Dokumentation, München 1995, S. 142–150. Zu Dannecker, der zu einem der engsten Mitarbeiter Eichmanns innerhalb des „Judenreferats" avancierte und maßgeblich an Vorbereitungen zur Deportation und Ermordung von Juden in zahlreichen besetzten Ländern während des Zweiten Weltkrieges beteiligt war, vgl. Claudia Steur, Theodor Dannecker. Ein Funktionär der „Endlösung", Essen 1996.

„assimilatorische[n] Grundhaltung“ des Vereins geändert. Das gleiche Urteil galt für die programmatische Neuausrichtung der CVZ. Selbst wenn diese „äußerlich viel ‚in Zionismus macht‘, so darf dies nicht darüber hinwegtäuschen, daß die ganze Tätigkeit des CV abgestellt ist auf den Ausbau der Stellung der noch lebenden Juden in Deutschland“. Auch wenn sich der CV in seinen Beratungsstellen nach wie vor darum bemühte, deutsche Juden vor dem wirtschaftlichen Ruin zu bewahren, kann ein Blick in die CVZ – wie bereits die kritischen Lesermeinungen festhielten – schwerlich den Eindruck erwecken, dass der CV für einen Verbleib in Deutschland warb. Tatsächlich lag der Sorge des SD vor einem neuerlichen „Ausbau“ der jüdischen Position vor allem strategisches Kalkül zugrunde. Bereits Monate zuvor hatte der SD Heinrich Himmler, zu diesem Zeitpunkt Reichsführer-SS und Chef der deutschen Polizei, den Vorschlag unterbreitet, den CV vollständig verbieten zu lassen. Eine Entscheidung hierüber stand nach wie vor aus. Die mahnenden Worte über die Bestrebungen deutsch-jüdischer Organisationen können demnach auch als indirekte Aufforderung gelesen werden, das Verbot des CV möglichst umgehend zu verwirklichen. Bis eine Entscheidung hierüber fiel, sollten zum einen die Vorarbeiten für eine Beschlagnahmung der Finanzwerte des Vereins im Auflösungsfall geleistet werden. Zum anderen sollten insbesondere „assimilatorisch eingestellte führende Juden“ einer noch strengeren Überwachung unterzogen werden, um so ein vorzeitiges Ende ihrer Organisationstätigkeit herbeizuführen:

> „Keine Minute Ruhe geben, stets die führenden Juden durch Vermahnungen in Atem halten, auf jede unseren Grundsätzen zuwiderlaufende Regung, auch die kleinste, sofort reagieren, kurz: völliges Eindringen in das jüdische und insbesondere das jüdisch-politische Eigenleben. Dadurch wird zwangsläufig der Auswanderungsgedanke genährt und die Idee von einem vielleicht doch noch möglichen Weiterverbleiben in Deutschland immer mehr untergraben.“[207]

Sämtliche dieser repressiven Maßnahmen gehörten zu diesem Zeitpunkt zum Vorgehen der Behörden gegen deutsch-jüdische Organisationen. Mitarbeiter wurden beständig vorgeladen oder erhielten Redeverbote, weil sie, wie im Anschluss an die Berliner Gemeindewahlen im Januar 1937, „Versammlungsmitglieder zum Verbleiben in Deutschland aufgefordert hatten“.[208] Andere Darstellungen über diesen Vorfall liegen nicht vor.[209] Es kann jedoch angenommen werden, dass die Vertreter des CV, statt zu einem Verbleib in Deutschland aufzufordern, die Anwesenden lediglich darüber versicherten, dass sich der CV der Belange deutscher Juden weiterhin so gut als möglich annehmen würde. Hierbei handelte es sich um die letzte verbleibende Konstante der CV-Arbeit. Wenn in der CVZ, abgesehen von Berichten über kulturelle und sportliche Veranstaltungen, das jüdische Leben in Deutschland häufig nur noch in Form knapper Nachrichten erschien, blieb eine Verhaltens- und Gefühlsempfehlung von Bestand: die Warnung vor einer re-

[207] Ebd.

[208] Gestapa Berlin, Bericht für den 1. 10. 1936–28. 2. 1937, zit. n. Kulka/Jäckel (Hrsg.), NS-Stimmungsberichte, S. 223.

[209] In den Berichten der jüdischen Presse über die Wahl wurde dieses Redeverbot nicht erwähnt, vgl.: Die neuen Berliner Gemeindegremien, CVZ, Nr. 2, 14. 1. 1937, o. P.; Der neue Gemeindevorstand, JR, Nr. 3, 12. 1. 1937, S. 9.

signierenden Haltung, die sich mit dem Appell verband, sich für „seelische, wirtschaftliche und rechtliche Betreuung“ an den CV zu wenden.

Vor dem Hintergrund beschränkter Emigrationsmöglichkeiten veröffentlichte die Reichsvertretung am Ende des Jahres 1937 einen Aufruf, in dem sie hervorhob, dass bereits ein Drittel der deutschen Juden emigriert und die planmäßige Auswanderung fortgesetzt werden müsse. Nichtsdestotrotz würde eine zentrale Aufgabe die Sorge um die „Zurückbleibenden“ sein. Nach wie vor war es der CV, dem zentrale Aspekte dieser Arbeit zufielen. Anfang Februar 1938 berichtete der Vorsitzende des CV, Ernst Herzfeld von der verbleibenden Tätigkeit des Vereins.[210] Er verwies in diesem Zusammenhang auf die 30 000 Beratungen, welche die CV-Zentrale schriftlich, telefonisch und persönlich während des Jahres 1937 durchgeführt hatte, ebenso wie auf vierzig Städte, in denen die Landesverbände Möglichkeiten für Sprechstunden eingerichtet hatten. Herzfeld ging dabei gesondert auf das Gespräch zwischen Ratsuchenden und Beratenden ein, bei dem „jede nervöse Spannung“ vermieden werden müsse. Er verband damit eine Absage an „[s]pekulative Betrachtungen und optimitische[s] Planen“, ebenso wie an einen „Pessimismus, der träge und unfruchtbar mache und hemme“. Um der gegenwärtigen Lage zu begegnen, bliebe nur die „realistische Nüchternheit“. Den „idealen“ Besuch der Beratungsstelle beschrieb Herzfeld folglich als möglichst emotionslos. Dabei macht allein der Hinweis auf die „störend[e]“ Wirkung „gefühlsmäßige[r] Reaktionen“ auf das Gespräch deutlich, dass die Beratungen keineswegs von „realistische[r] Nüchternheit“ geprägt waren. Tatsächlich scheint die „seelische“ Betreuung inhärenter Bestandteil jedes Beratungsgesprächs gewesen zu sein, auch wenn es formal aus wirtschaftlichen und juristischen Gründen geführt worden war. Dabei war auch innerhalb des CV die Haltung Herzfelds, nach der neben Pessimismus auch jede Form einer optimistischen Haltung von vornherein zu vermeiden sei, umstritten. Zwar gingen die Meinungen darüber auseinander, ob unter den gegebenen Umständen noch eine optimistische Einstellung empfohlen werden konnte. Unbestritten war nach wie vor die Notwendigkeit, jede Form von „Niedergeschlagenheit und Pessimismus“[211] „unberechtigte[r] Verzweiflungsstimmung“[212], „Schocks und Panikstimmung“[213], zu vermeiden. So waren die Leser nur wenige Ausgaben zuvor dazu angehalten worden, sich am Beispiel des „Optimismus“ und „Zukunftsglauben[s]“ der jüngeren Generation ein Beispiel zu nehmen.[214] Alle diese Aufforderungen deuten auf eine deutliche Kontinuität des Gefühlsmanagements der Mitarbeiter des CV hin. Wenn auch mit weniger deutlichen Formulierungen, so hatte sich der Verein bereits in der Weimarer Republik bemüht, auf die Stimmungen seiner Mitglieder einzuwirken, Sichtweisen und Emotionen zu empfehlen. Dass er in der Zeit des Nationalsozialismus derart selbstver-

210 Hier und im Folgenden: Ernst Herzfeld, Unser Platz in der jüdischen Arbeit, 16. 2. 1938, CVA 191, Bl. 74–81; vgl. auch CVZ, Nr. 8, 24. 2. 1938, S. 1.
211 Ebd.
212 An die Juden in Deutschland, ebd.
213 Chronik, CVZ, Nr. 1, 6. 1. 1938, o. P.
214 Der 31. Dezember, CVZ, Nr. 52, 30. 12. 1937, o. P.

ständlich eine „seelsorgerische“ Funktion für sich beanspruchen konnte, lag auch daran, dass er hierfür auf ein erprobtes Repertoire an Gefühls- und Verhaltensempfehlungen zurückgreifen konnte. Nach 1933 dürfte dieses Repertoire jedoch nicht nur an Bedeutung in der Mitgliederbeeinflussung gewonnen haben, sondern ebenso als Selbstführungstechnik der CV-Mitarbeiter genutzt worden sein. Dementsprechend können die Aufrufe dazu, Panik und Pessimismus im Gespräch mit den Ratsuchenden zu vermeiden, ebenso als Appell an die Mitarbeiter gelesen werden, diesen negativen Gefühlen nicht selbst anheimzufallen.

Aspekte dieser Fremd- und Selbstführung kamen auch bei der Berichterstattung über die Konferenz von Evian zum Ausdruck. In der Folge des „Anschlusses“ Österreichs, der eine Massenflucht österreichischer Juden zur Folge hatte, lud der amerikanische Präsident Franklin D. Roosevelt Vertreter von 32 Staaten in die französische Stadt ein. Vom 6. bis zu 14. Juli diskutierten sie die Flüchtlingskrise und mögliche Reaktionen der vertretenen Länder.[215] Eine Woche vor Beginn der Konferenz hatte Hirschberg die potenzielle Bedeutung der Konferenz in einen historischen Zusammenhang gesetzt:

„In unserem Leben der letzten Jahre gibt es viele Daten, von denen ab wir einen Rückgang rechnen. Hunderttausend, Millionen Juden wünschen mit heissem Herzen, dass dereinst dieses Tages, dieses 6. Juli 1938, als eines Datums gedacht werde, von dem an unser Schicksal wieder ein wenig aufwärts führte.“[216]

Ein derart emotionaler Tonfall bildete zu diesem Zeitpunkt eine Ausnahme. Zusammen mit dem Verweis auf die vorangegangenen Jahre unterstreicht er die Bedeutung, die der Konferenz schon aufgrund der Tatsache beigemessen wurde, dass sie die Möglichkeit einer positiven Erwartung offerierte. Gerade für die nach wie vor in Deutschland lebenden Juden hatte es, abgesehen von der individuellen Auswanderungsplanung, in den vergangenen Jahren keine Möglichkeit einer positiven Zukunftsplanung gegeben. Gleichzeitig hütete sich Hirschberg davor, eine konkrete Erwartungshaltung an die Konferenz zu knüpfen. Stattdessen verlagerte er die Evaluierung ihrer Ergebnisse weit in die Zukunft.

Am Ende der einwöchigen Konferenz erklärte sich, abgesehen von der Dominikanischen Republik, keines der vertretenen Länder dazu bereit, überhaupt jüdische Flüchtlinge aufzunehmen oder von den bereits festgesetzten Quoten abzuweichen. Als Minimalkonsens wurde das *Intergovernmental Committee on Political Refugees* (ICG) gegründet, das künftig die Verhandlungen über die Flüchtlingsfrage mit Deutschland übernehmen sollte.[217]

215 Zum detaillierten Ablauf der Konferenz vgl. Salomon Adler-Rudel, The *Evian* Conference on the Refugee Question, in: LBYB 13 (1966), S. 235–273; Fritz Kieffer, Judenverfolgung in Deutschland – eine innere Angelegenheit? Internationale Reaktionen auf die Flüchtlingsproblematik 1933–1939, Stuttgart 2002, S. 225–231. Zur Bedeutung des „Anschlusses“ Österreichs für die Initiierung der Konferenz vgl. Dan Diner, Die Katastrophe vor der Katastrophe: Auswanderung ohne Einwanderung, in: Blasius/Diner (Hrsg.), Zerbrochene Geschichte, S. 138–160, hier S. 155 f.

216 Alfred Hirschberg, Programm für Evian, CVZ, Nr. 26, 30. 6. 1938, o. P.

217 Magnus Brechtken, „Madagaskar für die Juden“. Antisemitische Idee und politische Praxis 1885–1945, München 1997, S. 194 f.

In einem abschließenden Kommentar warf der Korrespondent, der für die CVZ berichtet hatte, die Frage auf, ob das Ergebnis der Konferenz Anlass „zur Enttäuschung oder zur Befriedigung" gebe. Die Antwort, die er gab, lässt sich symptomatisch für die Kontinuität des Erwartungsmanagements des CV lesen:

„Wer von dieser einen Konferenz alles erhoffte, wer glaubte, dass nun die Tore aller Länder sich mit einem Schlage den Auswanderungswilligen weit öffnen würden, der wird und muss enttäuscht sein. Wer aber aus besserer Kenntnis der Sachlage und diese sich unweigerlich einstellenden Widerstände nur einer prinzipiellen Bereinigung eines steinigen Terrains erwartete, der hat allen Grund, mit dem Erreichten zufrieden zu sein. Diese Auffassung entspräche der Wirklichkeit."[218]

Die Absage an gesteigerte Zukunftserwartungen zugunsten einer beständigen Erwartungsdämpfung schien sich im Ergebnis von Evian zu bestätigen.[219] Vor dem Hintergrund dieser gedämpften Erwartungen war es dem Korrespondenten möglich, die Gründung des ICG als Erfolg anzuerkennen. Dieser sei zwar nicht dazu angetan gewesen, um „Illusionen" in Form von übersteigerten Erwartungen zu nähren. Allerdings leitete der CV hieraus etwas ab, das ihm nach Jahren der Erwartungslosigkeit, in denen er nichtsdestotrotz beständig gegen Resignation und Niedergeschlagenheit argumentiert hatte, von zentraler Bedeutung erschien: „Hoffnung, begründete Hoffnung!"

In der Folge des Pogroms am 9. November 1938 wurde der CV, wie fast alle jüdischen Organisationen verboten. Zusammen mit etwa 31 000 Männern wurden auch die Vertreter jüdischer Organisationen verhaftet und wochen- oder monatelang in Konzentrationslagern gefangengehalten.[220] Im Frühjahr 1939 wurde die Reichsvertretung umgestaltet, gleichgeschaltet und in *Reichsvereinigung der deutschen Juden* umbenannt. Ebenso wie bei dem *Jüdischen Nachrichtenblatt*, das sämtliche jüdische Zeitungen ersetzte, handelte es sich bei der Reichvereinigung vor allem um ein Verwaltungsorgan, das die Anweisungen der nationalsozialistischen Behörden an die in Deutschland verbleibende, jüdische Bevölkerung weitergab.[221] Wenngleich beispielsweise Leo Baeck seine Mitarbeit mit dem Wunsch begründete, „den Menschen das Gefühl zu geben, dass das Mögliche für Sie [sic] geschieht", boten weder die Zeitumstände noch der fest abgesteckte und über-

[218] Schöpferische Pause?, CVZ, Nr. 30, 28. 7. 1938.

[219] Zu einer ähnlichen Privateinschätzung kam auch Shalom Adler-Rudel, der bis zu seiner von der Gestapo erzwungenen Auswanderung 1936 Mitglied der *Reichsvertretung* gewesen war. An einen ebenfalls im Exil lebenden, ehemaligen Staatssekretär schrieb er im Anschluss an die Konferenz: „Als erstes würde ich sagen, dass ich mit dem Ergebnis der Konferenz absolut zufrieden bin; es entspricht ungefähr dem, was ich von der Konferenz erwartet hatte, und ich glaube nicht, dass man bei vernünftiger Überlegung mehr erwarten konnte." Shalom Adler-Rudel an Hans Schäfer, 26. 7. 1938, in: Shalom Adler-Rudel (Hrsg.), Das Auswanderungsproblem im Jahre 1938. Ein Briefwechsel mit Hans Schäffer, in: Bulletin des Leo Baeck Institute 38/39 (1967), S. 159–215, hier und im Folgenden: S. 192f. Zur unterschiedlichen zeitgenössischen und retrospektiven Einschätzung der Konferenz vgl. Jünger, Ungewissheit, S. 22f.

[220] Alan Steinweis, Kristallnacht 1938. Ein deutscher Pogrom, Stuttgart 2011, S. 112–117; Hans-Jürgen Döscher, „Reichskristallnacht". Die Novemberpogrome 1938, München 2000, S. 109–112.

[221] Meyer, Gratwanderung, S. 38–40.

wachte Aufgabenbereich der Reichvereinigung verbleibenden Raum für „seelische Betreuung".[222]

Hervorzuheben bleibt die Tatsache, dass sich die restriktiven Maßnahmen der nationalsozialistischen Behörden, die bis zum November 1938 gegen den CV ergriffen wurden, nicht in erster Linie auf dessen Bemühungen auf wirtschaftlichem und rechtlichem Gebiet gezielt hatten. Hier hatte sich der Handlungsspielraum bereits seit 1933 kontinuierlich verkleinert, wobei der Erlass der Nürnberger Gesetze nochmals einen besonderen Einschnitt bedeutete. Den nationalsozialistischen Behörden lag vielmehr daran, jegliche Zukunftserwartung und damit jegliches positive Gefühl, das deutsche Juden mit ihrem Leben in Deutschland verknüpften, zu unterbinden. Hier hatte der CV ein besonderes Hindernis dargestellt, da er auf jahrelange Erfahrungen in der Rechtsschutzarbeit zurückblicken konnte. Seine Mitarbeiter waren darin geschult, sich beständig mit den Wünschen, Empfehlungen und Forderung auseinanderzusetzen. Bereits vor 1933 hatten die Einsendungen ein breites inhaltliches Spektrum abgedeckt und reichten von Klagen über antisemitische Erfahrungen, Kritik an den CVZ-Inhalten hin zu Bitten um konkrete Handlungsanweisungen. Während der Weimarer Republik zeigte sich bereits, dass die Interventionsmöglichkeiten des CV begrenzt waren. In zahlreichen Fällen blieb den Mitarbeitern kaum mehr übrig, als ihr Verständnis für die jeweilige Situation zum Ausdruck zu bringen, sie in den Kontext der gesellschaftlichen und politischen Entwicklungen einzuordnen und Erwartungen an ein erfolgreiches Vorgehen zu dämpfen. Als sich nach 1933 die politischen und gesellschaftlichen Bedingungen grundlegend änderten, erhöhte sich der Umfang dieses Austauschs maßgeblich. Zentrale inhaltliche und formale Aspekte blieben dagegen konsistent. So fand sich für beinah jede Forderung, die Mitglieder und Ortsgruppen an den CV richteten – sei es der adäquate Umgang mit der nationalsozialistischen Regierung, die inhaltliche Schwerpunktsetzung der CVZ oder eine Reevaluierung des Verhältnisses zur Zionistischen Vereinigung – eine entsprechende Gegenmeinung. Bis Mitte 1935 bemühte sich die Berichterstattung der CVZ nicht nur dem verstärkten Informationsbedürfnis der Leser, sondern auch deren widerstreitenden Meinungen gerecht zu werden. Die Redaktion ging zu einer Strategie der „mittleren Linie" über. Sie äußerte sich vor allem in der Koexistenz von theoretischen Überlegungen zu „Deutschtum und Judentum" oder der Forderung nach einer „zweiten Emanzipation" einerseits und Darstellungen über Palästina und die Betrachtung jüdischer Geschichte andererseits.

Die CV-Zentrale erteilte auf sämtliche Anfragen, Wünsche und Forderungen ausführlich Auskunft. Wenngleich sie ihre abschlägigen Antworten nun häufiger mit den gegebenen Zeitumständen erklärte, boten diese doch auch die Gelegen-

[222] Jürgen Matthäus, „You have the right to be hopeful if you do your duty"-Ten Letters by Leo Baeck to Friedrich Brodnitz, 1937–1941, in: The Leo Baeck Institute Yearbook 54 (2009), S. 333–355, hier S. 346 f.

heit, den Einsendern Sachverhalte darzulegen, die auf den Seiten der CVZ – ebenso wie im gesamtgesellschaftlichen Austausch – nicht mehr kommuniziert werden konnten. So bekannten sich die Mitarbeiter der CVZ dazu, dass sie es bewusst vermieden, ein zu düsteres Bild der Lage der deutschen Juden zu entwerfen. Das Ziel, eine Resignation vor der Situation in Deutschland zu vermeiden, spiegelt sich in der erhöhten Zahl an Vortragsveranstaltungen. Hier verwiesen die Referenten auf die beständigen Aktivitäten des CV und seine Bemühungen, die wirtschaftliche Situation der deutschen Juden zu stabilisieren. Die Treffen boten zudem, trotz der zunehmenden Überwachung durch Gestapomitarbeiter, Gelegenheiten zum Erfahrungsaustausch und zu gegenseitiger Selbstversicherung – nicht zuletzt über den Umstand, dass der CV weiterhin die Organisation war, die sich der Belange der jüdischen Minderheit annahm. Wenngleich der CV bereits 1933 die Notwendigkeit anerkannte, dass gerade ein Großteil der jungen Generation das Land verlassen würde, war offensichtlich, dass eine Emigration sämtlicher deutschen Juden weder logistisch möglich wäre noch von der Mehrheit ernsthaft geplant wurde. Mit dem Erlass der Nürnberger Gesetze nahm die Auswanderung kontinuierlich zu, der CV sah jedoch weiterhin seine Aufgabe darin, sich jenen deutschen Juden anzunehmen, die ihre Existenz in Deutschland bestreiten wollten – oder mussten. Dabei hielt er an dem argumentativen Paradox ständiger Erwartungsdämpfung bei gleichzeitiger optimistischer Grundhaltung fest, das seine Tätigkeit seit jeher kennzeichnete. Hieran änderten auch der Verlust der Staatsbürgerrechte durch den Erlass der Nürnberger Gesetze und damit der Wegfall des ideologischen Fixpunktes nichts. Da sich die optimistischen Äußerungen seit jeher an keine konkreten Hoffnungen und Erwartungen knüpften, konnte sie neben der beständigen Erwartungsdämpfung und negativen Antizipation weiterexistieren. Aus diesem Paradoxon ergab sich auch eine Enttäuschungsresistenz, die es erlaubte, gegenüber Mitgliedern und Ratsuchenden weiterhin mit einer positiven Grundeinstellung aufzutreten – und diese einzufordern. Das Warnen vor einer Resignation spiegelte dabei nicht länger die Sorge wider, dass sie Mitglieder an das zionistische Lager verlieren würden. Zeitgenössische Tagebuchaufzeichnungen belegen das Ausmaß an Verzweiflung und Hilflosigkeit, gepaart mit gelegentlichen „Wunschträumen", die zu diesem Zeitpunkt das Leben deutscher Juden bestimmte.[223] Diese Zerstörung jeglicher Hoffnung auf eine Zukunft in Deutschland war das erklärte Ziel der Nationalsozialisten. Aufgrund einer gesellschaftlichen und wirtschaftlichen Isolation sollte nicht nur der materielle, sondern auch der emotionale Zwang zur Auswanderung erhöht werden. Antisemitische Gesetzgebungen und die zunehmende gesellschaftliche Isolation trugen mehrheitlich zu einer Realisierung des ersten Teils dieses Plans bei. Dass dies jedoch nicht zwingend zu einer erhöhten Emigration führte, lag zum einen an den

[223] Vgl. Eintrag vom 15. Januar 1935, in: Viktor Klemperer, Ich will Zeugnis ablegen bis zum letzten. Tagebücher 1933–1941, hrsg. von Walter Nowojski, Bd. 1: 1933–1941, Berlin 1995, S. 177; vgl. zu den Stimmungsschwankungen in den Tagebüchern auch Jünger, Ungewissheit, S. 183–190.

begrenzten Auswanderungsmöglichkeiten, zum anderen aber auch daran, dass Resignation nicht notwendigerweise zu einer erhöhten Auswanderungsbereitschaft, sondern häufig zu Apathie und einem Rückzug ins Private führte. Der CV bemühte sich durch seine Beratungsfunktion und die Vortragsreisen, den Austausch mit deutschen Jüdinnen und Juden aufrechtzuerhalten und so zumindest der drohenden Isolation entgegenzuwirken.

Gerade dieses Beharren auf der Vermeidung von Resignation war es, welche die Nationalsozialisten zu zunehmend rigoroseren Maßnahmen gegen den CV veranlasste. Hatte sich der CV bis 1933 intern ausschließlich mit den entgegengesetzten Meinungen seiner Mitglieder auseinandersetzen müssen, musste nun auch die Gefahr abgewogen werden, jederzeit Rede- und Publikationsverbote oder Inhaftierung zu riskieren, wenn er sich gegenüber einer Zukunft jüdischen Lebens in Deutschland zuversichtlich äußerte. Konsequenzen zeigten sich besonders früh auf den Seiten der CVZ. Im Gegensatz dazu hielten die CV-Mitarbeiter durch ihre Vorträge sowie durch ihre schriftliche, telefonische und persönliche Beratungsfunktion den Kontakt zu den deutschen Juden – Mitglieder oder nicht – bis zum Verbot des Vereins nach dem Novemberpogrom 1938 aufrecht.[224] Im Zuge der Verhaftungswellen, die während und nach dem Pogrom einsetzten, bemühten sich die verantwortlichen Behörden insbesondere darum, sämtliche Vertreter der deutsch-jüdischen Organisationen zu inhaftieren und damit ihre Ausreise zu erzwingen. Führende Vertreter der ZVfD blieben dagegen von dieser Maßnahme verschont.[225] Dieser Umstand kann als treffender – ebenso wie letzter – Beleg dafür gewertet werden, wie eng in der nationalsozialistischen Wahrnehmung die Fortsetzung jüdischen Lebens in Deutschland mit der Arbeit deutsch-jüdischer Organisationen verknüpft war. Zwar sollte der Pogrom sämtlichen deutschen Juden aufzeigen, dass ein jüdisches Leben in Deutschland nicht mehr möglich sein würde. Für SD und Gestapo bot dies ebenfalls die Gelegenheit, jene Organisationen nun endgültig zu verbieten, die repräsentativ für das (verbleibende) jüdische Leben in Deutschland standen. Vor diesem Hintergrund ist festzustellen, dass es nicht so sehr das Beharren auf die Verbundenheit von „Deutschtum und Judentum" war, das langfristig die Arbeit des CV am deutlichsten prägte. Es war vielmehr die Überzeugung, dass Gefühle der Enttäuschung und Resignation unbedingt zu vermeiden seien, welche die Arbeit des CV auch lange nach der formalen Absage an das „Deutschtum" am nachhaltigsten prägte. Dabei variierten die befürchteten – jedoch selten explizit geäußerten – Konsequenzen im Falle einer einsetzenden Resignation nach den jeweiligen Zeitumständen. Sie reichten von einer Hinwendung zum Zionismus über ein Ausscheiden aus der jüdischen Gemeinschaft bis zur Kapitulation vor den Bestrebungen der nationalsozialistischen

224 Im Oktober war die Auskunftsfunktion des CV 2822-mal in Anspruch genommen, davon 1064-mal schriftlich, 968-mal mündlich und 790-mal telefonisch, vgl. Jürgen Matthäus, Kampf ohne Verbündete. Der Centralverein deutscher Staatsbürger jüdischen Glaubens 1933–1938, in: Jahrbuch für Antisemitismusforschung (1999), S. 248–277, hier S. 269 (Anm. 100).

225 Vgl. Reichmann, Staatsbürger, S. 116; Meyer, Tödliche Gratwanderung, S. 27.

Machthaber. Von den zeitlichen Umständen blieb die Vorgehensweise hinsichtlich des Gefühls- und Erwartungsmanagement jüdischer Vereine dagegen unbeeinflusst. Positive Erwartung, Erwartungsdämpfung und das unbedingte Vermeiden von Resignation lagen nie weit voneinander entfernt.

Diese Trias gilt es auch im folgenden Kapitel zu berücksichtigen, in dem die Wahrnehmung des Verhältnisses zwischen der jüdischen und der nichtjüdischen Bevölkerung nochmals im Mittelpunkt steht. Am Beispiel der vom RjF zur Veröffentlichung ausgewählten Kriegsdarstellungen und Feldpostbriefe soll überprüft werden, inwieweit sich die argumentative Funktion der Kriegserinnerungen nach 1933 verschob. Daran anschließend soll herausgearbeitet werden, welchen Stellenwert der, während des Weltkrieges und der Weimarer Republik, viel gebrauchte Verweis auf den „anständigen Deutschen“ in der vereinsinternen Kommunikation wie in der CVZ nach 1933 noch einnahm.

2. Deutungsversuche

2.1 Die Transformation der *Usable Immediate Past* am Beispiel der Kriegserinnerungen

Im Dezember 1933 veröffentlichte die CVZ einen ausführlichen Bericht über einen Vortrag, den Bruno Weil auf Einladung des Landesverbandes Groß-Berlin gehalten hatte. Unter dem Titel „Wir Juden im Wandel der Zeit“ hatte Weil einen Parforceritt durch die deutsch-jüdische Geschichte absolviert.[226] Dieser sollte zum einen dazu dienen, die „fast zweitausendjährige Verbundenheit mit deutscher Erde, Sprache und Kultur“ zu belegen. Zum anderen ging es Weil darum, die „Wellenlinien“ aufzuzeigen, die seit dem Mittelalter die Geschichte der Juden in Deutschland gekennzeichnet hätten. Dabei verwies er insbesondere auf den jahrzehntelangen Kampf um die bürgerliche Emanzipation, in der er „viele Parallelen zur Gegenwart“ erkannte. In diesem Vortrag, den er in den kommenden Monaten noch in zahlreichen Landesverbänden und Ortsgruppen halten würde, nahm Weil bereits die zentralen Thesen seiner ein Jahr später erschienenen Publikation „Der Weg der deutschen Juden“ vorweg. Weder in den Vorträgen noch in dem Buch bestritt Weil die Einzigartigkeit der Entwicklungen in den Jahren 1933 und 1934.[227] Trotzdem sah er den Verweis auf den „wellenförmigen“ Charakter deutsch-jüdischer Vergangenheit als Möglichkeit, auch die Entwicklungen der Gegenwart in eine historischen Kontext einzuordnen und daraus die Offenheit zukünftiger Entwicklungen abzuleiten.[228] Dieser liberalen Interpretation diametral gegenüber stand die zionistische Lesart deutsch-jüdischer Geschichte, die besonders prominent der Berliner Rabbiner Joachim Prinz vertrat. In der Schrift „Wir Juden“, die ebenfalls aus einer Vortragsreihe hervorging, geißelte Prinz das „historische Unrecht der fal-

226 Wir deutschen Juden im Wandel der Zeit, CVZ, Nr. 47, 7. 12. 1933, S. 2.
227 Bruno Weil, Der Weg der deutschen Juden, Berlin 1934, S. 42.
228 Vgl. ebd., S. 40–43.

schen Emanzipation".[229] Die Konsequenz, die er aus seinen Beobachtungen, insbesondere der deutsch-jüdischen Geschichte zog, war die Forderung nach einer jüdischen „Renaissancebewegung", die sich notwendigerweise in Palästina vollziehen müsse.[230] Die Ausführungen von Weil und Prinz stehen repräsentativ für eine Reihe von Schriften, in denen sich gegenwärtige Entwicklungen und vorsichtige Zukunftsprognosen aus den unterschiedlichen Interpretationen der vergangenen Jahrhunderte deutsch-jüdischer Geschichte speisten.[231]

Das Heranziehen historischer Ereignisse für die Gegenwartsinterpretation und -bewältigung war nicht neu. Bereits der 1819 gegründete „Verein für Cultur und Wissenschaft der Juden" war von der Prämisse ausgegangen, dass sich an die „Geschichte der Vergangenheit" notwendigerweise „das Judenthum in seiner noch vor uns liegenden, lebenden Gestaltung" knüpfe.[232] Auch gut hundert Jahre später betonte Ismar Elbogen, der zu den bedeutendsten Historikern jüdischer und deutsch-jüdischer Geschichte während der Weimarer Republik zählte, dass letztlich jeglicher Aspekt jüdischer Wissenschaft dem „Dienst am lebendigen Judentum" dienen müsse.[233] Wenn auch gelegentlich die Mahnung erhoben wurde, nicht sämtliche Handlungen und Entscheidungen „unter Berufung auf die Geschichte zu begründen", wurde die Relevanz der Geschichte für die Gegenwartsdeutung während der dreißiger Jahre nicht grundlegend in Frage gestellt.[234] Es ist darum wenig verwunderlich, dass auch nach 1933 in Zeitungsartikeln, Broschüren, Büchern und Vorträgen Bezug auf die Vergangenheit genommen wurde, um – mehr oder weniger direkt – Interpretationen, Analogien und Bewältigungsmöglichkeiten für die gegenwärtige Situation zu offerieren.[235] Wie oben deutlich

[229] Joachim Prinz, Wir Juden, Berlin 1934, S. 34.

[230] Ebd., S. 165f.

[231] Vgl. Hans Joachim Schoeps, Wir deutschen Juden, Berlin 1934; Simon Schwab, Heimkehr ins Judentum, Berlin 1934; siehe auch David Jünger, „Bilanz der deutschen Judenheit". Nekrolog auf das deutsche Judentum an der „Zeitenwende", in: von Braun (Hrsg.), Was war deutsches Judentum?, S. 143.

[232] Immanuel Wolf, Über den Begriff einer Wissenschaft des Judenthums, in: Zeitschrift für die Wissenschaft des Judenthums 1 (1823), S. 1–25, hier S. 20; zur Entwicklung der Wissenschaft des Judentums siehe auch Ismar Schorch, Das erste Jahrhundert der Wissenschaft des Judentums (1818–1919), in: Michael Brenner/Stefan Rohrbach (Hrsg.), Wissenschaft vom Judentum. Annäherung nach dem Holocaust, Göttingen 2000, S. 11–24.

[233] Ismar Elbogen, Ein Jahrhundert Wissenschaft des Judentums, Berlin 1922, S. 43, Herv. i. O. Tatsächlich war Elbogen in eine Reihe von Projektplanungen während der Weimarer Republik involviert, die eine mehrbändige Genese jüdischer Geschichte zum Ziel hatten, so wie die zwölfbändige Reihe „Geschichte der Juden von der ältesten Zeit bis in die Gegenwart", für die Elbogen 1929 zahlreiche internationale Historiker gewann. Die Verwirklichung scheiterte zunächst an den wirtschaftlichen Bedingungen, bevor das Vorhaben nach 1933 gänzlich eingestellt werden musste. Vgl. Michael Brenner, Jüdische Kultur in der Weimarer Republik, München 2000, S. 137–139; ders., Propheten des Vergangenen. Jüdische Geschichtsschreibung im 19. und 20. Jahrhundert, München 2006, S. 182.

[234] Stefan Fraenkel, Geschichte lehrt Gegenwart, CVZ, Nr. 16, 19. 4. 1934, S. 1; vgl. auch Guy Miron, Emancipation and Assimilation in the German-Jewish Discourse of the 1930s, in: LBYB 48 (2003), S. 165–189.

[235] Vgl. Jacob Boas, Countering Nazi Defamation: German Jews and the Jewish Tradition, 1933–1938, in: LBYB 34 (1989), S. 205–226, hier S. 214–219; exemplarisch hierfür auch die CVZ-

wurde, ließ sich diese *Usable Past* vor allem anhand historischer Ereignisse konstruieren, die bereits vor 1933 einen bedeutenden Platz in der jüdischen Geschichtsschreibung eingenommen hatten und zeitlich außerhalb des Erfahrungsraums der Zeitgenossen lagen.[236] Hierzu zählte die ausführliche Berichterstattung über das Jubiläum des preußischen Emanzipationsedikts, den 200sten Geburtstag Moses Mendelssohns und die 900-Jahrfeier der Wormser Synagogenweihe.[237] Im Gegensatz dazu schien die unmittelbare Vergangenheit keine Möglichkeit zur Selbstversicherung oder Orientierung mehr zu offerieren.

Exemplarisch hierfür steht Ismar Elbogens 1935 veröffentlichtes Werk *Die Geschichte der Juden in Deutschland*, das als Beispiel für die Darstellung der „Wellenförmigkeit" deutsch-jüdischer Geschichte gelesen werden kann. Während Elbogen die „überragende Persönlichkeit" Mendelssohns und dessen Beitrag im „Emanzipationskampf" eindringlich dargestellt hatte[238], betrachtete er das Kaiserreich vor allem unter dem Aspekt des zunehmenden Antisemitismus.[239] Schließlich wandte er sich auf der vorletzten Seite der Abhandlung dem Weltkrieg zu, um von der „bittere[n] Enttäuschung" über dessen „unglücklichen Ausgang" eine direkte Linie zur „Machtübernahme" der Nationalsozialisten zu ziehen.[240] Die Kürze, mit der Elbogen die Entwicklungen der letzten zwanzig Jahre zusammenfasste, kann mit der Sorge vor Zensur und Verbot des Buches erklärt werden.[241] Diesem Einwand steht jedoch seine prägnante Beschreibung – und Verurteilung – des Antisemitismus während des Kaiserreichs gegenüber. Darüber hinaus scheute er sich nicht, die „drückende materielle Not" und „seelische Qualen", die das Leben der jüdischen Minderheit unter nationalsozialistischer Herrschaft kennzeichneten, deutlich zu benennen.[242]

Indem Elbogen Weltkrieg und Weimarer Republik zur Vorgeschichte der nationalsozialistischen Herrschaft umdeutete, nahm er nicht nur die Einschätzungen

Rubrik „Jüdische Gestalten und ihre Zeit", CVZ, Nr. 10, 7. 3. 1935, S. 9. Eine ähnliche Tendenz wird auch in der zeitgenössischen jüdischen Erzählliteratur festgestellt, vgl. Saskia Schreuder, Würde im Widerspruch. Jüdische Erzählliteratur im Nationalsozialistischen Deutschland 1933–1938 (Conditio Judaica, 39), Berlin 2002, S. 281–283. Gerade mit Blick auf die Auseinandersetzungen über Vor- und Nachteile der jüdischen Emanzipation zwischen 1933 und 1935 ist Jüngers Feststellung zu hinterfragen, nach der in der Wahrnehmung der Zeitgenossen die Vergangenheit „keine Antworten" mehr bereit gehalten hätte. Vgl. Jünger, Bilanz, S. 141.

236 Vgl. Miron, Waning, S. 54f.; Kap. II.2.2. Exemplarisch auch die Beiträge in der *Zeitschrift für die Geschichte der Juden in Deutschland*, 1929–30: Willy Cohn, Christian Wilhelm von Dohm, S. 255–261; Ludwig Feuchtwanger, Das Bild Mendelssohns bei seinen Feinden bis zum Tode Hegels, S. 213–232; Ismar Elbogen u. a., Reden bei der Mendelssohn-Feier in Dessau, S. 177–191; J. Kiefer, Die Raschikapelle in Worms am Rhein, S. 291–296; Siegfried Silberstein, Mendelssohn und Mecklenburg, S. 233–244.

237 Miron, Waning, S. 56–71.

238 Ismar Elbogen, Die Geschichte der Juden in Deutschland, Berlin 1935, S. 180–187.

239 Ebd., S. 274–312; vgl. auch Brenner, Propheten, S. 194f.

240 Elbogen, Geschichte, S. 313f.

241 Zwischen 1933 und 1935 war das Erscheinen zweier historischer Darstellungen durch die Zensurbehörden verhindert worden. Vgl. Brenner, Propheten, S. 193f.

242 Elbogen, Geschichte, S. 314.

zahlreicher Historiker nach 1945 vorweg. Er sprach damit auch der unmittelbaren Vergangenheit jegliche Bewältigungsfunktion für die Gegenwart ab.[243] Ein Blick auf die Seiten jüdischer Zeitungen zeigt dagegen, dass diese Einschätzung des Historikers keine Allgemeingültigkeit beanspruchen konnte. Im Folgenden soll aufgezeigt werden, unter welchen Bedingungen die *Immediate Usable Past* der Weltkriegserfahrung und -erinnerung nach wie vor herangezogen werden konnte, um für die Erfahrungen nach 1933 Orientierungs- und Bewältigungsmöglichkeiten aufzuzeigen.

In der CVZ wurde frühzeitig deutlich, wie schwierig es war, historische Analogien an konkreten Daten festzumachen. Nachdem Adolf Hitler im Oktober 1933 den Austritt aus dem Völkerbund erklärt hatte, erkannte Alfred Hirschberg eine direkte „historische Verknüpfung" zu der „Schicksalsfrage", die sich im August 1914 der gesamten deutschen Nation gestellt hätte.[244] Trotz der gänzlich veränderten politischen und gesellschaftlichen Umstände bemühte sich Hirschberg dieses idealisierte Bild der deutschen Gesellschaft zu Beginn des Weltkrieges auf den Herbst 1933 zu übertragen. Dass diese Analogie nicht verfing, belegt neben einer Reihe kritischer Leserbriefe auch ein Beitrag, den Hirschberg vier Ausgaben später veröffentlichte.[245] Auch hier hielt er am idealisierten Bild des Weltkrieges fest. Erst das Kriegsende hätte die „Stetigkeit unserer Einführung in die deutsche Volksgemeinschaft" unterbrochen. Während er damit den November 1918 nun zum „Ausgangspunkt der jüdischen Schicksalswende" erklärte, verwahrte er sich explizit davor, einen bestimmten Tag zu nennen, von dem eine „Wendung zum Besseren oder Schlechteren" erwartet werden sollte. Beide Aufsätze zeigen, wie flexibel historische Analogien eingesetzt und wieder aufgegeben werden konnten. Sie belegen jedoch auch die Unsicherheit darüber, ob und wie sich die Weltkriegserinnerung und deren argumentative Funktion in die gegenwärtigen gesellschaftlichen und politischen Entwicklungen einordnen lassen würden.

Die Frage beschäftigte vor allem den *Reichsbund jüdischer Frontsoldaten*, zu dessen zentralen Aufgaben seit seiner Gründung die Würdigung und Anerkennung der Leistung jüdischer Soldaten durch die jüdische wie nichtjüdische Gesellschaft gehört hatte. Wie bereits erörtert, hatten dabei in seiner Erinnerungsarbeit während der Weimarer Republik zwei Aspekte im Mittelpunkt gestanden: Es handelte sich zum einen um die öffentliche Anerkennung und Ehrung der 12 000 gefallenen jüdischen Soldaten. Zum anderen sollte durch Gedenkveranstaltungen, Vorträge und die Zusammenarbeit in Veteranenverbänden die Kameradschaft zwischen ehemaligen jüdischen und nichtjüdischen Soldaten heraufbeschworen werden – und erhalten bleiben. Bereits 1933 wurden beide Arbeitsfelder deutlich eingeschränkt. Noch im Herbst hatte der RjF 1932 das Gedenkbuch mit den Namen der 12 000 gefallenen jüdischen Soldaten publiziert und zahlreichen Vertre-

[243] Vgl. auch Miron, Waning, S. 174.
[244] Alfred Hirschberg, Deutsche Schicksalstage, CVZ, Nr. 40, 19. 10. 1933, S. 1.
[245] Hier und im Folgenden: Alfred Hirschberg, 1918 November 1933, CVZ, Nr. 43, 19. 11. 1933, S. 1 f.; vgl. auch Barkai, Wehr Dich!, S. 292–294.

tern aus Politik und Militär überreicht.[246] Damit sollte endgültig auch die Auseinandersetzung mit völkischen Gruppen über die Frage nach der jüdischen Kriegsbeteiligung beendet werden. Als im Herbst 1933 die nationalsozialistische Presse erneut die von Otto Arnim veröffentlichten Ergebnisse der „Judenzählung" als Beleg für Feigheit der deutschen Juden während des Krieges anführte, blieb dem RjF nur die Möglichkeit, auf den Seiten seines Verbandsorgans hiergegen zu protestieren.[247] Zu diesem Zeitpunkt hatten bis auf wenige Ausnahmen die Veteranenverbände ihre jüdischen Mitglieder aus ihren Organisationen ebenso wie von ihren Gedenkfeierlichkeiten ausgeschlossen.[248]

Auch wenn die Mitglieder des RjF damit ähnliche gesellschaftliche Ausschlusserfahrungen machten wie die übrigen deutschen Juden, blieben sie bis zum Erlass der Nürnberger Gesetze 1935 von der Mehrzahl der antisemitischen Gesetze ausgenommen.[249] Zahlreichen ehemaligen Soldaten war es dadurch möglich, in ihren Berufen zu verbleiben. Diese bevorzugte Behandlung führte dazu, dass Vertreter des RjF gegenüber den übrigen jüdischen Organisationen zunehmend dominant auftraten und beispielsweise innerhalb der Reichsvertretung eine führende Rolle beanspruchten.[250] Der Konflikt, der sich hieraus mit dem CV ergab, wurde ausschließlich in den vereinsinternen Korrespondenzen ausgetragen.[251] Dagegen fand die Auseinandersetzung mit der ZVfD öffentlich auf den Seiten der jeweiligen Publikationsorgane statt. Ihren Höhepunkt erreichte sie im Sommer 1934, als die ZVfD eine Doppelmitgliedschaft im RjF untersagte.[252] Eine Besserung – wenn auch kein Ende – dieser innerjüdischen Auseinandersetzungen zeichnete sich nur langsam nach dem Erlass der Nürnberger Gesetze ab. Das Verbot der Doppelmitgliedschaft erhielt die ZVfD bis zum Frühjahr 1937 aufrecht.[253]

Nichtsdestotrotz war das Echo in der jüdischen Presse positiv, als der RjF im Dezember 1934 den Band *Kriegsbriefe gefallener Deutscher Juden* veröffentlichte.[254] Die Sammlung war als eine Ergänzung des 1932 erschienenen Gefallenengedenkbuchs konzipiert. Im Folgenden soll gezeigt werden, dass ihr eine Schlüsselfunktion in der Transformation der Erinnerungskultur des RjF – und damit ihres Bewältigungspotenzials für die Gegenwart – zukam.

246 Vgl. Reichsbund jüdischer Frontsoldaten (Hrsg.), Die jüdischen Gefallenen des deutschen Heeres, der deutschen Marine und der deutschen Schutztruppen, Berlin 1933; Grady, Soldiers, S. 129.

247 Die Judenzählung vom 1. November 1916, Schild, Nr. 4, 9. 2. 1934, S. 1.

248 Grady, Soldiers, S. 133.

249 Bereits im April desselben Jahres hatte das neu erlassene Wehrgesetz deutsche Juden vom aktiven Wehrdienst ausgeschlossen. Vgl. Carl J. Rheins, Deutscher Vortrupp. Gefolgschaft deutscher Juden 1933–1935, in: LBIY 26 (1981), S. 207–229, hier S. 223f.

250 Plum, Deutsche Juden, S. 57f.

251 Caplan, Wicked Sons, S. 290–295.

252 Vgl. Beschlüsse der ZVfD, JR, Nr. 42, 12. 6. 1934, S. 6. Zugleich wurde die Unvereinbarkeit der Mitgliedschaft in ZVfD und der Staatszionistischen Organisation erklärt; vgl. Rheins, Vortrupp, S. 221.

253 Kulka/Jäckel (Hrsg.), NS-Stimmungsberichte, S. 615; Dunker, Reichsbund, S. 154f.

254 Heldenehrung, Schild, Nr. 47, 7. 12. 1934.

Für den Band hatte sich der RjF an den *Kriegsbriefen gefallener Studenten* orientiert, die der Literaturprofessor Philipp Witkop zum Teil bereits während des Krieges zusammengestellt und veröffentlicht hatte.[255] Von dieser Sammlung waren 1918 und 1928 weitere Auflagen erschienen, bevor 1933 eine vergünstigte Volksausgabe auf den Markt kam.[256] Die formale Ausrichtung an Witkops Sammlung zeigte sich bereits am beinah identischen Typoskript der Bände. Auch inhaltlich orientierte sich der *Reichsbund* an den Intentionen, die Witkop bis 1928 mit der Herausgabe der Sammlung verbunden hatte. Im Vorwort zu den Ausgaben 1918 und 1928 hatte er hervorgehoben, dass es ihm insbesondere darum ging, die Erinnerung an die Individualität der Gefallenen aufrechtzuerhalten, und damit den Einzelnen im „Massenopfer" des Krieges sichtbar zu machen.[257] Im Vorwort zur Ausgabe 1933 verkehrte er diese Intention in ihr Gegenteil, wobei sich an der Auswahl der Briefe nichts grundlegend geändert hatte.[258] Sie dienten trotzdem nicht mehr als Beleg für die Individualität der Gefallenen, welche nun ausschließlich als die Wegbereiter der „nationalen und sittlichen Erneuerung" galten. Ihre Briefe sollten vor allem ihre Opferwilligkeit für das Vaterland belegen, ebenso wie die „ursprüngliche, schöpferische Kraft des Volksgeistes".[259]

Während die individuellen Aufzeichnungen der gefallenen Studenten in Witkops Band im Herbst 1933 erinnerungsgeschichtlich gleichgeschaltet wurden, erlebten die Kriegsbriefe und -erinnerungen jüdischer Soldaten eine zunehmende Ausdifferenzierung, die sich gerade in den *Kriegsbriefen gefallener Deutscher Juden* verdeutlichte. Bis zu deren Veröffentlichung dienten die im *Schild* publizierten Kriegsbriefe, Erinnerungen und Kondolenzschreiben von Vorgesetzten vor allem als Beleg für die Einsatzbereitschaft und generellen Verdienste jüdischer Soldaten, ebenso wie für deren gutes Verhältnis zu den übrigen Kameraden.[260] Die Gedenk- und Erinnerungsarbeit des RjF war damit immer auch von der antizipierten Wirkung auf Nichtjuden, insbesondere auf die übrigen Veteranenverbände, geprägt. Mit dem Ausschluss aus diesen Organisationen und von gemeinsamen Gedenkveranstaltungen ging eine zunehmende „Internalisierung des Gedenkens" einher.[261] Freilich wurde im Zuge dieser Internalisierung weder auf das Bekenntnis zu Deutschland noch auf den Nachweis des Engagements jüdischer Soldaten

[255] Kriegsbriefe gefallener deutscher Juden, CVZ, Nr. 52, 28. 12. 1934, S. 9.

[256] Manfred Hettling/Michael Jeismann, Der Weltkrieg als Epos, in: Gerhard Hirschfeld/Gerd Krumreich/Irina Renz (Hrsg.), „Keiner fühlt sich mehr als Mensch …" Erlebnis und Wirkung des Ersten Weltkriegs, Essen 1993, S. 175–198, hier S. 179.

[257] Philipp Witkop, Kriegsbriefe gefallener Studenten, München 1928, S. 1 f.; siehe auch: Hettling/Jeismann, Epos, S. 179 f.

[258] Im Gegensatz zu früheren Ausgaben bildete nun der Brief eines Primaners den Abschluss der Sammlung. Dieser zeigte sich überzeugt, dass die Erinnerung an die Gefallenen fest im „Volksbewußtsein" verankert bleiben würde – und das siegreiche Ende des Krieges vor allem notwendig sei, „um unser Volkstum rein zu erhalten". Witkop, Kriegsbriefe, S. 351.

[259] Ebd., S. 2 f. Vgl. hierzu auch Ulrich, Augenzeugen, S. 233 f.

[260] Eine Ausnahme hatten die „Verborgenen Schätze" gebildet, welche die CVZ anlässlich des zehnten Jahrestages des Kriegsausbruchs veröffentlicht hatte. Vgl. Kap. II.2.2.

[261] Grady, Soldiers, S. 136.

während des Weltkrieges verzichtet. So war dem Band statt eines Vorworts, das, wie im Falle von Witkops Sammlung, den Tenor der ausgewählten Briefe zusammenfasste, lediglich die Feststellung „Wir starben für Deutschland!" vorangestellt.[262] Bei den ausgewählten Briefen fehlten weder die Schilderung wagemutiger Einsätze noch die Kondolenzschreiben der Vorgesetzten, die den Gefallenen „Tapferkeit und Pflichtbewußtsein" wie die Anerkennung durch die gesamte Mannschaft bescheinigten.[263] Daneben waren es drei weitere Aspekte, die in verschiedenen Briefen der Sammlung immer wieder auftauchten: Es handelte sich zum einen um die Gefühls- und Verhaltensempfehlungen, welche die Soldaten gegenüber ihren Familienangehörigen aussprachen. Zum anderen fanden sich Andeutungen antisemitischer Erfahrungen und damit zusammenhängende Einschätzungen über die Verwirklichungsmöglichkeiten tatsächlicher Gleichberechtigung. Zuletzt thematisierten zahlreiche der ausgewählten Briefe, welche Bedeutung gerade während des Krieges der Religion und dem Besuch von jüdischen Feldgottesdiensten beigemessen wurde.

In vielen der ausgewählten Briefe fanden sich tröstende, zum Teil auch ermahnende Worte an Eltern, Verlobte und Ehefrauen. Die Soldaten bemühten sich, den ihnen nahestehenden Angehörigen die Gründe ihrer Freiwilligmeldung auseinanderzusetzen und sie auf die Möglichkeit ihres baldigen Todes vorzubereiten. So bat Fritz Baer seine Eltern im Falle seines Todes sich „damit zu trösten, daß dieser Krieg schon so viele Opfer gefordert hat und nur noch wenige Familien davon verschont geblieben sind".[264] Auch Justin Boné wollte den Schmerz seiner Mutter über den Tod ihres Bruders abhelfen, indem er sie darauf hinwies „daß ihr eben nicht allein trauert, daß überall im weiten deutschen Reich Eltern und Geschwister [...] eines gefallenen Familienmitglieds gedenken".[265] Andere riefen zu „Mut und Zuversicht"[266] auf und baten auch ihre Eltern „auf eine glückliche Wiederkehr" zu hoffen.[267] Anweisungen eher praktischer Natur gab der Schriftsteller Walter Heymann seiner Ehefrau Maria. Nachdem er ihr versichert hatte, dass er selbst „obenauf" sei, versuchte er Möglichkeiten zusammenzutragen, die auch sie von den Kriegsgeschehnissen und seiner Abwesenheit ablenken sollten:

> „Wenn jetzt auch das Wetter trübe ist, Du mußt aufrecht bleiben. Such Trost bei den anderen, wenn sie ihn Dir geben können. Auch mal Zerstreuung (Kino oder Theater). Wenn Du kannst, zeichne oder dichte, Du hast gewiß manchmal nicht die Kraft, aber bestimmt das Zeug dazu."[268]

Inwiefern die Soldaten beim Verfassen der Briefe tatsächlich von der „feste[n] Zuversicht"[269] erfüllt waren, die sie gegenüber ihren Angehörigen demonstrierten,

[262] Reichsbund jüdischer Frontsoldaten E.V. (Hrsg.), Kriegsbriefe gefallener Deutscher Juden, Frankfurt am Main 1910, S. 3.
[263] RjF (Hrsg.), Kriegsbriefe, S. 51, vgl. auch S. 11, 15, 27, 42f., 49–51.
[264] Ebd., S. 8.
[265] Ebd., S. 13.
[266] Ebd., S. 16.
[267] Ebd., S. 22.
[268] Ebd., S. 5.
[269] Ebd., S. 22.

ist in diesem Zusammenhang von nachrangiger Bedeutung.[270] Der Verweis auf ihre „glückliche Zuversicht“[271] bildete jedoch die Voraussetzung, um diese Gefühlshaltung auch den Daheimgebliebenen anzuempfehlen.

Im Gegensatz zu der Deutlichkeit, mit der die Soldaten gegenüber ihren Angehörigen Gefühlsempfehlungen aussprachen, deuteten sich die Erfahrungen mit Ausgrenzung und Zurücksetzung und die hiervon abgeleiteten Erwartungen für die Zeit nach Kriegsende in den ausgewählten Briefen eher vage an. So war sich Berthold Elsaß durchaus bewusst, dass es sich bei ihm um den einzigen jüdischen Offizier seines Regiments handelte, als er einem Freund gegenüber die Hoffnung zum Ausdruck brachte, dass aus „diesem Krieg auch endlich die Gleichberechtigung in jeder Weise“ folgen würde.[272] Auch Gotthold Kronheim, der auf „Zurücksetzungen und Kränkungen jeder Art“ verwies, die er als Soldat erfahren hatte, hoffte auf ein Ende dieser Diskriminierungen nach Kriegsende.[273] Von derartigen Erfahrungen seines Sohnes erfuhr der Vater von Friedrich Lammfromm durch ein Kondolenzschreiben des Divisionspfarrers. Dieser hob neben zahlreichen weiteren Qualitäten Lammfromms auch dessen Fähigkeit hervor, auf „den Juden verletzende Bemerkung[en]“ immer in „würdiger und wirkungsvoller Weise“ reagiert zu haben.[274] Derartigen Hinweise auf negative Erfahrungen wurden in der Sammlung zwar zahlreiche positive Begegnungen mit nichtjüdischen Kameraden und Vorgesetzten gegenübergestellt. Nichtdestortrotz stellte allein ihre Aufnahme in den Band ein Novum dar. Bis dahin hatten veröffentlichte Erinnerungen und Berichte über den Weltkrieg judenfeindliche Erfahrungen gänzlich ausgespart oder allgemein auf die „Judenzählung“ verwiesen. Vor dem Hintergrund des Jahres 1934 thematisierte die Sammlung der Kriegsbriefe, jenseits ministerieller Erlasse, Judenfeindlichkeit, Ausgrenzung und Zurücksetzung während des Weltkrieges. Somit fanden auch diese Erfahrungen endgültig Eingang in die – veröffentlichte – jüdische Weltkriegserinnerung.

Anders als die Thematisierung von Ausgrenzungen, die erst nach 1933 Eingang in die Erinnerungskultur des RjF fand, hatte *Der Schild* frühzeitig auf die Bedeutung der Religiosität während des Krieges hingewiesen. So waren auf seinen Seiten immer wieder Darstellungen ehemaliger Feldrabbiner erschienen, die ihre seelsorgerische Tätigkeit während des Krieges geschildert hatten. In zahlreichen Kriegsbriefen, die in der Sammlung erschienen, beschrieben allerdings nun erstmals die Soldaten, welche Bedeutung die Anwesenheit der Rabbiner im Feld gehabt hatte. So stellte Siegfried Baer fest, dass der Krieg bei ihm eine „Rückkehr zur Religiösität [sic]“ ausgelöst hatte, die sich im regelmäßigen Besuch des Sabbat-Gottesdienstes äußerte.[275] Ihm ging es vor allem um die weihevolle Stimmung, die es erlaubte, sich zumindest vorübergehend von allem „Unschönen“ zu

[270] Zu der Frage von Authentizität in der Feldpost vgl. Humburg, „Jedes Wort“, S. 77–80.
[271] RjF (Hrsg.), Kriegsbriefe, S. 5.
[272] Ebd., S. 17.
[273] Ebd., S. 41.
[274] Ebd., S. 43.
[275] Ebd., S. 9.

lösen. In die Beschreibung der Feldgottesdienste, und insbesondere bei der Begehung höherer Feiertage flossen häufig Kindheits- und Familienerinnerungen mit ein.[276] Sie zeigen, dass diese Veranstaltungen häufig mit Heimat- und Familienverbundenheit assoziiert wurden. Symptomatisch hierfür war Baers Feststellung, dass er sich „mit den Kameraden gleichen Glaubens wie in einer großen Familie" fühle. Darüber hinaus ließ die Erfahrung des Weltkrieges durchaus religiöse Analogien zu. So sah sich Arthur Kaufmann in der Tradition der Makkabäer, die ebenfalls für eine „heilige, große Sache ins Feld" gezogen waren.[277] Auch Walter Herrnstedt beobachtete bei sich selbst und seinen jüdischen Kameraden ein verstärktes Bedürfnis nach Religiosität. Nachdem er eindringlich den Feldgottesdienst Leo Baecks geschildert hatte, hob er die Ergriffenheit der Beteiligten als eine wertvolle Erfahrung hervor, „die nie unserem Gedächtnis entschwinden wird".[278]

Das Urteil der Forschung, demzufolge das Gedenken an die Kriegstoten und damit die Erinnerungsarbeit des RjF auch nach dem Ausschluss aus der nichtjüdischen Öffentlichkeit konstant blieb, bedarf folglich einer Ergänzung.[279] Zweifellos kam dem Beleg für Tapferkeit und Vaterlandsliebe in den ausgewählten Briefen eine zentrale Bedeutung zu. Sie wurden jedoch durch eine Vielzahl von Schilderungen eingerahmt, die den Krieg unter individuellen, vor allem aber auch spezifisch jüdischen Aspekten betrachteten. Hierzu zählten die Verbundenheit zur Familie und jüdischen Gemeinschaft, die (wiederentdeckte) Bedeutung der jüdischen Religion und die Reflexion über Ausgrenzungserfahrungen. Seit Kriegsende war es das erklärte Ziel des RjF, die jüdischen Soldaten ohne Unterschied in die deutsche Weltkriegserinnerung mit einzubinden. Hierfür hatte er die Zahl der Kriegstoten und die Kameradschaft zwischen Juden und Nichtjuden in den Mittelpunkt seiner Erinnerungsarbeit gestellt. Mit der Diversifizierung der Kriegserinnerung, die in den *Kriegsbriefen* zum Ausdruck kam, passte er die Weltkriegserfahrung dagegen den Lebensumständen deutscher Juden nach 1933 an.[280] Dabei konnte insbesondere die Bewältigung der Kriegsschrecken durch Tapferkeit und Opferwille auf der einen, der Rückbezug auf die jüdische Gemeinschaft und Religion auf der anderen Seite als Handlungs- und Gefühlsanleitung für das Leben unter nationalsozialistischer Herrschaft gelesen werden. So wurde bereits in der Besprechung des Bandes in der CVZ angemerkt, wie „erschütternd gegenwärtig" die in den Briefen geschilderten „Erlebnisse und Gefühle" wirkten.[281]

Der Gegenwartsbezug, den die *Kriegsbriefe* herstellen sollten, verdeutlicht sich auch in der Tatsache, dass der RjF mit dem Band insbesondere ein junges Publikum erreichen wollte. Ein Rundschreiben bewarb die Sammlung als geeignetes

[276] Vgl. ebd., S. 35, 19f.
[277] Ebd., S. 35.
[278] Ebd., S. 29.
[279] Vgl. Grady, Soldiers, S. 138; Crim, Community, S. 122; Penslar, Jews, S. 189.
[280] Zur Notwendigkeit, den Einsatz von Kriegsbriefen im historischen Kontext zu beachten, vgl. Ulrich, Augenzeugen, S. 306f.
[281] Kriegsbriefe gefallener deutscher Juden, CVZ, Nr. 52, 28. 12. 1934, S. 9.

Geschenk für Bar Mitzvahs und jüdische Feiertage.[282] Diese praktischen Distributionsfragen mögen mit zu der Entscheidung beigetragen haben, den Band unmittelbar vor Beginn des Chanukkafestes zu veröffentlichen und nicht etwa anlässlich des zwanzigsten Jahrestages des Kriegsbeginns oder des jährlichen Heldengedenktags.[283] Allein der Zeitpunkt und die Wahl des Ortes für die Präsentation, die in der Synagoge Prinzregentenstraße stattfand, sind jedoch auch als Beleg dafür zu werten, dass sich das Gewicht der deutsch-jüdischen Weltkriegserinnerung bereits Ende 1934 deutlich auf den Aspekt des „jüdischen" verlagert hatte.

Sämtliche Berichte und Reden, die anlässlich der „[f]eierlichen Übergabe" der Sammlung erschienen, hoben ihre Bedeutung für die Gegenwart hervor.[284] So verwies der Vorsitzende des RjF in seiner Rede auf den Brief eines Soldaten, der gegenüber seiner Familie betonte, dass er „hart sein und bleiben" müsse. Löwenstein lobte diese Äußerung nicht nur als eine vorbildliche Haltung während des Krieges sondern erkannte darin eine Haltung, die „wir auch in der jüdischen Jugend haben wollen".[285] Er stellte somit das Leben jüdischer Jugendlicher unter nationalsozialistischer Herrschaft in eine Reihe mit den Soldaten des Weltkrieges und spannte von dort den Bogen historischer Parallelen bis zu den Makkabäern. Diese religiösen Bezüge unterstrichen zusätzlich die Möglichkeit, die Weltkriegserfahrung als ein spezifisch jüdisches Erlebnis zu deuten. Auch der Historiker und ehemalige Frontsoldat Ernst Fraenkel betonte die Bedeutung der Sammlung für die jüdische Jugend, die ihr als Beleg für Zuversicht und Unverzagtheit, auch unter besonders schweren Bedienungen, dienen sollte. Er verstärkte die Orientierungsfunktion, welche die Kriegsbriefe für die gegenwärtige Lage der deutschen Juden haben sollte, mit einem Rückgriff auf eine Losung des Propheten Micha: „Falle ich auch, ich stehe immer wieder auf!"

Im Gegensatz zu Teilnehmern des Weltkrieges bot sich aber weder der jüdischen Jugend noch den ehemalige Frontsoldaten 1934 ein konkretes Ziel, auf das sich der „ungebrochene Wille zum Kampfe" oder der „Glaube an den Sieg" hätte richten können. Trotzdem bestand wenig Zweifel daran, dass sich die Gefühlslage und deren Ausdrucksmöglichkeiten von jüdischen Soldaten während des Krieges mit der Situation deutscher Juden im nationalsozialistischen Staat vergleichen ließ. So setzte der ehemalige Soldat Fraenkel die Sprach- und Fassungslosigkeit angesichts der Entwicklungen in Deutschland nach 1933 mit der Unfähigkeit gleich, während des Heimaturlaubes über die Erlebnisse des Krieges zu berichten.[286]

Wie die übrigen historischen Ereignisse, die für die Gegenwartsinterpretation herangezogen wurden, konnte auch die Erinnerung an den Weltkrieg nicht dazu genutzt werden, um konkrete Zukunftserwartungen zu entwickeln. Sie konnten

282 Vgl. Grady, Soldiers, S. 138 (Anm. 72).
283 Zu den unterschiedlichen Zuschreibungen an Chanukkafest nach 1933 vgl. Boas, Countering, S. 211.
284 Hier und im Folgenden: Heldenehrung, Schild, Nr. 47, 7. 12. 1932, S. 1 f.
285 Zwischen 1933 und 1935 traten allein den verschiedenen Sportorganisationen des *Schilds* 10 000, meist jüngere Mitglieder bei, vgl. Rheins, Vortrupp, S. 220.
286 Vgl. Ernst Fraenkel, „Ich bin ein Jude", Schild, Nr. 22, 26. 11. 1933, S. 1.

jedoch zum Zweck der Gegenwartsbewältigung genutzt werden. Hierfür bot die Auswahl der *Kriegsbriefe* nun deutlich mehr Anknüpfungspunkte als die bisherige Erinnerungsarbeit des Reichsbundes, die ausschließlich auf das erbrachte „Blutopfer" und die Anerkennung durch nichtjüdische Kameraden und Vorgesetzte fokussiert hatte. Die *Jüdische Rundschau* vermutete zwar, dass sich noch deutlich mehr Briefe hätten finden lassen, „die das spezifisch jüdische Erleben" zum Ausdruck gebracht hätten.[287] Auf den Seiten des *Schilds* wurde dagegen deutlich, dass es gerade die Diversifizierung des Kriegserlebnisses war, die der RjF bewusst verfolgte. Bis zum Verbot des Vereinsorgans nach dem Pogrom im November 1938 bildeten die Kriegserinnerungen und -briefe einen festen Bestandteil. Hierfür hatte *Der Schild* die Rubrik „Damals 1914-1918" eingerichtet.[288] Daneben erschienen Sondernummern und Aufmacher, die beispielsweise die Leistungen jüdischer Flieger herausstellten, über die Erfahrungen der Kriegsgefangenschaft berichteten – und immer wieder eindringlich die jüdischen Feierlichkeiten im Feld schilderten.[289] Besonders deutlich wurde der Bezug zur Gegenwart in einer Sonderausgabe hergestellt, die anlässlich des Muttertags 1935 erschienen war. Unter dem Titel „Mütter – gestern und heute" hatte der Autor das Gefühlsleben jüdischer Mütter während des Weltkrieges und des Nationalsozialismus ins Verhältnis gesetzt: „Wieder ist das Denken und Fühlen der Tage von der nagenden Sorge um das Schicksal derer beherrscht, die sie geboren und herangezogen. [...] Und das ‚Mutter halte mich nicht ...' klingt in manchem Frauendasein, in mancher Familie von neuem auf."[290]

Zur Bewältigung dieser Ungewissheit fehlte nicht der Konnex zur „unsterbliche[n] Gestalt der Mutter der Makkabäer". Der „Heroismus", der sich so aus biblischer wie unmittelbarer Vergangenheit speiste, würde es jedoch erlauben, „auch dieser Gegenwart innerlich gewachsen" zu sein. Derart explizit fielen die Verweise auf den Gegenwartsbezug der Kriegserfahrungen nicht immer aus. Die Reden anlässlich der Veröffentlichung der *Kriegsbriefe*-Sammlung hatten jedoch deutlich gemacht, dass es sich nicht allein um ein Gedenkbuch handelte, sondern auch Anhaltspunkte für eine Bewältigung der Gegenwart bieten sollte.

So wie die weit zurückliegenden Ereignisse, die für die Herausbildung einer *Usable Past* herangezogen wurden, blieben auch die Kriegserinnerungen in ihrer Funktion als *Usable Immediate Past* letztlich von den Zuschreibungen der Zeitgenossen abhängig. Durch die Diversifizierung dieser Erinnerungen hatte der RjF das Interpretationsspektrum deutlich erweitert. Unter diesen Bedingungen ließ sich die Tapferkeit und Bewährung des jüdischen Frontsoldaten in eine Reihe mit

287 Kriegsbriefe gefallener Juden, JR, Nr. 100, 14. 12. 1934, S. 9.

288 Vgl. aus der Rubrik „Damals 1914–1918": Aus meinen Feldpostbriefen, Schild, Nr. 8; Vor 20 Jahren im Sturmgraben von Soisson, ebd., Nr. 2, 11. 1. 1935, S. 6; Von opferfreudiger Vaterlandsliebe und selbstlosem Heldenmut, ebd., Nr. 46, 15. 11. 1935, S. 2.

289 Wehrlos in Feindeshand, Schild, Nr. 21, 24. 5. 1935, S. 3; Makkabäer der Lüfte, ebd., Nr. 52, 27. 12. 1935, S. 5; Rosch Haschonah der Frontkämpfer, Schild, Nr. 38; Martin Salomonski, Ein teures Vermächtnis, ebd., Nr. 38, 23. 9. 1938, S. 1.

290 Mütter – damals und heut, Schild, Nr. 19, 10. 5. 1935, S. 1.

dem Heroismus der Makkabäer stellen. Der Weltkrieg ließ sich ferner als Moment der (Rück-)Besinnung auf die jüdische Religion und das eigene Judentum werten. Durch die Hervorhebung dieser Aspekte konnte der Weltkrieg gleichsam als jüdische Erfahrung wahrgenommen und erinnert werden. Die Mehrzahl der Leser der *Kriegsbriefe* dürfte während der 1930er Jahre die gesteigerte Bedeutung, welche die Frontsoldaten der jüdischen Religion und der jüdischen Gemeinschaft in Zeiten der Not beimaßen, in ihren eigenen Erfahrungen bestätigt gesehen haben. Und auch die Briefe der Soldaten, die ihre Angehörigen über ihre zuversichtliche Lebenseinstellung versichert hatten – und dies so auch von den Daheimgebliebenen einforderten –, konnten als Appelle an die deutschen Juden zwanzig Jahre später gelesen werden. Auch hier – wie in der „seelsorgerischen" Arbeit des CV – ging es vor allem darum, eine Resignation vor den Zeitumständen zu verhindern.

Gleichzeitig blieb auch die Kameradschaft mit nichtjüdischen Soldaten ebenso wie die Anerkennung durch Vorgesetzte und Mannschaft in der Auswahl der *Kriegsbriefe* ein zentrales Moment. Sie konnten nach wie vor als Beleg für die Bewährung und Einbindung der jüdischen Soldaten in die Frontgemeinschaft gelesen werden. Vor dem Hintergrund der zunehmenden politischen und gesellschaftlichen Isolation deutscher Juden im Nationalsozialismus dienten sie jedoch auch dazu, die Unnatürlichkeit dieser Trennung zu belegen. Der ehemalige Feldrabbiner Georg Salzberger hatte 1936 in seinen Erinnerungen über die Besuche von Feldlazaretten hervorgehoben, dass es „[n]atürlich keinen Unterschied zwischen Juden und Nichtjuden" gegeben hatte.[291] Im Gegensatz zu den „jüdischen" Aspekten des Weltkrieges, die auch einer jüngere Generation als Orientierung- und Bewältigungsmöglichkeit für gegenwärtige Erfahrungen dienen sollte, schien der Verweis auf die jüdisch-nichtjüdische Kameradschaft jedoch vor allem für die ehemaligen Kriegsteilnehmer eine sinnstiftende Funktion beinhaltet zu haben. In diesem Sinne ist auch der Dank zu lesen, der zu Beginn des Jahres 1934 den nichtjüdischen ehemaligen Kameraden und Vorgesetzten im *Schild* ausgesprochen wurde. Für das Jahr 1933 stellte Bruno Kleyff, ein ehemaliger Reserveleutnant, rückblickend fest: „sie alle hielten uns treue Kameradschaft und blieben uns die alten, treuen Kameraden aus dem großen Kriege".[292] Als Beleg für das Halten der Treue galt Kleyff vor allem die Tatsache, dass zahlreiche Veteranen die Pflichterfüllung und Heimatverbundenheit der jüdischen Soldaten schriftlich bestätigt hatten.[293] Diese Übertragung des idealisierten Bildes der Kriegsgemeinschaft auf die Gegenwart schloss freilich die zahlreichen Mitglieder aus, die dem RjF oder einer seiner zahlreichen Sportgruppen angehörten und nicht am Weltkrieg teilgenommen hatten. Dass es ausschließlich der Status des Frontkämpfers war, der es Mitgliedern des RjF erlaubte, die Anerkennung der

[291] Georg Salzberger, Pessach vor Verdun, Schild, Nr. 14, 3. 4. 1936, S. 1.

[292] Bruno Kleyff, Kameradschaft, Schild, Nr. 3, 2. 2. 1934, S. 3, Herv. i. O.

[293] Diese Schreiben waren häufig Bestandteil der Dokumentationen, die den Frontkämpferstatus bestätigten. Dieser war bspw. bei Behördengängen notwendig oder bei der Beantragung des „Ehrenkreuzes für Frontkämpfer", das Hindenburg im Sommer 1934 gestiftet hatte, vgl. Das Ehrenkreuz für Frontkämpfer, Schild, Nr. 27, 20. 7. 1934, S. 2.

nichtjüdischen Gesellschaft einzufordern, war seit seiner Gründung fester Bestandteil des Selbstverständnisses der Veteranenorganisation.

Kleyffs Dankesworte unterstrichen jedoch nicht nur die fortgesetzte Bedeutung der gemeinsamen Kriegserfahrung. Sie kontrastierten auch die „seelischen Erschütterungen des Jahres 1933" mit der „freudige[n] Genugtuung" der fortgesetzten Kameradschaftsbezeugung. Vor dem Hintergrund dieser Interpretation konnten die nichtjüdischen Kameraden von einer Verantwortung für die Entwicklungen nach 1933 freigesprochen werden. Der Ausschluss aus Veteranenverbänden und von gemeinsamen Gedenkveranstaltungen, der sich in Kleyffs allgemeinen Verweis auf die „seelischen Nöte unserer Tage" andeutete, konnte somit auch ausschließlich der nationalsozialistischen Regierung und ihren Gleichschaltungsmaßnahmen angelastet werden. Somit blieb laut Kleyffs für die jüdischen Kriegsveteranen jenes Bild jüdisch-nichtjüdischer Kameradschaft intakt, das den „festesten Grund unseres deutschen Lebens" darstellte.[294] Hier wird deutlich, dass dem „anständigen Deutschen", zumindest auf den Seiten des *Schilds*, nach wie vor eine argumentative Bewältigungsfunktion zukam. Die Abgrenzung der ehemaligen Kameraden von überzeugten Nationalsozialisten ermöglichte es den RjF-Mitgliedern nicht nur die jüdisch-nichtjüdische Verbundenheit *in absentia* aufrechtzuerhalten, sondern explizit auf die Zugehörigkeit zu Deutschland zu bestehen.

Fraglos stellte der Verweis auf die Kameradschaft zwischen Juden und Nichtjuden während des Weltkrieges und das hiervon abgeleitete Beschwören des guten Verhältnisses zu Nichtjuden nicht den Regelfall dar. Doch auch innerhalb des CV blieb es nicht bei einer theoretischen Reevaluierung des Verhältnisses jüdischer Deutscher zu Deutschland und Deutschtum.[295] Wenn dies auch in der CVZ bald nach 1933 nicht mehr deutlich zum Ausdruck gebracht werden konnte, zeigt gerade der vereinsinterne Austausch das Bemühen, Einschätzungen über die Einstellung der nichtjüdischen Bevölkerung einzuholen. Hierzu gehörte immer auch die Frage, ob und wenn ja wo, sich Trennlinien zwischen den antisemitischen Aktionen der nationalsozialistischen Machthaber und den Einstellungen der nichtjüdischen Bevölkerung ziehen ließen.

2.2 Das Verhalten der nichtjüdischen Bevölkerung – Wahrnehmung und Erklärungsversuche

Unmittelbar nachdem Hindenburg am 30. Januar 1933 Hitler zum Reichkanzler ernannt hatte, war sich die jüdische Presse in der Erwartung einig, dass zumindest Teile des deutschen Volkes „sich gegen eine barbarisch antijüdische Politik wenden würden".[296] Gut zwei Monate später bot der reichsweite Boykott am

[294] Kameradschaft, Schild, Nr. 2, 1934.
[295] Zu der Reevaluierung des theoretischen Konzepts von „Deutschtum und Judentum" vgl. Barkai, Wehr Dich!, S. 294–298; Miron, Emancipation.
[296] Regierung Hitler, JR, Nr. 9, 31. 1. 1933, S. 1; vgl. auch: Die neue Regierung, CVZ, Nr. 5, 2. 2. 1933, S. 33; Vom 30. Januar zum 5. März, Schild, Nr. 3, 9. 2. 1933, S. 1f.

1. April eine erste Möglichkeit, diese Einschätzung zu überprüfen.[297] In der neueren Forschung besteht weitegehende Einigkeit darüber, dass die Durchführung des Boykotts, der als Abwehrmaßnahme gegen die „Greulhetze" des Auslands deklariert wurde, vor allem auf den „Druck" der nationalsozialistischen Parteibasis zurückging.[298] Nuancierter fallen dagegen die Bewertungen des Verhaltens der nichtjüdischen Bevölkerung aus. Während eine Reihe von Studien die generelle Passivität des Publikums während des Boykotts herausstellt,[299] bemühen sich andere Arbeiten um eine stärkere Differenzierung.[300] Hierfür werden häufig nachträgliche Aufzeichnungen und Erinnerungen der Betroffenen herangezogen, in denen positive Begegnungen mit Nichtjuden während des Boykotts geschildert werden.[301] Diese Erinnerungen werten andere Studien wiederum als „kleine Geschichten vom Widerstand nichtjüdischer Kunden und Patienten", die nicht zuletzt wegen ihrer „stereotype[n] Wiederholung" den Ausnahmecharakter dieser positiven Erfahrungen unterstreichen.[302]

Die Annahme, dass sich scheinbar erst in der retrospektiven Betrachtung die Bedeutung der „kleinen Geschichten" offenbarte und verfestigte, lässt sich durch den Blick in die zeitgenössische jüdische Publizistik widerlegen. In der ersten Ausgabe der JR, die nach dem Boykott veröffentlicht wurde, war Robert Weltschs Ar-

297 Zu Hintergrund und Verlauf des Boykotts vgl. Longerich, Vernichtung, S. 30–41.

298 Frank Bajohr, „Arisierung" in Hamburg. Die Verdrängung der jüdischen Unternehmer 1933–1945, Hamburg 1997. Unterschiedlich wird vor allem gewichtet, welche Möglichkeiten die Parteiführung hatte, hierauf zu reagieren. Während Schleunes feststellt: „The SA could not be supressed", sieht Barkai Parteiführung und -basis „nur scheinbar als gegeneinander gerichtete Kräfte". Longerichs Einschätzung, nach der die Parteibasis „zwar eigenständig, aber stets in einem von der Führung begrenzbaren Raum" handelte, erscheint im Fall der Vorbereitung und Durchführung des Aprilboykotts schlüssig. Karl A. Schleunes, The Twisted Road to Auschwitz. Nazi Policy toward German Jews, 1933–1939, Urbana 1970, S. 74; Avraham Barkai, Vom Boykott zur „Entjudung", Frankfurt am Main 1988, S. 33; Longerich, Vernichtung, S. 31.

299 Vgl. bspw. Maurer, Ausnahmezustand, S. 400; Saul Friedländer, Das Dritte Reich und die Juden. 1933–1945, München 2010, S. 34; Hans Mommsen/Dieter Obst, Die Reaktion der deutschen Bevölkerung auf die Verfolgung der Juden 1933–1943, in: Hans Mommsen/Susanne Willems (Hrsg.), Herrschaftsalltag im Dritten Reich, Düsseldorf 1988, S. 374–485, hier S. 374; Christiane Kuller/Axel Drecoll, Inszenierter Volkszorn, ausgebliebene Empörung und der Sturz Julius Streichers. Reaktionen auf die wirtschaftliche Ausplünderung der Juden, in: Martin Sabrow (Hrsg.), Skandal und Diktatur. Formen öffentlicher Empörung in NS-Staat und DDR, Göttingen 2004, S. 77–101, hier S. 83.

300 Bajohr, Arisierung, S. 49; Ludolf Herbst, Das nationalsozialistische Deutschland 1933–1945. Die Entfesselung der Gewalt: Rassimus und Krieg, Frankfurt am Main 1996, S. 76.

301 Vgl. bspw. Kurt Jacob Ball-Kaduri, Das Leben der Juden in Deutschland im Jahre 1933, Frankfurt am Main 1963, S. 88; Erwin Landau, „Für die standen wir in den Schützengräben", in: Margarete Limberg/Hubert Rübsaat (Hrsg.), Sie durften nicht mehr Deutsche sein. Jüdischer Alltag in Selbstzeugnissen 1933–1938, Frankfurt am Main 1990, S. 31–35, hier S. 32; Bericht Marta Appel, in: Richarz (Hrsg.), Jüdisches Leben, S. 231–243, hier S. 231–234.

302 Ahlheim, Deutsche, S. 257; Joachim Meynert, Was vor der „Endlösung" geschah. Antisemitische Ausgrenzungen und Verfolgungen in Minden-Ravensberg 1933–1945, Münster 1988, S. 80 f.; Peter Longerich, „Davon haben wir nichts gewusst!" Die Deutschen und die Judenverfolgung 1933–1945, Bonn 2006, S. 66 (Anm. 31); polemisch hierzu: Arie Goral-Sternheim, Im Schatten der Synagoge, Hamburg 1989, S. 33.

tikel „Tragt ihn mit Stolz, den gelben Fleck“ erschienen. In ihm hatte Weltsch die Stigmatisierung durch die Nationalsozialisten zu einem positiven Bekenntnis zum Judentum umgedeutet – und damit auch den Grundstein für eine begeisterte neue Leserschaft gelegt.[303] Zwei Ausgaben später zog Weltsch eine „Jüdische Zwischenbilanz“. Hierin widmete er sich auch ausführlich der nichtjüdischen Bevölkerung und deren Verhalten während und nach dem Boykott. Er betonte, dass neben „all dem Bitteren“, das die deutschen Juden in den vergangenen Wochen durchgemacht hatten, eine weitere Erfahrung nicht unerwähnt bleiben sollte:

> „Von einer großen Zahl von Freunden und Lesern aus Berlin und in allen Teilen des Reiches erhalten wir Berichte, aus denen hervorgeht, daß ein großer Teil der christlichen deutschen Bevölkerung trotz der beispiellosen Vehemenz der antijüdischen Propaganda [...] ein Gefühl für die wirkliche Situation bewahrt haben. Sowohl am Tage des Boykotts als auch nachher haben viele Juden von ihren Mitbürgern Zeichen der Teilnahme und des Respekts erhalten. Von Briefen und Gesprächen bis zu Blumen- und anderen Sendungen enthält die Chronik dieser Tage viele Beweise, daß unter der Oberfläche noch nicht alle Gewässer trübe sind. [...] Jüdische Ärzte und jüdische Anwälte, denen die Weiterarbeit verboten oder verleidet wird, [...] erhielten spontane Vertrauenskundgebungen ihrer christlich-deutschen Klientel, die sich einer Dankesschuld gegenüber diesen Männern bewußt ist. [...] Wir danken diesen christlichen Mitbürgern nicht nur für ihre freundlichen Gefühle gegenüber Einzelnen, nicht nur dafür, daß sie die den Verzerrungen jüdischen Wesens nicht geglaubt haben, sondern auch dafür, daß sie uns in schweren Tagen den Glauben an die Menschheit gerettet haben.“[304]

Diese Ausführungen verdeutlichen zweierlei. Zum einen belegen sie, dass mitmenschlichen Gesten und Solidaritätsbekundungen nicht erst in der rückblickenden Perspektive eine zunehmende Bedeutung zugeschrieben wurde. Bereits während und unmittelbar nach dem Boykott konnten sie zumindest für die emotionale Bewältigung der Geschehnisse herangezogen werden und boten eine Rückversicherung über die sympathisierende Einstellung eines großen Teils der nichtjüdischen Bevölkerung. Dass die Redaktion der JR zahlreiche Schreiben erreichten, die derartige Situation schilderten, belegt ferner das Bedürfnis, diese Erfahrungen zu teilen – und so auch zu ihrer Popularisierung beizutragen. Zum anderen offenbaren die dankenden Worte Weltschs auch, dass derartige Gesten bereits im April 1933 keinen zentralen Stellenwert im Erwartungshorizont, zumindest der zionistisch eingestellten Juden mehr einnahmen. Wenn Weltsch auch auf die „große Zahl“ von Berichten verwies, in denen Sympathiebekundungen und demonstrative Besuche geschildert wurden, handelte es sich nichtsdestotrotz um Einzelfälle. Dass Weltsch auf jüdischer Seite durch sie den „Glaube[n] an die Menschheit“ wiederhergestellt sah, lässt sich damit begründen, dass eine deutliche Reaktion – wie etwa Akte von Zivilcourage – von der nichtjüdischen Bevölkerung nicht erwartet wurde.

Bis auf den Verweis auf die „kurze Dauer und bewundernswert ruhige Durchführung“ fand sich in dem Beitrag, der in der CVZ im Nachgang des Boykotts er-

[303] Robert Weltsch, Tragt ihn mit Stolz, den gelben Fleck!, JR, Nr. 27, 4. 4. 1933, S. 1; vgl. auch Kap. III.1.2; Jünger, Ungewissheit, S. 393; Arnold Paucker, Researching German-Jewish Responses and German-Jewish Resistance to National Socialism: Sources and Directions for the Future, in: LBYB 51 (2006), S. 193–208, hier S. 196.

[304] Robert Weltsch, Jüdische Zwischenbilanz, JR, 13. 4. 1933, S. 1 f., Herv. i. O.

schienen war, kein Hinweis auf dessen Ablauf.[305] Die Zeitung stellte jedoch ein „Presse-Echo des anti-jüdischen Boykotts" zusammen, in dem sie Auszüge aus Beiträgen wiedergab, die über den Boykott und den Erlass des Beamten- und Rechtsanwaltsgesetz in der überregionalen, demokratischen Presse erschienen waren.[306] Sämtliche dieser Artikelauszüge sprachen sich, wenn auch in unterschiedlicher Deutlichkeit, gegen den Boykott und die Entlassungen jüdischer Beamter, Ärzte und Rechtsanwälte aus.[307] So versicherte die *Frankfurter Zeitung* (FZ) einen Tag nach dem Boykott denjenigen, „die heute die schwerste Stunde erleben", „daß die überwältigende Mehrheit des Volkes [...] diesen Akt unbestreitbarer Ungerechtigkeit ehrlich, wenn auch vielleicht wortlos bedauert". Ein Leser der *Deutschen Allgemeinen Zeitung* (DAZ) resümierte: „Der Boykott ist und bleibt also eine Maßregel von Deutschen gegen Deutsche und kann, wo er Werte vernichtet, nur deutsche Werte vernichten." Währenddessen appellierte die DAZ selbst an die „nationale Würde", die verhindern solle „diejenigen in ein moralisches Ghetto zu stoßen, die das nach Nam' und Art als bitteres Unrecht empfinden müssen". Die Beiträge der *Vossischen Zeitung* (VZ) und des *Berliner Tageblatts* (BT), welche die CVZ ebenfalls in den Pressespiegel mit aufgenommen hatte, hoben die „Verzweiflung jüdischer Anwälte" hervor, die „ein Leben lang das Vertrauen ihrer Mitbürger genossen und verdient haben" und zu den „besten und vornehmsten Köpfen" ihrer Generation gehörten. Sämtliche von der CVZ für den Pressespiegel gewählten Auszüge endeten mit der Hoffnung auf eine Beruhigung der politischen Situation. So wünsche jeder, wie es die VZ zusammenfasste, „nichts sehnlicher als wieder ruhig an seine Arbeit gehen zu können." Die CVZ hatte die Auswahl so zusammengestellt, dass die Ablehnung der Verfasser gegenüber den Maßnahmen der nationalsozialistischen Regierung deutlich wurde. Wenn auch in den Auszügen generell die Notwendigkeit der „Abwehr der Greulhetze" anerkannt wurde, fehlte beispielsweise beim Auszug der DAZ der Hinweis darauf, dass der Artikel mit dem Verweis auf den „Erfolg" des Boykotts überschrieben war.[308] Die Auszüge sollten den Lesern der CVZ vor allem als Beleg dafür dienen, dass ihnen die nichtjüdische Bevölkerung, repräsentiert durch die vier Zeitungen, Empathie für die „Bitternis" und „Verzweiflung" über das „Unrecht", das ihnen widerfuhr, entgegengebrachten. In dieser Hinsicht erfüllte der Pressespiegel der CVZ eine ähnliche Funktion wie Weltschs „Jüdische Zwischenbilanz". Für die Leser der CVZ konnte er eine Vergewisserung darüber darstellen, dass die Mehrheit der deutschen Bevölkerung das Agieren der nationalsozialistischen Regierung – wenngleich „wortlos" – ablehnte. Gleichzeitig machten die Auszüge deutlich, dass auch die Vertreter der demokratischen Presse sich mit offener Kritik gegenüber der Politik der neuen Regierung zurückhielten beziehungsweise deren Berechtigung zumindest zum Teil anerkannten.

305 Hans Bach, Grenzen des Boykotts, CVZ, Nr. 14, 6. 4. 1933, S. 117f., hier S. 117.

306 Zu den „großen demokratischen Zeitungen" nach 1933 vgl. Norbert Frei/Johannes Schmitz, Journalismus im Dritten Reich, München, 1989, S. 39.

307 Hier und im Folgenden: Das Presse-Echo des anti-jüdischen Boykotts, CVZ, Nr. 14, 1933, S. 120f.

308 Vgl. Longerich, „Davon haben wir nichts gewusst!", S. 62.

Gerade an der durchweg kritischen Berichterstattung der FZ über die antisemitischen Gesetzgebungen lässt sich zumindest für die überregionale, demokratische Presse der Handlungsspielraum nachweisen, der zumindest im Frühjahr 1933 noch bestand.[309] Dagegen wurde in den folgenden Wochen und Monaten deutlich, dass sich auch diese Blätter in Sprache und Argumentation an die politischen Entwicklungen in Deutschland – ob aus Sorge vor Zensur und Verbot, personellen Veränderungen oder Opportunismus – anpassten.[310] In Bezug auf die antisemitische Politik und Hetze zogen es die Journalisten häufig vor, sich mit Artikeln und Kommentaren zurückzuhalten. Dies entging auch der jüdischen Presse nicht, wie eine Diskussion in der CVZ um Äußerungen aus verschiedenen Ärzteverbänden zeigte. Ende Mai 1933 hatte die CVZ Beispiele aus verschiedenen Publikationen dieser Verbände zusammengetragen, die thematisch von einem Ausschluss sämtlicher jüdischer Ärzte von der Behandlung „deutscher Volksgenossen" bis hin zum Vorschlag der Sterilisation sämtlicher Juden reichte.[311] Der von einem jüdischen Arzt stammende Kommentar in der CVZ protestierte gegen diese Ausführungen. Er nahm sie allerdings auch zum Anlass, um das Schweigen der CVZ gegenüber anderen antisemitischen Vor- und Ausfällen der vergangenen Wochen und Monate zu begründen. Der Verweis auf die Ablehnung von „nutzlosen Protesten" und dem schwierigen Ausgleich zwischen „empörten Gerechtigkeitsgefühl" und „besonnenem Handeln" liest sich somit auch als öffentliche Rechtfertigung gegenüber jenen Mitgliedern, die ein energischeres Auftreten des CV gefordert hatten. Allerdings hob der Beitrag auch hervor, dass es für den Erfolg eines Protestes notwendigerweise auch der Unterstützung von nichtjüdischer Seite bedurfte. Dass diese, zumindest im Stillen vorhanden war, setzte der Verfasser mit Verweis auf die „unzähligen gerechtdenkenden [sic] Nichtjuden" voraus. Allerdings machte er deutlich, dass diese grundsätzlich positive Haltung offenbar zu keinerlei „Zivilcourage", wie etwa einen „Sturm der Entrüstung gerade von nichtjüdischer Seite" führte. Die nächste Ausgabe der CVZ konnte zwar auf eine Reihe von Berichten aus DAZ, FZ, BT und VT verweisen, die sich kritisch zu den Ausführungen der Ärzteverbände äußerten. Allerdings bemerkte die CVZ sehr wohl den verhaltenen Tonfall, mit dem auch diese Zeitungen nun ihre Meinung zum Ausdruck brachten. So stellte sie bereits in der Überschrift die Beurteilung der VZ, nach der es sich bei den Schreiben der Ärzteverbände um „Entgleisungen und Entstellungen" gehandelt hätte, infrage und kontrastierte sie durch die eigene Lesart der Ereignisse: „Entgleisungen? Unwürdigkeiten!" Die CVZ konnte somit vermelden, dass „wenigstens in einigen führenden Zeitungen" auf die Vorfälle Be-

309 Im Gegensatz dazu hatten bereits im März und April auf lokaler Ebene zahlreiche Zeitungen dauerhaft ihren Betrieb eingestellt oder mussten sich, wie im Falle des Rundfunks, personellen „Säuberungen" unterziehen. Vgl. Frei, Journalismus, S. 208f. Siehe auch eine weitere Zusammenstellung von kritischen Berichten aus FZ und DAZ: Stimmen der Umwelt, CVZ, Nr. 18, 4. 5. 1933; Zeitspiegel, ebd., Nr. 22, 1. 6. 1933.

310 Vgl. Longerich, „Davon haben wir nichts gewusst!", S. 70; Frei/Schmitz, Journalismus, S. 43–48.

311 Hier und im Folgenden: Sterilisierung der Juden. Ausschluß aller jüdischen Ärzte, CVZ, Nr. 21, 26. 5. 1933.

zug genommen wurde. Diese Auszüge dienten aber auch als Beleg dafür, wie sehr die Wahrnehmung und Kommunikation über das Ausmaß der antisemitischen Durchdringung in der jüdischen und nichtjüdischen Presse divergierten. Bereits ab der zweiten Jahreshälfte wurden die Auszüge auch aus der formal nicht gleichgeschalteten Presse nur noch selten gesondert hervorgehoben. Dafür erschienen schlicht nicht mehr genügend Artikel, die eine kritische Haltung gegenüber der antisemitischen Politik zum Ausdruck brachten. Zitate aus großen deutschen Zeitungen und Zeitschriften hatten folglich bereits zu diesem Zeitpunkt die rückversichernde Funktion verloren, die ihnen der CV noch während und unmittelbar nach dem Aprilboykott zugewiesen hatte.

Wenngleich die CVZ bei ihrer Berichterstattung zunehmend auf die Zusammenstellung von Nachrichten der *Jewish Telegraph Agency* und Zeitungen aus dem Ausland zurückgriff, nahm sie trotzdem weiterhin Berichte aus der deutschen Presse mit auf.[312] Schon aufgrund der Informations- und Beratungsfunktion, die sie gegenüber ihren Lesern erfüllte, war es notwendig, über neue Gesetzgebungen und Einschränkungen des jüdischen Lebens zu berichten. Wie bereits zuvor erörtert, bemühten sich die Zeitung und die Berliner Zentrale, kein zu „düsteres" Bild von der Gesamtlage in Deutschland zu zeichnen. Nichtsdestotrotz spiegelte sich auf ihren Seiten der zunehmende Verdrängungsprozess deutscher Juden aus sämtlichen Teilen des gesellschaftlichen, kulturellen und zunehmend auch wirtschaftlichen Lebens wider.[313] In diesem Zusammenhang nahmen die Mitarbeiter der CVZ auch immer wieder Berichte aus der nationalsozialistischen Presse mit auf, in denen nichtjüdische Deutsche für ihr entgegenkommendes Verhalten gegenüber deutschen Juden gemaßregelt und angeprangert wurden. So gab die CVZ im Sommer 1933 einen Bericht aus dem *Dortmunder Generalanzeiger* wider, in dem einem Zeitungsverleger das Recht auf die Veröffentlichung amtlicher Bekanntmachungen entzogen wurde, da er die Todesanzeige eines deutschen Juden angenommen und veröffentlicht hatte.[314] Im Frühjahr 1935 veröffentlichte sie eine Reihe von Ermahnungen und Drohungen, die seitens der verschiedenen NS-Organisationen gegen die Kunden jüdischer Geschäfte und vor allem gegen Landwirte ausgesprochen wurden, die nach wie vor mit jüdischen Viehhändlern Geschäfte machten.[315] Während die Beiträge und kurzen Notizen in den meisten

[312] Herzberg, Memoir, S. 369f.

[313] Vgl. zur Vielfalt der herangezogenen Publikationen: Blick in die Zeitschriften, CVZ, Nr. 44, 16. 11. 1933. Welchen Ausnahmecharakter positive Berichte über deutsche Juden und Judentum in der deutschen Presse bereits 1934 besaßen, belegt ein, aus dem *Westfälischen Volksblatt* übernommener Artikel, den die CVZ unter dem Titel „Erfreuliche Pressestimmen zu einer Friedhofsschändung" veröffentlicht hatte, CVZ, Nr. 28, 12. 7. 1934; zu Versuchen von Gemeindeverwaltungen, sich frühzeitig jüdische Friedhöfe anzueignen, vgl. Andreas Wirsching, Jüdische Friedhöfe in Deutschland 1933–1957, in: Vierteljahrshefte für Zeitgeschichte 50 (2002), S. 1–40, hier S. 7.

[314] Vgl.: Aus dem „Dortmunder General-Anzeiger", CVZ, Nr. 28, 13. 7. 1933.

[315] Vgl. die Notizen: Auf eigene Gefahr, Bauern und jüdische Händler, CVZ, Nr. 12, 21. 3. 1935; zu den anhaltenden Geschäftsbeziehungen zwischen jüdischen Händlern und Landwirten nach 1933 vgl. Stefanie Fischer, Ökonomisches Vertrauen. Jüdische Viehhändler in Mittelfranken, 1919–1938, Göttingen 2014, S. 230–234.

Fällen ohne zusätzliche Erklärungen seitens der CV-Redaktion erschienen, wurde in anderen Fällen bewusst ein Kommentar ergänzt. So im Falle einer Ausgabe des *Stürmers*, welche die CVZ im Januar 1935 analysierte.[316] Darin ging es unter anderem um eine Fotografie, die während eines Kindergeburtstages entstanden war. *Der Stürmer* hatte das Bild mit der Anmerkung veröffentlicht, dass sich unter der Geburtstagsgesellschaft „auch eine Volljüdin" befand. Mit dem Hinweis darauf, dass es sich beim Vater der Gastgeberin um einen SA-Führer handelte, erkannte *Der Stürmer* hierin ein besonders drastisches Beispiel von vergessenem „Rassestolz". Für die CVZ dagegen stellte das Bild den Beweis dar, dass „Kameradschaftlichkeit eben doch möglich ist". Dieser Kommentar deutet an, was die CVZ grundsätzlich mit der Wiedergabe von Berichten bezweckte, in denen Nichtjuden für ihren Handel oder ihre Freundschaft mit deutschen Juden beschimpft, bestraft und öffentlich angeprangert wurden. Denn sämtliche dieser Beanstandungen seitens nationalsozialistischer Organisationen und Publikationen belegten letztlich auch, dass die antisemitische Propaganda der Nationalsozialisten durchaus nicht die gesamte deutsche Bevölkerung durchdrungen hatte. Dass als Beleg hierfür gerade die Negativdarstellungen aus der nationalsozialistischen Presse genutzt wurden, hatte vor allem praktische Gründe. Ein selbst verfasster Artikel, der das Fortbestehen der Beziehungen zwischen jüdischen und nichtjüdischen Deutschen hervorhob, hätte schwerlich die Nachzensur passiert. Im Gegensatz dazu stellte die weitgehend unkommentierte Wiedergabe von Berichten für die jüdische Presse keine Gefahr dar.[317] Nachdem auch die *Frankfurter Zeitung* dazu überging, von Berichten über die Lage der deutschen Juden abzusehen[318], bildeten diese negativen Berichte der nationalsozialistischen Presse paradoxerweise die letzten öffentlichen Hinweise auf die fortbestehenden Beziehungen zwischen Juden und Nichtjuden in Deutschland. Gleichzeitig verdeutlichten die in den Berichten angedrohten Maßnahmen, die zur vollständigen Segregation führen sollten, wie prekär es um den Erhalt dieser Beziehungen stand. Allein die Seltenheit dieser Berichte kann als Belege dafür gelesen werden, mit welcher Schnelligkeit die Dissoziation von jüdischen und nichtjüdischen Lebenswelten unter nationalsozialistischer Herrschaft erfolgte.

Nichtsdestotrotz nahmen zumindest während der ersten Jahre des nationalsozialistischen Regimes die Beschreibung der Beziehungen zur nichtjüdischen Bevölkerung in den Berichten der Ortsgruppen eine zentrale Stelle ein. Sie fungierten damit nicht nur als Kontrapunkt zu den Schilderungen des oftmals unerbittlichen Aktionismus der örtlichen Parteiorganisationen. Die Berichte zeigen auch,

[316] Hier und im Folgenden: Eine Nummer des Stürmers, CVZ, Nr. 4, 24. 1. 1935.

[317] Vgl. zum Zeitungsverbot aufgrund von Kommentierungen Kap. III.1.2. 1937 wurden die Kommentierungen der deutschen Presse insgesamt verboten, vgl. Freeden, Presse, S. 21.

[318] Aufgrund ihrer „Auslandswirkung" konnte die FZ den Gleichschaltungsprozess länger hinauszögern als die übrige deutsche Presselandschaft. Bereits in der zweiten Jahreshälfte von 1933 ging auch sie dazu über, Ausschreitungen gegen Juden unkommentiert wiederzugeben; vgl. Günter Gillessen, Auf verlorenem Posten. Die Frankfurter Zeitung im Dritten Reich, Berlin 1987, S. 220 f.; Longerich, „Davon haben wir nichts gewusst!", S. 83.

wie das Verhalten der nichtjüdischen Bevölkerung durch die Mitarbeiter und Mitglieder des CV wahrgenommen und erklärt wurde.

Ende November 1933 wandte sich der Kaufhausbesitzer Paul Slotowski aus Treuenbritzen an den CV und erbat sich Hilfe bei der Abwehr eines Boykotts, zu dem die Leiterin der örtlichen NS-Frauenschaft ihre Mitglieder aufgerufen hatte. Bei diesen handelte es sich „zum Teil [um] alte, gute Kunden", die den Aufruf – zumindest gegenüber dem Geschäftsinhaber – nicht billigten. Sie waren es auch, die Slotowski empfahlen, sich mit einer Beschwerde an die Gauleiterin zu wenden.[319] Dass jüdische Geschäftsleute durch ihre Kundschaft über bevorstehende Boykotte oder über die Verschärfung antisemitischer Aktionen erfuhren, war keine Seltenheit. In Ulm überließ eine Kundin einem Geschäftsinhaber das Schreiben der NS-Frauenschaft, das ihr mit Ausschluss drohte, sollte sie ihre Einkäufe in seinem Geschäft fortsetzen.[320] Auch die jüdische Gemeinde von Lauterbach war vonseiten Dritter frühzeitig über die Vorbereitung eines „passiven Boykotts" informiert worden. Hier hatte der Bürgermeister und Ortsgruppenführer am 1. Dezember an sämtliche nichtjüdische Geschäftsbesitzer ein Schreiben versandt, in dem er den Betreffenden zehn Tage für die Entscheidung ließ, ihre Verkäufe und Dienstleistungen gegenüber deutschen Juden einzustellen und vor ihrem Haus das Schild „Juden unerwünscht" anzubringen.[321] Nur vier Tage später befand sich eine Abschrift dieses Briefes im Besitz des CV-Landesverbandes Hessen, versehen mit der dringlichen Bitte, es unter keinen Umständen in die Hände der Behörden gelangen zu lassen, um „keinerlei weitere Unannehmlichkeiten zu riskieren".[322]

Die Berichte von Anwohnern und CV-Mitarbeitern, die sich vor Ort über Ausschreitungen und Boykotte informierten, vermitteln oftmals ein beklemmendes Bild vom Ausmaß, das die Ausgrenzungen in Kleinstädten und Ortschaften erreichte.[323] Allerdings fehlte nur in seltenen Fällen der Hinweis darauf, dass diese Aktionen nicht dem Interesse oder Wunsch der Bevölkerungsmehrheit entsprachen. Als Belege hierfür wurden Aufrufe und Drohungen aus den Gemeinden zusammengetragen, die sich an jene „Volksgenossen" richteten, „die noch mit Juden

319 Slotowski an CV-Zentrale, 28. 11. 1933, CVA 2809, Bl. 261.

320 Weil an CV-Zentrale, 24. 12. 1934, CVA 2809, Bl. 24–28. Ein ähnliches, ebenfalls individualisierbares Schreiben von der Deutschen Arbeiterfront (DAF) ermahnte Eltern, ihre Kinder vom Einkauf in jüdischen Geschäften abzuhalten, vgl. Schreiben der DAF des Kreises Schlüchtern, 9. 9. 1935, CVA 224, Bl. 125.

321 Rundschreiben Lauterbach, 1. 12. 1936, CVA 2556, Bl. 369.

322 Israelische Religionsgemeinde Lauterbach an CV-Landesverband Hessen, 5. 12. 1936, ebd., Bl. 368. Die von dem Bürgermeister eingeforderten Maßnahmen setzten unmittelbar ein. So konnte David Weinberg bereits Ende des Monats sein Auto nicht länger in Lauterbach reparieren lassen. Die Verkaufsabteilung der Opelwerke sprach ihm hierüber ihr „Bedauern" aus und betonte, dass ihr Händler „nicht von sich aus zu diesen Einstellungen" gelangt war. Nichtsdestotrotz setzten sie sein Verständnis darüber voraus, dass sich die betreffende Firma „sich nicht so ohne weiteres über diese Erklärung hinwegsetzen kann", und empfahlen die Reparatur in einer größeren Stadt, Adam Opel Aktiengesellschaft an David Weinberg, 30. 12. 1936, ebd., Bl. 361.

323 Vgl. exemplarisch den Bericht des Landesverbandes Hessen-Nassau an CV-Zentrale, 26. 9. 1935, CVA 224, Bl. 98–102.

Verkehr pflegen". Berichte über die Konsequenzen eines Zuwiderhandelns trafen beim CV ebenfalls aus verschiedenen Regionen Deutschlands ein. Sie umfassten ein öffentliches Anprangern, den Entzug von Gemeindearbeit und -land sowie von Wohlfahrtsunterstützung, Parteiausschluss, Geldstrafen und die Aussicht darauf, von den nächsten Boykottmaßnahmen ebenfalls betroffen zu sein.[324] Die Vielfalt der Sanktionsmöglichkeiten belegt nicht allein die Willkür, mit der sich radikale Antisemiten über die Vorgaben des Reichswirtschaftsministeriums hinwegsetzten. Sie konnten sowohl den ortsansässigen Mitgliedern wie den Mitarbeitern der CV-Zentrale in Berlin als Begründung dafür dienen, warum der Boykott und damit die wirtschaftliche und gesellschaftliche Ausgrenzung häufig so erfolgreich verlief. Die Berichte ließen zumindest keinen Zweifel daran, dass es ohne diese drastischen Maßnahmen nicht zu einer derartigen Erosion, zumindest der wirtschaftlichen Beziehungen von jüdischen und nichtjüdischen Deutschen gekommen wäre.[325] Dies spiegelte sich auch in den Beschreibungen des Verhaltens der nichtjüdischen Bevölkerung. Immer wieder nannten die Mitglieder der Ortsgruppen Furcht und Einschüchterung als zentrale Gründe, die nicht nur zu einem dauerhaften Ausbleiben der Kundschaft, sondern auch zu der Weigerung führten, weiterhin an Juden zu verkaufen.[326]

Die Berichte über Durchführung und Fortdauer der Boykottbewegung wurden oft durch weitere Vorfälle in den jeweiligen Gegenden ergänzt. Auch in diesen Fällen kamen die Darstellungen auf die Reaktion der nichtjüdischen Bevölkerung zurück. In Holzheim bei Gießen zeigte sich laut Bericht die gesamte Bevölkerung im Sommer 1934 „empört" über nächtliche Ausschreitungen, bei denen mehrere Fensterscheiben jüdischer Geschäfts- und Privathäuser zerstört worden waren. Auch über den Haupttäter schien Einigkeit zu herrschen. Es handelte sich um den örtlichen SA-Führer, der die ihm anvertraute Jugend „verführt" und zu diesen Verbrechen angestiftet hätte.[327] Den Berichterstattern des CV entging nicht, dass sie von den Ortsansässigen immer wieder darüber „versichert" wurden, dass derartige Ausschreitungen ausschließlich auf die Taten Jugendlicher zurückführen waren. Verifizieren ließen sich diese Vermutungen nur in Ausnahmefällen, in der Mehrheit der Berichte fand sich lediglich der Hinweis, dass sich zu den Tätern „ins Einzelne gehende Angaben" nicht machen ließen.[328]

Da die Berichte potenziell immer auch als Grundlage für Interventionen des CV bei staatlichen Stellen herangezogen werden konnten, ist es naheliegend, dass die häufigen Verweise auf die Einstellung der Bevölkerung vor allem nachweisen

324 Vgl. Ortsgruppe Frankfurt am Main an CV-Zentrale, 16. 8. 1935, CVA 224, Bl. 158; Landesverband Hessen-Nassau an CV-Zentrale, 26. 9. 1935, ebd., Bl. 101; Landesverband Mitteldeutschland an CV-Zentrale, 2. 10. 1935, CVA 243, Bl. 56–58; Ortsgruppe Stettin an CV-Zentrale, ebd., Bl. 347–349.

325 Landesverband Hessen-Nassau an CV-Zentrale, 26. 9. 1935, CVA 224, Bl. 103.

326 Vgl. ebd.; Lewin Soldin an CVZ, 17. 6. 35, CVA 243, Bl. 125.

327 Reis an Hessische Staatspolizei, 18. 7. 1934, CVA 2556, Bl. 216. Am 30. September 1934 erhielt Rechtsanwalt Reis die Mitteilung, dass sich die Täter „trotz eingehender und sorgfältiger polizeilicher Ermittlungen" nicht hatten feststellen lassen. Ebd., Bl. 212.

328 Ortsgruppe Frankfurt am Main an CV-Zentrale, 30. 8. 1935, CVA, Bl. 148–150.

sollten, dass ein strengeres Vorgehen gegen die örtlichen Boykottmaßnahmen und Ausschreitungen nicht allein im Interesse der jüdischen Minderheit lagen. Das Ziel der Verfasser war es aber auch, „überhaupt ein Bild von der Situation in den betroffenen Gebieten zu geben, auch dort, wo die Verhältnisse nicht allzu sehr zugespitzt sind".[329] Die Berichte dienten dementsprechend auch der vereinsinternen Bewertung der Situation. In Bezug auf Einstellung und Verhalten der nichtjüdischen Bevölkerung konnten aus den zahlreichen Schreiben von CV-Mitarbeitern und Privatpersonen vor allem zwei Schlüsse gezogen werden. Wie erwähnt, legten die Berichte erstens nahe, dass zumindest ein Teil der Bevölkerung den antisemitischen Maßgaben nicht aus Überzeugung, sondern auf Druck der örtlichen Parteibasis nachgab. Ähnlich wie andere zeitgenössische Berichte, die sich um ein Stimmungsbild „der" deutschen Bevölkerung bemühten, lässt sich in diesem Zusammenhang nicht eindeutig feststellen, wie sehr das Bild des furchtsamen, eingeschüchterten Deutschen, der sich nur widerwillig den nationalsozialistischen Maßgaben fügte, den Interpretationen der ortsansässigen jüdischen Bevölkerung entsprach.[330] In diesem Sinne kann der Verweis auf die „verführt[en]" Jugendlichen als Argument gewertet werden, um das antisemitische Gewaltpotenzial in der Bevölkerung zu marginalisieren. Die Darstellungen stimmen allerdings im Tenor mit einer Reihe von Stimmungs- und Lageberichten, insbesondere für das Jahr 1935, überein, in denen die Ablehnung der Bevölkerung gegenüber Boykottmaßnahmen und Ausschreitungen durchaus registriert wurde.[331] Inwiefern die Kundinnen, welche jüdischen Händlern von ihren Ermahnungen durch die NS-Frauenschaft berichteten, lediglich Ausnahmen bildeten oder die Berichterstatter des CV die Indifferenz der nichtjüdischen Bevölkerung mit „Furcht" verwechselten, hat jedoch keinen Einfluss auf den zweiten Schluss, der sich aus den Beobachtungen vor Ort ziehen lässt. Aus sämtlichen Berichten ging nämlich deutlich hervor, dass letztlich sämtliche Interventionen gegen Boykottmaßnahmen und Ausschreitungen von jüdischer Seite initiiert werden mussten. Auch wenn Nichtjuden jüdische Händler oder Ortsansässige über Boykottaufforderungen informierten, Hinweise darauf gaben, an welche Instanzen sie sich mit ihrem Protest wenden könnten und ihr Bedauern über die Situation zum Ausdruck brachten[332], so bestand nie der Zweifel, dass es zu konkreten Hilfsangeboten, Unterstützungen oder einem selbstständigen Vorgehen gegen diese Entwicklungen auf nichtjüdischer Seite nicht kommen würde.

Die Berichte spiegelten damit nicht nur die Einschätzungen über die Einstellung und Handlungsmotivation der nichtjüdischen Bevölkerung während der

[329] Ebd.

[330] Vgl. die quellenkritischen Anmerkungen bei Longerich, „Davon haben wir nichts gewusst!", S. 28–38.

[331] Vgl. ebd., S. 85–91; zu negativeren Einschätzungen über die Motivationen der Bevölkerung vgl. David Bankier, Die öffentliche Meinung im Hitler-Staat. Die Endlösung und die Deutschen. Eine Berichtigung, Berlin 1995, S. 102f.; Ian Kershaw, The Persecution of the Jews and German Popular Opinion in the Third Reich, in: LBYB 26 (1981), S. 261–289, hier S. 268.

[332] Vgl. Landesverband Ostpreußen an CV-Zentrale, 16. 2. 1934, CVA 2809, Bl. 190.

ersten Jahre des Nationalsozialismus.[333] An ihnen lassen sich auch Erwartungen ablesen, die im Idealfall gegenüber den nichtjüdischen Deutschen gehegt werden konnten. Im Verlauf der 1930er Jahre gehörten Gewalttaten, Ausschreitungen und der aktive wie passive Boykott bald zum Erfahrungsraum jüdischer Deutscher. Die vereinzelten positiven Begegnungen mit Nichtjuden sowie die Annahme über deren Einschüchterung und Furcht vor den Nationalsozialisten konnten in diesem Zusammenhang als Rückversicherung darüber dienen, dass Teile der deutschen Bevölkerung den antisemitischen Maßnahmen ablehnend gegenüberstanden. Diese Rückversicherungen blieben jedoch ausschließlich ideeller Natur. Auch wenn Kundinnen ihre Rückkehr am Ende des Boykotts in Aussicht stellten oder sich in der Bevölkerung Empörung über tätliche Angriffe regte, waren diese Bekundungen nicht mit der Motivation verbunden, hiergegen einzuschreiten. Die Berichte machten somit vor allem frühzeitig deutlich, dass an eine Intervention von nichtjüdischer Seite gegen die zahlreichen Formen antisemitischer Gewalt während der dreißiger Jahre keine Erwartungen geknüpft werden konnte.

Bezeichnenderweise erfüllten die in den Berichten geschilderten Verhaltensweisen der nichtjüdischen Bevölkerung in Grundzügen nach wie vor die argumentative Funktion, die der Verweis auf den „anständigen" Deutschen bereits während der Weimarer Republik inne gehabt hatte. Auch hier hatte der Rekurs auf die „gerecht fühlende", nichtjüdische Mehrheit vor allem als Rückversicherung über deren Ablehnung von Nationalsozialismus und Antisemitismus gedient, aus der sich jedoch keinerlei konkrete Erwartungshaltung ableiten ließ.

In der jüdischen Presse fanden sich derartige Überlegungen und Interpretationen zum Verhalten der nichtjüdischen Bevölkerung freilich nicht mehr. Erschienen Artikel mit Bezug zur deutschen Mehrheitsbevölkerung überhaupt noch, so handelte es sich um die oben bereits erwähnten Negativdarstellungen aus der nationalsozialistischen Presse sowie um vereinzelte Berichte über das polizeiliche Einschreiten gegen Boykotte und Friedhofsschändungen. Diese Marginalisierung lässt sich maßgeblich auf die Sorge vor der Nachzensur zurückführen. Sie dürfte jedoch auch der Ansicht großer Teile der Leser- und Mitgliederschaft entsprochen haben, die nun bewusst jeden Bezug zur nichtjüdischen Umwelt in der CVZ ausgespart wissen wollte.[334] Anlässlich der Umbenennung des CV in *Jüdischer Cen-*

[333] Frank Bajohr, German Responses to the Persecution of the Jews as Reflected in Three Collections of Secret Reports, in: Susanna Schrafstetter/Alan Steinweis (Hrsg.), The Germans and the Holocaust. Popular Responses to the Persecution and Murder of the Jews, New York/Oxford 2016, S. 41–57, hier S. 45–49; Wolf Gruner, Indifference? Participation and Protest as Individual Responses to the Persecution of the Jews as Revealed in Berlin Police Logs and Trial Records, 1933–45, in: ebd., S. 59–84, hier S. 65–68.

[334] Exemplarisch hierfür ist die Auseinandersetzung über die Aufnahme von Inseraten von Nichtjuden in die CVZ, vgl. Rundfrage der CV-Zentrale an Mitglieder des Verbandsausschusses, 11. 7. 1934, CVA 1813, Bl. 118. Auch andere jüdische Zeitungen nahmen bis Ende 1934 weiterhin Annoncen von Nichtjuden mit auf, vgl. Anna Ullrich, Die Hauptthemen und Handlungsspielräume der jüdischen Presse im Dritten Reich am Beispiel der Jüdischen Rundschau (JR) 1933–1935, unveröff. Magisterarbeit, Universität Trier 2011, S. 43.

tralverein im August 1936 fasste der Vorsitzende, Ernst Herzfeld, diese Entwicklung allgemein zusammen:

„Stark hat sich unser Verhältnis zur deutschen Umwelt gewandelt [...] darüber hinaus hat sich die Einstellung zu uns entscheidend verändert. Diese Tatsachen haben unser Denken, Fühlen und Handeln neu bestimmt. Es wäre unwürdig und töricht, wollten wir dieses Erlebnis nicht in seiner vollen Tragweite erfassen."[335]

Zu diesen „entscheidend verändert[en]" Einstellungen gehörte auch, dass sich die NS-Terminologie den „anständigen Deutschen" vollends angeeignet hatte. Dieser zeichnete sich nun vornehmlich dadurch aus, dass er die „Unanständigkeit" der Juden erkannt habe.[336]

Zwischenbetrachtung (III)

Auf den vorangegangenen Seiten ist der tiefe Einschnitt deutlich geworden, den Hitlers Ernennung zum Reichskanzler am 30. Januar 1933 bedeutete. Gleichzeitig konnte herausgearbeitet werden, dass die deutsch-jüdischen Vereine verschiedentlich auf Erfahrungswerte aus der Zeit der Weimarer Republik ebenso wie der des Weltkrieges zurückgriffen. Dies galt für Verhaltensempfehlungen ebenso wie für ihre Funktion als Auskunfts- und Beschwerdeinstanz.

Diese Kontinuitäten ermöglichen Erklärungsansätze für bestimmte Entscheidungen und Verhaltensweisen der jüdischen Minderheit im nationalsozialistischen Deutschland. Dass beispielsweise zahlreiche jüdische Mitglieder unmittelbar nach der Einführung des Arierparagraphen aus den jeweiligen Vereinen austraten und nicht erst auf ihren Ausschluss warteten, ging auf eine Praktik zurück, die CV und RjF bereits während der Weimarer Republik empfohlen hatten. Auch die Tatsache, dass der CV die Initiativen der Reichsvertretung unterstützte, möglichst vielen Kindern den Besuch in jüdischen Schulen zu ermöglichen, lässt sich auf die Erfahrungen und Einschätzungen aus der Weimarer Republik zurückführen. Bereits während der 1920er Jahre hatte sich innerhalb des CV wie des *Jüdischen Frauenbundes* die Ansicht durchgesetzt, dass auch das vorbildlichste Verhalten jüdischer Kinder letztlich nicht zu einer Überwindung der antisemitischen Stereotype ihrer Umgebung führte. Dementsprechend sollte jüdischen Kindern, soweit dies möglich war, die Auseinandersetzung mit nationalsozialistischen Mitschülern und Lehrern nicht länger zugemutet werden.

Zweifellos wurden die Interventionsmöglichkeiten deutsch-jüdischer Vereine unter der nationalsozialistischen Regierung drastisch eingeschränkt. Nichtsdestotrotz blieb die Funktion als Austausch-, Beschwerde- und Bewältigungsinstanz, gerade im Falle des CV, zunächst erhalten. Ein Blick in die Leser- und Mitgliederzuschriften zeigt die unterschiedlichen Erwartungen, die an den Verein gerichtet

[335] Ernst Herzfeld, Jüdischer-Centralverein, e.V., CVZ, Nr. 33, 13. 8. 1936.

[336] Anstand, CVZ, Nr. 12, 21. 3. 1935; allgemein zur Bedeutung moralischer Begriffe in der NS-Ideologie vgl. Raphael Gross, Anständig geblieben. Nationalsozialistische Moral, Frankfurt am Main 2010, S. 8–13.

wurden. In einer Zeit, in der bereits ein zu deutlich geäußertes Bekenntnis zu Deutschland strafrechtliche Konsequenzen nach sich zog, beschränkte sich die Unterstützung, die der CV seinen Mitgliedern zukommen lassen konnte, zunehmend auf „seelsorgerische" Aspekte. Der Begriff der „Seelsorge", der in den Quellen immer wieder auftaucht, könnte dabei leicht als Worthülse abgetan werden. Allerdings belegt auch hier der Blick in die Vereinsarbeit vor 1933, dass die Anfragen, Berichte und Beschwerden, mit denen sich die Mitglieder an die Vereine wandten, nur selten zu konkreten Interventionen führten. Auch hier war es vor allem der Austausch über antisemitische Erfahrungen selbst, der den Einsendern die Möglichkeit zur Selbstbestätigung und Artikulation ihrer Wut, Fassungslosigkeit und Enttäuschung bot.

Zu dieser „seelsorgerischen" Funktion gehörte nach 1933 auch, die politischen und gesellschaftlichen Entwicklungen mit, mehr oder weniger sinnstiftenden, Lesarten zu versehen. Vor diesem Hintergrund konnte auch das Verhältnis zur nichtjüdischen Bevölkerung neu bewertet werden. Das jüdische Leben unter nationalsozialistischer Herrschaft wurde nicht nur mit biblischen Herausforderungen und Tragödien gleichgesetzt. Insbesondere der *Reichsbund jüdischer Frontsoldaten* griff auf die unmittelbare Vergangenheit zurück und zog Parallelen zwischen der Weltkriegserfahrung und dem Leben im nationalsozialistischen Deutschland. Die *Usabel Immediate Past* bot dabei die Möglichkeit, die Kameradschaft jüdischer und nichtjüdischer Soldaten in einem idealisierten Licht zu betrachten und Letztere – 1933 genauso wie 1918 – von überzeugten judenfeindlichen Einstellungen freizusprechen.

Interne Lageberichte des CV ebenso wie vereinzelte Notizen auf den Seiten des Vereinsorgans scheinen dieses Bild zu bestätigen. Gerade in den Berichten wurden immer wieder die Methoden hervorgehoben, mit denen nationalsozialistische Organisationen sämtliche Personen einschüchterten, die weiterhin Kontakt zu jüdischen Deutschen unterhielten. Dieser Umstand konnte durchaus als Vergewisserung darüber genutzt werden, dass die nichtjüdische deutsche Bevölkerung mit den antijüdischen Maßnahmen des Regimes nicht übereinstimmte. Gleichzeitig bestätigte ihre Inaktivität den zentralen und zeitlich konsistenten Aspekt des Erwartungsmanagements deutsch-jüdischer Vereine: sämtliche Erwartungen an eine Intervention der Mehrheitsgesellschaft zugunsten der jüdischen Minderheit beständig zu dämpfen.

Schlussbetrachtung

Lange Zeit stand bei der Forschung über die deutsch-jüdischen Vereine die Frage nach ihrer ideologischen Ausrichtung und Reaktion auf die Gefahren des Nationalsozialismus im Zentrum des Interesses. Dies galt insbesondere für den *Centralverein deutscher Staatsbürger jüdischen Glaubens,* der – je nach Schwerpunktsetzung – als „Abwehrverein“ gegen den Nationalsozialismus, „Gesinnungsverein“ für das jüdische Leben in Deutschland oder Hort der Pflege von Deutschtum und Judentum gewertet wird. Dieser Fokus verstellt jedoch den Blick auf die Tatsache, dass sämtliche deutsch-jüdischen Vereine – allen voran der CV, aber auch der *Verein der deutschen Juden,* der *Reichsbund jüdischer Frontsoldaten* und der *Jüdische Frauenbund* – die Überzeugung teilten, dass es, trotz gegenteiliger Proklamationen, zu einer politischen und gesellschaftlichen Gleichberechtigung deutscher Juden weder 1914 noch 1918 gekommen war. Vor diesem Hintergrund fragte diese Untersuchung weniger nach der ideologischen Ausrichtung der Vereine, sondern richtet ihr Interesse auf ihre Funktion als Auskunfts- und Beschwerdestelle. Im Mittelpunkt stand somit die Frage, wie deutsch-jüdische Vereine auf die zahlreichen Erwartungen reagierten, die ihre Mitglieder an sie richteten, wie sie diese beeinflussten und wieweit sich dieser Austausch auf die Selbstkonzeption der Vereine auswirkte. Die Untersuchung unterschiedlicher Kommunikationsräume, in denen diese Aushandlungsprozesse stattfanden, ebenso wie der Untersuchungszeitraum, der sich vom Ersten Weltkrieg bis zum Verbot nach dem Novemberpogrom 1938 erstreckt, sollte es dabei erlauben, nach Divergenzen, Kontinuitäten und Brüche im Erwartungsmanagement deutsch-jüdischer Vereine zu fragen. Aufgrund dieser Herangehensweise kommt die vorliegende Studie zu drei zentralen Schlüssen.

Das Austarieren von „großen Erwartungen“ und „großen Enttäuschungen“

Wenn heute auch umstritten ist, welche Folgen die „Judenzählung“ im Erfahrungsraum jüdischer Soldaten einnahm, wirkte sie sich maßgeblich auf das Erwartungsmanagement deutsch-jüdischer Vereine aus. Wenig Zweifel besteht darüber, dass die jüdische Presse zu Beginn des Ersten Weltkrieges einstimmig ihre Leser zu einer, wie auch immer gearteten Beteiligung am Kriegsgeschehen aufrief. Allerdings setzten zeitgleich Maßnahmen, wie die möglichst umfassende statistische Erhebung über die jüdische Kriegsbeteiligung, ein, die – falls später einmal notwendig – den Einsatz der jüdischen Minderheit belegen sollten. Darüber hinaus waren CV und VdJ frühzeitig durch Feldrabbiner und Soldaten darüber informiert, dass das „Kaiserwort“ in Bezug auf die jüdische Gleichstellung und die fortgesetzte Agitation radikaler Antisemiten seine Grenzen hatte. Auf den Seiten der IdR kamen diese Entwicklungen, nicht zuletzt aufgrund des postulierten „Burgfriedens“ lediglich in vereinzelten Notizen zum Ausdruck. Die Anordnung zur „Judenzählung" traf das deutsche Judentum gleichsam unvorbereitet. Während Vertreter von CV und VdJ mit dem Kriegsministerium über eine Rücknahme, Ergänzung oder zumindest eine öffentliche Stellungnahme gegen die Anordnung verhandelten, richteten sich die empörten und enttäuschten Reaktionen über die Anordnung zunehmend auch gegen die deutsch-jüdischen Vereine. Mitglieder wie Privatpersonen erwarteten von CV und VdJ eine öffentliche Verurteilung der Zählung. Dies wurde jedoch aus strategischen Gründen von beiden Vereinsführungen abgelehnt.

Die ausbleibenden Reaktionen auf die Zählung – abgesehen von den wenig aussagekräftigen Äußerungen Kriegsministers von Stein – hatte zwei Folgen: Zum einen diente der Verweis auf die „Judenzählung" bald unabhängig von ihren konkreten Folgen als emotional aufgeladene Chiffre, in der sich sämtliche negative Erfahrungen des Kriegserlebnisses bündeln ließen. Damit bildete sich bereits vor Kriegsende der Dreischritt des jüdischen Kriegsnarrativs – große Erwartung zu Kriegsbeginn – große Enttäuschung durch die „Judenzählung" – Bewusstseinswandel – heraus.

Zum anderen zogen auch die deutsch-jüdischen Organisationen unmittelbare Konsequenzen aus der Tatsache, dass offenbar die zu Kriegsbeginn gehegten Hoffnungen maßgeblich zur Enttäuschungserfahrung der „Judenzählung" beigetragen hatten. Diese Beobachtung wirkte sich maßgeblich auf den Seiten von IdR und später CVZ aus: von nun an gehörte das Dämpfen von Erwartungen und der Verweis auf die Gefahren des Antisemitismus ebenso zum Repertoire der Berichterstattung wie die Forderung, jeder Resignation entgegenzuarbeiten und wahlweise an einen „illusionslosen", „tatkräftigen" oder „jüdischen" Optimismus zu appellieren. Dieses Nebeneinander hat sich der Forschung oftmals als publizistisches Paradoxon dargestellt und konnte – gerade bei der Analyse der „Wahl- und Krisenjahre" –, je nach interpretatorischem Bedarf als Schönfärberei, Schwarzseherei oder Hellsichtigkeit gewertet werden. Dabei bildete das Hervorheben negativer Berichte bei einem gleichzeitigen Propagieren positiver Arbeit einen integrativen Bestandteil des öffentlichen Erwartungsmanagements des CV.

Die Erwartungen der Mitglieder – Selbst- und Fremdführung

Die Notwendigkeit der Erwartungsdämpfung kennzeichnete auch den vereinsinternen Austausch. Dies lag zum einen an den zahlreichen, häufig widersprüchlichen Wünschen, Eingaben und Forderungen, die sich mit den Einsendungen an den Verein verbanden. Darüber hinaus finden sich gerade für die Zeit der Weimarer Republik für beinah jeden Bericht, der sich über eine antisemitische Erfahrung beklagte, auch eine Darstellung, die eine derartige Erfahrung zwar nicht verneinte, sie jedoch als durchaus zumutbar beschrieb. Insbesondere am Beispiel der Aushandlungsprozesse über die vom CV herausgegebenen Bäderlisten, wurden dabei die Versuche der unterschiedlichen Akteure sichtbar, die Selbstführung im Umgang mit antisemitischen Erfahrungen auch auf den Verein zu übertragen. Für die Reaktionen und Bewältigungsstrategien, die der CV jeweils offerierte, spielte diese unterschiedliche Wahrnehmung durchaus eine Rolle. Von größerer Bedeutung war jedoch, dass für eine Ahndung der geschilderten Vorfälle keinerlei verlässliche, rechtliche Handhabe existierte, die ein erfolgreiches Vorgehen garantiert hätte. Dementsprechend beschränkten sich die Auskünfte des CV auf Verhaltens- und Gefühlsempfehlungen, die von dem Anraten, bestimmte Erfahrungen nicht zu ernst zu nehmen, bis zur Forderung nach einem selbstbewussteren Auftreten reichten.

Folglich kam dem Austausch mit Mitgliedern bereits vor 1933 häufig eine „seelsorgerische" Funktion zu. Konkrete Handlungsmöglichkeiten standen nicht zur Verfügung, der Verein wurde vielmehr als Ort der Aussprache, Kritik und Rückversicherung über die eigene Position wahrgenommen. Dieser „seelsorgerische" Charakter verstärkte sich deutlich nach 1933, als auch der bisherige Handlungsspielraum des CV sich immer mehr verkleinerte. Während die Frage nach einem angemessenen Umgang mit antisemitischen Erfahrungen unter einem Regime, das den Antisemitismus zur Staatsdoktrin erhoben hatte, zunehmend obsolet schien, verschob sich auch der Fokus der vereinsinternen Diskussion. Die widerstreitenden Einschätzungen über den Umgang mit dem NS-Regime, die frühen Forderungen nach einer verstärkten Berichterstattung über Palästina und die philosophische Auseinandersetzung über „Deutschtum und Judentum" verdeutlichten dabei nicht nur das breite Meinungsspektrum, das die Mitglieder des CV vertraten. Es zeigt auch, dass der CV zur Aufrechterhaltung des Kontakts mit seinen Mitgliedern durchaus bereit war, die eigene ideologische Flexibilität deutlich zu erhöhen und so die Möglichkeit der Fremdführung aufrechtzuerhalten.

Der Blick auf die nichtjüdische Gesellschaft

Um zu rekonstruieren, wie Vertreter und Mitarbeiter des CV die nichtjüdische Gesellschaft und deren Haltung zur jüdischen Minderheit wahrnahmen, sind in der vorliegenden Studie die Erwartungen hinterfragt worden, die sich mit der Aufklärungsarbeit verbanden. Der Verweis auf die Verbundenheit mit Deutschland, Deutschtum und den „anständigen" Deutschen hatte, trotz aller ideologischen Abweichungen, immer eine zentrale Rolle in der öffentlichen Darstellung des CV gespielt. Gerade im vereinsinternen Austausch und bei der Organisation der Aufklärungsveranstaltungen konnte die Studie dagegen herausarbeiten, wie niedrig die Erwartungen waren, die sich mit einer „Aufklärung" der nichtjüdischen Gesellschaft verbanden. Eine ähnlich niedrige Erwartungshaltung verband sich mit der Aussicht auf eine Unterstützung von nichtjüdischer Seite bei der Abwehr des Antisemitismus. Dabei zeigte sich an der Verwendung von Begriffen wie „Asemitismus" und „Kryptoantisemitismus", wie deutlich die jüdische Minderheit die vermeintlich „verdeckten", latenten antisemitischen Einstellungen in der Mehrheitsbevölkerung wahrnahmen.

Gerade die Frauengruppen des CV und Vertreterinnen des JFB stellten in diesem Zusammenhang immer wieder fest, dass sich allein aus ihrer Mitarbeit in interkonfessionellen Frauenverbänden nicht notwendigerweise eine Überwindung antisemitischer Stereotype ergab. Und auch die Aufklärungsveranstaltungen von CV und RjF, deren Erfolg auf den Seiten der vereinseigenen Publikationen immer wieder hervorgehoben wurde, machten vor allem die Grenzen deutlich, die deutsch-jüdische Vereine bei ihrem Kontakt mit der nichtjüdischen Umwelt gleichsam antizipierten. Die Erklärungen hierfür waren seitens der Vereine vielfältig: Die Vergiftung durch die nationalsozialistische Propaganda, die Unkenntnis über jüdische Belange – die allgemeine Wirtschaftslage. Derartige Interpretationen zum Verhalten der nichtjüdischen Bevölkerung endeten zumeist mit dem Appell, sich notwendigerweise an der Aufklärungsarbeit des CV, des RjF und auch des JFB zu beteiligen. Sie können jedoch gleichsam als vorweggenommene Warnung betrachtet werden, die Erwartungen an einen Austausch mit der nichtjüdischen Bevölkerung nicht zu hoch zu stecken.

Vor diesem Hintergrund lassen sich schließlich auch die Berichte lesen, die bei der CV-Zentrale seitens der Ortsgruppen und Landesverbände nach 1933 eingingen und die von der immer isolierteren Position jüdischer Deutscher, gerade in kleineren Gemeinden berichteten. Auch hier fehlte nicht der Verweis darauf, dass ein großer Teil der nichtjüdischen Bevölkerung sich nur widerwillig und ängstlich den Anordnungen der neuen Machthaber füge.

Historiker führen weiterhin eine Auseinandersetzung darüber, inwieweit die nationalsozialistische Judenverfolgung von der deutschen, nichtjüdischen Bevölkerung akzeptiert, verurteilt oder indifferent betrachtet wurde. Die vorliegende Studie, die auch explizit nach der Wahrnehmung der nichtjüdischen Gesellschaft durch deutsch-jüdische Vereine gefragt hat, eröffnet einen anderen Blick auf diese Kontroverse. Die internen Berichte, die der CV über die Lage in den unterschiedlichen Gegenden Deutschlands nach 1933 zusammentragen ließ, machte für die Verfasser wie Empfänger vor allem eines deutlich: auch wenn die nichtjüdische Bevölkerung eine kritische Einstellung zu den nationalsozialistischen Machthabern einnahm, leiteten die Berichterstatter des CV keinerlei Erwartungen ab, dass sich etwas an der passiven Haltung der Mehrheitsbevölkerung gegenüber ihren verfolgten jüdischen Mitbürgern ändern würde. Die Ursprünge dieser derart niedrigen Erwartungshaltung gegenüber der nichtjüdischen Bevölkerung begründeten sich jedoch nicht erst in den Erfahrungen nach dem 30. Januar 1933. Denn bereits in den vergangenen Jahren und Jahrzehnten, während des Krieges wie der Demokratie, gehörten die engen Grenzen der Integration, Akzeptanz und Unterstützung von nichtjüdischer Seite bei der Abwehr des Antisemitismus zum Erfahrungsraum deutsch-jüdischer Vereine und ihrer Mitglieder.

Abkürzungen

ADAC	Allgemeiner Deutscher Automobil-Club e.V.
Anm.	Anmerkung
AOK	Armeeoberkommando
AZJ	Allgemeine Zeitung des Judentums
BDF	Bund Deutscher Frauen
betr.	betreffs/betreffend
BJFB	Blätter des Jüdischen Frauenbundes für Frauenarbeit und Frauenbewegung
Bl.	Blatt
BLBI	Bulletin des Leo-Baeck-Instituts
bspw.	beispielsweise
BT	Berliner Tageblatt
CJA	Archiv der Stiftung Neue Synagoge – Centrum Judaicum
CV	Centralverein deutscher Staatsbürger jüdischen Glaubens
CVA	Archiv des Centralvereins
CVZ	Centralvereins-Zeitung
DAF	Deutsche Arbeitsfront
DAZ	Deutsche Allgemeine Zeitung
DDP	Deutsche Demokratische Partei
DDR	Deutsche Demokratische Republik
ders.	derselbe
dies.	dieselbe
DNVP	Deutschnationale Volkspartei
DÖAV	Deutsch-österreichischer Alpenverein
DVP	Deutsche Volkspartei
DVSTB	Deutschvölkischer Schutz- und Trutzbund
ebd.	ebenda
f./ff.	folgende
FZ	Frankfurter Zeitung
Gestapo	Geheime Staatspolizei
Gestapa	Geheimes Staatspolizeiamt
Hrsg.	Herausgeber
Herv. i. O.	Hervorhebung im Original
ICG	Intergovernmental Committee on Political Refugees
IdR	Im deutschen Reich
IF	Israelitisches Familienblatt (Hamburger Ausgabe)
insb.	insbesondere
JFB	Jüdischer Frauenbund
JHGA	Jewish Historical General Archives
JN	Jüdisches Nachrichtenblatt
JR	Jüdische Rundschau

JTA	Jewish Telegraph Agency
Jungdo	Jungdeutscher Orden
KC	Kartell-Convent
KC-Blätter	Kartell Convent-Blätter – Monatsschrift der im Kartell-Convent vereinigten Korporationen
Kap.	Kapitel
k. u. k.	kaiserlich und königlich
KZ	Konzentrationslager
LBI	Leo Baeck Institute Archive (New York)
LBYB	Leo Baeck Year Book
LJM	Liberales Judentum – Monatsschrift für die religiösen Interessen des Judentums
MdR	Mitglied des Reichstages
MdS	Mitteilungen des Syndikus des Centralvereins deutscher Staatsbürger jüdischen Glaubens
MGM	Militärgeschichtliche Mitteilungen
MGWJ	Monatsschrift für Geschichte und Wissenschaft des Judentums
MVAA	Mitteilungen des Vereins zur Abwehr des Antisemitismus
NJM	Neue jüdische Monatshefte
Nr.	Nummer
NS	nationalsozialistisch/Nationalsozialismus
NSKK	Nationalsozialistisches Kraftfahrerkorps
NSDAP	Nationalsozialistische Deutsche Arbeiterpartei
o. Bl.	ohne Blattangabe
OG	Ortsgruppe
o. P.	ohne Paginierung
o. V.	ohne Verfasserangabe
RjF	Reichsbund jüdischer Frontsoldaten
S.	Seite
SA	Sturmabteilung
SPD	Sozialdemokratische Partei Deutschlands
SD	Sicherheitsdienst des Reichsführers SS
sic	wirklich so (lat.)
TU	Technische Universität
u. a.	und andere
u. a. m.	und andere mehr
u. E.	unseres Erachtens
USHMM	United States Holocaust Memorial Museum
VAA	Verein zur Abwehr des Antisemitismus
VdJ	Verband deutscher Juden
VF	Vaterländischer Frauenverein
vgl.	vergleiche
VnJ	Verband nationaldeutscher Juden
Vol.	Volume

VZ	Vossische Zeitung
ZA	Zentralarchiv zur Erforschung der Geschichte der Juden in Deutschland
zit. n.	zitiert nach
ZVfD	Zionistische Vereinigung für Deutschland

Quellen und Literatur

1. Archivalien

Leo Baeck Institute, New York (LBI)

ME 427	Martin May, The First Blitz, 1938
AR 4868	Erich Leyens Collection, 1918–1981
ME 287b	Ernst Herzfeld, Meine letzten Jahre in Deutschland
AR 506	Georg Meyer Collection
AR 485	Arnold Tänzer Collection
F2911	Leopold Rosenak Collection

Neue Synagoge Berlin – Centrum Judaicum (CJA)

Bestand 1 Gesamtarchiv der deutschen Juden

1, 75 C	Organisationen
1, 75 D	Nachlässe

United States Holocaust Memorial Museum, Washington, DC (USHMM)

2008.189.1	Brodnitz Family Collection
2012.469.6	Felix Librarch Family Papers

Wiener Library London

MF Doc 55	Centralverein deutscher Staatsbürger jüdischen Glaubens Records (Sonderarchiv Moskau, Fonds 721)
CVA 14	Zirkularbriefe und Rundschreiben des Centralvereins (1933)
CVA 67	Sammelband von Rundschreiben an die Ortsgruppen vom 15. April 1935 (1935)
CVA 69	Rundschreiben des Präsidiums an die CV-Landesverbände und Beamten des CV (April–Sept. 1935)
CVA 103	Sitzungsprotokolle des Komitees der jüdischen Jugendbünde (1930–1932)
CVA 111	Korrespondenz mit den Vorstandsmitgliedern und den CV-Landesverbänden betr. politische Aufgaben des CV, Druck antinationalsozialistischer Broschüren u. a. Fragen (1930–1933)
CVA 113	Korrespondenz mit den CV-Landesverbänden Ostpreußen, Hessen-Nassau u. a. betr. Aufgaben des CV (1936)
CVA 191	Korrespondenz mit der „Jüdischen brüderlichen Vereinigung", dem „Hilfsverband für Juden in Deutschland" u. a. betr. Organisierung propagandistischer Abende des CV (1936–1938)
CVA 203	Korrespondenz mit CV-Mitgliedern betr. deren Teilnahme an der Arbeit des Präsidiums des CV-Landesverbandes Groß-Berlin (1935–1936)
CVA 224	Korrespondenz mit dem CV-Landesverband Württemberg, der Religionsgemeinde Württemberg u. a. betr. Reise von Vertretern des CV-Büros durch Städte dieser Provinz und ihre schriftlichen Berichte von ihren Reisen (1935–1936)
CVA 229	Korrespondenz mit dem CV-Landesverband Hannover über seine propagandistische Tätigkeit (Jan. 1936–Dez. 1936)

CVA 243	Korrespondenz mit dem CV-Landesverband Pommern betr. Haltung der Bevölkerung und der örtlichen Behörden in dieser Provinz zu den Juden (Juli 1933-Nov. 1935)
CVA 383	Korrespondenz mit der Ortsgruppe Brandenburg betr. Abhaltung von Vorträgen gegen den Antisemitismus (Okt. 1920-Okt. 1933)
CVA 389	Korrespondenz mit dem CV-Landesverband Hannover betr. propagandistische Tätigkeit des CV in Braunschweig (1921-1930)
CVA 532	Korrespondenz mit der Ortsgruppe Hamburg betr. Organisierung von Vorträgen in Frauen- und Jugendgruppen, von Literaturabenden u. a. m. (1925-1927)
CVA 724	Korrespondenz mit dem CV-Landesverband Rheinland-Westfalen betr. Heranziehung der Frauen zur Arbeit in der Ortsgruppe Düsseldorf
CVA 882	Korrespondenz mit dem CV-Landesverband Württemberg und Mitgliedern des CV in Laupheim betr. propagandistische Tätigkeit der Ortsgruppe Laupheim, Übertritt eines Mitglieds dieser Gruppe in eine zionistische Organisation u. a. Fragen (1921-1936)
CVA 1000	Korrespondenz mit dem CV-Landesverband Rheinland-Westfalen und Mitgliedern des CV in Münster und Breslau
CVA 1283	Korrespondenz mit der Ortsgruppe Fürth (Bayern) betr. Abhaltung von Vorträgen gegen den Antisemitismus (1921-1931)
CVA 1370	Korrespondenz mit der Ortsgruppe Stettin betr. Vorträge, die für Frauen dieser Gruppe zu den Themen „Die politische Entwicklung, ihr Einfluss auf das gesellschaftliche Leben und die Schule", „Die Umgebung der jüdischen Kinder", „Die Mutter als Verbreiterin der Ideen des CV" gemacht wurden, u. a. m. (1931-Febr. 1933)
CVA 1455	Korrespondenz mit dem Jüdischen Frauenverband, den CV-Landesverbänden und CV-Mitgliedern u. a. betr. Tätigkeit des Jüdischen Frauenverbandes (1920-1931)
CVA 1457	Korrespondenz mit der Frauengruppe Dresden betr. deren propagandistische Tätigkeit (1929-1932)
CVA 1464	Korrespondenz mit den CV-Landesverbänden und Mitgliedern des CV betr. Arbeit der Frauen im CV (1930-1933)
CVA 1465	Korrespondenz mit dem „Jüdischen Frauenverband" und den CV-Landesverbänden betr. Tätigkeit dieses Frauenverbandes (1930-1938)
CVA 1629	Korrespondenz mit Margarete Fried, Jenny Tschasanowitsch u. a. betr. Artikel in der Zeitung „ Israelitisches Familienblatt" von der Notwendigkeit der Gründung jüdischer Schulen; Vortrag von Margareta Fried betr. ihrer propagandistischen Arbeit unter den Deutschen; diverse Zeitungsnummern der Zeitung „Israelitisches Familienblatt" mit dem obenerwähnten Artikel (1931)
CVA 1646	Korrespondenz mit der CV-Filiale Karlsruhe betr. Vortragsreise von Wiener nach Bayern und ins Land Banden (1933)
CVA 1743	Korrespondenz mit dem Verlag der „Kölner Frauenzeitung" betr. Charakter der in ihr veröffentlichten Artikel; diverse Zeitungsnummern (1929-1933)
CVA 1799	Fragebögen und Briefe an die Leser der CV-Zeitung betr. ihrer Haltung zu dieser Zeitung (1931-1932)
CVA 1803	Briefe von Mitgliedern des CV mit Beurteilungen des Dokumentensammelbands „Haltung der nationalsozialistischen Partei zur jüdischen Frage", der „CV-Zeitung" und der Kartei „Anti-Anti" (1932)
CVA 1813	Korrespondenz mit den Lesern der CV-Zeitung betr. Qualität der in ihr erschienenen Annoncen (1932-1938)
CVA 1827	Korrespondenz mit Lesern der CV-Zeitung betr. Mängel dieser Zeitung (1933-1938)
CVA 1970	Korrespondenz über eine Mitteilung des RJF an alle dessen LVs und Ortsgruppen bezüglich zunehmender Verdrängungstendenzen jüdischer Kriegsveteranen aus ihren Ämtern
CVA 1977	Leitfaden über die Organisation der zentralen Beratungs- und Hilfsstellen
CVA 2084	Bericht über eine Rede von Dr. Brock in Stettin am 16. Januar 1934
CVA 2250	Korrespondenz des CV Berlin und verschiedenen LVs über antisemitische Vorkommnisse
CVA 2251	Korrespondenz des CV Berlin über antisemitische Pamphlete und Schriftstücke

CVA 2292	Korrespondenz des CV Berlin über verschiedene Presseartikel bezüglich des politischen Klimas für die Juden in Deutschland
CVA 2318	Korrespondenz des CV Berlin bezüglich Reiseempfehlungen für jüdische Besucher in Ostseebädern
CVA 2321	Korrespondenz des CV Berlin über Boykottaufrufe jüdischer Geschäfte durch nationalsozialistische Ortsgruppen
CVA 2338	Korrespondenz des CV Berlin über einen Fall der „Rassenschändung" in Jever (Oldenburg)
CVA 2339	Korrespondenz des CV Berlin mit dem LV Nordwestdeutschland (Hamburg) über die Schändung eines jüdischen Friedhofs in Hamburg
CVA 2342	Korrespondenz des CV Berlin über die Aufnahme antisemitischer Gästehäuser aus dem Harz in die Antisemitenliste des CV
CVA 2344	Korrespondenz des CV Berlin über Antisemitismus auf Helgoland
CVA 2349	Korrespondenz des CV Berlin mit judenfeindlichen Pensionswirten über die Antisemitenliste
CVA 2375	Korrespondenz verschiedener LVs des CV über antisemitische Ausschreitungen in Deutschland
CVA 2405	Korrespondenz des CV Berlin über Antisemitismus in Zinnowitz
CVA 2406	Korrespondenz des CV Berlin mit seinen LVs über Antisemitismus in verschiedenen Teilen Deutschlands
CVA 2452	Korrespondenz verschiedener LVs mit dem CV Berlin über den Boykott jüdischer Einzelhandelsgeschäfte
CVA 2556	LV Hessen-Nassau 1935–1938
CVA 2605	LV Nordwestdeutschland, Boykottfälle
CVA 2667	Schüler, Schulen Riesenburg/Westpreußen
CVA 2809	NS-Frauenschaft: Aufrufe, Agitation für den Boykott jüdischer Geschäfte, 1933–1935
CVA 2945	LV Pommern, Boykottfälle
CVA 3032	Versammlungstätigkeit: Anmeldungsvorschriften, Verbote

Zentralarchiv zur Erforschung der Geschichte der Juden in Deutschland, Heidelberg (ZA)

B3/52	Hobohm Antisemitische Vorfälle im Deutschen Heer
B1/33	Synagogengemeinde Münster

2. Zeitungen und Zeitschriften

Allgemeine Zeitung des Judentums
Das Argument. Berliner Hefte für Probleme der Gesellschaft, Nr. 29, Heft 2, 1964, S. 88–104.
Blätter des jüdischen Frauenbundes
Central-Vereins-Zeitung
Im deutschen Reich
Frankfurter Israelitisches Familienblatt
Jüdische Rundschau
Kartell Convent-Blätter: Monatsschrift der im Kartell-Convent vereinigten Korporationen
Liberales Judentum – Monatsschrift für die religiösen Interessen des Judentums
Mitteilungen des Syndikus des Centralvereins deutscher Staatsbürger jüdischen Glaubens
Mitteilungen des Vereins zur Abwehr des Antisemitismus
Monatsschrift für Geschichte und Wissenschaft des Judentums
Der Morgen
Neue jüdische Monatshefte
Der Schild

Süddeutsche Zeitung
Die Welt
Die Zeit
Zeitschrift für die Wissenschaft des Judenthums

3. Gedruckte Quellen

Adler-Rudel, Shalom (Hrsg.), Das Auswanderungsproblem im Jahre 1938. Ein Briefwechsel mit Hans Schäffer, in: Bulletin des Leo Baeck Institute 38/39 (1967), S. 159–215.
Brodnitz, Friedrich/Cohn, Kurt/Tietz, Ludwig, Der Central-Verein der Zukunft. Eine Denkschrift zur Hauptversammlung 1928 des Central-Vereins deutscher Staatsbürger jüdischen Glaubens e.V., Berlin 1928.
Centralverein deutscher Staatsbürger jüdischen Glaubens (Hrsg.), Deutsches Judentum und Rechtskrisis, Berlin 1927.
Centralverein deutscher Staatsbürger jüdischen Glaubens (Hrsg.), Unsere Monatsausgabe. Ihre Entstehung, Verbreitung und Wirkung, Berlin 1927.
Centralverein deutscher Staatsbürger jüdischen Glaubens (Hrsg.), Zwei Jahre Arbeit im Central-Verein deutscher Staatsbürger jüdischen Glaubens, Berlin 1928.
Centralverein deutscher Staatsbürger jüdischen Glaubens (Hrsg.), Frauenarbeit zur Bekämpfung des Antisemitismus, Berlin 1931.
Comite zur Abwehr antisemitischer Angriffe in Berlin (Hrsg.), Die Juden als Soldaten, Berlin 1897.
Elbogen, Ismar, Die Geschichte der Juden in Deutschland, Berlin 1935.
Elbogen, Ismar, Ein Jahrhundert Wissenschaft des Judentums, Berlin 1922.
Goldstein, Julius, Rasse und Politik, Schlüchtern 1921.
Goldstein, Julius, Der jüdische Philosoph in seinen Tagebüchern. 1873–1929 Hamburg – Jena – Darmstadt, hrsg von Uwe Zuber, Wiesbaden 2008.
Gyßling, Walter, Mein Leben in Deutschland vor und nach 1933 und Der Anti-Nazi: Handbuch im Kampf gegen die NSDAP, hrsg. von Leonidas Hill, Bremen 2003.
Holländer, Ludwig, Deutsch-Jüdische Probleme der Gegenwart, Berlin 1929.
Italiener, Bruno, Waffen im Abwehrkampf, Berlin 1920.
Kaiser Wilhelm II., Ansprachen zum Ausbruch des I. Weltkrieges [Balkonreden], 31. Juli und 1. August 1914, in: 100(0) Schlüsseldokumente zur deutschen Geschichte im 20. Jahrhundert, http://www.1000dokumente.de.
Klemperer, Viktor, Ich will Zeugnis ablegen bis zum letzten. Tagebücher 1933–1941, Bd. 1: 1933–1941, hrsg. von Walter Nowojski, Berlin 1995.
Loewenthal, Max, Das jüdische Bekenntnis als Hinderungsgrund bei der Beförderung zum preußischen Reserveoffizier, Frankfurt am Main 1911.
Marx, Julius, Kriegstagebuch, Frankfurt am Main 1964.
Nathorff, Hertha, Das Tagebuch der Hertha Nathorff. Berlin – New York. Aufzeichnungen 1933 bis 1941, hrsg. von Wolfgang Benz, Frankfurt am Main 2010.
Philippson, Ludwig, Gedenkbuch an den deutsch-französischen Krieg 1870/71, Bonn 1871.
Prinz, Joachim, Wir Juden, Berlin 1934.
Reichsbund jüdischer Frontsoldaten (Hrsg.), Die jüdischen Gefallenen des deutschen Heeres, der deutschen Marine und der deutschen Schutztruppen, Berlin 1933.
Reichsbund jüdischer Frontsoldaten (Hrsg.), Kriegsbriefe gefallener Deutscher Juden, Berlin 1935.
Rosenak, Leopold, Gerechtigkeit und Wahrheit, Bremen 1919.
Salzberger, Georg, Aus meinem Kriegstagebuch, Frankfurt am Main 1916.
Schoeps, Hans Joachim, Wir deutschen Juden, Berlin 1934.
Teilhaber, Felix, Jüdische Flieger im Weltkrieg. Ein Buch der Erinnerung, Berlin 1919.
Verband der deutschen Juden (Hrsg.), Satzung des Verbandes deutscher Juden, Frankfurt am Main 1910.
Verein zur Abwehr des Antisemitismus (Hrsg.), Die Juden im Heer, Berlin 1910.

Verhandlungen des Reichstags. Dreizehnte Legislaturperiode. Zweite Session. 1914. Eröffnungssitzung am Dienstag den 4. 8. 1914, in: Verhandlungen des Reichstags, Stenographische Berichte, 1914/16, Bd. 306, S. 1-2, http://www.reichstagsprotokolle.de/Blatt_k13_bsb00003402_00012.html, eingesehen am 6. 10. 2014, 11:30.

Weil, Bruno, Der politische Prozeß, in: Centralverein deutscher Staatsbürger jüdischen Glaubens (Hrsg.), Deutsches Judentum und Rechtskrisis, Berlin 1927, S. 67-91.

Weil, Bruno, Der Weg der deutschen Juden, Berlin 1934.

Witkop, Philipp, Kriegsbriefe gefallener Studenten, München 1928.

4. Quelleneditionen

Angress, Werner T., Das deutsche Militär und die Juden im Ersten Weltkrieg, in: Militärgeschichtliche Mitteilungen, 19 (1976), S. 77-146.

Bucher, Editha (Hrsg.), Dokumentation zur Geschichte der jüdischen Bevölkerung in Rheinland-Pfalz und im Saarland von 1800 bis 1945, Bd. 6, Koblenz 1974.

Gruner, Wolf (Bearb.), Die Verfolgung und Ermordung der europäischen Juden durch das nationalsozialistische Deutschland 1933-1945, Bd. 1: Deutsches Reich 1933-1937, München 2008.

Hank, Sabine/Simon, Hermann/Hank, Uwe (Hrsg.), Feldrabbiner in den deutschen Streitkräften des Ersten Weltkrieges, Berlin 2013.

Kulka, Otto Dov (Hrsg.), Deutsches Judentum unter dem Nationalsozialismus: Dokumente zur Geschichte der Reichsvertretung der deutschen Juden 1933-1939, Tübingen 1997.

Kulka, Otto Dov/Jäckel, Eberhard (Hrsg.), Die Juden in den geheimen NS-Stimmungsberichten 1933-1945, Düsseldorf 2004.

Matthäus, Jürgen/Roseman, Mark (Hrsg.), Jewish Responses to Persecution, 1933-1938, Lanham 2010.

Reinharz, Jehuda (Hrsg.), Dokumente zur Geschichte des deutschen Zionismus 1882-1933, Tübingen 1981.

Vogel, Rolf (Hrsg.), Ein Stück von uns. Deutsche Juden in deutschen Armeen 1813-1976. Eine Dokumentation, Mainz 1977.

Walk, Joseph (Hrsg.), Das Sonderrecht für die Juden im NS-Staat. Eine Sammlung der gesetzlichen Maßnahmen und Richtlinien – Inhalt und Bedeutung, Karlsruhe 1981.

Wildt, Michael (Hrsg.), Die Judenpolitik des SD 1935-1938. Eine Dokumentation, München 1995.

Wildt, Michael/Hans Reichmann, Deutscher Bürger und verfolgter Jude. Novemberpogrom und KZ Sachsenhausen 1937–1939, München 1998, S. 6f.

5. Nachschlagewerke

Herlitz, Georg/Kirschner, Bruno, Jüdisches Lexikon. Ein enzyklopädisches Handbuch des jüdischen Wissens in vier Bänden, Berlin 1927.

Hirschfeld, Gerhard/Krumreich, Gerd/Renz, Irina (Hrsg.), Enzyklopädie Erster Weltkrieg, Paderborn 2014.

Lötzsch, Ronald, Jiddisches Wörterbuch, Mannheim 1992.

6. Sekundärliteratur

Adam, Uwe Dietrich, Judenpolitik im Dritten Reich, Düsseldorf 1972.

Adler-Rudel, Salomon, The *Evian* Conference on the Refugee Question, in: LBYB 13 (1966), S. 235-273.

Adler-Rudel, Salomon, Jüdische Selbsthilfe unter dem Naziregime. 1933-1939. Im Spiegel der Berichte der Reichsvertretung der Juden in Deutschland, Tübingen 1974.
Adorno, Theodor W., Zur Bekämpfung des Antisemitismus heute, in: ders. (Hrsg.), Kritik. Kleine Schriften zur Gesellschaft, Frankfurt am Main 1971, S. 105-133.
Adorno, Theodor W. (Hrsg.), Kritik. Kleine Schriften zur Gesellschaft, Frankfurt am Main 1971.
Ahlheim, Hannah, „Deutsche, kauft nicht bei Juden!". Antisemitismus und politischer Boykott in Deutschland 1924-1935, Göttingen 2008.
Albanis, Elisabeth, German-Jewish Cultural Identity from 1900 to the Aftermath of the First World War, Tübingen 2002.
Amstädter, Rainer, Der Alpinismus. Kultur, Organisation, Politik, Wien 1996.
Anděl, Michal/Brandes, Detlef/Labisch, Alfons/Pešek, Jiří/Ruzickam, Thomas (Hrsg.), Propaganda, (Selbst-)Zensur, Sensation. Grenzen von Presse- und Wissenschaftsfreiheit in Deutschland und Tschechien seit 1871, Düsseldorf 2005.
Angress, Werner T., Juden im politischen Leben der Revolutionszeit, in: Mosse, Georg (Hrsg.), Juden in Krieg und Revolution, Tübingen 1971, S. 137-316.
Angress, Werner T., The German Army's „Judenzählung" of 1916. Genesis – Consequences – Significance, in: LBIYB 23 (1978), S. 117-138.
Angress, Werner T., Generation zwischen Flucht und Verfolgung. Jüdische Jugend im Dritten Reich, Hamburg 1985.
Angress, Werner T., Erfahrungen jüdischer Jugendlicher und Kinder mit der nichtjüdischen Umwelt, in: Büttner, Ursula (Hrsg.), Die Deutschen und die Judenverfolgung im Dritten Reich, Frankfurt am Main 2003, S. 111-129.
Aschheim, Steven, Brothers and Strangers. The East European Jew in German and Jewish German Consciousness, 1800-1923, Madison 1982.

Bajohr, Frank, „Arisierung" in Hamburg. Die Verdrängung der jüdischen Unternehmer 1933-1945, Hamburg 1997.
Bajohr, Frank, „Unser Hotel ist judenfrei." Bäder-Antisemitismus im 19. und 20. Jahrhundert, Frankfurt am Main 2003.
Bajohr, Frank, German Responses to the Persecution of the Jews as Reflected in Three Collections of Secret Reports, in: Schrafstetter, Susanna/Steinweis, Alan (Hrsg.), The Germans and the Holocaust. Popular Responses to the Persecution and Murder of the Jews, New York/Oxford 2016, S. 41-58.
Baldwin, Peter M., Zionist and Non-Zionist Jews in the Last Years before the Nazi Regime, in: LBYB 27 (1982), S. 87-108.
Ball-Kaduri, Kurt Jacob, Das Leben der Juden in Deutschland im Jahre 1933, Frankfurt am Main 1963.
Bankier, David, Die öffentliche Meinung im Hitler-Staat. Die Endlösung und die Deutschen. Eine Berichtigung, Berlin 1995.
Bankier, David, Jewish Society through Nazi Eyes, in: Holocaust and Genocide Studies 6 (1991), S. 111-127.
Barkai, Avraham, Vom Boykott zur „Entjudung", Frankfurt am Main 1988.
Barkai, Avraham, Etappen der Ausgrenzung und Verfolgung, in: Meyer, Michael A. (Hrsg.), Deutsch-jüdische Geschichte in der Neuzeit, Bd. 4: Aufbruch und Zerstörung 1918-1945, München 1997, S. 193-218.
Barkai, Avraham, Politische Orientierung und Krisenbewusstsein, in: Meyer, Michael A. (Hrsg.), Deutsch-jüdische Geschichte in der Neuzeit, Bd. 4: Aufbruch und Zerstörung 1918-1945, München 1997, S. 102-124.
Barkai, Avraham (Hrsg.), Hoffnung und Untergang. Studien zur deutsch-jüdischen Geschichte des 19. und 20. Jahrhunderts, Hamburg 1998.
Barkai, Avraham, Zwischen Deutschtum und Judentum. Richtungskämpfe im Centralverein deutscher Staatsbürger jüdischen Glaubens, in: Barkai, Avraham (Hrsg.), Hoffnung und Untergang. Studien zur deutsch-jüdischen Geschichte des 19. und 20. Jahrhunderts, Hamburg 1998, S. 111-140.
Barkai, Avraham, The CV and its Archives. A Reassessment, in: LBYB 45 (2000), S. 173-182.

Barkai, Avraham, „Wehr Dich!“ Der Centralverein deutscher Staatsbürger jüdischen Glaubens (C.V.) 1893-1938, München 2002.
Becker, Stephanie (Hrsg.), „Und sie werden nicht mehr frei sein ihr ganzes Leben“. Funktion und Stellenwert der NSDAP, ihrer Gliederungen und angeschlossenen Verbände im „Dritten Reich“, Berlin 2012.
Beer, Udo, „Der falsche Priester“. Eine Borkumer Kampfschrift aus der Zeit der Weimarer Republik, in: Jahrbuch der Gesellschaft für bildende Kunst und Vaterländische Altertümer zu Emden, Bd. 66, Aurich 1986, S. 152-163.
Beer, Udo, Die Juden, das Recht und die Republik. Verbandswesen und Rechtsschutz 1919-1933, Frankfurt am Main 1986.
Benz, Wolfgang (Hrsg.), Die Juden in Deutschland 1933-1945. Leben unter nationalsozialistischer Herrschaft, München 1988.
Benz, Wolfgang (Hrsg.), Jüdisches Leben in der Weimarer Republik, Tübingen 1998.
Benz, Wolfgang, Die Legende von der deutsch-jüdischen Symbiose und die Konstruktion des neuen Mythos der christlich-jüdischen Tradition des Abendlandes, in: Honsza, Norbert/Sznurkowski, Przemyslaw (Hrsg.), Deutsch-jüdische Identität. Mythos und Wirklichkeit, Frankfurt am Main 2013, S. 9-17.
Berg, Nicolas u. a. (Hrsg.), Konstellationen. Über Geschichte, Erfahrung, Erkenntnis, Göttingen 2011, S. 143-156.
Berger, Michael, Jüdische Militärseelsorge. Davidstern und Feldgrau, in: ders./Römer-Hillbrecht, Gideon (Hrsg.), Juden und Militär in Deutschland: Zwischen Integration, Assimilation, Ausgrenzung und Vernichtung, Baden-Baden 2009, S. 90-100.
Berger, Michael, Eisernes Kreuz, Doppeladler, Davidstern, Juden in deutschen und österreichisch-ungarischen Armeen. Der Militärdienst jüdischer Soldaten durch zwei Jahrhunderte, Berlin 2010.
Berger, Michael/Römer-Hillbrecht, Gideon, (Hrsg.), Juden und Militär in Deutschland: Zwischen Integration, Assimilation, Ausgrenzung und Vernichtung, Baden-Baden 2009.
Berghahn, Volker, Der Stahlhelm. Bund der Frontsoldaten, Düsseldorf 1966.
Bergmann, Werner, Vom Zitat zur Parole. Das Weltbild völkisch-antisemitischer Spruchmarken, in: Enzenbach, Isabel/Haney, Wolfgang (Hrsg.), „Antisemitismus im Kleinformat. Alltagspropaganda seit 1893“ – Vignetten, Marken und Klebezettel aus der Sammlung Wolfgang Haney, Berlin 2012, S. 86-123.
Bergmann, Werner/Wetzel, Juliane, „Der Miterlebende weiß nichts“. Alltagsantisemitismus als zeitgenössische Erfahrung und spätere Erinnerung (1919-1933), in: Benz, Wolfgang (Hrsg.), Jüdisches Leben in der Weimarer Republik, Tübingen 1998, S. 348-439.
Bering, Dietz, Geeinte Zwienatur. Zur Struktur politischer Perspektiven im Centralverein deutscher Staatsbürger jüdischen Glaubens, in: Koebner, Thomas (Hrsg.), Weimars Ende, Frankfurt am Main 1982, S. 182-204.
Bernstein, Rainer, Zwischen Emanzipation und Antisemitismus. Die Publizistik der deutschen Juden am Beispiel der C.V.-Zeitung. Organ des Centralvereins deutscher Staatsbürger jüdischen Glaubens 1924-1933, Berlin 1969.
Bitzer, Dominic, Im deutschen Reich. Das publizistische Organ des Centralvereins deutscher Staatsbürger jüdischen Glaubens, Aachen 2013.
Blaschke, Olaf, Katholizismus und Antisemitismus im Deutschen Kaiserreich, Göttingen 1997.
Blaschke, Olaf, Offenders or victims? German Jews and the Causes of Modern Catholic Antisemitism, Lincoln 2009.
Blasius, Dirk/Diner, Dan (Hrsg.), Zerbrochene Geschichte. Leben und Selbstverständnis der Juden in Deutschland, Frankfurt am Main 1991.
Boas, Jacob, Germany or Diaspora? German Jewry's Shifting Perceptions in the Nazi Era (1933-1938), in: LBYB 27 (1982), S. 109-126.
Boas, Jacob, German-Jewish Internal Politics under Hitler. 1933-1938, in: LBYB 29 (1984), S. 3-25.
Boas, Jacob, The Shrinking World of German Jewry 1933-1938, in: LBYB 31 (1986), S. 241-266.
Boas, Jacob, Countering Nazi Defamation: German Jews and the Jewish Tradition, 1933-1938, in: LBYB 34 (1989), S. 205-226.

Bock, Gisela, Ganz normale Frauen. Täter, Opfer und Zuschauer im Nationalsozialismus, in: Heinsohn, Kirsten/Vogel, Barbara/Weckel, Ulrike (Hrsg.), Zwischen Karriere und Verfolgung. Handlungsspielräume von Frauen im nationalsozialistischen Deutschland, Frankfurt am Main 1997, S. 245–277.
Bolkosky, Sidney, The Distorted Image. German Jewish Perceptions of Germans and Germany, 1918–1945, New York 1975.
Borut, Jacob, Antisemitsm in Tourist Facilities in Weimar Germany, in: Yad Vashem Studies 28 (2000), S. 7–50.
Braun, Christina von (Hrsg.), Was war deutsches Judentum 1870–1933, Berlin 2015.
Brechtken, Magnus, „Madagaskar für die Juden". Antisemitische Idee und politische Praxis 1885–1945, München 1997.
Brenner, Michael, „Gott schütze uns vor unseren Freunden" – Zur Ambivalenz des Philosemitismus im Kaiserreich, in: Jahrbuch für Antisemitismusforschung 2 (1993), S. 174–199.
Brenner, Michael, Jüdische Kultur in der Weimarer Republik, München 2000.
Brenner, Michael, Geschichte des Zionismus, München 2002.
Brenner, Michael, Propheten des Vergangenen. Jüdische Geschichtsschreibung im 19. und 20. Jahrhundert, München 2006.
Brenner, Michael, Symbiose oder Selbsttäuschung. Rückblicke auf das deutsche Judentum, in: Berg, Nicolas u. a. (Hrsg.), Konstellationen: Über Geschichte, Erfahrung, Erkenntnis, Göttingen 2011, S. 143–156.
Brenner, Michael/Rohrbacher, Stefan (Hrsg.), Wissenschaft vom Judentum, Annäherung nach dem Holocaust, Göttingen 2000.
Breslauer, Walter, Der Verband der deutschen Juden 1904–1922, in: Bulletin des Leo-Baeck-Instituts 7 (1964), S. 345–379.
Brodnitz, Friedrich, Memories of the Reichsvertretung: A Personal Report, in: LBYB 31 (1986), S. 267–277.
Broszat, Martin, Der Staat Hitlers. Grundlegung und Entwicklung seiner inneren Verfassung, München 2000.
Bruer, Albert, Aufstieg und Untergang. Eine Geschichte der Juden in Deutschland 1750–1918, Köln 2006.
Büttner, Ursula (Hrsg.), Die Deutschen und die Judenverfolgung im Dritten Reich, Frankfurt am Main 2003.

Caplan, Greg, Wicked Sons, German Heros. Jewish Soldiers, Veterans, and the Memories of World War I in Germany, Saarbrücken 2001.
Chickering, Roger, Das Deutsche Reich und der Erste Weltkrieg, München 2002.
Claussen, Detlev, Grenzen der Aufklärung. Die gesellschaftliche Genese des modernen Antisemitismus, Frankfurt am Main 2005.
Cochavi, Yehoyakim, Liberals and Zionists on the Eve of the National-Socialist Seizure of Power, in: LBYB 39 (1994), S. 113–129.
Collado Seidel, Carlos, Geheimdienste, Diplomatie, Krieg. Das Räderwerk der Internationalen Beziehungen, Berlin 2013.
Cornelißen, Christoph, Militärzensur der Presse im Deutschen Kaiserreich während des Ersten Weltkriegs, in: Anděl, Michal/Brandes, Detlef/Labisch, Alfons/Pešek, Jiří/Ruzickam, Thomas (Hrsg.), Propaganda, (Selbst-)Zensur, Sensation. Grenzen von Presse- und Wissenschaftsfreiheit in Deutschland und Tschechien seit 1871, Düsseldorf 2005, S. 33–50.
Crim, Brian, Antisemitism in the German Military Community and the Jewish Response, 1914–1938, Lanham 2014.
Crim, Brian, Weimar's „Burning Question". Situational Antisemitism and the German Combat Leagues, 1918–1933, in: Jones, Larry Eugene (Hrsg.), The German Right in the Weimar Republic: Studies in the History of German Conservatism, Nationalism, and Antisemitism, New York 2014, S. 194–219.

Daniel, Ute/Marszolek, Inge/Pyta, Wolfram/Welskopp, Thomas, Politische Kultur und Medienwirklichkeiten in den 1920er Jahren, München 2010.

Denz, Rebekka, Bürgerlich, jüdisch, weiblich. Frauen im Centralverein deutscher Staatsbürger jüdischen Glaubens (1918–1938) (geplant Dezember 2018); Workshop „Der Central-Verein als Teil des deutsch-jüdischen Kultursystems?“ vom 8. bis 9. 12. 2016 in Frankfurt am Main.

Didczuneit, Veit/Eber, Jens/Jander, Thomas (Hrsg.), Schreiben im Krieg – Schreiben vom Krieg. Feldpost im Zeitalter der Weltkriege, Essen 2011.

Diehl, Katrin, Die jüdische Presse im Dritten Reich. Zwischen Selbstbehauptung und Fremdbestimmung, Tübingen 1997.

Diner, Dan, Die Katastrophe vor der Katastrophe: Auswanderung ohne Einwanderung, in: Blasius, Dirk/Diner, Dan (Hrsg.), Zerbrochene Geschichte, Leben und Selbstverständnis der Juden in Deutschland, Frankfurt am Main 1991, S. 138–160.

Dippel, John, Die große Illusion. Warum deutsche Juden ihre Heimat nicht verlassen wollten, Berlin 1997.

Döscher, Hans-Jürgen, „Reichskristallnacht“. Die Novemberpogrome 1938, München 2000.

Dotterweich, Volker, Mythen und Legenden in der Geschichte, München 2004.

Dunker, Ulrich, Der Reichsbund jüdischer Frontsoldaten 1919–1938. Geschichte eines jüdischen Abwehrvereins, Düsseldorf 1977.

Edelheim-Muehsam, Margaret T., The Jewish Press in Germany, in: LBYB 1 (1956), S. 163–176.

Edelheim-Muehsam, Margaret T., Reactions of the Jewish Press to the Nazi Challenge, in: LBYB 5 (1960), S. 308–330.

Eikenberg, Gabriel, Der Mythos deutscher Kultur im Spiegel jüdischer Presse in Deutschland und Österreich von 1918 bis 1938, Hildesheim 2010.

Eitler, Pascal/Elberfeld, Jens (Hrsg.), Zeitgeschichte des Selbst. Therapeutisierung – Politisierung – Emotionalisierung, Bielefeld 2015.

Engel, David, Organized Jewish Responses to German Antisemitism during the First World War, Los Angeles 1979.

Engel, David, Patriotism as a Shield. The Liberal Jewish Defence against Antisemitism in Germany during the First World War, in: LBYB 31 (1986), S. 147–171.

Enzenbach, Isabel (Hrsg.), Antisemitismus im Kleinformat. Alltagspropaganda seit 1893 – Vignetten, Marken und Klebezettel aus der Sammlung Wolfgang Haney, Berlin 2012.

Enzenbach, Isabel, Kleb' mich – Klebemarken als antisemitische Handlungsaufforderung, in: dies./Haney, Wolfgang (Hrsg.), Alltagskultur des Antisemitismus im Kleinformat. Vignetten der Sammlung Wolfgang Haney ab 1880, Berlin 2012, S. 7–18.

Enzenbach, Isabel/Haney, Wolfgang (Hrsg.), Alltagskultur des Antisemitismus im Kleinformat. Vignetten der Sammlung Wolfgang Haney ab 1880, Berlin 2012.

Enzenbach, Isabel, Kleines Format – Großer Eifer. Vorstellung der Sammlung, in: dies./Haney, Wolfgang (Hrsg.), Alltagskultur des Antisemitismus im Kleinformat. Vignetten der Sammlung Wolfgang Haney ab 1880, Berlin 2012, S. 19–47.

Enzenbach, Isabel, „Kennwort: Gummi“. Der Centralverein deutscher Staatsbürger jüdischen Glaubens im Kampf um den öffentlichen Raum von 1893 bis zum Ende der Weimarer Republik, in: Braun, Christina von (Hrsg.), Was war deutsches Judentum? 1870–1933, Berlin 2015, S. 203–220.

Enzensberger, Alina, „Nicht nur Menschen, sondern auch viel Zeit muß gegenwärtig totgeschlagen werden.“ Müßiggang und Mußemomente im deutschen Lazarett des Ersten Weltkriegs 1914–1918, in: Muße. Ein Magazin 1 (2015), S. 1–6, http://mussemagazin.de/?p=910 (1. 8. 2018).

Fellner, Günter, Judenfreundlichkeit, Judenfeindlichkeit. Spielarten in einem Fremdenverkehrsland, in: Kriechbaumer, Robert (Hrsg.), Der Geschmack der Vergänglichkeit. Jüdische Sommerfrische in Salzburg, Wien 2002, S. 59–126.

Fine, David, Jewish Integration in the German Army in the First World War, Berlin 2012.

Fischer, Stefanie, Ökonomisches Vertrauen. Jüdische Viehhändler in Mittelfranken, 1919–1938, Göttingen 2014.

Foucault, Michel, Dits et Ecrits, Bd. 4, Frankfurt am Main 2005.

Foucault, Michel, Subjekt und Macht, in: ders., Dits et Ecrits, Bd. 4, Frankfurt am Main 2005, S. 269–294.

Fraenkel, Daniel, Jewish Self-Defense under the Constraints of National Socialism. The Final Years of the Centralverein, in: David Bankier (Hrsg.), Probing the Depths of German Antisemitism, Jerusalem 2000, S. 339-359.
Fraenkel, Daniel, „The floor is open to everyone": the Historical Uniqueness and Significance of the *Neue jüdische Monatshefte*; 1916-1920, in: Nagel, Michael/Marten-Finnis, Susanne (Hrsg.), Die jüdische Presse – Kommunikationsgeschichte im europäischen Raum, Bd. II: Religion und Politik in der europäisch-jüdischen Presse vor der Shoah, Bremen 2008, S. 69-80.
Fraenkel, Daniel, The Jewish Rundschau's Response to the Rise of National Socialism, 1930-1932, in: Nagel, Michael/Zimmermann, Moshe (Hrsg.), Judenfeindschaft und Antisemitismus in der deutschen Presse über fünf Jahrhunderte. Erscheinungsformen, Rezeption, Debatte und Gegenwehr, Bd. 2, Bremen 2013, S. 609-617.
Fraiman, Sarah, The Transformation of Jewish Consciousness in Nazi Germany as Reflected in the German-Jewish Journal Der Morgen, 1925-1938, in: Modern Judaism 20 (2000), S. 41-59.
Freeden, Herbert, Die jüdische Presse im Dritten Reich, Frankfurt am Main 1987.
Frei, Norbert/Schmitz, Johannes, Journalismus im Dritten Reich, München 1989.
Frevert, Ute, Ehrenmänner. Das Duell in der bürgerlichen Gesellschaft, München 1991.
Friedländer, Saul, Das Dritte Reich und die Juden. 1933-1945, München 2010.
Friesel, Evyatar, The Political and Ideological Development of the Centralverein before 1914, in: LBYB 31 (1986), S. 121-146.
Friesel, Evyatar, From Self-Defence to Self-Affirmation. The Transformation of the German-Jewish Centralverein, in: Hoffmann, Andrea/Jeggle, Utz/Johler, Reinhard/Ulmer, Martin (Hrsg.), Die kulturelle Seite des Antisemitismus. Zwischen Aufklärung und Shoah, Tübingen 2006, S. 277-290.

Gay, Peter, The Berlin-Jewish Spirit. A Dogma Search of Some Doubts, New York 1972.
Gay, Peter, Begegnung mit der Moderne – Deutsche Juden in der deutschen Kultur, in: Werner Mosse (Hrsg.), Juden im Wilhelminischen Deutschland 1890-1914, Tübingen 1976, S. 241-312.
Gebhard, Miriam, Das Familiengedächtnis: Erinnerung im deutsch-jüdischen Bürgertum 1890-1932, Stuttgart 1999.
Gellately, Robert, Hingeschaut und Weggesehen. Hitler und sein Volk, Stuttgart 2002.
Geulen, Christian, Plädoyer für eine Geschichte der Grundbegriffe des 20. Jahrhunderts, in: Zeithistorische Forschung/Studies in Contemporary History 7 (2010), S. 79-97.
Geyer, Martin H., Der Barmat-Kutisker-Skandal und die Gleichzeitigkeit des Ungleichzeitigen in der politischen Kultur der Weimarer Republik, in: Daniel, Ute/Marszolek, Inge/Pyta, Wolfram/Welskopp, Thomas, Politische Kultur und Medienwirklichkeiten in den 1920er Jahren, München 2010, S. 47-80.
Gillessen, Günter, Auf verlorenem Posten. Die Frankfurter Zeitung im Dritten Reich, Berlin 1987.
Gniechwitz, Susan, Antisemitismus im Lichte der modernen Vorurteilsforschung. Kognitive Grundlagen latenter Vorurteile gegenüber Juden in Deutschland, Berlin 2006.
Gold, Helmut, „Stimmungsbilder. Die Postkarte als Medium des (frühen) Antisemitismus", in: ders./Heuberger, Georg, „Abgestempelt, Judenfeindliche Postkarten", Heidelberg 1999, S. 13-19.
Gold, Helmut/Heuberger, Georg, „Abgestempelt, Judenfeindliche Postkarten", Heidelberg 1999.
Goral-Sternheim, Arie, Im Schatten der Synagoge, Hamburg 1989.
Gotzmann, Andreas/Liedtke, Rainer/Rhaden, Till van (Hrsg.), Juden, Bürger, Deutsche. Zur Geschichte von Vielfalt und Differenz 1800-1933, Tübingen 2001.
Grady, Tim, The German-Jewish Soldiers of the First World War in History and Memory, Liverpool 2011.
Grady, Tim, Krieg in der Erinnerung – Krieg um die Erinnerung. Das Gedenken an die jüdischen Gefallenen nach 1918, in: Heikaus, Ulrike/Köhne, Julia (Hrsg.), Krieg! Juden zwischen den Fronten 1914-1918, Berlin 2014, S. 265-284.
Graf, Rüdiger, Die Zukunft der Weimarer Republik. Krisen und Zukunftsaneignung in Deutschland 1918-1933, München 2008.
Graulich, Monika (Hrsg.), Streifzüge durch das Land eines Lebens, Autobiographie einer deutsch-jüdischen Soziologin, Sozialpolitikerin und Frauenrechtlerin, Wiesbaden 2010.

Grebing, Helga, Jüdische Intellektuelle in der deutschen Arbeiterbewegung zwischen den beiden Weltkriegen, in: Archiv für Sozialgeschichte 37 (1997), S. 19-38.

Greven-Aschoff, Barbara, Die bürgerliche Frauenbewegung in Deutschland, 1894-1933, Göttingen 1981.

Gross, Raphael, Anständig geblieben. Nationalsozialistische Moral, Frankfurt am Main 2010.

Grüttner, Michael, Brandstifter und Biedermänner. Deutschland 1933-1939, Stuttgart 2015.

Grünewald, Max, Die Anfänge der Reichsvertretung, in: Weltsch, Robert (Hrsg.), Deutsches Judentum. Aufstieg und Krise, Stuttgart 1963, S. 315-325.

Gruner, Wolf, „The Germans should expel the foreigner Hitler …". Open Protest and Other Forms of Jewish Defiance in Nazi Germany, in: Yad Vashem Studies 39/2 (2011), S. 13-53.

Gruner, Wolf, Indifference? Participation and Protest as Individual Responses to the Persecution of the Jews as Revealed in Berlin Police Logs and Trial Records, 1933-45, in: Schrafstetter, Susanna/Steinweis, Alan (Hrsg.), The Germans and the Holocaust. Popular Responses to the Persecution and Murder of the Jews, New York/Oxford 2016, S. 59-84.

Hahn, Hans-Joachim/Kistenmacher, Olaf (Hrsg.), Beschreibungsversuche der Judenfeindschaft. Zur Geschichte der Antisemitismusforschung vor 1944, Berlin 2015.

Halbwachs, Maurice, Das kollektive Gedächtnis, Frankfurt am Main 1985.

Hambrock, Matthias, Die Etablierung der Außenseiter. Der Verband nationaldeutscher Juden 1921-1935, Köln 2003.

Hecht, Cornelia, Deutsche Juden und Antisemitismus in der Weimarer Republik, Bonn 2003.

Heikaus, Ulrike/Köhne, Julia (Hrsg.), Krieg! Juden zwischen den Fronten 1914-1918, Berlin 2014.

Heil, Johannes, Deutsch-jüdische Geschichte, ihre Grenzen, und die Grenzen ihrer Synthesen, in: Historische Zeitschrift 263/1 (1999), S. 653-680.

Heinsohn, Kirsten/Vogel, Barbara/Weckel, Ulrike (Hrsg.), Zwischen Karriere und Verfolgung. Handlungsspielräume von Frauen im nationalsozialistischen Deutschland, Frankfurt am Main 1997.

Hepp, Michael, Kurt Tucholsky. Biographische Annäherung, Hamburg 1999.

Herbst, Ludolf, Das nationalsozialistische Deutschland 1933-1945. Die Entfesselung der Gewalt: Rassimus und Krieg, Frankfurt am Main 1996.

Hering, Sabine (Hrsg.), Jüdische Wohlfahrt im Spiegel von Biographien, Frankfurt am Main, 2006.

Herzberg, Arno, The Jewish Press under the Nazi Regime. Its Mission, Suppression and Defiance. A Memoir, in: LBYB 36 (1991), S. 367-388.

Hettling, Manfred/Jeismann, Michael, Der Weltkrieg als Epos. Philipp Witkops „Kriegsbriefe gefallener Soldaten", in: Hirschfeld, Gerhard/Krumreich, Gerd/Renz, Irina (Hrsg.), „Keiner fühlt sich mehr als Mensch …" Erlebnis und Wirkung des Ersten Weltkriegs, Essen 1993, S. 175-198.

Hill, Leonidas, Walter Gyssling, the Centralverein and the Büro Wilhelmstraße, in: LBYB 38 (1993), S. 193-208.

Hirschberg, Alfred, Die CV-Jahre von Hans Reichmann, in: Council of Jews from Germany (Hrsg.), Zum Gedenken an Hans Reichmann, London 1964, S. 27-34.

Hirschfeld, Gerhard/Krumreich, Gerd/Renz, Irina (Hrsg.), „Keiner fühlt sich mehr als Mensch …" Erlebnis und Wirkung des Ersten Weltkriegs, Essen 1993.

Hirschfeld, Gerhard/Krumreich, Gerd/Langewiesche, Dieter/Ullmann, Hans-Peter (Hrsg.), Kriegserfahrungen. Studien zur Sozial- und Mentalitätsgeschichte des Ersten Weltkriegs, Essen 1997.

Hochschild, Arlie, Emotion Work, Feeling Rules, and Social Structure, in: American Journal of Sociology 85/3 (1979), S. 551-575.

Hochstetter, Dorothee, „Nur eine Art ADAC?" Das nationalsozialistische Kraftfahrerkorps (NSKK), in: Becker, Stephanie (Hrsg.), „Und sie werden nicht mehr frei sein ihr ganzes Leben". Funktion und Stellenwert der NSDAP, ihrer Gliederungen und angeschlossenen Verbände im „Dritten Reich", Berlin 2012, S. 141-158.

Hoffmann, Andrea/Jeggle, Utz/Johler, Reinhard/Ulmer, Martin (Hrsg.), Die kulturelle Seite des Antisemitismus zwischen Aufklärung und Shoah, Tübingen 2006.

Hoffmann, Christhard, Between Integration and Rejection: the Jewish Community in Germany, 1914–1918, in: Horne, John (Hrsg.), State, Society and Mobilization in Europe during the First World War, Cambridge 1997, S. 89–104.
Hopp, Andrea, Jüdisches Bürgertum in Frankfurt am Main im 19. Jahrhundert, Stuttgart 1997.
Horne, John (Hrsg.), State, Society and Mobilization in Europe during the First World War, Cambridge 1997.
Humburg, Martin, „Jedes Wort ist falsch und wahr – das ist das Wesen des Worts." Vom Schreiben und Schweigen in der Feldpost, in: Didczuneit, Veit/Eber, Jens/Jander, Thomas (Hrsg.), Schreiben im Krieg – Schreiben vom Krieg. Feldpost im Zeitalter der Weltkriege, Essen 2011, S. 75–87.

Jahr, Christoph, Antisemitismus vor Gericht. Debatten über die juristische Ahndung judenfeindlicher Agitation in Deutschland (1879–1960), Frankfurt am Main 2011.
Jahr, Christoph, „Das Zentralorgan des Antisemitismus": Die *Staatsbürger-Zeitung* 1890–1914, in: Nagel, Michael/Zimmermann, Moshe (Hrsg.), Judenfeindschaft und Antisemitismus in der deutschen Presse, Bd. 1, Bremen 2013, S. 317–330.
Jaeger, Achim/Terlau, Wilhelm/Wunsch, Beate/Horch, Hans Otto, Positionierung und Selbstbehauptung. Debatten über den ersten Zionistenkongress, die „Ostjudenfrage" und den Ersten Weltkrieg in der deutsch-jüdischen Presse, Tübingen 2003.
Jochmann, Werner, Die Ausbreitung des Antisemitismus, in: Mosse, Werner (Hrsg.), Deutsches Judentum in Krieg und Revolution 1916–1923, Tübingen 1971, S. 409–510.
Jones, Larry Eugene (Hrsg.), The German Right in the Weimar Republic: Studies in the History of German Conservatism, Nationalism, and Antisemitism, New York 2014.
Jünger, David, „Bilanz der deutschen Judenheit". Nekrolog auf das deutsche Judentum an der „Zeitenwende", in: Braun, Christina von (Hrsg.), Was war deutsches Judentum? 1870–1933, Berlin 2015, S. 134–146.
Jünger, David, Jahre der Ungewissheit. Emigrationspläne deutscher Juden 1933–1938, Göttingen 2016.

Kaplan, Marion A., Die jüdische Frauenbewegung in Deutschland. Organisation und Ziele des jüdischen Frauenbundes 1904–1938, Hamburg 1981.
Kaplan, Marion A., Tradition and Transition. The Acculturation, Assimilation and Integration of Jews in Imperial Germany – a Gender Analysis, in: LBYB 27 (1982), S. 3–35.
Kaplan, Marion A., Der Mut zum Überleben. Jüdische Frauen und ihre Familien in Nazideutschland, Berlin 2003.
Kaplan, Marion A. (Hrsg.), Geschichte des jüdischen Alltags. Vom 17. Jahrhundert bis 1945, München 2003.
Kaufhold, Barbara, Juden in Mühlheim an der Ruhr, Essen 2004.
Kershaw, Ian, The Persecution of the Jews and German Popular Opinion in the Third Reich, in: LBYB 26 (1981), S. 261–289.
Kimmel, Elke, Methoden antisemitischer Propaganda im Ersten Weltkrieg. Die Presse des Bundes der Landwirte, Berlin 2001.
Kieffer, Fritz, Judenverfolgung in Deutschland – eine innere Angelegenheit? Internationale Reaktionen auf die Flüchtlingsproblematik 1933–1939, Stuttgart 2002.
Kistenmacher, Olaf, Kritik aus den eigenen Reihen. Alexandra und Franz Pfemfert, Alexander Kerman und Emma Goldstein, Leo Trotzki, in: Hahn, Hans-Joachim/Kistenmacher, Olaf (Hrsg.), Beschreibungsversuche der Judenfeindschaft. Zur Geschichte der Antisemitismusforschung vor 1944, Berlin 2015, S. 360–384.
Klier, John Doyle, Russians, Jews and the Pogroms of 1881–1882, Cambridge 2011.
Klier, John Doyle/Lambroza, Shlomo, Pogroms: Anti-Jewish Violence in Modern Russian History, Cambridge 1992.
Knoch, Peter (Hrsg.), Kriegsalltag: die Rekonstruktion des Kriegsalltags als Aufgabe der historischen Forschung und der Friedenserziehung, Stuttgart 1989.
Koebner, Thomas (Hrsg.), Weimars Ende, Prognosen und Diagnosen in der deutschen Literatur und politischen Publizistik, Frankfurt am Main 1982.

Koselleck, Reinhart, „Erfahrungsraum" und „Erwartungshorizont" – zwei historische Kategorien, in: ders., Vergangene Zukunft. Zur Semantik geschichtlicher Zeit, Frankfurt am Main 1979, S. 349–375.

Koselleck, Reinhart, Vergangene Zukunft. Zur Semantik geschichtlicher Zeit, Frankfurt am Main 1979.

Krach, Tillmann, Jüdische Rechtsanwälte in Preußen, Über die Bedeutung der freien Advokatur und ihrer Zerstörung durch den Nationalsozialismus, München 1991.

Krah, Franziska, „Ewig Feuerspritze sein, wo ein Weltfeuer doch nicht gelöscht werden kann..." Abwehr und Deutung des Antisemitismus während der Weimarer Republik, in: Hahn, Hans-Joachim/Kistenmacher, Olaf (Hrsg.), Beschreibungsversuche der Judenfeindschaft. Zur Geschichte der Antisemitismusforschung vor 1944, Berlin 2015, S. 261–285.

Kremer, Arndt, Deutsche Juden – deutsche Sprache. Jüdische und judenfeindliche Sprachkonzepte und -konflikte 1893–1933, Berlin 2007.

Kriechbaumer, Robert (Hrsg.), Der Geschmack der Vergänglichkeit, Jüdische Sommerfrische in Salzburg, Wien 2002.

Krohn, Helga, Frauenrechtlerin, Sozialarbeiterin, Publizistin: Henriette Fürth (1861–1938), in: Hering, Sabine (Hrsg.), Jüdische Wohlfahrt im Spiegel von Biographien, Frankfurt am Main 2006, S. 160–175.

Krüger, Christine, Kriege und Integration – Deutsche und Französische Juden im Vergleich, in: Yearbook of the Simon Dubnow Institute 7 (2013), S. 173–193.

Krüger, Gabriele, Die Brigade Erhard, Hamburg 1971.

Kuhn, Robert, Die Vertrauenskrise der Justiz (1926–1928). Der Kampf um die Republikanisierung der Rechtspflege in der Weimarer Republik, Köln 1983.

Kuller, Christiane/Drecoll, Axel, Inszenierter Volkszorn, ausgebliebene Empörung und der Sturz Julius Streichers. Reaktionen auf die wirtschaftliche Ausplünderung der Juden, in: Sabrow, Martin (Hrsg.), Skandal und Diktatur. Formen öffentlicher Empörung in NS-Staat und DDR, Göttingen 2004, S. 77–101.

Kupfer, Torsten, Generation und Radikalisierung: die Mitglieder der NSDAP im Kreis Bernburg 1921–1945, ein Resümee, in: Historical Social Research 31 (2006), S. 180–222.

Kwiet, Konrad, Selbstbehauptung und Widerstand. Deutsche Juden im Kampf um Existenz und Menschenwürde 1933–1945, München 1995.

Lamberti, Marjorie, Jewish Activism in Imperial Germany, New Haven 1978.

Lamberti, Marjorie, The Jewish Defence in Germany after the National-Socialist Seizure of Power, in: LBYB 42 (1997), S. 135–147.

Lambroza, Shlomo, The Pogroms of 1903–1906, in: Klier, John/Lambroza, Shlomo (Hrsg.), Pogroms: Anti-Jewish Violence in Modern Russian History, Cambridge 1992, S. 195–248.

Lamprecht, Gerald, Erinnern an den Krieg aus jüdischer Perspektive, in: Zeitgeschichte 41 (2014), S. 242–266.

Landau, Erwin, „Für die standen wir in den Schützengräben", in: Limberg, Margarete/Rübsaat, Hubert (Hrsg.), Sie durften nicht mehr Deutsche sein. Jüdischer Alltag in Selbstzeugnissen 1933–1938, Frankfurt am Main 1990, S. 31–35.

Landwehr, Achim, Geschichte des Sagbaren. Einführung in die Historische Diskursanalyse, Tübingen 2001.

Lappin, Eleonore, Der Jude 1916–1928. Jüdische Moderne zwischen Universalismus und Partikularismus, Tübingen 2000.

Lappin, Eleonore/Nagel, Michael (Hrsg.), Deutsch-jüdische Presse und jüdische Geschichte: Dokumente, Darstellungen, Wechselbeziehungen, Bd. 2, Bremen 2008.

Levitt, Cyril, The Prosecution of Antisemites by the Courts in Weimar Republic: Was Justice Served?, in: LBYB 26 (1991), S. 151–167.

Liedtke, Rainer/Rechter, David (Hrsg.), Towards Normality? Acculturation and Modern German Jewry, Tübingen 2003.

Liepach, Martin, Das Wahlverhalten der jüdischen Bevölkerung in der Weimarer Republik, Tübingen 1996.

Liepach, Martin, Das Krisenbewusstsein des jüdischen Bürgertums in den Goldenen Zwanzigern, in: Gotzmann, Andreas/Liedtke, Rainer/Rhaden, Till van (Hrsg.), Juden, Bürger, Deutsche. Zur Geschichte von Vielfalt und Differenz 1800-1933, Tübingen 2001, S. 395-417.

Liepach, Martin, Die Hellpach-Kontroverse: Eine paradigmatische Debatte über den Antisemitismus in der CV-Zeitung während der Weimarer Republik, in: Nagel, Michael/Zimmermann, Moshe (Hrsg.), Judenfeindschaft und Antisemitismus in der deutschen Presse, Bd. 2, Bremen 2013, S. 539-554.

Limberg, Margarete/Rübsaat, Hubert (Hrsg.), Sie durften nicht mehr Deutsche sein. Jüdischer Alltag in Selbstzeugnissen 1933-1938, Frankfurt am Main 1990.

Lindemann, Gerhard, „Typisch jüdisch", Die Stellung der Ev.-luth. Landeskirche Hannovers zu Antijudaismus, Judenfeindschaft und Antisemitismus, Berlin 1998.

Loewenstein, Kurt, Die innerjüdische Reaktion auf die Krise der deutschen Demokratie, in: Mosse, Werner (Hrsg.), Entscheidungsjahr 1932. Die Judenfrage in der Endphase der Weimarer Republik, Tübingen 1965, S. 349-403.

Longerich, Peter, Politik der Vernichtung. Eine Gesamtdarstellung der nationalsozialistischen Judenverfolgung, München 1998.

Longerich, Peter, „Davon haben wir nichts gewusst!" Die Deutschen und die Judenverfolgung 1933-1945, Bonn 2006.

Magill, Stephen, Defense and Introspection. The First World War as a Pivotal Crisis in the German Jewish Experience, Los Angeles 1977.

Maier, Clemens, Das „Jüdische Nachrichtenblatt" 1938-1943. Instrument der Verfolgung und Mittel der Selbstbehauptung, in: Lappin, Eleonore/Nagel, Michael (Hrsg.), Deutsch-jüdische Presse und jüdische Geschichte: Dokumente, Darstellungen, Wechselbeziehungen, Bd. 2, Bremen 2008, S. 163-179.

Maierhof, Gudrun, „Ich bin stolz, Jüdin zu sein!". Der Kampf des Jüdischen Frauenbundes gegen Antisemitismus 1904-1933, in: Ariadne. Almanach des Archivs der deutschen Frauenbewegung, Heft 23, Mai 1993, S. 17-22.

Maierhof, Gudrun, Selbstbehauptung im Chaos. Frauen in der Jüdischen Selbsthilfe 1933-1943, Frankfurt am Main 2002.

Malinowski, Stephan, Politische Skandale als Zerrspiegel der Demokratie, die Fälle Barmat und Sklarek im Kalkül der Weimarer Rechten, in: Jahrbuch für Antisemitismusforschung 5 (1996), S. 46-64.

Mason, Tim, Nazism, Fascism and the Working Class, Cambridge 1995.

Matthäus, Jürgen, Deutschtum and Judentum under Fire. The Impact of the First World War on the Strategies of the Centralverein and the Zionistische Vereinigung, in: LBYB 33 (1988), S. 129-148.

Matthäus, Jürgen, Kampf ohne Verbündete, Der Centralverein deutscher Staatsbürger jüdischen Glaubens 1933-1938, in: Jahrbuch für Antisemitismusforschung 8 (1999), S. 248-277.

Matthäus, Jürgen, Antisemitic Symbolism in Early Nazi Germany, 1933-1935, in: LBYB 45 (2000), S. 183-204.

Matthäus, Jürgen, Abwehr, Ausharren, Flucht. Der Centralverein deutscher Staatsbürger jüdischen Glaubens und die Emigration bis zur „Reichskristallnacht", in: Exilforschung 19 (2001), S. 18-41.

Matthäus, Jürgen, „Pillen gegen Erdbeben" – Antisemitismusabwehr des Centralvereins deutscher Staatsbürger jüdischen Glaubens vor 1933 (Besprechungsessay), in: Jahrbuch für Antisemitismusforschung 12 (2003), S. 307-327.

Matthäus, Jürgen, „You have the right to be hopeful if you do your duty".Ten Letters by Leo Baeck to Friedrich Brodnitz 1937-1941, in: LBYB 54 (2009), S. 333-355.

Maurer, Trude, Die Juden in der Weimarer Republik, in: Blasius, Dirk/Diner, Dan (Hrsg.), Zerbrochene Geschichte. Leben und Selbstverständnis der Juden in Deutschland, Frankfurt am Main 1991, S. 102-120.

Maurer, Trude, Die Entwicklung der jüdischen Minderheit in Deutschland (1780-1933). Neuere Forschungen und offene Fragen. 4. Sonderheft. Internationales Archiv für Sozialgeschichte der deutschen Literatur, Tübingen 1992.

Maurer, Trude, Vom Alltag zum Ausnahmezustand: Juden in der Weimarer Republik und im Nationalsozialismus, 1918-1945, in: Kaplan, Marion A. (Hrsg.), Geschichte des jüdischen Alltags. Vom 17. Jahrhundert bis 1945, München 2003, S. 348-470.

Mazura, Uwe, Zentrumspartei und Judenfrage. 1870/71-1933 Verfassungsstaat und Minderheitenschutz, Mainz 1994.

Mendes-Flohr, Paul, Im Schatten des Weltkrieges, in: Meyer, Michael A. (Hrsg.), Deutsch-jüdische Geschichte in der Neuzeit, Bd. 4: Aufbruch und Zerstörung 1918-1945, München 1997, S. 15-36.

Messerschmidt, Manfred, Juden im preußisch-deutschen Heer, in: Militärgeschichtliches Forschungsamt Potsdam (Hrsg.), Deutsche Jüdische Soldaten. Von der Epoche der Emanzipation bis zum Zeitalter der Weltkriege. Eine Ausstellung des Militärgeschichtlichen Forschungsamtes in Zusammenarbeit mit dem Moses Mendelssohn Zentrum, Potsdam und dem Centrum Judaicum, Berlin, Potsdam 1996, S. 39-62.

Meyer, Beate, Tödliche Gratwanderung, Die Reichsvereinigung der Juden in Deutschland zwischen Hoffnung, Zwang, Selbstbehauptung und Verstrickung (1939-1945), Göttingen 2011.

Meyer, Michael A. (Hrsg.), Deutsch-jüdische Geschichte in der Neuzeit, Bd. 4: Aufbruch und Zerstörung 1918-1945, München 1997.

Meyer, Michael A., Juden – Deutsche – Juden. Wandlungen des Judentums in der Neuzeit, in: ders./Brenner, Michael (Hrsg.), Deutsch-Jüdische Geschichte in der Neuzeit. Zwei Vorträge, Leo Baeck Institut Information-Sonderheft, Frankfurt am Main 1998, S. 5-16.

Meynert, Joachim, Was vor der „Endlösung" geschah. Antisemitische Ausgrenzungen und Verfolgungen in Minden-Ravensberg 1933-1945, Münster 1988.

Michalka, Wolfgang (Hrsg.), Der Erste Weltkrieg. Wirkung, Wahrnehmung, Analyse, München 1994.

Militärgeschichtliches Forschungsamt Potsdam (Hrsg.), Deutsche Jüdische Soldaten. Von der Epoche der Emanzipation bis zum Zeitalter der Weltkriege. Eine Ausstellung des Militärgeschichtlichen Forschungsamtes in Zusammenarbeit mit dem Moses Mendelssohn Zentrum, Potsdam und dem Centrum Judaicum, Berlin, Potsdam 1996.

Miller, Susanne, Die SPD vor und nach Godesberg, in: Susanne Miller/Heinrich Potthoff: Kleine Geschichte der SPD, Darstellung und Dokumentation 1848–1983, Bonn 1983, S. 73.

Miller, Susanne/Potthoff, Heinrich, Kleine Geschichte der SPD, Darstellung und Dokumentation 1848–1983, Bonn 1983.

Miron, Guy, Emancipation and Assimilation in the German-Jewish Discourse of the 1930s, in: LBYB 48 (2003), S. 165-189.

Miron, Guy, The Waning of Emancipation. Jewish History, Memory, and the Rise of Fascism in Germany, France and Hungary, Detroit 2011.

Mommsen, Hans/Obst, Dieter, Die Reaktion der deutschen Bevölkerung auf die Verfolgung der Juden, in: ders./Willems, Susanne (Hrsg.), Herrschaftsalltag im Dritten Reich, Düsseldorf 1988, S. 374-485.

Mommsen, Hans/Willems, Susanne (Hrsg.), Herrschaftsalltag im Dritten Reich, Düsseldorf 1988.

Monger, David, Patriotism and Propaganda in First World War Britain. The National War Aim Committee and Civilian Morale, Liverpool 2012.

Morgenthaler, Sibylle, Countering the Pre-1933 Nazi Boycott against the Jews, in: LBIYB 36 (1991), S. 127-149.

Mosse, Werner (Hrsg.), Entscheidungsjahr 1932. Die Judenfrage in der Endphase der Weimarer Republik, Tübingen 1966.

Mosse, Werner, Der Niedergang der Republik, in: Mosse, Werner (Hrsg.), Entscheidungsjahr 1932. Die Judenfrage in der Endphase der Weimarer Republik, Tübingen 1966, S. 3–42.

Mosse, Werner (Hrsg.), Deutsches Judentum in Krieg und Revolution, Tübingen 1971.

Mosse, Werner (Hrsg.), Juden im Wilhelminischen Deutschland 1890-1914, Tübingen 1976.

Moyn, Samuel, German Jewry and the Question of Identity: Historiography and Theory, in: LBYB 41 (1996), S. 291-308.

Müller, Lorenz, Der 99-Tage-Kaiser. Friedrich III. von Preußen, Prinz, Monarch, Mythos, München 2013.

Münkler, Herfried, Der große Krieg. Die Welt 1914-1918, Berlin 2013.

Nagel, Michael, 1933 als Zäsur? Zu Erscheinungsbedingungen und Funktionen der deutsch-jüdischen Presse vor und nach der Machtübergabe an die Nationalsozialisten, in: Jahrbuch für Kommunikationsgeschichte 17 (2015), S. 131-166.

Nagel, Michael/Marten-Finnis, Susanne (Hrsg.), Die jüdische Presse – Kommunikationsgeschichte im europäischen Raum, Bd. 2, Bremen 2008.

Nagel, Michael/Zimmermann Moshe (Hrsg.), Judenfeindschaft und Antisemitismus in der deutschen Presse über fünf Jahrhunderte, 2 Bde., Bremen 2013.

Nicosia, Francis, Resistance and Self-Defence: Zionism and Antisemitism in Inter-War Germany, in: LBYB 42 (1997), S. 123-134.

Nicosia, Francis R., Zionismus und Antisemitismus im Dritten Reich, Göttingen 2012.

Nietzel, Benno, Handeln und Überleben. Jüdische Unternehmen aus Frankfurt am Main 1924-1964, Göttingen 2012.

Niewyk, Donald, Jews and the Courts in Weimar Germany, in: Jewish Social Studies 37/2 (1975), S. 99-113.

Niewyk, Donald, The Jews in Weimar Germany: The Impact of Anti-Semitism on Universities, Political Parties and Government Services, in: Strauss, Herbert A. (Hrsg.), Hostages of Modernization. Studies on Modern Anti-Semitism 1870-1933/39, Berlin 1992, S. 206-226.

Niewyk, Donald, Self-Defence and German-Jewish Identities: Comments on the Papers by Michael Berkowitz, Francis Nicosia and Marjorie Lamberti, in: LBYB 42 (1997), S. 149-153.

Oehler, Marlen, Krisenwahrnehmungen in der jüdischen Presse. Eine quantitative Betrachtung deutsch-jüdischer Zeitungen in der Endphase der Weimarer Republik, in: Lappin, Eleonore/ Nagel, Michael (Hrsg.), Deutsch-jüdische Presse und jüdische Geschichte: Dokumente, Darstellungen, Wechselbeziehungen, Bd. 2, Bremen 2008, S. 139-161.

Panter, Sarah, Jüdische Erfahrungen und Loyalitätskonflikte im Ersten Weltkrieg, Göttingen 2014.

Panwitz, Sebastian, Die Geschichte des Sonderarchivs Moskau, in: Bulletin. Deutsches Historisches Institut Moskau 2 (2008), S. 11-20.

Paucker, Arnold, Der jüdische Abwehrkampf gegen Antisemitismus und Nationalsozialismus in den letzten Jahren derWeimarer Republik, Hamburg 1968.

Paucker, Arnold (Hrsg.), Juden im nationalsozialistischen Deutschland, Hamburg 1986.

Paucker, Arnold, The Jewish Defense against Antisemitism in Germany, 1893-1933, in: Reinharz, Jehuda, Living with Antisemitism. Modern Jewish Responses, Hannover 1987, S. 104-132.

Paucker, Arnold, Responses of German Jewry to Nazi Persecution 1933-1943, in: Timms, Edward/Hammel, Andrea (Hrsg.), The German-Jewish Dilemma. From the Enlightenment to the Shoah, Lewiston 1999, S. 211-227.

Paucker, Arnold, Zur Problematik einer jüdischen Abwehrstrategie in der deutschen Gesellschaft, in: ders., Deutsche Juden im Kampf um Recht und Freiheit. Studien zur Abwehr, Selbstbehauptung und Widerstand der deutschen Juden seit dem Ende des 19. Jahrhunderts, Berlin 2003, S. 3-90.

Paucker, Arnold, Die Problematik einer jüdischen Abwehrstrategie in der deutschen Gesellschaft, in: Werner Mosse (Hrsg.), Juden im Wilhelminischen Deutschland 1890-1914, Tübingen 1976, S. 479-548 hier S. 529.

Paucker, Arnold, Deutsche Juden im Kampf um Recht und Freiheit. Studien zur Abwehr, Selbstbehauptung und Widerstand der deutschen Juden seit dem Ende des 19. Jahrhunderts, Berlin 2003.

Paucker, Arnold, Researching German-Jewish Responses and German-Jewish Resistance to National Socialism: Sources and Directions for the Future, in: LBYB 51 (2006), S. 193-208.

Pegelow, Thomas, The Language of Nazi Genocide. Linguistic Violence and the Struggle of Germans of Jewish Ancestry, Cambridge 2009.

Pehnke, Andreas, Frieden zwischen den Religionen: Max Kosler (1882-1966), Markkleeberg 2009.

Peiffer, Lorenz, Die Exklusion jüdischer Mitglieder aus deutschen Turn- und Sportvereinen im nationalsozialistischen Deutschland, in: Schmiechen-Ackermann, Detlef (Hrsg.), „Volksge-

meinschaft“: Mythos, wirkungsmächtige soziale Verheißung oder soziale Realität im „Dritten Reich“?, Paderborn 2012.
Penslar, Derek Jonathan, Jews and the Military. A History, Princeton 2013.
Picht, Clemens, Zwischen Vaterland und Volk. Die deutschen Juden im Ersten Weltkrieg, in: Michalka, Wolfgang (Hrsg.), Der Erste Weltkrieg. Wirkung, Wahrnehmung, Analyse, München 1994, S. 736-756.
Pierson, R., Embattled Veterans. The Reichsbund Jüdischer Frontsoldaten, in: LBYB 19 (1974), S. 139-154.
Prestel, Claudia, Frauenpolitik oder Parteipolitik? Jüdische Frauen in innerjüdischer Politik in der Weimarer Republik, in: Archiv für Sozialgeschichte 37 (1997), S. 121-155.
Probst, Robert, Die NSDAP im Bayerischen Landtag, Frankfurt am Main 1998.
Plum, Günter, Deutsche Juden oder Juden in Deutschland? in: Benz, Wolfgang (Hrsg.), Die Juden in Deutschland 1933-1945. Leben unter nationalsozialistischer Herrschaft, München 1993, S. 60-64.
Plum, Günter, Wirtschaft und Erwerbsleben. Leben unter nationalsozialistischer Herrschaft, in: Benz, Wolfgang (Hrsg.), Die Juden in Deutschland 1933-1945. Leben unter nationalsozialistischer Herrschaft, München 1988, S. 268-313.
Pulzer, Peter, Between Hope and Fear: Jews and the Weimar Republic, in: Benz, Wolfgang (Hrsg.), Jüdisches Leben in der Weimarer Republik, Tübingen 1998, S. 271-281.

Rahden, Till van, Juden und andere Breslauer. Die Beziehungen zwischen Juden, Protestanten und Katholiken in einer deutschen Großstadt von 1860 bis 1925, Göttingen 2000.
Reichmann, Eva, Der Bewusstseinswandel der deutschen Juden, in: Mosse, Werner (Hrsg.), Deutsches Judentum in Krieg und Revolution, Tübingen 1971, S. 511-612.
Reichmann, Hans, Der Centralverein deutscher Staatsbürger jüdischen Glaubens, in: Eva Reichmann (Hrsg.), Festschrift zum 80. Geburtstag von Rabbiner Leo Baeck am 23. Mai 1953, London 1953, S. 63-75.
Reimann, Aribert, Die heile Welt in Stahlgewittern: Deutsche und englische Feldpost aus dem Ersten Weltkrieg, in: Hirschfeld, Gerhard/Krumreich, Gerd/Langewiesche, Dieter/Ullmann, Hans-Peter (Hrsg.), Kriegserfahrungen. Studien zur Sozial- und Mentalitätsgeschichte des Ersten Weltkriegs, Essen 1997, S. 129-145.
Reinharz, Jehuda, Deutschtum and Judentum in the Ideology of the Centralverein deutscher Staatsbürger jüdischen Glaubens, in: Jewish Social Studies 36 (1974), S. 19-39.
Reinharz, Jehuda, The Zionist Response to Antisemitism in Germany, in: LBYB 30 (1985), S. 105-140.
Rheins, Carl J., Deutscher Vortrupp, Gefolgschaft deutscher Juden 1933-1935, in: LBYB 26 (1981), S. 207-229.
Richarz, Monika (Hrsg.), Jüdisches Leben in Deutschland, Bd. 3: Selbstzeugnisse und Sozialgeschichte 1918-1945, Stuttgart 1982.
Rieker, Yvonne, Kindheiten. Identitätsmuster im deutsch-jüdischen Bürgertum und unter ostjüdischen Einwanderern 1871-1933, Hildesheim [u. a.] 1997.
Rohland, Eva, Nachwuchsworkshop „Der Centralverein als Teil des deutsch-jüdischen Kultursystems?“ (Tagungsbericht), in: PaRDeS Zeitschrift der Vereinigung für jüdische Studien 27 (2017), S. 201-206.
Roos, Daniel, Julius Streicher und „Der Stürmer“ 1923-1945, Paderborn 2014.
Rosenthal, Jacob, „Die Ehre des jüdischen Soldaten“. Die Judenzählung im Ersten Weltkrieg und ihre Folgen, Frankfurt am Main 2007.
Rosenwein, Barabara, Problems and Methods in the History of Emotions, in: Passions in Context. Journal of the History and Philosophy of Emotions 1 (2010), S. 1-32.
Rürup, Miriam, Ehrensache. Jüdische Studentenverbindungen an den deutschen Universitäten, Göttingen 2008.
Rürup, Reinhard, Das Ende der Emanzipation: Die antijüdische Politik in Deutschland von der „Machtergreifung“ bis zum Zweiten Weltkrieg, in: Paucker, Arnold (Hrsg.), Juden im nationalsozialistischen Deutschland, Hamburg 1986, S. 97-114.
Rürup, Reinhard, Jüdische Geschichte in Deutschland. Von der Emanzipation bis zur nationalsozialistischen Gewaltherrschaft, in: Blasius, Dirk/Diner, Dan (Hrsg.), Zerbrochene Ge-

schichte. Leben und Selbstverständnis der Juden in Deutschland, Frankfurt am Main 1991, S. 79-101.

Sabrow, Martin, Der Rathenaumord, Rekonstruktion einer Verschwörung gegen die Republik von Weimar, München 1994.
Sabrow, Martin (Hrsg.), Skandal und Diktatur. Formen öffentlicher Empörung in NS-Staat und DDR, Göttingen 2004.
Saldern, Adelheid von, „Victims or Perpetrators? Controversies about the Role of Women in the Nazi State, in: Crew, David F. (Hrsg.), Nazism and German Society 1933-1945, London 1994, S. 141-165.
Salzborn, Samuel, Antisemitismus. Geschichte, Theorie, Empirie, Baden-Baden 2014.
Saxer, Daniela, Mit Gefühlen handeln. Ansätze der Emotionsgeschichte, in: *traverse* 14 (2007), S. 15-29.
Schatzker, Chaim, Comments on Evyatar Friesel's Essay in Year Book XXXI, in: LBYB 33 (1988), S. 97-99.
Scheer, Monique/Eitler, Pascal, Emotionsgeschichte als Körpergeschichte, in: Geschichte und Gesellschaft 35 (2009), S. 282-313.
Schleunes, Karl A., The Twisted Road to Auschwitz. Nazi Policy toward German Jews, 1933-1939, Urbana 1970.
Schlick, Christoph, Lage und Verhalten der deutschen Juden im Ersten Weltkrieg, in: Sachor, Zeitschrift für Antisemitismusforschung, jüdische Geschichte und Gegenwart 11 (2001), S. 21-41.
Schmalhausen, Bernd, Dr. jur. David Krombach: Leben und Sterben eines jüdischen Rechtsanwalts aus Essen, in: Schulze, Wolfgang (Hrsg.), Jahrbuch Essen, Essen 1990, S. 101-102.
Schmiechen-Ackermann, Detlef (Hrsg.), „Volksgemeinschaft": Mythos, wirkungsmächtige soziale Verheißung oder soziale Realität im „Dritten Reich"?, Paderborn 2012.
Scholem, Gershom, Wider dem Mythos vom deutsch-jüdischen Gespräch, in: Bulletin des Leo Baeck Instituts 7 (1964), S. 278-281.
Schollmeyer, Swantje, Julius „Juller" Hirsch – 1892 Achern – 1943 Auschwitz. Deutscher Fußballnationalspieler, Berlin 2007.
Schorch, Ismar, Jewish Reactions to German Anti-Semitism, 1870–1914, New York 1972.
Schorch, Ismar, Das erste Jahrhundert der Wissenschaft des Judentums (1818-1919), in: Brenner, Michael/Rohrbach, Stefan (Hrsg.), Wissenschaft vom Judentum, Annäherung nach dem Holocaust, Göttingen 2000.
Schrafstetter, Susanna/Steinweis, Alan (Hrsg.), The Germans and the Holocaust. Popular Responses to the Persecution and Murder of the Jews, New York/Oxford 2016.
Schreuder, Saskia, Würde im Widerspruch. Jüdische Erzählliteratur im Nationalsozialistischen Deutschland 1933-1938, Berlin 2002.
Schüler-Springorum, Stefanie, Die jüdische Minderheit in Königsberg/Preußen 1871-1945, Göttingen 1996.
Schulze Wessel, Almut, Antisemitismus in der Schule im Spiegel der C.V.-Zeitung, in: Jahrbuch für Antisemitismusforschung 11 (2002), S. 91-113.
Schwab, Simon, Heimkehr ins Judentum, Berlin 1934.
Sieg, Ulrich, Jüdische Intellektuelle und die Krise der bürgerlichen Welt im Ersten Weltkrieg, Stuttgart 2000.
Sieg, Ulrich, Jüdische Intellektuelle im Ersten Weltkrieg, Berlin 2001.
Sieg, Ulrich, On the Integration of a Minority in a Society at War, in: Liedtke, Rainer/Rechter, David (Hrsg.), Towards Normality? Acculturation and Modern German Jewry, Tübingen 2003, S. 201-216.
Sieg, Ulrich, Die Macht gewohnter Deutungsmuster. Zionistische Intellektuelle in Deutschland und der Erste Weltkrieg, in: Collado Seidel, Carlos, Geheimdienste, Diplomatie, Krieg. Das Räderwerk der Internationalen Beziehungen, Berlin 2013, S. 351-364.
Simon, Ernst, Unser Kriegserlebnis, in: ders. (Hrsg.), Brücken, Gesammelte Aufsätze, Heidelberg 1965, S. 17-23.
Speitkamp, Winfried, Ohrfeige, Duell, Ehrenmord. Eine Geschichte der Ehre, Stuttgart 2010.

Steer, Martina, „Wir wollen sein ein einig Volk von Schwestern, vor keiner Not uns fürchten und Gefahr!“ Der Jüdische Frauenbund im Ersten Weltkrieg, in: Grandner, Margarete/Saurer, Edith (Hrsg.), Geschlecht, Religion und Engagement. Die jüdische Frauenbewegung im deutschsprachigen Raum 19. und frühes 20. Jahrhundert, Wien 2005, S. 103-122.
Steinitz, Inbal, Der Kampf jüdischer Anwälte gegen den Antisemitismus. Die strafrechtliche Rechtsschutzarbeit des Centralvereins deutscher Staatsbürger jüdischen Glaubens, Berlin 2008.
Steinmetz, Willibald, Das Sagbare und das Machbare in der Politik. Zum Wandel politischer Handlungsspielräume. England 1780-1867, Stuttgart 1993.
Steinweis, Alan, Kristallnacht 1938. Ein deutscher Pogrom, Stuttgart 2011.
Steppe, Hilde, „… den Kranken zum Troste und dem Judentum zur Ehre …“. Zur Geschichte der jüdischen Krankenpflege in Deutschland, Frankfurt am Main 1997.
Steur, Claudia, Theodor Dannecker. Ein Funktionär der „Endlösung“, Essen 1996.
Strasser, Charlot, Latenter Antisemitismus, in: Neue Wege – Zeitschrift des religiösen Sozialismus, Nr. 10, 1920, S. 427-437 (Der Beitrag erschien leicht abgewandelt ebenfalls in Esra. Monatsschrift des jüdischen Akademikers, Nr. 4, 1919-1920, S. 97-107).
Strauss, Herbert A. (Hrsg.), Hostages of Modernization. Studies on Modern Antisemitism 1870-1933/39, Berlin 1992.
Suchy, Barbara, The Verein Zur Abwehr des Antisemitismus (II): From the First World War to its Dissolution in 1933, in: LBYB 30 (1985), S. 67-103.

Teichert, Carsten, Chasak! Zionismus im nationalsozialistischen Deutschland 1933-1938, Köln 2000.
Terlau Wilhelm/Wunsch, Beate, Die Ostjudenfrage im Spiegel der deutschsprachigen jüdischen Presse, in: Jaeger, Achim/Terlau, Wilhelm/Wunsch, Beate/Horch, Hans Otto, Positionierung und Selbstbehauptung. Debatten über den ersten Zionistenkongress, die „Ostjudenfrage“ und den Ersten Weltkrieg in der deutsch-jüdischen Presse, Tübingen 2003, S. 67-110.
Timms, Edward/Hammel, Andrea (Hrsg.), The German-Jewish Dilemma. From the Enlightenment to the Shoah, Lewiston 1999.
Tobias, Jim G./Schlichting, Nicole, „… nichts als hingebungsvolle Liebe zum so schwerbedrohten Deutschtume“. Das erste Kriegsjahr im Spiegel jüdischer Zeitungen, in: Nurinst. Beiträge zur deutschen und jüdischen Geschichte 7 (2014), S. 31-45.
Toury, Jakob, Gab es ein Krisenbewusstsein unter Juden während der „Guten Jahre“ der Weimarer Republik 1924-1929?, in: Tel Aviver Jahrbuch 17 (1988), S. 145-168.
Toury, Jacob, Jewish Aspects as Contributing Factors to the Genesis of the Reichsbanner Schwarz-Rot-Gold, in: LBYB 37 (1992), S. 235-257.
Tramitz, Angelika, Vom Umgang mit Helden. Kriegs(vor)schriften und Benimmregeln für deutsche Frauen im Ersten Weltkrieg, in: Knoch, Peter (Hrsg.), Kriegsalltag: die Rekonstruktion des Kriegsalltags als Aufgabe der historischen Forschung und der Friedenserziehung, Stuttgart 1989, S. 84-113.
Triendl-Zadoff, Mirjam, Nächstes Jahr in Marienbad. Gegenwelten jüdischer Kulturen der Moderne, Göttingen 2007.

Ubbens, Irmtraud, Zur Presseberichterstattung über die Nazi-Krawalle auf dem Kurfürstendamm am jüdischen Neujahrstag 1931 und die nachfolgenden Gerichtsprozesse, in: Nagel, Michael/Zimmermann, Mosche (Hrsg.), Judenfeindschaft und Antisemitismus in der deutschen Presse, Bd. 2, Bremen 2013, S. 645-670.
Ullrich, Anna, Die Hauptthemen und Handlungsspielräume der jüdischen Presse im Dritten Reich am Beispiel der Jüdischen Rundschau (JR) 1933-1935, unveröff. Magisterarbeit, Universität Trier 2011.
Ulrich, Bernd, Die Augenzeugen. Deutsche Feldpostbriefe in Kriegs- und Nachkriegszeit 1914-1933, Essen 1997.
Urban-Fahr, Susanne, Der Philo-Verlag 1919-1938. Abwehr und Selbstbehauptung, Hildesheim 2001.

Verhey, Jeffrey, Der „Geist von 1914“ und die Erfindung der Volksgemeinschaft, Hamburg 2000.

Vogt, Arnold, Religion im Militär. Seelsorge zwischen Kriegsverherrlichung und Humanität, Frankfurt am Main 1984.

Vogt, Stefan, The First World War, German Nationalism, and the Transformation of German Zionism, in: LBYB 57 (2012), S. 267-291.

Volkov, Shulamit, Antisemitismus als kultureller Code, in: dies., Jüdisches Leben und Antisemitismus im 19. und 20. Jahrhundert, München 1990, S. 19-23.

Volkov, Shulamit, Reflections on German-Jewish Historiography. A Dead End or a New Beginning?, in: LBYB 41 (1996), S. 309-320.

Volkov, Shulamit, Die Juden in Deutschland 1870-1918, München 2000.

Vollnhals, Clemens, Jüdische Selbsthilfe bis 1938, in: Benz, Wolfgang (Hrsg.), Die Juden in Deutschland 1933-1945. Leben unter nationalsozialistischer Herrschaft, München 1988, S. 314-412.

Wachs, Georg, Die Budapester Orpheumsgesellschaft. Ein Varieté in Wien 1889-1919, Holzhausen 2002.

Walk, Joseph, Jüdische Schule und Erziehung im Dritten Reich, Frankfurt am Main 1991.

Walk, Joseph, Reactions of the Jewish Press in Germany to the Nuremberg Laws, in: Bankier, David (Hrsg.), Probing the Depths of German Antisemitism: German Society and the Persecution of Jews 1933-1941, Oxford/New York 1999, S. 329-338.

Weber, Thomas, Hitlers Erster Krieg: Der Gefreite Hitler im Weltkrieg. Mythos und Wahrheit, Berlin 2011.

Wehler, Hans-Ulrich, Vom Beginn des Ersten Weltkriegs bis zur Gründung der beiden deutschen Staaten. 1914-1949, Bonn 2008.

Wein, Susanne, Von der Person zum Symbol, in: Nagel, Michael/Zimmermann, Moshe (Hrsg.), Judenfeindschaft und Antisemitismus in der deutschen Presse, Bd. 2, Bremen 2013, S. 555-577.

Wein, Susanne, Antisemitismus im Reichstag. Judenfeindliche Sprache in Politik und Gesellschaft der Weimarer Republik, Frankfurt am Main 2014.

Weltsch, Robert, A Goebbels Speech and a Goebbels Letter, in: LBYB 10 (1965), S. 280-286.

Weltsch, Robert, Entscheidungsjahr 1932, in: Mosse, Werner (Hrsg.), Entscheidungsjahr 1932. Zur Judenfrage in der Endphase der Weimarer Republik, Tübingen 1965, S. 503-535.

Weltsch, Robert, An der Wende des modernen Judentums. Betrachtungen aus fünf Jahrzehnten, Tübingen 1972.

Wenge, Nicola, Integration und Ausgrenzung in der städtischen Gesellschaft. Eine jüdisch-nichtjüdische Beziehungsgeschichte Kölns 1918-1933, Mainz 2005.

Wette, Wolfram, Die Wehrmacht. Feindbilder, Vernichtungskrieg, Legenden, Frankfurt am Main 2002.

Wildt, Michael, „Der muß hinaus! Der muß hinaus!" Antisemitismus in deutschen Nord- und Ostseebädern 1920-1935, in: Mittelweg 36/2 (2001), S. 3-25.

Wildt, Michael, Generation des Unbedingten. Das Führungskorps des Reichssicherheitshauptamtes, Hamburg 2003.

Wildt, Michael, Volksgemeinschaft als Selbstermächtigung. Gewalt gegen Juden in der deutschen Provinz, 1919-1939, Hamburg 2007.

Wilson, Daniel, Verbindungsmann zum NS-Regime. Hans Wahl, der Antisemitismus und die Goethe-Gesellschaft, in: Publications of the English Goethe Society 84 (2015), S. 203-222.

Wirsching, Andreas, Jüdische Friedhöfe in Deutschland 1933-1957, in: Vierteljahrshefte für Zeitgeschichte 50 (2002), S. 1-40.

Wirsching, Andreas, „Augusterlebnis" 1914 und „Dolchstoß 1918" – zwei Versionen derselben Legende?, in: Dotterweich, Volker (Hrsg.), Mythen und Legenden in der Geschichte, München 2004, S. 187-202.

Wiznitzer, Manuel, Arnold Zweig. Das Leben eines deutsch-jüdischen Schriftstellers, Frankfurt am Main 1987.

Wladika, Michael, Hitlers Vätergeneration. Die Ursprünge des Nationalsozialismus in der k. u. k. Monarchie, Wien 2005.

Yehuda, Eloni, Zionismus in Deutschland. Von den Anfängen bis 1914, Gerlingen 1987.

Zechlin, Egmont, Die deutsche Politik und die Juden im Ersten Weltkrieg, Göttingen 1969.
Zeiss-Horbach, Auguste, Der Verein zur Abwehr des Antisemitismus. Zum Verhältnis von Protestantismus und Judentum im Kaiserreich und in der Weimarer Republik, Leipzig 2008.
Ziemann, Benjamin, Republikanische Kriegserinnerung in einer polarisierten Öffentlichkeit, in: Historische Zeitschrift 267/1 (1998), S. 357–398.
Ziemann, Benjamin, Veteranen der Republik. Kriegserinnerung und demokratische Republik 1918–1933, Bonn 2014.
Zimmermann, Moshe, „Die aussichtslose Republik". Zukunftsperspektiven der deutschen Juden vor 1933, in: Menora. Jahrbuch für deutsch-jüdische Geschichte 1 (1990), S. 152–183.
Zimmermann, Moshe, Die deutschen Juden 1914–1945, München 1997.
Zimmermann, Moshe, Zukunftserwartungen deutscher Juden im Ersten Jahr der Weimarer Republik", in: Archiv für Sozialgeschichte 37 (1997), S. 55–72.

Personenregister

Kursiv gesetzte Zahlen verweisen auf Namen in den Anmerkungen.

Ortsregister

Kursiv gesetzte Zahlen verweisen auf Namen in den Anmerkungen.